山崎敏夫 著

現代のドイツ企業

――そのグローバル地域化と経営特質――

東京 森山書店 発行

は　し　が　き

　国際比較の視点からみると，ドイツの資本主義と企業経営はどのように理解されうるであろうか。今日，「資本主義の多様性」ということが重要な問題のひとつとなっているが，利潤追求を最大の目標とする資本主義制度のなかにあっても，企業経営において重視される価値基準は各国において必ずしも全面的に同一のものであるというわけではない。それは，その国の経済構造や産業構造，市場のターゲットのとり方などによって異なってくるという面も強い。例えばプラグマティズムに基づく価値基準が伝統的に重視されてきたアメリカ，利子生み資本としての金融的利得の獲得や資本市場指向の経営のあり方に大きな価値基準をおくアメリカやイギリスに対して，ドイツを含む大陸ヨーロッパや日本では，そのような価値基準が第一義的に重視されるというものでは必ずしもない。こうした相違は，生産や技術，品質を重視するか，あるいは販売の成果により直接的に結びつきやすいマーケティング的方策，短期的な利益や金融的利得の獲得により大きな価値をおくかという点などにおいて，企業行動におよぼす影響も大きい。
　第2次大戦後，資本主義の世界では，アメリカを覇権の頂点とする新たな経済体制が自由貿易体制と国際通貨体制を基軸として構築されるなかで，市場と資本の世界的連鎖の広がり・深まりというかたちでグローバル化の動きがすすんできたといえる。そうしたなかで，アメリカの援助を受けながら，ヨーロッパの主要諸国や日本の復興・発展が実現されてきた。そこでは，アメリカによる資金面の援助のみならず，技術や経営方式の面の支援も大きな役割を果たした。そのような状況のもとで，主要各国では，一般的に共通する傾向として，アメリカの生産力的方策や大量市場への適応策の導入，事業構造の変革に合わせた組織構造の導入などがすすんだ。しかしまた，各国における企業経営の独自的な展開もみられることになった。
　こうした点をドイツについてみると，第2次大戦後には，市場条件の大きな

変化のもとで，量産効果の発揮をひとつの大きな前提とするアメリカ的な経営方式の導入が可能となってきた。しかし，そうしたなかにあっても，輸出市場の重点をヨーロッパにおくかたちで，それに適合的な独自の経営のスタイルが展開されてきたという面が強い。そこでは，ヨーロッパを基軸とした企業経営の展開とドイツ資本主義の再生産構造（蓄積構造）の構築が推進されてきた。ドイツの企業経営のスタイルは，同国資本主義のヨーロッパ的再生産構造の基軸としての役割を果たすものとなってきた。それだけに，企業経営の展開，企業の発展，またドイツ資本主義の発展を支える基盤の整備という点での「ヨーロッパ化」ということが重要な問題となってきた。

そのような「ヨーロッパ化」の条件の整備は，欧州石炭鉄鋼共同体に始まる欧州統合の動きによって支えられてきた。欧州統合の動きは，ヨーロッパ経済共同体（EEC），ヨーロッパ共同体（EC），さらには欧州連合（EU）へと大きく進化をとげるとともに，その加盟国も増加してきた。EUの東方拡大はその最も象徴的な出来事のひとつであるといえる。EUの市場統合のみならず通貨統合は，21世紀の発展の基礎を築くためのいわば一大実験ともいえるものであり，今日的状況を最も端的に示す事象である。しかしまた，EU域内の諸国間でみると，国際競争力と産業構造の差異もあり，貿易収支の不均衡が拡大せざるをえないという面も強い。またそれだけではなく，通貨統合による資金調達の条件の変化は経済発展にプラスに作用する一方で，欧州債務危機の問題が示すように，統一的な金融政策と各国の固有の財政政策との矛盾のなかで，国家債務の危機というかたちで大きな問題を抱えることにもなってきた。

このように，世界がグローバリゼーションの過程に直面している一方で，欧州の各国はヨーロッパ化をすすめてきたという状況にもあるが，その推進役として最も重要な役割を果たし，またそのような地域化の恩恵を最も享受しているのがドイツであるといえる。すなわち，ドイツ企業はヨーロッパ市場で棲み分け，地域に根ざした展開を一層強化することで発展をとげ，そのことによって経済の発展が支えられてきた。欧州統合の推進は，そのための重要な基盤づくりとしての意味をもつものであり，ドイツ資本主義のヨーロッパ的再生産構造を支えるひとつの重要な支柱をなしている。こうした点を同じ敗戦国であり世界有数の貿易立国となった日本との比較でみると，状況は大きく異なってい

る。第2次大戦後，両国は，アメリカの技術や経営方式を導入しながら，また産業集中の独自の体制を構築するなかで，企業，産業および経済の発展を実現してきた。しかし，日本は貿易におけるアメリカ依存がなお強いだけでなく，同国市場での産業分野間・製品分野間の棲み分けができておらず，しかもアジアでの共同市場が成立していないという状況にある。これに対して，ドイツはアメリカから自立した発展をとげ，ヨーロッパ化を推し進めてきた。

　ドイツの企業と資本主義の発展を支えるこのような基盤は，戦後どのようにして築かれてきたのであろうか。ドイツの企業経営のスタイルとはどのようなものであり，ヨーロッパを基軸とする発展をいかにして支えてきたのか。ことに戦後におけるドイツの企業経営の変化に大きな影響をおよぼすことになったアメリカ的経営方式の導入のもとで，それらが特殊ドイツ的な条件にあわせて修正・適応され適合されるかたちでどのような独自の経営のスタイル，様式，特徴がみられることになったのか。そのことはいかなる意義をもったのか。また1950年代および60年代のドイツ企業の発展は，その後の時期における状況，さらにはグローバリゼーションのなかにあっても同国がヨーロッパ化をすすめているという現在の状況をどう規定することになったのか。ドイツ企業がヨーロッパで棲み分け，欧州統合へと向かうことになる根源を，市場をはじめとする条件的諸要因のみならず企業経営の内部構造的変化の面からも明らかにするなかで，ヨーロッパ化という動きの原点を捉えることが重要な問題となってくる。

　そのようなヨーロッパに基軸をすえた展開という点ともかかわって，ドイツ的な経営の論理とは何か。戦後アメリカの企業経営の影響を強くうけるなかで，また1970年代以降の時期には「ジャパナイゼーション」と呼ばれる現象に典型的にみられるように日本の経営方式の影響が強まるなかで，さらに90年代以降における企業経営の「アメリカ化」の再来という現象のもとで，ドイツの企業経営にはいかなる変化がみられることになったのか。またドイツ的な経営の論理，価値基準は，「ライン型資本主義」（M. アルベール）や「調整された市場経済」（P. A. ホール，D. ソスキス）などと呼ばれるような，資本主義的市場化の限界に対する独自の「調整的機能」を組み込んだ同国の資本主義モデルとどのような関連をもつものであるのか。戦後におけるドイツの企業経営のスタイ

ル，経営の価値基準とは何か。こうした問題の考察をとおして，戦後当初から今日のグローバリゼーションと呼ばれる大きな変革の時代をも貫くドイツの企業経営の内実を明らかにすることが，重要な課題となってくる。

　本書では，以上のような問題意識のもとに，経営学研究の立場に立って，また国際比較の視点に基づいて，第2次大戦後のドイツにおける企業経営の歴史的過程の考察を行っている。そこでは，戦後のドイツ企業の発展を市場と資本の世界的連鎖の拡大・深まりによるグローバル化のもとでのヨーロッパ化という「グローバル地域化」の動きとしてとらえ，こうした動きの特徴，それとも深い関連をもつ企業経営のあり方，特質の解明を試みている。そのさい，とくに以下の点に留意して分析を行っている。

　第1に，企業経営の特定の領域に限定することなく，主要な領域の問題を広く取り上げて包括的な分析を行うことである。本書では，企業集中，管理システム，生産システム，組織構造，市場適応・創造のための方策としてのマーケティングやパブリック・リレーションズ（PR），経営者教育・管理者教育，経営戦略，コーポレート・ガバナンス，リストラクチャリング，経営のグローバル化など，企業経営の主要な領域の問題を包括的に取り上げて，第2次大戦後の歴史的過程を分析している。この点は，特定の企業経営の領域や経営方式のみを対象とした研究が多くなっているなかで，企業経営の全体的・総合的な把握を追求するという本書の立場を示すものである。

　第2に，分析の視点ともかかわるが，「企業経営のあり方は，その国の政治経済社会の歴史的特殊性・条件性に規定される」という見方に立って，社会経済的なドイツ的特質に規定されて同国の企業経営がどのように展開されたかという点について分析することである。本書では，戦後のドイツ資本主義の発展が企業経営のなかにいかに貫いているのか，また企業経営の特殊ドイツ的な展開が同国の資本主義発展のあり方をいかに規定することになったのかという点の解明を試みている。

　第3に，国際比較の視点に関して，比較の対象となる国の企業経営の特徴だけでなく，それを規定している資本主義的特質の比較をも行うなかで，ドイツの企業経営の特徴をより明らかにするという点である。そこでは，戦後の企業経営の有力なモデルをなしたアメリカの経営方式の導入との関連で，また1970

年代以降の日本的生産システムの導入との関連で考察するなかで，国際比較の視点を織り混ぜた分析を行っている。また本書で取り上げる企業経営の主要な諸問題について，その考察結果を日本と比較することによってドイツ的特徴をよりクリアにする試みを行っている。

第4に，「ヨーロッパ」というドイツの企業経営の重要な基盤をなす地域的条件との関連に注意を払った考察を行うという点である。すなわち，企業経営のドイツ的な特徴，あり方をめぐって，戦後当初から有力な輸出市場となりうる先進諸国がアジアには存在せずアメリカへの強い輸出依存とならざるをえなかった日本とは異なり，先進諸国が多く存在していたヨーロッパの市場の条件・特質に留意して，「ヨーロッパのなかのドイツ」ということの意義をふまえた考察を行うということである。本書では，共同市場化の問題も含めて，ヨーロッパという地域性に根ざしたドイツ資本主義の条件との関連のなかで企業経営の考察を行っている。

第5に，このような第4の点とも関連するが，「ヨーロッパ」という地域的条件に根ざした企業経営の展開の考察をとおして，現在の欧州債務危機においてドイツの役割とイニシアティブを規定しているものは何かという今日的な問題に対する新たな視座を提供するという点である。本書では，戦後，ドイツの経営のスタイルがどのように築かれ，それがヨーロッパという地域的条件にいかに適応し，欧州統合への方向性とそのさらなる深化の推進という同国の動きが企業経営のレベルでいかに規定されることになったのかという点を解明するなかで，こうした問題にアプローチしている。

以上のような問題意識のもとに，本書では，つぎのような章別構成で考察を展開している。

まず**序章**「ドイツ企業経営研究へのアプローチ」では，本書の主要研究課題とそれを解明することの意義を明らかにしている。そこでは，本書の問題意識と研究課題について述べた上で，分析の枠組み，方法の提示を行うとともに，考察対象となる第2次大戦後の時期区分と各時期の主要特徴を明らかにしている。さらに企業経営の展開における各国の一般的傾向性，共通性について，政治経済的諸条件と企業経営の現象の両面から考察している。

それをふまえて，*第1部*「*第2次大戦後の経済成長期における企業経営の展*

開／では，1970年代初頭までの戦後の経済成長期における企業経営の展開について考察を行っている。そこでは，共同決定制度の成立にともなう第2次大戦後の労使関係の新しい展開，企業の集中とコンツェルン体制の新しい展開，アメリカ的経営方式の導入とそれにともなう企業経営の変化について考察している。アメリカの経営方式の導入に関しては，同国の世界戦略のもとでのマーシャル・プランと生産性向上運動の展開において，またその後の時期をとおして，アメリカ的経営方式の学習・導入・移転がどのように行われ，そのなかでドイツの企業経営がいかに変化したかという点について考察している。そこでは，①管理方式・生産方式，②経営者教育・管理者教育，③大量生産の進展にともなう市場への対応策，④組織の領域の経営方式を取り上げて分析している。そのさい，アメリカ側の政策的意図をふまえて，またドイツ企業の戦略的意図，さらに企業経営の伝統・経営観や，労使関係，教育システムなどの制度的側面，市場の条件・特質などの社会経済的諸条件との関連をふまえて考察している。それをとおして，アメリカ的経営方式の導入の実態，そこにみられる諸特徴とともに，企業経営におけるドイツ的なあり方がどう現れたかという点について，産業間の比較とともに代表的企業の比較を行うなかで，明らかにしている。

　まず**第1章「共同決定制度と労使関係の新しい展開」**では，共同決定制度の成立とその後の展開にともなう第2次大戦後の労使関係の枠組みについて考察している。そこでは，法的な制度として市場経済のなかに埋め込まれた共同決定制度のもつ調整機能を重視しながら，戦後における労使関係の枠組みの特徴，共同決定制度によるコーポレート・ガバナンス（企業統治）の機構，さらに労資の情報・コミュニケーションの改善，協調的・安定的労使関係の促進およびセイフティネットとしての機能の面からみた共同決定制度の意義を明らかにしている。

　また**第2章「企業の集中とコンツェルン体制の新しい展開——大企業解体後の再結合，第3次企業集中運動との関連を中心として——」**では，戦勝国による占領政策のもとでの独占的大企業の解体を経た1950年代以降の大企業の再結合とコンツェルン体制の新展開について，また60年代以降の第3次企業集中運動のもとでの集中・結合の進展にともなうその再編について考察してい

る。こうした分析をとおして，戦後の産業集中の新しい展開におけるコンツェルン体制の構築の歴史的意義を明らかにしている。

つづく第3章から第6章までの各章では，アメリカ的経営方式の導入・移転とそれにともなう企業経営の変化について考察している。まず**第3章「アメリカ的管理方式・生産方式の導入とそのドイツ的展開——IE，ヒューマン・リレーションズおよびフォード・システム——」**では，企業経営の変化の重要な契機をなしたアメリカ的管理方式・生産方式の導入について考察を行っている。そこでは，当時の最も代表的なアメリカ的管理方式・生産方式として，インダストリアル・エンジニアリング（IE），ヒューマン・リレーションズおよびフォード・システムを取り上げて分析している。

また**第4章「アメリカの経営者教育・管理者教育の導入とその影響」**では，アメリカ主導の生産性向上運動のなかで同国が外国への移転をとくに重視した領域のひとつである経営者教育・管理者教育の問題について，考察を行っている。そこでは，ドイツの教育制度，経営教育における大学の役割のほか，経営者に求められる素養・特性，企業内の昇進システムなどにみられる制度的特質・経営慣行との関連のなかで分析している。

さらに**第5章「大量市場への適応のためのアメリカ的方法の導入——マーケティング，PRおよびOR——」**では，大量生産の進展，大衆消費社会の確立にともない重要な問題となってきた市場へのアメリカ的な対応策・適応策の導入について，戦後ドイツの市場，社会構造の変化との関連をふまえて考察し，その特徴を明らかにしている。そこでは，マーケティング，PRの手法の導入について，また企業全体の観点からオペレーショナルな意思決定の最適化をはかるための手法であり市場への対応・適応において重要な役割を果たすオペレーションズ・リサーチ（OR）の導入について分析している。

第1部の最後の章である**第6章「事業構造の再編と管理機構の変革——事業部制組織の導入とそのドイツ的展開——」**では，管理組織の問題として，多角化の進展との関連のなかで事業部制組織の導入について考察している。そこでは，戦略と組織の変化の全般的状況をおさえた上で，主要産業部門とそこでの代表的企業の事例を取り上げて分析し，組織の変革の実態を解明するとともに，内部統制組織の整備についても考察している。それをふまえて，ドイツ企

業の伝統的な管理の機構や特質との関連のなかで，組織の変革における特徴を明らかにしている。

第1部におけるこうした考察をふまえて，第2部「1970年代から80年代末までの時期における企業経営の展開」では，主要先進諸国における生産力と市場との関係の変化，国際通貨体制の動揺，スタグフレーションの発生などにみられる資本主義の構造変化のもとでの企業経営の展開について考察している。そこでは，この時期の重要な経営課題となった減量合理化の推進，大量生産システムの改革，企業集中の展開とそれによる事業構造の再編について考察し，それらのドイツ的特徴と意義を明らかにしている。

まず第7章「減量合理化の展開とその特徴」では，1970年代初頭には市場との関係で生産能力が過剰となっていく傾向にあるなかで，減量合理化がどのように推進されたか，そのことはその後の展開にとってどのような意義をもったかという点について考察している。そこでは，鉄鋼業，造船業および石油産業という当時の構造不況業種を取り上げて分析を行っている。本章での考察は，1990年代以降に全産業的な広がりをもって本格的に展開されることになるリストラクチャリングの問題を分析する上での予備的考察をなすものでもある。

つづく第8章「生産システムの改革とその意義――ドイツ的生産モデルの追求とモジュール生産方式への道――」では，1970年代以降に実施された，アメリカモデルをベースにしたそれまでの大量生産システムの改革について考察している。この時期にみられた資本主義の構造変化のもとで，アメリカ的大量生産システムの限界が顕在化するなかで，多品種多仕様大量生産の実現に向けてどのような生産システムの改革が行われたのか。この章では，自動車産業を中心に，日本とも異なるドイツ的なあり方が追求された生産システム改革の特徴，意義と限界を明らかにしている。そのような考察をとおして，ジャパナイゼーションと呼ばれる日本的生産システムの導入の問題やその後のモジュール生産方式への展開との関連をふまえて，今日に至る変化の方向性を規定することになった諸要因の解明を行っている。

また第9章「企業集中の展開と事業構造の再編――第4次企業集中運動との関連を中心として――」では，1980年代の第4次企業集中運動と呼ばれる大きな結合の波のなかで展開された企業の集中とそれによる事業構造の再編につ

いて考察している。そこでは，企業の合併・買収（M&A）の大きな動きのなかで，事業分割と多角化による事業構造の再編，大企業による国際的な市場支配体制の強化がどのように推進されたか，その特徴とともに，この時期の企業集中の意義を明らかにしている。

以上の2つの部における考察をふまえて，*第3部「1990年代以降のグローバル段階における企業経営の展開」*では，グローバル資本主義のもとでの企業経営の新しい展開について考察している。すなわち，企業経営の「アメリカ化」の再来という現象のもとでの株主主権的な経営，コーポレート・ガバナンスへの転換をめぐる問題，リストラクチャリングの全産業的レベルでの本格的展開，経営のグローバル化，さらに企業集中の今日的展開について考察し，そうした現象にみられる質的に新しい性格と意義を明らかにしている。そこでは，資本主義の胎動における質的変化，資本蓄積条件の変化という点にかかわって，とくに市場条件とそれに規定された競争構造の変化との関連に着目して，ドイツ企業の経営行動について分析している。

まず**第10章**「株主主権的経営，コーポレート・ガバナンスとそのドイツ的展開──企業経営の『アメリカ化』の再来とその影響──」では，1990年代以降における資本市場の圧力の増大と企業経営の「アメリカ化」の再来という状況のもとで，株主主権的な経営，そのような方向性を指向するコーポレート・ガバナンスへの転換がどのようにすすんだか，という問題について考察している。そこでは，資本所有と人的結合の両面での産業・銀行間の関係，銀行間の協調的関係，共同決定制度のもとでの労使協調的な体制など，ドイツ的な企業体制（「ドイツ株式会社」）との関連で，またドイツ企業の生産重視の経営観，トップ・マネジメントの機構・人事構成の問題などとの関連で，企業体制，協調的な資本主義的あり方にいかなる変化がみられるのかという点について分析している。

つづく**第11章**「リストラクチャリングの新展開とその特徴」では，1990年代以降の資本蓄積条件と競争構造の大きな変化のもとで，また株主主権的な経営への圧力の増大のもとで，事業構造の再編や企業再編のための手段としても一層重要となってきたリストラクチャリングの新展開について考察している。そこでは，主要産業部門の比較とともに企業間の比較をとおして，各産業・企業

の多角的事業構造の差異に規定されたリストラクチャリングのあり方，相違，特徴とともに，そのような再編の意義を明らかにしている。

　また**第12章「経営のグローバル化とその特徴」**では，1990年代以降における企業経営の特徴的な現象のひとつをなす経営のグローバル化の進展について考察している。そこでは，1960年代・70年代のように多国籍企業の存在が顕著になりその活動が拡大した時代や80年代のように経済の国際化と呼ばれた段階の企業経営の国外展開と今日の経営のグローバル化と呼ばれる現象との質的な差異，そうした経営展開にともなう企業の蓄積構造と競争構造の変容について解明を行っている。そのさい，日本企業との比較を念頭において，ドイツ企業の経営のグローバル化における欧州企業的特徴とそのことのもつ意義に着目しながら分析している。

　さらに**第13章「企業集中の今日的展開とその特徴——第5次企業集中運動との関連を中心として——」**では，1990年代以降にみられた企業の集中・結合の大きな波（第5次企業集中運動）との関連をふまえて，グローバルな支配の達成をめざして展開され，従来の国内市場での寡占競争から世界市場における一握りの「世界的寡占」体制への転化をもたらした企業集中の展開について，考察している。そこでは，主要産業部門の比較をとおして，この時期の企業集中をM&Aの新展開という面から考察し，その今日的問題の解明を行っている。こうした分析をとおして，資本主義のグローバル段階における企業集中の主要問題と基本的特徴，企業，産業，経済の発展・再編の，また現代企業の資本蓄積問題の今日的到達点としての企業集中の意義を明らかにしている。

　以上の考察をふまえて，**結章「ドイツ資本主義と企業経営」**では，第2次大戦後のドイツ資本主義と企業経営を総括的に把握する試みを行っている。そこでは，まず，本書で取り上げた主要な経営現象・問題について，日本との比較のなかでドイツの企業経営の特徴をよりクリアにする作業を行っている。また本書のひとつの大きなテーマをなす企業経営の「アメリカ化」におけるドイツ的展開について，第2次大戦後の経済成長期と1990年代以降の時期を取り上げて，ドイツの企業経営の伝統や文化的要因，制度的要因とともに，生産力構造，産業構造，市場構造との関連のなかでとらえ直す試みを行っている。さらに本書で取り上げた戦後の3つの主要な時期について，世界資本主義，ドイツ

資本主義の歴史的条件の変化との関連で，また同国企業のグローバル地域化の動きとの関連で企業経営の展開を考察し，その基盤がいかに変化してきたかという点を明らかにしている。またこれらの考察をふまえて，戦後のドイツ企業の発展が今日のEUに至る欧州統合，ヨーロッパ化の動きをいかに規定することになったか，ドイツにとってのその原点を，市場をはじめとする条件的諸要因のみならず企業経営の内部構造的変化の面からも明らかにしている。

　以上のような内容と構成からなる本書は，筆者にとっては，ドイツを対象とした4冊の日本語の著書（『ドイツ企業管理史研究』森山書店，1997年，『ヴァイマル期ドイツ合理化運動の展開』森山書店，2001年，『ナチス期ドイツ合理化運動の展開』森山書店，2001年，『戦後ドイツ資本主義と企業経営』森山書店，2009年），経営学研究のあり方を考究した著書（『現代経営学の再構築――企業経営の本質把握――』森山書店，2005年），さらにシュプリンガー社より出版した英書（*"German Business Management : A Japanese Perspective on Regional Development Factors"*, Springer, 2013）につづく7冊目の単著となる。本書の公刊にあたり，多くの先生方に感謝を申し上げなければならないが，ここでは，お二人の恩師の先生に感謝の言葉を述べておきたい。

　学部・大学院時代の指導教授として私を研究者に育ててくださった今は亡き恩師，前川恭一先生に心から御礼申し上げたい。前川先生からは，大学院時代に私が書いた論文の原稿を一字一句直しながら研究の仕方，学者としての心構えなどを教えていただいた。先生は，企業経営の問題をつねに世界資本主義の歴史的条件の変化，各国の資本主義の変化との関連のなかでとらえること，また資本主義が歴史的関係のなかで内在的矛盾を生み出すという作用を注視しながら考察・把握することの重要性を教えてくださった。経営学が対象とする企業の経営現象が経営者や管理者という人間の主観的な意思決定の結果として生み出されるものであっても，そこにはそれぞれの現象にみられるあり方を規定する客観的な関係性が存在すること，その「目に見えない因果連関的な関係」を解明することにこそ「科学」としての経営学の意義があるということを，私は先生から学ばせていただいた。本書においても，こうした点を重視した考察が展開されている。前川先生が亡くなられてはや15年になるが，研究者として

の私のDNAというかたちで先生は今もなお生きていてくださっている。本書ならびに上述の英書を先生にご覧いただけないことは誠に残念極まりないことではあるが，謹んでこれらの書を先生のご霊前に捧げさせていただくとともに，次の仕事における研究のさらなる発展をお約束したい。

　私が心より尊敬するもうおひとりの恩師は，学部・大学院の先輩として，また10年以上にわたり同じ大学の学部の同僚として計り知れない貴重な御教示を与えてくださった仲田正機先生（立命館大学名誉教授）である。先生との出会いは1983年4月のことであり，同志社大学商学部の「経営管理論」の講義においてであった。1年間におよぶ講義の最初の日，授業を終えて教室を出て行かれる先生に「私，前川ゼミの者です……」とお声をかけ，お話していただいたのが先生とのご縁の始まりであった。その後も，同志社大学商学会の懸賞論文の執筆や大学院時代の論文の作成，数冊の著書の執筆にさいして，先生はいつも的確で有意義な御教示を与えてくださった。数々の議論をとおして，先生の学問的な厳しさ，今もなお私などが足元にも及びえない学問の造詣の深さ，暖かいお人柄に触れるなかで，つねに自らの未熟さを謙虚に反省しながら歩んできた。これまで何冊かの著書を刊行することができたのも，仲田先生の御指導の賜物であり，先生は，いつも考えあぐね学問の難しさに苦悩する私の目を開かせてくださった。

　思えば，仲田先生が立命館大学を定年により御退職された2007年3月以来，すぐにはお目にかかる機会を得ず，長い時間が経過するなかで，先生の新しい職場であった京都橘大学の研究室にお伺いさせていただいたのは，2011年7月末のことであった。上述の英書の出版を試みようと，先生にご相談にあがったときのことである。先生の新しい研究室で，研究課題の設定，分析の枠組み・方法，ドイツの企業経営を長年研究してきた日本人研究者としてドイツの事象から何を学びまた何を海外に発信していくのかといった論点をめぐって，熱い議論をさせていただく機会に恵まれた。出版社へのアプローチの最初の段階であるクエスチョネアの作成においても，先生からは計り知れない貴重な御教示とアドバイスをいただいた。その後も数回にわたり先生の研究室をお訪ねし，有意義な議論を重ねてきた。今日，研究の国際化，研究成果の国際発信が強く求められるなか，困難な仕事を何とかやり遂げることができたのも，まさに仲

田先生の御教示のおかげであり，心より先生にお礼を申し上げたい。今年の7月9日に，出版が完了した英書をお持ちして，先生にご覧いただきながら学問上の議論をすることができたが，このすばらしい思い出が，私の研究の大きな推進力となっている。

　本書の原稿を完成させる上でも，仲田先生からは実に多くの貴重な御教示をいただくことができた。先生のおられる日本と2013年10月から12月末までの在外研究のために私が滞在したドイツのマールブルクとの間で，電子メールによる多くのやりとりを重ねるなかで，先生は，私の何度にもおよぶ質問や御教示のお願いに対して，ひとつひとつ丁寧でまた的確なコメントとアドバイスを与えてくださった。帰国後も，電子メールを使って，また学会などで先生にお目にかかることができたさいに数々の有意義な御指導を賜ることによって，何とか本書を私なりに納得できるレベルにまで仕上げ，出版へと至ることができた。仲田先生とのすばらしい出会い，先生から受けた大きな学恩なしには，上述の英書や本書の出版も，また研究者としての今の私の存在もありえなかったであろう。これまでの先生との学問上のやりとりのすべてが，私にとっての宝物であり，これからの長い研究生活において大きな力と光を与えてくれるものと確信している。本書をお持ちして再び先生にお目にかかりご覧いただくこと，次の研究のための議論も含めて豊かなすばらしい語らいの機会に恵まれることを心より楽しみにしている。

　また本書は，過去3度のドイツ留学の成果を反映したものでもあるが，ことに2012年10月からの約3ヵ月の在外研究でも，多くの方々のお世話になった。マールブルク大学での受入教授であるクリスティアン・クラインシュミット教授には，研究上のみならず私生活の面でも格別のご高配を賜った。クラインシュミット教授とは，研究テーマが近いだけでなく，同じ世代の研究者であるということもあり，短い期間ではあったが，有意義な研究交流をすることができた。教授は上述の英書の出版を心から喜んでくださった。研究室でクラインシュミット教授と会い，議論を交わす時間がこの上ない楽しみであった。2度教授の御自宅にご招待いただくという機会にも恵まれたが，12月の雪の降る寒い日に，彼の住むギーセンの街を2人で歩き，クリスマスマーケットや同地の名所を巡った日のことは，すばらしい思い出となっている。またマールブルク大

学の社会経済史研究室の秘書であるグローマン女史には，研究上必要な作業において多くの援助をいただいた。同研究室の大学院生のバッハ氏には，日ごろの生活上のことやマールブルクの街の案内など，格別なお心遣いをいただいた。マールブルク滞在中は，研究に明け暮れる日々であったが，多くの方々の支えによって，所期の目的を達成し無事帰国することができた。お世話になった多くの方々に心より厚くお礼申し上げたい。

さらにドイツの各企業の文書館や連邦文書館，アメリカの文書館などのスタッフの方々にも感謝を申し上げなければならない。本書で使用した各種の一次史料の閲覧・収集にあたり，関係の方々から暖かいご配慮をいただいた。鉄鋼業ではティセン（現ティセンクルップ・コンツェルン文書館），クルップ，化学産業ではBASF，バイエル，ヘキスト，ヘンケル，ヒュルス（デグッサ），電機産業ではジーメンス，AEG，自動車産業ではダイムラー，フォルクスワーゲンの企業文書館を訪問し，一次史料の収集を行った。またコブレンツ連邦文書館，ケルンにあるライン・ヴェストファーレン経済文書館，アメリカの国立公文書館でも史料の収集に取り組んできた。これらの文書館の職員の方々に厚く御礼を申し上げたい。

なお本書の出版にさいして，森山書店の菅田直文社長には格別のご高配を賜った。600ページを超える学術書である本書をはじめページ数の多い書籍ばかりを執筆する私にとっては，いつもながらの氏のご高配に対しては感謝の念に堪えない。心より厚く御礼申し上げたい。

また私事になるが，家族に対しても感謝の気持ちを表しておきたい。私が学問研究の世界に入ってはや25年を超える歳月が流れたが，両親はつねに私の仕事を暖かく見守っていてくれた。誠に無念なことではあるが，2012年1月30日に父が急逝した。肺炎を患い入院中ではあったが，病状は急速に良くなり，退院して家に戻る日が来ることを確信していた矢先のことであった。亡くなる2日前にお見舞いに行ったばかりであったが，心筋梗塞によって永遠の別れとなってしまった。せめてもう一度父と語らう機会があればと今も思えてならない。本書ならびに上述の英書を謹んで父の霊前に捧げたい。今は母がいつまでも元気でいられることを心より願う毎日であるが，母が存命のうちにあと何度このような単著を出版し，手にとって見てもらうことができるのか，つぎの研

究に向かって決意を新たにする思いである。

　家庭において妻である直美がいてくれることも，私にとっての大きな励みと喜びとなっている。彼女は，いつも私の健康のことを心配しながら，温かく見守ってくれている。「少しはペースを調整することも覚えてゆとりをもって歩いてみては」という彼女のアドバイスもなかなか聞き入れずに，妥協の余地なく無理ばかりして研究に取り組む私のことを彼女はつねに気遣い，支えてくれている。さらに同居の義母の存在も，家庭の平安やよりよい研究環境を与えてくれている。私を支えてくれている2人に心より感謝したい。

　最後に愛するわが子，智孝にも熱い思いを述べておきたい。1999年9月から1年間におよぶドイツ留学（ベルリンに滞在）の出発時にはまだ1歳3ヵ月であった智孝は，2006年4月からの2度目の留学（ケルンに滞在）のさいには小学2年生に成長していた。この2度目の留学を終えて帰国したさい，もう愛するわが子を日本に残して再びドイツに行くことはないと固く約束していたが，2012年10月には，彼と離れての3度目のドイツ留学として，私はマールブルクに旅立つことになった。3ヵ月の短い期間であったとはいえ，中学2年生になった子どもにとって父のいない時間がどれほど重たいものであるかを痛感する毎日であった。週に2度彼との電話での語らいの時間は貴重なひとときであった。電話で話をしているだけでも，彼が多くのことを学び，考え，成長している様子を感じとることができた。帰国してからは，日曜日には子どもと一緒に列車に乗ってどこかに出かけることや趣味の鉄道模型で楽しい時間を過ごすことが多いが，こうしたひとときが，安らぎの時間になるとともに，私たち親子の心の絆を築いてきた。

　とはいえ，思えば，研究者としての私の生活は，つねに時間の使い方を厳しく律しながらの，まさに時間との闘いのようなものであり，智孝には寂しい思いをさせてしまったことに心が痛む思いである。以前から日曜日には子どもと過ごすことにしてきたが，祝日に研究を休んだことはほとんどなかった。祝日の朝，私が研究のために大学に行くことをわかりながらも「お父さん，今日お仕事？」と聞く子どもを家に残して駅に向かう途中，家の近くの交差点で信号待ちをするたびに，愛するわが子との時間を大事にするために家に引き返そうかと何度も思ったものである。しかし，そうすることは一度もできなかった。

「なぜか」と聞かれたなら，「私は社会のなかに生き，また生かされている研究者であるから」と答えるほかないが，子どものための時間をもっと優先すればよかったのではないかと，今も胸が痛む思いでいる。これからも成長を続けていく智孝には，自分の人生のこと，そして社会のなかに生きることの意味を真摯に考えながら歩んでほしいと思っている。学問に向かうさいに社会に目を開き少しの妥協の余地さえ認めようとはしない，研究者としての父の生き方が，彼の歩む道に灯りをともし続けることができればと心より願っている。いつの日からだろうか，朝の出勤の途中，子どもが通っていた保育園の近くの路地裏にひっそりと佇むお地蔵様に，1年のはじめにはその1年の，月のはじめにはその月の，週のはじめにはその週の，そして毎日の智孝の幸福と健康を祈るようになった。この子の未来が輝かしいものとなることを心より願ってやまない。

　　　2013年9月　果てしない研究の新たなる一歩のために

　　　　　　　　　　　　　　　　　　　　　　　　　山　崎　敏　夫

目　次

序章　ドイツ企業経営研究へのアプローチ……1
第1節　研究の課題……1
第2節　研究の方法……7
　1　企業経営の歴史的比較の基本的視点……7
　2　企業経営の国際比較の基本的視点……9
　3　経営方式の国際移転の分析における「再構造化」の枠組み……10
第3節　第2次大戦後の歴史的時期区分と各時期の主要特徴……15
　1　資本蓄積条件からみた時期区分と各時期の主要特徴……15
　2　企業経営の現象面からみた時期区分と各時期の主要特徴……16
第4節　企業経営の展開における各国の共通性……17
　1　政治経済的諸条件における各国の共通性……17
　2　企業経営の現象における各国の共通性……21

第1部　第2次大戦後の経済成長期における企業経営の展開

第1章　共同決定制度と労使関係の新しい展開……35
第1節　第2次大戦後の労使関係の新しい枠組み……36
第2節　共同決定制度とコーポレート・ガバナンス……38
第3節　共同決定制度の意義……41
　1　労資の情報・コミュニケーションの改善……41
　2　協調的・安定的労使関係の促進……42
　3　セイフティネットとしての機能……45

第2章　企業の集中とコンツェルン体制の新しい展開……53
　――大企業解体後の再結合，第3次企業集中運動との関連を中心として――

第1節　大企業の解体・再結合とコンツェルン体制の新しい展開………………54
　　　1　アメリカによる大企業の解体政策とその影響……………………………54
　　　2　大企業の再結合の展開………………………………………………………56
　　　3　コンツェルン体制の新展開の意義…………………………………………62
　第2節　第3次企業集中運動とコンツェルン体制の再編………………………63
　　　1　第3次企業集中運動の背景…………………………………………………63
　　　2　第3次企業集中運動の展開とその特徴……………………………………64
　　　3　主要産業部門における企業集中の展開……………………………………67
　　　4　第3次企業集中運動とコンツェルン体制の再編の意義…………………74

第3章　アメリカ的管理方式・生産方式の導入とそのドイツ的展開……86
　　　　──IE,ヒューマン・リレーションズおよびフォード・システム──
　第1節　インダストリアル・エンジニアリングの導入とその特徴………………87
　　　1　インダストリアル・エンジニアリングの発展とその影響………………87
　　　2　ワーク・ファクター法の導入とその特徴…………………………………89
　　　3　MTMの導入とその特徴……………………………………………………91
　　　4　主要産業部門におけるワーク・ファクター法とMTMの導入…………92
　　　5　インダストリアル・エンジニアリングの導入のドイツ的特徴…………94
　第2節　ヒューマン・リレーションズの導入とその特徴…………………………96
　　　1　ヒューマン・リレーションズの導入の社会経済的背景…………………96
　　　2　ヒューマン・リレーションズの導入の取り組みとその特徴……………97
　　　3　ヒューマン・リレーションズの導入の限界とその要因…………………101
　第3節　フォード・システムの導入とドイツ的ものづくりの展開………………105
　　　1　フォード・システムの導入の全般的状況…………………………………105
　　　2　自動車産業におけるフォード・システムの導入とその特徴……………107
　　　3　大量生産システムの展開とドイツ的ものづくり…………………………118

第4章 アメリカの経営者教育・管理者教育の導入とその影響……136

第1節 経営者教育・管理者教育の改革とアメリカのイニシアティブ……137

第2節 経営者教育・管理者教育におけるドイツの大学の役割とその限界
………………………………………………………………………139

第3節 アメリカの経営者教育・管理者教育の導入とその特徴……142

1 TWIの導入とその特徴……………………………………142

2 経営者教育の手法の導入とその特徴……………………144

第4節 アメリカの経営者教育・管理者教育の導入における限界と
その要因……………………………………………………147

第5章 大量市場への適応のためのアメリカ的方法の導入……153
──マーケティング，PRおよびOR──

第1節 マーケティング手法の導入とその特徴……………………154

1 アメリカのマーケティングの影響………………………155

2 マーケティング手法の学習・導入の経路………………155

3 マーケティング手法の導入の全般的状況………………157

4 主要産業部門におけるマーケティング手法の導入とその特徴……163

5 マーケティング手法の導入のドイツ的特徴……………171

第2節 パブリック・リレーションズの導入とその特徴…………172

1 パブリック・リレーションズの導入の全般的状況……172

2 パブリック・リレーションズの導入の代表的事例……174

3 パブリック・リレーションズの導入のドイツ的特徴…176

第3節 オペレーションズ・リサーチの導入とその特徴…………177

第6章 事業構造の再編と管理機構の変革……189
──事業部制組織の導入とそのドイツ的展開──

第1節 多角化の傾向とその特徴……………………………………190

1 第2次大戦後の多角化の社会的経済的背景……………190

2　多角化の進展とその特徴……………………………………………191
　第2節　組織革新と事業部制組織の導入……………………………………192
　　　1　事業部制組織の導入の背景…………………………………………192
　　　2　組織構造の変化とその特徴…………………………………………195
　　　3　主要産業部門における事業部制組織の導入とその特徴…………197
　　　4　事業部制組織の導入と内部統制組織の確立………………………213
　　　　　――コントローリング制度の導入とその意義――
　第3節　事業部制組織の導入のドイツ的特徴………………………………216
　　　1　事業部制組織の機構とそのドイツ的特徴…………………………216
　　　2　ドイツ企業の管理の伝統と事業部制組織の導入へのその影響…218

第2部　1970年代から80年代末までの時期における企業経営の展開

第7章　減量合理化の展開とその特徴……………………………………231
　第1節　減量合理化の産業比較分析の視点…………………………………232
　第2節　鉄鋼業における減量合理化の展開とその特徴……………………234
　　　1　鉄鋼業における構造適応をめぐる問題……………………………234
　　　2　減量合理化の展開とその特徴………………………………………236
　第3節　造船業における減量合理化の展開とその特徴……………………246
　　　1　造船業における構造適応をめぐる問題……………………………246
　　　2　減量合理化の展開とその特徴………………………………………251
　　　3　事業構造の再編，経営戦略の展開と構造適応……………………255
　第4節　石油産業における減量合理化の展開とその特徴…………………257
　　　1　石油産業における構造適応をめぐる問題…………………………257
　　　2　減量合理化の展開とその特徴………………………………………259

第8章　生産システムの改革とその意義…………………………………282
　　　　　――ドイツ的生産モデルの追求とモジュール生産方式への道――

第1節　1970年代の資本主義の構造変化と生産システム改革の課題………283
　第2節　ドイツ企業の生産システム改革とその特徴………………………284
　　1　ME技術に依拠した生産システムのフレキシブル化………………285
　　2　ME技術の導入と熟練労働力の新しい役割…………………………288
　　　　――直接労働と間接労働の職務統合――
　　3　集団労働の展開とその特徴……………………………………………290
　　4　職場小集団活動の展開とその特徴……………………………………292
　第3節　ドイツ企業の生産システム改革の限界とその後の展開…………294
　　1　日本的生産システムの優位とその要因………………………………294
　　2　ME技術を基軸とする生産システム改革の限界……………………295
　　3　日本的生産システムの導入とその限界………………………………297
　　4　生産システム改革の限界とモジュール生産方式への展開…………302

第9章　企業集中の展開と事業構造の再編……………………………316
　　　　――第4次企業集中運動との関連を中心として――
　第1節　第4次企業集中運動の展開とその特徴……………………………316
　　1　第4次企業集中運動の背景……………………………………………316
　　2　第4次企業集中運動の特徴……………………………………………319
　第2節　ドイツにおける企業集中の展開とその意義………………………323

第3部　1990年代以降のグローバル段階における企業経営の展開

第10章　株主主権的経営，コーポレート・ガバナンスと
　　　　　そのドイツ的展開……………………………………………329
　　　　――企業経営の「アメリカ化」の再来とその影響――
　第1節　アメリカ的「金融化」とドイツ的企業体制の動揺…………………330
　　1　アメリカ的「金融化」と株主価値志向の拡大………………………330
　　2　アメリカ的「金融化」のもとでのドイツ的企業体制の動揺………331
　第2節　ドイツ企業における株主価値重視の経営への転換とその特徴……336

6 　目　　次

　　　1　株主価値重視の経営への転換……………………………………………*336*
　　　2　株主価値重視の経営への転換の限界……………………………………*343*
　　　3　株主価値重視の経営への転換における企業間の差異…………………*348*
　　第3節　株主価値重視の経営モデルとドイツ的経営モデルとの相剋………*350*
　　　1　株主価値重視の経営モデルとドイツ的経営モデルのハイブリッド化……*350*
　　　2　銀行の役割の変化との関連での株主価値重視の経営モデルとの相剋………*351*
　　　3　機関投資家の影響との関連での株主価値重視の経営モデルとの相剋………*354*
　　　4　生産重視の経営観，トップ・マネジメントの機構・人事構成との関連での
　　　　 株主価値重視の経営モデルとの相剋………………………………………*355*
　　　5　共同決定制度との関連での株主価値重視の経営モデルとの相剋…………*358*

第11章　リストラクチャリングの新展開とその特徴……………………*374*

　　第1節　リストラクチャリングの本格的展開………………………………*374*
　　第2節　鉄鋼業におけるリストラクチャリングの展開とその特徴…………*376*
　　　1　過剰生産能力の整理と生産の集中・専門化の推進……………………*376*
　　　2　「選択と集中」による事業構造の再編成………………………………*378*
　　　3　事業領域内の特定の製品分野への集中…………………………………*381*
　　第3節　化学産業におけるリストラクチャリングの展開とその特徴………*382*
　　　1　化学産業の経営環境の変化とリストラクチャリングの展開…………*382*
　　　2　主要企業におけるリストラクチャリングの展開とその特徴…………*384*
　　第4節　自動車産業におけるリストラクチャリングの展開とその特徴……*393*
　　　1　ダイムラーにおけるリストラクチャリングの展開とその特徴………*394*
　　　2　フォルクスワーゲンにおけるリストラクチャリングの展開とその特徴……*398*
　　第5節　電機産業におけるリストラクチャリングの展開とその特徴………*400*
　　第6節　リストラクチャリングの展開のドイツ的特徴………………………*405*

第12章　経営のグローバル化とその特徴…………………………………*416*

　　第1節　経営のグローバル化の基本的指標…………………………………*417*

第2節　自動車産業における経営のグローバル化とその特徴……………418
　　　　1　自動車産業における経営のグローバル化の全般的状況……………418
　　　　2　車両生産の国際展開とその特徴……………………………………430
　　　　3　部品生産の国際展開と調達体制……………………………………439
　　　　4　開発の現地化と国外の開発拠点の拡充……………………………447
　　　　5　経営のグローバル化と労働組合の対応……………………………450
　　　第3節　経営のグローバル化の進展と蓄積構造・競争構造の変容………452
　　　　1　経営のグローバル化の進展と蓄積構造の変容……………………452
　　　　2　経営のグローバル化の欧州企業的特徴と蓄積構造………………453
　　　　3　経営のグローバル化の進展と競争構造の変容……………………457

第13章　企業集中の今日的展開とその特徴……………………………………470
　　　　――第5次企業集中運動との関連を中心として――
　　　第1節　1990年代以降の企業集中の展開とその基本的特徴………………471
　　　　1　1990年代以降の企業集中の展開とその背景………………………471
　　　　2　1990年代以降の企業集中の基本的特徴……………………………476
　　　第2節　主要産業部門における企業集中の展開とその特徴………………482
　　　　1　鉄鋼業における企業集中の展開とその特徴………………………482
　　　　2　化学産業における企業集中の展開とその特徴……………………485
　　　　3　自動車産業における企業集中の展開とその特徴…………………494
　　　　4　金融部門における企業集中の展開とその特徴……………………502
　　　第3節　資本主義のグローバル段階における企業集中の意義……………509

結章　ドイツ資本主義と企業経営………………………………………………526
　　　第1節　日本との比較でみたドイツの企業経営……………………………528
　　　　1　経営参加と労使関係の日独比較とドイツ的特徴…………………528
　　　　2　企業の集中とコンツェルン体制の日独比較とドイツ的特徴……530
　　　　3　アメリカ的経営方式の導入の日独比較とドイツ的特徴…………533

4　リストラクチャリングの展開の日独比較とドイツ的特徴……………544
　　5　経営のグローバル化の日独比較とドイツ的特徴……………………549
　　6　コーポレート・ガバナンスの日独比較とドイツ的特徴……………553
　第2節　企業経営の「アメリカ化」における「再構造化」とドイツ的展開…555
　　1　第2次大戦後の経済成長期における企業経営の「アメリカ化」と「再構造化」
　　　………………………………………………………………………………556
　　2　1990年代以降の企業経営の「アメリカ化」と「再構造化」………567
　第3節　ドイツ資本主義の歴史的条件の変化と企業経営…………………571
　　1　第2次大戦後の経済成長期におけるドイツの企業経営の基盤……572
　　2　1970年代以降の資本主義の構造変化と企業経営のドイツ的対応…575
　　3　1990年代以降のグローバル段階におけるドイツ資本主義と企業経営…580
　第4節　第2次大戦後のドイツ企業の発展と欧州統合への道……………586
　　　――ヨーロッパ市場で棲み分けを求めた，地域に根ざす経営展開――

索　引……………………………………………………………………………598

序章　ドイツ企業経営研究へのアプローチ

第1節　研究の課題

　企業経営の展開においては，各国の資本主義発展の諸特質に規定されて，基本的に共通する一般的傾向とともに，その国の独自的な諸過程・あり方がみられる。ことに，イギリスに遅れて後発の資本主義国としてスタートしながらもアメリカと同様にいちはやく独占資本主義へと移行し経営学の発祥の母国となったドイツをみると，いずれの歴史的発展段階においても，企業経営の特徴的な現われがみられる。筆者はこれまでに，独占形成期から第2次大戦の終結までの時期のドイツにおける企業管理の生成・発展の過程について[1]，またヴァイマル期およびナチス期の合理化運動とそのもとでの企業経営の変化について[2]，さらに1970年代初頭までの第2次大戦後の時期の同国における企業経営の展開について研究し，その成果を発表してきた[3]。これらの研究成果をもふまえて，筆者は，アジアの一国である日本からみた視点のもとに，1950年代および60年代の戦後の経済成長期におけるドイツ企業の発展，企業経営の展開を欧州統合という地域化の動きとの関連で考察した研究成果を，英書として発表してきた[4]。筆者はまた，ドイツを対象としたこれらの研究のほか，企業経営の本質把握の観点から，経営学研究の課題・対象・方法とともに，管理システム，生産システム，企業集中，企業構造の変化，企業経営のグローバル化など，企業経営の歴史や今日的現象について幅広く考察した研究成果を発表してきた[5]。以上の研究成果を基礎にして，本書は，経営学研究の立場に立って，国際比較の視点のもとに，また産業間や企業間の比較の視点に基づいて第2次大戦の終結から現在までのドイツにおける企業経営の歴史的過程を考察し，各

国に共通する一般的傾向性とそのなかにみられるドイツの特殊性を明らかにすることを意図したものである。

まず，なぜドイツを研究対象とするのかということについて述べておくことにしよう。第2次大戦終結までの時期のドイツ資本主義は，その生成・発展の特質のゆえに，ヴァイマル共和国という民主国家の誕生，その後の最も反動的なナチスファシズム体制の成立という急変を経験するとともに，二度の世界大戦をひきおこすまでに特殊的なあり方をたどった。また第2次大戦後には，ドイツは，「ライン型資本主義」[6]や「調整された市場経済」[7]などと呼ばれるように，資本主義的市場化の限界に対する独自の「調整的機能」を組み込んだ，戦前とは大きく異なるかたちでのひとつの資本主義的モデルをなした。そのようなドイツ的な資本主義モデルのもとで，企業経営においても，独自的・特徴的な展開がみられてきた。さらに今日的にみれば，世界がグローバリゼーションの過程のなかにある一方で，ドイツはヨーロッパ化，すなわちグローバリズムのなかでのリージョナリズムに基づく行動様式を一層強力に展開してきているという状況にもある。ドイツの経済と企業のこうした動きは，1990年代以降のグローバル段階におけるひとつの特徴的なあり方を示すものであるともいえる。ドイツの企業経営と同国資本主義の再生産構造は，市場統合と通貨統合を実現しながらも欧州債務危機に大きく揺れる現在のEU，ヨーロッパの問題とも深く関係しており，その考察は，ドイツのみならず欧州の理解にとっても重要な手がかりを与えるものとなろう。それゆえ，現代資本主義分析，世界資本主義分析の一環としてドイツの資本主義と企業経営の発展過程を歴史的に考察することは，重要な意味をもつといえる。

そこで，以下では，本書において解明すべき主要な研究課題についてみていくことにしよう。

本書では，「経営学とは，経済活動の中心的な行為主体のひとつである企業の行動メカニズム（行動と構造）の面から経済現象の本質的解明を行い，それをとおして現代経済社会，とりわけ現代資本主義経済社会のしくみや構造，そのあり方などを考究するものである」という立場に立っている[8]。筆者の研究のこれまでの基本的なスタンスは，社会経済的なドイツ的特質に規定されて同国の企業経営がどのように展開されてきたかということを分析するというもの

であった。本書では,「企業経営のあり方は,その国の政治経済社会の歴史的特殊性・条件性に規定される」という見方に立って,それぞれの歴史的発展段階における諸条件のもとで,ドイツ的な特質が第2次大戦後の過程のなかにどのように現れているかという点の解明を試みている。すなわち,ドイツ資本主義の発展が企業経営のなかにいかに貫いているのか,また企業経営の特殊ドイツ的な展開が同国の資本主義発展のあり方をいかに規定することになったのかという点を明らかにすることを,主要な研究課題としている。

ことに第2次大戦を境とした「戦前」と「戦後」をどうみるかという問題にかかわっていえば,戦前のドイツ資本主義の特殊性は,生産力と市場との間の不均衡というかたちで市場問題に集約的に現れ,そのことが企業経営の展開,生産力発展の最大の隘路をなした[9]。資本主義諸国間の協調体制の弱さ・限界のもとで,輸出市場として重要な位置を占めるヨーロッパ市場を十分に生かすことができなかったことも,限界を規定する大きな要因をなした。しかし,第2次大戦後になると,そのような特殊的条件・制約は大きく変化し,市場の面でも生産力の面でも,それまでの限界が大きく克服されるかたちとなった。その主要な要因は,アメリカの世界戦略による資本主義国間の国際協調体制のもとでの世界市場をとりまく条件の変化,主要各国における国内市場の条件の変化,さらにアメリカ的生産力構造,経営方式の導入・移転のための枠組み・条件の大きな変化にみられる。そのような新しい諸条件のもとで,ドイツのみならず主要各国においては,企業経営の大きな変化がもたらされ,戦前の生産力構造,企業経営のあり方からの転換がはかられた。そのことによって急速な経済発展が実現されたのであり,こうした発展が企業経営の展開によっていかにして実現されたかという点の解明が重要な課題となろう。

こうした歴史的な視点からみると,先進的な経営モデルをなしてきたアメリカ的経営方式の導入・展開(「アメリカ化」)という面では,それが可能でなかった「戦前」と可能となった「戦後」というとらえ方ができる。しかし,第2次大戦後には,市場条件の枠組みの大きな変化のもとで量産効果の発揮をひとつの大きな前提とするアメリカ的な経営方式の導入が可能となってくるという状況のなかにあっても,その導入をはかりながらもドイツ的な独自の経営スタイルが展開されてきたという面も強い。それでは,第2次大戦後の経済の復

興・成長期をとおして，アメリカ的経営方式の導入のなかで，それらが特殊ドイツ的条件にあわせて修正・適応され適合されるかたちでどのようなドイツ的な経営のスタイル，様式，特徴・あり方がみられることになったか，またそのことはいかなる意義をもったのか。こうした点の把握とともに，そのようなドイツ的な展開は何によってどう規定されたのかという点の解明が重要な研究課題のひとつをなす。

　この点にかかわっていえば，ヨーロッパを基軸としたドイツ資本主義の再生産構造（蓄積構造）とそれに規定された，またそのような再生産構造を支える企業経営の展開・特質とは何かということが重要な問題となってくる。こうした点をめぐっては，ドイツ資本主義の再生産構造，企業経営，企業の発展の基盤の整備という点での「ヨーロッパ化」ということが重要な問題となってくる。今日のEUに至る欧州統合，ヨーロッパ化の動きにおけるドイツにとっての原点，すなわち，ドイツ企業がヨーロッパ市場で棲み分け，欧州統合へと向かうことになる根源を，市場をはじめとする条件的諸要因のみならず企業経営の内部構造的変化の面からも明らかにするなかで，ヨーロッパ化という動きの本質を捉えることである。本書では，1950年代および60年代のドイツ企業の発展がこうした動きの原点をなすという理解のもとに，この時期の発展がその後の時期の状況，さらにはグローバリゼーションのなかにあってもドイツがヨーロッパ化をすすめているという現在の状況をどう規定することになったのかという点の解明を試みている。ドイツはアメリカから経済的に自立したかたちでの企業，産業および経済の発展を実現してきたといえる。この点は，ドイツと同様に敗戦国でありながら世界有数の貿易立国となった日本とは対照的である。それゆえ，ドイツのヨーロッパ化という問題の考察は，同国の資本主義がアメリカから自立した再生産構造を実現することを可能にした条件の解明とも深く関係している。この問題は，現代という時代を読み解く上での重要なキーワードのひとつでもある「ヨーロッパ化」[10]という点をめぐって，欧州，ことにドイツにとっての欧州統合・EUの意義，EUのなかでのドイツの位置を規定している関係を企業経営のレベルにまでおりて捉えることを意味するものである。こうした点の考察をとおして日本とドイツの今日の企業と経済の状況の相違を根本的に規定している諸要因を明かにすることが，そこでの重要な研究

課題となる。

　また1970年代から80年代末までの時期についていえば，70年代初頭以降の資本主義の構造変化のもとで，新たな経営課題に直面して，それまでに形成されてきた企業経営のドイツ的なスタイル，特徴，あり方にどのような変化がもたらされることになったのか。またそのことはその後の1990年代以降のグローバル段階における経営展開にどのような影響をおよぼすことになったのか。こうした点の解明が重要な問題となってくる。ことに「メイド・イン・ジャーマニー」と呼ばれるような多様化高品質生産[11]の展開ともかかわって，フォード・システムを基礎とするそれまでの大量生産システムの変革がどのようにすすんだのか，過剰蓄積の矛盾の顕在化への対応として企業の事業構造の再編・合理化がいかにすすめられたか，そうした経営課題への対応策も含めて企業集中のどのような展開がみられたのか。この時期のドイツの企業経営の変化の内実とその歴史的意義を明らかにすることが重要となる。

　さらに1990年代以降の分析においては，80年代末までの資本主義発展の歴史的過程の考察をふまえて，また資本主義のグローバル段階に固有の基本的諸特徴をとらえ，それに規定された企業経営の諸特徴と意義を解明することが重要な課題となる。すなわち，1990年代以降の時期にはどのような質的に新しい性格をもつ企業経営の現象がみられることになったか，そのなかでドイツ的な経営のスタイルにいかなる影響・変化がみられるのかという点を明らかにし，ドイツの企業経営の今日的到達点を把握することが重要な問題となってくる。ことにグローバル化，地域化のなかでの，また欧州統合の深化のもとでのドイツの企業経営の新展開の特徴と意義を明らかにすることが重要である。この時期のグローバリゼーションは，株主価値重視の経営や資本市場指向型コーポレート・ガバナンスのシステムなど，企業経営やそれをめぐる制度などの面での「アメリカ化」という面を強くもつものでもある。また情報通信技術の発展が経営環境の変化をもたらし，企業経営の大きな変革の契機となるなかで，ヨーロッパ地域に一層重点をおいたドイツ企業の蓄積構造，ドイツ資本主義の再生産構造の新たな展開が企業経営のレベルでどのように生み出されてきたのか，そこでのドイツ企業に特徴的な行動様式とは何か。グローバル資本主義という視点と同時に「EU圏の資本主義」という視点から，ドイツおよび欧州を中核

とする市場構造的特質や産業構造的特質，さらには生産力構造的特質との関連で，また制度的特質やドイツ企業の経営の価値基準（経営観）などの影響をもふまえて，こうした点を明らかにすることが重要な課題となってくる。

　本書では，以上のような問題意識と研究課題のもとに，戦後当初から今日のグローバリゼーションと呼ばれる大きな変革の時期をも貫くドイツの企業経営の内実を明らかにすることを意図している。そのさい，第2次大戦後のドイツ企業の発展を市場と資本の世界的連鎖の拡大・深まりによるグローバル化のもとでのヨーロッパ化という「グローバル地域化」の動きとしてとらえ，こうした動きの特徴，それとも深い関連をもつ企業経営のあり方，特質の解明を試みている。ここにいう「グローバル地域化」とは，ドイツ企業が経営のグローバルな展開を推進するなかにあって，進出先の現地環境への適応をめざした生産・開発・購買などの現地化という経営行動それ自体だけでなく，EUを基盤とする広域欧州という地域に大きな重点をおいた蓄積構造の構築，それに適合的な経営展開，企業の行動様式のあり方をめぐる問題である。

　つぎに，このような研究課題にかかわって，既存の研究においてどのような成果がみられるかという点についてみておくことにしよう。ドイツの企業経営に関する研究状況については，特定の時期に対象を限定した研究書はみられるが，戦後のドイツの企業経営の歴史的過程を統一的な研究方法に基づいて包括的に分析した研究は，日本はもとよりドイツにおいてもごく限られている状況にあり，教科書的な概説書がごくわずかに存在するにすぎない[12]。また戦後の特定の時期に対象を絞った研究をみても，特定の企業経営の領域や経営方式のみを対象としたものが多く，企業経営の主要な領域を包括的にカバーした研究成果は少ない[13]。この点，本書では，企業集中，管理システム，生産システム，組織構造，市場適応・創造のための方策としてのマーケティングやパブリッシング・リレーションズ（PR），経営者教育・管理者教育，経営戦略，コーポレート・ガバナンス，リストラクチャリング，経営のグローバル化など，企業経営の主要な領域を包括的に取り上げて分析している。またドイツの欧州統合への道を企業経営のレベルで規定したものは何かという問題や，現在の日本とドイツの企業と経済のおかれている状況の相違を根本的に規定している諸要因の解明という課題についての研究成果は，本書および2013年に刊行した上

述の筆者の英書を除くと皆無であるといえる。本書は，経営学研究の立場に立って，国際比較の視点に基づいて第2次大戦終結から現在までのドイツにおける企業経営の歴史的過程を総合的かつ包括的に解明することによって，こうした研究上の空白部分を埋めようとするものである。

第2節 研究の方法

　以上のように，本書は，歴史的比較の視点から，また国際比較の視点のもとに，現在に至る第2次大戦後のドイツにおける企業経営の展開過程を考察するというものであるが，そのさい，研究の方法・枠組みをどのように設定するかということが重要な問題となってくる。そこで，つぎに，この点についてみておくことにしよう。

1　企業経営の歴史的比較の基本的視点

　筆者はこれまで，日本において独自の発展をとげてきた「批判的経営学」，なかでも「企業経済学説」の研究方法を受け継ぎながらも，それを今日的に発展させるかたちで分析の方法・フレームワークを構築してきた。「企業経済学説」においては，「政治経済学——部門経済学——企業経済学」という経済科学の体系のもとに，「政治経済——産業経済—企業経済（経営経済）」の相互の関連のなかでそれぞれの問題がどのように規定されたか，またその国のどのような独自的な企業経営のあり方，特徴が生み出されることになったかという点の解明が，行われてきた[14]。そこでは，客観的な変化の社会科学的意義，変化・発展の法則的な関係性を明らかにすることが重視されてきた。本書では，こうした研究の流れを受け継ぎ，企業レベルに固有の諸要因に限定されることなく，企業経営をとりまく経済的要因と産業的要因を十分に取り込んで分析し，企業の活動がその国の資本主義の再生産構造（蓄積構造）を築いてきた過程を解明している。このような分析のアプローチは，企業経営，それとも深いかかわりをもつ産業集中の問題の考察をとおして，ドイツ資本主義をとらえようとするものである。こうした意味において，本書の研究は，経済学研究の一環としての企業経営の分析という性格をもつ。

本書では，歴史的過程を経て現在も存在している資本主義経済社会とは何か，そのひとつの構成要素であり中心的行為主体である企業とその経営のありようの解明（科学的認識）に研究の中心的課題をすえて，経営現象の法則的把握・認識を行うことを意図している。ここにいう「法則的把握」とは，ひとつひとつの個別的現象を貫く一般的傾向性（「共通性」）とそれを規定する諸関係・要因の抽出を行い，そのなかで同時に「特殊性」（差異性）を解明するということにある。企業の行う経営の諸方策は，資本主義の発展段階にしたがって，そこに作用する諸経済法則に基づいて必然的に変化せざるをえず，資本主義の変化する客観的諸条件に適応せざるをえない。企業の行う諸経営・諸方策は直接的・主体的には企業の経営者や管理者によって生み出されるが，彼らの意思決定という主観的判断は，あくまでその企業のおかれている資本主義経済の客観的条件に規定されている[15]。

　この点に関して重要な点は，経営学研究の対象となる，それゆえまた本書においても考察の対象となる経営現象のほとんどは「大量的」現象となったものであるということにある。特定の経営方式なりシステムが生み出された国や企業を超えて，また産業を超えて広く普及した一般的現象となったということには，ある歴史的条件のもとでそうした現象が生み出される，あるいは導入され普及していく「必要性」の存在とともに，それらが「有効性」をもったということが背景にある。

　それゆえ，企業の経営問題・現象の考察においては，つぎのような分析の方法が重要となる。すなわち，そのときどきの資本主義の世界史的諸条件のもとで，企業の属する国の資本主義のおかれている，各時期における歴史的，特殊的，具体的諸条件，ことに市場条件とそれに規定された競争構造の変化のもとで，そのような諸条件に適応して利潤を増大させるために企業経営の解決すべきどのような問題が発生したのか。それへの対応策として企業の構造や経営の方式，システムがどのように変化せざるをえなかったか。そのことはどのような意義をもったのか。こうした点の解明をとおして各時期にみられる，また各国にみられる諸特徴を明らかにしていくという視角が重要となってくる。

　すなわち，経営現象にかかわる，「①発生の規定関係，②その実態，すなわち経営課題の解決を可能にした経営の方策とそれによる問題解決の論理，③意

義（企業経営上の意義と社会経済的意義）」の間にみられる因果連関的関係を抽出することによって，企業のみならず，産業，資本主義経済が発展し再編されていくメカニズムを把握し，そこにみられる「一般性」と「特殊性」を明らかにするということである。まず①の「発生の規定関係」については，特定の経営現象がある時期におこらざるをえない歴史的必然性（「歴史的特殊性」）を解明することである。また②の「実態と問題解決の論理」においては，資本主義の歴史的条件の変化や産業経済的諸条件のもとでの企業の対応すべき経営問題の現われ方に規定された現実の経営展開，そこで採用された諸方策でもって問題解決が可能となったメカニズムを明らかにするということである。さらに③の「意義」についていえば，企業経営の変化が企業の発展やその後の経営展開にとってどのような意義をもったかという点のみならず，広く社会経済において果たした役割，もたらされた帰結をも明らかにするということである。

　本書では，こうした分析をとおして，経営現象をたんに個別企業の行為者の主観的な意思決定のあらわれという一断片においてではなく，経営者や管理者の意思決定をとおして展開される企業の経営現象の発生の規定関係，諸現象の内実，意義の間にみられる関連性をその総体のなかで捉えることによって，分析における科学性・客観性を追求しようとしている。それをとおして現代企業経営の構造，基本的特徴だけでなく，現代資本主義経済社会の新しい傾向，諸特徴，問題点などを解明することを意図している。

2　企業経営の国際比較の基本的視点

　つぎに本書における企業経営の国際比較の基本的視点についてみておくことにする。筆者のこれまでの研究では，国際比較の視点をふまえつつも，基本的にドイツ一国を対象とした分析においては，世界資本主義の歴史的条件の変化のもとで，同国の社会経済的諸要因，産業経済的諸要因（産業構造など）と企業経営の間の内的な関連性を重視した分析の方法をとってきた。しかし，本書での国際比較の視点においては，国際間の共通性と差異性の解明が重要であり，それぞれの歴史的発展段階における共通の発展傾向の把握をつうじて当該国の「差異性」を明らかにするという基本的視点のもとに，分析が行われている。「共通」のものに還元しながら差異性を明らかにするなかで，国際的な多

様性を検証することが重要である。

　ドイツの企業経営の歴史的展開をとおして発展してきたもののなかで，アメリカや日本などの主要各国とも「共通」するものは何か，それはどのような性格をもつものであるのか，そうした共通性を規定するものは何か。その共通項のなかでのドイツ的特徴，同国に特殊的な具体的存在形態とはいかなるものであるのか。そのことはどのような意味をもつのか。発展傾向の共通のベクトルのありようとともに，そのなかでの具体的なドイツ的あり方・特質，他の国の具体的・特殊的なありようとの相違を解明することが重要な課題となってくる。そのさい，各国の企業経営の固有のあり方・独自性を規定する諸要因は，その国の社会経済の歴史的発展のあり方にあり，歴史的発展段階によって企業経営のテーマ，トピックスが変わってくることになる。それゆえ，本書では第2次大戦後の時期を歴史的に追跡するなかで，企業経営の主要問題の包括的かつ総合的な分析・把握を試みている。

　国際比較の視点から企業経営の分析を行うさいには，政治経済的諸条件と企業経営の現象・問題において各国に共通してみられる一般的傾向性を把握しておくことが重要となる。こうした点での共通性については，第4節において取り上げ，第1章以下の本論を展開する上での基礎となる予備的考察を行うことにする。

3　経営方式の国際移転の分析における「再構造化」の枠組み

　また各国の企業経営の展開に大きな影響をおよぼしたアメリカの経営方式の導入・移転という点に関していえば，そうした現象は「アメリカ化」としてとらえることができるが，こうした問題を分析するためのフレームワークをいかに設定するかということが重要となってくる。本書では，導入されてきた外国の経営方式の適応・修正・適合をともなう変化の諸相を明らかにするための視角として，「再構造化」という分析の枠組みを設定している[16]。ここにいう「再構造化」とは，「ある国の資本主義の構造的特質によって規定された企業経営の方式やシステム，あり方が移転先の国の資本主義の構造的特質にあわせて適応・修正され，適合されるかたちで定着し，機能するようになること」をいう。そこでの資本主義の構造的特質においては，①生産力構造，②産業構造，

③市場構造の3つが基本をなし，それらを反映したその国の特質が，「再構造化」の問題と深く関係する。また④経営観，企業経営の伝統，文化的要因や⑤制度などの面の規定性も，再構造化のあり方に関係する。以上の5つの諸要因が企業経営のアメリカ化における「再構造化」に深くかかわってくる。

　これら5つの諸要因のうち，生産力構造，産業構造および市場構造にかかわっていえば，つぎのようにいえるであろう。まず**市場構造**に関していえば，なかでも商品市場については，その国の市場の特質，商品構成，ことに輸出市場における地域構成とそこでの商品構成，輸出先の国の貿易政策の問題，それらの諸要素にも規定された競争構造のありようなどが，企業の経営行動に大きく関係してくる。それゆえ，市場構造の相違にあわせた経営展開が求められる。こうした市場構造については，産業間でも大きな差異がみられることも考慮に入れておく必要がある。例えばドイツの場合，国内市場の特質のみならず，貿易において非常に大きな位置を占めるヨーロッパ市場のもつ特質と意義が重要であるほか，共同市場のような市場の条件が企業経営の展開におよぼす影響が重要な問題となる。標準化のすすんだアメリカの市場の条件との比較でみれば，消費者の品質重視や機能重視の志向など，市場の特質は各国において必ずしも同じであるというわけではない。そのことは，企業の製品戦略やマーケティング活動，生産の方式，労働力利用のあり方などとも深いかかわりをもつ。またヨーロッパでは，重化学工業と加工組立産業を中核とするドイツの産業構造的特質のもとで，また同地域の諸国間にみられる産業構造の差異のもとで，産業分野や製品分野の間の相互補完的な貿易関係，各国の間の生産分業的関係が他の地域と比べても強い。このことは，ヨーロッパ市場の条件に適合的なドイツの企業経営のあり方とも深く関係している。また労働市場についてみると，その構造的特質や各種の規制的措置のありようが企業経営のあり方に深く関係する。ことに経営者・管理者の労働市場が外部労働市場となっているか内部労働市場となっているかという点は，企業内の昇進システムと深いかかわりをもつだけでなく，経営者教育・管理者教育，さらにはその企業の経営の価値基準のあり方にも大きな影響をおよぼす要因ともなる。さらに金融市場については，信用業務にかかわる市場と証券市場との関連およびそれらの構成，金融機関の制度的なシステムなどが企業間関係のあり方にも深いかかわりをもつ。

こうした市場構造を今日的にみれば，2008年に決定的に顕在化したアメリカ発の金融危機と実体経済へのその影響の世界的な広がりや，特定の国の市場の収縮による影響のグローバルな拡大・連鎖などにみられるように，世界的な市場の連鎖，金融市場，商品市場および労働市場の間にみられる連鎖の関係の影響とその一層の強まりが重要な問題となる。

　また**産業構造**については，当該国の資本主義の歴史的発展過程にも規定された産業発展の特質，産業構造的特質や，国際競争力を有する産業部門がどこであるかという点での構成の問題，その産業の特性をめぐる問題などがある。そこでは，基幹産業部門の構成，産業特性（例えば技術特性，市場特性，製品特性）からみた産業の諸特徴，国際競争力や産業部門間の相互の連関・からみあいという点からみた各産業の国民経済に占める位置，国家とのかかわり，国家への依存の強さ・弱さという面や資本蓄積条件の産業間の差異の問題などが関係してくる。しかしまた，産業構造に関しては，輸出の主要なターゲットとなる地域の諸国の産業構造との共通性や相違も重要な意味をもつ。例えばドイツの場合，戦後には，先進工業諸国が存在していた西ヨーロッパの他の諸国との生産力格差と産業構造の差異のもとで，アメリカ的経営方式の導入をはかりながらも，ヨーロッパ市場の特質により適合的な企業経営の展開によって，「棲み分け分業」とでもいうべき産業分野・製品分野間の相互補完的な貿易体制の構築がはかられてきた。こうした各国間の産業構造の差異は，EUにおける市場統合の深化，EUの東方拡大による共同市場のさらなる拡大のもとで，一層大きな意義をもつようになっている。

　さらに，こうした市場構造と産業構造にも適合的な**生産力構造**のありよう，それまでの発展過程を反映した生産力構造の特質も重要な問題となってくる。それまでに形成されてきた生産力構造の特質は，専門技能資格制度や職業教育制度ともかかわって，外国で生み出された経営方式の生産力的要素の導入，労働力利用のあり方などにも大きな影響をおよぼす。そこでは，これらの制度のもつ特質を反映した生産体制のあり方が生産力構造の変化にどのような影響をおよぼしたかという点が重要となってくる。例えばドイツでは，アメリカ的な大量生産方式とは異なるかたちでの第2次大戦前にみられた「品質重視のフレキシブルな生産構想」[17]の伝統のほか，アメリカより少ない生産量のもとで

も一定の量産効果や生産のフレキシビリティを確保することをめざした大量生産方式の展開の歴史がある(18)。またマイスター制度のような専門技能資格制度や職業教育制度に支えられるかたちでの熟練労働力に依拠した生産体制の基盤がみられる。アメリカの技術と経営方式の導入を基礎にしながらも，それらは，第2次大戦後の生産力構造の変化にかかわる重要な要因として作用することになった。

　ある国の資本主義の構造的特質を示すこれらの諸要素は，経営観，企業経営の伝統・文化，さらに制度の面とも深く関係している。**経営観，企業経営の伝統・文化的諸要因**は，企業経営の価値基準にかかわる問題である。利潤追求を最大の目標とする資本主義制度のもとでも，企業の経営において重視される価値基準は各国において必ずしも全面的に同一のものであるとは限らない。例えばプラグマティズムに基づく価値基準が伝統的に重視されてきたアメリカ，利子生み資本としての金融的利得の獲得や資本市場指向の経営のあり方に大きな価値基準をおくアメリカやイギリスに対して，ドイツを含む大陸ヨーロッパや日本では，そのような価値基準が第一義的に重視されるというものでは必ずしもない。こうした価値基準の違いは，生産や技術，品質を重視するか，あるいはより直接的に利益に結びつきやすいマーケティング的方策，短期的な利益や金融利得の獲得により大きな価値をおくかという点において，企業行動におよぼす影響は大きい。しかしまた，経営観，企業経営の文化的側面は，たんに文化一般という問題ではなく，企業がターゲットとする市場の構造的特質とも深いかかわりをもつものである。例えばある国や地域の商品市場が製品の品質や機能を重視する傾向が強い場合には，そうした市場特性にあわせた経営の価値基準として，技術や機能，生産の面での価値や差別化が重視されることも多い。このように，市場特性は，企業が重視する経営の価値基準のあり方にも深いかかわりをもつ。こうした経営観の影響は，1990年代以降のグローバリゼーションのもとでの「アメリカ化」の再来のなかにあっても，アメリカ的な経営モデル，ことに株主価値重視の経営や資本市場指向型コーポレート・ガバナンスの広がりという動きに対して抑制的に作用してきたという面も強い。

　また**制度的要因**に関していえば，それには各種の規制を含む法制度，労使関係，教育制度，専門技能資格制度などがある。とくに労使関係は，労働条件や

雇用保障の体制のもとでの労働力への教育投資，それを基礎にした企業の製品戦略や市場戦略，そのような戦略に適合的な生産や経営のシステムなど，企業経営の特徴を規定する要因ともなる。またその国の教育制度のありようは，経営者や管理者の養成，熟練労働者の養成，さらには生産体制とも深いかかわりをもつとともに，経営者の価値基準に影響をおよぼす要因にもなりうる。また「資本主義の多様性」の議論にみられるように，ある国の生産レジームのあり方は，教育訓練制度のほか，労働市場規制とコーポレート・ガバナンス，金融制度，市場競争と技術移転からみた企業間関係などの制度的諸要因とそれらの補完性に深く関係している[19]。それゆえ，ある国の生産のシステム，それを支える経営方式が他の国に導入される場合には，これらの制度的諸要因も，経営方式の「再構造化」に影響をおよぼす要因となりうる。

　このような「再構造化」という分析の枠組みは，ある経営の方式やシステムが生み出された国とそれが導入・移転される国の資本主義の再生産メカニズムにかかわる構造的特質という「条件性」を重視したものである。またある国の経営の方式やシステムなどが移転先の国の資本主義の構造にあわせて適応・修正されるかたちで取り入れられ，機能することによって，そうしたあり方が，当該国の資本主義の構造とその特質，再生産構造を一面において規定することにもなりうる。本書での「再構造化」は，企業およびそれにかかわる人間の行為について，企業という組織における社会制度が他の国に移転するときにそれがつくりかえられるさいの問題に光を当てるものである。すなわち，ここにいう「再構造化」は，ある国の資本主義の構造的特質にあわせてつくられた経営方式が外国から入ってくる場合も，また自国の方式を外国に展開させていくときにも，受け入れ国のもつ資本主義の構造的特質にあわせて，それに適合的なかたちに修正・改造されることをいう。したがって，再構造化は，異なる条件への構造適応の過程を意味しており，そこでは，企業経営の全体構造をみる視点という構造分析の方法が，基本にすえられている。本書では，こうした筆者独自の分析枠組みに基づいて，アメリカ的経営方式の導入・移転をめぐる問題を考察している。

第3節　第2次大戦後の歴史的時期区分と各時期の主要特徴

1　資本蓄積条件からみた時期区分と各時期の主要特徴

　つぎに，本書の研究対象となる第2次大戦後の歴史的時期区分を行い，各時期の主要特徴について明らかにしておくことにする。ここでは，資本蓄積条件と企業経営の現象の両面からみておくことにしよう。

　まず資本蓄積条件からみた時期区分としては，①第2次大戦後の経済の復興・成長期（1945～70年代初頭），②1970年代初頭に始まる低成長期から80年代末までの時期，③1990年代から現在までの時期の3つに大きく分けることができる。これらのいずれの時期においても，資本主義の歴史的条件は特徴的なあり方を示している。

　まず①の経済の復興・成長期には，自由貿易と国際通貨の制度の面から資本主義経済体制の協調の「環」がアメリカ主導で築かれた。また主要資本主義国でみても労資の同権化がすすむなかで市場条件の大きな変化がもたらされたほか，ヨーロッパでは共同市場化の動きがすすんだ。こうした変化によって，大量生産体制の確立を可能にする市場基盤が生み出されることになった。つづく②の1970年代初頭に始まる低成長期から80年代末までの時期は，スタグフレーションと福祉国家体制の危機（財政問題）という状況のもとで市場の条件が大きく変化し，それまでのような高度成長の条件が失われた時期である。さらに③の1990年代以降の時期は，旧ソ連東欧社会主義圏の崩壊，中国やベトナムのような社会主義国における市場経済化の一層の進展とそれにともなう資本主義陣営にとっての市場機会の拡大，EU，NAFTAのような地域経済圏の形成（域内経済化）がすすむとともに，経済のグローバリゼーションとIT革命の影響が本格的に現われてくる時期である。そこでは，「メガ・コンペティション」という用語でも示されるように，全世界的な市場競争の激化という面にそのひとつのあらわれをみることができる。しかし，この時期の基本的特徴は，たんなる「量的」な意味での競争の激化だけではなく質的にみても，国際間でも企業間でも競争の複雑性と多様性が高まってきたという点にみられる。すなわち，アメリカや日本，ヨーロッパの先進資本主義国であっても，もはやあらゆる産業，事業領域や製品分野，ビジネス・プロセスにおいて一人勝ち的な支配・優

位，あるいは支配領域の圧倒的な拡大は困難となってきた。各国およびそこにおける企業の競争力・競争優位という面では，産業部門間，事業分野間・製品分野間やビジネス・プロセス間において差異がみられるようになっており，こうした差異に規定された競争関係の複雑性・多様性のなかに，世界資本主義と各国資本主義の現発展段階に固有の特徴的規定性をみることができる。そのような競争構造の「複雑性」という点にこそ，1990年代以降のグローバル段階の資本主義の質的変化，固有の特徴がみられる[20]。

2 企業経営の現象面からみた時期区分と各時期の主要特徴

つぎに，このような資本蓄積条件の変化のもとでどのような企業経営の展開がみられることになったかという点について考察することにしよう。企業経営の現象が資本蓄積条件の変化に規定されて発生してきたという事情から，経営現象の面からみた時期区分は，資本蓄積条件の面からみたそれと一致している。

まず第2次大戦後の経済の復興・成長期の企業経営の主要現象をみると，①主要資本主義国での大量生産方式（フォード・システム）の本格的展開・普及，②大量生産の進展にともなう市場への適応策としてのマーケティングやパブリック・リレーションズ（PR）などの諸方策の展開，③多角化の本格的展開とそれにともなう事業部制組織の普及[21]がみられた。この時期には，アメリカ以外の主要各国でも現代的ともいえるアメリカ的経営方式・システムの本格的導入，普及がすすんだ点に重要な特徴がみられる。さらに，④企業の多国籍化の進展がみられたほか，⑤日本やドイツのような敗戦国での独占企業・コンツェルンの解体にともなうその後の再結合や第3次企業集中運動が展開され，巨大企業の普及と一層の大規模化，構造変化がそれまで以上にすすんだ。この時期にはまた，⑥ドイツの共同決定制度にみられるように，経営参加の制度が確立していくことにもなった。

つづく1970年代から80年代末までの時期には，①構造不況業種を中心とする合理化と産業再編成が推進されたほか，②加工組立産業におけるそれまでのアメリカ的大量生産方式（フォード・システム）に代わる多品種多仕様大量生産（フレキシブル生産）システムの展開[22]がみられた。また③第4次企業集中運

動が展開されるなかで,リストラクチャリングとそれにともなう新規成長分野への多角化の一層の進展（M&A&D）がみられたほか,「能率向上」の原理に基づく企業の主要な行動様式に加えて,④企業の競争戦略が重要な問題となってきた[23]。

また1990年代以降の時期は,①企業経営のグローバル化の進展,②情報通信技術を駆使した企業経営の展開,③各職能的活動領域の専業企業の協力関係によって形成された「ネットワーク企業」[24]のような新しい企業類型の出現や企業の「非統合」,企業経営のネットワーク化の動きがみられる[25]。また④新たな企業集中の大きな波がおこるなかでクロスボーダー的合併が一層強力に展開されたこと,⑤リストラクチャリングの全産業的な広がりをもった一層本格的な,またグローバルな展開,⑥企業の社会的責任（CSR）,⑦コーポレート・ガバナンスが重要な問題となってきたことにも,変化がみられる。ことにコーポレート・ガバナンスに関していえば,1990年代以降の金融のグローバリゼーションのもとで,企業に対する資本市場の要求が強まり,アメリカ流の株主価値重視の経営の展開への圧力が世界的に拡大するなかで,企業経営の価値基準が大きく問われるかたちになってきたほか,企業や経営者の不祥事が多発するなかで,企業統治のあり方や変革が重要な問題となってきた。

第4節　企業経営の展開における各国の共通性

以上の考察において,本書の研究の課題と分析の方法・フレームワーク,さらに第2次大戦後の企業経営の歴史的過程を研究する上での時期区分と各時期の諸特徴についてみてきた。それをふまえて,つぎに,第1章以下の本論での分析のための準備的考察として,主要各国にみられる企業経営の一般的傾向性,共通性について明らかにしておくことにする。ここでは,企業経営の展開の条件的諸要因をなす政治経済的諸条件とともに,具体的な企業経営の現象・問題についてみていくことにしよう。

1　政治経済的諸条件における各国の共通性

まず企業経営に影響をおよぼす政治経済的諸条件についてみると,これを国

際的なレベルでみた場合，アメリカの影響が資本主義各国に強く現れたのは第2次大戦後のことである。それは，アメリカの世界戦略として打ち出された国際協調体制の環の形成という面にみられるが，具体的には「市場と資本の世界的連鎖」の関係の創出というかたちですすんだ。戦前の植民地経済圏による閉鎖的な貿易関係，ヨーロッパレベルでの各国の保護主義的政策，世界恐慌後の経済のブロック化の動きなどによる輸出市場の閉塞性は，いわば一国資本主義を前提として植民地市場と輸出市場の面から各国が個別的対応によって支えるというかたちでの再生産構造のもつ限界性を示すものである。そのような限界性は，市場面での世界的な政策的対応の欠如にみられる国際協調体制の弱さによるものであった。

確かに第1次大戦後においても，ドーズ・プランというかたちでのアメリカ主導の国際協調の体制の端緒がみられた。しかし，第1次大戦後のドーズ・プランの場合には，アメリカの支援策が敗戦国ドイツ一国に限られ，その内容も資本援助が中心であり，第2次大戦後のマーシャル・プランのような公的資金による支援ではなく民間資金による支援が軸となっていた[26]。しかもアメリカの資本援助は，ドイツを資本主義陣営にとどめること，資本不足の顕著なドイツからのより高い利払い[27]を狙った資本輸出，英仏両国に対するアメリカの戦時債権の回収問題[28]という3つの経済的・政治的諸要因，動機に基礎づけられて展開された。その意味でも，ドーズ・プランは，国際協調の端緒をなすとはいえ，むしろアメリカの経済的利害の貫徹のための重要な手段をなしたといえる。

第2次大戦後のアメリカの世界戦略は，社会主義圏との対抗という重大な課題のもとで，戦前の国際協調体制の弱さによる限界の克服を狙ったものであった。戦後には，各国における労資の同権化による国内市場基盤の整備に加えて，自由貿易と国際通貨の制度に基づく世界経済体制が構築されてきた。そのような条件の大きな変化のもとで，西ヨーロッパの共同市場化による貿易条件の整備とあいまって，ドイツにとっても，戦前の状況からの大きな転換がはかられたが，ほぼ同様のことは，ヨーロッパの他の主要各国にもいえる。

アメリカの世界戦略は，マーシャル・プランによる資本援助をとおしてのみならず，近代的な同国の技術と経営方式を各国が学習・導入するための有利な

条件を提供する「技術援助」を基礎にした生産性向上運動がアメリカの主導と援助のもとで国際的に展開されることによっても，具体化された。マーシャル・プランはヨーロッパ諸国を対象とした復興計画であるが，そのイニシアティブのひとつは，西欧諸国の統合と貿易の自由化の実現にあった[29]。同プランは世界貿易および支払の多国間秩序の確立をめざしていた[30]。アメリカによる対ヨーロッパ援助によって同地域の国際協力の促進，資本主義的制度の強化がめざされた。そのような方策は，世界貿易における割当制や類似の差別による障害の漸次的な除去という規制と目標をもって創設されたOEECによって調整された[31]。このように，アメリカは，マーシャル・プランによってヨーロッパ諸国の経済再建のための条件づくりに取り組むとともに，同地域の政府に対して，国内市場を自由な交易と国際競争に解放することを強制したのであった[32]。

また生産性向上運動についてみると，技術援助計画によって，アメリカの技術と経営方式の学習のためのルート・機会（アメリカへの研究旅行＝A企画，アメリカ人専門家の招聘＝B企画，ヨーロッパの諸国の間での経験交流＝C企画）[33]が大幅に整備され，その質も大きく変化した。生産性向上運動は，アメリカ的な生産力基盤の導入をとおして主要各国の企業の復活・発展，産業の発展，経済の再建をはかるとともに，旧西ドイツを資本主義経済圏のなかに組み込み，戦前とは比べものにならないほどに協調的な資本主義経済体制の安定的な環を築こうとするものでもあった。生産性向上運動は，西側世界，ことに西欧へのドイツをはじめとする各国の組み込みの強化と市場基盤の整備によって，市場の地域的連鎖の関係を生み出すものであり，ヨーロッパ諸国の企業・産業に対して同地域を基盤とした展開に道を開いた。生産性向上運動への参加，そのなかでの合理化の中心地としての西ドイツの位置づけによって，同国にとっても，資本主義市場，とくにヨーロッパ市場への接近の条件が築かれた。このように，生産性向上運動の国際的展開のなかで，アメリカを枢軸とする枠組・援助体制のもとに生産力的要素と市場的要素とが一体となるかたちで条件の整備がはかられ，戦後の経済発展，企業経営の展開の重要な基盤が整備されたのであった[34]。

さらに国家の競争政策・秩序政策の根幹をなす独占規制政策や産業政策につ

いてみると，アメリカでは，19世紀末に始まる企業集中運動のなかで，厳しい独占規制政策がとられてきたが，第2次大戦後，いずれの主要国においても，独占規制が強化される傾向にあった。とくに敗戦国であるドイツや日本では，アメリカの強い影響のもとで，独占規制政策がとられた。日本の場合には，アメリカとGHQの強い主導と圧力のもとに，1947年にいちはやく独占禁止法が制定された。その後の数回におよぶ改正で規制が緩和されたとはいえ，その内容は，当初は占領当局の構想した線にほぼ沿うかたちとなった。そこでは，持株会社が禁止されたほか，自己株式の取得・保有も禁止された[35]。これに対して，ドイツでは，アメリカの強い圧力のもとでも，独占規制の法制化に至る過程では日本に比べ自由度が大きかったといえる。なかでも，競争制限防止法の制定が1957年と遅かったほか，持株会社が容認され，企業間の結合や企業支配の手段として残された。これらは，その後の企業の集中・結合のあり方，ドイツ資本主義の協調的特質とも深いかかわりをもつことになった[36]。しかし，戦後になって各国において独占規制が強化されたことは，産業・銀行間の関係に基づく産業システムやコンツェルン体制の再編の重要な契機のひとつにもなり，産業集中の新しい展開をもたらす要因として作用したといえる。

　主要各国においてはまた，戦後改革の一環として労働改革が取り組まれ，労資の「同権化」を基本的内容とする労使関係の体制への移行がすすんだ。そのことは国内市場基盤の整備という意義をもったが，いずれの国においても，協調的労使関係，経営参加の促進による企業経営の安定的な基盤の強化をもたらすという傾向にあった。

　また企業経営のあり方に大きな影響をおよぼすいまひとつの重要な政治経済的要因として，地域経済統合の動きについてみても，各国に共通する傾向がみられる。1950年代および60年代には，共同市場化をはじめとする地域経済統合の動きは西欧諸国の間でみられた個別的現象という状況にとどまっていた。しかし，その後，そのような傾向は，アジアや他の地域にも広がり，共通の現象となってきた。ことに1990年代以降のグローバル段階にあっては，世界がグローバリゼーションの過程に直面する一方で，地域市場におけるより有利な条件の確保をはかり地域に根ざした展開をすすめるべく，そのための経済的枠組みをいかに構築するかということがきわめて重要な課題となってきた。そうした

なかで，地域経済統合の動きは一般的な現象となっている。それは，各国の企業のポジションのとりかたともかかわって，企業のターゲットとなる市場の地域構成，それにも規定された商品構成などとも関連した経営のグローバル展開，市場戦略，生産戦略など，企業経営の展開に大きな影響をおよぼすものとなってきた。

2　企業経営の現象における各国の共通性

　以上の考察をふまえて，つぎに，企業経営の現象における各国の共通性について考察を行うことにしよう。ここでは，主要各国において共通の一般的な傾向となった企業経営の具体的な問題を取り上げてみていくことにする。

　(1)　アメリカ的経営方式の導入・普及における各国の共通性

　まず企業経営の効率的な展開をはかるための方式，システムとして管理システム，生産システム，組織構造，経営教育（経営者教育・管理者教育），人事制度，市場への適応策（マーケティングやPR）などをみると，歴史的にみても，アメリカの経営方式が各国におよぼした影響は大きい。それらの諸方策の大半が同国において生み出され，各国に移転されるかたちで発展してきたのであり，こうした点での各国の共通性がみられる。

　第2次大戦前の時期には，テイラー・システムに代表される近代的な労働管理システムは，20世紀初頭に主要各国において導入の端緒がみられ，第1次大戦後の1920年代にその本格的な導入の取り組みがすすんだ[37]。またフォード・システムをみても，1910年代におけるアメリカでの導入の始まりにつづいて，20年代には，主要各国においても，市場の条件に合わせた独自的な展開の部分もみられるとはいえ，その導入が開始され，30年代にもその一層の進展がみられた。

　また第2次大戦後には，ヨーロッパの主要各国や日本では，企業，産業および経済の復興・発展のための手段として，アメリカの技術と経営方式の導入が推進された。例えば経営教育（経営者教育・管理者教育）では，管理機能におけるミドル・マネジメントの役割やトップ・マネジメントの経営者機能の重要性が高まるなかで，その改革が重要な問題となり，主要各国においてアメリカの

方式の導入が取り組まれた。またヒューマン・リレーションズの手法は，それが職場における人間関係の改善による労働意欲の向上と職務の能率向上のための手段として，また労務管理の近代化や労使関係の安定のための手段としても重要な意味をもつものと位置づけられ，導入がすすめられた。経営教育とヒューマン・リレーションズは，アメリカ主導の生産性向上運動の展開のなかで同国が外国への導入をとくに重視した領域のひとつであり[38]，それだけに，アメリカの強い主導と援助のもとに導入が推進された。また生産管理システムや生産システムをみても，例えばインダストリアル・エンジニアリング（IE）は，アメリカで生まれた科学的管理法を一層発展させたものであり，第2次大戦後には，同国以外の主要各国でも広く普及していくことになった。第2次大戦前にはアメリカ以外の諸国では本格的な展開には至らなかったフォード・システムも，市場の条件の大きな変化のもとで，加工組立産業における大量生産方式として展開され，普及した。フォード・システムの展開はまた，自動車産業の大量生産にみられるように，生産のプロセスからみて前に位置する多くの関連産業への需要創出効果をとおしてこれらの産業の大量生産を促進することによって，いずれの国においても，広く国民経済全般に大量生産の経済効果を貫徹させていくことにもなった。

　そのような大量生産体制の本格的確立にともない，市場への適応が一層重要な課題となり，そうしたなかで，販売面での対応，市場への適応のための手段としてマーケティングやPRの手法が重要な意味をもつようになってきた。また企業全体の観点からの現業的な日常的意思決定の最適化の手法として，オペレーションズ・リサーチ（OR）の手法も重要な意味をもつようになった。これらのアメリカ的な市場適応策は，戦後，大量生産体制を支える重要な手段として，主要各国でも導入の取り組みがすすめられた。

　さらに企業の組織構造をみても，主要各国において，国内市場の拡大と大量生産の進展にともなう市場機会の拡大を基礎にして事業の多角化がすすんだのにともない，管理機構の変革が取り組まれたが，そこでも，アメリカにモデルを求めるかたちですすめられた。同国において1920年代に一部の先駆的企業で導入が始まり第2次大戦後に普及をみた分権的な事業部制組織がそれである。こうした管理機構は現代企業に特徴的な管理システムをなすものであり，多く

の諸国において導入がすすんだ。

これらのアメリカ的経営方式に共通する重要な基本的特徴は，それらが「能率向上」という企業経営の原理，価値基準に裏打ちされたものであるという点にみられる。それゆえ，同国の経営方式は，生産・労働や市場への対応・適応，さらには組織における「能率向上」のための手段として，他の諸国においても広く導入されてきたのであり，それは，企業経営と経済文化の両面での「アメリカ化」の動きとみることができる。

しかしまた，主要各国で普及したアメリカ的な大量生産システムは，1970年代以降の資本主義の構造変化のもとで，多品種多仕様大量生産の効率的な展開と製品間の需要変動に対する生産のフレキシビティの確保をめざして改革が取り組まれることになった。そこでは，日本的生産システムにみられるように，日本の生産システム改革が他の国のそれと比べても大きな成果をあげ，国際競争力の重要な要因となった。他の諸国でも，フォード・システムをひとつのベースとしながらも生産システムをいかに改革するかということが重要な課題となり，そうした取り組みがすすめられた。また1990年代以降には，欧米でも，日本的なあり方とは異なるとはいえ，さらなる生産システム改革の取り組みがすすめられてきたほか，サプライ・チェーンの効率化と経営環境への適応力の向上（フレキシブル化）をめざした生産ネットワークの構築が，各国でみられる新しい現象・傾向となってきた。

(2) 現代株式会社と企業集中における各国の共通性

つぎに会社制度あるいは企業形態の主流としての株式会社の普及という点に関してみると，株式会社が大企業における中核的な企業形態となっているということは各国に共通する傾向であり，株式会社は，資本集中と支配集中の機構[39]として大きな役割を果たしてきた。前者は資本の証券化による企業の資金調達における大量資本の集中のための機構[40]をなす。後者の機能は，会社支配とコーポレート・ガバナンスの問題と深いかかわりをもっているほか，企業集中の展開とも深く関係している。これまで数次にわたる企業集中運動が展開され，いずれの国においても企業集中は企業の再編・発展，事業再編，産業再編成のための重要な手段をなしてきた。企業集中の形態としては，カルテル

あるいはその発展形態であるシンジケート，トラスト，コンツェルン，持株会社などがあり，資本主義の歴史的発展段階に応じて，また対応すべき経営課題によってさまざまな結合形態がとられてきた。ことにリストラクチャリングや産業再編成の推進のために行われる企業集中をみた場合，企業合同（合併）によるケースが多かったが，今日では提携や持株会社方式での事業統合あるいは経営統合によるケースも多くみられるようになっている。企業の事業構造全体のレベルでの2社以上の結合がなされる場合には一般に「経営統合」と呼ばれているのに対して，企業の特定の事業領域や製品領域，職能領域など部分的な範囲での結合の場合には「事業統合」と呼ばれている。こうした事業統合においては，企業結合形態としては，企業合同は必ずしも適合的ではない場合もあり，提携や持株会社方式が利用されているという点が今日的特徴である。個別企業を超えたレベルでリストラクチャリングをより徹底したかたちで推進するための手段としてそのような多様な企業結合形態による統合が行われる場合が，多くみられるほか，国際集中がグローバルなレベルでのリストラクチャリングの展開のための手段として利用されることも多い。

　また所有形態に関していえば，巨大株式会社では所有分散の傾向がすすみ，その一方で企業が大規模化し経営の複雑さが増大するなかで，所有と経営の分離，所有と支配の分離という現象がすすんできた。しかしまた，他方では，コンツェルン体制の形成・発展，産業と銀行の関係という点では，企業間の株式の持ち合い・所有関係によって大規模所有の割合がむしろ上昇しうるという条件も生まれてくることになる。こうした傾向は，基本的にはいずれの先進資本主義国でもみられ，産業集中の高度な発展の基礎をなしてきた。コンツェルン体制の展開，産業・銀行の融合・一体化という現象は，各国に共通してみられるものであり，そのような協調的な産業システムは，それぞれの国の資本主義の蓄積構造の基軸をなすものとなっている。それらは，企業の発展の重要なプロセスとして展開され，産業と銀行の間および産業企業間の協調的なシステムとして重要な役割を果たしてきた。ことに産業と銀行の関係に基づく産業システムは，大企業による市場支配体制とそのもとでの金融資本的利害の貫徹のための基軸的要素をなすものである。なかでもドイツや日本といった敗戦国では，第2次大戦後の占領政策のもとで解体された大企業の再結合あるいは新た

な集中が推し進められ，それにともないコンツェルン体制の新展開がすすむことになった。こうしたコンツェルン体制は，寡占的競争に適合的な事業構造の再編をとおしてコンツェルンの合理的再編，新しい展開をもたらしてきた。

(3) 企業経営の今日的現象における各国の共通性
――コーポレート・ガバナンス，経営のグローバル化，リストラクチャリング――

さらに企業経営の今日的現象をみると，例えばコーポレート・ガバナンスについていえば，それには，大きく，①企業統治が有効に機能しうるようなルール，規準を設定することによってその条件的枠組みをいかに整備するかという問題，②経営者の行動（意思決定）が株主をはじめとする多様な利害関係者の意向を反映するかたちで行われるような企業管理システムをいかにして構築するかという問題領域がある。一般的に，コーポレート・ガバナンスのシステムには，市場指向型，銀行指向型やステイクホルダー指向型などいくつかの類型が存在している。各国の法制度の条件，株式会社の所有構造やそれに基づく企業間関係のあり方，経営参加制度などの影響によって，国によるシステムの差異がみられるとはいえ，1990年代以降，企業統治の機構をめぐる問題は，今日の経営における重要なアイテムをなしている。この時期には株主価値重視の経営への要求というグローバルな資本市場の圧力が強まってきたことも，コーポレート・ガバナンス改革の契機のひとつをなしている。

また同じく1990年代以降の決定的に重要な変化のひとつをなす経営のグローバル化についてみても，それは各国の企業に共通の傾向として大きな進展をみせてきた。もちろん国による差異，企業や産業による差異もみられるが，ことに加工組立産業では，自動車企業のグローバルな生産の国外移転にともない関連産業の企業の生産の国外への移転がすすむなど，影響は広い範囲におよばざるをえない。外部資源の結合・利用も含めたかたちでの世界最適生産力構成による経営展開とそれに基づく利潤追求が徹底して推進されているという点が，今日の経営のグローバル化と呼ばれる現象の本質的特徴を示している。そこでは，グローバル企業にとっては，生産・購買・開発などがどこで行われるかということそれ自体が単純に問題なのではなく，獲得される利潤が国際連結会計あるいは配当などのかたちで本国の企業・企業グループの手中に収められる限

りにおいて本国での生産である必要は必ずしもなく，当該企業あるいは企業グループの手による生産というかたちでの世界最適展開こそが問題となっている。世界最適生産力構成による経営展開での徹底したコスト引き下げ，市場へのよりきめの細かい適応の追求とそれに基づく利潤追求メカニズムへの変容という質的に新しい性格こそが，今日の経営のグローバル化と呼ばれる現象の本質的なメルクマールをなすといえる。すなわち，それは，巨大企業の国内生産・国内販売・輸出を基軸とする国内型蓄積構造とその補完策としての国際化から世界最適生産力構成による経営のグローバル展開とそれを基礎にしたグローバル蓄積構造への変容を示すものである。そのような意味で，今日の経営のグローバル展開は，1960年代や70年代のように多国籍企業の存在が顕著になりその活動が拡大した時代や80年代の経済の国際化と呼ばれた時代の経営展開とは質的に異なる性格をもつ段階へと入ってきたといえる[41]。もちろん，例えばヨーロッパ企業の経営のグローバル展開においては同地域に重点をおいた地域完結型での生産力の最適構成の追求という点にひとつの重要な特徴がみられることや，生産力の最適配分の世界的な広がりの程度の相違など，その現象形態には地域や国，さらに企業による差異がみられる。しかし，このような企業行動の原理の変化，蓄積構造の変容という点において，各国に一般に共通する傾向性がみられる。

　このようなグローバル化という点に関して重要な問題となってくるのは，各国の企業の資本蓄積と資本主義の再生産構造を支える方向性，さらにその基礎となる企業の行動および構造の方向性をさし示す考え方，それに裏打ちされた行動様式についてである。これらは，「グローバリズム」あるいは「リージョナリズム」と呼ぶこともできるであろう。グローバリゼーションという大きな動きの傾向性のなかで，各国の企業と国家がどのようなかたちで競争上の優位，より有利な蓄積の構造を確立し，経済的覇権を握ろうとしているのか。こうした点においても，一方でのグローバル展開の推進とともに，他方でのリージュナル化・ローカリゼーション，すなわち地域を基軸とする競争優位の確立の基盤としての「地域還元的な行動様式」という点での共通性と国による差異性がみられる。グローバル化した経済のなかにあっても，例えば欧州諸国にみられるように，ヨーロッパ的な再生産構造（蓄積構造）の基盤の強化，「地域

内再生産構造」の強化をめざした「地域化」とリージョナリズムが推進されており，同様の傾向は北米など他の地域でもみられる。それゆえ，そのような方針としての考え方や行動様式という面でのグローバリゼーションとその「型」とは何か，企業あるいは企業経営レベルと経済レベル，さらにひとつの国（国家）のレベルについて考察するなかで，こうした問題を明らかにしていくことが重要となってくるであろう[42]。

　また以上のような経営問題とともに今日重要な位置を占めているもののひとつとして企業のリストラクチャリングがある。これについては，その名称はどうであれ，それに相当する現象は古くからみられる。例えばすでに19世紀末の独占形成期には，アメリカを中心として企業集中（トラスト）をテコとした過剰生産能力のより合理的な整理による生産組織の再編成が展開されてきた。また1920年代にもトラストによる産業再編成が一層強力かつ進化したかたちで推進された。第2次大戦後をみても，1970年代以降には日本的な表現では「減量経営」と呼ばれるような産業のドラスティックな再編が，鉄鋼業や造船業，化学産業などの構造不況業種を中心に行われてきた。しかし，1990年代以降になると，各国の企業において，リストラクチャリングが全産業的な広がりをもってそれまで以上に強力に，しかもグローバルな再編というかたちで推し進められてきた。そのような再編成にあたり合併，提携，持株会社，合弁など多様な企業結合形態が利用されている。また1980年代末までの時期の生産部門を中心とする合理化とは異なり，管理部門の合理化も一層本格的に推し進められている。情報技術の発展がホワイトカラー労働の合理化の本格的推進の技術的可能性を与えるなかで，各国においてそのような技術発展が合理化の推進の大きな契機となってきた。さらにリストラクチャリングが企業間のネットワークをも基礎にしながら追求されている点にも今日的特徴がみられる。以上のような経営展開は，各国に共通する現象となっている。

　以上において，本書の研究の課題，分析の方法・枠組み，戦後の時期区分と各時期の諸特徴，さらに主要各国にみられる政治経済的諸条件と企業経営の現象の面での一般的傾向性，共通性について考察してきた。本書では，歴史的比較の視点から，また国際比較の視点から，上述した第2次大戦後の3つの時期

について，それぞれの歴史的発展段階に固有の特徴的規定性をふまえて，各国に共通する傾向性のなかにみられるドイツ的な現象形態，その諸特徴が戦後の歴史的過程のなかにいかに貫徹しているのかという点を明らかにしていく。またそうした考察をとおして，第２次大戦後の歴史的過程において形成され蓄積されてきたものの到達点としての企業経営の内実，さらにグローバルに発達した現代資本主義の姿とその本質の解明を試みる。

なおそのさい，本書のテーマに関する各分野の多くの研究や報告のほか，各種の一次史料を駆使して分析を行う。すなわち，ドイツの主要企業の営業報告書，主要産業の代表的企業の文書館やドイツ連邦文書館，アメリカの国立公文書館，ケルンのライン・ヴェストファーレン経済文書館などに所蔵の一次史料，さらにはドイツ連邦政府関係の資料，ドイツ自動車連盟の年次報告書などの業界関係の一次資料をも利用して分析を試みることにする。

（１）拙書『ドイツ企業管理史研究』森山書店，1997年を参照。
（２）拙書『ヴァイマル期ドイツ合理化運動の展開』森山書店，2001年，同『ナチス期ドイツ合理化運動の展開』森山書店，2001年を参照。
（３）拙書『戦後ドイツ資本主義と企業経営』森山書店，2009年を参照。
（４）T. Yamazaki, *German Business Management : A Japanese Perspective on Regional Development Factors*, Springer, Tokyo, 2013.
（５）拙書『現代経営学の再構築――企業経営の本質把握――』森山書店，2005年を参照。
（６）M. Albert, *Capitalisme contre Capitalisme*, Paris, 1991〔小池はるひ訳『資本主義対資本主義：21世紀への大論争』，新訂版，竹内書店，1996年〕。
（７）P. A. Hall, D. Soskice, An Introduction to Varieties of Capitalism, P. A. Hall, D. Soskice (eds.), *Varieties of Capitalism : The Institutional Foundations of Comparative Advantage*, Oxford University Press, 2001〔遠山弘徳・安孫子誠男・山田鋭夫・宇仁宏幸・藤田奈々子訳『資本主義の多様性：比較優位の制度的基礎』ナカニシヤ出版，2007年〕参照。
（８）筆者のこうした基本的立場については，前掲拙書『現代経営学の再構築』，第１章および第３章を参照。
（９）この点について詳しくは，前掲拙書『ドイツ企業管理史研究』，『ヴァイマル期ドイツ合理化運動の展開』および『ナチス期ドイツ合理化運動の展開』を参照。
（10）今日の「ヨーロッパ化」における中心的問題のひとつは，EU会社法と「ヨーロッパ会社」（Societas Europaea）という面での欧州的企業体制をめぐる制度化にもみられ

る。「ヨーロッパ会社」という超国家的な法的形態は，EUの統一的な法的ルールおよびそのもとでの新たな形態の会社の設立によって，国境を越える合併・単一の企業の設立を容易にすること，法的な単一性（法人格）を失うことなく他の加盟国への本社などの移転を可能にすること，企業組織の構造（一層制／二層制）の選択の余地を拡大すること，共同決定の条件の変更の余地を生み出すことなどの可能性を与えるものであり，国際競争力の強化のための手段となりうるものであるとみなされている（例えば，M. Wenz, The European Company(Societas Europaea)——Legal Concept and Tax Issues, *European Taxation*, Vol. 44, No. 1, January 2004, S. 6, F. Hampe, *Die Umwandlung einer deutschen Aktiengesellschaft in eine Societas Europaes(SE)durch Verschmelzung*, München, S. 72-5, M. K. Welge, M. Eulerich, *Corporate Governance-Mamagememt. Theorie und Praxis der guten Unternehemensführung*, 1. Aufl., Wiesbaden, 2012, S. 108-20, 海道ノブチカ『ドイツの企業体制——ドイツのコーポレート・ガバナンス——』森山書店，2005年，第11章および第12章，同『ドイツのコーポレート・ガバナンス』中央経済社，2013年，第１章，上田廣美「ヨーロッパ会社法の成立とEUにおける従業員参加」『日本EU学会年報』，第23号，2003年などを参照）。また工藤　章氏は，「世界は国家を含むさまざまな規定主体によって構造化されており，規定主体のなかで最も有力なのはさしあたり国家である」という見方に立って，「企業が活動する場は主として国家によって規定されることになる」が，ヨーロッパ統合による影響をヨーロッパ化としてとらえ，企業体制の「アメリカ化」という観点とともに「ヨーロッパ化」という視点から1990年代以降のドイツ企業体制の変化を考察されている。工藤　章『日独経済関係史序説』桜井書店，2011年，168-9ページおよび第６章第２節，第３節参照。

(11) 多様化高品質生産については，W. Abelshauser, *Kulturkamp. Der deutsche Weg in die neue Wirtschaft und die amerikanische Herausforderung*, Berlin, 2003〔雨宮昭彦・浅田進史訳『経済文化の闘争　資本主義の多様性を考える』東京大学出版会，2009年〕，W. Streeck, *Social Institutions and Economic Performance. Studies of Industrial Relations in Advanced Capitalist Economies*, London, 1992を参照。

(12) ドイツの企業経営の歴史を第２次大戦後の時期のみならず19世紀以降の時期を含めて取り上げた最近の著書としては，例えばC. Kleinschmidt, *Technik und Wirtschaft im 19. und 20. Jahrhundert*, München, 2007がある。そこでは，エネルギー産業，鉄鋼業，化学産業，自動車産業などを中心に技術，管理，大量生産，合理化などの面での企業経営の問題が扱われているが，技術と経済という面に分析の重点がおかれている。また同書は教科書としてのみならず事典としての性格ももつ概説書であり，本格的な学術研究書とは性格を異にしている。同様のことは，長い歴史的スパンを扱った著書にほぼあてはまる。

(13) 企業経営の各領域における研究や戦後の特定の時期を対象とした研究の状況については，本書の各章において引用されている各種の文献・資料を参照されたい。本書で

取り上げた各章の文献・資料は，そのほとんどが限定された当該分野・テーマのみを扱っており，せいぜいそのテーマや問題領域に関して第2次大戦後の歴史的変化を考察しているにすぎない。そうしたなかで，例えば，W. アーベルスハウザーの2003年の著作のように，ライン型資本主義の歴史的変化，ポスト工業的経済制度の特質，フォーディズムの試練（団体調整的市場経済の生産体制，アメリカの挑戦，共同決定，生産的秩序政策としての社会的市場経済），21世紀への多様な道といったテーマについて多面的に考察している野心的な研究もみられる（W. Abelshauser, a. a. O.,〔前掲訳書〕）。しかし，こうした研究でも，第2次大戦後のドイツにおける企業経営の展開の歴史的過程を各時期について考察しているわけではなく，また取り上げられている領域も広い範囲におよぶものの，本書での考察対象となっているような企業経営の主要な領域をカバーするものではない。同様のことは，複数の問題領域を扱っている他の研究にもほぼあてはまる。

(14) 例えば，前川恭一『現代企業研究の基礎』森山書店，1993年，同『ドイツ独占企業の発展過程』ミネルヴァ書房，1970年，同『日独比較企業論への道』森山書店，1997年，上林貞治郎『経営経済学・企業理論』所書店，1976年，同『新版現代企業総論』森山書店，1987年，上林貞治郎ほか『経営経済学総論』大月書店，1967年，林昭『現代ドイツ企業論』ミネルヴァ書房，1972年などを参照。なお「企業経済学説」のこれらの論者にみられる研究方法のもつ問題点については，前掲拙書『戦後ドイツ資本主義と企業経営』，23-4ページの注19を参照。

(15) この点については，前掲拙書『ドイツ企業管理史研究』，3-4ページ，同『ヴァイマル期ドイツ合理化運動の展開』5ページ，前川，前掲『現代企業研究の基礎』，188ページを参照。

(16) 前掲拙書『戦後ドイツ資本主義と企業経営』では，この「再構造化」という分析方法とともに，企業経営を社会との関連で総括的・全体的に分析するための基本的方法として「企業経営の構造体系」というフレームワークを設定し，考察を行っている。詳しくは，同書，序章第3節および結章第1節を参照。

(17) Vgl. M. Stahlmann, *Die Erste Revolution in der Autoindustrie. Management und Arbeitspolitik von 1900-1940*, Frankfurt am Main, New York, 1993.

(18) Vgl. T. v. Freyberg, *Industrielle Rationalisierung in der Weimarer Republik : Untersucht an Beispielen aus dem Maschinenbau und der Elektroindustrie*, Frankfurt am Main, New York, 1989, T. Siegel, T. v. Freyberg, *Industrielle Rationalisierung unter dem Nationalsozialismus*, Frankfurt am Main, New York, 1991.

(19) P. A. Hall, D. Soskice(eds.), *op. cit.*,〔前掲訳書〕参照。

(20) この点について詳しくは，前掲拙書『現代経営学の再構築』，第9章第2節参照。

(21) A. D. Chandler, Jr., *Strategy and Structure : Chapters in the History of the Industrial Enterpreise*, The MIT Press, 1962〔有賀裕子訳『組織は戦略に従う』ダイヤモンド社，2004年〕, R. P. Rumert, *Strategy, Structure and Economic Performance*, Harvard University

Press, 1974〔鳥羽欣一郎・山田正喜子・川辺信雄・熊沢 孝訳『多角化戦略と経済成果』東洋経済新報社，1977年〕, P. Dyas, H. T. Thanheiser, *The Emerging European Enterpreise. Strategy and Structure in French and German Industry*, London, 1976, E. Gabele, *Die Einführung von Geschäftsbereichsorganisation*, Tübingen, 1981〔高橋宏幸訳『事業部制の研究』有斐閣，1993年〕, J. Wolf, *Strategie und Struktur 1955-1995. Ein Kapitel der Geschichte deutscher nationaler und internationaler Unternehmen*, Wiesbaden, 2000, D. F. Channon, *The Strategy and Structure of Britisch Enterpreise*, London, 1973, 吉原英樹・佐久間昭光・伊丹敬之・加護野忠男『日本企業の多角化戦略　経営資源アプローチ』日本経済新聞社，1981年，加護野忠男・野中郁次郎・榊原清則・奥村昭博「日米企業の戦略と組織　日本企業の平均像の比較」，伊丹敬之・加護野忠男・伊藤元重編『日本の企業システム』，第 2 巻，戦略と組織，有斐閣，1993年などを参照。

(22) こうした生産システムの変革の最も代表的なものである日本的生産システムについては、前掲拙書『現代経営学の再構築』，第 6 章を参照。

(23) この点については、M. E. Porter, *Competitive Strategy : Techniques for Analyzing in Industries and Competitors*, New York, 1980〔土岐 坤・中辻萬治・服部照夫訳『競争の戦略』，新訂版，ダイヤモンド社，1995年〕。M. E. Porter, *Competitive Advantage : Creating and Sustaining Superior Performance*, New York, 1985〔土岐 坤・中辻萬治・小野寺武夫訳『競争優位の戦略　いかに高業績を持続させるか』ダイヤモンド社，1985年〕などを参照。

(24) 夏目啓二『アメリカの企業社会　グローバリゼーションとIT革命の時代』八千代出版，2004年，第 6 章第 1 節および第 2 節を参照。

(25) 前掲拙書『現代経営学の再構築』第10章第 2 節を参照。

(26) 工藤 章「第 2 次大戦後の経済成長と地域統合」，原 輝史・工藤 章編『現代ヨーロッパ経済史』有斐閣，1996年，250ページ。

(27) 前川，前掲『ドイツ独占企業の発展過程』，11-4ページ参照。

(28) 吉田和夫『ドイツ合理化運動論――ドイツ独占資本とワイマル体制――』ミネルヴァ書房，1976年，26-7ページ参照。

(29) G. Stolper, K. Häuser, K. Borchardt, *Deutsche Wirtschaft seit 1870*, Tübingen, 1964, S. 272〔坂井栄八郎訳『現代ドイツ経済史』竹内書店，1969年，259ページ〕。

(30) C. Buchheim, Marshall Plan and Currency Reform, J. M. Diefendorf, A. Frohon, H-J. Rupieper(eds.), *American Policy and the Reconstruction of West Germany, 1945-1951*, Cambridge, 1993, p. 78.

(31) H. G. Schröter, Deutschlands Reintegration in die europäischen Wirtschaft, M. North (Hrsg.), *Deutsche Wirtschaftsgeschichte. Ein Jahrtausend im Überblick*, 2., völlig überarbeitete und aktualisierte Auflage, München, 2005, S. 366, M. M. Postan, *An Economic History of Western Europe 1945-1964*, London, 1967, p. 98〔宮下武平・中村隆英訳『戦後ヨーロッパ経済史』筑摩書房，1969年，91ページ〕。

(32) H. G. Schröter, *Americanization of the European Economy. A Compact Survey of American Economic Influence in Europe since the 1880s*, Dordrecht, 2005, p. 59, A. Kudo, M. Kipping, H. G. Schröter, Americanization. Historical and Conceptual Issues, A. Kudo, M. Kipping, H. G. Schröter(eds.), *German and Japanese Business in the Boom Years. Transforming American Management and Technology Models*, London, New York, 2004, p. 8.

(33) Bundesminister für Wirtschaft, Bericht über Produktivitäts-Massnahmen in der Bundesrepublik Deutschland, S. 9-10, *Bundesarchiv Koblenz*, B102/37023, RKW, *Der Stand der Deutschen Rationalisierung im Jahr 1955*, Frankfurt am Main, 1956, S. 36.

(34) 前掲拙書『戦後ドイツ資本主義と企業経営』第2章参照。

(35) 三和良一「独占禁止法」,佐々木 毅編『戦後史大事典 1945-2004』,増補新版,三省堂,2005年,664-5ページ。

(36) 前掲拙書『戦後ドイツ資本主義と企業経営』,第1章第1節3および第3章第3節参照。

(37) 主要各国における科学的管理法の導入に関する日本の研究として,原 輝史編『科学的管理法の導入と展開――その歴史的国際比較――』昭和堂,1990年がある。参照されたい。

(38) C. Kleinschmidt, *Der produktive Blick. Wahrnehmung amerikanischer und japanischer Management- und Produktionsmethoden durch deutsche Unternehmer 1950-1985*, Berlin, 2002, S. 173, J. McGlade, The US Technical Assistance and Productivity Program and the Education of Western European Managers, 1948-58, T. R. Gourvish, N. Tiratsoo(eds.), *Missionaries and Managers : American Influences on European Management Education, 1945-60*, Manchester University Press, 1998, p. 33.

(39) この点について詳しくは,馬場克三『株式会社金融論』森山書店,1965年,序,2-3ページ参照。

(40) この点について詳しくは,岡村正人『株式会社金融の研究』,新版,有斐閣,1971年,25ページ参照。

(41) 前掲拙書『現代経営学の再構築』,第8章を参照。

(42) グローバリゼーションおよびそれを体現する考え方としてのグローバリズムの特徴を主要各国についてみると,例えばアメリカの場合には,基軸通貨ドルを基盤にした展開の維持が戦略的なマッピングとして重要な意味をもっており,金融部門のほかIT,バイオなどの先端分野を基軸としたグローバリゼーションという傾向がみられる。イギリスの場合には,通貨ポンドと大英連邦の旧植民地圏の現在もなお続く緩やかな経済関係に依存せざるをえないという事情があり,そこでは,金融のグローバリゼーションが決定的に重要な意味をもつという状況にある。これらに対して,ドイツの場合には,ドル圏やポンド圏に入り込んでそこに大きく依存した展開ではなくEU圏と統一通貨であるユーロを基盤とした展開が基軸とならざるをえないという事情が

あり，ヨーロッパ，ことにEUを基軸とした蓄積の推進が決定的に重要な意味をもつものとなっているという状況にある。また日本の場合には，今なおアメリカへの強い輸出依存を残しながらも，オーストラリアやニュージーランドを含む東アジアに基軸をおいた国際展開というかたちでのグローバリズムに向かわざるをえないという事情がみられる。

第1部　第2次大戦後の経済成長期における企業経営の展開

第1章　共同決定制度と労使関係の新しい展開

　第1部では，1970年代初頭までの第2次大戦後の経済成長期における企業経営の展開について考察するが，まず第1章では，戦後の共同決定制度にともなう労使関係の変化について分析を行う。労使関係の制度的枠組みにおいても，戦後，特殊ドイツ的なあり方がみられ，それは，今日に至るまで，ドイツ的な資本主義のモデルの重要な構成要素のひとつとなっている。共同決定制度はまた，同国に特徴的なコーポレート・ガバナンス（企業統治）の枠組みを形成するものともなっている。

　戦後の労使関係の変革に関して，アメリカの影響をみると，同国が把握したOEEC加盟諸国に共通の問題のひとつは，労働組合の制限的慣行の排除，自由な労働組合の育成強化にあった[1]。なかでも，アメリカが西ドイツへの援助をとおして期待したことのひとつは，労働組合の団体交渉を全国単位のものから企業単位のものに分解することにあった[2]。アメリカの実業界と政治のリーダーたちは，ヨーロッパ側に「ヒューマン・リレーションズ」と呼ばれるアプローチに基づく制度面での労使関係のアメリカモデルの採用を促進しようとした。アメリカ流の労使関係の利点を示すために，アメリカ技術援助・生産性プログラム（US Technical Assistance and Productivity Program）は，ヨーロッパの労働者および雇用者の代表のアメリカへの旅行を支援した。しかし，労使関係の変革のためのそのようなイニシアティブは完全に失敗に終わった。この点は，アメリカの占領当局による直接的な影響を受けた西ドイツでさえそうであった。

　ドイツでは，戦後の特殊的諸条件のもとで，労働者と雇用者の間の権力の配

分という問題から，共同決定法に基づく独自の労使関係の制度的枠組みが生み出された。その結果，アメリカ的な労使関係の制度の影響は実質的にはきわめて小さかった。この点については，例えば事業所レベルにおいて，1940年代末に企業委員会の設置の法律を制定しながらもそれがすぐに死法化したフランスや，48年の憲法によって正式に認められた経営協議会の設置が数十年にわたり国有の2社に限られていたイタリアなどとの比較でも，より明らかになる[3]。

　アメリカ主導の生産性向上運動のもとで推し進められた同国の労使関係の移転の試みがドイツにおいて失敗したこと，共同決定制度の成立[4]による労使関係の新しい枠組みは，アメリカモデルに対する代替案をなすものである。それは，「ライン型資本主義」[5]とも呼ばれるドイツの資本主義的特徴を規定する重要な要素のひとつをなすものとなっている。こうした労使関係の新しい枠組みは，労働市場における「調整された市場経済」[6]という社会経済システム，労働者の経営参加による企業統治の体制とも，また企業経営のドイツ的なあり方とも深く関係している。法的に規定された制度として市場経済のなかに埋め込まれた共同決定制度のもとでの調整機能のあり方が，労使関係の戦後的展開の重要な問題をなす。

　そこで，本章では，そのような調整機能の面を重視しながら，共同決定制度による労使関係の新しい枠組みについて考察し，その歴史的意義を，今日に至るドイツ的な企業統治の機構，社会経済システムとの関連のなかで明らかにする。ここでは，1970年代に成立した2つの法律（1972年経営組織法および1976年共同決定法）をも含めてみていくことにする。

　以下では，まず第1節において戦後のドイツにおける労使関係の枠組みの特徴について考察する。つづく第2節では共同決定制度をコーポレート・ガバナンスの面からみていく。さらに第3節では共同決定制度の意義を，労資の情報・コミュニケーションの改善，協調的・安定的労資関係の促進およびセイフティネットとしての機能の面から明らかにする。

第1節　第2次大戦後の労使関係の新しい枠組み

　まず戦後のドイツの労使関係の新しい枠組みについて，その基本的特徴をみ

ると，それはデュアル・システムにみられる。すなわち，ひとつには，労働組合と使用者団体の双方が労働力の販売条件や一般化しうる枠組みの規制について交渉・協定する協約自律性である。いまひとつは，労働協約を前提にして経営協議会と経営側の当事者との間で労働力の利用条件を経営協定として具体的に規定する経営体制である[7]。労働協約は，特定の地域における当該産業の企業に適用され，その結果，賃金はむしろ横断的に形成されることになる。産業部門別の労働協約は，団体交渉で扱われない企業個別的な労働条件に関する企業内の労使交渉機関である経営協議会によって補完される[8]。両者は相互補完的な関係にある。一般的に，企業規模が大きいほど経営協議会をもち産業レベルの労働協約によってカバーされている傾向にある[9]。一方での複数の産業別組合による集中的な団体交渉と他方での労働組合とは正式に分離された自律的な経営協議会による事業所レベルの労働者代表の法的な制度が並立する二元的システムが存在している。労資間の衝突が解決される制度的な調整の枠組みは，安定的・協調的な調整に寄与してきた。そこでは，労働組合の政治力，市場における力が弱まるにつれて，事業所レベルでの経営協議会の法的権利が，中央の労働組合の力を支えるのを助けてきた[10]。またその一方で，トップ・マネジメントのレベルの共同決定という制度があり，それは経営参加の重要な要素をなしてきた。戦後のドイツでは，以上のような制度のもとに，雇用保障と賃金保障の体制が構築されてきた。

このように，事業所と企業のレベルでの法的な労働者参加の比較的強力で安定的な制度が，全国的な団体交渉の支配的なシステムのなかに埋め込まれている。ドイツの共同決定制度は，交渉による調整のドイツモデルのひとつの決定的な要素でもある[11]。W. シュトレークが指摘するように，監査役会レベルの共同決定は経営協議会の共同決定権とも労働組合の構造とも切り離しては理解されえず，これら3つは構造的にも機能的にも密接に結びついている[12]。ファシズム崩壊後の経営政策の新しい時代の始まりは，企業における最も重要な要素としての労働者の位置，共同決定の導入およびそれにともなう生産の独立した中心的要素としての従業員の制度的承認によって，特徴づけられる[13]。産業レベルの広がりをもつ労働協約と経営協議会のような労働市場の制度は，雇用の長期的な観点や産業特殊的ないし企業特殊的な技能の形成を促進しうる

ものである[14]。そのような労使関係のデュアル・システムは，労働体制，労働市場のあり方とも深く関係している。

第2節　共同決定制度とコーポレート・ガバナンス

つぎに，共同決定制度をドイツ的なコーポレート・ガバナンスの機構との関連で考察することにしよう。ドイツのシステムでは，トップ・マネジメントのレベルの共同決定と事業所を単位とする職場レベルのそれとが結びつき相互補完的な関係をもつ重層的構造をなすことによって，両者の共同決定は現実的に実行力を発揮しうる[15]。しかし，企業統治の観点からすれば，監査役会における労働側代表の半数参加を石炭・鉄鋼業以外にも拡大した1976年共同決定法により，取締役に対する人事権や取締役会の意思決定に対する同意権の留保でもって，労働側は，資本側とともに企業政策の決定に影響をおよぼす可能性をもち，その決定に対してモニタリング機能をもつ[16]。監査役会のすべてのメンバーが対等な権利と責任をもたねばならないとした1978年の憲法裁判所の決定でもって，76年法はドイツの労使関係の構造のひとつの確立された部分となった[17]。またこの法律は，コーポレート・ガバナンスの構造にも大きな意味をもつものとなった。

トップ・マネジメントのレベルの共同決定において中心をなす監査役会は，本来の経営執行機関ではない。しかし，ドイツでは，資本支配の具体的機関が監査役会であることから，労働者・労働組合にとっては，共同決定制による経営参加では，監査役会における対等の参加が目標とされてきた[18]。監査役会は制度的には取締役会による業務執行に対する監督機関であり，業務執行の担い手ではない。しかし，その監督は，取締役の任免・解任，重要業務に対する同意などを含むきわめて包括的なものである。監査役会は，業務執行を担当するCEOを頂点とする経営者に対するコントロールの重要な手段である。こうした点からも，この監督機関への労働者の参加が重要な意味をもちうることになる[19]。企業のトップ機関への労働代表の参加においては，労働側の経営執行能力や情報面での制約などの点からも，監督機関への参加による経営者の業務執行に対する牽制が現実的に意味をなすといえる。企業者（出資者）中心の

企業体制を肯定した上で,「共同決定制度によって資本による専制的な支配にガバナンスをかける点に従業員側代表の監査役の重要な機能がある」[20]。しかし, そのような牽制的機能にかかわるコーポレート・ガバナンスの問題としてみた場合, そのあり方に影響をおよぼすいくつかの重要な点がみられる。この点について, 以下, 問題提起的に論点を示しておくことにしよう。

第一に, 出資者側の利害の統一と労働側のそれとをみた場合のありようの違いがおよぼす影響の可能性についてである。所有者側では多くの異なる利害(需要者, 供給業者, 銀行)が代表されるのに対して, 労働者は統一的な利害をもつといえる。その結果, 持分の所有者は少数派に追いやられるので, その意味では, 労資対等に配置された監査役会では, 実際には, 労働者ないし労働組合が優位にあったという指摘もみられる[21]。ただその場合でも, 産業・銀行間の関係にみられるようなドイツに特徴的な企業間関係のあり方によって, 銀行と産業企業との間だけでなく銀行間の協調・連携による出資者側の利害の統一が強化される基盤が存在することも重要である[22]。

また企業側にとって特殊ドイツ的な経営の自律性の契機が存在している。労働者代表の監査役の半数参加による出資者側代表の構成比率の相対的低下は, 当該企業出身者が監査役に就いている場合には, 外部出身の監査役による影響をそれだけ抑制する可能性をもたらす。その結果, 企業側の監査役の自律性を高める契機となりうる。同様の点は取締役会における経営の自律性にもあてはまる。石炭・鉄鋼業の企業における労資対等に配置された監査役会は, しばしば, 取締役会の商事担当や技術担当のメンバーが銀行や持分所有者の代表からより自由に, またより独立的になっていると感じるという状況をもたらしてきたとされている[23]。

このように, モンタン共同決定法や1976年共同決定法による監査役会への半数構成での労働側代表の参加は, 例えば銀行, 株式を所有する企業, さらにいえば株主(出資者)全般のような企業外部の監査役の構成比率の相対的低下を意味する。したがって, 企業側としては, 内部出身の監査役, また経営執行を担当する取締役にとっては, 外部の影響力, 関与の可能性をそれだけ小さくしうる契機をもつことにもなる。とくに監査役会の内部での事前討議や, 取締役と労働者代表の監査役との間の事前討議などをとおして労働者代表の同意を

得ることによって監査役会の構成メンバーの過半数が掌握される場合[24]には，外部からの影響を大きく緩和ないし回避することができる。その結果，監査役会においても，また取締役会においても，経営機能の遂行における「自律性」が高まることになりうる。こうした点は，ドイツ的なコーポレート・ガバナンスの特徴，あり方を考える場合に考慮に入れておくべき重要な点である。

　この点を今日的にいえば，監査役会レベルの共同決定は，労働者代表による半数の構成によって外国人投資家，投資ファンドなど主として短期的な資本所有者による圧力の影響を抑制・緩和する可能性を与えるものである。1976年共同決定法の適用下の企業では，当該企業の経営陣と労働者代表の監査役とが協調する場合には，外部の勢力が出資者代表の監査役のすべてを掌握しない限り，外部の勢力にとっては，自らの主張・利害を実現することは困難になる。また近年の自社株買いの動きにみられるように当該企業による自社株の保有により企業側が出資者代表の監査役を1人でも確保すれば，労働者代表の監査役との協調によって外部の勢力を制することが可能となる。雇用の確保と安定，労働条件の維持・改善という労働側の利害や，共同決定制度に基づく労資の協調的な労使関係の形成・強化がこうした連携の基盤をなす。

　しかも，出資者代表の監査役の構成比率が半分に限定されている状況のもとでは，銀行との協調によってそうした防衛的機能をより強化することができる。そのような状況のもとでは，外部の勢力が株主総会における議決権の過半数を確保することによって買収の実現，経営権の掌握をはかろうとしても，現実には企業経営の実権を掌握することは困難にならざるをえない。

　「ライン型資本主義」とも呼ばれるドイツの資本主義モデルの本質的な意義のひとつは，この点にみられる。こうした特殊ドイツ的な条件は，1990年代以降の金融のグローバリゼーションの進展と資本市場の圧力の一層の増大のもとで，大きく動揺せざるをえない状況にもなってきているが[25]，他の諸国と比べると，企業側の経営の自律性を維持する可能性はそれだけ大きいといえる。こうした点は，1990年代以降のアメリカ的な株主主権的経営，コーポレート・ガバナンスへの転換という面でのドイツ的なあり方とも深くかかわるものとなっている（第10章参照）。

第3節　共同決定制度の意義

1　労資の情報・コミュニケーションの改善

つぎに，共同決定制度のもつ意義についてみることにする。共同決定による労働者の経営参加の制度は，労資の情報・コミュニケーションの条件の改善によって，両者の信頼に基づく協調的関係の形成に寄与してきた。それゆえ，まずこの点についてみると，情報・コミュニケーションにおいて現れる協力の用意は，共同決定の問題の展開，社会的対立の解決・緩和，経営協議会と経営側との間の信頼に満ちた協力のための本質的な基礎とみなされるべきものである[26]。共同決定は，経営側に対して企業の状況や行動に関する情報の提供を強制するものであるが，それを超えて，信頼の文化の確立に寄与してきた[27]。情報・コミュニケーションの質と密度という面では，法的にも，また実際にも，石炭・鉄鋼業では経営組織法の適用分野においてよりもはるかに強力であったとされているように[28]，監査役会における労資対等の共同決定の場合に一層有利になっている。例えば1970年の共同決定委員会の報告書でも，労働者代表の監査役の回答では，石炭・鉄鋼業ではほとんどつねに十分な情報があったのに対して，経営組織法の適用下の一般産業では不十分な情報しか伝えられていない場合が多かったと指摘されている[29]。その意味でも，1976年共同決定法によって労働者の経営参加の条件が改善されたことの意義は大きい。

共同決定によって意思形成の複雑性は増大したが，同時に以前よりもそのプロセスの透明性は高まり，労働側にとっての情報の遮断は緩和される傾向にあった。経営者と事業所レベルの共同決定の担い手との間の，また監査役会の資本側代表と労働側代表との間のコミュニケーションや協力は，共通の，また統合された意思形成過程と理解される[30]。こうした情報・コミュニケーションの改善とそれに基づく意思形成過程は，監査役会の労働者代表と取締役との間の事前討議によっても補完されており，そうした予備討議は，企業全体の情報過程のひとつの重要な部分を形成した[31]。そのような状況のもとで，経営者にとっては，経営協議会――従業員――経営側の間のコミュニケーションの経路は，明らかに企業内の他の形態によって容易にとって代えることのできないものであったとされている[32]。

2 協調的・安定的労使関係の促進

　共同決定制度はまた，労資の情報・コミュニケーションの条件の改善をも基礎にして，経営参加によって労働側の利害を反映させる可能性，資本側との対抗のための条件の変化をとおして，労資の協調関係の強化の基盤をなしてきた。つぎに，この点についてみていくことにしよう。

　共同決定制度では，労働者が職場を提供されていることに基づく資本主義的な労働関係と企業に対する従属性から生じる労働者の依存関係の調整が課題とされている(33)。共同決定制度は，経済を労働者自身の責任分野の一部として，また企業における決定機能の分権化を労働者の影響力の行使のための予備的条件として経験させ理解させてきたという点で，市場経済秩序の維持に貢献してきた(34)。すなわち，共同決定は，そのような「労働者の従属性」と結びつきうる管理権と指揮権の恣意的なあるいは過度の行使の危険を小さくすることによって企業内の労資の持続的協働と市場経済体制の政治的安定化をはかるために必要とされるものである(35)。例えば共同決定委員会の報告によれば，監査役会における労資同数での共同決定は和解と協力を促してきた。労働者の社会的な地位の維持に十分な配慮がなされる限り，コスト引き下げを目標とする合理化諸方策は，労働代表監査役の大きな反対に直面することには決してならなかったとされている(36)。

　共同決定は労働側の地位，労資間の関係を大きく変えたが，経営の変化をもたらすものでもあった。共同決定制度のもとで客観的なデータ，組織内の情報の自由な流れ，議論，合意と協力がより重視されることによって経営の構造や実務の近代化がもたらされるという重要な面は，株主からの経営の独立性におよぼす共同決定の積極的な効果である。また共同決定は，経営機能の一部を労働者代表，とくに経営協議会が共有するだけでなくその参加のもとで行われた意思決定の執行に対する責任も負うかたちでの，統合された共同の意思決定過程をもたらした。共同決定は，労働の有効利用において組織的な硬直性を加えるものであると同時に，それに対処するひとつの方法を提供するものでもある(37)。例えば鉄鋼業では，共同決定制度は，労働市場においても，また工場レベルにおいても，労働側と経営側との間の協力を促してきた。この産業の関係者は，経営側と労働側のいずれにおいても，相互の義務と責任を理解した共

同のグループとして自らを理解した。相互に受け入れられまた共同決定によって制度化されたそのような構造は，さまざまなロットの大きさでの生産や工場内部での労働と原料の再配分など，大量生産における重要なフレキシビリティを生み出してきた。そのようなフレキシビリティは，アメリカの鉄鋼企業の場合よりもはるかに大きなものであったとされている[38]。

また共同決定のいまひとつの重要な影響は，監査役会は共同決定の行われていない企業においてよりも人材開発政策や雇用政策に対して大きな注意を向けざるをえないという点にある[39]。経営における労働者の社会保障は，共同決定によってひとつの新しい質をもつものとなっている。例えば合理化の諸結果に対する労働者保護への推進力や人事的・経済的領域における共同決定の新しい諸要素は，社会的予防の過程の典型的な表われであり，また一部では結果でもある[40]。事業所レベルの共同決定に基づく経営体制という面では，歴史的にみても，経営実践における社会的な観点の考慮については貫徹されてきた[41]。

さらに雇用の安定との関連でみると，共同決定のもとでの人事政策は，すでに雇用され就業している労働者の雇用の安定性を高めてきた。共同決定は，労働者の企業特殊的な利害が統合されまた満足されるための制度化された機会を提供する。またそうして，共同決定は，生産単位とその内部労働市場の境界線に沿って，つまり資本と同じ線に沿って労働の分断を強化する傾向をもつ[42]。このように，共同決定制度は，労働者による経営に対する統制的機能だけではなく，資本の側による労働者の統合政策的機能をもった労働者の経営参加の制度としての性格をもたざるをえない。資本によるそのような統合政策は，1963年のドイツ労働総同盟（DGB）の新基本綱領の採択にみられるように，労働組合指導部の体制内化の進展によって労使関係が「安定化」するなかで，一層すすむことになった。また1972年の経営組織法は，経営協議会の権利の拡大にみられるように共同権定権の拡大をもたらしたが，その一方で，事業所レベルでの労働組合活動が抑制され，統合政策的機能の拡大がはかられた。この点は，経営協議会からの「管理職員」（Leitende Angestellte）の排除による従業員の結束力の弱体化，事業所における労働組合活動の制約，経営者側との協力・協同を前提とした経営協議会と労働組合の協力の承認などにみられる[43]。事業所

レベルの共同決定のこのような統合効果は，敵対勢力の形成のための労働組合の態勢を弱めうるものである[44]。

このように，事業所レベルの共同決定制度は，労資の利害の対立を調整するための有効な手段であり[45]，経営協議会における労働者の利害代表者は，ますます個々の従業員の要望と経営側の意思決定との間の仲介者となっている[46]。経営協議会は，企業レベルでの交渉権を法律でもって排他的に保障されつつ，他方で平和義務の規制の制限内で，企業内の主に苦情処理機関や福利施設の管理機関として問題を処理することによって，紛争の拡大・先鋭化を未然に防ぐ役割を果たしてきた[47]。共同決定と賃金自治の相互作用は社会平和の基礎をなしている[48]。経営組織法は，一般的に，穏やかで協調的なやり方の議論を配慮している。ドイツにおいて一般的にみられる労働平和は，事業所レベルの共同決定を規定したこの法律に負うところが大きかったといえる[49]。

戦後のドイツでは，共同決定の規定のために，ストライキという武器はまれにしか利用されてこなかった。もちろん，とりわけ賃金支払や労働時間の問題が含まれる社会的問題や賃金政策面の基本的な問題では，ストライキやロックアウトによる激しい労働紛争もみられた。とはいえ，労働組合と使用者団体によって利害調整のプロセスにおいて好んで選ばれ，また時折「社会的パートナー」として表現された協調的スタイルは，多くのケースにおいて労働紛争を不要にし，また社会的妥協を容易にしたのであった[50]。

こうして，労使関係の「ドイツモデル」の礎石となった労資間のきわめて強力な協力関係がゆっくりと発展していった[51]。この点に関していえば，経営参加による労働者代表の経営責任という面が，企業における「社会的パートナーシップ」や「協力」への労働者の関心の創出・強化に寄与してきた[52]。多くの場合，適切な情報と被用者の参加が紛争の発生を防止している[53]。しかし，とくに経済成長期には，企業内でおこるさまざまな問題についての経営協議会と経営側との間の交渉には，スト権の裏づけを欠いていたということが，合理化をめぐって争議があまりおきない理由のひとつであった[54]。

さらにまた，監査役会への労働者の参加によって資本所有者の利害のみならず労働者や社会の利害が考慮に入れられうるという可能性から，権力行使の「正当性」は，より広い基盤をもつことになった。共同決定制度の成立は，そ

れまでの古い権威の支配正当性に対して大きな衝撃を与えた[55]だけでなく，戦後の労使関係，雇用システムの近代化に対応した支配の正当性へとそのあり方を変革させる契機をもなした。

　また従業員代表が経営の意思決定への参加権を行使しうる能力は，彼らの技能や知識に依存している。共同決定が有意義でありうるためには，そうした権利が法的に与えられた人々の教育・訓練が必要であった。その意味では，共同決定制度に基づくドイツ的な経営の代替案が創出される歴史的契機は，従業員代表の教育・訓練が本格的に始まったとき，すなわち1960年代末および70年代初頭の社会民主主義の優勢の時期に生まれた[56]。

　このように，共同決定は，労使関係のシステムにとってだけではなく，教育システム（学校教育と職業教育の二重システム）や賃金政策（部門レベルの協約）にとってもプラスに働いた。そのような教育システムや賃金政策は，部門内の技術移転，標準化や企業間システムのその他のドイツ的な特殊性を支えるものである[57]。この点をとくに1990年代以降の資本主義のグローバル段階に即してみると，共同決定は，社会平和の確保，上位の市場セグメント向けや高品質向けの製品戦略の展開，フレキシブルな労働者，高い賃金と生活水準，高い生産性，従業員と雇用者との間の協力的な関係の確保において，重要な役割を果たしている。これらはすべて，グローバル経済およびヨーロッパ経済の品質競争市場においてドイツ企業がもつ固有の優位性の重要な諸要素であるとされている[58]。

3　セイフティネットとしての機能

　以上の考察をふまえて，最後に取り上げておかねばならないことは，資本主義の多様性とその類型的把握をめぐる論点にもかかわる，「市場化の限界」に対する調整的機能の問題である。ドイツでは，例えば「ライン型資本主義」と呼ばれるように，市場原理の適用を制限しながら長期的な福祉の実現を重視した安定的な社会の形成を志向する「利害関係者的資本主義」的なあり方[59]がみられる。それゆえ，そこでの共同決定制度の調整的機能とその意義が重要な問題となる。

　資本主義の多様性をめぐる議論では，例えばP. A. ホールとD. ソスキスは，

アメリカやイギリスのような「自由な市場経済」とドイツやスエーデンのような「調整された市場経済」，フランスやイタリアのようなそれらのいずれにも分類されない市場経済とを区別している[60]。今日のように，新自由主義的政策の傾向が強まり，市場原理が強く前面に押し出されれば押し出されるほど，資本主義の安定的な存続のために市場経済の限界（市場化の限界）に対処する安全装置（セイフティネット）のあり方が重要な問題となってくる。一般的に各種の規制や法的保護がそれを提供する場合が多い。資本主義各国における市場経済原理の現われ方，貫徹の仕方という面での相違だけではなく，市場化の限界への対応の差異も，各国の政治経済体制，資本主義経済の固有のありかたを決めるひとつのポイントになる[61]。

そのような意味からいえば，とくに労使関係や労働面にかかわるセイフティネットが重要な問題領域となる。ホールらのいう「調整された市場経済」の代表例であるドイツでは，産業部門レベルの労働協約と他の労使関係の諸制度，とくに経営協議会との間には制度補完性がある。企業レベルでのそのような制度補完性は，選挙で選ばれた従業員代表で構成され一時解雇や労働条件に関してかなりの権限をもつ経営協議会の制度にみられる[62]。すでにみたように，共同決定制度は，監査役会への労働者代表の参加による企業レベルの共同決定が経営協議会による労働者の経営参加と有機的に結びつくことによって経営機能・経営者機能への牽制的作用の一層の可能性をもつ。共同決定制度は，こうした可能性によって，資本主義経済体制のもとでの市場経済の限界に対する一定の安全装置的機能を企業の次元において備えようとするものである。企業体制とは企業に作用する長期的に拘束力のある構造規制の全体のことをいうとするK. シュミーレビッチらの指摘[63]は，そうした面を端的に示している。

ただ共同決定制度にみられるそのような安全装置は，市場経済のもたらす限界に対する事後的対処のかたちでの安全装置としてだけではなく，むしろいわば「事前的」対処の性格をもつ。それは，例えば事業所レベルにおける労務問題といった人事的な事項や社会的事項への共同決定をとおしての労働者の利害の防衛，労資紛争の回避のほか，団体交渉や法的規制のみならず共同決定制度によっても支えられるかたちでの，雇用者が労働者を解雇するのがむずかしい雇用体制[64]などにみられる。このように，共同決定制度は，生産要素市場の

ひとつとしての労働市場における「市場化」の限界に対する事前的な安全装置としての機能を有するものである。また監査役会レベルの共同決定では，労働者代表の監査役の存在による取締役会，取締役への牽制機能のほか，監査役会のレベルでの経営方針の決定への参加をとおして企業経営の健全性を担保する可能性が生まれる。それゆえ，こうした共同決定制度は，労働者，労働市場に関してだけでなく，広くステイクホルダー全般に対しても「事前的」安全装置の機能をなすものである。同時にまた，共同決定制度は，経営成果に対する審判としての監査役会による取締役の選任・解任権に基づく事後的な安全装置としての機能も有している。

また戦後ドイツの経済体制にかかわる社会的市場経済にみられる社会政策的（社会保障的）な再配分機能に関しては，共同決定制度によるこうした事前的なセイフティネットの機能によって，社会的調整にともなう財政的負担を予め軽減する可能性が与えられていることが重要な意味をもっている。それゆえ，企業の次元において組み込まれた共同決定制度のセイフティネットの機能は，社会的市場経済という戦後のドイツの経済体制を支える重要な条件をなすものでもある。

このような労使関係の側面にみられる共同決定制度の安全装置が事後的性格のみならず事前的性格をも備えたものであるということは，労働者側にとって大きな意義をもつだけでなく，同時にまた企業統治のひとつのあり方として，広く社会に対しても大きなかかわりをもつ資本主義経済体制における安全装置でもある。しかしまた，共同決定制度は，それのもつ労働者の統合機能や経営側への労働側の協調，和解的・妥協的解決などにみられるように，資本主義体制のもとでの市場化の限界に対する安全装置を基礎にした「体制安定化装置」としての側面をもつものでもある。もちろん，現実には，一定の小規模企業のように共同決定の対象とはされない企業やそうした制度の普及の程度の低い企業も存在するという制約はみられる。しかし，このような安全装置とそれを基礎にした体制安定化機能の組み込みという点にこそ，労使関係のドイツ的なあり方が構造化されたかたちでの，共同決定制度を基礎にした戦後的体制の本質がみられる。

また上述したように，監査役会レベルでの労資同数の構成を規定した1976年

共同決定法のもとでの外部の勢力に対する企業経営の自律性の契機は，株主価値重視の経営への圧力や敵対的買収による雇用などの面での労働者への影響を回避あるいは緩和する条件・可能性を与えるものでもある。もちろん，1990年代以降の資本市場の圧力の強まりのなかで共同決定制度のもつそのようなセイフティネットの機能の発揮が困難になっているという状況にもある。しかし，こうした機能は，労働者の権利と利害を守る上で，また資本市場の影響・圧力という「過度の市場化」の限界に対する規制・防衛という面において重要な意味をもつものである。それゆえ，今日的には，そうした機能の生かし方が重要な課題となる。

以上のような戦後の労使関係の新しい枠組みのもとで，雇用保障と賃金保障というかたちでのセイフティネットの機能が発揮されるのであり，社会的市場経済における社会的不均衡の是正の有効なあり方のための条件が支えられている。しかしまた，ドイツ企業では，こうした労使関係のあり方によって，多様化高品質生産[65]の展開にとっても重要な意味をもつ労働者の熟練・技能のための教育・訓練への投資が促進されることにもなってきた。こうした労使関係の制度的枠組みは，熟練や技能の育成を支える職業教育制度・専門技能資格制度を基礎にして，戦後のドイツ的な生産体制の展開，それによるドイツおよびヨーロッパの市場へのより適合的な対応のあり方とも深いかかわりをもつものとなってきた。

第2次大戦後には，このような労使関係の枠組みにおける変化とともに，企業経営のあり方，ドイツ資本主義の特質とも深いかかわりをもつ産業集中においても，新しい展開がみられる。それゆえ，次章では，こうした点について，占領政策のもとで解体された独占的大企業の再結合によるコンツェルン体制の新展開，その後の第3次企業集中運動のもとでの企業の結合の進展にともなうコンツェルン体制のさらなる再編について考察するこにしよう。

（1）高木健次郎『西ヨーロッパにおける生産性運動』日本生産性本部，1962年，17ページ，大場鐘作「生産性運動」，野田信夫監修，日本生産性本部編『生産性事典』日本生産性本部，1975年，51ページ。
（2）高木，前掲書，40ページ。
（3）H. G. Schröter, *Americanization of the European Economy*, Dordrecht, 2005, p. 197,

p. 199.
（４）戦後初期の共同決定制度の成立とその背景については，拙書『戦後ドイツ資本主義と企業経営』森山書店，2009年，第4章第2節を参照。この問題に関する近年の日本での研究成果としては，平澤彦彦『企業共同決定制の成立史』千倉書房，2006年があるほか，林 昭『激動の時代の現代企業――ドイツ統一と戦後のドイツ企業――』中央経済社，1993年も重要文献である。
（５）M. Albert, *Capitalisme contre Capitalisme*, Paris, 1991〔小池はるひ訳『資本主義対資本主義』，新訂版，竹内書店，1996年〕．
（６）P. A. Hall, D. Soskice, An Introduction to Varieties of Capitalism, P. A. Hall, D. Soskice (eds.), *Varieties of Capitalism*, Oxford University Press, 2001〔遠山弘徳・安孫子誠男・山田鋭夫・宇仁宏幸・藤田奈々子訳『資本主義の多様性』ナカニシヤ出版，2007年〕．
（７）W. ミュラー・イエンチュ（佐々木常和訳）「ドイツ企業における労使関係」，大橋昭一・小田 章・G. シャンツ編著『日本的経営とドイツ的経営』千倉書房，1995年，218ページ，N. アルトマン・K. ドゥル「新技術と経営評議会」，野村正實・ノルベルト・アルトマン編『西ドイツの技術革新と社会変動』第一書林，1987年，97ページ，野村正實「課題と方法」，徳永重良編著『西ドイツ自動車工業の労使関係――フォルクスワーゲン工場の事例研究――』御茶の水書房，1985年，5ページ。
（８）M. M. C. Allen, *The Varieties of Capitalism Paradigm. Explaining Germany's Comparative Advantage?*, Basingstoke, 2006, p. 77.
（９）*Ibid.*, pp. 81-2.
（10）K. A. Thelen, *Union of Parts. Labor Politics in Postwar Germany*, Ithaca, 1991, p. 2, p. 13.
（11）*Ibid.*, pp. 14-5.
（12）W. Streeck, *Social Institutions and Economic Performance,* London, 1992, p. 137.
（13）T. Pirker, S. Braun, B. Lutz, F. Hammelrath, *Arbeiter, Management, Mitbestimmung. Ein industriesoziologische Untersuchung der Struktur, der Organisation und des Verhaltens der Arbeiterbelegschaften in Werken der deutschen Eisen- und Stahlindustrie, für das Mitbestimmungsgesetz gilt*, Stuttgart, Düsseldorf, 1955, S. 431-2.
（14）P. A. Hall, D. Soskice, *op. cit.*, pp. 24-5〔前掲訳書，28-9ページ〕，M. M. C. Allen, *op. cit.*, p. 4, p. 7.
（15）吉田 修『ドイツ企業体制論』森山書店，1994年，24ページ。
（16）海道ノブチカ『ドイツの企業体制』森山書店，2005年，12ページ。共同決定制度の実態とそこでの問題については，前掲拙書の第4章第3節において，モンタン共同決定法，1952年経営組織法，1972年経営組織法，1976年共同決定法を取り上げて，トップ・マネジメントと事業所の双方のレベルについて考察している。参照されたい。
（17）W. Streeck, *op. cit.*, p. 150.
（18）大橋昭一「ドイツ的経営」，吉田和夫・大橋昭一編著『ドイツ経営学総論』中央経済社，1982年，171ページ。

(19) 二神恭一「経営的共同決定システム」,高橋俊夫編著『コーポレート・ガバナンス——日本とドイツの企業システム——』中央経済社,1995年,141ページ.
(20) 海道,前掲書,107ページ.
(21) Deutsche Industrieinstitut(Hrsg.), *Mitbestimmung. Forderungen und Tatsachen*, Köln, 1968, S. 49.
(22) 産業・銀行間の関係にみられるようなドイツに特徴的な企業間関係とそれに基づく銀行・産業企業間および銀行間の協調・連携については,前掲拙書,第5章を参照.
(23) Vorstellungen und Überlegungen des DGB zur Mitbestimmung, S. 21, *Bayer Archiv*, 302-0500.
(24) Mitbestimmungskommission, *Mitbestimmung im Unternehmen. Bericht der Sachverständigenkommission zur Auswertung der bisherigen Erfahrung bei der Mitbestimmung*, Stuttgart, Berlin, Köln, Mainz, 1970, S. 63.
(25) Vgl. R. Zugehör, *Die Zukunft der rheinischen Kapitalmarkt. Unternehmen zwischen Kapitalismus und Mitbestimmung*, Wiesbaden, 2003, Teil Ⅲ, Teil Ⅵ〔風間信隆監訳,風間信隆・松田 健・清水一之訳『ライン型資本主義の将来——資本市場・共同決定・企業統治——』文眞堂,2008年,Ⅲ,Ⅳ参照〕, K. Lompe, A. Blücker, B. Marquardt, P. Rülke, H. Weis, *Bilanz und Perspektiven der Montanmitbestimmung, Entwicklung, Erfahrungen, Herausforderungen*, Berlin, 2003, S. 61, S. 327.
(26) W. Tegtmeier, *Wirkungen der Mitbestimmung der Arbeitnehmer——Eine sozial-ökonomische Analyse potentieller und faktischer Wirkungen der Mitbestimmung im Unternehmen und im Unternehmensexternen Breich——*, Göttingen, 1973, S. 140.
(27) Bertelsmann Stiftung, Hans-Böckler-Stiftung(Hrsg.), *Mitbestimmung und neue Unternehmenskulturen——Bilanze und Perspektiven. Bericht der Kommission Mitbestimmung*, Gütersloh, 1998, S. 98.
(28) W. Tegtmeier, a. a. O., S. 148.
(29) Mitbestimmungskommission, a. a. O., S. 93.
(30) W. Tegtmeier, a. a. O., S. 150-1.
(31) Mitbestimmungskommission, a. a. O., S. 62-3.
(32) Hans Böckler Stiftung, Bertelsmann Stiftung, *Mitbestimmung für die Zukunft. Ergebnisse und Fazit aus der Arbeit des „Forum Mitbestimmung und Unternehmen" 1999-2003*, Gütersloh, 2003, S. 17(http://www.bertelsmann-Stiftung.de/cps/rde/xchg/SIDOA 000F14-A6259003/bst/hs.xsl/prj6504 6510.htm)(2007年9月5日参照).
(33) Vgl. Mitbestimmungskommission, a. a. O., S. 104-5.
(34) Vgl. *Ebenda*, S. 121-2.
(35) 村田和彦『労資共同決定の経営学(増補版)』千倉書房,1987年,201ページ参照.
(36) Mitbestimmungskommission, a. a. O., S. 61, S. 73.
(37) W. Streeck, *op. cit.*, pp. 160-4.

(38) G. Herrigel, American Occupation, Market Order, and Democracy : Reconfiguring the Steel Industry in Japan and German after the Second World War, J. Zeitlin, G. Herrigel (eds.), *Americanization and Its Limits. Reworking US Technology and Management in Post-War Europe and Japan*, Oxford, 2000, p. 380, p. 383, J. Zeitlin, Introduction : Americanization and Its Limits : Reworking US Technology and Management in Post-War Europe and Japan, J. Zeitlin, G. Herrigel(eds.), *op. cit.*, p. 39.
(39) Bertelsmann Stiftung, Hans-Böckler-Stiftung(Hrsg.), *a. a. O.*, S. 96.
(40) W. Tegtmeier, *a. a. O.*, S. 247, S. 252.
(41) W. Eberwein, Zur Geschichte und Soziologie der deutschen Betriebsverfassung, *WSI Mitteilungen*, 45. Jg, Nr. 8, August 1992, S. 501.
(42) W. Streeck, *op. cit.*, pp. 167-7.
(43) 林，前掲書，121-32ページ参照。1972年経営組織法による経営協議会の権利の拡大については，K. A. Thelen, *op. cit.*, pp. 100-1, W. Streeck, *op. cit.*, pp. 106-7も参照。
(44) B. Muszynski, *Wirtschaftliche Mitbestimmung zwischen Konflikt und Harmoniekonzeptionen. Theorethische Voraussetzungen, geschichtlicher Grundlagen und Hauptprobleme der Mitbestimmungsdiskussion der BRD*, Meisenheim am Glan, 1975, S. 331.
(45) 二神恭一『西ドイツ企業論——労使共同決定制の実態——』東洋経済新報社，1971年，266-7ページ。
(46) Hans Böckler Stiftung, Bertelsmann Stiftung, *a. a. O.*, S. 11, S. 30.
(47) 徳永重良「ドイツ資本主義と労資関係」，戸塚秀夫・徳永重良編『現代労働問題』有斐閣，1977年，301ページ。
(48) Hans Böckler Stiftung, Bertelsmann Stiftung, *a. a. O.*, S. 7.
(49) B. Plettner, *Abenteuer Elektrotechnik. Siemens und die Entwicklung der Elektrotechnik seit 1945*, München, 1994, S. 109.
(50) W. Abelshauser, *Deutsche Wirtschaftsgeschichte seit 1945*, München, 2004, S. 358.
(51) H. G. Schröter, Deutschlands Reintegration in die europäischen Wirtschaft, M. North (Hrsg.), *Deutsche Wirtschaftsgeschichte*, München, 2005, S. 377.
(52) W. Streeck, *op. cit.*, p. 137.
(53) ギュンター・チリーシュ「減速成長下の労使関係」，有沢広巳・大河内一男編著『成長経済の転換 日本の場合・ドイツの場合』日本経済新聞社，1977年，205ページ。
(54) 徳永，前掲論文，300ページ。
(55) 二神，前掲書，278-80ページ。
(56) R. R. Locke, *The Collapse of the American Management Mystique*, Oxford University Press, 1996, p. 80.
(57) W. Abelshauser, Vom wirtschaftlichen Wert der Mitbestimmung : Neue Perspektiven ihrer Geschichte in Deutschland, W. Streeck, N. Kluge(Hrsg.), *Mitbestimmung in Deutschland. Tradition und Effizienz*, Frankfurt am Main, New York, 1999, S. 234.

(58) K. Thelen, L. Turner, Die deutsche Mitbestimmung im internationalen Vergleich, W. Streeck, N. Kluge (Hrsg.), *a. a. O.*, S. 212.
(59) M. Albert, *op. cit.*,.
(60) P. A. Hall, D. Soskice, *op. cit.*, pp. 19-21〔前掲訳書，22ページ〕．
(61) 金子 勝『市場と制度の政治経済学』東京大学出版会，1997年参照。
(62) P. A. Hall, D. Soskice, *op. cit.*, pp. 24-5〔前掲訳書，28ページ〕．
(63) K. Chmielewicz, A. G. Coenenberg, R. Köhler, H. Meffert, G. Reber, N. Szyperski, Einleitung der Herausgeber, K. Chmielewicz, A. G. Coenenberg, R. Köhler, H. Meffert, G. Reber, N. Szyperski (Hrsg.), *Unternehmensverfassung*, Stuttgart, 1981, S. X.
(64) W. Streeck, German Capitalism : Does It Exist? Can It Survive?, C. Crouch, W. Streeck (eds.), *Political Economy of Modern Capitalism. Mapping Convergence and Diversity*, London, 1997, p. 37〔山田鋭夫訳『現代の資本主義制度　グローバリズムと多様性』NTT出版，2001年，59ページ〕参照．
(65) 多様化高品質生産については，W. Abelshauser, *Kulturkampf*, Berlin, 2003〔雨宮昭彦・浅田進史訳『経済文化の闘争』東京大学出版会，2009年〕，W. Streeck, *Social Institutions and Economic Performance*, London, 1992を参照。

第2章　企業の集中とコンツェルン体制の新しい展開
──大企業解体後の再結合，第3次企業集中運動との関連を中心として──

　第2章では，第2次大戦後のドイツにおける企業経営の展開を企業の集中とそれにともなうコンツェルン体制の新展開・再編の面から考察する。企業の結合のあり方を産業集中という面でみると，それは，産業・銀行間の関係に基づく産業システムとコンツェルン体制に最も特徴的に表れており，ドイツ資本主義の蓄積構造の基軸をなすものとなっている。産業・銀行間の関係に基づく産業システムは，ユニバーサル・バンク制度のもとでの信用業務と証券業務が一体となったかたちでの銀行の事業展開，株式所有や寄託株式制度，役員派遣や顧問会制度による人的結合を基礎にした協調的な企業間関係のシステムであり，ドイツに特有のコーポレート・ガバナンスの機構を構成する重要な要素をなしている[1]。また戦後のコンツェルン体制は，独占的大企業の解体とその後の再結合をとおして形成されてきた。これらの産業集中のシステムは，戦後のドイツ企業の発展の重要なプロセスとして展開された。

　本章で考察を行うコンツェルン体制の問題に関していえば，戦後の戦勝国による占領政策のもとでの独占的大企業の解体を経たその後の再結合は，戦前の構造へのたんなる復帰ではなく，寡占的競争に適合的な事業構造への再編をとおしてコンツェルン体制の新しい展開をもたらした。また子会社の設立や資本参加，競争関係にある企業の集中・結合によって，親会社の事業領域を補完するかたちで多角化やフルライン化が推進され，コンツェルン・企業グループ全体としてみれば，当該産業部門における全般的・包括的な事業領域におよぶ展開がはかられるようになった。そのような新しいコンツェルン体制は，1960年代から70年代におよぶ第3次企業集中運動と呼ばれる大規模な集中・結合の波のなかで，一層の再編がすすむことになった。こうしたコンツェルン体制の変

革は，独占的大企業による産業集中の新しい展開の基礎をなした。

そこで，本章では，まず第1節において，戦後の占領政策のもとでの独占的大企業の解体・分割を経た1950年代以降の企業の再結合とコンツェルン体制の新展開について考察する。それをふまえて，第2節では，その後の第3次企業集中運動のもとでの結合・集中にともなうコンツェルン体制の一層の再編の問題についてみていくことにする。こうした考察をとおして，戦後の産業集中の新しい展開の基礎をなすコンツェルン体制の内部構造の変化を明らかにし，寡占的競争への転換のもとでの大企業体制，コンツェルン体制の再編・再構築の歴史的意義を明らかにしていく。

第1節　大企業の解体・再結合とコンツェルン体制の新しい展開

第1節では，戦後の占領政策のもとでの独占的大企業の解体，その後の再結合にともなうコンツェルン体制の新しい展開について考察を行うことにする。まず1において戦勝国，とりわけアメリカによる独占的大企業の解体とその影響についてみた上で，2において1950年代以降の大企業の再結合とそれにともなうコンツェルン体制の新たな展開について考察する。それをふまえて，3では，コンツェルン体制の新展開の意義を明らかにしていく。

1　アメリカによる大企業の解体政策とその影響
（1）　大企業の解体政策の展開

まず独占的大企業の解体政策をみると，アメリカの側では，ドイツの過度の経済力・政治力は独占的大企業の解体と非カルテル化によって妨げられるべきであるという考え方に立っていた[2]。それゆえ，アメリカのような競争の原則に基づいた寡占的な市場組織への方向づけが基本的な政策とされた[3]。

石炭・鉄鋼業では，とくに深刻な影響をおよぼしたのは，独占的大企業の解体による鉄鋼と炭鉱の分離の問題であった[4]。重工業では，8つのコンツェルンが最終的には23の鉄鋼会社に分割された。合同製鋼の場合には，鉄鋼部門では13の事業会社に分割されたほか，炭鉱部門3社，加工部門1社，商事部門1

社に分割された[5]。クルップでも，主力工場のフリードリィヒ・アルフレッド製鉄所が切り離され，別会社（Hüttewerk Rheinhausen AG）に解体されたほか，炭鉱部門でもエッセンクルップ炭鉱の切り離しなどが行われた[6]。クルップは，以前には原料産業と加工工場の有効な協力・補完によって品質と価格の面で世界的な優位をもつ製品を生産することができたが，こうした生産段階の結びつきは引き裂かれ，同社の様相は完全に変化した[7]。こうした解体の状況は，マンネスマンやヘッシュ，さらにグーテホフヌングなどでもみられた[8]。

また化学産業のIGファルベンも解体され，結果的には，BASF，バイエルおよびヘキストの3大企業が主要後継企業となる寡占的体制へと再編され[9]，資本関係にも大きな変化がみられた。さらに銀行業でも，大銀行は30の小規模な地方銀行の単位に分解され，ひとつの特定の単位の銀行業務は，ひとつの州の地域に限定された[10]。しかし，大銀行の解体・再編によってユニバーサル・バンク制度そのものが変革されたわけではなく，そのことは，産業・銀行間の関係に基づく産業システムの新たな展開において重要な意味をもった。

(2) 大企業の解体・再編の意義

大企業の解体は，それ自体としては大きな打撃を与えるものであったが，独占的大企業の合理的再編の契機ともなり，構造変革の過程をもたらすことになった。例えば合同製鋼の場合，「企業解体を契機に，管理に適した規模での大企業が形成され，機能的な独占ないし寡占体制が定着した」。IGファルベンでも「動きのとれない過大コンツェルンを清算して機能的なコンツェルンが形成され，これが戦後の技術革新に対応して新分野を開拓しつつ蓄積を展開するうえで，より適合的な構造をなした[11]」。独占的大企業の解体にともなう石炭業と鉄鋼業の組織的な再編のためのアメリカの提案は，より低いコストの実現，効率性の向上および生産増大を目的としてこれらの産業を合理化するひとつの試みとなった[12]。アメリカによる戦後改革では，独占企業やカルテルの排除による市場の再編と規模の経済の実現に最も大きな重点がおかれていた[13]。

例えば鉄鋼業では，独占的大企業の解体によって多くの生産能力が他の鉄鋼生産単位に配分された。この方法によって，この産業の圧延生産能力の構成部分は産業全体に広がることになった。この種の生産能力の配分は，寡占的競争

の条件を生み出し，多角化のコストを引き上げただけでなく，企業の圧延工場の規模の増大によってそれらの企業に成長のインセンティブを生み出す可能性をもった[14]。こうして，戦前の国内市場の構造は，解体政策によって寡占におきかえられ，それまでの独占や専門化といったあり方も，大量生産にとって代えられるようになった[15]。またクルップ，グーテホフヌング，クレックナーなどのように，重工業では解体・再編成によって機械産業での支配を強化させ，同部門の飛躍的発展のための主体的条件が形成されることになったという点も重要である[16]。このような産業再編は，戦前のドイツ鉄鋼業の構造，産業組織，市場秩序を前提としたものとは異なる，寡占的競争に適合的な企業行動を展開していく上での基盤をなすものでもあった。

　また化学産業では，IGファルベンの解体の結果，形式的には同社の成立以前の企業間関係が整理されるかたちで復活した。しかし，実際には，その後の展開において，石油を基礎原料とした合成ゴム，合成樹脂，合成繊維などへの多角的コンビナートの独自の構築というかたちで，石炭化学から石油化学への転換に対応して，3大企業体制への再編が行われた。それは，たんなる戦前の状態への回帰ではなく，戦前よりも競争的な企業間構造の確立をもたらしたという点で合理的な再編成であった[17]。解体のもとで達成されたものは，ひとつには競争的な線に沿った化学市場の再編であり，いまひとつには，西ヨーロッパ全体の再建と成長のエンジンとして役立ちうるような，またアメリカによって支配された自由主義的資本主義世界の多角的貿易制度のもとで存続しうるのに十分な大規模な単位の創出であった[18]。

　このように，独占的大企業の解体を契機とした再編では，戦前のままの形態での企業組織の再建がめざされたのではなく，弾力性にとんだトラスト構造の形成がめざされた[19]。1950年代半ば以降にみられた大企業の再結合の動きは，そのような合理的再編の実現において重要な役割を果たした。そこで，つぎに，この点についてみていくことにしよう。

2　大企業の再結合の展開
(1)　大企業の再結合の背景

　ドイツでは，1957年から58年の恐慌の時期に戦後初めての最も重要な企業合

同の波がおこった。その中心は伝統的なコンツェルン構造の基礎の上に行われた企業合同，子会社の吸収・合併にあった。そこでは同一資本系列内での企業集中が中心となっており[20]，戦後に解体された企業の再結合は，その重要な部分をなした。

　1950年代後半から末の再結合および集中の背景としては，①最適規模の経済性の利点，②規模のもたらす法的な利点，③心理的要因の3つがあげられる。①は「規模の経済」の実現の問題であった。②に関しては，垂直的に統合された産業企業に適用される税制面での優遇措置があった。1956年の転換法と57年の転換租税法によって，コンツェルンは，かつてない規模でその力を集中する可能性，小株主をコンツェルン会社から排除する可能性を与えられた。また会社法の改正は，株式会社に対して，利益の一部を無税ないし減税とする租税上の特典を享受しながら株式資本に転換することを可能にした[21]。さらに③については，競争ではなくカルテル化や集中がヨーロッパの経済システムのそれまでの標語となっていたことがあげられる[22]。

　また占領軍によるルール管理の終結，欧州石炭鉄鋼共同体への加盟にともない，分割・解体されたコンツェルンの再結合がすすめられた。欧州石炭鉄鋼共同体の1954年5月の条約第66条の実施基準によって，市場での競争を妨げない場合には集中が許可されるというかたちで，石炭・鉄鋼業の企業に対して相当大幅な結合の自由が認められた。そのことは，これらの産業における再結合を促進する要因として作用した[23]。また炭鉱と鉄鋼工場との垂直的な結合に基づく再結合が認められたことから，マンネスマン，クレックナー，ライン鋼管フェニックスのように，解体された炭鉱企業と鉄鋼企業のいくつかは，炭鉱と鉄鋼の結合という戦前の基礎のうえにたって改革を行ってきた[24]。欧州石炭鉄鋼共同体が1962年までに承認した西ドイツに関係する34件の企業集中のうち，14件が，戦後強制的に解体された企業の再結合に関係していた[25]。

　このような比較的少数の大企業への強力な生産の集積は，はるかに激化している競争の結果でもあった[26]。例えばティセン・グループの企業においては，内部での株式交換でもって，①すでにみられた協力関係の強化，②徹底的に専門化されている生産領域の水平的統合による市場変動に対するより大きな抵抗力の確保，③合理化およびコスト引き下げのための新しい可能性の追求，④競

争力の一層の確保の4点がめざされた[27]。そこでは，市場面での経営環境への適応や競争力強化のための手段としてグループ内での結合の強化が重要な課題となってきたことが，再結合を必要にした。またEEC諸国は，その工業生産の構造からみても，決して補完的なパートナーではなく競争相手となっており，そのような競争状態は，集中・合同の過程の著しい加速化をもたらした[28]。

銀行業でも，連合国側の規制的措置の解除・廃止が再結合の大きな契機をなした。1952年のアメリカ側の同意を受けて，北部，西部および南部の3つへの業務地域への分割が行われ，合併によって，9つの大規模な銀行への集中が行われた。こうして，ドイツ銀行，ドレスナー銀行およびコメルツ銀行は，それぞれ3つの後継金融機関をもつことになった[29]。また1956年12月の法律によって，後継銀行の役員の人的結合や銀行相互の資本参加の禁止，記名株式のみの発行への制限が撤廃された[30]。3大銀行は，ベルリンの子会社の金融機関を除いて，その各々の3つの後継機関の合併によってそれらの戦前の組織を再び確立することが認められた[31]。こうした再結合は1957年に実施されたが，例えばドイツ銀行の場合，その主たる理由は，大規模な口座を扱うためにこの新しいグループをよりよい地位におくこと，国際的地位の向上，統一的な信用政策を維持する上でのより大きなフレキシビリティの確保，業務のより高い経済性の実現にあった[32]。

(2) 大企業の再結合と事業領域における分業の展開

以上の考察をふまえて，つぎに重要な問題となるのは，再結合・集中化にともない大企業の事業がどのように再編されたかという点である。こうした事業の再編成が最も顕著に現れたのは鉄鋼業であった。

それゆえ，鉄鋼業についてみると，1950年代以降の企業の集中過程は，本質的には2つの段階ですすんだ。その第1段階は，解体による一時的な集中排除がもとの状態に戻り全体的にみれば再組織が終わった後に，1958/59年に終了した。第2段階では，より多くのコンツェルンが生産と投資の領域で密接な協力を結ぶようになった[33]。

すでにみたように，戦後の独占的大企業の解体は，ドイツ重工業の生産力基

盤の根幹をなす「結合経済」のあり方にかかわるものであった。それゆえ，再結合の動きは，石炭と鉄鋼との垂直的結合の強化，生産単位や製品種類の拡大をめざして推進された[34]。それらは，鉄鋼業の生産能力の統合と大型技術への適応をはかるためのものでもあった[35]。

　そこで，まず合同製鋼の後継会社についてみると，フェニックスとライン鋼管の合併では，その背景には，前者が後者への半製品の供給を行っているという関係があった[36]。またイルセダー製鉄は1959年に親会社の事業部門への2つの子会社の転換を決定した。それは，管理の構造の単純化と財務およびその他の負担の軽減のための手段であった[37]。ティセンでは，再結合の最初の対象は徹底してデュイスブルク地域に関係していた。資本の結合に先立って，1955年9月には再結合の第一段階として利益共同体協定が締結されたが，翌年にはアウグスト・ティセンとニーダーライン製鉄との株式交換による結合が行われた[38]。こうした再結合は，ティセンのしかるべき生産設備が戦後に解体撤去されたことによってこれら2社の工場の効率的な補完関係が打ち砕かれたことへの対応であったが，その一方で，ニーダーライン製鉄でも設備の解体によって厚板と中板の生産が不可能となったという事情があった。両社の結合では，供給契約では解決されなかった供給の欠落部分を埋めることに寄与することがめざされた[39]。またティセンの再結合の第2の対象としては，ドイツ高級鋼株式会社（1957年に結合）が問題となった。そのことは，アウグスト・ティセンはもはやデュイスブルクにおいて自前の電炉鋼の生産を行っていなかったことによるものであり，そこでは，とくに粗鋼の領域での生産技術的な協力の可能性が考慮された[40]。ニーダーライン製鉄，ドイツ高級鋼株式会社の2社とのティセンの結合によって，つぎのような分業化と専門化がはかられた。すなわち，企業間の生産の重複を避けるかたちで，また販売の確保を目的として，ティセンは平鋼と半製品・大型の形鋼の生産に重点をおいた。これに対して，ニーダーライン製鉄は線材と棒鋼の生産に，ドイツ高級鋼株式会社は高級鋼とその他の高付加価値の鋼の生産に集中した。それによって製品プログラムの補完がはかられた[41]。また1957年のジーガーランド製鉄の株式の取得，58年と61年のラッセンシュタイン・アンデルナッハ製鋼圧延の株式の取得によって，ティセンの帯鋼の販路の確保がはかられた。これらも，製品別の生産分業

の利点を追求するものであった(42)。新しいティセン・グループは，超大型の高炉，LD転炉および連続圧延＝自動圧延に代表される戦後段階の鉄鋼生産構造，それに照応するだけの生産規模をもつ鉄鋼生産体を形成していった旧西ドイツで唯一の資本グループであった。その意味でも，解体後の再結合による再編成の意義は大きかった(43)。

このように，戦後の解体によって13の鉄鋼会社に分割された合同製鋼の後継企業では，再結合によって，1960年代初頭には，アウグスト・ティセン，フェニックスライン鋼管，ライン製鋼，ドルトムント・ヘルデ製鉄連合の4社のみが存続していたにすぎない。大部分において，こうした企業の合併・拡張は，これらの企業間の直接的な競争という結果になったのではなく，各社は，他の企業がカバーしていない領域の生産能力の拡大・統合をはかっており，生産分業の利益がめざされた。すなわち，合同製鋼の鉄鋼生産能力の大部分は，アウグスト・ティセンかフェニックスライン鋼管のいずれかの事業のなかに再び組み入れられた。そこでは，圧延製品市場での製品の供給や専門化は大部分重複することはなく，両社の間での製品間分業がはかられた。すなわち，ティセンは，中板，半製品および完成品の薄鋼板，コイル，線材，特殊鋼の生産に専門化し，一方，フェニックスライン鋼管は，鋼管，厚板，半製品の鋼，銑鉄の生産に専門化した。またライン製鋼は，解体の結果，合同製鋼の鉄鋼生産以外の利害のすべてを受け継いだ。ドルトムント・ヘルデ製鉄連合は粗鋼の重要な生産者となったが，これらの企業とは異なり，鉄鋼業の市場に広く多様化していなかった。同社は，1960年代初頭までに厚板と棒鋼・構造用鋼の2つの領域への集中化をはかった。ヘッシュ，クレックナー，マンネスマン，オーバーハウゼン製鉄，クルップといった他のコンツェルンも，ドルトムント・ヘルデ製鉄連合の専門化のかたちにほぼ従った。これら各社は，限られた数の市場における自社の強力な地位を確保しうるような方法で，製鋼製品・圧延製品の生産を組織するように試みた(44)。

それゆえ，合同製鋼以外の企業についてみると，フリック，グーテホフヌング，クレックナー，オットボルフおよびヘッシュは，解体にともなう再編後の数年のちに，その投資と生産の規模が以前の合同製鋼の規模を上回る混合企業として，再び登場することになった(45)。またマンネスマンでは，戦後の解体

によって切り離された炭鉱の結合がすでに1950年代半ば頃までに行われ，混合企業への復帰が推し進められたほか[46]，58年秋には，6つの最も重要な子会社が親会社と合併した[47]。ヘッシュでも，1950年代半ば頃には，解体によって3つのグループに分割された後継会社のうち2社が親会社に組み入れられ，炭鉱と鉄鋼との結合経済の復活がはかられた[48]。ヘッシュは，1950年代末には，4つの中核企業から構成されるコンツェルンに再編されており，そのもとには多くの子会社がおかれた[49]。またクルップでも，1958年にラインハウゼン製鉄が合同製鋼の後継会社のひとつであるボーフム・フェラインを支配下に収めたが，そこでも，生産分業の利点の追求が主たる目的であった。ラインハウゼン製鉄は主としてトーマス鋼による大量製品を生産していたのに対して，ボーフム・フェラインは平炉LD法や電気炉による高級鋼の生産に中心をおいた。この統合によって，生産プログラムの拡大，分業化が可能となった。また加工部門への原料供給においても，クルップにとっては，その供給者となるボーフム・フェラインとの結合は大きな意味をもっており，結合の利益は大きかった[50]。グーテホフヌングでも，再結合の動きは，1957年に鉄鋼部門と炭鉱部門の結合というかたちで現われた。オーバーハウゼン製鉄とノイエホッフヌング鉱山の間のエネルギー面での結合は，後者が資本参加しているルール化学株式会社との結びつきによってさらに高められた[51]。このように，鉄と石炭との再結合は，解体以前よりも一層有利な条件を生み出すことになった。

　また大企業の再結合がいったん終了した1950年代末以降の第2段階には，58年の恐慌の圧力のもとで競争が激しくなるなかで，集積・集中の過程がすすんだ。その後の1959/60年の新たな経済躍進は，すでに61年には再び停滞局面に入っており，ティセン・グループでは，それまでの強力な拡大への対応として，60年初頭にドルトムント・ヘルデとヘッシュ・グループとの緊密な協力関係が築かれた。ヘッシュもすでにその数年前にマンネスマンと共同で大規模な鋼管工場の建設を行っており，これら3グループの協力は，圧延設備の共同利用や一部では共同の資金調達にみられた。1962年にはティセンとマンネスマンとヘッシュの間でも，生産と投資の領域での協力に関する協定が結ばれた[52]。このように，とりわけ1950年代末から60年代初頭の競争激化の結果としての集中のひとつの形態は，生産プログラムの調整，共同での研究開発活動，共同利

用される生産設備の配置などのためのさまざまなコンツェルン間の協定にみられた[53]。

3 コンツェルン体制の新展開の意義

　以上の考察をふまえて，つぎに，独占的大企業の解体とその後の再結合にともなうコンツェルン体制の新展開の意義についてみることにしよう。過大コンツェルンの清算による管理に適した規模での大企業の形成，全体の管理構造の単純化でもって，はるかに徹底的な合理化のための重要な前提条件が与えられた[54]。こうした集中は，寡占的競争への移行のもとで，アメリカからの導入を重要な契機とする技術革新に対応しつつ事業展開を機能的に行うことのできる条件を生み出すために，分業化と専門化の利点の追求による量産効果の発揮ための体制を整備するものであった。すなわち，こうした展開は，「製品補完による分業」のかたちで，寡占的競争に適合的な，市場セグメントを重視した企業行動を展開するための体制を企業間関係の面から強化しようとするものでもあった。この点を鉄鋼業についていえば，石炭と鉄鋼との「結合経済」の利点を生かしつつ，コンツェルン内およびコンツェルン間の「製品補完による分業」での量産効果の追求という，企業間の協調的な関係を基礎にした体制への転換が，はかられたのであった。

　こうした体制への転換は，生産・販売・経営などの経済的統一性を保持するかたちで「ひとつの産業体系を基盤として形成された諸企業の集合体」であり有機的な親子型の企業グループとしての「コンツェルン」というドイツ的なあり方[55]を「製品補完による棲み分け分業」の原理に基づいて強化したものである。それは，規模の経済の追求や経営合理化の展開のためのよりよい条件を築くものであり，また協調に基づく市場支配の基盤の強化をはかるものでもあった。戦後のこうしたあり方は，戦前，とくに1920年代以降にみられたひとつの産業部門を包含するような巨大トラストによる市場支配の高い集中度を基礎にした産業集中の体制とは異なり，機能面の効果をより徹底して追及したものであった。そのような分業関係は，コンツェルン内だけでなくコンツェルン間でもすすんだ[56]。それは，戦前におけるカルテルによる経済集中という特質とは異なるかたちでの，生産分業の経済的利点を基礎にした独占的市場支配の

体制への転換を意味するものである。

こうしたあり方は，日本の企業集団，そのもとでのフルセット産業型の構造とは異なるかたちでのコンツェルン的大企業体制であった。協調的関係を組み込んだ戦後のこうした大企業体制は，ドイツ企業が激しい価格競争を回避し，品質競争を重視した経営とそれを支える経営方式の展開のためのひとつの重要な基盤をなした。

第2節　第3次企業集中運動とコンツェルン体制の再編

1　第3次企業集中運動の背景

以上の考察をふまえて，つぎに，その後の第3次企業集中運動の展開とそれにともなうコンツェルン体制の一層の再編についてみることにする。第3次企業集中運動の展開を規定した諸要因・背景としては，市場と競争の変化，技術発展，それらへの対応のための国家の積極的な役割などをあげることができる。主要資本主義国では戦後の経済復興期の比較的長期（約10年間）の景気の持続の後，1950年代後半にはそれまでに蓄積されてきた諸矛盾が顕在化するようになり，とくに60年代に入ると経済の不安定性の強まり，成長率の鈍化，市場問題の一層の激化がみられるようになった。また日本と旧西ドイツ（以下ドイツと表記）の経済力の増大にともない先進資本主義国の間での経済的力関係の変化がおこり，独占グループ間の競争が一層激しくなってきた。そのような市場と競争の条件の変化に加えて，1950年代・60年代の西ヨーロッパの経済統合，経済のブロック化の動きも，EC内だけでなく，その後のアメリカや日本との競争においても，企業集中の促進要因として大きな意味をもった[57]。国際競争の激化は，西ヨーロッパでもまたドイツでも，経済力の集中の新しい局面への移行のひとつの大きな要因として現れた[58]。

また技術的要因についてみると，戦時中に開発された軍需技術の一般産業技術への適用による新しい技術的産業的発展を基礎にした電子工業，石油化学工業，石炭化学工業，合成繊維工業，合成樹脂工業などの新しい産業部門の成立・発展，旧来の工業部門における巨大技術の発展は，工業の生産規模の飛躍的な拡大を必要とした。それによって資本の集積・集中の飛躍的な発展がもた

らされた(59)。G. ビーヌスは1966年に，科学技術革命の諸条件のもとで生産と資本の集中の法則が資本主義発展の過去のどの時期よりも強力に作用しており，そうした集中過程は一連の新しい側面をもったと指摘している(60)。

また国家の積極的な役割も大きな意味をもった。1960年代半ば頃にはドイツ経済における集中の傾向は量的にも質的にも新しいメルクマールをもたらしたが，そうした集中過程は国家によって促進されてきた(61)。ことに1966年末の不況の影響のもとで，国家の関与は，集中化，経済力の集中の強化の主要要因となった(62)。経済不況の時期とほぼ一致する1965/66年頃以来，国家は経済的な刺激によって，また立法によって大型合併を促進してきた。1960年代後半の転換法は，合併にさいしての税の大幅な減免によってその後の諸年度の合併の波を初めて可能にした(63)。

2 第3次企業集中運動の展開とその特徴

そこで，つぎに，この時期の企業集中運動とそこでの企業の結合の特徴についてみることにしよう。第3次企業集中運動は1970年代に入ってからも引き続きみられた。それゆえ，1970年代の時期についてもあわせてみていくことにする。

西ヨーロッパではアメリカと比べると企業集中の波は遅れて始まったが，1960年代半ば以降，資本の集中と独占化ははるかに急速に発展し，70年代中盤頃まで続いている。ドイツでは，1966/67年の不況への対応として企業合同の波（68-72年）がおこっており，報告義務のある合同・企業買収の年間平均件数は58-62年の23件，63-67年の45件に対して68-72年には205件に増加しているが，73-75年には336件を記録している。その後も企業集中の件数は一層増加しており，合併は1976年には453件，77年には554件を記録している(64)。

またヨーロッパ共同体（EC）の発展とも関連して資本集中が西ヨーロッパ的広がりをみせ国際的な集中・結合が進展をみた点(65)や，アメリカの場合と同様に大型合併が目立つようになったことも，重要な特徴を示している。例えばドイツにおける合併件数に占める大型合併の割合は1968年には24.6％（65件中16件）であったが，69年には32.1％（168件中54件），70年には31.1％（305件中95件）に上昇している(66)。大型合併の増加は資本の集中度の変化からもわか

る。1959年末（ザールを除く）には株式会社の資本金総額に占める資本金1億DM以上の株式会社の資本金の割合は48.3％であったのに対して，69年末（ザールを含む）には61.2％に上昇している[67]。また1954年から67年までの期間に株式資本金1億マルクまでの企業の株式資本金は1.33倍，1億マルクから4億マルクまでの企業の資本金は1.81倍に増大しているにすぎないのに対して，4億マルクを超える資本金をもつ企業のそれは3.6倍に増大している[68]。そのような大型合併は1970年代にも増加しており，70年から77年までにみられた2,793件の報告義務のある合併のうち，50億DM以上の売上をもつ企業の合併は1,237件にのぼっており，全体の44.3％を占めている[69]。

このような大型合併の増加に加えて，1960年代後半から末以降には，生産，販売，研究開発，購買などにおける協力の方法での資本の集中がより多くの企業でみられたことも特徴的であり，より多くのトップ企業やコンツェルンがそれに関係している[70]。1970年頃には，協力は，わずかな追加的な自前の資本支出でもって，あるいはそれなしに独占的な資本設備やその利用の限界を克服するための主要な方法となっている。そうした集中が国家のイニシアティブ，促進あるいは関与のもとで行われたケースも多かった[71]。

この時期の企業集中においては，1960年代半ばまでは，中小企業の破産，買収のような形態が独占企業の集中戦略の中心にあったが，60年代後半には，代表的なコンツェルンの間の合併，協力や共同での企業の設立が重要な戦略的方法となっている[72]。しかしまた，1970年代後半には法的な規制がおよばない中小企業を大企業が買収するといったかたちの合併が再び増加している[73]。合併にかかわった売上高5,000万DM未満の企業の総数のうち売上高10億DMから50億DMかそれ以上の企業によって合併された企業の割合は，1970年には65.3％であったが，75年には77.7％にまで上昇している[74]。

また企業集中運動によってもたらされた変化をみると，その主要なものは，とりわけ工業の最も重要な諸部門における生産の集積の度合いが著しく上昇したこと，ドイツ国内での独占体の力の拡大・強化，国家の枠を超えたとくに西ヨーロッパレベルの多国籍スーパー独占体の形成，国際的に活動するスーパー・コンツェルンの規模の平準化の傾向にみられる[75]。ことにスーパー・コンツェルンの規模の平準化については，西欧のコンツェルンは，1960年代初頭

までは，その技術的装備，生産高および資本の大きさに関して，アメリカのスーパー・コンツェルンをはるかに下回っていたが，その後，前例のない独占化の結果，格差はかなり縮小された(76)。1960年頃にはまだ，ドイツ資本の集中の最も本質的な特徴の理解のためには，国内での所有関係・力関係の決定的な変化を把握することで十分であった。しかし，1960年代以降，ドイツの代表的な産業および銀行のコンツェルンないしグループは，国際市場と国際的な地位の新たな配分への積極的な参加のために，長らく国境を越え，国際的なエリアにおいて拠点を生み出し，国際コンツェルンに発展した(77)。

　いまひとつの変化として，異なるコンツェルン間の企業の集中や提携が顕著になってきたこと，またそうした集中によって事業構造の再編がすすめられたことがあげられる。1960年代，とくに66年から67年の恐慌を契機として展開されてきた企業集中では，50年代末の集中の中心をなすコンツェルン内の同一資本系列の集中とともに，コンツェルン間の企業集中や企業提携が顕著になっている。その結果としてはるかに強力な新たな巨大独占グループが誕生したことにも重要な変化がみられる。そのような大規模な集中は，恐慌への対応として，独占企業間の競争の抑制をはかりつつ，景気変動への弾力的対応の体制の強化を意図して，多角化・コングロマリット化をはかるものであった。例えば報告義務のある1967年から69年までの大型合併のうち，水平的集中は55％，コングロマリットの形成・多角化は43％，垂直的集中は2％を占めていた。このように，1950年代および60年代初頭とは異なり，集中過程の新しい段階は古いコンツェルン構造の変革と結びついていることが，ひとつの重要な特徴をなしている(78)。

　さらに1970年代をみると，合併による資本集中の新たな増大の原因は，世界資本主義の構造変化に規定されており，それゆえ新しい諸特徴が生み出されている。すなわち，構造的危機，市場の相対的な飽和化，エネルギー危機・原料危機，需給関係の大きな変化のもとで，また国際通貨体制の危機，インフレーションの昂進のもとで，とくに経営全体の閉鎖，機械・設備の大規模な操業休止，生産の抑制などでもって複雑な恐慌現象による新しい条件に生産構造と資本構造を適応させる圧力が強まった(79)。そのような状況のもとで，国家は，独占化の促進のための多様な法的・政治的な活動に優先的に集中してきた。集

中化の過程は，それまでよりもはるかに明確に，国際競争，原料と販売の確保や科学技術の進歩による成果の独占化への強制と相互に結びついて展開された。また資本輸出の動きの強まりのなかで，コンツェルンは，重要な領域において，国家の支援でもって新しい国際カルテルや協力の中心としてその優位を拡大してきた[80]。

こうして，独占体の国際拡張は，資本の集積・集中の決定的な構成要素になったが，そこでの重点は，最も有利な外国の立地での地位の拡大にあり，国外生産はドイツの再生産過程のひとつの本質的な構成要素となってきた[81]。国家は，1960年代末以降，ドイツ経済における分業的な独占的構造の発展をとくに支援してきたが，70年代半ば以降になると，国際的な資本の結合の促進をとおして独占体のためにエネルギーと原料の基盤を確保することへと移行してきた[82]。

また集中化の進展における銀行の関与とそれの果たした役割の大きさも特徴的である。産業の領域における多くの買収，資本参加は，株式の引受者・販売者としての銀行の活動によって直接的に仲介されており，そこでは銀行はかなりの利益を獲得した[83]。ことに大銀行は，1970年には，はるかに急速にすすんでいる集中過程の推進力として非常に注目すべき役割を果たした[84]。こうした集中の波は，過去の諸年度よりも強力に工業から他の経済部門，とりわけ金融部門，保険，商業，出版業，印刷業およびサービス業へと広がっているが，そこでの銀行独占の役割は異常に高まってきたとされている[85]。ことに1970年代初頭のティッセンとライン製鋼，マンネスマンとデーマク，バイエルとメッツラー，VEBAとゲルゼンベルクの間にみられる4つの大型合併のすべてにドイツ銀行が積極的に関与している[86]。こうした背景には，企業集中にかかわる企業の株式の売却益による大きな利益に対する銀行側の利害があり[87]，そのことがオルガナイザーとしての銀行の役割の基礎をなした。

3 主要産業部門における企業集中の展開

以上のような第3次企業集中運動とそこでの企業結合の展開のなかで，事業構造・コンツェルン構造の変革がすすんだ。そこで，つぎに，企業集中が最も大規模かつ強力に展開され，またコンツェルン体制の再編にも深いかかわりを

もつことになった主要産業を取り上げてみておくことにしよう。

鉄鋼業について——まず鉄鋼業をみると，1960年代後半に大規模な合併の波がおこっている。1965年には，それまでに協力関係が築かれていたボーフム・フェラインとラインハウゼン製鉄・炭鉱(88)が合併してフリードリッヒ・クルップ製鉄となった(89)ほか，ヘッシュとドルトムント・ヘルデが合併している。ティセンは，ボーフム製鋼のほかライスホルツ製鋼・鋼管にもそれぞれ50％の資本参加を行うとともに，ニーダーライン製鉄に建設中の線材工場の共同利用をクルップとの間で取り決めている。またフェニックス・ライン鋼管がアウグスト・ティセンの管理下におかれ，それによって800～900万トンの粗鋼生産能力をもつ鉄鋼コンツェルンが誕生した(90)。鉄鋼業では，より急速になった技術進歩，それまでの立地条件や企業規模の変化によって，また外国企業との競争の激化によって，生産から販売に至る協力や企業の合併による対応が必要となった。そうしたなかで合併が推進されてきた。しかし，F.クナウスは1967年に，ドイツの鉄鋼業が市場における十分な地位を確保するにはそれまでの集中は明らかに十分ではなかったとしている(91)。

そうしたなかで，その後，ザルツギッターとイルセダー製鉄の合併やレックリング製鉄とルクセンブルクのARBEDの集中などがみられたが(92)，1970年代に入ると，集中は一層の進展をみている。1972年にはヘッシュとオランダのフーゴヴェンスとの合併が成立しているほか，73年にはアウグスト・ティセンが代表的な軍事コンツェルンであるライン製鋼を合併している。ティセンによるこの合併は，国際競争への適応，通貨マルクの切り上げへの対応，自らの独占的地位の一層の確保のための戦略の一例である(93)。ティセンはまた1974/75年にとくに高級鋼産業での地位の強化をはかっており，ヴィッテン高級鋼会社およびハッティンゲンライン製鋼の吸収によってドイツの高級鋼生産能力の約25％を手中におさめた。クルップでも同様の動きがみられた(94)。しかしまたティセン，ヘッシュ，ザルツギッター，クルップおよびクレックナーは，1977/78年には，合併，資本参加や買収によって恐慌からの脱出に一層強力に努力した。その最も重要な集中のひとつはクルップによる南ヴェストファーレン製鋼の合併であり，それによって，クルップは，ティセンを抜いてドイツ最

大の高級鋼の生産者となった[95]。
　このような企業合同とともに，カルテルによる協調体制もすすんだ。1960年代以降，生産，とくに合理化，専門化や投資，価格の面で調整をはかるために，ドイツの30の鉄鋼コンツェルンが4つの地域的な販売カルテルを築いてきた。それは，個々の圧延製品のみならずわずかな例外（鋼管，鍛造品，高級鋼）はあるがあらゆる圧延鋼に対しても形成されたという点で，1945年までの一般的なカルテルとは異なっている[96]。
　1960年代から70年代の鉄鋼業の企業集中は，生産の分業的合理化やそのための生産設備の廃棄，統廃合・集約，操業休止などをはかる合理化の前提をなすものでもあり，そのような目的をもって推進されたという点にもひとつの重要な特徴がみられる[97]。例えば1965年の上述のヘッシュとドルトムント・ヘルデの合併では，グループの強化と設備の統廃合・閉鎖，操業休止などによる合理化の推進が重要な目的のひとつとされていた[98]。また1960年代末には，ティセンとマンネスマンとの間で部分的な所有上の結合をともなう緊密な分業的協力の協定も結ばれている[99]。こうした動きは，1950年代以降の大企業の再結合の過程ですすめられたコンツェルン内の棲み分け分業のより徹底した強化と，コンツェルン間への分業的協調の一層の拡大を意図した戦略のあらわれでもあった。

　化学産業について——また化学産業をみると，1958年から74年までに報告義務のある215件の合同が記録されおり，企業集中の件数では金融部門についで第2位にあり，電機産業を上回っている。集中化・多様化の重点は，とりわけ①原料の取得・加工（石油，天然ガス，肥料の生産），カリの生産・加工，岩塩，②ゴム工業・加工業，③医薬品生産，④写真化学・写真技術，⑤化粧品産業，⑥繊維産業にあった。
　まず①の原料の取得・加工では，BASFは，1960年代末のヴィンターシャルとザルツデットフルスの組み入れによってドイツのカリの生産・加工のうち約85％を支配し，肥料産業全体を独占した。BASFは国内では天然ガスの取得の4分の1以上，石油採掘の約14％を確保したほか，ベック社の買収（1967年）によって電機産業向けの絶縁ワニス・合成樹脂の専門領域での60％の市場シェ

アを支配した(100)。ことに1968年のBASFによるヴィンターシャルの合併は，両社の事業の密接な垂直的関連による結合経済を基礎にして，ヴィンターシャルが資本参加しているマンハイム製油所からのBASFのルートビッヒスハーフェン工場への石油化学原料の供給，BASFの肥料生産にとってのヴィンターシャルのカリ生産のもつ重要性，肥料生産の品目の補完，それらを基礎にした合理化の大きな可能性などの経済的利点を追求したものであった(101)。つぎに②のゴム工業・加工業の領域をみると，バイエルは，1972年にドイツ最大のタイヤ生産者であるコンチネンタルゴムとフェニックスゴムの決定的な出資持分を取得した。バイエルはまた1974年にメッツラーの最も重要な3つの製造企業を合併し，合成ゴム・ゴム補助材の西ヨーロッパ最大の生産者として，その生産領域をゴム加工・タイヤ生産にまで拡大した。また③の医薬品生産の領域では，ヘキストは，1974年に行われたフランス最大の医薬品コンツェルンのルセル・ユクラフの買収でもって，資本主義世界の医薬品の第2位の生産者となったほか，ドイツでも30％の市場シェアでもって首位に躍り出た(102)。BASFも1968年に医薬品企業のノルトマルクの買収によって医薬品事業における最初の一歩を踏み出したほか(103)，75年にはクノールの資本の多数を取得し，国内第11位から医薬品部門の代表的なコンツェルンへと躍進した。さらに④の写真化学・写真技術の領域では，バイエルの子会社のアグファが1964年にベルギーのゲバート写真製造と合併してアグファ・ゲバートグループを形成した。それでもってバイエルは写真化学・写真技術製品の西ヨーロッパの代表的な製造業者となり，EEC内部でのその割合は40％を超えるに至っている。集中化のいまひとつの重点をなした上記⑤の化粧品産業の領域では，ヘキストはマルベルト（1968年），ハンス・シュヴァルツコップ（69年），ヴォルフ＆ゾーン（70年）およびフランスの有名な香料企業であるロシャス（74年）の資本持分を受け継いだ。ヘキストはそれまで化粧品の化学原料を生産していたが，これらの合併によって，化粧品産業全体において卓越した地位を獲得した。さらに⑥の繊維産業の領域では，ヘキストは1971年のエルンスト・ミカルケの買収によって化学繊維の織り地の重要な専門領域における独占的地位を拡大した(104)。またバイエルはヒュルス繊維の資本の50％，重要なプラスチック企業であるヴォルフの資本の50％を引き継いだ。さらに染料部門でも，ヘキストは，1968年に同部

門での地位の一層の拡大のために，顔料の生産に従事しているシュレーダー＆シュターデルマンを買収した(105)。

　化学産業ではまた，国際集中が重要な意味をもったことに重要な特徴がみられるが，上述のアグファとゲバート・グループとの合併がその顕著な事例をなす。この合併では，分業，統一的に調整された研究および生産と販売の徹底的な合理化が追及され，アメリカの世界企業と同様にグローバルに操業することができるように「国を越えたヨーロッパの合理化」を推し進めることが目標とされた(106)。いまひとつの重要な事例は上述のバイエルによるメッツラーの合併にみられるが，1970年代に入ってからの集積・集中過程は，ドイツ資本の支配中枢がますます国際的に活動するための前提条件を生み出してきた(107)。

　電機産業について——さらに戦前・戦後をとおして高い集中度を示してきた電機産業では，1960年以降大きな変化がみられた。ジーメンスによるコンシュトラクタの吸収，AEGによるキュパースブッシュへの資本参加，BBCによるツッセの吸収，フィリップスとジーマクの協力関係の形成などがみられた(108)。また1966年のジーメンスの主要3社の合併・統合がみられたほか，ジーメンス電気機器会社とロバート・ボッシュ家庭電気機器会社との間で利益共同体が築かれた。AEGでも同様にテレフンケンの編入が行われている(109)。代表的なコンツェルンの間のより強力な合併，共同設立および協力の波は，電機産業にとっては，典型的であった(110)。また1960年代末にはジーメンスとAEGテレフンケンとの間でも協力関係が結ばれており，タービン工場，発電所の建設，変圧器の製造という重要な領域での生産能力の統合とそのための2つの会社の設立が行われている(111)。

　1960年代後半から70年代の電機産業における集中は，コンツェルンへの独立系企業の編入に限定されていること，ドイツのすべての電機コンツェルンが大規模な資本の結合をともなわない技術・経済面での協力の段階に入っていることという2つの特徴を示している。ことにジーメンスとAEGの2大コンツェルン間の協力は，1960年代末の共同での2社の設立をこえて，電子データ処理技術と電子データ処理の利用にかかわる事業領域の統合でもって，新たな段階に到達した。これらの部門では，国家は集中現象の主導者となっており，また

部分的ではあるが直接的な参加者となっている⁽¹¹²⁾。

　電機産業における結合・合同の背景としては，1960年代における消費財需要の弱まりや外国の競争相手の進出による競争圧力の強まりがあった。より小規模な企業やとくに安価な機器の製造業者が市場から駆逐されるようになっており，そのことが集中過程をもたらした。大企業はそれまで独立していた多くの消費財の製造業者を買収し，それによって市場での地位を強化した。ドイツの生産者は，企業の買収・合併の後に，生産プログラムや製造立地をより迅速に統合した⁽¹¹³⁾。ことに家電産業は，外国企業との競争の激化に対して，一連の合併でもって対応した。それは，この部門内における大企業の地位の拡大に寄与したが，協力協定も大きな役割を果たした。ボッシュとジーメンスとの間の利益共同体の形成後は，多様な製品を即座に整理することに大きな注意が向けられるようになっている。またAEGテレフンケンとBBCその他の企業との協力は，国内外における共同販売のみならず研究開発での協力も含んでいた⁽¹¹⁴⁾。

　このように，電機産業の場合には，消費財部門の大量生産を基軸とする大衆消費社会への展開のなかで，またその後の市場の飽和化の傾向のもとで，製品別の生産分業の強化，市場支配体制の強化のための方策として，集中度の高さを背景とした協力協定を含めて，企業の集中が一層重要な意味をもつようになってきたといえる。この点に電機産業におけるこの時期の企業集中のひとつの主要特徴がみられる。

　自動車産業について——自動車産業でも集中化が強力にすすんでおり，すでに4大コンツェルンによって支配されるようになっていたが，1960年代以降，大規模な自動車製造業者のグループのなかで大きな変化がおこった⁽¹¹⁵⁾。1966年に結ばれたダイムラー・ベンツとフォルクスワーゲンの協力協定では，定型削減，開発，生産及び販売の領域における相互の協力がめざされた。そこでは，両社の製品プログラムの相違ゆえに重複することなく補完関係を実現できるということが重要な意味をもっており，専門化の利益が追求された。また排ガスの浄化と交通安全の領域における開発の面での協力を主要目的とした共同会社（Deutsche Automobil GmbH）の設立も行われた⁽¹¹⁶⁾。こうした協力関係の

強化は，アメリカ企業の並外れた拡大やコスト削減の圧力の一層の強まりが背景となっており，国際競争力の強化の必要性への対応であった[117]。

またダイムラー・ベンツとハノマーク・ヘシシェルの集中（1968年）やフォルクスワーゲンとNSUの集中（69年）などもみられた[118]。前者の集中においても，国際競争の激化がその背景となっており，生産ロットの増大による合理化効果の追求によるトラック部門での地位の強化が主要な目的であった[119]。この集中でも，両社の間の製品プログラムの重複が少ないことが重要な意味をもっていた[120]。またハノマークのもつ開発の領域と販売組織のポテンシャルもダイムラー・ベンツにとって重要な意味をもった[121]。トラック部門では，選別・淘汰の過程は，1960年代末のダイムラー・ベンツとMANとの間の専門化カルテルの締結でもってその頂点に達した[122]。そこでは，とくに国外市場での競争力強化のために，特定のエンジンと車軸の部品の分業生産による相互供給がはかられており，規模の利益の追求がめざされた[123]。また1970年代に入ってからの自動車恐慌を背景として，フォルクスワーゲンとMANとの間のトラック部門での協力協定が結ばれている[124]。そこでは，開発や生産の領域での協力が主要な柱とされており，両社の製品分析に基づいて，共同開発，車両と部品に関する開発・生産の分業化のかたちでの協力やトラックの市場開拓のための協力などが追求された[125]。また1968年にはフォルクスワーゲンとポルシェとの間でも協力協定が結ばれており，そこでは，開発と生産の領域での協力が中心をなした[126]。

銀行業について――また戦後の占領政策で解体された後に再結合がはかられた銀行業でも，かなりの集中現象がみられた。1957年以降の銀行業における集中運動は68年から74年までにその頂点を迎えたが，3大銀行は，不動産信用部門の強化のための民間の不動産銀行への資本参加，国際的なレベルでの類似の構造をもつ同規模の他の銀行との協力という2つの方向を追求した。前者に関しては，水平的な集中のみがみられた1957年までの状況とは異なり，60年代および70年代に初めて不動産銀行や貯蓄銀行との合併など垂直的な集中がみられるようになった。また後者の動きは1971年以降にみられたが，それは，産業の部門においてよりも銀行部門において強力に現れたアメリカの挑戦へのたんな

るひとつの対応をこえる意味をもつものであった[127]。また大銀行の合併・買収とならんで，多くの中小の銀行も合併された[128]。1970年にはドイツの銀行業にとって集中現象のひとつの波がみられ[129]，合併は1967年と68年にはそれぞれ1件，4件にすぎなかったものが69年には34件，70年には52件，71年には60件にまで増加している[130]。

4 第3次企業集中運動とコンツェルン体制の再編の意義

　以上の考察において第3次企業集中運動の展開とそのもとでの企業の集中・結合についてみるなかで，その主要特徴を明らかにしてきた。そこで，つぎに，それにともなう大企業体制，コンツェルン体制の再編の意義についてみておくことにしよう。

　この時期には，多くの場合，親会社の事業領域を補完するかたちでの企業の集中・結合の展開などをとおして，またコンツェルン間の企業集中の展開をとおして，多角的な事業構造を強化するとともに，コンツェルン・企業グループ全体としてみれば，その産業部門における全般的・包括的な事業領域での展開が分業的にはかられるようになった。そのことは，独占企業体制・コンツェルン体制のより強固な基盤をなしたといえる。この時期の変化は，第1節でみた大企業の再集中・結合にともなう「棲み分け分業」的な事業展開のための組織的再編を基礎にして，大企業の多角的事業構造の形成・展開とそれにともなう市場問題への対応をはかる上で，大きな意義をもつものであった。こうした補完的分業の原理に基づくコンツェルン体制は，その後の1970年代にもおよぶ第3次企業集中運動のもとでの結合・集中の一層の進展，国際的な集中によって，一層補完されたのであった。

　このようなコンツェルン体制は，戦後の寡占的市場構造のもとでのさまざまな市場セグメントへの構造的適応のための条件を築くものであった。それを基礎にして，国内の寡占的市場に，またことにドイツの輸出において非常に高い比率を占めるヨーロッパ地域における市場構造・寡占的競争構造にも適合的なコンツェルン体制，「競争と協調」のもとでの市場支配体制の形成がはかられた。そのような集中化は，各大企業，コンツェルンの独自の専門性，優位性を生かしたかたちでの「棲み分け分業」に基づく協調，分業的な市場支配の構造

第 2 章　企業の集中とコンツェルン体制の新しい展開　75

のもとで，企業行動をそれまで以上により有利に展開していくための条件を築こうとするものであったといえる。

（1）第 2 次大戦後の産業・銀行間の関係に基づく協調的な産業システムの展開について詳しくは，拙書『戦後ドイツ資本主義と企業経営』森山書店，2009年，第 5 章を参照。
（2）A. Schlieper, *150 Jahre Ruhrgebiet. Ein Kapitel deutscher Wirtschaftsgeschichte*, Düsseldorf, 1986, S. 156.
（3）V. Berghahn, *Unternehmer und Politik in der Bundesrepublik*, Frankfurt am Main, 1985, S. 280, M-L. Djelic, *Exporting the American Model. The Postwar Transformation of European Business*, Oxford, 1998, p. 167.
（4）V. R. Berghahn, *The Americanization of German Industry 1945-1973*, Leamington Spa, 1986, p. 95, p. 110.
（5）H. Fiereder, Demontagen in Deutschland nach 1945 unter besonderer Berücksichtigung der Montanindustrie, *Zeitschrift für Unternehmensgeschichte*, 34. Jg, 1989, S. 237, H. Uebbing, *Wege und Wegmarken. 100 Jahre Thyssen, 1891-1991*, Berlin, 1991, S. 55.
（6）Headqurters Military Government L/K MOERS（15. 10. 1945), p. 1, *Historisches Archiv Krupp*, WA70/1, Kruppbetriebe im Existenzkampf, *Der Volkswirt*, 8. Jg, Nr. 1, 16. 1. 1954, S. 24.
（7）Fried. Krupp. Nur noch Verarbeitungsgesellschaft ohne Kohle und Stahl, *Der Volkswirt*, 8. Jg, Beilage zu Nr. 44 vom 30. Oktober 1954, Das veränderte Gesicht der Montan-Industrie. Zum Eisenhüttentag, S. 49, Weitere Konsolidierung bei Krupp, *Der Volkswirt*, 10. Jg, Nr. 14, 7. 4. 1956, S. 28, S. 30.
（8）Beendeter Mannesmann-Umbau, *Der Volkswirt*, 6. Jg, Nr. 16, 19. 4. 1952, S. 24-5, Mannesman für neue Aufgaben gerüstet, *Der Volkswirt*, 7. Jg, Nr. 25, 20. 6. 1953, Die Neuordnung bei Hoesch, *Der Volkswirt*, 6. Jg, Nr. 31, 2. 8. 1952, S. 23-4, Liquidation der Hoesch AG. Die Nachfolgegesellschaften entwickeln sich günstig, *Der Volkswirt*, 8. Jg, Nr. 19, 8. 5. 1954, S. 24, Gutehoffnungshütte neu geordnet, *Der Volkswirt*, 7. Jg, Nr. 31, 1. 8. 1953, S. 21.
（9）Vgl. H-D. Kleinkamp, Die Entflechtung der I. G. Farbenindustrie A. G. und die Gründung der Nachfolgegesellschaft, *Vierteljahrhefte für Zeitgeschichte*, 25. Jg, Heft 2, 1977, H. Gross, *Material zur Aufteilung der I. G. Farbenindustrie Aktiengesellschaft*, Kiel, 1950.
（10）M. Pohl, *Entstehung und Entwicklung des Universalbanksystems : Konzentration und Krise als wichtige Faktoren*, Frankfurt am Main, 1986, S. 102-4, M-L. Djelic, *op. cit.*, G.

Stolper, K. Häuser, K. Borchardt, *Deutsche Wirtschaft seit 1870*, Tübingen, 1964, S. 227-8〔坂井栄八郎訳『現代ドイツ経済史』竹内書店，1969年，216-7ページ〕．

(11) 戸原四郎「西ドイツにおける戦後改革」，東京大学社会科学研究所編『戦後改革2 国際環境』東京大学出版会，1974年，145-7ページ。

(12) V. R. Berghahn, *op. cit.*, p. 90, p. 95, pp. 108-9, M-L. Djelic, *op. cit.*, p. 166.

(13) G. Herrigel, American Occupation, Market Order, and Democracy, J. Zeitlin, G. Herrigel (eds.), *Americanization and Its Limits*, Oxford, 2000, p. 361.

(14) *Ibid.*, p. 364.

(15) *Ibid.*, pp. 352-3, p. 368.

(16) 佐々木 建『現代ヨーロッパ資本主義論 経済統合政策を基軸とする構造』有斐閣，1975年，65ページ。

(17) 工藤 章『現代ドイツ化学企業史――IGファルベンの成立・展開・解体――』ミネルヴァ書房，1999年，378ページ。

(18) V. R. Berghahn, *op. cit.*, p. 95.

(19) 前川恭一『ドイツ独占企業の発展過程』ミネルヴァ書房，1970年，147-8ページ。

(20) W. Hahn, H. Tammer, Kapitalkonzentration in Westdeutschland an der Wende zum neuen Jahrzehnt, *D. W. I. -Berichte*, 21. Jg, Nr. 8, August 1970, S. 24.

(21) Der Stand der Konzentration der Produktion von Produktionsmitteln in Westdeutschland, *D. W. I. -Berichte*, 12. Jg, Nr. 2, Januar 1961, S. 5.

(22) Reconcentration in Iron, Steel and Coal Industries of the Federal Republic (5. 10. 1959), pp. 3-4, *National Archives*, RG59, 862A.33.

(23) G. Sieber, Die Rekonzentration der eisenschaffenden Industrie in Westdeutschland, *WWI-Mitteilungen*, 11. Jg, Heft 3, März 1958, S. 48. なお石炭・鉄鋼業における企業の再結合・集中に対する欧州石炭鉄鋼共同体の政策については，T. Witschke, *Gefahr für den Wettbewerb? Die Fusionskontrolle der Europäischen Gemeinschaft für Kohle und Stahl und die 》Rekonzentration《 der Ruhrindustrie 1950-1963*, Berlin, 2009を参照。

(24) Status of Decartelized and Deconcentrated German Coal and Steel Companies (23. 6. 1955), p. 1, *National Archives*, RG59, 862A.054.

(25) W. Abelshauser, *Deutsche Wirtschaftsgeschichte seit 1945*, München, 2004, S. 245.

(26) Der Stand der Konzentration der Produktion von Produktionsmitteln in Westdeutschland, *D. W. I. -Berichte*, 12. Jg, 1961, S. 5.

(27) August Thyssen Hütte AG, *Bericht über das Geschäftsjahr 1957/58*, S. 11.

(28) Die mächtigsten Konzern der EWG und Großbritanniens in wichtigen Zweigen der Produktionsmittelindustrie, *D. W. I. -Berichte*, 13. Jg, Nr. 23, Dezember 1962, S. 20.

(29) Reconcentration of German Commercial Banks (10. 1. 1957), *National Archives*, RG59, 862A.14, p. 1, M-L. Djelic, *op. cit.*, p. 165, M. Pohl, *a. a. O.*, S. 102-4, T. Horstmann, *Die Alliierten und die deutschen Großbanken. Bankenpolitik nach dem Zweiten Weltkrieg in*

第 2 章　企業の集中とコンツェルン体制の新しい展開　77

Westdeutschland, Bonn, 1991.
(30) 相沢幸悦『欧州最強の金融帝国』日本経済新聞社，1994年，49ページ。
(31) Reconcentration of German Commercial Banks (10. 1. 1957), p. 1, *National Archives*, RG59, 862A.14, M. Pohl, *a. a. O.*, S. 105, E. Wandel, *Banken und Versicherungen im 19. und 20. Jahrhundert*, München, 1998, S. 40-1.
(32) Present and Forthcoming Bank Mergers in West Germany (3. 5. 1957), *National Archives*, RG59, 862A.14.
(33) Die mächtigsten Konzern der EWG und Großbritanniens in wichtigen Zweigen der Produktionsmittelindustrie, *D. W. I. -Berichte*, 13. Jg, 1962, S. 1.
(34) Der westdeutsche Steinkohlenbergbau, *D. W. I. -Berichte*, 6. Jg, Nr. 6, März 1955, S. 9, 矢島千代丸『ルールコンツェルンの復活』(経団連パンフレット　No. 48)，経済団体連合会，1959年，53ページ。
(35) G. Herrigel, *op. cit.*, p. 381.
(36) Merger of Rheinische Roehrenwerke AG and the Huettenwerke Phoenix AG with Approval of High Authority (11. 2. 1955), *National Archives*, RG59, 862A.331, Zusatzprotokoll zur Niederschrift über die 38. Aufsichtsratssitzung der Hüttenwerke Phoenix AG am 2. 07. 1954 zur geplanten Fusion, S. 7, *ThyssenKrupp Konzernarchiv*, NST/82.
(37) Reconcentration of Ilseder Huette, Pein (1. 4. 1959), p. 1, *National Archives*, RG59, 862A.053.
(38) Die Schrit über die Entscheidung der Genehmigung des Abschlusses eines Interessengemeinschaftsvertrages zwischen der August Tyssen-Hütte Aktiengesellschaft und der Niederrheinische Hütte Aktiengesellschaft durch die Hohe Behörde (23. 5. 1956), S. 1, S. 3, *ThyssenKrupp Konzernarchiv*, A/33073, Rückgängigmachung von Entflechtungsmaßnahmen im Bereich der August Thysse-Hütte und der Niederrehinischen Hütte (16. 1. 1956), S. 3, *ThyssenKrupp Konzernarchiv*, A/33073, H. Uebbing, *a. a. O.*, S. 60.
(39) Abschluss eines Interessengemeinschaftsvertrages zwischen der August Thyssen-Hütte AG. und der Niederrheinische Hütte AG., Duisburg (15. 9. 1955), S. 7-9, *ThyssenKrupp Konzernarchiv*, A/30819.
(40) Pressenotiz zur Übernahme eines Mehrheitpakets der Deutsche Edelstahlwerke AG durch August Thyssen-Hütte AG (20. 12. 1956), *ThyssenKrupp Konzernarchiv*, A/30778, H. Uebbing, *a. a. O.*, S. 60, S. 330.
(41) Abschluss eines Interessengemeinschaftsvertrages zwischen der August Thyssen-Hütte AG. und der Niederrheinische Hütte AG., Duisburg (15. 9. 1955), S. 8-10, *ThyssenKrupp Konzernarchiv*, A/30819, Interessengemeinschaftsvertrag zwischen der Niederrheinische Hütte Aktiengesellschaft, Duisburg-Hochfeld, und der August

Thyssen-Hütte Aktiengesellschaft, Duisburg-Hamborn (15. 9. 1955), S. 1, *ThyssenKrupp Konzernarchiv*, A/30819, W. Treue, H. Uebbing, *Die Feuer verlöschen nie : August Thyssen-Hütte 1926-1966*, Düsseldorf, Wien, 1969, S. 219.

(42) Unser Antrag auf Genehmigung des Zusammenschlusses unseres Unternehemens mit der Phoenix-Rheinrohr AG (27. 4. 1960), S. 3, *ThyssenKrupp Konzernarchiv*, A/31870, Die Schrift von Dr. Pferdmenges an den Herrn Bundesklanzler, *ThyssenKrupp Konzernarchiv*, A/31870, Der Brief an Herrn Dr. Robert Pferdmenges (3. 9. 1960), *ThyssenKrupp Konzernarchiv*, A/31870, W. Treue, H. Uebbing, *a. a. O.*, S. 215, S. 281. アウグスト・ティセンではまた，その後も再結合の動きがすすんだ。1964年のフェニックス・ライン鋼管との結合は，戦後アウグスト・ティセンに欠如していた鋼管部門を製品間の分業のかたちで補完するものであり，60年代に推し進められた「統一的な鉄鋼生産体」としてのティセン・グループへの脱皮，この新しいコンツェルン内での分業体制の末端に至るまでの確立の一環をなすものであった。小林賢齋『西ドイツ鉄鋼業 戦後段階＝戦後合理化』有斐閣，1983年，156-62ページ参照。

(43) 同書，1ページ，179ページ。

(44) G. Herrigel, *op. cit.*, pp. 381-3, B. Huffschmid, *Das Stahlzeitalter beginnt erst*, München, 1965, S. 110-5, S. 149, G. Sieber, *a. a. O.*, Zusammenschluβ im Sinn des Artikel 66 des Montanunionvetrages (MUV) zwischen der August Thyssen-Hütte AG (ATH) und der Phoenix-Rheinrohr AG Vereingte Hütte- und Röhrenwerke (Phoenix) (22. 5. 1962), S. 1, *Thyssen-Krupp Konzernarchiv*, A/31927.

(45) D. Petzina, Zwischen Neuordnung und Krise, O. Dascher, C. Kleinschmidt (Hrsg.), *Die Eisen- und Stahlindustrie im Dortmunder Raum. Wirtschaftliche Entwicklung, soziale Strukturen und technologischer Wandel im 19. und 20. Jahrhundert*, Dortmund, 1992, S. 532.

(46) Rückgliederung abgeschlossen. Die Mannesmann AG berichtet, *Der Volkswirt*, 9. Jg, Nr. 24, 18. 6. 1955, S. 27, Der neue Mannesmann-Konzern, *Der Volkswirt*, 10. Jg, Nr. 27, 7. 7. 1956, S. 27.

(47) Vgl. Mannesmann AG : Erfolgreiche Verarbeitung. Schulden konsolidiert――Zum dritten Mal 10 vH Dividende, *Der Volkswirt*, 13. Jg, Nr. 28, 11. 7. 1959, S. 1439.

(48) Bald 2 Mill. t Stahl bei der Hoesch Werke AG, *Der Volkswirt*, 10. Jg, Nr. 20, 19. 5. 1956, S. 36-7, Hoesch Werke AG geht auf 8 vH, *Der Volkswirt*, 11. Jg, Nr. 23, 8. 6. 1957, S. 1163.

(49) Vgl. Hoesch AG in solidem Fortschritt. Dividende von 8 auf 10 vH erhöht――Abrundendes Investitionsprogramm, *Der Volkswirt*, 14. Jg, Nr. 23, 6. 4. 1960, S. 1092, Hoesch Aktiengesellschaft, *Der Volkswirt*, 14. Jg, Nr. 26, 25. 6. 1960.

(50) 矢島，前掲書，98-100ページ。

(51) 同書，124-5ページ。

(52) Die mächtigsten Konzern der EWG und Groβbritanniens in wichtigen Zweigen der

Produktionsmittelindustrie, *D. W. I. -Berichte*, 13. Jg, 1962, S. 2.
(53) Der Stand der Konzentration der Produktion von Produktionsmitteln in Westdeutschland, *D. W. I. -Berichte*, 12. Jg, 1961, S. 5-6.
(54) Die neue Konzentrationswelle in der westdetchen Industrie, *D. W. I. -Berichte*, 11. Jg, Januar 1960, S. 11, S. 13.
(55) 下谷政弘『新興コンツェルンと財閥　理論と歴史』日本経済評論社, 2008年, 3-4ページ, 8ページ参照。
(56) 戦後の独占的大企業の解体の後に重工業のようには再結合がみられなかった化学産業でも, IGファルベンの後継企業の間で「棲み分け分業」のかたちでの再編がすすんだ。すなわち, BASFは基礎化学品の主要な製造業者として現れたのに対して, バイエルとヘキストは, より狭い原料を基礎としながらも, プラスティック, 繊維および医薬品への強力な前方統合をはかるかたちで再構成されたのであった。G. P. Dyas, H. T. Thanheiser, *The Emerging European Enterpreise*, London, 1976, p. 92.
(57) 前川恭一『現代企業研究の基礎』森山書店, 1993年, 119-20ページ。
(58) H. Tammer, W. Hahn, Eine neue Etappe monopolistischer Machtkonzentration in Westdeutschland, *D. W. I. -Berichte*, 20. Jg, Nr. 2, Februar 1969, S. 7.
(59) 前川, 前掲『現代企業研究の基礎』, 124ページ。
(60) G. Binus, Technische Revolution und vertikale Konzentration in der Chemie- und Textilindustrie, *D. W. I. -Berichte*, 17. Jg, Nr. 9, September 1966, S. 2.
(61) G. Binus, Die Lage der kleinen und mittleren Unternehmen der westdutschen Industrie unter dem staatsmonopolistischen Herrschaftssystem, *D. W. I. -Berichte*, 18. Jg, Nr. 11, November 1967, S. 11.
(62) H. Tammer, Zur Konzentration und Zentralisierung des Kapitals in Westdeutschland, *D. W. I. -Berichte*, 19. Jg, Nr. 5, Mai 1968. S. 22.
(63) W. Hahn, H. Tammer, *a. a. O.*, S. 24, S. 26, H. Tammer, W. Hahn, *a. a. O.*, S. 8.
(64) Vgl. Bericht des Bundeskartellamtes über seine Tätigkeit im Jahre 1968 sowie über die Lage und Entwicklung auf seinem Aufgabengebiet, Deutscher Bundestag, *Drucksache*, V/4236, S. 33, Bericht des Bundeskartellamtes über seine Tätigkeit im Jahre 1977 sowie über die Lage und Entwicklung auf seinem Aufgabengebiet(§50GWB), Deutscher Bundestag, *Drucksache*, 8/1925, S. 105.
(65) 例えば林　昭『激動の時代の現代企業』中央経済社, 1993年, 47ページ参照。
(66) W. Hahn, C. Schirmeister, Die Zentralisation des Kapitals in der BRD 1970, *D. W. I. -Berichte*, 22. Jg, Nr. 8, August 1971, S. 19.
(67) Vgl. W. Hahn, H. Tammer, *a. a. O.*, S. 23.
(68) H. Tammer, W. Hahn, *a. a. O.*, S. 2.
(69) Vgl. Bericht des Bundeskartellamtes über seine Tätigkeit im Jahre 1977 sowie über die Lage und Entwicklung auf seinem Aufgabengebiet, Deutscher Bundestag, *Drucksache*,

8/1925, S. 113.
(70) W. Hahn, C. Schirmeister, *a. a. O.*, S. 19.
(71) *Ebenda*, S. 24.
(72) H. Tammer, W. Hahn, *a. a. O.*, S. 7.
(73) 佐々木 昇『現代西ドイツ経済論 寡占化と国際化』東洋経済新報社, 1990年, 68-9ページ。
(74) Vgl. Bericht des Bundeskartellamtes über seine Tätigkeit im Jahr 1975 sowie über die Lage und Entwicklung auf seinem Aufgabengebiet(§50GWB), Deutscher Bundestag, *Drucksache*, 7/5390, S. 33, S. 138, S. 143.
(75) W. Hahn, H. Tammer, *a. a. O.*, S. 25, W. Hahn, C. Schirmeister, *a. a. O.*, S. 23.
(76) H. Tammer, Herrschaft der Monopole und fortschreitende Monopolisierung——die Kernfrage des Imperialismus, *IPW-Berichte*, 6. Jg, Heft 3, März 1977, S. 7.
(77) R. Metzner, Kapitalkonzentration in der BRD 1973, *IPW-Berichte*, 3. Jg, Heft 10, Oktober 1974, S. 30.
(78) W. Hahn, H. Tammer, *a. a. O.*, S. 24-5.
(79) R. Metzner, Kapitalkonzentration in der BRD 1975, *I. P. W. -Berichte*, 5. Jg, Heft 11, November1976, S. 41-2.
(80) A. Burger, I. Jarowinsky, R. Wieß, Kapitalkonzentration in der BRD 1976/77, *I. P. W.-Berichte*, 6. Jg, Heft 11, November 1977, S. 12.
(81) G. Binus, A. Burger, R. Weiß, Kapitalkonzentration in der BRD 1978/80, *I. P. W.-Berichte*, 8. Jg, Heft 11, Nvember 1980, S. 18, S. 20.
(82) *Ebenda*, S. 28.
(83) H. Tammer, Konzentration und Zentralisation des Kapitals in Westdeutschland im Jahre 1968, *D. W. I. -Berichte*, 20. Jg, Nr. 6, Juni 1969, S. 7.
(84) Monopolisierng in neuer Dimension, *D. W. I. -Berichte*, 22. Jg, Nr. 1, Januar 1971, S. 1.
(85) W. Hahn, H. Tammer, *a. a. O.*, S. 26.
(86) R. Metzner, Kapitalkonzentration in der BRD 1973, S. 32.
(87) H. Borries, Zur Konzentration des Kapitals in Westdeutschland, *D. W. I. -Berichte*, 17. Jg, Nr. 10, Oktober 1966, S. 3.
(88) Niederschrift über die 14. HWR-Vorstandssitzung am 5. Mai 1964, S. 7, *Historisches Archiv Krupp*, WA70/1671, Niederschrift über die 15. HWR-Vorstandssitzung am 13. Mai 1964, S. 3, *Historisches Archiv Krupp*, WA70/1671, Niederschrift über die 17. HWR-Vorstandssitzung am 9. Juni 1964, S. 1, *Historisches Archiv Krupp*, WA70/1671.
(89) G-Rundschreiben Nr. 25-65(16. 11. 1965), *Historisches Archiv Krupp*, WA70/1, Niederschrift über die 26. HWR-Vorstandssitzung vom 18. Oktober 1965, S. 4, *Historisches Archiv Krupp*, WA70/1672, Niederschrift über die 30. HWR-Vorstandssitzung vom 9. Dezember 1965, S. 1, *Historisches Archiv Krupp*, WA70/1672, Die Schrift über die

第2章　企業の集中とコンツェルン体制の新しい展開　*81*

Bekanntmachung zur Verschmerzung des Gußstahlwerkes Bochumer Vereins mit Fried. Krupp Hüttenwerke AG (Dezember 1965), *Historisches Archiv Krupp*, WA70/234, Die Schrift über die Bekanntmachung zur Verschmerzung des Gußstahlwerkes Bochumer Vereins (August 1966), *Historisches Archiv Krupp*, WA70/234, Bochmer Verein fusioniert mit Rheinhausen. Trotz stark erhöhten Umsatzes von fast 1 Mrd. DM keine Ertragssteigerung 1964, *Handelsblatt*, 22. 6. 1965, Faires Umtauschangebot verlangt. Keine Barabfindung bei Bochmer Verein/Umsatz 1965 um 11% erhöht, *Rheinishe Post*, 30. 6. 1965, Hüttenwerk fusioniert mit Bochmer Verein. Ausgabe von Aktien noch ungeweiß――Krupp schweigt, *Neue Ruhr Zeitung*, 3. 8. 1965.

(90) H. Tammer, W. Hahn, *a. a. O.*, S. 7, H. Borries, *a. a. O.*, S. 2.

(91) Vgl. F. Knauss, O. Vogel, F. Hermanns, *Unternehmenskonzentration in der westlichen Welt. Stand, Entwicklungstendenzen und Vergleich*, Köln, 1967, S. 18-9.

(92) W. Hahn, C. Schirmeister, *a. a. O.*, S. 21.

(93) Der Brief an Dr. Graf Lambsdorf, MdB (21. 3. 1973), S. 1-2, *ThyssenKrupp Konzerarchiv*, A/131958, Der Brief an Herrn Wolf von Dreising (13. 3. 1973), S. 1, *ThyssenKrupp Konzernarchiv*, A/131958, Der Brief an Herrn Dr. Philipp von Bismark MdB Vorsitzender Wirtschaftsrat der CDU e. V., S. 1-2, *ThyssenKrupp Konzernarchiv*, A/131958, G. Binus, Kapitalkonzentration in der BRD 1972, *I. P. W. -Berichte*, 2. Jg, Heft 9, September 1973, S. 20, R. Metzner, Kapitalkonzentration in der BRD 1973, S. 33.

(94) R. Metzner, Kapitalkonzentration in der BRD 1974, *I. P. W. -Berichte*, 4. Jg, Heft 10, Oktober 1975, S. 30-1.

(95) I. Jarowinsky, Kapitalkonzentration in der BRD 1977/78, *I. P. W. -Berichte*, 7. Jg, Heft 11, November 1978, S. 5.

(96) H. Borries, *a. a. O.*, S. 2.

(97) W. Dege, W. Dege, *Das Ruhrgebiet*, 3. Aufl., Kiel, 1983, S. 97-8〔佐々木　博・朝野洋一・田村百代訳『ルール工業地域――ECの心臓部――』二宮書店，1981年，114ページ〕．

(98) Rationalisierung gegen Erlösverfall. Rückgang der Dividende auf 6 (10) vH――Nichts in die Rücklagen, *Der Vokswirt*, 21. Jg, Nr. 24, 16. 6. 1967, S. 1164, S. 1166.

(99) H. Tammer, Konzentration und Zentralisation des Kapitals in Westdeutschland im Jahre 1968, S. 8.

(100) A. Burger, Monopolistische Konzentration in der BRD-Chemieindustrie, *I. P. W.- Berichte*, 5. Jg, Heft 7, Juli 1976, S. 71, BASF AG, *Geschäftsbericht 1969*, S. 40, Badische Anilin- & Soda-Fabrik AG, *Handbuch der Deutschen Aktiengesellschaften*, 1969/70, Bd. 2, S. 1816-7.

(101) Vgl. BASF und Wintershall gehen zusammen, *BASF Archiv*, A. 4. 1. 21/12, BASF und Wintershall gehen zusammen (7. 11. 1968), *BASF Archiv*, A. 4. 1. 21/3, Die Schrift von der Abteilung Öffentlichkeitsarbeit Pressestelle (11. 11. 1968), S. 1-2 (in : BASF Presse-

Information), *BASF Archiv*, A. 4. 1. 21/3, Gemeinsame Mitteilung der Vorstände der Badischen Anillin- & Soda-Fabrik AG, Ludwigshafen und der Wintershall AG, Kassel (13. 12. 1968), *BASF Archiv*, A. 4. 1. 21/3, Die Schrift an die Aktionäre (12. 11. 1968), *BASF Archiv*, A. 4. 1. 21/3, Die Schift an die Mitarbeiter (7. 11. 1968), *BASF Archiv*, A. 4. 1. 21/3, Ausführung der Vorstandsvorsitzenden Professor Dr. Bernhard Timm auf der außerordentlichen Hauptversammlung der BASF am 20. 12. 1968, S. 7 (in : BASF Presse-Information), *BASF Archiv*, A. 4. 1. 21/3, Winteshall zu BASF. Sortimentsergänzung durch Erdöl, Erdgas und Düngemittel, *Die Presse*, 8. 11. 1968, BASF am Ziel. Wintershall bringt gute Mitgift, *Die Rheinpfalz*, 6. 11. 1968, H. Ernst, *Wie Wintershall zur BASF kam. 1968 : Bedeutendster Unternhemenszusammenschluss seit Kriegsende, Zeitzeugen berichten*, Kassel, 2001, S. 72, S. 117-8.

(102) A. Burger, *a. a. O.*, S. 71.

(103) Ausführung der Vorstandsvorsitzenden Professor Dr. Bernhard Timm auf der außerordentlichen Hauptversammlung der BASF am 20. 12. 1968, S. 3 (in : BASF Presse-Information), *BASF Archiv*, A. 4. 1. 21/3, Überblick über die BASF-Gruppe (15. 7. 1970), S. 3 (in : BASF Presse-Information), *BASF Archiv*, A. 4. 1. 21/17.

(104) A. Burger, *a. a. O.*, S. 71.

(105) H. Tammer, Konzentration und Zentralisation des Kapitals in Westdeutschland im Jahre 1968, S. 5.

(106) H. Gross, Der Weltfirma gehört die Zukunft. Globale Unternehmen brachen in Europa und Amerika unterschiedliche Formen, *Handelsblatt*, 22. Jg, Nr. 78, 21/22. 4. 1967, S. 25.

(107) R. Metzner, Kapitalkonzentration in der BRD 1973, S. 33-4.

(108) F. Knauss, O. Vogel, F. Hermanns, *a. a. O.*, S. 22-3.

(109) H. Borries, *a. a. O.*, S. 3.

(110) H. Tammer, W. Hahn, *a. a. O.*, S. 7.

(111) H. Tammer, Konzentration und Zentralisation des Kapitals in Westdeutschland im Jahre 1968, S. 5.

(112) W. Hahn, C. Schirmeister, *a. a. O.*, S. 21.

(113) J. Reindl, *Wachstum und Wettbewerb in den Wirtschaftswunderjahren. Die elektorotechnische Industrie in der Bundesrepublik Deutschland und in Großbritannien 1945-1967*, Paderborn, 2001, S. 395-6.

(114) *Ebenda*, S. 252-3.

(115) F. Knauss, O. Vogel, F. Hermanns, *a. a. O.*, S. 17.

(116) Vgl. Vertrag zwischen der Volkswagenwerk AG und Daimler-Benz AG (7. 2. 1966), *Mercedes-Benz Archiv*, Zusammenarbeit VW, 1. Allg. Unterlagen, 1965-31. 3. 1966, Vertrag über die Gründung eines Gemeinschaftsunternehmens zwischen der Volkswagen Atiengesellschaft in Wolfsburg (VW) und der Daimler-Benz

Aktiengesellschaft in Stuttgart-Untertürkheim (Daimler-Benz), S. 1, *Mercedes-Benz Archiv*, Zusammenarbeit VW, 1. Allg. Unteragen, 1. 8. 1966-31. 12. 1966, Zusammenarbeit VW (14. 12. 1966), S. 1-2, *Mercedes-Benz Archiv*, Zusammenarbeit VW, 1. Allg. Unteragen, 1. 8. 1966-31. 12. 1966, Der Brief von Eberhard von Brauchitsch an Herrn Dr. jur. Joachim Zahn (2. 3. 1966), Blatt 3-4, Blatt 7, *Mercedes-Benz Archiv*, Zusammenarbeit VW, 1. Allg. Unterlagen, 1965-31. 3. 1966, Präsidialsitzung der Daimle-Benz AG am 5. 4. 1966, 16 Uhr, im Hause der Deutschen Bank in Düsseldorf (6. 4. 1966), S. 1, S. 3-7, *Mercedes-Benz Archiv*, Zusammenarbeit VW, 1. Allg. Unterlagen, 1965-31. 3. 1966, Bericht über den Stand der Zusammenarbeit zwischen Daimler-Benz und VW (14. 10. 1966), S. 1, *Mercedes-Benz Archiv*, Zusammenarbeit VW, 1. Allg. Unterlagen, 1. 8. 1966-31. 12. 1966, Der Brief an Mr. Kenneth H. Chapman, Thomas Tilling Ltd. vom 11. 7. 1966, S. 1-3, *Mercedes-Benz Archiv*, Zusammenarbeit VW, 1. Allg. Unterlagen, 1. 4. 1966-31. 7. 1966, Bericht über Besprechung mit Herren des Bundeskartellamts am 28. u. 29. November 1966, S. 2, *Mercedes-Benz Archiv*, Zusammenarbeit VW, 1. Allg. Unterlagen, 1. 8. 1966-31. 12. 1966, Deutsche Automobil GmbH (27. 6. 1966), S. 1-3, *Mercedes-Benz Archiv*, Zusammenarbeit VW, 1. Allg. Unterlagen, 1. 4. 1966-31. 7. 1966, Aktennotiz über eine Besprechung am 14. 1. 1966 in Untertürkheim über Fragen der Zusammenarbeit zwischen VW und DB (14. 1. 1966), *Mercedes-Benz Archiv*, Zusammenarbeit VW, 1. Allg. Unterlagen, 1965-31. 3. 1966, Zusammenarbeit mit VW—Vertagsentwurf vom 25. 1. 66 (5. 2. 1966), S. 1, *Mercedes-Benz Archiv*, Zusammenarbeit VW, 1. Allg. Unterlagen, 1965-31. 3. 1966, Zusammenarbeit VW/DBAG (4. 3. 1966), *Mercedes-Benz Archiv*, Zusammenarbeit VW, 1. Allg. Unterlagen, 1965-31. 3. 1966, Daimler-Benz/ Zusammenarbeit VW Telefongespraech zwischen Herr Abs und Herrn Prof. Nordhoff am 25. Maerz 1966 (29. 3. 1966), *Mercedes-Benz Archiv*, Zusammenarbeit VW, 1. Allg. Unterlagen, 1. 4. 1966-31. 7. 1966, Vertrag über die Gründung eines Gemeinschaftsunternehmens zwischen der Volkswagenwerk Aktiengesellschaft in Wofsburg (VW) und der Daimler-Benz Aktiengesellschaft in Stuttgart-Untertürkheim (Daimler-Benz) (28. 2. 1966), *Volkswagen Archiv*, 174/409/2, Zusammenarbeit mit Daimler-Benz (7. 3. 1966), *Volkswagen Archiv*, 174/409/2, Zusammenarbeit mit Daimler-Benz (14. 2. 1966), *Volkswagen Archiv*, 174/409/2, H. Tammer, W. Hahn, *a. a. O.*, S. 7-8, Daimler-Benz Aktiengesellschaft Stuttgart-Untertürkheim, *Handbuch der Deutschen Aktiengesellschaften*, 1970/71, Bd. 5, S. 4773.

(117) Der Brief an Mr. Kenneth H. Chapman, Thomas Tilling Ltd vom 11. 7. 1966, S. 1, *Mercedes-Benz Archiv*, Zusammenarbeit VW, 1. Allg. Unterlagen, 1. 4. 1966-31. 7. 1966, Vertrag über die Gründung eines Gemeinschaftsunternehmens zwischen der Volkswagen Atiengesellschaft in Wolfsburg (VW) und der Daimler-Benz Aktiengesellschaft in Stuttgart-Untertürkheim (Daimler-Benz), S. 1, *Mercedes-Benz*

Archiv, Zusammenarbeit VW, 1. Allg. Unterlagen, 1. 8. 1966-31. 12. 1966.
(118) Monopolisierng in neuer Dimension, *D. W. I. -Berichte*, 22. Jg, Nr. 1, Januar 1971, S. 1, Daimler-Benz AG, *Geschäftsbericht 1969*, S. 27, Volkswagen AG, *Bericht über das Geschäftsjahr 1969*, S. 33.
(119) Rahmenvereinbarung(19. 1. 1969), S. 1, *Mercedes-Benz Archiv*, Kooperation Rheinstahl, 424, Presseerklärung auf Anfrage(3. 1. 1969), *Mercedes-Benz Archiv*, Kooperation Rheinstahl, 424, Pressemitteilung(3. 1. 1969), *Mercedes-Benz Archiv*, Kooperation Rheinstahl, 424, Der Brief an die Herren des Präsidiums der Daimler-Benz Aktiengesellschaft(18. 12. 1968), S. 5, *Mercedes-Benz Archiv*, Kooperation Rheinstahl, 424, Protokoll Nr. 1/69 über die Sitzung des Vorstandes vom 8. 1. 1969, *Mercedes-Benz Archiv*, Kooperation Rheinstahl, 424, Kooperation(30. 1. 1969), S. 1, *Mercedes-Benz Archiv*, Kooperation Rheinstahl, 424.
(120) Niedrschrift über die Sitzung des Aufsichtsrates vom 24. 1. 1969, *Mercedes-Benz Archiv*, Kooperation Rheinstahl, 424.
(121) Protokoll Nr. 7/69 über die Sitzung des Vorstandes vom 10. 3. 1969, *Mercedes-Benz Archiv*, Kooperation Rheinstahl, 424.
(122) W. Hahn, C. Schirmeister, *a. a. O.*, S. 22.
(123) Der Vertrag zwischen die Daimler-Benz Aktiengesellschaft Stuttgart und die Maschinenfabrik Augsburg-Nürnberg Aktiengesellschaft, Augsburg(14. 8. 1970/21. 8. 1970), S. 1, S. 5-7, *Mercedes-Benz Archiv*, Daimler-Benz/MAN Kooperation, 11, Zusammenarbeit bei der millitärischen Version und bei Lieferungen für millitärische Zweck, S. 1, *Mercedes-Benz Archiv*, Daimler-Benz/MAN Kooperation, 11, Verkäufe und Nachbauvergaben gemäß §§12, 13, *Mercedes-Benz Archiv*, Daimler-Benz/MAN Kooperation, 11, Daimler-Benz AG, *Mercedes-Benz 75 Jahre Nutzfahrzeug-Entwicklung 1896-1971. Jübiläumsbericht der Daimler-Benz Aktiengesellschaft Stuttgart-Untertürkheim*, Stuttgart, 1971, S. 122.
(124) R. Metzner, Kapitalkonzentration in der BRD 1975, S. 43.
(125) Vgl. Protokoll der Vorstandssitzung Nr. 38/76 vom 28. 9. 76, *Volkswagen Archiv*, 250/347/2, Kooperation VW-MAN in der LKW-Klasse 6-9 t zul. Gesamtgewicht(22. 8. 1977), *Volkswagen Archiv*, 250/298/1, Projekthandbuch—Technische Dokumentation—Gemeinschaftsreihe VW/M. A. N. (14. 7. 1980), *Volkswagen Archiv*, 250/277/1, Ablauf Modellpflege M. A. N/VW-Kooperation, *Volkswagen Archiv*, 250/277/1, Niederschrift über die 82. Sitzung des Aufsichtsrates der Volkswagenwerk Aktiengesellschaft am Donnerstag, dem 14. April 1977, in Wolfsburg, *Volkswagen Archiv*, 119/441/1, Ergebnisprotokoll der 7. Sitzung des VW. M. A. N. —Kooperations-Komitees am 13. Januar 1981(16. 1. 1981), *Volkswagen Archiv*, 250/277/1, Protokoll der Vorstandssitzung Nr. 28/77 vom 23. 8. 77, *Volkswagen Archiv*, 250/347/1, Protokoll der Vorstandssitzung

am 27. 08. 1979(4. 9. 1979), *Volkswagen Archiv*, 250/426/2, Produktanalyse M. A. N./ VW-DB LN2(16. 4. 1984), *Volkswagen Archiv*, 250/315/1.
(126) Vereinbarung(23. 9. 1968), *Volkswagen Archiv*, 373/453/2.
(127) Vgl. M. Pohl, *Konzentration im deutschen Bankwesen (1948-1980)*, Frankfurt am Main, 1982, S. 460, S. 462, S. 472-4, S. 487-8.
(128) H. Tammer, Konzentration und Zentralisation des Kapitals in Westdeutschland im Jahre 1968, S. 7.
(129) W. Hahn, C. Schirmeister, *a. a. O.*, S. 25.
(130) Das große Sterben kommt erst noch, *Wirtschaftswoche*, 26. Jg, Nr. 8, 25. 2. 1972, S. 18.

第3章　アメリカ的管理方式・生産方式の導入とそのドイツ的展開
——IE, ヒューマン・リレーションズおよびフォード・システム——

　第3章から第6章までの各章では，アメリカ的経営方式の導入とそれにともなう企業経営の変化について，とくに管理と組織，経営者教育・管理者教育の問題とともに，大量生産の進展にともなう市場への対応策・適応策の面を中心に分析を行う。戦後の企業経営の変革の重要な契機をなしたアメリカ的経営方式の導入をめぐっては，学習・導入のルートの問題，その具体的なプロセスも含めて実態の解明を行うことが重要な課題となってくる。実際には，導入される経営方式，管理システム・管理技術によってもアメリカの影響は大きく異なってくるとともに，産業間や企業間でも相違がみられる場合も多い。それゆえ，全般的な状況とともに，産業や企業の間にみられる差異・特徴とそれを規定した諸要因を明らかにすることが重要となる。

　アメリカの経営方式や生産方法の受容，普及については，経済力の不均衡と政治力の格差を背景にして，当初は，イニシアティブはアメリカの経済・政治からより強く出ていた。しかし，1950年代半ば以降になると，全体的にみれば，そのような「アメリカ化」の段階からドイツの企業家の自由な志向へと移っており，ドイツ的適応へと移行してきたとされている[1]。一般的に，ドイツへのアメリカのビジネス文化の移転の範囲は非常に広く，経営のすべての職能領域におよんでいる。その移転の種類は，経営の哲学や用語といった諸要素から技能，技術，ノウハウおよび専門的な手法・手続きにまでおよんだ。しかし，科学や科学技術とは異なり，経営や組織のノウハウ・技術の場合には，一般的に輸入側の国の諸条件へのはるかに多くの適応が必要とされる[2]。例えばアメリカの在ドイツ子会社の場合でも，親会社への従属にもかかわらず，アメリカの革新の導入は円滑に実施されたわけではなく，さまざまな諸困難に直面

したとされている⁽³⁾。それゆえ，ドイツ的条件への適応の問題とのかかわりのなかでみていくことが重要となってくる。すなわち，アメリカの経営方式の導入に対するドイツの企業や労働側の態度・対応，導入の実態を明らかにするとともに，その導入のもとで企業経営がどのように変化し，またドイツ的な企業経営の特徴がどうあらわれたかという点が重要な問題となってくる。そこでは，序章でも指摘したように，アメリカ的経営方式の導入のプロセスにおいてどのような「再構造化」がみられたか，そのなかでドイツの企業経営の独自性，特質がどうあらわれたかということが重要な問題となってくる。

　本章では，まずアメリカ的管理方式・生産方式の導入について考察する。インダストリアル・エンジニアリング（IE），生産性向上運動のもとでアメリカによる経営モデルの移転のひとつの重点領域とされたヒューマン・リレーションズのほか，フォード・システムが，ここでの主要な問題領域をなす。

　以下では，まず第1節においてインダストリアル・エンジニアリングの導入についてみた上で，第2節ではヒューマン・リレーションズの導入について考察する。さらに第3節ではフォード・システムの導入とそれにともなう生産システムの変革について，ドイツ的なものづくりとの関連でみていく。

第1節　インダストリアル・エンジニアリングの導入とその特徴

1　インダストリアル・エンジニアリングの発展とその影響

　まずインダストリアル・エンジニアリングについてみると，それは作業研究の一層の発展とみなされるものであり⁽⁴⁾，「科学的管理法の発展としての時間研究・動作研究を中心とする」ものである。その手法には動作時間標準法，PTS法などがあり，PTS法の主なものにワーク・ファクター法（WF法），MTM（methods time measurement）などがある⁽⁵⁾。IEの領域ではアメリカが決定的に主導的な位置を占めており，1963年のジーメンスのアメリカへの研究旅行の報告でも，当時実践されていた西側世界の既定時間法は例外なく同国で開発・テストされ，公表されたものであったとされている。例えばWF法は1930年代半ば頃にアメリカで開発され⁽⁶⁾，38年以降同国で，52年以降国際的に利用されてきたが，63年9月の国際経営会議でも，WF法による時間標準，同法の利用に

関する問題をめぐって活発な議論が行われている(7)。MTMは1940年代にウエスティングハウスにおいてH. B. メイナードらによって開発され，公表され(8)，第2次大戦後に普及をみた。IEに関係する領域は作業測定，方法改善，工程分析，職務分析，要員設定など多岐にわたるが，以下では，IEの根幹をなす作業測定の問題を中心にみていくことにする。

　ドイツでは，1920年代以降，レファによる時間研究，作業研究の取り組みがすすめられ，企業へのその導入が拡大されてきたが(9)，48年のある指摘によれば，この時期になると，製造企業では作業研究は大きな意義をもつようになっている(10)。例えば電機産業のAEGでも，1950年代から60年代をとおして作業研究・時間研究が合理化，生産性向上において重要な役割を果たしたと指摘されているように(11)，戦後，IEの領域の合理化が重要な課題となってきた。もちろんドイツ独自の組織であるレファによる活動，作業研究，賃金支払方式も大きな役割を果たしており(12)，Ifoの1956年3月の調査（2,655社が対象）でも，工業企業で利用されていた作業研究の全方法に占めるレファの方式の割合は80％にのぼっており，なお支配的な位置を占めていた(13)。

　しかし，そのような状況は1950年代後半から末には変化し，WF法，MTMといったアメリカのIEの手法の導入が取り組まれるようになってくる。作業研究・時間研究の意義の増大は，レファ方式の一層の発展と同様にとくにアメリカの既定時間法にみることができ，旧西ドイツ（以下ドイツと表記）でも，その利用は1950年代末にははるかに拡大されている(14)。レファによれば，1956年の時点では，既定時間法の各方法は，責任のある職位についている経験豊富な作業研究員，とりわけレファ・エンジニアが関与しうる多くの手段のうちのひとつにすぎないとされていたが(15)，そのような状況は，その後大きく変化していくことになる。例えばWF法をみても，作業方法をまず机の上で比較することができるという点に大きな利点があり，そのことによってドイツの産業でもそのような方法の利用が始まったのであった(16)。

　そのようなアメリカ的方式の導入にあたり大きな役割を果たしたのがレファであった。例えば1960年代初頭はレファのIEへの拡大の段階であり，アメリカのハンドブックのドイツ語への翻訳が行われている(17)。この『IEハンドブック』（*"IE Handbook"*）の翻訳の出版後には，改善された教授方法でもってこの

領域の最初の教育コースが実施されている[18]。しかし，1960年頃には，アングロサクソン諸国ではインダストリアル・エンジニアの職業への独自の養成教育にすでに長い時間が費やされていたのに対して，ドイツでは，例えばレファのようないくつかの組織の諸努力以外では，IEの領域における教育の可能性はほとんど存在しなかったとされている[19]。

こうした教育が本格的にすすむのは1960年代のことであり，69年度のレファの事業報告によれば，その教育の催しの構成も根本的に変化し，IEコースは全体の24.7％を占めるようになっている[20]。またWF法とMTMというIEの代表的な方法の教育を受けて養成された作業研究員の数をみても，1966年までに2,491人にのぼっている[21]。1973年半ばまでに全部で52のIEのためのセミナーが実施されており，その修了者の約半分はIEの職位に，もう半分は生産管理や経営管理の担当者，労働科学の部署の管理者ないしその助手の職位についている[22]。またIEの教育のための教材や書籍をみても，1967年にはIEハンドブックのそれまでの巻の補巻の刊行でもって，レファのエンジニア教育のスタンダードワークが完結している。さらにレファの独自の第3報告書として，作業研究・IEの管理者のための雑誌が発行されているほか[23]，1971年以降，"*Industrial Engineering*"誌が1年に6回発行されている[24]。

戦後の歴史的過程をみると，1950年代半ば以降の完全雇用の段階では，賃金とコストの圧力への対応が課題となっており，主として労働の効率化（作業設計）のために既定時間法が導入されている。しかし，予定標準時間の算定・決定のための方式としての既定時間法の全般的な普及は，一般的に，1966/67年の不況の発生およびそれと結びついた労働市場の緊張状態の緩和でもって初めて成功に至ることになる[25]。

そこで，以下では，WF法とMTMの導入について具体的にみていくことにしよう。

2 ワーク・ファクター法の導入とその特徴

まずWF法についてみると，その導入にさいしては，アメリカ企業の協力，ライセンスの方法などがみられたが，レファもWF法のような既定時間法の導入・普及に尽力した[26]。1958年2月1日にレファとワーク・ファクター社と

の間で西ドイツ・西ベルリンにおけるワーク・ファクター教育コースの実施に関する協定が締結されており、その期間は65年1月31日までとされた[27]。同社は、経済界・産業界向けにIEの領域のサービスを世界的に提供する技術コンサルタント機関であった[28]。さまざまなシステム（MTM，WF法，BMT，DMTなど）の長い研究の後，レファ労働科学研究所は，ワーク・ファクター社のライセンスの担い手となった[29]。レファはまたワーク・ファクター・ハンドブックの翻訳権，オランダのフィリップス社の翻訳によるドイツ語版の利用権を獲得しており，ドイツ語で開催されるすべてのワーク・ファクター教育コースに関して，1人当たり25ドルをワーク・ファクター社に支払うものとされた。1958年9月の第2回ワーク・ファクター教育コースは，ワーク・ファクター社の委託を受けたフィリップス社の2人の人物よって実施されており，オランダの会社が大きなかかわりをもった[30]。しかし，1960年代に入ると状況は大きく変わり，64年にはドイツ独自の教材でのワーク・ファクター教育コースが自前の講師陣でもって経常的に実施されるようになっている[31]。

このように，レファはWF法の人材の養成教育に関与したが，例えば1960年にはレファの5人のメンバーがIEの教育方法に関するアメリカへの8週間の研修旅行に参加している[32]。1962年のある報告によれば，WF法の利用ではとくに経済性の比較が新たな重要性を獲得しており，それはとくに機械化が割に合うかどうかの決定などにみられた。また作業研究の方法としても，10のワーク・ファクター分析のうち9において従来の方法によるよりもはるかによい解決が見出されたとされている[33]。WF法の導入の取り組みでは，AEG，ボッシュ，ジーメンス，オリンピアなどの企業も同法のライセンスを取得しており，それによってアメリカのシステムの導入がはかられたケースもみられた[34]。

生産性向上運動の終了後の1960年代初頭にはまた，急速な機械化の進展によって，作業設計は，標準時間の決定と比べても重要性を獲得するようになった[35]。そうしたなかで，レファはWF法を作業設計のための適切な用具とみなしており[36]，レファの活動の重点も，1950年代後半から末以降，予定標準時間の決定から作業設計の方向へとますます移っていった。こうして，動作研究の意義が一層増大するなかで，WF法の導入がより大きな意義をもつようになった。ドイツでは，動作研究は1960年代初頭までは後景に大きく退いていた

が，アメリカのヒントや成果にも促されて，産業におけるレファ以外の機関のほかコンサルタント会社や研究所が動作研究に従事したことによっても，新しい推進力が生まれた[37]。

3 MTMの導入とその特徴

またMTMについてみると，アメリカの技術援助計画のもとでのMTMの研究旅行が，その方法の調査・導入において重要な役割を果たした。そこでもレファが大きく関与しており[38]，レファの多くの地域支部は，アメリカの時間研究のシステムの状況に関する情報を提供する可能性を獲得した[39]。

1963年のある指摘によれば，MTMはアメリカでは最大の普及をみていたが，ドイツでも普及したとされている[40]。同法は，主に外国のコンサルタントエンジニアによって教授され，広められた。WF法と比べると，MTMは長い年月をかけて比較的控えめな役割を果たしたにすぎなかったが，1963年にはMTMを実践している会社によってドイツMTM協会が共同で設立されている[41]。ヨーロッパの労働者の生産性における最大の阻害要因は，大量生産や大規模なロット生産の遅れ以外では，アメリカよりもはるかに悪い作業設計や動作の流れにあったとされている。そのような状況のもとで，ドイツMTM協会は，1964/65年にアメリカの既定時間法を受け入れ，ドイツの事情に適合させ，ドイツ全土に普及させたのであった[42]。

このように，MTMの導入にあたりドイツMTM協会のような機関が重要な役割を果たしたが，その企業会員の数は1966年から73年までに115社から約300社へと2.6倍になっており，会員企業の従業員数も約50万人から200万人へと4倍に増加している。同協会の企業会員の半分を超える部分が精密機器産業（74年には30％を占めている）と金属加工業（同23％）の企業であり，その他の産業には衣服産業（14％），製鉄業（4％），化学産業（4％），サービス業・銀行業（5％）などがみられた[43]。多くの場合，ドイツMTM協会のような組織による活動も，アメリカの類似の組織や企業の協力によって可能となったものである。ドイツや他の諸国においても，そのようなアメリカ的方式の導入は，多くの場合，民間のアメリカ企業によってすすめられたのであった[44]。

4 主要産業部門におけるワーク・ファクター法とMTMの導入

 以上の考察において，WF法，MTMの導入の全般的状況についてみてきたが，これらの新しい方式では，予定標準時間はもはやレファ方式のように労働者と時間測定者との間で直接現場にて交渉されるのではなく，労働者の代表組織である経営協議会ないし労働組合と経営側との間で給付測定の方式の利用・修正に関して交渉されるようになっている[45]。この点に関していえば，既定時間法に対しては，一部ではかなりの反対もみられたとはいえ，労働組合は原則的に拒否の態度をとったのではなかったことが，企業におけるその実施をかなり容易にしたといえる[46]。

 そこで，つぎに，WF法，MTMといったアメリカの既定時間法の導入を主要産業部門についてみることにしよう。そのような手法は，まず大量生産の経営や諸部門において導入されている。その重点は電機産業と自動車産業にあったといえる。ボッシュでは1950年代半ば頃にWF法への移行が推し進められているが，60年にはMTMの利用が決定されており，経営協議会と経営側との間で経営協定が締結されている。MTMの導入においては生産部門に特別な重点がおかれていたが，その後初めて小規模ではあるが保守部門・管理部門にまでその導入が拡大されている[47]。ダイムラー・ベンツでもほぼ1960年代以降にMTMが利用されており，その後，同社でも，またドイツの自動車産業全体でも，その利用の程度は電機産業の諸部門の多くの事例でみられたような程度にはなお至っていないとはいえ，同法は，作業設計においても時間経済においても最善のものであることが証明されてきたとされている[48]。

 また1965年発行のIGメタルの報告書によれば，WF法，MTMなどの既定時間法は，その近年に，金属産業においてますます利用されるようになっている。例えば鉄鋼業でも能率給システムの導入のもとで既定時間法での保守・修理部門の合理化へと組織的に移行しているほか，造船業でも既定時間法の利用がますますすんでいる[49]。保守作業への既定時間法の導入は化学産業や炭鉱業などでもみられた[50]。1969年のある報告でも，IEの方法の利用は，決して機械製造業や輸送機械製造業に限定されておらず，製鉄業・金属製造業，被服産業，建設業，化学産業のほかサービス部門でも，作業研究・時間研究よりもはるかに多く利用されている[51]。例えば縫製業でもすでに1950年代からMTMの

利用がみられ,例えば51年のMTMによるデータがあるほか[52],被服産業や機械産業でも,そうした手法によるあらゆるデータシステムは,時間データをつきとめるために利用可能であったとされている[53]。このように,ドイツ工業にとっては,IEは,良好な経営成果や競争力確保のための努力におけるひとつの重要な手段であったとされている[54]。

そこで,既定時間法の導入が最もすすんでいた部門のひとつである**電機産業**について詳しくみると,ジーメンスでは,1950年代末には,WF法は作業設計や生産設備の設計者の追加的な補助的手段として大きな注目を集めており,WF法とMTMは既定時間法の最も有名な方式であった[55]。同社では,1962年までに約15のワーク・ファクターの情報教育コースが実施されており,企業の職制および専門家に対する多くの講演が開催されたほか,工場では約100人の訓練を受けたワーク・ファクター労働者が働いていた。訓練を受けた者の最大の部分は,大ロット生産や大量生産の領域における生産準備や作業計画の部門で働いていた。またジーメンス3社の9人のメンバーで構成されるジーメンス・ワーク・ファクター活動グループが組織されており,その成果は,テストの後にレファ研究所に伝えられ,ワーク・ファクター担当員を養成してきたすべての会社にも利用可能にされた[56]。また1963年に「アメリカにおけるIEの理論と実際」に関する研究旅行が実施されている。そこでは,アメリカ・インダストリアル・エンジニアリング研究所の国際会議やWF法の国際会議への参加のほか,ウエスティングハウス社,ベル&ハウエル社,テレタイプ社,ワーク・ファクター社の訪問などが行われている。ジーメンスのワーク・ファクター指導員は,ドイツの公式のワーク・ファクター・マニュアルの準備において指導的な役割を果たした。1964年4月の時点までに合計615人が参加した35のワーク・ファクター教育コースがドイツにおいて開催されているが,そのうち12が同社の組織の内部で行われており,同社は約150人の訓練されたワーク・ファクター要員を擁していた。2つのワーク・ファクター講師養成コースでは,31人のレファの指導員がワーク・ファクター指導員の資格をもっていたが,そのうち8人はジーメンスの社員であった。当時ジーメンス,AEG,オリンピア,ツァイスのような27の大企業が正式にWF法を利用していたが,223社がワーク・ファクター教育を受けた従業員で対応していた。WF法をドイツの状況一般に,またジーメンスの組織

の特殊な環境に適合させる必要性が初期の段階に明らかになったために，ジーメンスでは，この目的のために，同方式の経験をもつ専門家によるチームが形成されている。この研究グループは，いくつかの点でWF法の修正の必要性を認識しており，精神的な作用のみならず特定の動作に同社の科学的な人間工学的研究を適用している。同グループはまた，WF法が同社の組織全体にわたって統一的に扱われるように，社内での使用マニュアルの補遺版を発行している[57]。さらに1970年にもWF法について説明したファイルが作成されている[58]。

また**化学産業**についてみると，グランツシュトッフでは，レファ研究所による教育コースにおいてWF法を導入することが1961年に決定されており，そこでは，4週間の基本教育コースと1週間の情報教育コースが開催されるものとされた[59]。またWF法の利用のさいの当初の諸困難をより迅速に克服するために，参加者グループ向けの実習コースが開催されている。同社では，WF法の導入にあたりアメリカのコンサルタント会社のワーク・ファクター専門家が実習と調査研究を行っている。またWF法とMTMの両方式の詳細な検討が行われており，その結果，WF法の利用がすすんだ[60]。グランツシュトッフの1962年の合理化部門のある文書によれば，WF法やMTMのような既定時間法は，体系的な方法の改善のためのすばらしい方法であることが明らかになったとされている[61]。フィルムや既定時間法（WF法・MTM）によって1000分の1分（0.06秒）以下の時間が作業分析の要素となったが，このような短い時間の把握のさいに生じる計測技術や経済性の問題は，それまでほとんど体系的に研究されることはなかった。このことは，BASFの事前計算においても，試験フィルムや高速カメラでの撮影によってさまざまな時間測定機具での測定結果を相互に比較する試みや予め決定された短い時間と比較する試みの実施のきっかけを与えた[62]。ただ企業間でもそのようなアメリカ的方式の導入・利用の状況は異なっており，例えばヘンケルでは，1960年代後半になっても，IEのような技術は非常に限られた程度でしか利用されていなかったとされている[63]。

5 インダストリアル・エンジニアリングの導入のドイツ的特徴

このように，IEの領域においてWF法，MTMといったアメリカの方式が，レファの強い関与のもとに，またワーク・ファクター社やMTM協会，外国のコンサルタント会社などの協力のもとに推進された。そうしたなかで，1950年代

末から60年代前半の時期には，IEの領域におけるアメリカの優位や，他の先進工業諸国の類似の方法の水準との間の差はかなり小さくなったとされている[64]。

しかし，ドイツでは1920年代の合理化運動以来，伝統的にレファの占める位置が大きく，実務の観点からすれば，直接利用可能なIEの普及においてかなりの意義がレファに与えられるのが当然である，とする指摘もみられる[65]。1960年のF. ヘーメルリンクの報告によれば，主要時間の短縮の努力は，確かにアメリカの実践から部分的に受け入れられたMTM，WF法といった新しい方法に基づいて取り組まれたが，それらの方法は，レファ・システムのなかに組み入れられねばならなかったとされている[66]。またJ. シュヴァルツマンの1975年の報告でも，ドイツ産業は，作業研究を数十年来本質的にはレファの考え方に基づいて構築してきたとされており[67]，アメリカのIEの影響を強く受けながらも，ひとつのドイツ的特徴がこの点にみられる。

レファは，MTMやWF法を含むさまざまな既定時間法を長い期間にわたり研究・検討しており，その結果，WF法を支持してその利用・普及のためのライセンスを取得した[68]。とはいえ，レファは，たえず最新のものにされまた改善されていった自らのシステムを優先せずにWF法を促進することはほとんどなかった。結果として，例えばMTMの開発者であるH. B. メイナードのコンサルタント会社が現地企業への自らのシステムの売り込みにおいて大きな成功を収めたスエーデンのような他の諸国とは異なり，これらのアメリカの技術は決してドイツ産業に広く導入されるには至らなかったという面もみられる[69]。

以上の考察からも明らかなように，IEの手法の導入のルートとしては，アメリカ企業との直接的な接触・関係を利用したかたちもみられたとはいえ，ワーク・ファクター社との協定やコンサルタント会社の利用などの方法による学習・導入のルートが確保され，そのことがむしろアメリカ的方式の導入の大きな機会を与えたという点が特徴的である。この点は，他の経営方式の場合とは異なっている。またレファやドイツMTM協会の取り組み・役割にみられるように，ドイツ側の団体組織の果たした役割が大きかったことも重要な特徴的を示している。しかしまた，アメリカの管理手法・技術が世界をリードしたIEのような方式・システムにおいても，1920年代の合理化運動の時期に始まりその

後のナチス期にも作業研究の方法の開発・普及の中核的機関となったレファのような組織の活動の伝統，作業研究の領域におけるレファの主導性があり，その強い影響・役割のもとにドイツ的な適応が試みられるなかで，アメリカ的方式の導入・普及がすすんだのであった。

第2節　ヒューマン・リレーションズの導入とその特徴

1　ヒューマン・リレーションズの導入の社会経済的背景

つぎにヒューマン・リレーションズ（以下HRと略）についてみることにするが，それは1950年代の生産性向上運動のなかで主要各国に広がっていき，合理化の推進のための生産関係的基盤の整備・強化（労使協調政策）にとって重要な役割を果たすべきものとされた。それゆえ，HRの導入については，戦後の労使関係の問題との関連のなかでみていくことが重要となる。

そこで，まずHR導入の社会経済的背景をみると，アメリカの経営方式の学習・導入においてHRが重要な位置を占めたのは，それが技術援助・生産性プログラムの多くのプロジェクトの最も主要な柱のひとつとされたことによる。それだけに，アメリカ側の支援も強く，例えば技術援助プロジェクト第315号には，「産業におけるヒューマン・リレーションズ」のテーマの2つの国際会議が含まれている[70]。また1950年代半ばのヨーロッパ生産性本部の第312号プロジェクトでも，HRの領域の見解・経験の交流，問題の分析の機会，それらの問題の解決への科学的な研究の貢献を吟味するための機会を産業，労働組合，政府の諸部門の代表者や産業心理学・産業社会学の専門家に提供することが，目的とされている[71]。そこでは，産業におけるHRに関する産業社会学の研究の発展に関する議論と国際的なセミナーの2つの段階で行われるプロジェクトを組織することが，ヨーロッパ生産性本部によって提案されている[72]。

HRの領域では，管理者教育の手法であるTWI（Training Within Industry）の場合と同様に，技術援助・生産性プログラムの枠のなかで，アメリカ側から「アメリカ化」の集中的な諸努力がなされたが，生産性向上のための技術援助は，労使関係の形成と密接に結びつくべきものとされていた。アメリカ側からみれば，HRは，戦後ドイツ企業において明らかな不十分さ，発展の遅れ，し

たがって対応の必要性が見出された領域における大きな政治的課題，使命あるいは一種の「開発援助」のひとつの重要な構成要素であった[73]。アメリカの雇用者協会と政府は，事業所の職場レベルの不安定な状況や労働組合の闘争性の回避という点において，HRによる労使関係の構築を支持したのであった[74]。それだけに，HRの導入へのアメリカの要求・圧力も支援も強いものとなった。

またドイツ側の事情をみると，HRの方法は，企業内部の諸関係の形成のための協調的な道を開くものであると受けとめられた。アメリカの生産性の優位は，よりよい技術や経営組織の合理化のみによって説明されうるものではなく，生産性と収益性の高さのひとつの重要な要因がHRの方法による労資関係の安定にある，と受けとめられた。アメリカへの研究旅行のほとんどすべての報告でも，この点が指摘されている[75]。例えば1954年のドイツ工業連盟（Bundesverband der Deutschen Industrie＝BDI）の関係者の指摘でも，アメリカでは当時ドイツ企業においてみられなかったような経営側と労働側との間の関係の精神的風土が存在したとされている[76]。またアメリカ旅行のある研究グループは，1940年代以降の約10年間の同国の経済生活における労使関係あるいは人間関係の重要な役割について報告している[77]。こうした点に加えて，アメリカのHRのコンセプトがドイツ企業において戦前のイデオロギー的な重荷からの解放として関心を集めたという事情もあった[78]。そのような状況のもとで，例えば1948年から58年までの10年間を回顧したジーメンス＆ハルスケの経営技術会議の報告書でも，心理的環境という観点からみるとHR運動が重要であったことが指摘されている[79]。

そのような状況のもとにあっても，HRの新しい方法はすぐに定着したわけではなかった。しかし，人間としての労働者の重要視は新しくドイツ化されたHRの概念においてはっきりと示されたとされるように[80]，HRは大きな影響を与えたといえる。

2　ヒューマン・リレーションズの導入の取り組みとその特徴

HRの導入をめぐるこのようなアメリカ側とドイツ側の事情，認識を反映して，生産性向上運動の過程においてHRの導入が試みられることになるが，つぎにその導入の取り組みをみることにしよう。HRの学習・移転の主要なルー

トには，国際会議やアメリカへの研究旅行のほか，学習・教育プログラムなどがあった。

まず国際的な会議についてみると，1951年8月にドイツとアメリカの経営管理者の最初の会談がバーデン・バーデンで開催されている。そこでは，経営管理全般，生産性の向上，販売およびHRの諸問題が取り上げられているが，人間関係の改善は近代的な研究のテーマとなっている[81]。1954年の第10回国際経営会議でも同様に，人間関係の改善の管理手法がひとつの大きなテーマとして取り上げられており[82]，その導入の取り組みは国際的に広がってきている。

またアメリカへの研究旅行では，例えばドイツ経済合理化協議会(Rationalisierungs-Kuratorium der Deutschen Wirtschaft＝RKW)による学習のための旅行があったが，その旅行団の報告書として1953年に出版された著書"Produktivität in USA"でも，HRが取り上げられている。そこでは，HRの課題のひとつとして，企業における「部下に対する上司の」，また「上司と部下の相互の」人間関係のほか，両者の方向での管理者と労働者との間の関係や管理者相互ないし労働者相互の関係の維持・改善の絶えまない努力があげられている[83]。またアメリカでの「経営におけるヒューマン・リレーションズと心理学の研究」のためにドイツ経済合理化協議会による研究旅行が1954年3月から4月まで実施されている。それには，同協議会の代表者のほか，ドイツ労働総同盟，レファ，ブラウンシュヴァイク工科大学の労働心理学・人事研究所，マックスプランク労働心理学研究所，労働省などのメンバーが参加している[84]。1956年に発行された報告書では，アメリカ経済におけるHRの研究，教育および利用はドイツにおいてよりもはるかに普及しており，それによってアメリカ経済はかなりの成果を達成していること，経済における人間にそれまでよりもはるかに大きな意義を認めるというHRの基本的な考え方は移転可能であることが指摘されている[85]。またHRの学習・教育のためのプログラムについてみると，ドイツの側では，ドイツ経済合理化協議会のほか，とりわけレファ，社会経営組織労働共同体やブラウンシュヴァイク工科大学の労働心理学・人事研究所が関与したHRの特別なプログラムが設けられている[86]。

さらに企業の取り組みをみると，HRの問題に取り組んだのは第一に人事・社会部門の管理者であった。1951年にバイエルの社会部長となったP. G. v. ベ

ッケラスは，20年代のドイツの工場共同体思考とともに，アメリカのHRの諸方法を志向している[87]。人事政策・社会政策に関するアメリカ志向と戦前志向のひとつの混合はグランツシュトッフでもみられ，それは，HRの観点と1920年代の労働研究，「精神工学」の観点との混合であった。ブラウンシュヴァイク工科大学労働心理学・人事研究所は，1945年のその設立後，HR, TWIのアメリカのモデルや管理者教育を強く志向した機関であったが，グランツシュトッフに派遣されたG. シュペングラーが，同社の工場心理学の業務の構築をはかるさいに援助している。HRと戦前の伝統に準拠した人事的手法との組み合わせは，同社では，長期の過程において普及したのであった[88]。

こうして，1950年代半ばにはHRはヨーロッパでの議論や会議の流行の主題となった[89]。このテーマの科学的議論，とりわけ経済学的および社会学的な議論や出版物は，1950年代半ばから60年代半ばまでの10年間に初めてその頂点に達している[90]。経営における人間関係，従業員の情報・教育，労働環境の改善のための企業側の諸努力はすべて，1950年代以降，HR運動とTWI運動というアメリカの手本となるモデルの影響のもとにあった。ドイツの状況への移転の可能性については，同国の企業がすでに1920年代・30年代に労働者情報，企業内教育および労使関係の形成といった諸領域における独自の経験をもっていたことによるところも大きかった[91]。このようなアメリカのHRのモデルの導入は，企業における労働環境にも影響をおよぼす大きな契機となった。

例えばジーメンスでも1950年代初頭にHRの問題が取り上げられているが，そこでは，上司と部下との間の，また労働者同士の良好な関係の促進が重視されていた。1952年1月のある内部文書によれば，この段階では，HRの領域におけるアメリカ企業のプログラムや特別な諸方策はまだ実施されていなかった。しかし，しばしばアメリカの思考の影響のもとで人間関係に関する出版物において述べられている多くのことはうまくいっており，独自の対処の方法の考慮・吟味のきっかけを与えたとされている[92]。また同年の同社における他の文書でも，ドイツの企業では職場の雰囲気という点での労働環境は一般的にアメリカよりも良好であったが，心理学的な経営管理の領域でのアメリカ人の研究成果には特別な関心がもたれており[93]，そのようなアメリカ的方策の影響は強いものであった。

このように，HRの導入は戦後のドイツの労使関係のあり方にも関係する重要な問題であるという観点からも，アメリカ側による強い支援と促進が行われるなかで，職場における労働環境の改善のための有力な手段として，導入の取り組みがすすめられることになった。そうしたなかで，1950年代初頭の労働者向けの刊行物の始まりの時点では，協力関係，HRの新しい考え方はさまざまな手段によって広まっていった。なかでも産業による労働者の新しい考慮を示す主要な手段は，多くの企業が1920年代に導入し40年代末から50年代初頭に復活させた社内報であった。1951年には約200のドイツ企業が社内報を発行していたが，2年後には社内報の数は400にまで増加した[94]。モンタン共同決定法の適用下の鉄鋼企業を調査したT. ピルカーらの1955年刊行の研究によれば，その調査の時点では社内報のような非常に重要な情報手段はまだ効果的なものではなかったとされている[95]。しかし，1957年にはすでに，合計で約500万部もの発行部数をもつ441の社内報が発行されるようになっている。社内報は，中規模企業やより大規模な企業において経営における人間の接触を改善するための手段や各労働者に対して経営の出来事を明らかにするための，また経営における意見交換のための手段として役立つひとつの卓越した手段であったとされている[96]。

　こうした社内報は労働者の生活のあらゆる側面を全面的にHRという意味において把握しようとするものであった。多くの社内報のタイトルは，「人間関係」という専門用語を企業のなかにいかにもちこもうとするものであるかを認識させるものである。例えば『工場と私』（ヘッシュ），『われわれの工場』（バイエル），『わが工場』（石灰化学会社），『接触』（ブラウン・ボーベリー）といったタイトルや類似のタイトルは，労働者に利害関係の存在しないアイデンティティを示唆しようとするものであった[97]。1949年に発行されたオペルの社内報（"Opel-Post"）でも，企業経営における従業員の信頼を具体的な意思決定とはかかわりのないレベルで促すことが問題とされている。そこでは，理想的な労働者像を提示し，企業側の模範にかなった従業員は写真入りで掲載されるなど[98]，社内報は，労使関係，人間関係の改善と労働者間の競争の促進のための手段として展開された。

　社内報の領域でも，ドイツの企業は，とくに工場共同体思考と結びついてド

イツ技術作業教育訓練研究所（Dinta）が社内報の普及を促進した戦前の伝統および経験に依拠することができた。しかし，1950年代には，戦時期や戦後にその大部分が発行を中止された雑誌の新たな創刊にあたり，アメリカの手本も志向された。この時期には経営内部の情報のチャネル・手段の多様性は継続的に拡大され，労働者との対話，再教育のセミナーや社内報とならんで，定期的に発行される注意ビラや情報パンフレットのほか，若干の企業では映像によるものもみられた[99]。

このように，HRの理論の利用においては，イデオロギー的影響や心理的影響により大きなポイントがおかれている。以前の諸方法とは異なり，労働者とその家族および周囲にあらゆる面で影響をおよぼすことが意図されている。生産性向上運動の展開のもとでの新しい技術の導入と結びついた一種の合理化，それにともなう労働強度の過度の増大，大量解雇の脅威，その結果として生じる賃金へのより強い圧力などが，HRでもって隠蔽されようとしたのであった[100]。

アメリカのHRのモデルのこうした適応の事例から明らかなように，少なくともアメリカのモデルのいくつかの諸要素がドイツ企業に流れ込むことになった。それらは，とりわけ職長・組長といった下位の職制と従業員との関係におけるコミュニケーション・情報の構造や企業における労働環境にも影響をおよぼした。労使関係のアメリカモデルに関する行為者の知識や行動は，ドイツの法的規制の背後で同時に企業の構造を再生産し，また変化させた。HRのアメリカモデルは，こうした方法で，ドイツ企業における労使関係の形成を補完する役割を果たしたのであった。その意味では，この領域でのより強力なアメリカ化に対する「ドイツ人の頑固さ」にもかかわらず，労使関係の形成の面では，純粋な「ドイツ的経営モデル」の維持については，限られた程度でしか述べられることができないとされている[101]。

3　ヒューマン・リレーションズの導入の限界とその要因

以上のように，HRの導入はドイツ企業の労働環境に大きな影響をおよぼし，それまでのドイツ的な労使関係の変革の契機ともなった。しかし，ドイツ企業においては，技術・生産の領域では，強いアメリカ志向がみられ，1950年代初

頭以来，広いレベルでノウハウが導入されたのに対して，HRのテーマの議論や実務の重要性ではまさに逆であったとされている。実際には，従業員とその利害代表者の態度，1940年代末以降の共同決定の議論，ドイツの労使関係の社会的・経営的に定着している伝統のために，HRのアメリカのモデルはドイツの企業にはわずかにしか入りこまないという結果となった。C.クラインシュミットは，ドイツ企業の実務へのアメリカのHRや労使関係の移転は1950年代の経営の現実のために徹底的に失敗したとしている[102]。また2人の日本人による1958年のヨーロッパ視察の報告でも，「人間と労働」という主題に含まれる活動の基本方針は外国語では「ヒューマン・リレーションズ」と表現されていたが，それにもかかわらず，ドイツでは必ずしもアメリカ流のものに相応するものではなかったとされている[103]。

　HRの導入にさいして企業側と労働側のいずれにおいても大きな抵抗に直面するケースが多かった。例えばバイエルでは，企業内部の啓蒙活動とならんで外部からの報告も行われており，マンハイム経済大学のA.マイヤー教授による1956年4月の講演でも，HRの領域においてアメリカ人から多くを学ばなければならないと強調されている[104]。しかし，同社の多くの管理者たちは，HRのテーマでもって多くのことを始めることはできなかった。例えば職長教育コースの設置は，その必要性を感じない取締役やエンジニア部門においてかなりの抵抗に直面した。1960年代に入るまで，例えばドイツの化学産業の大企業の取締役会レベルでは，HRとは異なる考え方が主流を占め，HRとの明確な隔たりを示していた化学者が主に代表していた。また権限の対立をもたらすこともめずらしくなかった人事部と社会部の混合に懐疑的であったとくに技術部門の独自性が必要とされたという事情もあった。これらのことはそのような抵抗の要因をなした。類似の反対は他の企業でもみられたが，従業員代表や労働組合の側からも抵抗がみられた。それには共同決定の問題も関係しており，そこでもドイツとアメリカの伝統・影響がひとつの役割を果たした[105]。

　またハルツブルグ・モデルのようなドイツ独自の経営・管理のモデルの影響も大きかった。このモデルの核心は，権威主義的な管理のスタイルとは反対に，労働のみならずそれに属する権限や責任も委譲すべきであるとするものであり，このモデルに基づいた責任の委譲は，さまざまな管理の職位にある者の

大幅な負担の軽減をはかるものであった[106]。このモデルは，多くの企業にとって魅力的であり，1950/60年代以来，ドイツにおける最も普及した管理のモデルに発展している[107]。

さらにHRの手法が労使関係の変革というアメリカの意図をもってすすめられたためにドイツ側には懐疑心や反発が強かったことも，その十分な定着を妨げる要因となった。技術援助をとおしての生産性増大のための諸努力は，アメリカの側では，HRやTWIの促進としての労使関係の構想と密接に結びついていた。ドイツ企業の内部でのHRの計画は，包括的な政治的目標ないし「使命」のひとつの重要な要素であった[108]。それだけに，ドイツ側の懐疑的なとらえかたや反発は強かったといえる。

共同決定法による労使関係の枠組みの大きな変化もまた，HRの普及に阻止的にはたらいた。ドイツの企業家が「経営のパートナーシップ」という意味での経営側と従業員側との間の直接的なコミュニケーションの経営モデルに関心をもったとしても，現実には，労使関係は，法的規制や国家の介入の強力な影響のもとで形成されたのであった。アメリカとドイツの文化的・政治的環境のこうした相違は，非常に異なるかたちでの労使関係の形成をもたらすことになった[109]。

ドイツの大企業にとっては，共同決定の議論が激しく行われたとくに1950年代初頭には，アメリカの発展は，労働組合の強い力に基づく労使関係のドイツモデルに対するひとつの魅力的なオルタナティブを提供すると思われた。しかし，TWIや「職長教育」の領域であろうと「労働者協議」の領域であろうと，1951年のモンタン共同決定法と52年の経営組織法が，アメリカ流のHRの広い採用を妨げることになった。これら2つの法律は，ドイツ企業において労使関係をアメリカの線に沿って型にはめてつくろうとする試みの失敗を特徴づけるものであった。それに代えて，コーポラティズム的伝統のなかに根ざし労働組合を組み込んだかたちでの，法的な規制を基礎にした労使関係の「ドイツモデル」が確立された。それは，従業員に教育，報酬支払い，労働の安全性とともに経営社会政策のその他の諸問題の領域でさえ，アメリカにおいてよりもはるかに大きな共同決定権を認めるものであり，アメリカモデルをはるかに超えるものであった。それゆえ，HRに関するアメリカ化の追求の試みは，ドイ

ツの企業において，1955年以降，ますます力を失っていくことになった[110]。労働組合の強い規制力と共同決定制度を基礎にしたこのような労使関係の新しい枠組みは，アメリカモデルに対するオルタナティブをなすものとしての意味をもった。

このように，HRはドイツ企業への導入においても，また労使関係のモデルとしても決して普及するには至らなかった。この点について，H. ハルトマンは1963年に，HRは50年代初頭に流行の輸入品となった後にその移転は弱まり，アメリカの経済文化のひとつの典型的な，またほとんど輸出不可能な産物であるとみなされるようになっていたと指摘している[111]。1950年代末になると，アメリカを模範とする新しい価値や社会形態に対する戦後の熱狂の対象となったものの大部分は静まり，導入が取り組まれた革新のいくつかは次第に姿を消すことになったが，HRはその代表的な一例であったとされている[112]。

それゆえ，企業におけるHRの実際の利用は，第一に，共同決定の正式な規制あるいは法的な規制に基づいて自動的に解決されえない諸問題に集中していた。それには職長とその部下との間の関係の形成があり，そこでは「人間関係」および「労働環境」の改善が問題とされた[113]。経営内部の協力や共同決定の議論がより重要であった企業レベルでのHRの試みの適応は限定的なままであり，ドイツの人事制度にとっても，HR学派の部分的な知識の利用は選択的なものにとどまった[114]。

HRの導入をめぐる以上のような考察をふまえていえば，HRの管理手法とそれに基づく労使関係のあり方は，「能率向上」という経営原理，企業の行動メカニズムが経営の実務においても，また労働の環境においても歴史的に重視されてきたというアメリカのプラグマティックな経営風土を背景としたものであったといえる。その意味でも，「能率向上」の原理に最も大きな価値をおくそのような管理手法や経営慣行は，技術・品質・生産重視の経営観，伝統や技術畑の経営者が相対的に多いという人事構成上の問題にも関係する経営の考え方などのために，ドイツには必ずしも適合的ではなかったといえる。またHRの導入・移転が労使関係の変革というアメリカの強い政治的意図をもって推し進められたこともあり，ドイツ側の受容の条件とは大きな乖離をみせざるをえないという状況にもあった。それゆえ，経営者の正統性が大きく揺らいでいた状

況のもとで労資の権力の配分がひとつの重要な問題となった戦後のドイツでは，アメリカのような管理手法に基づくかたちではなく，法による制度が埋め込まれるかたちでの労使関係のあり方，労働組合の強い規制力を背景にした経営における管理者と労働者の関係のあり方が形成・展開されることになったといえる。この点は，「ライン型資本主義」や「調整された市場経済」[115]などと呼ばれるように，戦後のドイツ資本主義のあり方とも深くかかわる重要な一領域をなすことにもなった。

第3節　フォード・システムの導入とドイツ的ものづくりの展開

これまでの考察において，IEとヒューマン・リレーションズというアメリカの管理方式・管理技術の導入についてみてきたが，同国の管理方式・生産方式の導入をめぐるいまひとつの重要な問題として，フォード・システムの導入による生産システムの変革，それとも深いかかわりをもつドイツ的なものづくりの展開がある。この点にかかわっていえば，1950年以降ヨーロッパにおいて新しかったものはアメリカ型の大量生産であったという指摘もみられる[116]。アメリカ型大量生産システムの普及という点では，例えば自動車産業でみても，1940年代までの時期には生産組織の種類は供給すべき市場に決定的に規定されており，その限りでは，「アメリカニズム」は選択的に普及したにすぎなかったとされている[117]。これに対して，戦後の市場条件の変化のもとで大衆的モータリゼーションが進展し，そのなかでフォード・システムの導入・展開が本格的にすすむことになる。それゆえ，以下では，市場の制約的条件からその本格的導入・展開には至らなかった戦前の限界をふまえて，戦後の大量生産方式の導入・展開についてみることにしよう。

1　フォード・システムの導入の全般的状況

まず大量生産システムとしてのフォード・システムの導入・展開の全般的状況についてみると，1953年の時点では製品・部品の設計・構造の変更や生産量の変動のために，アメリカ的な方法に基づく生産ラインの経済的な利用が可能な生産領域は，まだわずかしか存在しなかったとされている[118]。1956年のあ

る報告でも，流れ生産はなお依然として初期的段階にあったとされている[119]。しかし，そのような状況は，1950年代後半以降には大きく変化していった。例えば1958年のある報告でも，流れ作業の原則がはるかに強力に普及しており，機種別の編成原理を徹底的に駆逐してきたとされている[120]。また1959年のH. O. ベーゼマンの指摘でも，ベルト・コンベア生産は，合理化においてかなりの役割を果たしてきたとされている[121]。さらに1963年のK. シュプリンガーの指摘でも，合理化の必要性は工業生産においてはますます流れ作業での生産へと導いてきたとされている[122]。

　そのようなアメリカ的生産方式が展開された最も代表的な部門である自動車産業をみると，戦後初期にも企業の努力の特別な重点は生産方法のより合理的な編成と生産能力の拡大におかれていたが[123]，生産方式の改革は，その後，フォード・システムの本格的な展開によって大きな進展をみることになった。1950年代末にはなお過度の個人主義がコスト節約に寄与する大ロットの生産を妨げていたとされているが，ドイツの自動車市場では，小型車から中型の乗用車へのほぼ連続的な移行がみられた[124]。自動車産業の大量生産への移行は，戦前の組別生産や流れ生産にもかかわらず，1950年代に初めて実現されていくことになるが[125]，この産業のフォーディズム的転換は，1950年代の3分の2の時期以降に加速されていった[126]。ことに1950年代および60年代の自動車産業の合理化努力の中心のひとつは，ホワイトボディ組立，ユニット組立および最終組立の組立部門では，ベルト・コンベア技術の大規模な利用による生産の革新にあったとされている[127]。こうして，1950年代・60年代には，単一定型の大衆車を生産するフォルクスワーゲンのような企業以外でも，フォード・システムによる大量生産方式の展開が本格的にすすんだ[128]。例えば1963年のある報告によれば，自動車産業でも，個々の加工品の切削加工や成形加工では，多くのケースにおいて，すでに機械の利用やオートメーションの可能な限りの高い水準に達していたが，組み立てではなお手作業が広く支配していたとされている[129]。それだけに，組立工程全体を同期化する流れ作業方式の展開が大きな意味をもった。

　もとより，フォード・システムにみられる流れ作業方式の展開が最も重要な課題となり，その導入がすすんだのは加工組立産業であるが，すでに1950年代

半ばには，自動車産業のほか，電機産業（スイッチ類，電球など）や，かなりの需要が存在するあらゆる種類の機器の製造でも，流れ作業が不可欠のものとなっている[130]。電機産業では，戦間期にはあまりすすむことのなかった投資財生産から消費財生産への構造変化が1950年代から60年代初頭に大きく進展し[131]，ベルト・コンベア作業の普及は，戦後の消費財生産の躍進の結果，50年代・60年代にようやくみられるようになった。そのような作業方式は，とくにラジオ，テレビ，電気掃除機，洗濯機，自動食器洗い器，レンジといった主要な製品系列の最終組立において普及しており[132]，フォード的大量生産への構造変革がすすんだ[133]。例えば家庭用冷蔵庫の生産ロットは非常に強力に増大したので，ベルト・コンベアの導入がすぐに必要となった[134]ほか，積算計器，開閉装置，電動機，電話機などのような多くの他の製品でも，大量生産での製造が行われている[135]。例えばジーメンス＆ハルスケでも，1956年4月の経営技術会議において大量生産への移行の問題が取り上げられているほか[136]，その後の同種の会議でも，さまざまな製品部門でのベルト・コンベア作業による流れ生産の報告が行われている[137]。

しかし，自動車産業とは異なり，電機産業の生産条件はきわめて多様であり，顧客の特別な要望がほぼすべて考慮されねばならないような大型設備では，特定の部品の大量生産の努力にもかかわらず，1950年代末になってもなお主として個別生産であった[138]。また中小のロットでしか生産されない機器や同じ組のなかでも細部において相互に異なっている機器の場合には，タクト作業でさえも組み立ての最も経済的な形態ではなかったとされている[139]。

2　自動車産業におけるフォード・システムの導入とその特徴

そこで，以下では，流れ作業方式の導入・展開による大量生産への取り組みが最も強力に推し進められた自動車産業について考察を行うことにする。ここでは，代表的企業の事例を取り上げてみていくことにしよう。

（1）　フォルクスワーゲンの事例

自動車産業は，その大量生産による関連産業への需要創出効果，高い雇用吸収力，賃金の推移の基準をなしたことなどによる景気の牽引的役割をとおし

て，西ドイツのフォーディズムの誕生におけるペースメーカーとなった。なかでも，フォルクスワーゲンは，フォードの生産方法の受容とそれに照応する労使関係の形成においてペースメーカーの役割を果たしたとされている[140]。それゆえ，まずフォルクスワーゲンについてみることにしよう。

　同社では，ヴォルフスブルク工場において，終戦直後の1946年にすでに，例えば変速機，アクスル，エンジンのための複数の組立コンベアや完成組立コンベアが稼動しており，月に約1,000台から1,200台の自動車が生産された[141]。1950年の営業年度には，フロントアクスル，リアアクスルおよびエンジンのための組立コンベアの切り替え・拡大が行われたほか，同年度末頃には2基目の最終組立コンベアが操業を開始している。車体組立でも生産の増大，作業工程の新たな分割や新しい工具の導入によって流れ作業がよりスムーズに組織された[142]。翌年の1951年度には，ホール3での車体の完成組立においてスライド開閉式屋根を備えた車体用の1基の新しい組立コンベアが設置されたほか，いす張り職場でもベルト・コンベアが導入されるとともに個々の作業工程が単純にされ，その結果，不熟練労働者の利用が可能となった。またホール4では変速機の生産のための第2組立コンベアが配置され，エンジンの検査台が拡大された[143]。つづく1952年度には，ホール1にバスの生産のための1基の最終組立コンベアが配置されたほか，ホール3でも車体用のコンベアと最終組立コンベアの配置が開始されている。またホール4でも同期かみ合い式変速機のために1基の新しい組立コンベアが配置されている[144]。さらに1953年度には，ホール1においてコンベアの長さが延長されたほか，ホール3でも車体の完成組立の再編，ホール4からの2基の最終組立コンベアの移設が行われている[145]。

　このように，フォルクスワーゲンでは戦後のはやい時期から生産の近代化の取り組みが行われているが，技術的再編が本格的にすすむのは1954年以降のことであった。それは，機械とコンベアのタクトでもって作業のリズムに対する外的な強制を生み出すことを目的のひとつとしていた。そこでは，個々の工程のための所要時間が正確に計算され，労働者に標準時間として設定されるようになっている。このように，ヴォルフスブルク工場の技術的再編は，当初から，労働組織の領域においても適応を強制することになり，アメリカのモデル

が志向されたのであった(146)。

　そこで，1954年以降の時期の流れ作業方式の導入による変革についてみると，同年度にも，ホール3に3基目の最終組立コンベアと4基目の車体組立コンベアが配置されている(147)。つづく1955年度には，ホール1での貨物用自動車のシャーシ製造において1基の組立コンベアが追加され，操業を開始しているほか，ホール3でも車体の完成組立において，4基の組立コンベアの移設後，それらは車両の最終組立コンベアと完全に同期化されることになった。さらにホール4でもリアアクスルの生産のために1基の組立コンベアが新たに配置されている(148)。翌年の1956年度には，ホール0の新しいプレス工場に設備が部分的に配置され，ドア，屋根などの6つの大きな製造部分が機械化されたラインにおいて鋼板の到着から組み付けられる組立グループに至るまで同一の作業タクトで生産されるようになっている。その結果，生産は明確な，見通しのきく流れのなかで中断することなく進行するようになった。そこでは，近代的な設備は，工場の枠内で最適な経済性が生まれるように保たれた。またホール12でも完成車のための1基のコンベアベルトが操業を開始したほか，それぞれ1基の第5車体コンベアと最終組立コンベアの配置が開始されているが，さらに専用のコンベアベルトの配置も行われており，同年度中に操業を開始している(149)。つづく1957年度には，ホール12においてそれぞれ1基の車体組立コンベア，最終組立コンベア，手直し作業用のコンベアベルトなどの流れ作業のためのより大型の設備が操業を開始している(150)。

　こうして，単一車種であった「カブト虫」（"Käfer"）の生産において1946年に開始された組立コンベアラインによる生産では，60年代初頭までに，調整された大量生産の完全な流れが築かれるようになっている(151)。さらに1961年の夏には，「VW1500」のための年間250,000台の生産能力をもつ2つの新しい組立コンベア，すなわち，第6車体組立コンベア・完成組立コンベアがヴォルフスブルク工場において完成している(152)。1964年度にも，同工場の車体組立コンベア・完成組立コンベアがタイプ1あるいは3を選択して生産できるように改造され，操業を開始している(153)。また1968年の取締役会の生産担当部門の年次報告書では，ブラウンシュバイク工場に関して，タイプ4の車両の投入は新しいフロントアクスルの構造をもたらし，またそれによって多くの新しい生

産方式あるいは機械への転換をもたらしたとされている。この時期には，製品タイプの多様性および設計・構造の相違に規定されてフレキシビリティの必要性が高まったが，こうしたフレキシビリティの向上が同工場における傾向を特徴づけていると指摘されている(154)。1970年度には，ヴォルフスブルク工場では，まず小さな台数で計画された短い前車を維持したことによってタイプ1のバリエーションは倍増することになった。それに対応して強力なフレキシブルな混合生産が生み出されたが，それはかなりのロスタイムとさまざまな搬送システムの変更をもたらすことになったとされている。また新たに建造された組立ライン4でのアウディ100の大量生産が開始されている(155)。

また1956年に操業を開始した**ハノーファー工場**をみても，デリバリバンの製造では，最終組立はベルト・コンベアで行われており，それに供給する個別のラインにおける機械化ないし部分的に自動化された新しい多くの工程の導入のもとで，生産が組織された。そこでは徹底的に機械化されたベルト・コンベア組み立てが典型的である。同工場における生産技術にとっては，ベルト・コンベアの広範な利用が特徴的であり，車体生産のコンベアと車両の側面の生産のためのコンベアは同期化されていた。こうした生産方法によって作業時間は静止組立と比べ約25%短縮された(156)。ハノーファー工場では，1957年度には段階的な生産の増大や品質向上という成果の達成のためには作業工程の一層の合理化および機械化が実施されなければならず，そこでは多くの近代的な設備の投入が行われているが，3基目のフレーム製造用のコンベアが新たに配置されている(157)。翌1958年度にもコスト削減の達成と生産増大の実施のためには新旧の設備・機械の新たな配置，転換や変更が必要となったが，車体工場のフレーム生産では鋼板用コンベアの配置がみられた(158)。また1959年度には，エンジンの製造への小さな部品の搬送のためにより多くの台数のチェーンコンベアの配置が行われている(159)。ハノーファー工場ではまた，1969年の営業年度にはエンジン生産における重点は，第7エンジン組立コンベアなどの配備のなかですすめられたより大規模な機械の切り替えにあったとされている(160)。さらに1970年度には，完成組立において3基目のコンベアが操業を開始しているほか，研磨作業用のコンベアの切り替えが行われている(161)。

さらにフォード・システムによる大量生産方式の展開において重要な意味をもつ専用機械やオートメーション技術の導入についてみると，すでに1954年春にH. ノルトホッフは「完全な新しい方向づけ」を求めた。車体生産，塗装およびめっきの領域では自動化はすでによくすすんでいた。これに対して，とくにプレス工場や機械加工部門では，手作業を徐々に不要にする諸方策が取り組まれた[162]。まずそれまでの時期についてみておくと，例えばプレス工場では，すでに1951年度に69基のプレス設備がホール2に配置され，その一部が52年初頭に操業を開始するなど機械化の方策がはやくに実施されている[163]。また1952年度にはホール4の機械加工ラインに214台の新しい機械が配置されたほか，鋳造職場にも15台の専用機械が配置されており，この専用機械の導入によって63.9％の生産増大が達成されている[164]。1953年度にはホール4の機械加工職場に289台の製造用機械が配置された[165]ほか，54年度にも294台の製造用機械が操業を開始する[166]など，機械化のための方策が一層推し進められている。

　しかし，同社においてオートメーションの導入が始まるのは1950年代半ば頃のことであり，55年にはそれはより広く取り組まれている。そこでは，古い万能工具を置き換えるために，オートメーション全般および専用工作機械へのかなりの投資が行われた。同社の連続流れ生産は，個々の工程の段階を多くの作業職場のトランスファーマシンによって結びつけるかたちで展開された。また大きな生産量が頻繁な設計・構造の調整なしに計画されうるようなあらゆるケースでは，それまで利用されていた汎用機械がフレキシブルな専用機械によってとって代えられた。オートメーションは，生産量の多い大衆車の「カブト虫」の生産ではいちはやく導入された[167]。フォルクスワーゲンの1956年度の年次生産報告では，同年度には，ホール1において例えばある工具内の送り装置，搬送設備を備えたプレスにおけるより多くの工具の装備，自動化されたラインへのより多くの偏心プレスの編成などによってかなりの部分的なオートメーションを達成することができたとされている。またホール12でも自動化のための設備の導入が行われている[168]。1957年度にもホール3のフレーム製造において自動熔接機が操業を開始している[169]。また翌年の1958年度をみても，フォルクスワーゲンの年次生産報告では，プレス工場の部門において39基のプ

レスと12台のその他の機械が投入されており，新しいプレス工場（ホール0）では機械化に関して最も重要な進歩を達成することができたと指摘されている(170)。さらに1959年度には，車両後部の左右の側部を生産するための熔接ラインが操業を開始したほか，新しいプレスホールでも，右ドアの外殻とリアカバー用のトランスファーマシンへの4基のヴァインガルテンプレスの配置が開始されている。プレスの領域では，この営業年度に56基のプレスと11基のその他の機械が新たに配置されている(171)。

同社のオートメーションの技術的な側面は，生産ラインによる個々の加工段階の結合と専用機械のより強力な利用の2つの面に集中していた(172)。オートメーションは，第一に各種の搬送に関係していた。1950年代末には，オートメーションは，ある作業工程からつぎのそれへ，あるいはある部分組立から他のそれへの搬送に関係しており(173)，工場内部の搬送の機械化を目的とした自動化にも注意が払われた(174)。

このように，フォルクスワーゲンでは，専用機械，オートメーション技術の導入が強力に推し進められた。しかし，1950年代末には，ドイツにおける最も近代的に装備された企業に属していた同社(175)でも，市場がオートメーションによる生産増大を吸収しうるという確信がもたれるまでは，製造作業の自動化にはきわめて慎重であった。そのような対応は，アメリカとは明らかに異なる製品市場および要素供給の諸条件のもとでの企業行動であった(176)。しかし，自動車市場の一層本格的な発展・拡大をみる1960年代には，アメリカ的なオートメーション技術の導入が，より本格的な進展をみることになった。

そこで，1960年代以降についてみると，60年度には，ヴォルフスブルク工場において燃料タンクの生産が1基の自動熔接ラインに移されたほか，研削職場では3台の自動研磨ラインが操業を開始している(177)。また1963年度には，ヴォルフスブルク工場においてホワイトボディのためのトランスファーマシンが操業を開始しており，それによって210人の要員が節約されることになった。またハノーファー工場でも，クランクケースとシリンダーヘッドの加工のための第4トランスファーマシンが操業を開始している(178)。1963年度には，例えば同年度の取締役会の「購買・材料管理部門」の年次報告にもみられるように，とりわけカッセル工場とハノーファー工場のプレス，機械およびトランス

第3章　アメリカ的管理方式・生産方式の導入とそのドイツ的展開　113

ファーマシンのために，かなりの注文が承認された[179]。また1964年には，ヴォルフスブルク工場に「カブト虫」の1200タイプと1300タイプの自動組立てのための新種のトランスファーマシンが稼動した[180]ほか，同工場のオール7においてリアアクスル用の自動噴射設備と高温浸漬塗装設備が操業を開始している[181]。翌年の1965年度には，ハノーファー工場では，1.3リッターと1.6リッターのエンジンへの転換が大規模な新規の調達，生産の変更および移転を必要にしたが，そこでは119台の機械と19台のトランスファーマシンが新たに配置されており[182]，この時期にトランスファーマシンによるオートメーションの拡大が一層本格的に推し進められている。また1966年度には，ハノーファー工場においてエンジン生産のための6台のトランスファーマシンと45台の機械の注文が行われている[183]。翌年の1967年度には，ヴォルフスブルク工場では，独自のプロジェクトや組み立てによって，搬送設備，トランスファーマシン，鋳造コンベアなどのための多くの電気設備において，外部の業者の仕事と比べても節約が達成されており，トランスファーマシンによる機械化への転換が生産の成果の増大をもたらしたとされている[184]。1969年度には，ブラウンシュバイク工場において生産能力の増大と1938/39年の製造である古い機械の取り替えのために56台の新しい機械が工具製造用に導入されているが，そのうちの2台は数値制御の横ボール盤と直立ボール盤であり[185]，先進的なものであった。さらに1970年度にはハノーファー工場のエンジン生産において生産の移転によって空いた個別の場所を利用可能な全体的な空間に統合するために，16基のトランスファーマシンと133基の個々の機械の切り替えが行われている[186]。

　フォルクスワーゲンにおけるこのような生産技術革新の導入について，C. クラインシュミットは，ドイツフォードやオペルを別とすれば，フォルクスワーゲンは，アメリカモデルの機能を数十年にわたり描くことのできるドイツの唯一の自動車製造業者であるとしている。フォルクスワーゲンはアメリカモデルおよびとくにアメリカのフォード社のリバルージュ工場を強く志向しており，1950年代のこのドイツ企業の繁栄においてアメリカは決定的な役割を果たした[187]。しかし，実際には，フォルクスワーゲンの成功の背後にある秘密のひとつは，アメリカモデルへの選択的なアプローチにあった。同社は，例えば車体組立のための高度に機械化された独自のトランスファーマシンの操業を開始

させており，それによってアメリカの発展へのあまりにも厳格な志向を緩和することができたとされている[188]。戦後，同社はフォード的大量生産，組立ライン生産およびオートメーションといったアメリカの発展に従った。しかし，その一方で，例えば工作機械や産業ロボットの場合のように，特殊なノウハウが採用されたことも特徴的であった[189]。同社の生産技術革新のひとつのドイツ的なあり方の追求は，フレキシブルな生産方法を妨げるデトロイト・オートメーションと呼ばれるアメリカ的なオートメーションの方法そのものに代えて，ドイツの状況への適応が試みられている点にみられる。同社は，こうした発展の後発者として，その否定的な経験から学び，オートメーションの過程におけるそのような厳格な歩みを回避することができた。そうしたなかで，ドイツの状況へのアメリカの方法の適応から得られ，またそれゆえ1970年代におけるそのような生産方法の衰退のなかでも生き抜くことになった典型的なドイツ的フォーディズムのタイプが，生み出されてきた。それは，本質的には，ドイツにおいて支配的な多様化高品質生産のタイプや，共同決定が重要な役割を果たした労使関係のドイツ的システムとの共生のなかにみられるものであった。職場のコントロールにおける経営側と労働側との間の権力の配分をも意味する労資の協力に基づく共同体的な協調的労使関係の制度には，技術的な精度を重視する高い質の熟練労働の古典的なパラダイムの本質的な諸要素が反映しているとされている[190]。

(2) オペルの事例

またGMの子会社であるオペルについてみると，1956年8月に新しい大規模な車体工場・組立工場K40が完全操業を開始しており，生産方式の改革が取り組まれている。車体組立では，1.5リッターと2.5リッターの乗用車の2つの基本タイプのシャーシが2基のコンベアの上に別々に載せられ，それらは，その後，ホワイトボディの生産のために1本のコンベアに集められた。前塗り，着色塗装，内装の装着などを経て，完成した車体はコンベアで完成組立へと送られ，そこにはエンジンとシャーシがコンベアで送られてくる。メインの組立コンベアは，そのほぼ3分の2がオーバーヘッド・チェーン・コンベアで構成されており，そのつど作業に合わせた高さで流れていった[191]。1957年のある報

告によれば，リュッセルスハイム工場での新しい車体製造では，約6,500mの長さをもつ一本のメインのベルト・コンベアのみが存在しており，そこでは，6つのタイプのすべての車両の生産が行われた。このような大規模なベルト・コンベアでの生産には，同じモデルをより大きな量でまとめて連続して生産する方法と，すべてのモデルを組み立ての計画との関係で混ぜ合わせて生産する方法との2つの可能性が存在したが，オペルでは後者の方法が選択された。その理由は，さまざまなモデルの同じではない長い作業時間やベルト・コンベアに沿って配置されている工具の有効利用にあった[192]。リュッセルスハイム工場のコンベアベルトと組立コンベアの長さは28,000mにもおよび，同じコンベアでのトラックを除く全モデルの組み立ての管理のために，テレタイプ・システムが備えられており，この工場は，世界の最も近代的な自動車工場のひとつであった[193]。1962年のオペルの社史では，同社の大量生産はベルト・コンベアによって実現されていたことが指摘されており，リュッセルスハイム工場では，当時すべて50秒で1台の自動車がコンベアを流れていったとされている[194]。

さらに1962年に生産を開始したボーフム工場では，エンジンおよびシャーシ用部品は第2工場で生産され，エンジンの組み立てもコンベアで行われた。第1工場では車体生産と最終組立が行われた。この工場には全長31kmの長さをもつ227基のオーバーヘッド・チェーン・コンベア，組立コンベアなどの搬送設備が配置されていた。また第2工場のコンベアベルトと組立コンベアの長さは11kmにおよんでいた。車体，事前組立されたシャーシユニットおよびエンジンは最終組立コンベアで一緒になり，完成組立もコンベア作業で生産が行われた[195]。

また専用機械，オートメーション技術の導入についてみると，機械加工部門では，1950年代半ば頃にクランクシャフトの生産のためのトランスファーマシンなど，オートメーション設備の導入が行われた[196]。1956年のある指摘によれば，この時期の生産の特徴は，自動で作業を行うだけでなくその作業の監視・制御も行う複数の機械が作業の流れに加わるということにあった[197]。また1958年末には，新しい大規模な投資プロジェクトが開始され，投資が加速された[198]。この頃には，多くの一般的なトランスファーマシンとならんで，他

の工場ではみられなかったシリンダ用ピストンのラインが配置されていた[199]。

　工場別にみると，リッセルスハイム工場では，1961年8月にさらにエンジンおよび変速機のための新しい設備が操業を開始した。当時，55基のトランスファーマシンと70基の多軸自動盤，1,175台の個々の工作機械が存在していた[200]。また1962年に生産を開始したボーフム工場のエンジン，変速機，アクスル，カルダン軸などの生産のための1,147台の工作機械をみても，その技術水準は高かった。その多くは，シリンダブロック，クランクシャフト，連接棒，変速機などの加工のためのトランスファーマシンであった。この工場には，操業当時，47基のトランスファーマシンが配置されていた[201]。同社の1962年の社史でも，その最近に仕掛品を自動で搬送するトランスファーマシンが特徴的となっていたと指摘されている[202]。

　ただオペルやフォードのようなアメリカの子会社への同国の生産システムの移転に関して注目しておくべきことは，しばしば親会社には欠けていた子会社自身の生産システムのダイナミクスについての知識・理解が必要であり，最も受容されたような状況でさえ，移転には革新とフレキシビリティが必要であったということである[203]。この点は，市場の条件も含めて戦後のドイツ的条件への適応の問題と関係するものであるが，アメリカのGMやフォードのもつ潜在的な能力とそれを効果的に適用する能力との間には，しばしば大きなギャップがみられたとされている。アメリカの経験を選択的によりよく利用し，またそれをヨーロッパ的な状況のなかでよりうまく適用することができたのは，ドイツではむしろフォルクスワーゲンのような企業であったとされている[204]。

(3) ダイムラー・ベンツの事例

　さらにダイムラー・ベンツについてみると，同社では，1950年に「220」タイプと「300」タイプの両モデルに必要な生産ラインの配置が着手されており，「220」タイプは51年秋以降ベルト・コンベアで生産されている。「300」タイプも，当初はゆっくりではあるが1951年11月以降に大量生産への移行を始めている[205]。戦後になって車体生産だけでなく完成組立も行うようになったジンデ

ルフィンゲン工場[206]では，1957年の営業年度に，作業工程のはるかに徹底的な近代化とともに，コスト引き下げを可能にする生産方式への投資が行われており[207]，大量生産のための生産方式の改善が取り組まれている。

ただ1960年代前半の時期になっても，アメリカ企業と同社との生産性の格差はなお大きく，アメリカのフォードでは1日当たり最高2,500台が生産されたのに対して，ダイムラー・ベンツでは，最も小さい乗用車の組み立ての場合でも17時間の製造時間を必要とした。アメリカの製造工場の高い生産能力は，コンベアあるいはベルト・コンベアによる搬送の徹底的な機械化によるものであったとされている。そうしたなかで，規模の経済の実現のためのひとつの中心的な手段をなしたものが，そうした経済性にとって有利な数量を市場の求める定型の多様性と結びつけることを可能にする「ユニット・システム」（Baukastensystem）の原理に基づく標準化での対応であった。ダイムラー・ベンツでは，乗用車部門でもまた有用車両の部門でも，ユニット・システムや定型削減でもって，標準化された大量生産が推進されたのであった[208]。

しかしまた，そのようなユニット・システムの原理に基づく多くの標準化された生産要素間の適合性やそれを高めるための擦り合わせ的な部分が重要となってくる。そのような状況のもとで，生産方式を作業機構という面でみた場合にはあくまで流れ作業組織に基づくアメリカ的なあり方であっても，基幹となる生産要素間の設計・生産において熟練的要素が重要な意味をもったといえる。それゆえ，そこでは，熟練労働力にも依拠した労働過程のフレキシビリティを配慮した高品質生産の推進が重要となった。

また専用機械，オートメーション技術の導入との関連でみると，ダイムラー・ベンツでは，1955年の営業年度にはまだ本来の言葉の意味でのオートメーションは取り組まれてはいなかった[209]。ウンターテュルクハイム工場では，1955年以降，トランスファーマシンが導入された。そこでは，自動車部品は，もはやそれまでのように手によって多くのさまざまな機械に運ばれるのではなく，ある作業の段階からつぎのそれへとトランスファーマシンによって自動で搬送されるようになった[210]。またマンハイム工場でも，1957年度には機械設備の近代化が取り組まれたほか，エンジンの生産のためのトランスファーマシンが配置されており，それには大きな資金が必要とされた[211]。しかし，1958

年8月のある調査によれば，ウンターテュルクハイム工場でも，生産量の少なさということもあり，そこでの設備は，最も近代的な水準にはまだとうてい達していなかったとされている(212)。同工場の1959年の年次報告書では，より大規模な生産の一層の自動化はその製品のタイプの多さによって限界を画されたと指摘されている(213)。それだけに，最新の技術の導入においても，標準化がきわめて重要な意味をもった。

　こうした事情からも，モータリゼーションの一層の進展のなかで大量生産への移行がより強力にすすんだ1960年代になって，オートメーション技術・設備の導入が，一層強力に取り組まれた。例えばウンターテュルクハイム工場におけるトランスファーマシンの調達台数は1961年度には4台，62年度には13台，63年には1台，65年度には7台，66年度には1台，67年度には10台，70年度には5台となっている。その導入の範囲も，エンジンの生産用だけでなくアクスルや変速機，オイルパン，控え管などの生産にまで拡大された(214)。同工場の年次報告書には機械設備の使用年数別の記述がみられるが，1959年度以降の報告書では，より多くの加工工程を統合するはるかに高性能なトランスファーマシンの配置の増加のために，調達年度別の台数の単純な割合は設備の新しさや古さを正確には示さないと指摘されている(215)。

　このように，より上級の市場セグメントに重点をおいた製品戦略を展開したダイムラー・ベンツのような企業では，アメリカ的な大量生産技術，大量生産システムの導入を基礎としながらも，ドイツ的なあり方が追求された。すなわち，市場での差別化を可能にする高品質を確保するために，技術設備の水準をより補完することのできる高い質の熟練労働や，ユニット・システムにおける生産要素間の擦り合わせ作業のための技能や熟練にも依拠しながら，高品質生産に向けた展開がはかられたのであった。その意味でも，フォルクスワーゲンとは異なるかたちでのドイツ的なあり方が追求されたといえる。

3　大量生産システムの展開とドイツ的ものづくり

　以上のように，ドイツでも，戦後，フォード・システムに代表される大量生産システムの導入・展開が，典型的な量産型産業である自動車産業，電機産業を中心にすすんだ。例えば自動車産業では，1950年代には，ヨーロッパの企業

は，より小型で軽量の自動車，燃料消費の経済性，アメリカ企業の対応が遅かった工学技術的な革新による低いランニングコストの追求を基礎にした大衆モータリゼーションの代替的なパラダイムを展開し始めたとされている[216]。独自の小型車の開発，市場へのその投入という企業行動の展開は，アメリカよりも国民１人当たりの所得が低く，燃料価格が高く，走行距離が短く，高速道路網が限られており，また高出力のエンジンを備えたより大型の自動車の需要を抑制するような同国とは異なる自動車税制をもつ国において大量販売に到達するための方策であった[217]。

　こうした点をめぐっては，そのようなむしろ製品開発のレベルでの独自的なあり方が生産システムの革新とどのようなかかわりをもったかという点や，大型車・高級車に重点をおくダイムラー・ベンツのような企業の生産システム改革の独自性，そこでのアメリカ的生産システムの影響やドイツ的特徴が重要な問題となる。全体的にみれば，1950年代の生産の領域での変化は，戦前のたんなる「復興」ではなく，むしろ既存のシステムのフレキシブル化および動態化であったとされている。アメリカ的大量生産モデルであるテイラー・フォード的な合理化のタイプは，1950年代には経営環境に統合され，また集められた経験に基づいて修正されたと指摘されている[218]。G. アンブロシウスは，ドイツでは1950年代にはまだテイラー・フォード的な合理化モデルの非常に急速な普及に至ることはできなかったとした上で，その重要な要因のひとつとしてつぎの点をあげている。すなわち，消費財の工業生産は当初は副次的な意義しか果たさなかったことのほか，ドイツの経営者はアメリカ型のフォーディズムに対して伝統的に懐疑的な態度をとっていたことである。そのことは，そのような合理化モデルの展開のために必要な大規模な経営単位の問題と関係していただけではなく，世界においてまさに標準化された大量生産ではなくフレキシブルな，労働集約的あるいは知識集約的な生産方法と結びついた「メイド・イン・ジャーマニー」のブランドとも関係していたとされている[219]。

　そうしたなかで，1950年代末には，例えばドイツフォードでも，大幅な売上増大によって，自動車産業においてとくに顕著な大量生産の経済性の利点が初めて本格的に現れ始めるような規模に達したとされるように[220]，大量生産への移行が進展をみることになる。さらに1960年代には，市場の大きな拡大のも

とで耐久消費財の大量生産が一層すすむなかで，規模の経済の追求がより本格的に推し進められることになる．ことに競争の激化にともない，また景気の圧力のもとで，1960年代末頃にはドイツの生産者もより大きな生産量のもとでのコスト低減の利点を認識するようになった[221]．S. ヒルガーによれば，大量生産やコスト低減に焦点を合わせるという点においてドイツの生産者の品質についての信念や生産能力の考え方とは根本的に異なるアメリカの生産戦略に対する比較的高い受容の用意は，とりわけ国際競争の圧力の強まりとそれにともなって現れた，市場とともに成長する必要性から生まれてきたとされている[222]．

しかし，そこでも，値頃の自動車を大きな購買層向けに生産するという企業政策を推進しアメリカ的な大量生産方式による規模の経済の追求が最重要課題とされたフォルクスワーゲン[223]のような企業とともに，市場での競争において価格弾力性が相対的に低い，高品質で技術的にも上級の市場セグメントに重点をおいた経営戦略，製品戦略を展開した企業[224]も重要な位置を占めていた．とくにダイムラー・ベンツやBMWなどの企業では，比較的長期のモデル政策のもとで品質重視の高付加価値製品の市場セグメントに重点をおいた製品設計思想，製品戦略のほか，生産者の側からみたアメリカ的な消費者ニーズのとらえ方とは異なるユーザーの側からみたニーズのとらえ方とそれに基づく製品設計思想にも特徴がみられる．

例えばダイムラー・ベンツは，1950年代には独特さと高級さへの要望に応えるような要求の多い，利用価値の高い乗用車の製造と，有用車両における広範でかつ包括的な供給という2つの生産コンセプトに依拠した「企業の哲学」が展開され，それでもって成功をおさめることができた[225]．そのような製品コンセプト・生産コンセプトは，生産のあり方ともかかわる問題でもある．例えばW. シュトレークの指摘にもみられるように，戦後のドイツにおいては，北部の大量生産型の企業（フォルクスワーゲン，ドイツフォード，オペル）と南部のクラフト生産の要素を残したかたちでの高級車の量産型の企業（BMM，ダイムラー・ベンツなど）の2つのタイプがみられ，こうした地域間の相違は，製造の理念・哲学の相違に対応するものであった．こうした南部の製造業者は，技術的な創造性とエンジニアリングの完璧主義というイメージをもってい

たとされている(226)。このような製造業者にとっては，特殊な市場セグメントへの特化，高品質・高性能という高付加価値戦略の展開という点で，「規模の経済性」の効果によるコスト優位の確保の必要性は相対的に低かったといえる(227)。そうした事情もあり，そこでは，製品設計思想，市場でのポジションのとりかたをめぐる戦略とも関係して，製品の差別化を重視した「品質重視のフレキシブルな生産構想」ともいうべきひとつの重要なドイツ的特徴，あり方がみられた。

　第2次大戦前には，市場の限界から生産方式のひとつのあり方として「品質重視のフレキシブルな生産構想」の展開がみられたが(228)，戦後もそのような生産構想の基本的な原理がみられる。すなわち，戦後の市場の国際化・国際的広がりのなかでの競争政策・戦略のあり方としての製品設計思想，ポジショニング，ある種のニッチ的戦略のもとで，生産の方法・システムにおいてもドイツ的なあり方，特徴がみられる。そこでは，作業機構そのものは流れ作業機構でありアメリカ的なモデルを基礎にしたものであっても，マイスター制度のようなドイツに特有の専門技能資格制度や職業教育制度をも基礎にして，大量生産による「規模の経済」を追求しながらも熟練労働力にも依拠した高品質生産，知識集約的な生産の要素が大きな意味をもったといえる。ドイツではそのような技能資格や職業教育の制度に基づく生産体制があり，企業における生産管理の職能は熟練をもったエンジニアによって支配されており，生産管理者の熟練のレベルはかなり高かった。そのことは，設計，開発，生産および品質における優位をもたらす重要な要因のひとつとなってきた(229)。ドイツの場合，特定分野の作業・職務についての専門家的な熟練労働者に依拠するかたちで，製品の機能性や耐久性，信頼性，安全性の面での品質の確保が重視されてきたといえる。この点は，オペレーション重視の擦り合わせ的部分に競争優位の大きな源泉をもつとされる日本のあり方(230)とは大きく異なっている。ヨーロッパ市場の特質と同地域の市場での競争力・競争優位を背景とした品質重視・機能重視，ブランド重視の製品設計思想とそれを反映した生産のあり方に，ドイツ的なものづくりの特徴と重点がみられるといえる。

　その意味でも，一般的に「アメリカ化」といっても，そのようなドイツ的な生産・ものづくりのあり方にも，戦後のアメリカの影響，アメリカ的経営方式

の導入のなかでのドイツ的特徴のあらわれの重要な一面がみられる。しかしま
た,そうしたあり方は,市場構造とも深いかかわりをもっており,高度に標準
化された市場という特質をもつアメリカとは異なる,ドイツおよび輸出市場の
中核をなすヨーロッパの技術・品質・機能重視の市場特性を背景としたもので
あるとともに,そのような市場特性に適合的なものであるという点も重要であ
る。

(1) C. Kleinschmidt, *Der produktive Blick*, Berlin, 2002, S. 308.
(2) G. P. Dyas, H. T. Thanheiser, *The Emerging European Enterprise*, London, 1976, pp. 112-3.
(3) H. Hartmann, *Amerikanische Firmen in Deutschland*, Köln, Oplanden, 1963, S. 192.
(4) J. -H. Kirchner, Förderung der Produktivität in Mittel- und Kleinbetrieben durch das Arbeitsstudium, *REFA-Nachrichten*, 23. Jg, Heft 6, Dezember 1970, S. 440.
(5) 今井賢一「管理工学の発展」,藻利重隆責任編集『経営学辞典』東洋経済新報社,1967年,805-6ページ。
(6) Aus Theorie und Praxis des Industrial Engineering in den USA. Bericht über eine Studienreise September/Oktober 1963, S. 123, *Siemens Archiv Akten* (*SAA*), 16020.
(7) International Conference on Work-Factor Time Standards (26-27. 9. 1963), *Bundesarchiv Koblenz*, B393/27.
(8) Aus Theorie und Praxis des Industrial Engineering in den USA, S. 33, *SAA*, 16020, H. B. Maynard, G. J. Stegemerten, J. L. Schwab, *Methods-Time Measurement*, New York, 1948.
(9) 拙書『ヴァイマル期ドイツ合理化運動の展開』森山書店,2001年および同『ナチス期ドイツ合理化運動の展開』森山書店,2001年を参照。
(10) E. Kothe, Sind Arbeitsstudien noch zeitgemäß?, *Werkstatt und Betrieb*, 81. Jg, Heft 1, Januar 1948, S. 10.
(11) Programm für durchzuführende Arbeits- u. Zeitstudien im Geschäftsjahr 1959/60 (12. 10. 1959), *AEG Archiv*, GS2052, Programm für durchzuführende Rationalisierungsmaßnahmen im Geschäftsjahr 1960/61 (1. 12. 1960), *AEG Archiv*, GS2052, Programm für durchzuführende Rationalisierungsmaßnahmen im Geschäftsjahr 1961/62 (5. 12. 1961), *AEG Archiv*, GS2052, Programm für Rationalisierung im Geschäftsjahr 1964 (8. 6. 1964), *AEG Archiv*, GS2052, Programm für durchzuführende Rationalisierungsmaßnahmen im Geschäftsjahr 1966 (21. 1. 1966), *AEG Archiv*, GS2052, Geschäftsbericht 1959/60 an Dir. Mempel (2. 12. 1960), *AEG Archiv*, GS2052, Geschäftsbericht 1960/61 an Dir. Mempel (5. 12. 1961), *AEG Archiv*, GS2052, Geschäftsbericht 1962/63 an Dir. Mempel (2. 6. 1964), *AEG Archiv*, GS2052,

第3章 アメリカ的管理方式・生産方式の導入とそのドイツ的展開　*123*

Durchzuführte Rationalisierungsvorhaben im Geschäftsjahr 1963, *AEG Archiv*, GS2052, Durchzuführte Rationalisierungsvorhaben im Geschäftsjahr 1966(5. 4. 1967), *AEG Archiv*, GS2052.

(12) J. Free, Maschinenbau und Rationalisierung, L. Brandt, G. Frenz(Hrsg.), *Industrielle Rationalisierung 1955*, Dortmund, 1955, S. 67, K-H. Pavel, *Formen und Methoden der Rationalisierung*, Berlin, 1957, S. 22.

(13) Die Verbreitung des Arbeitsstudiums und die Bedeutung der REFA-Arbeit in Zahlen, *REFA-Nachrichten*, 9. Jg, Heft 3, September 1956, S. 91-4, E. Pechhold, Weitere Ergebnisse der IfO-Erhebung über die Verbreitung des Arbeitsstudiums, *REFA-Nachrichten*, 9. Jg, Heft 4, Dezember 1956, S. 147.

(14) R. Schmiede, E. Schudlich, *Die Entwicklung der Leistungsentlohnung in Deutschland. Ein historisch-theoretische Untersuchung zum Verhältnis von Lohn und Leistung unter kapitalistischen Produktionsbedingunge*, 4. Aufl., Frankfurt am Main, New York, 1981, S. 359.

(15) Vgl. F. Reitmann, REFA und Systeme vorbestimmter Zeiten, *REFA-Nachrichten*, 23. Jg, Heft 6, Juni 1970, S. 435.

(16) K. Willenwacker, Work-Factor für die Konstruktion von Betriebsmitteln und Produktion, *Werkstatt und Betrieb*, 100. Jg, Heft 2, Februar 1967, S. 111.

(17) H. Billhardt, Der Arbeitsablauf als Ansatzpunkte zur Rationalisierung, *REFA-Nachrichten*, 15. Jg, Heft 6, Dezember 1962, S. 249.

(18) 40 Jahre REFA. Festvortrag von Dipl. -Ing. Antoni, Vorsitzer des REFA-Bundesverbandes, auf der Abschlußveranstaltung am 23. Mai 1964 in Hannover, *REFA-Nachrichten*, 17. Jg, Heft 4, August 1964, S. 186.

(19) E. Bramesfeld, Arbeitswissenschaft und Betrieb, *Stahl und Eisen*, 80. Jg, Heft 19, 15. 9. 1960, S. 1259-60.

(20) Geschäftsbericht des Verbandes für Arbeitsstudien――REFA―e. V. für die Zeit vom 1. Januar bis 31. Dezember 1969, *REFA-Nachrichten*, 23. Jg, Heft 3, März 1970, S. 177.

(21) R. Schmiede, E. Schudlich, *a. a. O.*, S. 360.

(22) E. Pechhold, *50 Jahre REFA*, Berlin, Köln, Frankfurt am Main, 1974, S. 219-20.

(23) *Ebenda*, S. 195.

(24) *Ebenda*, S. 233.

(25) R. Schmiede, E. Schudlich, *a. a. O.*, S. 369.

(26) *Ebenda*, S. 400-1.

(27) Beurteilung und Einsatzmöglichkeit des Work-Factor-Verfahrens. Das Work-Factor-Verfahren als Hilfsmittel der Arbeitsgestaltug und der arbeitstechnischen Vorplanung, S. 9, *SAA*, 7882, B. Jaeckel, 10 Jahre REFA-Bundesverband, *REFA-Nachrichten*, 14. Jg, Heft 6, Dezember 1961, S. 223.

(28) Aus Theorie und Praxis des Industrial Engineering in den USA, S. 91, *SAA*, 16020.
(29) Vgl. *Ebenda*, S. 20, B. Jaeckel, *a. a. O.*, S. 223.
(30) Beurteilung und Einsatzmöglichkeit des Work-Factor-Verfahrens, S. 10, *SAA*, 7882.
(31) E. Pechhold, *50 Jahre REFA*, S. 193.
(32) *Ebenda*, S. 191.
(33) Rationalisierung durch vorbestimmte Zeit. Bericht über die REFA-Tagung am 20. Juni 1962 in Darmstadt, *REFA-Nachrichten*, 15. Jg, Heft 6, Dezember 1962, S. 257-8.
(34) R. Schmiede, E. Schudlich, *a. a. O.*, S. 360.
(35) Deininger, Arbeitsstudium als Rationalisierungshilfe, *Rationalisierung*, 13. Jg, Heft 6, Juni 1962, S. 146.
(36) Beurteilung und Einsatzmöglichkeit des Work-Factor-Verfahrens, S. 10, *SAA*, 7882.
(37) H. Votsch, Rationelle Auswertung von Zeitstudien, *REFA-Nachrichten*, 15. Jg, Heft 2, April 1962, S. 62.
(38) Vgl. Technische Akademie Bergische Land e. V. : TA-Studienreise nach USA auf dem Gebiet des MTM-Verfahrens(Methods Time Measurement)(13. 10. 1952), *Bundesarchiv Koblenz*, B102/37261.
(39) E. Pechhold, *50 Jahre REFA*, S. 125.
(40) I. M. Witte, Von den Grundlagen der Rationalisierung. Zum 85. Geburtstag von Lillian Gilbreth am 24. Mai 1963, *Rationalisierung*, 14. Jg, Heft 5, Mai 1963, S. 104.
(41) Aus Theorie und Praxis des Industrial Engineering in den USA, S. 20, *SAA*, 16020.
(42) S. A. Birn, Ein Amerikaner sieht Europas Wirtschaft. Wichtigstes Problem : Mangel an Rationalisierungsfachleuten, *Der Arbeitgeber*, 20. Jg, Nr. 9, 5. 5. 1968, S. 234, S. 236.
(43) Vgl. Deutsche MTM Vereinigung e. V. (Hrsg.), *MTM——Von Anfang an richtig*, Hamburug, 2002, S. 31, U. Mergner, M. Osterland, P. Klaus, *Die Entwicklung ausgewählter Arbeitsbedingungen in der BRD*, Göttingen, 1974, S. 175-6.
(44) R. Schmiede, E. Schudlich, *a. a. O.*, S. 359.
(45) *Ebenda*, S. 371-2.
(46) *Ebenda*, S. 362.
(47) R. Rau, Die Anwendung von MTM in einem Unternehmen der deutschen Kraftfahrzeug-Zubehör-Industrie, H. Pornschlegel(Hrsg.), *Verfahren vorbestimmter Zeiten*, Köln, 1968, S. 169-70.
(48) J. Arlt, Erfahrungen und Tendenzen bei der MTM-Anwendung. Ein Bericht aus der Automobilindustrie, *REFA-Nachrichten*, 31. Jg, Heft 3, Juni 1978, S. 143.
(49) IG Metall, *Geschäftsbericht 1962, 1963 und 1964 des Vorstandes der Industriegewerkschaft Metall für die Bundesrepublik Deutschland*, Frankfurt am Main, 1965, S. 127-8.
(50) Vgl. W. Erdmann, Möglichkeiten und Grenzen der Zeitvorgabe bei Instandhal-

tungsarbeiten. Bericht über Ergebnisse eines RKW-Unterschungsprojektes, *REFA-Nachrichten*, 22. Jg, Heft 5, Mai 1969, S. 310-1.
(51) K. Schlaich, Inhalt und Chancen des Industrial Engineering in der deutschen Wirtschaft, *REFA-Nachrichten*, 22. Jg, Heft 1, Februar 1969, S. 6.
(52) H. Hopf, Die Anwendung von MTM-Analysiersystemen in der Bekleidungs- und Maschinenindustrie, *REFA-Nachrichten*, 32. Jg, Heft 2, April 1979, S. 67.
(53) *Ebenda*, S. 72.
(54) K. Schlaich, *a. a. O.*, S. 7.
(55) Beurteilung und Einsatzmöglichkeit des Work-Factor-Verfahrens, S. 1, S. 3 u S. 9, *SAA*, 7882.
(56) Rationalisierung durch vorbestimmte Zeit, *REFA-Nachrichten*, 15. Jg, Dezember 1962, S. 257.
(57) Aus Theorie und Praxis des Industrial Engineering in den USA, S. 20, S. 22, *SAA*, 16020.
(58) Work-Factor-System(WF), Einführung, *SAA*, 8679, Daten für die Gestaltung von Arbeitsplätzen(April 1970).
(59) Betriebsgebundene Work-Factor-Lehrgänge(15. 5. 1961), *Rheinisch-Westfälisches Wirtschaftsarchiv zu Köln*, Abt 195, F5-5.
(60) Anwendung des Work-Factor-Verfahrens bei Glanzstoff(12. 12. 1961), S. 1-5, *Rheinisch-Westfälisches Wirtschaftsarchiv zu Köln*, Abt 195, F5-5.
(61) Die Schrift der Rationalisierungsabteilung von 27. 9. 1962, S. 2, *Rheinisch-Westfälisches Wirtschaftsarchiv zu Köln*, Abt 195, F5-5.
(62) F. R. Lorenz, Zur Frage der Erfassung kurzer Zeiten bei Arbeits- und Zeitstudien, *Werkstatt und Betrieb*, 95. Jg, Heft 5, Mai 1962, S. 283.
(63) S. Hilger, „Amerikanisierung" *deutscher Unternehmen. Wettbewerbsstrategien und Unternehmenspolitik bei Henkel, Siemens und Daimler-Benz(1945/49-1975)*, Stuttagart, 2004, S. 181-2.
(64) H. Hartmann, *a. a. O.*, S. 125.
(65) K. Schlaich, Die Anpassung der Aufgaben und Methoden des Arbeitsstudiums an die wirtschaftliche und technische Entwicklung, *REFA-Nachrichten*, 22. Jg, Heft 4, August 1969, S. 234.
(66) F. Hämmerling, Die Mechanisierung von Montagen in der Elektroindustrie, L. Brandt, R. Gardellini, A. King, M. Lambilliotte(Hrsg.), *Industrielle Rationalisierung 1960*, Dortmund, 1960, S. 127.
(67) J. Schwartmann, Praktische Arbeitsgestaltung in der Automobilindustrie, *REFA-Nachrichten*, 28. Jg, Heft 4, August 1975, S. 205.
(68) 10 Jahre REFA-Bundesverband. Die Entwicklung von 1951 bis 1961, *REFA-Nach-*

richten, 14. Jg, Heft 6, Dezember 1961, S. 223, H. E. Pilz, Die Einfürung des Work-Factor-System in Deutschland, *REFA-Nachrichten*, 14. Jg, Heft 4, August 1961, S. 124.

(69) M. Kipping, 'Importing' American Ideas to West Germany, 1940s to 1970s, A. Kudo, M. Kipping, H. G. Schröter(eds.), *German and Japanese Business in the Boom Years*, London, New York, 2004, p. 36.

(70) C. Kleinschmidt, *a. a. O.*, S. 72.

(71) Productivity and Applied Research Committee, Human Relations in Industry, E. P. A. Project No. 312(26. 10. 1955), pp. 1-2, *National Archives*, RG469, Off African & European Operations Regional Organizations Staff. European Productivity Agency(EPA)Project File, 1950–57.

(72) Productivity and Applied Research Committee. Human Relations in Industry. E. P. A. Project No. 312(28. 12. 1954), p. 2, *National Archives*, RG469, Off African & European Operations Regional Organizations Staff. European Productivity Agency(EPA)Project File, 1950–57.

(73) C. Kleinschmidt, *a. a. O.*, S. 173.

(74) C. Kleinschmidt, America and the Resurgence of the German Chemical and Rubber Industry after the Second World War, A. Kudo, M. Kipping, H. G. Schröter(eds.), *op. cit.*, p. 170.

(75) C. Kleinschmidt, *a. a. O.*, S. 177.

(76) A letter on Human Relations Seminar to Mr. C. Mahhder(3. 2. 1954), *National Archives*, RG469, Mission to Germany, Labor Advisor, Subject Files, 1952–54.

(77) „Human relations" in der deutschen Wirtschaft, *Der Arbeitgeber*, Nr. 10, 15. 5. 1950, S. 12.

(78) S. Hilger, *a. a. O.*, S. 244.

(79) Betriebstechnische Tagung 1958, 10 Jahre Aufbau――Rückblick und Vorschau 1948–1958, S. 15/9, *SAA*, 64/Lt350.

(80) S. J. Wiesen, *West German Industry and the Challenge of Nazi Past, 1945–1955*, The University of North Carolina Press, 2001, p. 191.

(81) Management Development and Human Relations. OEEC-EPZ-Projekte im Rahmen der Technischen Hilfeleistung(8. 3. 1955), S. 1-2, *Bundesarchiv Koblenz*, B102/37023.

(82) Xth Interational Management Congress, *Management Methods of Improving Human Relations*, Sao Paulo, 1954(*Bundesarchiv Koblenz*, B393/17).

(83) RKW, *Produktivität in USA. Eine Eindrücke einer deutschen Studiengruppe von einer Reise durch USA*(RKW-Auslandsdienst, Heft 20), München, 1953, S. 44–5.

(84) C. Kleinschmidt, *a. a. O.*, S. 72–3.

(85) E. Bramesfeld, B. Herwig et al., *Human Relations in Industrie. Die menschlichen Beziehungen in der Industrie. Beobachtungen einer deutschen Studiengruppe in USA*

第3章　アメリカ的管理方式・生産方式の導入とそのドイツ的展開　*127*

(RKW-Auslandsdienst, Heft 41), München, 1956, S. 96.
(86) C. Kleinschmidt, *a. a. O.*, S. 72.
(87) *Ebenda*, S. 178.
(88) *Ebenda*, S. 181-2.
(89) Human Relations in Industry. E. P. A. Project No. 312, Stage A──Florence Discussions (21. 3. 1955), S. 2, *National Archives*, RG469, Off African & European Operations Regional Organizations Staff. European Productivity Agency (EPA) Project File, 1950-57.
(90) Vgl. C. Kleinschmidt, *a. a. O.*, S. 191.
(91) *Ebenda*, S. 195-6.
(92) „Human Relations" im Haus Siemens (22. 1. 1952), S. 9, S. 11, *SAA*, 12799, „Human Relations" (25. 2. 1952), *SAA*, 12799, Human Relations (16. 11. 1953), *SAA*, 12799, Bericht Nr. 2 über die Besprechung zwischen WL ZEL Berlin und BR ZEL am 30. 9. 53 (27. 10. 1953), *SAA*, 12799.
(93) Rationalisierung als betriebspsychologiche Aufgabe (Januar 1952), S. 4, S. 6, *SAA*, 12799.
(94) S. J. Wiesen, *op. cit.*, pp. 192-3.
(95) T. Pirker, S. Braun, B. Lutz, F. Hammelrath, *Arbeiter, Management, Mitbestimmung*, Stuttgart, Düsseldorf, 1955, S. 427.
(96) Bundesvereinigung der Deutschen Arbeitgeberverbände, *Jahresbericht*, Köln, 1957, S. 255.
(97) M. Kauders, Westdeutsche Werkzeitungen und ihre Rolle als Instrument zur Verarbeitung der „Human Relations" in den Monopolbetrieben nach 1945, *Jahrbuch für Wirtschaftsgeschichte*, 1960, II, S. 23-4.
(98) A. Neugebauer, Etablierung der Sachzwänge. Werkzeitschrift und soziale Wirklichkeit nach dem Zweiten Weltkrieg, B. Heyl, A. Neugebauer (Hrsg.), 》...*ohne Rücksicht auf die Verhältniss* 《. *Opel zwischen Weltwirtschaftskrise und Wiederaufbau*, Frankfurt am Main, 1997, S. 195, S. 197-9, S. 212.
(99) C. Kleinschmidt, *a. a. O.*, S. 195.
(100) M. Kauders, *a. a. O.*, S. 15-6.
(101) C. Kleinschmidt, *a. a. O.*, S. 203.
(102) *Ebenda*, S. 173-5.
(103) 押川一郎・高木健次郎『ヨーロッパ生産性通信』日本生産性本部，1959年，67ページ。
(104) Menschliche Beziehungen im industriellen Grossbetrieb (Vortrag von Prof. Dr. Arthur Mayer), *Bayer Archiv*, 210-001.
(105) C. Kleinschmidt, *a. a. O.*, S. 185-6. とはいえ，バイエルでは，1950年代に職長教育の

ための取り組みが行われており，その教育コースにおいては講演，映画の上映，経験や情報の交換，参加者の間での討論などが行われているが，そこでは職長による部下に対する人事管理の問題が重要なテーマのひとつとされていた。Meisterarbeitsgemeinschaft(25. 6. 1956), *Bayer Archiv*, 221/6, Auswertung der Ergebnisse der Zweiten Meisterarbeitsgemeinschaft(20. 7. 1956), *Bayer Archiv*, 221/6, Meisterarbeitsgemeinschaft(5. 9. 1955), *Bayer Archiv*, 221/6, Meisterausbidung(9. 7. 1953), *Bayer Archiv*, 221/6, Die Schrift von Sozial- und Personal-Abteilung an Zwiste vom 1. Dezember 1954, *Bayer Archiv*, 329/737.

(106) P. Obst, Das „Harzburger Modell" in organisatorischer Sicht, *Zeitschrift für Organisation*, 39. Jg, Nr. 2, 1970, S. 80, S. 82.

(107) C. Kleinschmidt, *a. a. O.*, S. 198-9.

(108) C. Kleinschmidt, *op. cit.*, p. 168.

(109) C. Kleinschmidt, *a. a. O.*, S. 202.

(110) C. Kleinschmidt, *op. cit.*, p. 169, p. 171, C. Kleinschmidt, *a. a. O.*, S. 190.

(111) H. Hartmann, *a. a. O.*, S. 173.

(112) H. Hartmann, *Authority and Organization in German Management*, Princeton, 1959, p. 271.

(113) C. Kleinschmidt, *a. a. O.*, S. 191-2.

(114) S. Hilger, *a. a. O.*, S. 244-5.

(115) 例えばM. Albert, *Capitalisme contre Capitalisme*, Paris, 1991〔小池はるひ訳『資本主義対資本主義』，新訂版，竹内書店，1996年〕, P. A. Hall, D. Soskice(eds.), *Varieties of Capitalism*, Oxford University Press, 2001〔遠山弘徳・安孫子誠男・山田鋭夫・宇仁宏幸・藤田奈々子訳『資本主義の多様性』ナカニシヤ出版，2007年〕参照。

(116) H. G. Schröter, *Americanization of the European Economy*, Dordrecht, 2005, p. 71.

(117) Vgl. H. J. Braun, Automobilfertigung in Deutschland von den Anfängen bis zu den vierziger Jahren, H. Niemann, A. Hermann(Hrsg.), *Eine Entwicklung der Motorisierung im Deutschen Reich und den Nachfolgestaaten. Stuttgarter Tage zur Automobil- und Unternehmensgeschichte*, Stuttgart, 1995, S. 67-8.

(118) A. Steeger, Fließfertigung für Kurbelwellen während der Rationalisierungsausstellung, *Rationalisierung*, 4. Jg, Heft 1, Juli 1953, S. 197.

(119) K. Mennecke, Fließende Fertigung durch Stetigförderer, *Der Volkswirt*, 10. Jg, Nr. 3, 21. 1. 1956, S. 45.

(120) Lauke, Tendenzen in der Weiterentwicklung des Flußprinzips, *REFA-Nachrichten*, 11. Jg, Heft 3, Juni 1958, S. 79, Lauke, Für und wider die Fließarbeit. Rückblick und Ausblick, *REFA-Nachrichten*, 9. Jg, Heft 2, Juni 1956, S. 41.

(121) H. O. Wesemann, Grenzen der Rationalisierung, *Rationalisierung*, 10. Jg, Heft 6, Juni 1959, S. 125.

(122) K. Springer, Weibliche Arbeitskräfte am Fließband, *Werkstatt und Betrieb*, 96. Jg, Heft 10, Okotober 1963, S. 769.
(123) E. Krüger, Wiederaufbau der Produktion, *Der Volkswirt*, 4. Jg, Nr. 8, 24. 2. 1950, S. 22.
(124) Riskovolle Kleinwagenproduktion, *Der Volkswirt*, 13. Jg, Nr. 38, 26. 9. 1959, S. 2133.
(125) C. Kleinschmidt, *Technik und Wirtschaft im 19. und 20. Jahrhundert*, München, 2007, S. 66.
(126) V. Wellhöner, *„Wirtschaftswunder"――Weltmarkt――Westdeutscher Fordismus. Der Fall Volkswagen*, Münster, 1996, S. 16.
(127) Vgl. H. Kern, M. Schumann, *Das Ende der Arbeitsteilung? Rationalisierung in der industriellen Produktion : Bestandnahme, Trendbestimmung*, München, 1984, S. 40.
(128) 例えばAdam Opel AG(Hrsg.), *...auch das ist Opel*, Rüsselsheim, 1962, S. 76-83, H. Schrader, *BMW. A History*, London, 1979, S. Hilger, *a. a. O.*, V. 1, 風間信隆『ドイツ的生産モデルとフレキシビリティ――ドイツ自動車産業と生産合理化――』中央経済社．1997年．52-60ページなどを参照。
(129) G. Goos, Spezielle Fertigungsfragen im Kraftfahrzeugbau, *Werkstatt und Betrieb*, 96. Jg, Heft 3, März 1963, S. 152.
(130) Lauke, Für und wider die Fließarbeit, S. 42.
(131) V. Wittke, *Wie entstand industrielle Massenproduktion? Diskontinuierliche Entwicklung der deutschen Elektroindustrie von den Anfängen der „großen Industrie" bis zur Entfaltung des Fordismus〔1880-1975〕*, Berlin, 1996, S. 100, S. 145.
(132) *Ebenda*, S. 153.
(133) Vgl. *Ebenda*, S. 132.
(134) H-H. Schrader, Die wirtschaftliche Situation der Kälteindustrie, *Der Volkswirt*, 12. Jg, Beilage zu Nr. 37 vom 13. September 1958, Kälte im Wirtschaft und Technik, S. 3.
(135) Bilanzen und Erträge 1957 und 1958, *Der Volkswirt*, 13. Jg, Beilage zu Nr. 14 vom 4. April 1959, Deutsche Wirtschaft im Querschnitt, 46. Folge, Dynamische Elektroindustrie, S. 21.
(136) Betriebstechnische Tagung der ZFA München, 19./20. 4. 1956, *SAA*, 64/Lt350.
(137) ジーメンス&ハルスケの各年度における経営技術会議の議事録を参照。ここではとくにBetriebstechnische Tagung der ZFA 1960/61. Vom Ausbau unserer Betriebe――NFT Berlin――, *SAA*, 64/Lt350を参照。
(138) Bilanzen und Erträge 1957 und 1958, *Der Volkswirt*, 13. Jg, Beilage zu Nr. 14 vom 4. April 1959, S. 21.
(139) F. Hämmerling, *a. a. O.*, S. 128.
(140) V. Wellhöner, *a. a. O.*, Kapitel 3, D. Klenke, (Buchbesprechung) V.Wellhöner, „Wirtschaftswunder"――Weltmarkt――westdeutscher Fordismus, *Zeitschrift für Unternehmensgeschichte*, 41. Jg, 1996, S. 219, W. Abelshauser, *The Dynamics of German*

Industry, New York, Oxford, 2005, pp. 98-104, W. Abelshauser, *Kulturkamp*, Berlin, 2003, S. 127-37〔雨宮昭彦・浅田進史訳『経済文化の闘争』東京大学出版会，2009年，122-31ページ〕などを参照。

(141) Das Volkswagenwerk, *Automobiltechnische Zeitschrift*, 48. Jg, Nr. 3, November 1946, S. 45.

(142) Jahresbericht der Produktion für das Jahr 1950 (15. 1. 1951), S. 2-3, *Volkswagen Archiv*, Z174, Nr. 2037.

(143) Jahresbericht der Produktion für das Jahr 1951 (15. 1. 1952), S. 3, *Volkswagen Archiv*, Z174, Nr. 2037.

(144) Jahresbericht der Produktion für das Jahr 1952 (12. 1. 1953), S. 2-3, *Volkswagen Archiv*, Z174, Nr. 2037.

(145) Jahresbericht der Produktion für das Jahr 1953 (7. 1. 1953), S. 2, *Volkswagen Archiv*, Z174, Nr. 2037.

(146) V. Wellhöner, *a. a. O.*, S. 116-7.

(147) Jahresbericht der Produktion für das Jahr 1954 (21. 1. 1955), S. 2, *Volkswagen Archiv*, Z174, Nr. 2037.

(148) Jahresbericht der Produktion für das Jahr 1955 (27. 1. 1956), S. 1-3, *Volkswagen Archiv*, Z174, Nr. 2037.

(149) Jahresbericht der Produktion für das Jahr 1956 (24. 1. 1957), S. 1, S. 3, *Volkswagen Archiv*, Z174, Nr. 2037.

(150) Jahresbericht der Prodktion für das Jahr 1957 (Wolfsburg――Braunschweig) (21. 1. 1958), S. 3, *Volkswagen Archiv*, Z174, Nr. 2037.

(151) S. Tolliday, Enterprise and State in the West German Wirtschaftswunder, *Business History Review*, Vol. 69, winter 1995, p. 328.

(152) Jahresbericht 1961. Vorstandsbereich : Produktion (18. 1. 1962), S. 4, *Volkswagen Archiv*, Z174, Nr. 2037, Die westdeutsche Automobilindustrie und die Entwicklung auf dem internationalen kapitalistischen Automobilmarkt, *D. W. I. -Berichte*, 12. Jg, Heft 22, November 1961, S. 19.

(153) Jahresbericht 1964. Vorstandsbereich : Produktion (18. 1. 1965), S. 6, *Volkswagen Archiv*, Z174, Nr. 2037.

(154) Jahresbericht 1968. Vorstandsbereich : Produktion (17. 1. 1969), S. 9, *Volkswagen Archiv*, Z174, Nr. 2037.

(155) Jahresbericht 1970. Vorstandsbereich Produktion und Qualitätskontrolle (15. 1. 1971), S. 8-9, *Volkswagen Archiv*, Z174, Nr. 2037.

(156) Bildbericht vom VW-Transporter-Werk Hannover, *Automobiltechnische Zeitschrift*, 59. Jg, Nr. 4, April 1957, S. 116-7.

(157) Jahresbericht des Werkes Hannover für 1957, S. 1-2, *Volkswagen Archiv*, Z174,

Nr. 2037.
(158) Jahresbericht des Werkes Hannover für 1958, S. 2, *Volkswagen Archiv*, Z174, Nr. 2037.
(159) Jahresbericht des Werkes Hannover für 1959(14. 1. 1960), S. 2, *Volkswagen Archiv*, Z174, Nr. 2037.
(160) Jahresbericht 1969. Vorstandsbereich Produktion(14. 1. 1970), S. 11, *Volkswagen Archiv*, Z174, Nr. 2037.
(161) Jahresbericht 1970. Vorstandsbereich Produktion und Qualititätskontrolle(15. 1. 1971), S. 12, *Volkswagen Archiv*, Z174, Nr. 2037.
(162) H. Edelmann, *Heinz Nordhoff und Volkswagen. Ein deutscher Unternehmer im amerikanischen Jahrhundert*, Göttingen, 2003, S. 184.
(163) Jahresbericht der Produktion für das Jahr 1951(15. 1. 1952), S. 2, *Volkswagen Archiv*, Z174, Nr. 2037.
(164) Jahresbericht der Produktion für das Jahr 1952(12. 1. 1953), S. 3, *Volkswagen Archiv*, Z174, Nr. 2037.
(165) Jahresbericht der Produktion für das Jahr 1953(7. 1. 1954), S. 2, *Volkswagen Archiv*, Z174, Nr. 2037.
(166) Jahresbericht der Produktion für das Jahr 1954(21. 1. 1955), S. 3, *Volkswagen Archiv*, Z174, Nr. 2037.
(167) W. Abelshauser, Two Kinds of Fordism : On the Differing Roles of the Industry in the Development to the Two German States, H. Shiomi, K. Wada(eds.), *Fordism Transformed. The Development of Production Methods in the Automobile Industry*, Oxford, 1995, p. 284.
(168) Jahresbericht der Produktion für das Jahr 1956(24. 1. 1957), S. 1, S. 3, *Volkswagen Archiv*, Z174, Nr. 2037.
(169) Jahresbericht der Produktion für das Jahr 1957(Wolfsburg――Braunschweig)(21. 1. 1958), S. 2, *Volkswagen Archiv*, Z174, Nr. 2037.
(170) Jahresbericht der Produktion für das Jahr 1958(Wolfsburg――Braunschweig――Kassel)(21. 1. 1959), S. 2, *Volkswagen Archiv*, Z174, Nr. 2037.
(171) Jahresbericht der Produktion für das Jahr 1959(Wolfsburg――Braunschweig――Kassel)(20. 1. 1960), S. 2-3, *Volkswagen Archiv*, Z174, Nr. 2037.
(172) V. Wellhöner, *a. a. O.*, S. 113.
(173) H. Nordhoff, Bemerkungen zur Rationalisierung, *REFA-Nachrichten*, 12. Jg, Heft 5, September 1959, S. 142.
(174) Volkswagenwerk weiter ohne Absatzsorgan. 2000 Wagen pro Tag――Aber Kapazitätsgrenzen bald erreicht, *Der Volkswirt*, 11. Jg, Nr. 27, 6. 7. 1957, S. 1396.
(175) Vgl. E. v. Eberhorst, Fortschritt im deutschen Kraftfahrzeugbau, *Der Volkswirt*, 13. Jg, Technische Fachbeilage zu Nr. 38 vom 19. September 1959, Wirtschaft und Technik,

Kraftfahrzeug am deutschen Markt, S. 7.
(176) J. Zeitlin, Introduction, J. Zeitlin, G. Herrigel (eds.), *Americanization and Its Limits*, Oxford, 2000, p. 37. フォルクスワーゲンでは市場との関係で1950年代半ば頃まではオートメーションの導入にきわめて慎重に対応していたことについては，同社の取締役会会長のH. ノルトホッフとO. ヘーネとの文書でのやりとりなどの内部資料にも示されている。Vgl. Die Schrift von O. Höhne an Herrn Generaldirektor Dr. Nordhoff vom 11. 8. 1954, *Volkswagen Archiv*, Z174, Nr. 2026, Vorschläge für die Gestaltung der Produktion im Volkswagenwerk (5. 8. 1954), *Volkswagen Archiv*, Z174, Nr. 2026, Bericht über den Besuch der Herren von der Fa. OPEL. (19. 10. 1956), *Volkswagen Archiv*, Z174, Nr. 2027.
(177) Jahresbericht der Produktion für 1960 (17. 1. 1961), S. 3, *Volkswagen Archiv*, Z174, Nr. 2037.
(178) Jahresbericht 1963. Vorstandsbereich : Produktion (20. 1. 1964), S. 4-5, *Volkswagen Archiv*, Z174, Nr. 2037.
(179) Jahresbericht 1963 des Vorstandsbericht Einkauf und Materialverwaltung, *Volkswagen Archiv*, Z174/Nr. 2366.
(180) H. C. G. v. Seherr-Thoss, *Die deutsche Automobilindustrie. Eine Dokumentation von 1886 bis 1979*, 2. Aufl., Stuttgart, 1979, S. 476.
(181) Jahresbericht 1964. Vorstandsbereich : Produktion (18. 1. 1965), S. 5-6, *Volkswagen Archiv*, Z174, Nr. 2037.
(182) Jahresbericht 1965. Vorstandsbereich : Produktion (27. 1. 1966), S. 7, *Volkswagen Archiv*, Z174, Nr. 2037.
(183) Jahresbericht 1966. Vorstandsbereich : Produktion (20. 1. 1967), S. 6, *Volkswagen Archiv*, Z174, Nr. 2037.
(184) Jahresbericht 1967. Vorstandsbereich Produktion (19. 1. 1968), S. 7-8, *Volkswagen Archiv*, Z174, Nr. 2037.
(185) Jahresbericht 1969. Vorstandsbereich Produktion (14. 1. 1970), S. 12, *Volkswagen Archiv*, Z174, Nr. 2037.
(186) Jahresbericht 1970. Vorstandsbereich Produktion und Qualititätskontrolle (15. 1. 1971), S. 12, *Volkswagen Archiv*, Z174, Nr. 2037.
(187) C. Kleinschmidt, Driving the West German Consumer Society : The Introduction of US Style Production and Marketing at Volkswagen, 1945-70, A. Kudo, M. Kipping, H. G. Schröter (eds.), *op. cit.*, pp. 75-6.
(188) *Ibid.*, p. 82.
(189) *Ibid.*, pp. 88-9.
(190) W. Abelshauser, *Deutsche Wirtschaftsgeschichte seit 1945*, München, 2004, S. 376-7, W. Abelshauser, *The Dynamics of German Industry*, pp. 100-2, W. Abelshauser, *Kulturkamp*,

第 3 章　アメリカ的管理方式・生産方式の導入とそのドイツ的展開　*133*

S. 130-3〔前掲訳書，124-7ページ〕．
(191)　Das neue Opel-Werk K-40, 2000000 Opelwagen, *Automobiltechnische Zeitschrift*, 58. Jg, Nr. 12, Dezember 1956, S. 351.
(192)　H. H. Faensen, Lochkarten und Fernshreiber als Arbeitsvorbereitung. Beispiel der Adam Opel AG, Rüsselsheim, *Der Volkswirt*, 11. Jg, Nr. 27, 6. 7. 1957, S. 1425.
(193)　Opel in stetiger Entwicklung. 12(13)vH Dividende, *Der Volkswirt*, 11. Jg, Nr. 25, 22. 6. 1957, S. 1274, H. C. G. v. Seherr-Thoss, *a. a. O.*, S. 443.
(194)　Adam Opel AG(Hrsg.), *a. a. O.*, S. 73.
(195)　Das neue Opelwerk in Bochum, *Automobiltechnische Zeitschrift*, 64. Jg, Heft 11, November 1962, S. 343-5, Adam Opel AG, Bochum, *Stahl und Eisen*, 82. Jg, Heft 26, 20. 10. 1962, S. 805.
(196)　Transferstraβe für 4-Zyl. -Kurbelwelle für die Fa. Opel(5. 7. 1954), *Mercedes-Benz Archiv*, Könecke 122.
(197)　H. H. Hilf, Arbeitswissenschaftliche Beobachtungen in USA, *Rationalisierung*, 7. Jg, Heft 1, Januar 1956, S. 5.
(198)　Hohe Gewinn bei Opel. Steiler Investitionsanstieg――200(125)Mill. DM Dividende, *Der Volkswirt*, 14. Jg, Nr. 33, 13. 8. 1960, S. 1852.
(199)　Untersuchung sozialer Auswirkungen des technischen Fortschrittes, S. 1, *Bundesarchiv Koblenz*, B149/5697,.
(200)　H. C. G. v. Seherr-Thoss, *a. a. O.*, S. 464.
(201)　Das neue Opelwerk in Bochum, *Automobiltechnische Zeitschrift*, 64. Jg, Heft 11, November 1962, S. 343-4, Adam Opel AG, Bochum, *Stahl und Eisen*, 82. Jg, Heft 26, 20. 10. 1962, S. 805.
(202)　Adam Opel AG(Hrsg.), *a. a. O.*, S. 77, S. 83-4.
(203)　S. Tolliday, Transplanting the American Model? US Automobile Companies and the Transfer of Technology and Management to Britain, France, and Germany, 1928-1962, J. Zeitlin, G. Herrigel(eds.), *op. cit.*, p. 78.
(204)　*Ibid.*, p. 117.
(205)　H. Hiller, Älteste Automobilfabrik der Welt. Der einzigartige Wiederaufstieg der Daimler-Benz-Werke, *Der Volkswirt*, 6. Jg, Nr. 9, 1. 3. 1952, S. 26.
(206)　Mercedes-Benz AG, *Werk Sindelfingen*, Sindelfingen, 1990, S. 100, W. Feldenkirchen, *DaimlerChrysler Werk Untertürkheim*, Stuttgart, 2004, S. 179.
(207)　Daimler-Benz AG, *Geschäftsbericht über das Geschäftsjahr 1957*, S. 25.
(208)　Vgl. S. Hilger, *a. a. O.*, S. 175, S. 177.
(209)　Daimler-Benz AG mit hoher Produktivität, *Der Volkswirt*, 10. Jg, Nr. 26, 30. 6. 1956, S. 33.
(210)　DaimlerChrysler AG(Hrsg.), *100 Jahre Sozialgeschichte Werk Untertürkheim(1904-*

2004), Stuttgart, 2004, S. 84.
(211) Daimler-Benz AG, *Geschäftsbericht über das Geschäftsjahr 1957*, S. 25.
(212) Untersuchung sozialer Auswirkungen des technischen Fortschrittes, S. 1, *Bundesarchiv Koblenz*, B149/5697.
(213) Daimler-Benz AG, Jahresbericht 1959 des Werkes Stuttgart-Untertürkheim, S. 3, *Mercedes-Benz Archiv*.
(214) Daimler-Benz AG, Jahresbericht 1961 des Werkes Stuttgart-Untertürkheim, S. 40-1, Jahresbericht 1962 des Werkes Stuttgart-Untertürkheim, S. 35, Jahresbericht 1963 des Werkes Stuttgart-Untertürkheim, S. 34, Jahresbericht 1965 des Werkes Stuttgart-Untertürkheim, S. 35, Jahresbericht 1966 des Werkes Stuttgart-Untertükheim, S. 33, Jahresbericht 1967 des Werkes Stuttgart-Untertürkheim, S. 34, Jahresbericht 1970 des Werkes Stuttgart-Untertürkheim, S. 38, *Mercedes-Benz Archiv*.
(215) Daimler-Benz AG, Jahresbericht 1959 des Werkes Stuttgart-Untertürkheim, S. 28, Jahresbericht 1962 des Werkes Stuttgart-Untertürkheim, S. 36, Jahresbericht 1965 des Werkes Stuttgart-Untertürkheim, S. 36, *Mercedes-Benz Archiv*.
(216) S. Tolliday, Transplanting the American Model?, p. 117.
(217) J. Zeitlin, *op. cit.*, p. 38.
(218) J. Radkau, „Wirtschaftswunder" ohne technologische Innovation? Technische Modernität in den 50er Jahren, A. Schildt, A. Sywottek(Hrsg.), *Modernisierung im Wiederaufbau. Die westdeutsche Gesellschaft der 50er Jahre*, Bonn, 1993, S. 139.
(219) G. Ambrosius, Wirtschaftlicher Strukturwandel und Technikentwicklung, A. Schildt, A. Sywottek(Hrsg.), *a. a. O.*, S. 117-8.
(220) Ford-Werke jetzt gut im Rennen. Abermals überdurchschnittliche Produktionszunahme, *Der Volkswirt*, 14. Jg, Nr. 25, 18. 6. 1960, S. 1227.
(221) S. Hilger, *a. a. O.*, S. 174-5.
(222) Vgl. *Ebenda*, S. 182-3.
(223) Hauptversammlungs-Ansprache des Herrn Dr. Kurt Lotz, Vorsitzender des Vorstandes der Volkswagen AG, in der Hauptversammlung 1969, *Der Volkswirt*, 23. Jg, Nr. 28, 11. 7. 1969, S. 55.
(224) Vgl. V. Schmidt, *Die Mercedes-Benz AG als Dominant Firm auf dem Nutzfahrzeugmarkt――Zur wettbewerbspolitischen Problematik der Dominant Firmen*, Göttingen, 1993, S. 94.
(225) A. Sörgel, *Daimler-Benz――der Multi im Musterländle*, Bremen, 1986, S. 16.
(226) W. Streeck, Successful Adjustment to Turbulent Markets : The Automobil Industry, P. J. Katzenstein(ed.), *Industry and Politics in West Germany. Toward the Third Republic*, Cornell University Press, 1989, p. 119.
(227) 風間，前掲書，69ページ。

(228) この点については，M. Stahlmann, *Die Erste Revolution in der Autoindustrie*, Frankfurt am Main, New York, 1993, 前掲拙書『ナチス期ドイツ合理化運動の展開』森山書店, 2001年, 第6章を参照。

(229) P. Lawrence, *Managers and Management in West Germany*, London, 1980, p. 131, pp. 140-1, p. 150, p. 187, p. 190. またドイツ企業の生産において職長が担う役割については, 例えば*Ibid.*, pp. 152-62参照。

(230) 藤本隆宏『日本のものづくり哲学』日本経済新聞社, 2004年, 第5章参照。

第4章 アメリカの経営者教育・管理者教育の導入とその影響

 前章では，アメリカ的経営方式の導入とそれにともなう企業経営の変化，そのドイツ的な特徴について，管理方式・生産方式を中心にみてきたが，本章では，それをふまえて，経営者教育・管理者教育の手法の導入について考察を行う。第2次大戦後，管理機能におけるミドル・マネジメントの役割の増大，経営者が担うトップ・マネジメント機能の重要性の高まりという状況のもとで，経営者教育，管理者教育が重要な問題となり，その改善のための取り組みが推進されることになった。しかしまた，経営者教育・管理者教育は，ヒューマン・リレーションズと同様に，アメリカ主導の生産性向上運動の展開のなかで同国が外国への導入をとくに重視した領域のひとつでもあった。それだけに，それは，1950年代および60年代をとおしてひとつの大きな問題領域をなした。こうした経営者教育・管理者教育の問題は，ドイツの大学における経営教育・経営学教育のあり方とも深いかかわりをもち，ビジネススクールやプラグマティック志向の大学教育などにみられるアメリカ的な教育の制度，慣行の影響をうけるなかで，改革の取り組みがすすめられていくことになった。

 それゆえ，以下では，経営教育・経営学教育における大学での教育の問題との関連をもふまえて具体的な考察を行うことにしよう。まず第1節において経営者教育・管理者教育の変革におけるアメリカのイニシアティブについてみた上で，第2節では経営教育，経営者教育・管理者教育におけるドイツの大学の役割についてみていく。それをふまえて，第3節ではアメリカの経営者教育・管理者教育の手法の導入過程について考察し，さらに第4節ではドイツ的な導入のあり方を規定した諸要因についてみていくことにする。

第4章　アメリカの経営者教育・管理者教育の導入とその影響　137

第1節　経営者教育・管理者教育の改革と
アメリカのイニシアティブ

　まず経営者教育・管理者教育の改革におけるアメリカ側のイニシアティブについてみることにしよう。第2次大戦後の経営教育，経営者教育・管理者教育の改革において重要な位置を占めたアメリカの手法の西ヨーロッパへの輸出のプロセスには，①アメリカ技術援助・生産性プログラムの創出，②アメリカの大学とヨーロッパの経営改革との結合，③アメリカの経営教育の国際化の3つのステップがみられたとされている。まず①のアメリカ技術援助・生産性プログラムについてみると，それは，工場視察や再教育セミナーに加えて，経営改革や生産の変革の実施に関心を示している企業にアメリカの技術の専門家や経営コンサルタントを直接配置するプログラムを開始している。各国の生産性本部のプログラムや技術援助・生産性プログラムは，アメリカでみられたのと類似のビジネススクールが西ヨーロッパにおいてスタートするまで，当座の教育を提供する重要な役割を果たした。また②のアメリカの大学とヨーロッパの経営改革との結合では，ヨーロッパにおける管理者の数の増加に対応するために，技術援助・生産性プログラムは，訪問チーム向けの経営教育コースの提供に関心をもつアメリカの単科大学や総合大学との協定をたえず拡大してきた。アメリカの大学は，TWI（Training Within Industry）のプログラムの組織・支援において決定的な役割を果たした。技術援助・生産性プログラムによる経営教育プログラムは，アメリカとヨーロッパの学生や学者の間の接触を劇的に促し，1958年以降には，大学や企業によって実施された経営知識のより永続的な伝達のための道を開いた。さらに③のアメリカの経営教育の国際化については，それはアメリカにおける外国人学生の驚くべき増加にみられるが，1960年代以降，西ヨーロッパは，アメリカと外国との学問交流の中心をなした[1]。

　1950年代初頭には，OJTとOff JTのいずれにおいても，経営者・管理者の再教育は典型的にアメリカ的な現象とみなされていた[2]。技術援助・生産性プログラムの目標のひとつは，ヨーロッパの教師や大学に経営研究および経営者・管理者の養成教育のアメリカモデルを導入することにあった[3]。同プログラムは，西ヨーロッパにおけるアメリカの経営教育，経営者教育・管理者教育の手

法の導入・移転において大きな役割を果たした。技術援助計画のもとで，1950年代には，ドイツからのいくつかの特別な派遣団がアメリカの経営教育の研究を行っているが，彼らは，アメリカ経済の優位の主要な理由のひとつを同国のそのような教育のあり方にみていたのであった[4]。そうしたなかで，西ドイツの訪問団のグループにおいて，集中的な研究の始まりが1949年から50年にかけての時期にみられた[5]。同プログラムは，アメリカとヨーロッパのトップの産業家や経営者の間のより有効な接触を促す方法として，アメリカ経営会議やアメリカ製造業協会のような同国の経営者団体と共同で組織した一連のワークショップやプログラムを開始した[6]。1950年代初頭には，技術援助・生産性プログラムは，アメリカ経営会議やいくつかのアメリカの主要大学との協力で，管理者，労働者のリーダーや経営教育に従事する教師のための集中的な再教育セミナーを再編しており[7]，経営者教育・管理者教育の改革の問題がとくに重視されている。

　アメリカ技術援助・生産性プログラムとの関連では，相互安全保障局あるいは外国事業管理局によって助成された経営者教育・再教育のためのプロジェクトもみられた。そこでも，アメリカのモデルをドイツに移転するということが考慮された。相互安全保障局は，すでに1953年に，ドイツ経営教育センターの設立のための計画を策定している[8]。

　アメリカ側の当時の現状認識では，ヨーロッパの経営者は，建設的な変化に対しても抵抗的であり，自らの任務が将来に向けての長期的な計画にあることを十分に認識しておらず，企業の日常的な活動に多くかかわっている傾向にあった。それゆえ，彼らのそうした態度を変えることが重要とみられていた[9]。1950年代初頭には，技術援助・生産性プログラムの枠組みのなかで，イーストマン・コダック，P&G，フォード，デュポン，GEのような代表的企業の経営者やアメリカ製造業協会の全国会議，多くの大学・研究機関の代表者を動員して，しかるべき経営教育プログラムが，国際商業会議所，OEEC，ヨーロッパ生産性本部および各国の生産性本部との協力で実施されている[10]。

　なかでも，ヨーロッパ生産性本部は，西ヨーロッパにおける経営教育を促進するための最も大規模な組織的企てを提供してきた。同本部は，関係の構築と意見や情報の交換の促進という目的をもって，1953年9月に，国際会議を組織

することによって経営教育の領域において活動を開始した。同本部の初期のいまひとつの活動は、経営の教師ないし将来の教師のアメリカへの派遣団を組織することにあった。ヨーロッパ生産性本部はさらに既存の教育センターのためのコンサルタントとしても機能したが、そのような助言業務は、多くの場合、アメリカの専門家によって遂行された。しかし、同本部による経営教育の改善は、アメリカの産物ではなくヨーロッパの方法への適応であり、また融合であり、1950年代でさえ、経営教育の領域におけるアメリカとヨーロッパとの関係は、一方向の出来事ではなかったとされている[11]。

ドイツ、さらにヨーロッパへの戦後の経営教育、経営者教育・管理者教育の手法の導入にあたり、アメリカは技術援助・生産性プログラムをとおして強いイニシアティブを発揮したが、それは、その後はフォード財団に受け継がれることになる。ヨーロッパ生産性本部へのアメリカの援助は1956年以降削減されたが、その後はフォード財団が関与を強めることになる[12]。同財団は、1950年代初頭以降、ヨーロッパの経営教育に財政と組織の面でかかわり、集中的な教育・研究プログラムの普及をとおして、経営教育のタイプや専門的な必要条件の標準化の試みによって文化面での仲介者として活動してきた。フォード財団は、1960年代半ば以降には、ヨーロッパの異なる制度的・文化的枠組みのなかへのアメリカの方法の移転者としても行動した。フォード財団の主たる目標は、たんにカリキュラムの教育内容や教育プログラムの輸出よりもむしろ、アメリカの「組織的な総合的成果」の基本的な型をヨーロッパに移転させることにあった[13]。

第2節　経営者教育・管理者教育におけるドイツの大学の役割とその限界

このように、戦後の経営教育、経営者教育・管理者教育の改革にあたりアメリカが発揮したイニシアティブには大きなものがあったといえる。1950年代および60年代の経済成長期には、ヨーロッパへのアメリカの経営教育、経営者教育・管理者教育の移転は国によってかなり異なっていたとはいえ、同国の影響を受けなかった国はなかったとされている[14]。しかし、そのありようは、ド

イツの大学での経営教育・経営学教育の伝統的なあり方とも深く関係していた。そこで，つぎに，経営教育，経営者・管理者の養成のための教育においてドイツの大学が果たした役割についてみることにしよう。

歴史的にみると経営教育，経営者教育・管理者教育の制度には，一般にドイツモデル，ラテンモデル，アメリカモデルの3つの異なるモデルがみられたとされている。ドイツモデルでは，経営教育は総合大学以外の工科大学と商科大学の2つの高等教育機関で行われてきた。またフランス，イタリア，スペインのラテンモデルでは，法律学，経済学および組織の管理全般に焦点があてられており，学校は体系的な経営教育を教えることをしなかった。これに対して，アメリカモデルでは，経営教育は，当初から同国の高等教育の全般的なシステムの一部をなしていた。そこでは，市場の条件のもとでの実際の意思決定に重点があり，ビジネススクールの果たした役割も大きかった。経営教育に関するアメリカの考え方へのヨーロッパの各国の反応や吸収の仕方は，主にその国の教育制度に依存していた[15]。

ドイツでは，近代的な経営教育の確立は遅れたが，それは総合大学の地位についての伝統的な考え方の産物であった。多くのヨーロッパの諸国でもそうであるように，ドイツの総合大学は，自らを専門教育よりはむしろ学術研究の中心と定義していた。理論ないし科学を重視したドイツとプラグマティックな傾向にあったアメリカとの相違は，ドイツの総合大学へのアメリカの考え方の導入を妨げるとともに，遅らせることにもなった。ドイツのシステムでは，ある人の昇進や給与は，主に就学・卒業した教育機関のタイプによって決められていた。またドイツでは，教育機関で得られる「就業能力」（Betriebsfähig）とOJTによってのみ得られる「就業準備完了」（Betriebsfertig）の2つの資格が存在していた。経営者がOJTの中核的な価値を信じていたこともあり，カリキュラムの近代化への彼らの圧力は限られたままであった[16]。ドイツのこのような教育のあり方を変えようとする努力は，科学を実用性によってとって代えさせることを拒否する学会内部の激しい反対にも直面した[17]。

またアメリカとドイツの比較でみれば，最も重要な点は，アメリカのビジネススクールとは異なり，ドイツの商科大学（Handelshochschule）は経営者のための広く共有された教育の基盤を提供する位置を獲得することがなかったとい

うことにある。それは，工科大学での工学の教育がドイツの製造企業の経営者の教育・訓練にとって高い名声を博していたこと，また商科大学の内容がアメリカのMBAプログラムのような経営・管理よりはむしろ主に経営経済学に集中していたことによるものであった。ドイツでは，ビジネス教育は，アメリカのそれとは異なり，概して経営者養成教育とはみなされてこなかった。経営者養成という教育のアメリカモデルでは，現業的機能のための教育と経営機能のための教育とを区別した教育システムが展開された。アメリカでは，一般にエンジニアが経営者としての枢要な地位を占めることはありえず[18]，この点もドイツの状況には適合的ではなかったといえる。

さらに経営学方法論争にみられるように，経営の研究（経営経済学）が大学において認められた地位を得るには学問的なものでなければならず，経営実務に役立つか科学の規準を尊重するかという選択においても，科学性が重視されざるをえなかった。こうした事情からも，高等教育と経営実務との関係は，つねに希薄なものとなってきた。また大学研究者の教授への昇進の条件である教授資格論文制度（Habilitation）にみられる厳しい，また長い研究プログラムが長期的な実務経験の可能性を排除したので，学問的に高度な能力をもつ人物が実際の経営とのいかなる現実的な接触もなしに教授に昇進するという事情もあった[19]。

そのような状況のもとで，産業界から大学の制度改革の要求がなされてきたが，全体的には，1945年以降もドイツの大学制度は維持され，そのすぐれてアカデミックな性格を強化さえしてきた。それゆえ，財界は代替的な解決策を求めなければならず，その最も有力な代替案とされたのがアメリカモデルであった。しかし，第3節以下で詳しくみるように，その移転のプロセスは，アメリカの実践の全面的な規模での採用よりはむしろ，適応という結果となった[20]。

このように，経営教育，経営者教育・管理者教育の変化の背後にある最も重要な諸要因は，その国の教育制度全般，経営のスタイルや，国境を超えた学習の伝統のあり方のような文化的な諸要素と同様に，経営教育のシステムの強さにあった[21]。ドイツでは，戦後になっても大学が経営教育において積極的な役割を果たすことは少なく，ビジネススクールのようなアメリカの国際的な経営教育の形態を模倣したのではなかった。ドイツ人が尊重した経営者の特性の

獲得のために，経営者たちは，アメリカとは異なる教育の道を歩むことになった。彼らは，法律，経営経済学やとくに工学といった就職前の教育をベースにした科目にその学習を集中しており，全般的な経営の問題のかわりに専門的なトピックスを研究する短期の教育コースにおいて，就職後の経営者養成教育を受けたのであった[22]。それだけに，業界団体や企業自身の職業訓練学校による教育[23]，アメリカで開発された経営者・管理者養成のための教育・再教育の手法の導入が，実践的には大きな意義をもった。

第3節 アメリカの経営者教育・管理者教育の導入とその特徴

1 TWIの導入とその特徴

以上の考察をふまえて，つぎにアメリカの経営者教育・管理者教育の導入について具体的にみていくことにしよう。まずTWIの手法の導入についてみると，それは，「下級職制に対して，仕事の教えかた，改善のしかた，人の扱いかたを訓練する」管理者教育のための手法であるが，生産性向上運動の展開のもとでの労働対策としての側面をもつものでもあった[24]。ドイツでも，アメリカの教材を基礎にしたTWI教育コースが，経営内部の労資関係の安定の促進，とりわけ上司と部下の関係の改善，部下への指導，作業方法や技術的な知識などの仲介に役立った[25]。

占領当局はドイツにおいてTWIを導入しており，1948年9月には社員教育の指導者のための教育コースを組織している。TWIプログラムへの関心は，多くの熱狂的な個人によって伝えられるかたちやボッシュのような少数の企業によって支援されるかたちで，広がった。こうした努力の特徴は，彼らが職場における調和的な関係の促進に努力したこと，また経営側と従業員代表の双方に対して講演を行ったことにある。1953年半ばまでに合計160の指導員教育コースのセッションが開催されており，指導者らは，ほぼ8万人が参加した合計約8,000の教育コースを開催している[26]。1952年のL. ファウベルの指摘によれば，TWIは，当時はまだ，しばしばアメリカのヒューマン・リレーションズの理論に基づくひとつの典型的なプログラムとして扱われていた[27]。このように，技術援助プログラムの枠組みのもとで，アメリカ人専門家の協力などによっ

て，管理者教育の手法の導入の取り組みがアメリカの援助のもとにはやくに始まっている。

もとよりアメリカ技術援助・生産性プログラムの果たした役割は大きく，同プログラムの支援のもとで，数千人ものヨーロッパの学者や経営者は，アメリカの企業や大学を訪問しそこで学ぶための比類ない機会を得ており，アメリカからヨーロッパへの経営技術の移転の促進者となった[28]。しかし，同プログラムによる経営者教育・管理者教育に関するプロジェクトでは，その後同国の企業の協力が停止されたために，同プログラムは，それを補うために，アメリカの大学の協力による支援へと転換している[29]。アメリカの大学は，1951年にはTWIプログラムの組織・運営を引き受けており，大学の参加は，戦後の西ヨーロッパにおける経営者・管理者の再教育の支援，経営教育の改善のための技術援助・生産性プログラムのキャンペーンにおいて決定的な役割を果たした[30]。

またドイツ経済合理化協議会（RKW）も経営者・管理者の教育・再教育の取り組みに関与しており，1950年代にはアメリカへの旅行やアメリカ人専門家の招聘にもかかわったほか[31]，TWIの教育コースも開催している[32]。さらにレファについてみても，1954年にはその教育プログラムにおいてTWIの活動が受け入れられており[33]，TWIプログラムへのレファの要員の従事は，レファの公式の教育活動にもあらわれている[34]。レファとTWIとの間の長期にわたる実りある協力は，TWIの教材はレファマンの養成において非常に有益であることを示してきた[35]。

以上の点をふまえて，TWIの導入の具体的な事例をみておくと，化学産業のヘンケルでは，作業指図，対労働者関係および作業設計（作業改善）の3つのTWIのコースが，労働時間内に実施されている。そこでは，作業設計の教育コースはより大規模なものとなったので，1964年には初めて企業内再教育の枠組みのなかで実施されるようになっていた[36]。またバイエルでは，すでに1950年にTWIコースの導入が決定されているが，TWIシステムの目標は，部下に簡単かつ迅速に仕事を教え込みまた彼らを人間的に適切に管理しうる方法を職制，とくに職長と組長に習熟させることにあった[37]。同社では，TWIシステムにおいては，その教育の目的となら

んで，工場内部の良好な人間関係の創出・維持のための方法が重要であるということが強調されており[38]，TWIはヒューマン・リレーションズの問題とも深いかかわりをもって展開された。TWIコースへの参加者の間では，人事管理の領域の指導・刺激が絶対的に必要であること，またTWIの方法はそれにとって有益な方法であるという点で意見が一致していたとされている[39]。

ヒューマン・リレーションズやミドル・マネジメントの企業内再教育の問題を含めた類似のプログラムは，グランツシュトッフ，フォルクスワーゲン，ヘンケル，バールゼン，コンチネンタルなどの他の企業でもみられた。1950年代のTWIコースないし職長教育コースの導入においては，アメリカの影響は非常に大きかった。1950年代半ば以降にこれらの企業で導入された職長の教育コースや再教育コースは，内容面でも形態の面でも，戦前のものとは異なっていた[40]。またグランツシュトッフでは，アメリカの新しい生産方法，販売方法の採用は，情報の経路と職場内訓練の改善を必要にしたが，この領域でもアメリカの発展にしたがった[41]。

また1950年代の若い管理者の不足のたえまない強まりは，アメリカの組織的な管理者教育の経験を採用するという考えへと導いた。ジーメンスの人事部長であるR.マイネは，アメリカモデルに基づいた職業訓練・継続的な教育プログラムの強化とジーメンス全体の教育活動の集中化を求めた。1956年にジーメンスは管理職位のための若い人材・管理者の予備的教育を導入している。また1959年にはそのマスター・ウイークス・コースが，60年にはローワーおよびミドルの管理者のための情報提供を目的とした講演会が開始されている[42]。さらに繊維産業のオッフェンブルク紡績・織物会社でも，1954年までは正式な教育訓練プログラムは存在しなかったが，同年にはTWIプログラムを採用する計画が進められている[43]。

2 経営者教育の手法の導入とその特徴

つぎに経営者の教育・再教育の手法の導入についてみると，大部分のアメリカの機関と共通するような経営幹部の養成プログラムはドイツの大学にはまったくみられなかったので，ごくわずかの大学は，1966年には経営者向けの短期のセミナーの提供を開始した。そこでも，経営者教育の開発のかなり多くをアメリカの例に負っていた。ただプログラムの内容や教育方法などの自由度の確保や実務志向の導入という実業界の意図を反映して，それらのコースは，大学

の制度の外側で開催された。それらは産業によって構想された線に沿ったものであったという点が，重要な特徴をなしている。こうした経営者養成プログラムは，企業の内外において，ドイツにおける大学教育やトップ・マネジメントの企業内の選別の過程を補完したのであった[44]。例えば業界団体などの協会による現役の経営者のための3日から5日までの一連の短期教育コースでも，ドイツの大学教授がある専門領域で非常勤の講義を行うことによって再教育に個別に参加しているケースもみられた。しかし，講師の大部分は現役の経営者であり，そうした再教育は，アメリカとは異なり，現実には学界を排除したかたちで行われた[45]。例えば1956年の技術援助プロジェクトの文書でも，アメリカにおける経営者教育の重点は大学であったのに対して，ドイツでは大学以外のところであったとされている[46]。

このように，アメリカの方式の導入においてドイツの大学が大きな役割を果たすことはほとんどなく，アメリカの大学や機関との接触，協力が重要な役割を果たした。そこでも，そのような取り組みは，民間企業や産業団体がイニシアティブを発揮するかたちですすめられた。経営者の養成のための専門機関の設立やそれをとおしての教育システム・体制の確立を視野に入れた産業団体による取り組みしては，つぎのものが代表的であった。すなわち，1951年および52年のバーデン・バーデンでの2つの経営者討論会，55年のバーデン・バーデンセミナーやヴッパータール・サークルとして知られるゆるやかな活動グループなどである[47]。バーデン・バーデンセミナーは，アメリカの経営方法の議論や産業レベルの促進のための討論会を提供した[48]。またドイツ工業連盟（BDI）によって1953年に設置された作業部会は，ハーバード・ビジネス・スクールなどを含む多くの外国の例を研究した。しかし，最終的には，同作業部会は，それらの制度を模倣するのではなく，知識の伝達，トップ・マネジメントの2世代間の意見交換のための特殊ドイツ的な方法を生み出すことを決定している[49]。

ドイツでは，正式な経営者養成のプログラムをみた場合，それらはすべて実業界によって確立されてきたという傾向がみられる。その重要な理由のひとつは，そのような訓練の真の役割は企業家としての姿勢や精神，価値観などを教え込むことであるという信念にあった[50]。バーデン・バーデンセミナーは，

討論会やセミナーによって経営者の再教育のための意見交換や議論の可能性を提供するとともに，商科大学の教育における実務との関連性の欠如を少なくとも部分的に補完しようとするものであった[51]。

またドイツ経済合理化協議会も経営者教育の手法の導入のための取り組みにかかわっている。例えば1953年11月には，33人のベルリンのトップ・マネジメントおよびその補佐役が「経営開発」についてアメリカの経営コンサルタントの話を聞き，議論するために，同協議会のベルリン支部に集まっている。それを機に7週間のセミナーが開催されているが，それは，各企業の経営者・管理者のよりよい教育の必要性への対応として行われたものでもあった[52]。さらにコンサルタント的機能や仲介的機能を果たす機関の関与もみられ，例えば人材開発を担当するドイツのカール・デュイスベルク社は，1950年代に，専門労働者や技師や販売担当者などのアメリカへの派遣，ドイツへのアメリカ人の招聘，さまざまな催しによるアメリカの専門家との経験交流に取り組んでいる。なかでも，1956年には，ハーバード・ビジネス・スクールとの協定によって，アメリカからの来訪と同国への訪問のプログラムが企画されている[53]。

そのような企業をこえた取り組みとならんで，1950年代には，多くのドイツ企業は，自らの経営者教育・管理者教育の制度化も行っている[54]。企業内部の教育の活動も一層強化されているが，それらも，少なからずアメリカを手本としたものであった。それには，アメリカのケース・メソッドを用いた議論・討議が行われた企業内部の経営セミナーのほか，バイエルでみられたようなとりわけ取締役が自らの管轄領域での経験について述べる講習会などがあった。しかし，民間のイニシアティブによる経済界の努力は，その中心が経験交流におかれていたことや科学的な方法での教材の欠如などもあり，1960年代には不十分であることが明らかになった。そうしたなかで，1960年代半ばにはビジネススクールの設立をめぐる議論が新たな高まりをみることになった[55]。上述したドイツ経営教育センター設立の最初の試みもドイツにおける教育制度の分権的な構造のために失敗したほか，アメリカを手本としたドイツ初のビジネススクールの設立も失敗しているが[56]，1960年代後半になってようやくビジネススクールが設立されることになった。1968年設立の経済大学セミナー（Universitätsseminar der Wirtschaft）は，ドイツのビジネススクールとして重要

な役割を果たしたが，当時は，コブレンツの経営管理大学を例外として，その種の機関は他には存在しなかった[57]。

このように，大学や専門的な経営者教育コースにおけるアメリカの教材の利用は1960年代に始まり，急速に増加したが[58]，この時期には，ビジネススクールは普及したわけではなかった。ドイツでは，大学で何を学んだかということは経営者の選別や養成にとってあまり重要ではなく，実務経験や業績に基づく経営者の選別という慣行のもとで，経営者の大部分が同じ会社での長い年月の就業の後にトップに昇進してきたという事情があった。そのような事情が，アメリカモデルへの抵抗の強さとビジネススクールという考え方の遅れをもたらした重要な要因となったといえる[59]。

第4節　アメリカの経営者教育・管理者教育の導入における限界とその要因

以上のように，ドイツの伝統や社会的な制度の影響はアメリカをモデルとする経営者教育・管理者教育のための機関・組織の設立や手法の導入の障害をなしたといえる。そこで，つぎに，この領域におけるアメリカ的方式の導入の限界を規定した諸要因についてみておくことにしよう。

管理者教育では，TWIプログラムの利用が拡大しているが，それはとりわけ職長教育の領域でみられ，新しい話し合い・コミュニケーションの可能性のかたちやより効果的な情報政策による労働環境の改善をめぐる諸努力においてであった。しかし，その導入にさいしては，しばしばかなりの受容の問題にも直面した[60]。TWIはアメリカからやってきたが，その導入・定着は同国のようにはすすまなかった。それはドイツ人の気質に合わされたのであり[61]，当面，ドイツの経営者・管理者の教育・再教育の分散化した個別的な組織については，あまり変わることはなかった。変化したのは企業の再教育の種類と内容であった。それは，例えば最新のアメリカの経営手法に関する講演や議論が行われる1週間ないし数週間のセミナーにミドル・マネジメントおよびより上位の管理者・経営者の専門家や実務家が集まったという点にみられる[62]。

またアメリカ技術援助・生産性プログラムの枠のなかでのTWIプログラムの

実績をその数でみると、他のヨーロッパ諸国と比べると、明らかに少なかった。旧西ドイツでは、1948年秋（西側地域）から52年夏までの間に実施されたTWIコースは合計で134にすぎなかったが、例えばオランダではその数は6,000を超えており、イギリスでは30,000以上にものぼっている。さらにドイツ企業の参加者も比較的少なかった[63]。また経営者養成、経営者教育のひとつの有力な手段であったビジネススクールのような機関の普及もすすんでおらず、アメリカナイズされることはなかったといえる。ヨーロッパという観点でみても、経営教育、経営者教育・管理者教育のためのアメリカの運動の総合的な影響は、いくつもの諸要因の複雑なマトリックスによって規定されていた。そうしたなかで、進歩は、とりわけ個々のプログラムの効果と経営者や教育家からの抵抗の度合いにかかっていたといえる[64]。

　マーシャル・プランおよび生産性向上運動の期間のヨーロッパへの経営教育、経営者教育・管理者教育のアメリカモデルの導入・移転の試みの成果は、わずかな例外を除くと、まったく控えめであった。近代的な経営教育によって伝統的な形態がある程度とって代えられるにはさらに10年を要し、その過程においてもドイツ語圏では影響は最も小さかったとされている[65]。またTWIや経営者教育のアメリカモデルの直接的な移転は、ドイツ企業の経営社会政策の長い伝統や経営の現実のために成功せず、この領域では、アメリカの開発援助も比較的わずかな効果しか現れなかった[66]。C. クラインシュミットが指摘するように、ドイツにおける経営者や管理者の教育・再教育は、アメリカや西ヨーロッパの発展と比較すると、ひとつの「特殊な道」を示すものであるといえる。「ドイツの頑固さ」は、主に、アメリカのビジネススクールのモデルの低い受容、普及の低い可能性や、徹底した理論志向をもち実務志向の乏しい商科大学の経済学的教育と関係している。そのようなドイツの道は、「経営のドイツモデル」の部分として、また「アメリカ式経営」に対するひとつのオルタナティブとさえみることができるものである[67]。

　以上の考察からも明らかなように、前章でみたヒューマン・リレーションズの場合と同様に、経営者教育・管理者教育の領域においても、ドイツ的な独自性・特徴が強くあらわれたといえる。大学の教育制度のあり方・伝統や経営教育において大学が果たしてきた役割、経営者に求められる素養・特性、企業内

における昇進のシステムのあり方など，歴史的な過程のなかで形成されてきた制度や伝統のために，アメリカ的なあり方・方式は必ずしも適合的ではなかったといえる。この点に関していえば，アメリカ流のプラグマティズムに基づく経営観，経営風土を反映したかたちでの徹底した「能率主義的」な人事政策のあり方・考え方とは異なる比較的長期志向の，また技術重視のドイツ的な経営観，経営風土が，戦後にも根底において流れているといえる。それは，アメリカの強い影響のもとでも，一気に転換されうるものではなかった。例えばビジネススクール的な経営者や管理者の養成・教育のあり方がかつてない重要性を獲得し，本格的に問題となってくるのは，むしろ，グローバル競争と市場原理主義的な行き方が前面に押し出されるなかでそのようなドイツ的な経営観，経営のあり方を支える条件が大きく変化していく1990年代以降の「アメリカ化」の動きのなかでのことである。

(1) J. McGlade, The Big Push : The Export of American Business Education to West Europe after the Second World War, L. Engwall, V. Zamagni(eds.), *Management Education in Historical Perspective*, Manchester University Press, 1998, pp. 51-8, p. 62, p. 64.
(2) C. Kleinschmidt, An Americanized Company in Germany. The Vereinigte Glanzstoff Fabriken AG in the 1950s, M. Kipping, O. Bjarnar(eds.), *The Americanization of European Business. The Marshall Plan and the Transfer of US Management Models*, London, 1998, p. 183.
(3) J. McGlade, The US Technical Assistance and Productivity Program and the Education of Western European Managers, 1948-58, T. R. Gourvish, N. Tiratsoo(eds.), *Missionaries and Managers*, Manchester University Press, 1998, p. 33.
(4) M. Kipping, The Hidden Business School : Management Training in Germany since 1945, L. Engwall, V. Zamagni(eds.), *op. cit.*, p. 102.
(5) W. Feldenkirchen, The Americanization of the German Electrical Industry after 1945 : Siemens as a Case Study, A. Kudo, M. Kipping, H. G. Schröter(eds.), *German and Japanese Business in the Boom Years*, London, New York, 2004, p. 120.
(6) J. McGlade, The US Technical Assistance and Productivity Program and the Education of Western European Managers, 1948-58, p. 18.
(7) J. McGlade, From Business Reform Programme to Production Drive. The Transformation of US Technical Assistance to West Europe, M. Kipping, O. Bjarnar (eds.), *op. cit.*, p. 27.

(8) C. Kleinschmidt, *Der produktive Blick*, Berlin, 2002, S. 75-7.

(9) OEEC, *Problems of Business Management. American Opinion, European Opinion* (Technical Assistance Mission No. 129), Paris, 1954, p. 5, pp. 13-4.

(10) C. Kleinschmidt, *a. a. O.*, S. 296.

(11) B. Boel, The European Productivity Agency and the Development of Management Education in Western Europe in the 1950s, T. Gourvish, N. Tiratsoo (eds.), *op. cit.*, p. 41, p. 43, pp. 45-6.

(12) *Ibid.*, p. 38, p. 42.

(13) G. Gemelli, American Influence on European Management Education. The Role of the Ford Foundation, R. P. Amdam (ed.), *Management, Education and Competitiveness. Europe, Japan and the United States*, London, New York, 1996, p. 42, p. 47, p. 55.

(14) H. G. Schröter, *Americanization of the European Economy*, Dordrecht, 2005, pp. 104-5.

(15) *Ibid.*, pp. 97-9.

(16) *Ibid.*, pp. 103-4.

(17) R. R. Locke, *The Collapse of the American Management Mystique*, Oxford University Press, 1996, p. 76.

(18) R. P, Amdam, Introduction, R. P. Amdam (ed), *op. cit.*, pp. 4-6.

(19) R. R. Locke, *op. cit.*, pp. 74-5.

(20) M. Kipping, *op. cit.*, p. 99, p. 101.

(21) R. P, Amdam, *op. cit.*, p. 11.

(22) R. R. Locke, *op. cit.*, p. 98, p. 100. ドイツにおけるビジネススクールをめぐる問題については，R. R. Locke, *Management and Higher Education since 1940. The Influences of America and Japan on West Germany, Great Britain, and France*, Cambridge University Press, 1989, pp. 164-76をも参照。

(23) R. R. Locke, *The Collapse of the American Management Mystique*, p. 78.

(24) 星野芳郎『技術革新の根本問題』，第2版，勁草書房，1969年，94ページ参照。

(25) Vgl. C. Kleinschmidt, *a. a. O.*, S. 74.

(26) M. Kipping, 'Importing' American Ideas to West Germany, 1940s to 1970s, A. Kudo, M. Kipping, H. G. Schröter (eds.), *op. cit.*, p. 35.

(27) L. Vaubel, *Unternehmer gehen zur Schule. Ein Erfahrungsbericht aus USA*, Düsseldorf, 1952, S. 79.

(28) J. McGlade, The US Technical Assistance and Productivity Program and the Education of Western European Managers, 1948-58, p. 28.

(29) *Ibid.*, p. 19.

(30) *Ibid.*, pp. 24-5.

(31) Council for International Progress in Management (USA), Inc (11. 12. 1953), *National Archives*, RG469, Mission to Germany, Productivity and Technical Assistance Division,

第4章 アメリカの経営者教育・管理者教育の導入とその影響　*151*

Subject Files of the Chief, 1953-1956, Program for the TA-B-Project 09-217 Top Management, *National Archives*, RG469, Mission to Germany, Productivity and Technical Assistance Division, Subject Files of the Chief, 1953-1956, TA 09-217, Berlin Top Management Team(7. 10. 1953), *National Archives*, RG469, Mission to Germany, Productivity and Technical Assistance Division, Subject Files of the Chief, 1953-1956.

(32) Durchführung des TA-B-Projectes 09-216――Management Training, *National Archives*, RG469, Mission to Germany, Productivity and Technical Assistance Division, Subject Files of the Chief, 1953-1956, Management Program for Berlin――Management Training Team(22. 6. 1953), *National Archives*, RG469, Mission to Germany, Productivity and Technical Assitance Division, Subject Files of the Chief, 1953-1956.

(33) E. Pechhold, *50 Jahre REFA*, Berlin, Köln, Frankfurt am Main, 1974, S. 155, 30 Jahre REFA. Vortrag von Herrn Min. -Dir. i. R. Dr. Kurt Magnus auf der Mitglieder-Versammlung in Bad Dürkheim, *REFA-Nachrichten*, 7. Jg, Heft 4, Dezember 1954, S. 75.

(34) Zur Übenahme der deutschen TWI-Arbeit durch den REFA, *REFA-Nachrichten*, 8. Jg, Heft 1, März 1955, S. 16.

(35) B. Jaeckel, 10 Jahre REFA-Bundesverband, *REFA-Nachrichten*, 14. Jg, Heft 6, Dezember 1961, S. 222.

(36) Betriebliche Ausbildungs- und Bildungsarbeit(5. 7. 1960), S. 2, *Henkel Archiv*, K160, Niederschrift über die Meisterbesprechung Nr. 11 vom 17. 11. 64, S. 2, *Henkel Archiv*, K160.

(37) TWI(Training within Industry)-System, S. 1, *Bayer Archiv*, 210-001, TWI(Training within Industry)-Kursus, *Bayer Archiv*, 221/6.

(38) TWI(Training within Industry)-System, *Bayer Archiv*, 210-001, S. 2.

(39) TWI(Training within Industry)-Kursus, *Bayer Archiv*, 221/6.

(40) C. Kleinschmidt, *a. a. O.*, S. 192-4.

(41) C. Kleinschmidt, *op. cit.*, p. 185.

(42) W. Feldenkirchen, *op. cit.*, p. 128.

(43) Labor and Human Relations Survey Report for Spinnerei und Weberi Offenburg A. G. (3. 3. 1954), *National Archives*, RG469, Productivity & Technical Assit Division Labor Advisor Subject Files 1952-54, TA-Work.

(44) M. Kipping, The Hidden Business School, pp. 104-8.

(45) R. R. Locke, *The Collapse of the American Management Mystique*, p. 78.

(46) Projekt 329/1-329/4 : Ausbildung von deutschen Lehrkräften auf dem Gebiet der Betriebsführung in USA(24. 11. 1956), *National Archives*, RG469, Mission to Germany, Productivity and Technical Assistance Division, Subject Files of the Chief, 1953-1956.

(47) M. Kipping, The Hidden Business School, pp. 102-3.

(48) C. Kleinschmidt, *op. cit.*, p. 184.

(49) M. Kipping, 'Importing' American Ideas to West Germany, 1940s to 1970s, pp. 41-2.
(50) D. Granick, *The European Executive*, London, 1962, pp. 117-8〔中山一馬訳『ヨーロッパの経営者』ペリカン社, 1967年, 134-5ページ〕, H. Hartmann, *Authority and Organization in German Management*, Princeton, 1959, p. 264.
(51) C. Kleinschmidt, *a. a. O.*, S. 299.
(52) Management Development in Berlin, pp. 1-2, *National Archives*, RG469, Mission to Germany, Labor Advisor, Subject Files, 1952-1954, Field Statistics.
(53) Carl Duisberg-Gesellschaft für Nachwuchsförderung e. V., Halbjahresbericht der Geschäftsleitung für die Zeit vom 1. April bis 30. November 1955, *National Archives*, RG469, Mission to Germany, Productivity and Technical Assistance Division, Subject Files of the Chief, 1953-1956, A letter from Carl Duisberg-Gesellschaft für Nachwuchsförderung e. V.(18. 6. 1956), *National Archives*, RG469, Mission to Germany, Productivity and Technical Assistance Division, Subject Files of the Chief, 1953-1956.
(54) M. Kipping, The Hidden Business School, p. 103.
(55) C. Kleinschmidt, *a. a. O.*, S. 300-1.
(56) *Ebenda*, S. 78.
(57) Vgl. *Ebenda*, S. 306, USW Netwerk : 30 Jahre Managerfortbildung in Schloss Gracht (http://www.esmt.org/deu/usw.-netwerk-30-jahre-Managerfortbildung-in-schloss-gracht/)(2009年3月6日参照).
(58) G. P. Dyas, H. T. Thanheiser, *The Emerging European Enterprise*, London, 1976, p. 112.
(59) L. Engwall, V. Zamagni, Introduction, L. Engwall, V. Zamagni(eds.), *op. cit.*, p. 11, p. 15, M. Kipping, The Hidden Business School, p. 96.
(60) C. Kleinschmidt, *a. a. O.*, S. 185.
(61) *Ebenda*, S. 75.
(62) *Ebenda*, S. 78.
(63) *Ebenda*, S. 75.
(64) T. Gourvish, N. Tiratsoo, Missionaries and Managers : An Introduction, T. Gourvish, N. Tiratsoo(eds.), *op. cit.*, p. 9.
(65) H. G. Schröter, *op. cit.*, p. 121.
(66) C. Kleinschmidt, *a. a. O.*, S. 79, S. 83.
(67) *Ebenda*, S. 398-9.

第5章　大量市場への適応のためのアメリカ的方法の導入
——マーケティング，PRおよびOR——

　第3章および第4章において，アメリカ的経営方式の導入とそれにともなう企業経営の変化について，管理方式・生産方式と経営者教育・管理者教育の問題を取り上げて考察を行ってきた。第2次大戦後のアメリカ的経営方式の導入は，大量生産の本格的展開のための基礎的条件をなすものでもあり，ドイツでも，1950年代および60年代をとおして大量生産体制が確立していくことになるが，大量生産の進展にともない市場への対応・適応が一層重要な問題となってきた。そうしたなかで，販売面での対応，市場適応のための手段としてマーケティング，パブリック・リレーションズ（PR）が重要な意味をもつようになった。これらの領域のアメリカ的手法の導入は，ことに消費財市場の拡大のもとでの大衆消費社会への展開のなかで，一層大きな役割を果たすようになってきた。その意味では，生産力発展と大衆消費社会への構造変化のもとで，マーケティング，PRは，アメリカの近代的な方法の導入による「アメリカ化」の影響が強くあらわれやすい領域であったともいえる。

　また大量生産の進展にともなう市場への対応の問題とも関連して，企業全体の観点からのオペレーショナルな日常的意思決定の最適化のための手法としてオペレーションズ・リサーチ（OR）の手法が重要な意味をもつようになってきた。戦後，日常的業務にみられる意思決定に数学を利用して最適解を求めるORの手法は，生産，販売，在庫，輸送などの問題に適用されることによって，大量生産体制を支える重要な手段のひとつとなった。

　そのような状況のもとで，ドイツでも，マーケティング，PR，ORといった手法は，まさに現代的な課題を担うものとして，そのモデルがアメリカに求められるかたちで，展開されていくことになる。それゆえ，本章では，戦後ドイ

ツの市場，社会構造の変化との関連をもふまえて，これら3つのアメリカ的経営方式の導入過程についてみていくことにする。

以下では，まず第1節においてマーケティングの手法の導入についてみた上で，それをふまえて，第2節ではPRの手法の導入について考察する。さらに第3節ではORの導入についてみていくことにする。

第1節　マーケティング手法の導入とその特徴

まずマーケティング手法の導入についてみると，それは，労資の同権化の本格的確立に基づく市場基盤の変化のもとでの大量生産体制の確立，とりわけ消費財市場の著しい拡大にともない，大量販売・大量流通の実現のための方策として大きな役割を果たすようになってきた。この時期の重要なマーケティングの方法としては，一般的に，独占価格を主軸とする価格政策，計画的陳腐化や製品差別化などの製品政策のほか，商業資本の排除や系列化などの経路政策，さらに広告・交際費やセールスマンなどによる販売促進政策，マーケティング・リサーチなどが展開されることになった[1]。

H. G. シュレーターは，ヨーロッパ経済のアメリカ化に関して，マーケティング・リサーチや宣伝のような変化はアメリカの直接投資，大量生産および大量流通の論理的な帰結であったとしている[2]。マーケティングは，経営者教育・管理者教育や事業部制組織とともに，1960年代にヨーロッパ側が採用し始めたアメリカの経営の中心的なコンセプトのひとつをなすものであった。また消費者側の態度をみても，市場の拡大，大量生産の進展にともない，アメリカ的な考え方が定着していくことになる。1950年代には，多くのヨーロッパ人は，大量に生産される製品を画一化として，また個人主義とは反対の方向のものとして受けとめていた。しかし，大量生産は1人の人間によるより多様な物の購入を可能にするので個人主義を促進するというアメリカの考え方は，ヨーロッパの全国市場がより統合され消費者の購買力も増大するにつれて，この地域でも定着し始めることになる[3]。

それゆえ，以下では，まず1においてアメリカのマーケティングの影響についてみた上で，2ではマーケティング手法の学習・導入の経路について考察す

る。さらに3ではマーケティング手法の導入の全般的状況をみた上で，4では主要産業部門におけるマーケティング手法の導入について考察する。それらをふまえて，5ではマーケティング手法の導入のドイツ的諸特徴を明らかにする。

1 アメリカのマーケティングの影響

まず戦後のドイツにおける販売の問題への対応の状況とアメリカのマーケティングの影響についてみることにしよう。ヨーロッパでは，流通においては生産においてよりもはるかに立ち遅れが大きく，アメリカの方式の学習および移転の潜在的な可能性ははるかに大きかった[4]。ドイツでは，伝統的に生産志向や技術志向が強かった。企業における「マーケティング革命」の要求は，精神的な態度の変革やそれまでの経営の徹底的な変革をともなわざるをえないような行動の変化を前提としていた[5]。戦後の好況のもとで，合理化努力の重点は完全に生産部門にあり，製品の販売はなんらの問題を示すことはなかった[6]。当時のアメリカ人の見解では，ドイツでは，1950年代半ば頃になっても，市場調査は大きく立ち遅れていた[7]。当時のヨーロッパの企業では販売要員の熟練にはあまり注意が払われてはおらず，この点はドイツにもいえる[8]。

そうしたなかで，アメリカ技術援助・生産性プログラムによって支援されたマーケティング，販売のテーマの多くの企画において，ドイツでは近代的な販売経済の知識，諸方法は非常に不十分にしか知られていないことが明らかになった。そうしたなかで，アメリカのマーケティング手法への関心も強くなり，同国の販売や市場調査の方法に対する消極的な評価はなくなっていった[9]。ことに1960年代になると，合理化努力の重点が生産部門にあったそれまでの状況は決定的に変化し，購買者の異なる要望が，販売機能を再び真の課題に高めることになった[10]。

2 マーケティング手法の学習・導入の経路

つぎに，アメリカのマーケティング手法の学習・導入の経路についてみることにしよう。その主要な経路には，アメリカ技術援助・生産性プログラムのもとでの同国への研究旅行，アメリカの専門家の招聘，それらを基礎にした各種

の催し，書籍等の刊行物による学習，広告代理店の関与，アメリカ企業の直接投資などの方法があった。

　まず技術援助・生産性プログラムをみると，そのアメリカの諸努力は，マーケティングの領域において最も成功を収めたとされている[11]。相互安全委員会，外国管理委員会，ドイツ経済合理化協議会（RKW）の支援を受けてアメリカに旅行した非常に多くのビジネスマンは，マーケティングおよび広告の最新の方法を知ることを希望するようになっていた[12]。1950年代には，生産性派遣団の一部としてのアメリカへの旅行では，ドイツの産業家やエンジニアは，最新の技術や生産方法の観察と少なくとも同じぐらいに，販売やマーケティングの問題について学習するようになった[13]。さらにヨーロッパ生産性本部のプログラムでも，マーケティング・流通の問題が取り上げられている[14]。

　またアメリカの専門家の招聘では，技術援助計画のB企画のなかで，同国のマーケティングやPRの手法の研究のための交流プログラムが企画され実施された[15]。例えばウエスティングハウスの電気アプライアンス事業部のマーケティングの担当者を招いての経営セミナーが，1953年にベルリンで開催されている。そこでは，マーケティング・リサーチ，製品計画，販売計画，広告・配給，PR，宣伝，耐久消費財の流通の方法，製品サービス，工場組織，マーケティング要員の人材開発に関するグループ・ディスカッションが行われている[16]。

　1950年代には会議や講演会のような催しも中心的役割を果たした。1950年代半ばには，バーデン・バーデンセミナーを機会に，ドイツ工業連盟（BDI），ドイツ経済合理化協議会および外国事業管理局のイニシアティブで，「新しい方法での販売経済」というテーマの催しに140人が参加した。そこでは，売手市場から買手市場への移行のもとで，販売，マーケティングおよび宣伝の新しい方法の伝達が課題とされた。こうした催しにもみられるように，アメリカとドイツの専門家の間の関係は，まさに教師と生徒との関係であった[17]。

　さらに商業雑誌や書籍では，流通に関するドイツのほとんどすべての商業関係の出版物は，販売のスタイル，販売術あるいは組織に関するアメリカのモデルについて言及していた。また関連の書物は，多くの場合，実業界で著名なドイツ人の編者のもとで翻訳され，出版された[18]。

ドイツの企業はまた，アメリカのマーケティングの実践に関する知識を広告代理店やコンサルタント会社との協力によっても獲得しており[19]，こうした方法も重要な役割を果たした。1950年代には，フルサービスを提供するアメリカのタイプの広告代理店が経済的にもより成功モデルであることが明らかになってきた。そうしたなかで，ドイツの企業は，そのような広告代理店の提供する広範囲のサービスの利用へとますます移行した[20]。例えばヘンケルのブランド製品では，スタンフォード研究所や広告代理店のマクキャンエリックソンが，アメリカのノウハウの最も重要な仲介者であった。またGMのようなアメリカの競争企業とは反対に当初はアンケート調査に批判的に対応していたダイムラー・ベンツも，1960年代初頭には，アメリカの宣伝の専門家であるオギルビとの接触によってそうした評価を変えており，同国の専門家との協力が，同社に新しいマーケティングのノウハウを開いた[21]。マーケティング・リサーチから成果の評価を含めた広告キャンペーンの組織・実現に至るまでのフルサービスを提供する広告代理店のヨーロッパでの出現は，この産業のアメリカ化を意味するものであった。アメリカ資本の広告代理店でのヨーロッパ人の従業員の経験も，アメリカの方法や態度の移転に寄与した[22]。

　またアメリカ企業の直接投資の方法も移転の重要な経路をなした。消費財の領域におけるアメリカ製造企業の在ドイツ子会社のマーケティング活動は，ドイツ企業による類似の方法の採用にしばしば非常に直接的な影響を与えた[23]。H. ハルトマンらが調べたアメリカ企業の支社・支店のいくつかでは，販売と宣伝を管轄下においたマーケティング管理者の独自の職位が生み出されていた。他の子会社や支社では，販売と宣伝の両機能は比較的独立していたとはいえ，マーケティング・グループ，マーケティング委員会との作業チームのかたちで統合されていた[24]。またとくに1960年代後半にはアメリカ資本の多くの広告代理店が設立された。多くの代理店は，市場へのよりよい適応のためにドイツのパートナーを受け入れるか，あるいは現地の既存の代理店にかかわっており[25]，そのこともアメリカのノウハウの伝達，導入の促進に寄与した。

3　マーケティング手法の導入の全般的状況

　つぎに，マーケティング手法の導入の全般的状況をみると，1950年代のその

導入は，多くの企業に同時に影響をおよぼした広範囲におよぶ運動であった。例えば1958年にドイツで開催された第1回販売・マーケティング会議の「販売からマーケティングへ」というモットーは，ヨーロッパでおこっていることを要約的に示している。しかし，同地域の製造業の経営者は，そのような新しい方法とその意義に対して懐疑的であった。また生産の問題に重点をおいていた取締役にとっては，マーケティングは，考え方の徹底的な変革を必要としただけでなく，企業内での権限の喪失をともなうものでもあった。こうした事情もあり，ドイツでは1960年代初頭の経営者の世代交代までは，マーケティングやそれに関連するアメリカの経営方法の広い受容はおこらなかった[26]。

ドイツの企業では，1950年代末までは，販売，宣伝部や広報活動を担当する一部の部署を除くと，販売政策上の活動は，一般的に，上位の計画なしに個々の単位において互いに独立して運営されていた[27]。1950年代には，ヨーロッパの経営者は，マーケティング担当の単位を販売部門の小さな一部門として設置している場合が多かった。アメリカでは，販売部門が短期的な戦術を担当するのに対して，マーケティング部門がその企業の長期的な戦略を展開していた。このような分離がドイツにおいて本格的にすすむのは，1960年代末のことであった。1968年までにドイツ企業の79％が両部門の明確な組織上の区分けをしていたという指摘もみられる[28]。

このように，1960年代に入ってアメリカのマーケティング手法の導入が本格的にすすむことになる。以下，その主要な手法についてみることにしよう。

広告・宣伝について——まず広告・宣伝をみると，1945年にはアメリカとヨーロッパの広告の相違はかなり大きかった。その最も主要なものは，広告に対する態度にみられた。例えばアメリカの広告主は，近代的な社会科学の方法を採用したはるかに洗練された手法を使用しており，広告はどこにでもみられた。アメリカの広告は，長年，ヨーロッパにおいてよりもはるかに大規模に組織されていた。フルサービスを提供する広告代理店はアメリカでは一般的であったが，ヨーロッパではまれであった[29]。ドイツでは，そのような広告代理店は1947年にアメリカを手本として設立されており[30]，広告は，50年代には，アメリカのモデルの影響のもとで，ますますマーケティングのひとつの部分領

域とみなされるようになった(31)。

　広告・宣伝の領域では，アメリカ化の2つの波がみられた。フルサービスを提供するアメリカのタイプの広告代理店の役割という面に，1950年代における最初の波のひとつの特徴がみられる。しかし，この段階では，社会においても同国の広告に対するかなりの反感がみられた。計画的陳腐化の方策に基づくキャンペーンのような宣伝の方策は，ドイツでは，この段階には導入されてはいなかった。1950年代については，アメリカモデルの触媒効果やアメリカ化の程度は，過大評価されるべきではないと指摘されている。ドイツの広告会社の組織形態でもアメリカの影響はまだ控えめなものであった。こうしたアメリカ化に対する躊躇は，売手市場であったことのほか，伝統的に生産財産業が消費財製造部門よりもはるかに強力に発展していたという経済的要因によるものでもあった。一方，アメリカ化の第2の波は1960年代以降にみられ，この段階になってアメリカのマーケティングのコンセプトや手法の導入がすすんだ(32)。

　そこで，1960年代の状況をみると，その半ばになっても，宣伝の管理者はなおミドル・マネジメントないしより下位の地位におかれていた(33)。宣伝部門がマーケティング担当の副社長の直属とされていることの多かったアメリカとは，状況は大きく異なっていた(34)。アメリカ的なかたちをとっていたのは，同国企業の在ドイツ支社や支店であった。そこでは，宣伝担当の管理者はしばしばドイツ企業の場合とは異なる役割を果たしており，彼らが取締役であることも多くみられた。この点は，ドイツ資本の企業との最も顕著な相違であった(35)。こうした点でのアメリカを手本とした再組織が多くのドイツ企業で行われるのは，とくに1970年代前半のことであった。以前には広告代理店と企業の宣伝担当部署の間の信頼の欠如や競合もみられたが，そのような状況は，新しい経営者の世代では根本的に改善された。マーケティングは，経営者とともに企業目標を決定するものとなり，宣伝の目標，コンセプト，広告計画の策定や一部では予算の決定も，主として代理店と協力して行われるようになった(36)。

　このように，販売の宣伝は，1960年代以降ドイツ経済の最も強力に「アメリカ化された」領域のひとつをなした(37)。そのことは，1960年代半ばにはアメリカのタイプの広告代理店が支配的となったことにみられる(38)。旧西ドイツ

の住民1人当たりの広告費は，1960年にはアメリカの約3分の1にすぎなかったが，70年には72％にまで増大した。それはイギリスの約3.1倍，フランスの3.8倍の額であり，ヨーロッパで最高となっていた[39]。

しかし，1960年代にもなお広告媒体の選択ではアメリカの優位がみられ，それはテレビでの宣伝において顕著であった[40]。例えばP&Gはすでに1960年にアメリカでの広告予算の90％をテレビ広告に費やしていた。ヘンケルの訪問団も，アメリカ企業のこうした宣伝の努力に強い関心を示した[41]。その後，ドイツでも，テレビの普及にともない，アメリカにやや遅れてそのような新しい広告媒体での宣伝が一層重要な役割を果たすようになった。

マーケティング・リサーチについて——つぎにマーケティング・リサーチについてみると，1960年の時点でも，消費者の要望の高まりや多様性の増大が，しばしば大ロットでの合理的な生産の諸努力の妨げとなっていた。そうしたなかで，商品テストや長期の販売予測の方法での近代的な市場調査は，最適な販売を約束する製品のタイプを決定するために必要な基礎資料の利用を可能にした[42]。

ヨーロッパでも，すでに1945年以前にマーケティング・リサーチの固有の活動がみられた。しかし，この領域でのアメリカの主導的地位は，ORのような科学的手法と事務機器技術との結合による大きな優位の結果であるだけでなく，新しい統計的手法や世論調査の手法の革新的な適用の結果でもあった。その最も重要なもののひとつが消費者パネルであり，ドイツでは，それは1950年代半ば以降に導入された。

また1950年代初頭から，アメリカのマーケティング・リサーチ会社がドイツにも子会社や事務所を設立しており，そうした手法の普及に一定の役割を果たした。しかし，これらの企業への需要の大部分は，アメリカの子会社あるいはヨーロッパ市場への展開をはかっている同国資本の企業によるものであり，マーケティング・リサーチの拡大の大部分は，アメリカ企業の直接投資によるものであった。アメリカのモデルは非常に卓越していたので，ヨーロッパでのマーケティング・リサーチの確立期には，厳密な模倣が一般的な状況であった[43]。

製品政策・価格政策について——また製品政策と価格政策をみると，前者では，アメリカ企業とは反対に，ドイツの供給業者には，しばしば，特別なブランド意識の伝統を重視した製品政策を優先する傾向があった。この点は，ダイムラー・ベンツのような高品質によるブランド力を重視した企業にとくにあてはまる。こうした傾向について，S. ヒルガーは，「時流に制約されないモデル政策」として特徴づけている。同社では，1950年代末以降，車体のみをわずかに変えることによってできる限り少ないコストで外見上での差別化をはかるという製品戦略がとられた。同社は，市場へのそうした譲歩によって，アメリカ的な慣習を抑制し，それでもってヨーロッパ市場でのモデルチェンジの周期が一層早まるのを防いだ。ただその場合でも，ヨーロッパでは，はやいモデルチェンジによる販売方法が「計画的陳腐化」として非難される傾向や高い開発コストのために無駄使いの政策とみなされる傾向があった。その限りでは，こうした傾向は，ドイツに限定されるというよりもヨーロッパ的な特徴を示すものでもある[44]。ドイツ企業の欧州市場への高い依存度のもとで，こうした市場の特性は，同地域向けのドイツ的な製品政策が有効となる条件をなした。

また価格政策をみると，アメリカのそれは徹底して市場諸力の自由な作用に従うというものであった。これに対して，ドイツでは，例えばブランド製品に対する価格維持，景品規定あるいは割引法のような国家による規制の方策の影響があった。また戦前には例えばカルテルのような市場協定の形態で伝統的な温和な競争政策を優先していたドイツの企業は，アメリカの商習慣をあまり実行することができなかった。アメリカの供給業者は，戦後，低価格と割引でもってヨーロッパ市場の動揺に対処した。これに対して，ドイツの供給業者には，1960年代末の成長の鈍化に直面して，通常の高価格を維持しようとする動きがみられた。しかし，価格競争の一層の激化のもとで，例えば化学産業のヘンケルは，1960年代末以降，洗剤事業での異例の価格の引き下げとたえまない割引行動によって，それまでのかたくなな態度を一層変化させてきた。その後には，最も強力な競争相手であるP&Gとの価格競争の結果，ヘンケルはアメリカの競争政策と伝統的な価格政策との間のひとつの中間的な道を示す妥協的解決へと至った。そこでは，ペルジルなどの大きなブランドは絶対的に必要な程度でのみ割引や特売を行うのに対して，他の製品では競争状態にみあう供給

によって全体的な市場シェアを守るべきとされた[45]。

このように，アメリカのマーケティング戦略は，全体的にみれば，ドイツ企業の販売政策のコンセプトに持続的な影響をおよぼした。アメリカ企業の手段やノウハウは，例えば製品政策や宣伝では取り入れられたが，その受容の程度は競争の激しさにかかっていた。宣伝の内容を度外視すると，1950年代末以降，市場調査や意見調査の新しい技術に依拠した販売政策のはるかに強力なシステム化がみられた。しかし，競争政策の影響も受けていたドイツの生産者の価格政策・条件政策に関しては，企業が既存の伝統から離れることは明らかに困難であった[46]。

以上のような全般的な導入状況のなかにあっても，1950年代および60年代には市場志向の経営への転換は，企業によって異なっていた。売手市場から買手市場への移行という条件の変化についても，原料産業と消費財産業とでは差異がみられた。また販売，マーケティング，宣伝および消費者問題に関する感じ方は，産業部門や個別企業の内部でさえ異なっていた。そこでは，個人の経験，感じ方や考え方が，重要な役割を果たした。重工業では，カルテルの存在のような歴史的な理由から，1960年代半ばまで，販売，宣伝およびマーケティングには副次的な意義しか認められていなかった。これとは対照的に，化学産業や人造繊維産業では，トップ・マネジメントは，マーケティングにはるかに大きな注意を払っており，その手法の導入はすでにかなりはやくに始まった[47]。1970年代初頭のブーズ・アレン&ハミルトンの報告書によれば，とくに消費財産業の多くの進歩的な企業ではアメリカのマーケティング・コンセプトが理解され，また導入されており，市場調査，販売および販売促進，広告などのマーケティングを構成する機能がそれなりに展開されていた。これに対して，生産財産業の多くの企業では，市場の要求が前提とされるのではなく，なお依然として主に生産が前提とされていたとされている[48]。そこで，つぎに，マーケティング手法の導入を主要産業とその代表的企業についてみることにしよう。

4 主要産業部門におけるマーケティング手法の導入とその特徴
(1) 化学産業におけるマーケティング手法の導入とその特徴

　第2次大戦後に消費財の製品分野が拡大するなかでマーケティングの問題が重要となってきた部門のひとつに化学産業がある。ここでは，この産業について，個別企業の代表的な事例をとおしてみていくことにする。

　まず**グランツシュトッフ**についてみると，同社は厳格な市場志向の販売戦略を追求しており，それは伝統的な販売の考え方からの離脱を意味した。まったく新しいコンセプトを提供したのはアメリカのマーケティングおよび宣伝の手法であり，そこでは，デュポンが手本とされた。マーケティングの意義の増大は組織にも影響をおよぼした。1954年には宣伝部門が販売部門から切り離され，取締役会の直属とされた。広告の方法の決定に責任を負う広告委員会が同時に設置され，アメリカの広告・宣伝の手法の現地での研究，同国の企業や機関の訪問が行われたほか，出版物や雑誌が検討され利用された。1950年代末から60年代初頭に，ポリエステル繊維「ディオレン」の大規模な宣伝が開始され，59年にはこの製品のための新しい販売促進の課とチームが設置された。テレビ広告でもアメリカ志向がみられ，その導入が行われた[49]。グランツショトッフは，アメリカのマーケティング手法の導入をより直接的なかたちで行った企業の代表例であった。そうした手法の普及は，経営陣による同国の専門用語の採用にも反映されており，企業文化の移転の反映でもあった[50]。

　また**ヒュルス**についてみると，同社ではマーケティングの概念は戦後当初はなんら役割を果たしていなかった[51]。しかし，1950年代初頭には，輸出比率の上昇を反映して，国内向けと国外向けへの広告予算の分割が問題となったほか，広告媒体の検討が行われた[52]。しかし，この段階では，まだアメリカに対する立ち遅れがみられた[53]。グランツショトッフとは異なり，しかるべきマーケティング・コンセプトを追求する人材の欠如もあり，1950年代後半になっても，全体的にみれば，アメリカのモデルに注意が向けられることはほとんどなかった。しかし，1960年代初頭のポリエステル繊維「フェスタン」の導入にともない，状況は変化した。他の製造業者やそのブランド製品との競争，それにともなう市場の諸要求へのより強力な適応の必要性のもとで，グランツシュトッフのディオレン・キャンペーンに類似したフェスタンの大規模なマーケ

ティング・キャンペーンが開始された。ただそこでは、アメリカのマーケティングとの直接的あるいは人的な接触を基礎にした販売政策や同国の経営方法の用語の面での受け入れなしに、マーケティングが実施された[54]。

さらに**ヘンケル**についてみると、ペルジルでは戦後の宣伝活動は1950年にその始まりをみた[55]。しかし、1953年9月の同社のある内部文書によれば、広告は近代的なものとはみなされてはおらず、競争相手の宣伝はつねにより良いものであったと指摘されている[56]。1956年秋には西ドイツの最初の企業として「ペルジル」のテレビ広告が開始されており、それは、ますます同国の全温度洗剤市場でのP&Gの並外れた宣伝努力に対する防衛策となった。しかし、伝統的なドイツのブランド製品の企業として、ヘンケルの経営陣は、その後も、そのような内容には距離をおいていた[57]。

そうしたなかで、1950年代後半から末には、広告への高まる要求によって、市場調査機関や広告代理店のような外部の専門家などが関与するようになった。1959年に初めてペルジル・キャンペーンのために広告代理店であるツールストキャンベル社への委託が行われた。同年には、製品計画と広告を担当するマーケティング部門が設置され、広告宣伝本部がすべての広告宣伝活動の構想・実施に責任を負った[58]。ただ1960年代初頭までは、資本不足のために、経営陣は、競争相手のような価格や広告政策に関する戦略の実施についてほとんど考えることはできなかった[59]。

しかし、アメリカ企業との競争圧力の強まりのもとで、市場調査と競争相手の分析が、販売政策に対して推進力を与えた。1960年代初頭には、アメリカでの新しいブランド製品の登場に関する資料の収集と担当部署へのその伝達を担当する中央部門が、マーケティング部門のなかに設置された[60]。ヘンケルは、専門知識をもつ市場調査担当者の養成のために、1961年および62年に経済省の生産性助成プログラムに参加した[61]。またアメリカのブランド製品の代表的な生産者、マーチャンダイザーおよび販売会社との協力による新しい販売方法やマーケティングの傾向に関する情報の獲得がめざされた[62]。ヘンケルは、すでに1950年代後半以降、ドイツの広告代理店と協力してさまざまな製品を投入してきたが、63年にはアメリカの広告代理店に新しい洗剤「アムバ」のキャンペーンを委託した[63]。

その後，ドイツ市場での競争がますますヘンケルとP&Gの2社の競争に発展したので，1960年代半ば以降，P&Gの営業政策の詳細な分析が取り組まれるようになった(64)。そこでは，P&Gに匹敵するマーケティング・ミックスのあらゆる諸要因の円滑かつ首尾一貫した処理に努めることが提案された(65)。ヘンケルでは，将来の競争にそなえて，P&Gの手法，目標および組織の詳細な分析が必要とされ，1960年代末には，販売の領域においてP&Gの研究のための委員会が組織された(66)。この頃には，洗剤部門での競争激化がブランドの価値の低下をもたらし個々のブランド製品の間の差別化が一層弱くなるという予測から，徹底的な品目の削減によって，対応がはかられた(67)。そのような状況のもとで，アメリカのコンサルタント会社であるスタンフォード研究所が1968年に，マーケティング組織の内部の各単位ないしグループは別々のコスト・センターをなすべきこと，それまでの販売志向の活動からより包括的な顧客志向のマーケティング・プログラムへと転換すべきことなどを提案している(68)。

このように，化学産業では，消費財の製品分野の大量生産の進展とドイツ市場へのアメリカ企業の輸出攻勢による競争の激化が，マーケティング手法での対応を一層重要な課題にした。しかし，そうしたなかで，広告代理店の利用も含めてアメリカとの緊密な接触によって対応した企業とともに，それとは一定の距離をもって対応した企業もみられた。

(2) 電機産業におけるマーケティング手法の導入とその特徴

また電機産業についてみると，**ジーメンス**では，1948年の通貨改革にともない，すでに38年に設立されていた広告本部の活動の重点が販売の宣伝支援へと移った。1950年代には，広告調査によって，宣伝の効果に影響をおよぼす諸要因を経験的に分析する可能性が開かれた(69)。同社の技術的な性格を示すために，またジーメンスおよびその製品への信頼を生み出すために，広告媒体の形成においても統一的なスタイルが生み出されるようになった。さらに日用品の市場での激しい競争への対応として，1954年以降，図解での大衆向け広告が開始された。投資財部門でも，技術の領域における多くの新しい発展によって，販売員には，人的な関係の形成を支援するためにより多くのすぐれた情報手段が必要となった。そこでは，宣伝用パンフレット，印刷物および新聞などの広

告が，その重点をなした(70)。1961年の同社のある内部文書によれば，競争の激化のもとで，販売促進，マーケティング・リサーチ，販売計画および生産計画といった課題が生まれたと指摘されている(71)。

ことに全般的な経済躍進，より強力な宣伝の投入と結びついた市場のダイナミズムの増大，国際的になりつつある競争は，市場条件や顧客の要望への製品政策・販売政策の志向というアメリカの近代的なマーケティング思考へと向かわせることになった。広告のための組織に関しては，1962年以降，広告宣伝グループのほか，必要な宣伝手段の効果的な創出やジーメンス流の広告スタイルの維持にあたる専門の部署への分割が行われた(72)。

1960年代には，イメージ分析の成果が，現代的な広告のスタイルや企業のアイデンティティ戦略の策定のための基礎を提供するようになった。ドイツでは，科学的分析は1950年代には当初広告の目的のために利用されたが(73)，60年代には，ジーメンスの企業イメージに関する科学的研究が，中立の機関によって実施された。さらに企業ブランドやそのシンボルキャラクターに関する研究，競争相手と比較した場合の同社とその製品の知名度に関する分析のほか，ジーメンスとAEGの広告費の比較が行われた。またマーケティング・リサーチ，市場観察および広告調査は，改善された計画の補助的手段をなした(74)。1960年代後半には，消費，市場および販売の調査会社であるGfKニュールンベルク社に「ジーメンスのシリーズ製品」の概念に関する調査を委託しており，知名度，情報およびイメージの3点についての調査結果を得ている(75)。また家庭用電気製品を生産・販売するジーメンス電熱機器会社では，アメリカの小型電気製品市場を分析し得られた知識をヨーロッパの状況に反映させるという目的，また同事業の拡大の可能性を示すという目的をもって，1968年に同国への調査研究のための旅行が実施された。そこでは，①市場の状況，②製品の特徴，③製品計画および製品開発，④生産，⑤販売，⑥広告・販売促進の6点に関する質問票による調査が行われた。また訪問先の中小企業ではトップ・マネジメントとの会談が行われたほか，より大規模な企業では，小型電気製品に責任を負う管理者との議論が行われており，ウエスティングハウスなどの訪問によって販売の組織や方法などについての調査が行われた(76)。

このように，1960年代には，ジーメンスの広告活動は，マーケティングの重

要な一部分へと発展しており，そのときどきの市場の状況に適応してきた。しかし，1970年代になると，広告は，60年代のような販売の問題におけるマーケティング・ミックスの一部としての機能をこえて，企業全体の問題であるコミュニケーション・ミックスの一部としての機能を果たすようになった[77]。

(3) 自動車産業におけるマーケティング手法の導入とその特徴

つぎに，自動車産業をみると，**フォルクスワーゲン**は，強い顧客志向および販売志向のもとで，マーケティングの諸方策への取り組みが最もすすんでいた企業のひとつであった。同社では，アメリカのノウハウはH.ノルトホッフに推進力を与え，はやくも1948年から50年に，広範でかつ大規模な販売組織の計画化が徹底的に取り組まれた[78]。その後も，国内外の販売網の構築が積極的に推し進められた。1947年には，同社の販売組織は，10の中核的な流通業者，14のディーラーを組み入れていたにすぎず，公認の修理工場は存在しなかった。しかし，はやくもその2年後には，販売組織は，16の中核的な代理店，31の卸売業者，103のディーラーおよび84の公認の修理工場をもつようになった[79]。ドイツの他の自動車企業とは対照的に，フォルクスワーゲンは，戦後，既存のディーラー網に依拠することができなかったので，販売組織の整備が重要な課題となった。通貨改革が行われた1948年以降，販売拠点の数が急増しており，卸売の段階も担当する独立した小売業者のシステムが整備されたほか，顧客サービス網が拡大された。販売拠点の整備の方法としては，1960年代には，他社（BorgwardとAuto Union）の買収の方法も利用された[80]。

またフォルクスワーゲンは，1949年8月創刊の広報誌である"*Volkswagen Informationsdienst*"の各号において，はやくも市場分析，広告および顧客サービス機能の必要性と重要性を指摘しており，アンケート調査や統計，顧客サービス機能の整備に取り組んだ[81]。1945年第4四半期にはすでに顧客サービス部門が再び設置され，翌年の46年には取替部品，技術および顧客サービス研修の3つの部署をもつ組織に拡大された[82]。販売・顧客サービス本部は，1948年には国内販売，国外組織，技術，広告といった課を有する組織へと発展しており，宣伝課が同年7月に設置された[83]。また1950年度には，国内販売担当部門の再編のなかで販売促進課が設置された。宣伝課がそこに組み入れられた

ほか，販売統計やあらゆる販売促進の諸方策もそこに統合された。この年度には，かなりの規模の積極的な宣伝が初めて展開されるようになっており(84)，51年度には販売促進・宣伝課は初めて体系的かつ計画的な活動を行うようになった(85)。そうした動きのなかで，1953年には，直接広告の方法が問題にされるなど(86)，広告にも大きな重点がおかれるようになった。また1958年の広報誌"*Volkswagen Informationen*"でも，広告の基本原則として，販売促進と宣伝の重視が指摘されており(87)，販売員研修のような方策もより大規模に行われるようになった(88)。1959年の営業年度には，ディーラー網と修理工場網が強化され，地域の顧客サービスがとくに大都市において拡充された(89)。また契約関係にある販売業者の支援策も積極的に取り組まれた。それは，例えば1962年のディーラー助言会議の開催やディーラー金融制度などにみられる(90)。

こうした販売網・サービス体制の整備は，輸出拡大のための方策として，外国でもすすめられた。ノルトホッフはすでに1950年に，アメリカへの輸出の重要性を指摘し，同国の市場分析に基づいて，有利な開始時期を選択してきた(91)。1955年には国外でも2,800の小売業者および修理工場を抱えており，同年の"*Volkswagen Informationen*"は，ヨーロッパの最善の販売・顧客サービス組織をもつ同社の体制はアメリカにも引けをとらないと指摘している(92)。アメリカ市場での同社の競争力の源泉は，高い生産性とともに，戦後に展開されてきたサービスネットワークの質にも大きく負うものであった(93)。

とはいえ，ノルトホッフは顧客サービスの拡大に集中しており，広告は制限されつづけ(94)，1950年代にはあまり大きな役割を果たさなかった。フォルクスワーゲンでは，生産重視の考え方がなお強かった。彼は，近代的なマーケティングに対して慎重な態度をとっており，1963年までは，今日的な意味での広告予算が存在しなかった。しかし，1960年代の始まりとともに，ドイツの自動車市場が売手市場から買手市場へと徐々に転換するなかで，フォルクスワーゲンは，宣伝への参入，その拡大によっても，そのような経済環境の変化への対応をはかった(95)。

1960年代初頭以降，ドイツの自動車産業の成長率は低下傾向にあった。その原因は，国内市場の変化だけでなく，攻撃的なマーケティングの諸方策による外国の供給業者のドイツ市場への一層の進出にもあった(96)。そのような状況

第5章　大量市場への適応のためのアメリカ的方法の導入　169

のもとで，アメリカのマーケティング手法の導入が本格的に取り組まれた。1960年代には，広告代理店を利用した宣伝活動が一層大規模に展開されるようになった。例えば1964年度をみても，63年に新しく生み出された広告・宣伝のスタイルが徹底して継続され，新車の広告やスポットコマーシャルが，さまざまな広告代理店との協力で展開された[97]。

　全般的にみれば，フォルクスワーゲンの本社の責任者は，アメリカの宣伝の質についてはゆっくりとしか確信をもたず，同国の宣伝の方法を徐々にしか受け入れなかった。しかし，アメリカの影響は非常に大きなものであった。新しい考え方，異なる用語，新しいスタイルの要素や機知が，ドイツの宣伝にも導入された。また1960年に初めてテレビ広告のほか，イラスト，女性誌やテレビ雑誌での広告が開始された。宣伝，販売促進および顧客サービスは，1966年の販売・顧客サービス課の年報において初めて「マーケティング」という名称のもとで表現された統一的な戦略と結びついた。その2年後には，このコンツェルンの販売部門や子会社は，設定された販売目標の達成のために必要な方策を内外の市場要因の詳細な分析に基づいて決定する統一的なマーケティング計画を策定した。このように，同社の新しい販売戦略および宣伝の方法の導入は，アメリカの宣伝およびマーケティングの方法にひとつの「基準」あるいは「手本」をみており，同国のモデルと密接に結びついていた[98]。

　フォルクスワーゲンでは，宣伝の実施や強化の重要な推進力は，アメリカ市場への輸出にあった。そこでは，アメリカフォルクスワーゲン社の社長を務めたC. H. ハーンが大きな役割を果たした。1959年のアメリカ企業による最初の小型車の投入と卸売業者の圧力のもとで，同国での宣伝のより強力な展開をはかるために広告委員会が設置された。現地の広告代理店による「カブト虫」("Käfer")の宣伝でもって，アメリカの洗練された広告の方法が初めて導入された。1950年代末には，専門的な広告代理店の宣伝の利用はアメリカでは広く普及していたのに対して，ドイツ企業にとっては非常に異例であった。こうした状況からすれば，フォルクスワーゲンは，アメリカのマーケティング手法の導入においてすすんでいたといえる[99]。ことに同社の輸出が一層拡大した1960年代には，輸出促進のためのマーケティングの展開が一層重要な課題とされた。例えば輸入業者への広告資料の提供の計画的な展開によって，またいく

つかの市場に対する財務的支援，国際マーチャンダイジングカタログの導入によって，できる限り世界的レベルで調整された販売促進活動の努力がなされた[100]。

このように，フォルクスワーゲンでは，マーケティングのための独自の取り組みが行われる一方で，アメリカ市場への進出，輸出の拡大のための努力のなかで，ハーンのような個人に大きく依存するかたちで[101]，広告代理店の利用もとおして，アメリカ的なマーケティング手法の導入がすすんだ。それはさらに，ドイツの国内市場においても展開されるかたちで広がっていった。1960年代と70年代には，企業のなかでばらばらであった個々のマーケティングの機能が統合され，そこでは，マーケティングは，販売のための現業的な補助機能から経営政策のためのひとつの戦略的・計画的な手段へと発展した。ただ製品政策，販売政策，広告政策および価格政策の諸機能を統合した消費者志向のマーケティング・マネジメントがより本格的に展開されるのは，経営環境が一段と厳しくなる1970年代および80年代のことであった[102]。

(4) 鉄鋼業におけるマーケティング手法の導入とその特徴

つぎにこれらの産業との比較のために，生産財産業である鉄鋼業についてみることにする。アメリカのマーケティング手法の学習のための組織的な取り組みとしては，例えば技術援助プロジェクトの枠のなかで，1954年10月にマーケティング・リサーチ，管理組織，労使関係に関する同国への研究旅行が鉄鋼業連盟の主催で実施されている。そこでは，販売および商取引の組織に関して，販売管理は一般的に生産計画のための受注準備の部門，価格部門，市場調査部門，宣伝部門，クレーム処理部門といったさまざまなスタッフ部門から構成されていたことなどが研究された。そこではUSスチールがひとつのモデルとされた[103]。また個別企業の取り組みでは，例えばティセンは，提携関係にあるアームコへの販売組織や市場開発部門に関する調査を目的とした研究旅行を1955年に行っている[104]。また1956年には，このアメリカ企業との間で市場調査・販売会社の設立をめぐる協定が結ばれている[105]。

しかし，鉄鋼業の製品が生産財であることから，購買者の嗜好・要望が多様な消費財とは異なる市場特性の問題もあり，マーケティングの展開のあり方

も，上述の産業部門とは異なる面がみられた。すでにみたように，重工業では，1960年代半ばまではなお販売，広告，マーケティングには副次的な関心しかもたれていないという傾向にあったとされているが[106]，鉄鋼業はそのひとつの代表的な産業をなした。

5 マーケティング手法の導入のドイツ的特徴

　以上の考察において，アメリカのマーケティング手法の導入の実態について詳しくみてきた。それをふまえて，つぎに，アメリカのマーケティング手法の導入のドイツ的特徴についてみておくことにしよう。

　広告・宣伝の導入という点では，大量消費を基礎にしてとりわけマーケティング・コンセプトの受容を必然的にともなった1960年代半ばから70年代初頭までのアメリカ化の第2の波は，1950年代の第1の波とは比べものにならないほどに大規模であった。それはほぼすべてのより大規模な企業や中規模の企業に影響をおよぼした。アメリカの影響は，以前ほどには大きくはなかったとはいえ1970年代以降もみられ，同国からのコンセプトやアイデアの着実な流れがあった。しかし，その後も，ドイツとアメリカの広告・宣伝の間には，かなりの相違があらゆる領域で存在しつづけた。アメリカ化は，決してドイツの伝統的な行動様式の消滅やアメリカ的なそれによるおきかえを意味するものではなかった。個性の尊重のような広告の部分は決してアメリカ化されたわけではないと指摘されている[107]。

　アメリカのマーケティングおよび宣伝の方法の適応は，なんら収斂的な動きの必然的な過程ではなく，むしろそのためには，能動的・革新的な企業家や経営者が必要であった。彼らは，確かにアメリカでの経験や発見を基礎にして，1950年代も半ばまで自らの企業において実践してきた例えばカルテルやシンジケートのモデルを志向した伝統的な販売政策とは反対に，市場志向というアメリカモデルへの方向づけに尽力した。しかし，そこでは，企業内部の抵抗を克服しなければならないこともまれではなかった[108]。

　広告・宣伝の部門ほどアメリカからの革新の圧力が強く感じられた経済分野はほとんどなく，経済史的・文化史的にみれば，広告代理店のモデルほどアメリカ的なものはなかった。しかし，ドイツの広告の専門家ほどアメリカに対す

る反感が広がっていた職業部門はほとんどなかったとも指摘されている。ドイツにおけるその普及の歴史は，ナチス期の中断がみられるものの1920年代半ばに始まり60年代半ばに一時的に終了した40年間におよぶドイツ的な伝統とアメリカの近代的な方式との融合化の過程であったとされている[109]。確かに，競争の圧力の増大がマーケティングの導入の必要性を高めることになった。しかし，ドイツの企業には，品質，配達業務やアフターサービスに基づいて販売することへの期待や，品質のよい製品やサービスは購入されるとする考え方がある。高い質の製品やサービスの提供の重視のもとで，価格政策や流通チャネルに悩まされることは少ないという傾向にあったとされている[110]。こうした点も，アメリカ的なマーケティング手法の導入におけるドイツ的なあり方に反映している。

　プラグマティックな考え方，傾向の強いアメリカと比べると，ドイツには，製品市場での消費者の技術や品質や機能を重視した購買特性，購買行動がみられる。またそのような市場特性，購買特性を反映して，企業の側にも，品質や技術，生産の面を重視する傾向，経営慣行，経営風土がみられる。そのような条件のもとで，激しい価格競争が抑制され，品質競争が他国に比べてもより重要な意味をもったといえる。例えば製品戦略などにひとつのあらわれがみられるように，こうした状況は，戦後の大量生産の進展のなかにあってマーケティング手法の導入，展開においてドイツ的なあり方がみられたことのひとつの大きな背景をなしたといえる。

第2節　パブリック・リレーションズの導入とその特徴

1　パブリック・リレーションズの導入の全般的状況

　第2次大戦後，対顧客，対市場の面だけでなく対社会との関係という面での対応も，一層重要な意味をもつようになってきた。それゆえ，つぎに，こうした面でのアメリカ的方式として，パブリック・リレーションズ（PR）の導入についてみることにしよう。

　まずPRの導入の背景と全般的状況についてみておくことにする。ドイツでは，1937年に*Deutsche Werbung*誌に掲載されたPRに関する最初の論文は，目立

った反響をみることはなかったが，47年のある論文に受け継がれた別の著作は，この用語を広く知られたものにした[111]。ドイツでも，すでに戦前に広い意味での広報活動にあたるような取り組みがみられたが[112]，1945年までは，大衆の関心の低さや経済的・政治的環境のために，広報活動は，アメリカと比べると，促進されることはなかった。しかし，ドイツ企業の広報活動は，1950年代以降，アメリカのPRのコンセプトによって新しい推進力を得た[113]。

そのような状況のもとで，PRの概念はドイツ産業の復興期に初めて受け入れられた[114]。しかし，1950年代および60年代のその受容においては，この概念の理解，定義や不十分な区別とPRへの期待との間には，かなりの不一致がみられた[115]。H. ハルトマンは1963年に，PRはまだ広く普及するには至っていなかったとしており[116]，60年代以降にその導入が一層すすんだといえる。ヘキストのK. ウインナッカーの1971年の指摘でも，戦前のドイツの産業界では，記者会見は一般的にまったくなかったが，その後そのような事情はまったく変わったとされている。大企業では，業界紙や経済誌，ラジオやテレビとつねに接触している広報部門が不可欠のものとなった[117]。

このように，1960年代になると，大衆消費社会が到来するなかで，企業イメージの確立および向上がそれまで以上に重要な課題となってきた。そうしたなかで，企業イメージの創出をねらいとして，アメリカで広く普及していたイメージ広告が，PR活動の一環として，より強力に展開された。例えばヘンケルでは，同社の社名を洗剤・洗浄製品のジャンルの概念として社会のなかにはるかに強く位置づけるためのPR活動は，講演やパネルディスカッションによる催しから大衆雑誌での広告活動にまでおよんでいる[118]。またジーメンスでも，コミュニケーションの方策の計画および実施では，イメージの確立や明確化がますます重要となった。そうしたなかで，同社は，電機産業の大企業のなかで，イメージ分析の利用の先駆者となった[119]。同社では，定期的に実施される自社の社会的イメージに関する経験的なアンケート調査に基づいて，企業イメージの近代化をはかった。ことに1960年代後半以降の競争の激化に直面して，とりわけ手法や内容の面でそれまでよりも新しい，また挑戦的なイメージ広告が展開された[120]。しかし，ドイツ企業においては，アメリカとは異なり，文化活動や人道的活動，社会貢献活動に対する資金面での助成活動は，

1980年代になるまで戦略的な位置を占めることはなかった[121]。

　また国外事業の拡大にともない国際広報活動の重要性も高まった。1960年代には，国内外の企業全体にとってのコンセプトの創出を主要な任務とする国際広報担当の部署や職位が設置されるようになった。例えばヘンケルでは，その設置は1969年にみられた[122]。

　PR活動の取り組みにおいては，その関連サービスを提供するアメリカの会社の関与がみられた。例えばバイエルの事例では，ジュリウスクライン・パブリック・リレーションズ社が，すでに1950年代前半から，企画や提案による営業活動を行っており，それは60年代に入っても続けられた[123]。バイエルでは，1950年代半ば頃には，このPR会社側からの働きかけに慎重な態度をとっていたが[124]，アメリカ社会においてバイエルを積極的に示すための適切なPRの諸方策が協議されるようになった。このPR会社は，アメリカでのドイツ企業のイメージ改善のために，バイエル以外の企業も支援している[125]。ダイムラー・ベンツでも，1960年代にPR活動においてジュリウスクライン社の関与がみられた[126]。そうしたなかで，例えば1963年のダイムラー・ベンツによるアメリカ旅行の報告でも，PRによる宣伝が不可欠であるとする指摘がなされている[127]。

2　パブリック・リレーションズの導入の代表的事例

　このように，第2次大戦後，アメリカのPR手法の導入がすすむことになったが，その利用は，アメリカとドイツのそのときどきの異なる政治的・文化的伝統だけでなく，とくに企業の特殊な状況にも依存していた[128]。それゆえ，企業による相違もみられた。そこで，主要企業の代表的事例をみていくことにする。

　化学産業のバイエルは，1950年代初頭に，宣伝や国内外の社会的信頼の回復策として，PR活動を行った。同社は広報活動の長い経験をもっていたが，この頃にはしばしばアメリカのPRモデルを志向した。同社では，外国市場での社名と商標の認知拡大のためにPR活動が積極的に展開された。知名度や企業イメージの向上のためのそのような取り組みは，ヒュルスやフェニクス・ライン鋼管，ヘンケルなどでもみられた[129]。

それゆえ，つぎに**ヘンケル**についてみると，1960年には広報部門が新しく生み出された(130)。スタッフ部門である広報部は本社の取締役会に直属し，その活動領域には照会，出版，報道関係，工場見学および文書館の5つがあった。この部門は1964年から68年までの5年間に約2,020万DMを支出している(131)。また①1969年1月1日以降のヘンケル有限会社をグループの全企業の持株会社および管理会社とする法的形態での経営への転換，②同年3月1日の事業部，機能部門および地域部門へのグループ事業の再編，③グループの全広報活動を担当する広報部というスタッフ部門の設置という3つの理由から，広報活動のコンセプトの明確化が必要となった(132)。そうしたなかで，すべての子会社や参加会社を含めた企業全体のPR活動の展開という観点から，持株会社のトップ・マネジメントのもとに広報部門を設置することが重要となった。この部門は，組織的な情報政策のあらゆる手段でもって内外に対して問題解決に貢献することを課題とし，それに責任を負うべきものとされた(133)。さらに1969年に設置された国際広報担当のスタッフ部門では，その長は，国内外における企業全体にとっての広報の構想の計画，構築および実現，あらゆる広報活動の実施に責任を負った。彼はまた，広報活動のあらゆる問題に関する外国の子会社への助言のほか，外国の子会社における広報の方策と企業全体のPRの構想との統一にも従事した(134)。またヘンケルでは，PR活動は，質の高い労働者や管理者の確保という人事面の問題やマーケティング上の問題への対応としての意義ももっていた(135)。

さらに企業イメージの創出に関しては，1960年代初頭以降すでに広範囲におよんでいたヘンケルの多角化が社会ではあまり認識されていないという状況のもとで，同社は，企業のアイデンティティの確立のために，専門の経営コンサルタント会社のノウハウを利用した。アメリカのスタンフォード研究所はヘンケルにブランド製品思考の維持，品質のイメージ，長期的な製品管理，一貫しながらも柔軟な価格政策への集中を推奨した(136)。ヘンケルでは，1960年代初頭に実施された企業イメージに関するいくつかの調査を基礎にして，企業イメージの確立のための活動の促進がはかられた。それは製品広告を補完するものでもあった(137)。その手法としては，代表調査のほか主婦を対象とした工場見学会なども行われたが，代表調査は1960年代前半の大規模なPRキャンペーン

の出発点でもあった。同社の広報活動は，アメリカのモデルを参考にして初めて推し進められたのではなく，戦前期の報道・広報活動に起源をもっていた。しかし，1950年代および60年代には，アメリカのモデルを志向した広報活動が追求された。内容的にはアメリカの科学的な方法が利用され，企業内部の広報部門の重要性も高まることになった。こうした点は化学産業のヒュルスにもあてはまる(138)。

またBASFでも1960年代にはPRの取り組みが一層すすんでおり，その伝達媒体の問題(139)や広報部の組織変革などが取り組まれた。1962年には，広報活動や企業の宣伝は，引き続き広報部が担当するものとされた。一方，販売部門は製品の広告・宣伝に責任を負うようになり，それまでの宣伝グループと広報部内の製品情報の担当グループは，販売部門のもとにおかれるようになった(140)。1966年には広報部の組織変更が行われた。新たに文書・編集課が加えられ，PR部門は，それまでの報道担当，社内報，工場機関紙，広報出版・広告，映像・訪問者担当，政府担当，広報全般の7セクションを含めた8つの単位で構成される組織となった(141)。

さらに鉄鋼業の**クルップ**についてみると，PRの領域における先駆者のひとりであるC. フントハウゼンの主導のもとに，PR活動が展開された。同社は，ドイツのみならずイギリスやフランスも含めた雑誌や他の印刷媒体での多くの活動によって，また学校においてやラジオ放送によって，全国的・国際的な「社会的信頼」を宣伝した。そこでは，多色刷りのカバーや工場設備の写真がはいったアメリカ企業の営業報告書が手本とされた(142)。

3　パブリック・リレーションズの導入のドイツ的特徴

以上をふまえて，つぎに，PR手法の導入のドイツ的特徴を明らかにしていくことにしよう。PR手法の導入について，C. クラインシュミットは3つの側面を強調している。第1に，アメリカ市場において地歩を固めようという多くのドイツ企業の利害によってPRの重要性が高まった。第2に，アメリカのモデルは，1950年代初頭以降，ドイツ企業にとって，ひとつの重要な方向づけの機能をもち，80年代に入るまで，模倣に値する刺激を提供した。第3に，少なくとも19世紀から20世紀にかけての世紀転換期にさかのぼる対報道活動・広報活動

のドイツの伝統も確かに存在したが，それは戦後のアメリカのPRとは明らかに異なっていた。アメリカのPRは，新しい社会科学の方法を基礎にしていただけでなく，新聞広告の発表をこえた，また宣伝やマーケティングのような他の経営の手法とのより密接な結びつきを考慮に入れた，大衆のより広い理解を基礎にしていた。アメリカのPRは，1960年代に初めてドイツ企業の実務のなかに大規模に普及した[143]。しかし，ドイツでは，PRはマーケティングに従属したものとなっており，ますます販売政策のマーケティング的手段となったという面が強い[144]。

またS. ヒルガーが指摘するように，ドイツの企業はしばしば自らの長年の伝統を固く保持しており，1970年代に入るまで「継続性」，「耐久性」や「品質」のような典型的にドイツ的な企業価値を重視してきた[145]。例えばダイムラー・ベンツでは「公開」政策に対する経営陣の反感があったために，同社のコミュニケーションはアメリカモデルと一致することは決してなかったとされている。ジーメンスでも同様に，同社のすべての構成単位に広報活動の意義が伝えられていたわけではない。体系的な情報管理の必要性が一層強まるなかで，統一的な広報活動は，1968年の中央情報本部の設置でもって，ようやく始まった。ヘンケルでも，PR活動におけるコミュニケーション政策はアメリカと比べると慎重であった。またドイツでは，戦前からの対政府・対政治にかかわる広報活動の伝統があり，そうした観点が戦後も引き続き重視されたが，それは19世紀末以降の経済文化の反映でもあった[146]。

こうしたドイツ的な特徴に関していえば，PRの方策も，基本的には，対社会との良好な関係の創出という独自の課題をもちながらも，顧客，市場への対応という販売政策上の一環としての目的と性格を強くもっていた。そこでも，品質重視，技術重視というドイツ的な価値観に基づいた経営観や経営風土という点では，アメリカ的な市場原理を重視したプラグマティックな価値観に基づくあり方は必ずしも適合的ではなかったといえる。

第3節　オペレーションズ・リサーチの導入とその特徴

つぎに，オペレーションズ・リサーチ（OR）の導入についてみることにす

る。ORの問題は，いくつかのドイツの大企業では，すでに非常にはやい時期に議論が行われていた。アメリカ企業でもORの手法は1940年代末以前にはほとんど利用されていなかったことを考えると，例えばバイエルは，わずかほぼ2，3年の遅れでもって，そのような動きに対応していた。同社では，例えばアメリカの専門雑誌である"Chemical and Engineering News"の報告から，同国の企業に関する情報収集が行われた。またアメリカへの旅行，アメリカ経営協会のような団体による1956年のニューヨークでの会議や催しをとおして，ORの手法はドイツにも伝わった。さらに専門雑誌やミュンヘンでの1957年のORの最初の講座の設置が，普及のいまひとつのチャネルをなした[147]。ドイツでは，1945年以降，ORが経営経済学のカリキュラムに加えられたが，その重要性はまだ小さなものであった[148]。

　しかし，1960年代の急速な技術進歩と競争激化のもとで，ドイツ経済合理化協議会の著作シリーズや定期刊行物において，最適な注文量の算出にさいしてのORの手法の利用や価値分析のテーマに関する研究が出版されるようになった[149]。1964年のK.ペンツリンの指摘によれば，その10年間の発展を規定する変革は「科学的管理から管理科学へ」というアメリカ的な定義に最も明確に示されており，そうした発展の重要なひとつがORあるいはオペレーショナル・リサーチの技術であった[150]。

　そこで，ドイツ企業におけるORの手法の導入の事例をみることにしよう。例えばヘンケル・グループでは，1960年代後半から末に電子データ処理やORのような技術の利用がみられたが，ORのための諸努力の規模は，いくつかの企業での利用と比べると，限定的であった[151]。しかし，在庫保有や販売の合理化は，業務の管理の近代的な手法の利用を必要としたのであり，こうした合理化は，ORやIEのような経営管理の科学的手法によって達成可能なもののひとつの良い事例であった[152]。またジーメンスでも，戦後，ORの手法が利用されており[153]，1960年代末に，"DELPHI"と呼ばれるマネジメントゲームのプログラム・システムが導入された。それは，モデルにおいて複雑な経済条件を考慮しながら自社の意思決定の効果と競争企業の反応を時間の経過のなかで示し経済的な法則性を認識させるものであった。その近年になって初めて，データ処理は将来の活動のシステム・方法のための投資とみなされるようになって

おり，ORの手法は，そのための手段として役立つものであると認識されるようになった[154]。

それゆえ，ORの手法の導入は，電子データ処理技術の導入との関連でみることも重要である。1960年代半ば以降の企業の組織再編の進展のなかで，また経営計画の重要性の増大とも関連して，ORの手法，アメリカから導入されてきた線形グラフ技術や経営情報システム（MIS）の枠のなかで，電子データ処理が一層重要になってきた。例えばグランツシュトッフやフロイデンベルクの経営者は，アメリカで1950年代末に開発されたPERTシステムの線形グラフ技術について，同国での調査を行っている。戦後には，経営会計制度や統制制度の領域でも，ドイツ企業の強力なアメリカ志向がみられたが，電子データ処理の導入は，OR，線形グラフや経営情報システムといった手法の導入のためのひとつの重要な前提条件をなした[155]。

しかし，ドイツでは，ORの手法は，1960年代初頭になって比較的遅くに利用され始めたにすぎず，60年代末までは企業でもほとんど利用されていなかった。1970年代初頭になっても，ORの手法は主に現業的な問題の解決のために利用されていた。ORの手法が計画化の問題の解決のために利用されることは非常にまれであり，トップ・マネジメントの根本的な問題の解決との関連で利用されることもほとんどなかったとされている。またORの専門家の著しい不足も，そのような手法の一層の普及を困難にしていた[156]。

これまでの考察からも明らかなように，マーケティングやPR，さらにORの手法は，寡占的市場での競争のもとでの大企業体制，大企業による市場支配体制を支える経営上の基盤を整備するものでもあった。ただ，そこでも，ドイツには品質重視，したがってまた技術重視の経営観・経営風土の伝統と市場特性が存在しており，プラグマティックな伝統のもとに能率原理が重視され生産と消費の両面において標準化がすすんでいたアメリカにおいて生み出され発展してきた経営方式は，必ずしも適合的ではなかったといえる。例えば典型的な寡占的行動様式のひとつである「計画的陳腐化」のようなアメリカでは最も広く推進され競争優位の確立にも寄与した販売政策の手法[157]も，ドイツでは必ずしも適合的ではなかった。ダイムラー・ベンツのような企業では，高級車か実

用車か,乗用車か商用車かを問わず,安全性や快適性の面での最高の品質の提供を社会的な責任とみる製品開発志向,製品戦略がとられてきた[158]。またフォルクスワーゲンのような大量生産志向の企業でも,同様に,戦後初期の段階から,世界市場での競争力の確保の要因として,品質が重視されてきた[159]。このような点にもドイツ的な経営行動の特徴がみられ,市場特性,消費者の購買特性とそれを反映した企業の行動原理,行動様式,経営観が,大量生産の進展のもとでの市場への対応のあり方にも影響をおよぼしたといえる。ただこうしたドイツ的な展開,あり方は,市場の構造・特質を反映するものであっただけでなく,1950年代および60年代の経済成長期の生産力と市場との関係にみられる有利な歴史的条件のもとで,その問題性が顕在化するには至らなかったということも重要である。

(1) 保田芳明「マーケティング」,経済学辞典編集委員会編『大月経済学辞典』大月書店,1979年,853ページ,森下二次也「マーケティング」,大阪市立大学経済研究所編『経済学辞典』,第3版,岩波書店,1992年,1227-8ページ。
(2) H. G. Schröter, *Americanization of the European Economy*, Dordrecht, 2005, p. 97.
(3) *Ibid.*, pp. 121-2.
(4) *Ibid.*, p. 78.
(5) C. Kleinschmidt, *Der produktive Blick*, Berlin, 2002, S. 226.
(6) H. Remele, Rationalisierungsreserven in Klein- und Mittelbetrieben. Ergebnisse einer Analyse des RKW-Betriebsbegehungsdienstes, *Rationalisierung*, 14. Jg, Heft 5, Mai 1963, S. 113.
(7) Stand der Rationalisierung in Deutschland, S. 14, *Rheinisch-Westfälisches Wirtschaftsarchiv zu Köln*, Abt 1, 517. 6.
(8) OEEC, *Problems of Business Management*, Paris, 1954, p. 16.
(9) C. Kleinschmidt, An Americanized Company in Germany, M. Kipping, O. Bjarnar (eds.), *The Americanization of European Business*, London, 1998, p. 181.
(10) H. Remele, *a. a. O.*, S. 114.
(11) A letter to the Economic Cooperation Administration from Dr. C. Kapfner (20. 9. 1950) *National Archives*, RG469, Productivity and Technical Assistance Division, Office of the Director, Technical Assistance Country Subject Files, 1949-52, German-General,
(12) C. Kleinschmidt, Driving the West German Consumer Society : The Introduction of US Style Production and Marketing at Volkswagen, 1945-70, A. Kudo, M. Kipping, H. G. Schröter (eds.), *German and Japanese Business in the Boom Years*, London, New York,

2004, p. 83.
(13) C. Kleinschmidt, An Americanized Company in Germany, p. 181.
(14) Program Suggestions of PTAD/FOA for the EPA second annual Program, *National Archives*, RG469, Productivity & Technical Assist Division Labor Advisor Subject Files 1952-54, TA-Work, Program Suggestions of PTAD/FOA for the EPA second annual Program.
(15) TA-B-Project Berlin 09-215——Marketing and Public Relations Team Berlin (24. 11. 1953), *National Archives*, RG469, Productivity & Technical Assist Division Labor Advisor Subject Files 1952-54, TA-Work,.
(16) Report on Experiences. German-American Management Seminars in Berlin (2. 11. 1953), *National Archives*, RG469, Mission to Germany, Productivity and Technical Assistance Division, Subject Files of the Chief, 1953-1956,.
(17) C. Kleinschmidt, *a. a. O.*, S. 225.
(18) H. G. Schröter, *op. cit.*, p. 82.
(19) S. Hilger, *„Amerikanisierng" deutscher Unternehmen*, Stuttgart, 2004, S. 203.
(20) H. G. Schröter, Die Amerikanisierung der Werbung in der Bundesrepublik Deutschland, *Jahrbuch für Wirtschaftsgeschichte*, 1/1997, S. 98-99.
(21) S. Hilger, *a. a. O.*, S. 187-8.
(22) H. G. Schröter, *op. cit.*, pp. 118-9.
(23) G. P. Dyas, H. T. Thanheiser, *The Emerging European Enterpreise*, London, 1976, p. 112.
(24) H. Hartmann, *Amerikanische Firmen in Deutschland*, Köln, Opladen, 1963, S. 109.
(25) H. G. Schröter, *a. a. O.*, S. 107.
(26) H. G. Schröter, *op. cit.*, p. 106.
(27) S. Hilger, *a. a. O.*, S. 186.
(28) H. G. Schröter, *op. cit.*, p. 107.
(29) *Ibid.*, p. 118.
(30) D. Schindelbeck, „Asbach Uralt" und „Soziale Marktwirtschaft". Zur Kulturgeschichte der Werbeagentur in Deutschland am Beispiel von Hannes W. Brose (1899-1971), *Zeitschrift für Unternehmensgeschichte*, 40. Jg, Heft 4, 1995, S. 247.
(31) C. Kleinschmidt, *a. a. O.*, S. 224.
(32) H. G. Schröter, *a. a. O.*, S. 98-103.
(33) Vgl. H. Hölzer, Werbung ist Führungsaufgabe, *Der Volkswirt*, 18. Jg, Beiheft zu Nr. 39 vom 25 September 1964, Werbung ist Führungsaufgabe, F. H. Korte, Der Werbeleiter in der Unternehmens-Hierarchie, *Der Volkswirt*, 18. Jg, Beiheft zu Nr. 39 vom 25. September 1964, S. 26, S. 30.
(34) K. Hallig, *Amerikanische Erfahrungen auf dem Gebiet der Wirtschaftswerbung im Hinblick auf ihre Anwendung im westeuropäischen Raum*, Berlin, 1965, S. 64.

(35) H. Hartmann, *a. a. O.*, S. 111.
(36) H. G. Schröter, *a. a. O.*, S. 105, S. 107.
(37) S. Hilger, *a. a. O.*, S. 202.
(38) D. Schindelbeck, *a. a. O.*, S. 235.
(39) H. G. Schröter, Advertising in West Germany after World War Ⅱ. A Case of an Americanization, H. G. Schröter, E. Moen(eds.), *Une Americanisation des Enterprises?*, Paris, 1998, pp. 28-9, H. G. Schröter, *Americanization of the European Economy*, p. 120.
(40) H. G. Schröter, *a. a. O.*, S. 108.
(41) S. Hilger, Reluctant Americanization? The Reaction of Henkel to the Influences and Competition from the United States, A. Kudo, M. Kipping, H. G. Schröter(eds.), *op. cit.*, p. 202.
(42) K-H. Strotmann, Marktforschung als Voraussetzung für Typenbeschränkung, *Rationalisierung*, 11. Jg, Heft 1, Januar 1960, S. 12.
(43) H. G. Schröter, *Americanization of the European Economy*, pp. 111-4, p. 117.
(44) S. Hilger, *a. a. O.*, S. 190, S. 192-3.
(45) Vgl. *Ebenda*, S. 195-7, S. 201.
(46) Vgl. *Ebenda*, S. 211-2.
(47) C. Kleinschmidt, *a. a. O.*, S. 226-7, C. Kleinschmidt, Driving the West German Consumer Society, pp. 83-4.
(48) Booz-Allen & Hamilton, *Herausforderungen des deutschen Managements und ihre Bewältigung*, Göttingen, 1973, S. 35.
(49) C. Kleinschmidt, *a. a. O.*, S. 229-31, C. Kleinschmidt, An Americanized Company in Germany, p. 182.
(50) *Ibid.*, p. 183.
(51) C. Kleinschmidt, *a. a. O.*, S. 233.
(52) CWH-Werbung im Jahr 1952, *Hüls Archiv*, Ⅶ-7-1/1.
(53) Neugestaltung der Industriewerbung(7. 6. 1951), *Hüls Archiv*, Ⅶ-7.
(54) C. Kleinschmidt, *a. a. O.*, S. 234-5.
(55) R. Gömmel, Werbeverhalten im Konsum und Investitionsgüterbereich von 1945 bis 1980, gezeigt an frei gewählten Beispielen, S. 16, *Siemens Archiv Akten(SAA)*, 49/Lb457.
(56) Niederschrift über die Postbesprechung vom 18. 9. 1953(19. 9. 1953), S. 7, *Henkel Archiv*, 153/9.
(57) S. Hilger, *a. a. O.*, S. 208-9.
(58) R. Gömmel, *a. a. O.*, S. 39.
(59) S. Hilger, *op. cit.*, p. 211.
(60) S. Hilger, *a. a. O.*, S. 188-9.
(61) Niederschrift über die Postbesprechung Henkel vom 31. Juli 1962(2. 8. 1962), S. 3,

Henkel Archiv, 153/20.
(62) S. Hilger, *op. cit.*, p. 200.
(63) S. Hilger, *a. a. O.*, S. 203.
(64) *Ebenda*, S. 189.
(65) Auszug aus dem Protkoll Nr. 3/1968 über die Sitzung des Verwaltungsrates der Persil GmbH am 4. April 1968, *Henkel Archiv*, 153/20, Niederschrift über die gemeisame Post PERSIL/HENKEL/Böhme/HI vom 9. 1. 1968(10. 1. 1968), S. 7, *Henkel Archiv*, 153/42.
(66) Auszug aus dem Protokoll Nr. 1/68 über die gemeinsame Post vom 9. Januar 1968, S. 2, *Henkel Archiv*, 451/55, Niederschrift über die gemeisame Post PERSIL/HENKEL/Böhme/HI vom 9. 1. 1968(10. 1. 1968), S. 7, *Henkel Archiv*, 153/42.
(67) Auszug aus dem Protokoll Nr. 1/68 über die gemeinsame Post vom 9. Januar 1968, S. 1, *Henkel Archiv*, 451/55.
(68) Stanford Research Institute, Langfristigen Planung für Persil/ Henkel, Phase Ⅱ : Strategische Plaung, 2. Bd, Juli 1968, S. 339, S. 344–6, *Henkel Archiv*, 251/2.
(69) O. Schwabenthan, Unternehmenskommunikation für Siemens 1847 bis 1989, München, 1995(Selbstverlag), S. 62–3, *SAA*, 9871, R. Gömmel, *a. a. O.*, S. 6, S. 8.
(70) *Ebenda*, S. 7–9.
(71) H. Illmer, Warum materialorientierter Vertrieb?, S. 30, *SAA*, 37/Lk975.
(72) O. Schwabenthan, *a. a. O.*, S. 85, S. 87, S. 92.
(73) W. Feldenkirchen, The Americanization of the German Electrical Industry after 1945, A. Kudo, M. Kipping, H. G. Schröter(eds.), *op. cit.*, p. 130.
(74) R. Gömmel, *a. a. O.*, S. 25.
(75) Vgl. Siemens-Serienfabrikate. Eine Untersuchung bei ausgewählten Abnehmerkreisen von Siemens-Erzeugnissen(März 1967), *SAA*, 37/Lk975.
(76) Vgl. Analyse des USA-Kleingerätenmarktes. Reise der Herren Fromm, Prahl und Dr. Rumswinkel vom 15. 5. bis 29. 6. 1968, *SAA*, 68/Li137.
(77) R. Gömmel, *a. a. O.*, S. 49, S. 57.
(78) G. Vogelsang, Über die technische Entwicklung des Volkswagens, *Automobiltechnische Zeitschrift*, 63. Jg, Heft 1, Januar 1961, S. 6, H. Hiller, Das Volkswagenwerk legt Rechnung, *Der Volkswirt*, 6. Jg, Nr. 22, 31. 5. 1952, S. 26–7.
(79) C. Kleinschmidt, Driving the West German Consumer Society, p. 84.
(80) Vgl. K. Linne,《〔…〕bisher nur Sonnentage〔…〕》. Der Aufbau der Volkswagen-Händlerorganisation 1948 bis 1967, *Zeitschrift für Unternehmensgeschichte*, 53. Jg, Heft 1, 2008, S. 8, S. 25–6, S. 31.
(81) Volkswagen G. m. b. H., *Volkswagen Informationsdienst*, Nr. 1(1. 8. 1948), Nr. 2(5. 10. 1948), Nr. 3(16. 12. 1948), Nr. 4(10. 2. 1949), Nr. 5(20. 5. 1949), Nr. 6(1. 9. 1949), Nr. 7 (16. 12. 1949), *Volkswagen Archiv*, 61/2036, H. Nordhoff, Ein offenes Wort zu unserer

Situation (in : *Volkswagen Informationen*, Nr. 19, September 1954), *Volkswagen Archiv*, 174/1588,

(82) Bericht der Verkaufs- und Kundendienstorganisation für das Geschäftsjahr 1946, *Volkswagen Archiv*, 174/1033.

(83) Tätigkeitsbericht der Hauptabteilung VERKAUF und KUNDENDIENST für das Jahr 1948, *Volkswagen Archiv*, 174/1033.

(84) Geschäftsbericht 1950 der Hauptabteilung VERKAUF und KUNDENDIENST, S. 13, *Volkswagen Archiv*, 174/1033.

(85) Geschäftsbericht 1951 der Hauptabteilung VERKAUF und KUNDENDIENST, S. 17, *Volkswagen Archiv*, 174/1033.

(86) Direktwerbung――methodisch betrieben (in : *VW Informationen*, Nr. 14, August 1953, Sonderheft : Die hohe Kunst des Verkaufens und des Umgangs mit Menschen), *Volkswagen Archiv*, 174/1588.

(87) Grundsätzliches zur VW-Werbung (in : *Volkswagen Informationen*, Nr. 14, August 1958, Sonderheft : Die hohe Kunst des Verkaufens und des Umgangs mit Menschen), *Volkswagen Archiv*, 174/1588.

(88) Vgl. Geschäftsbericht 1958 der Hauptabteilung VERKAUF und KUNDENDIENST, S. 7-8, *Volkswagen Archiv*, 174/1035, K. Linne, *a. a. O.*, S. 20-1.

(89) Volkswagenwerk mit hohen Zuwachsraten. Rund 256 Mill. DM Gewinne――Auflösung stiller Reserven, *Der Volkswirt*, 14. Jg, Nr. 36, 3. 9. 1960, S. 2047.

(90) Vgl. Remarks by Professor Nordhoff at Dealer Advisory Council Breakfast, *Volkswagen Archiv*, 174/742, Jahresbericht 1960 der Hauptabteilung VERKAUF und KUNDENDIENST, *Volkswagen Archiv*, 174/1043, Geschäftsbericht für das Jahr 1962 der Hauptabteilung VERKAUF und KUNDENDIENST, *Volkswagen Archiv*, 174/1035, Geschäftsbericht für das Jahr 1964 der Hauptabteilung VERKAUF und KUNDENDIENST, *Volkswagen Archiv*, 174/1035, Geschäftsbericht für das Jahr 1965 der Hauptabteilung VERKAUF und KUNDENDIENST, *Volkswagen Archiv*, 174/1035.

(91) Ansprache von Generaldirektor Dr. -Ing. e. h. HEINZ NORDHOFF anläßlich der Pressekonferenz am 14. Oktober 1950 (in : *Volkswagen Informationen*――Ausschnitt zu Heinrich Nordhoff), *Volkswagen Archiv*, 174/1588.

(92) Ansprache von herrn Generaldirektor Prof. Dr. Nordhoff zur Pressekonferenz am 6. August 1955 anläßlich der Fertigstellung des millionsten Volkswagens (in : *Volkswagen Informationen*――Ausschnitt zu Heinrich Nordhoff, S. 4), *Volkswagen Archiv*, 174/1588, Eine Million Volkswagen, *Der Volkswirt*, 9. Jg, Nr. 32, 13. 8. 1955, S. 11.

(93) W. Abelshauser, Two Kinds of Fordism, H. Shiomi, K. Wada (eds.), *Fordism Transformed*, Oxford, 1995, p. 289.

(94) C. Kleinschmidt, Driving the West German Consumer Society, pp. 84-5.

第5章　大量市場への適応のためのアメリカ的方法の導入　185

(95) V. Wellhöner, „Wirtschaftswunder"――Weltmarkt――Westdeutscher Fordismus, Münster, 1996, S. 130.
(96) W. Feldenkirchen, *DaimlerChrysler Werk Untertürkheim*, Stuttgart, 2004, S. 158.
(97) Jahresbericht für den Vorstandsbereich VERKAUF 1964, *Volkswagen Archiv*, 174/1043, Jahresbericht für den Vorstandsbereich VERKAUF 1965, *Volkswagen Archiv*, 174/1043, I. Köhler, Marketingmanagement als Strukturmodell. Der organisatorische Wandel in der deutschen Automobilindustrie der 1960er bis 1980er Jahre, *Zeitschrift für Unternehmensgeschichte*, 53. Jg, Heft 2, 2008, S. 232–3.
(98) Vgl. C. Kleinschmidt, *a. a. O.*, S. 250, S. 255–6.
(99) *Ebenda*, S. 254, C. Kleinschmidt, Driving the West German Consumer Society, p. 80.
(100) Jahresbericht 1966 des Vorstandsbereich Verkaufs, S. 18, *Volkswagen Archiv*, Z174/N. 2366, Jahresbericht 1969 der Hauptabteilung Verkauf und Kundendienst, *Volkswagen Archiv*, 174/1039.
(101) C. Kleinschmidt, Driving the West German Consumer Society, p. 85.
(102) Vgl. J. Köhler, *a. a. O.*, S. 216–39.
(103) USA-Reise Oktober 1954 : Marketing Research, Management Organisation, Industrial Relations (TA Projekt 09–288) (8. 12. 1954), *Thyssen Krupp Konzernarchiv*, WVS/148.
(104) Untersuchung über die Organisation des Verkaufs und der Abteilung Market Development, *ThyssenKrupp Konzernarchiv*, A/1207.
(105) Vertrag mit der Armco über die Marktforschungs- und Vertriebs GmbH (14. 1. 1956), *ThyssenKrupp Konzernarchiv*, A/34272.
(106) C. Kleinschmidt, Driving the West German Consumer Society, p. 84, C. Kleinschmidt, *a. a. O.*, S. 226.
(107) H. G. Schröter, *a. a. O.*, S. 114.
(108) C. Kleinschmidt, *a. a. O.*, S. 258–9.
(109) Vgl. D. Schindelbeck, *a. a. O.*, S. 236.
(110) P. Lawrence, *Managers and Management in West Germany*, London, 1980, p. 94.
(111) C. Hundhausen, *Industrielle Publizität als Public Relations*, Essen, 1957, S. 9.
(112) Vgl. M. Kunczik, *Geschichte der Öffentlichkeitsarbeit in Deutschland*, Köln, Weimar, Wien, 1997, S. 353–5.
(113) S. Hilger, *a. a. O.*, S. 259, S. 261.
(114) G. Barthenheier, Auf der Suche nach Identität――Zur historishen Entwicklung der Öffentlichkeitsarbeit/Public Relations, G. Haedrich, G. Barthenheier, H. Kleinert (Hrsg.), *Öffentlichkeitsarbeit : Dialog zwischen Investitionen und Gesellschafte.Ein Handbuch*, Berlin, New York, 1982, S. 4.
(115) C. Kleinschmidt, *a. a. O.*, S. 204.
(116) H. Hartmann, *a. a. O.*, S. 145.

(117) K. Winnacker, *Nie den Mut verlieren. Erinnerungen an Schicksalsjahre der deutschen Chemie*, Düsseldorf, 1972, S. 391〔児玉信次郎・関 英夫・向井幸雄訳『化学工業に生きる』鹿島出版会，1974年，311ページ〕.
(118) S. Hilger, *a. a. O.*, S. 270-1.
(119) O. Schwabenthan, *a. a. O.*, S. 85.
(120) S. Hilger, *a. a. O.*, S. 273, S. 275.
(121) *Ebenda*, S. 260-1.
(122) *Ebenda*, S. 264.
(123) Vgl. Public Relations an absolute Essential for Business Success in America, *Bayer Archiv*, 81/2. 7. 1, A Public Relations Proposal for American Linen Supply Company――Steiner Sales Company, *Bayer Archiv*, 81/2. 7. 1, A letter from Julius Klein to Farbenfabriken Bayer Aktiengesellschaft on 12. July 1954, *Bayer Archiv*, 81/2. 7. 1, A letter from Jacobson to Dr. R. W. Mueller on 12. December 1955, *Bayer Archiv*, 81/2. 7, Die Schrift von Julius Klein an Herrn Dr. Oskar Loehr vom 16. Juli 1962, *Bayer Archiv*, 81/2. 7. そのほか例えばアメリカの広告・PR企業であるF. W. Haas & Companyからのバイエルに対する働きかけなどもみられた。Die Schift von F. W. Haas & Company an Kurt Hansen (11. 5. 1966), *Bayer Archiv*, 302-0261.
(124) USA/allgemeine Public Relations, *Bayer Archiv*, 81/2. 7, Julius Klein Public Relations, *Bayer Archiv*, 81/2. 7
(125) C. Kleinschmidt, *a. a. O.*, S. 212.
(126) Vgl. Die Schrift von Daimler-Benz AG an Julius Klein (9. 1. 1964), *Mercedes-Benz Archiv*, Könecke 2, Julius Klein, Public-Relations Inc. (10. 1. 1964), *Mercedes-Benz Archiv*, Könecke 2, Die Schrift von Julius Klein an die Daimler-Benz AG (28. 2. 1964), *Mercedes-Benz Archiv*, Könecke 2, General Julius Klein, Public-Relations, Inc. (3. 4. 1964), *Mercedes-Benz Archiv*, Könecke 2.
(127) Persönliche Gedanken und Betrachtungen der Aufgaben der Werksleitung Sindelfingen nach der USA-Reise (9. 5. 1963), S. 3, *Mercedes-Benz Archiv*, 272.
(128) C. Kleinschmidt, *a. a. O.*, S. 206.
(129) *Ebenda*, S. 210-2, S. 215-7.
(130) *Ebenda*, S. 217.
(131) Bericht über die Aufwendungen der Kostenstelle „Public Relations" und des „Public Relations"――Etats im Geschäftsjahr 1968 (7. 8. 1969), S. 1, S. 3-4, *Henkel Archiv*, 451/55.
(132) Das PR-Konzept des Unternehmens Henkel (13. 6. 1969), S. 1, *Henkel Archiv*, 451/55.
(133) Der Unternehmenszweck Persil/Henkel (1968) und seine Auswirkung auf das PR-Konzept (12. 9. 1968), S. 1-2, *Henkel Archiv*, 451/55.
(134) Organisation und Stellung der „Public Relations International" (23. 1. 1969), S. 1,

第 5 章　大量市場への適応のためのアメリカ的方法の導入　187

Henkel Archiv, 451/55, Überlegungen zur Einordnung der Stabsstelle Public Relations in die hierarchischen Ebenen(1. 8. 1969), S. 3, *Henkel Archiv*, 451/55.
(135) Überlegungen zur Einordnung der Stabsstelle Public Relations in die hierarchischen Ebenen(1. 8. 1969), S. 2–3, *Henkel Archiv*, 451/55.
(136) S. Hilger, *a. a. O.*, S. 271–2.
(137) S. Hilger, *op. cit.*, pp. 204–5.
(138) C. Kleinschmidt, *a. a. O.*, S. 217–8.
(139) Werbebeilage in BASF-Organen(23. 5. 1962), *BASF Archiv*, C19/14, Public Relations――Diskussion im Fernsehen(5. 11. 1962), *BASF Archiv*, C19/14.
(140) Zuständigkeiten und Abgrenzung Öffentlichkeitsarbeit――Werbung(8. 8. 1962), *BASF Archiv*, C19/13b u C19/14.
(141) Organisationsschema der Abteilung Öffentlichkeitsarbeit(Stand : 2. 1. 1963), *BASF Archiv*, C19/13b, Abteilung Öffentlichkeitsarbeit(AOA)(Stand : August 1966), *BASF Archiv*, C0, Organisatorische Änderungen bei AOA(16. 2. 1966), *BASF Archiv*, C19/13b,
(142) C. Kleinschmidt, *a. a. O.*, S. 209–10.
(143) Vgl. *Ebenda*, S. 219–20.
(144) G. Barthenheier, *a. a. O.*, S. 11–2.
(145) S. Hilger, *a. a. O.*, S. 277.
(146) *Ebenda*, S. 262–8.
(147) C. Kleinschmidt, *a. a. O.*, S. 286–7.
(148) H. G. Schröter, *Americanization of the European Economy*, p. 104.
(149) Betriebswirtschaftliche Rationalisierung, *Rationalisierung*, 17. Jg, Heft 8, August 1966, S. 189.
(150) K. Pentzlin, In der modernen Industrie, *Der Volkswirt*, 18. Jg, Beilage zu Nr. 16 vom 17. April 1964, Rationalisierung, Chancen und Grenzen in der Praxis, S. 4.
(151) Stanford Research Institute, Langfristige Planung für Persil/Henkel, Phase Ⅱ, 2. Bd, Juli 1968, S. 318, *Henkel Archiv*, 251/2.
(152) *Ebenda*, S. 343.
(153) B. Eidenmüller, *Das Jahrhundert der Massenproduktion*, München, 2002, S. 107.
(154) DELPHI――ein handelsorientiertes Unternehmensspiel, *SAA*, 2–2600–829, DELPHI――A commercially-orientated Management Game, *SAA*, 2–2600–829.
(155) C. Kleinschmidt, *a. a. O.*, S. 291.
(156) Booz-Allen & Hamilton, *a. a. O.*, S. 27–8, S. 30, S. 65.
(157) K. W. Busch, *Strukturwandlungen der westdeutschen Automobilindustrie. Ein Beitrag zur Erfassung und Deutung einer industriellen Entwicklungsphase in Übergang vom produktionsorientierten zum marktorientierten Wachstum*, Berlin, 1966, S. 159.
(158) Vgl. Daimler-Benz AG(Hrsg.), *Chronik. Mercedes-Benz Fahrzeuge und Motoren*, Stutt-

gart, S. 196, S. 202, S. 210, Daimler-Benz AG, *Werk Untertürkheim. Stammwerke der Daimler-Benz Aktiengesellschaft. Ein historischen Überbild,* Stuttgart, 1983, S. 127, W. Walz, H. Niemann, *Daimler-Benz. Wo das Auto anfing,* 6. Aufl., Konstanz, 1997, S. 178.

(159) Volkswagen GmbH(Hrsg.), *Ein Rechenschaftsbericht für die Belegschaft und für die Außenenorganisation des Volkswagenwerks. Geschäftsverlauf und Rechnungsabschluβ 1951 bis 1954, Werks-Chronik bis 1955,* Wolfsburg, 1955, S. 26.

第6章　事業構造の再編と管理機構の変革
——事業部制組織の導入とそのドイツ的展開——

　第3章から第5章までの各章では，アメリカ的経営方式の導入とそれにともなう企業経営の変化について，管理方式・生産方式，経営者教育・管理者教育，さらに大量生産の進展にともなう市場への対応・適応のための諸方策を中心にみてきた。それをふまえて，本章では，大企業における戦略と組織構造の変革について考察を行う。
　戦後の経済成長期には，国内市場の拡大と大量生産の進展にともなう市場機会の拡大を基礎にして事業の多角化がすすみ，それによる事業構造の再編への対応として管理機構の変革が取り組まれたが，そこでも，アメリカがひとつのモデルをなした。こうしたアメリカモデルの典型例が，1920年代に一部の先駆的企業で導入が始まり戦後に普及をみた分権的な事業部制組織であった[1]。ドイツでも，第1次大戦後，化学産業のIGファルベンにおいて，多角化による事業構造の再編にともなう管理上の問題への対応として，当時アメリカのデュポンでみられた製品別事業部制組織に類似した管理機構が形成された。しかし，それは，いくつかの点で管理上の諸問題を克服することができず，そうした組織革新は大きな限界をもつものとなった[2]。こうして，企業の組織構造の領域においても，第2次大戦後には，アメリカが決定的な優位をもつことになり，ドイツでも，アメリカにモデルを求めるかたちで組織の革新が取り組まれることになった。
　そこで，本章では，事業部制組織の導入について考察を行い，そのような管理機構の導入がどのように行われたか，そのドイツ的特徴を明らかにしていく。そのさい，ドイツの企業経営の伝統的な特質との関連のなかで組織の変革における諸特徴を明らかにしていくことにする。

以下では，まず第1節において多角化の進展についてみた上で，第2節では多角化の進展と組織構造の変革との関連についてみるとともに，事業部制組織の導入過程を主要産業部門について，代表的企業の事例をとおして考察していく。つづく第3節では，それらの考察をふまえて，事業部制組織の導入のドイツ的特徴について明らかにしていく。

第1節　多角化の傾向とその特徴

1　第2次大戦後の多角化の社会経済的背景

まず戦後の管理機構の変革の最も重要な要因のひとつをなした多角化の展開についてみることにする。この時期のドイツ企業の多角化は，産業の競争環境の変化に規定されていた。すなわち，需要パターンの変化や技術発展のペースが，伝統的な価格や品質といった諸要因から製品やマーケティング手法における革新へと競争部面を変化させた。また技術的な可能性と結びついた消費者の豊かさの高まりが，多くの産業の企業に対して，急速な成長と高い収益を確保しうる多くの新しい製品・市場の機会を生み出した。成長の潜在力が絶対的あるいは相対的に欠けていたようなより伝統的な活動領域の主要企業は，困難な選択に直面した。例えば化学産業のヒュルスでは，1960年代初頭に売上の減少と収益の低下がIGファルベンの3大後継会社よりも非常に明確になりより強力におこったことが，多角化の必要性を高めた[3]。また成熟した製品や市場への再投資よりも高い速度で経営資源を蓄積していた多くの企業，とくに最も成功をおさめた企業は，成長機会を自らの産業の外に求めなければならなかった。そのような状況下での戦略的対応のひとつの重要な要素が多角化であった[4]。またとくに1960年代末のEEC諸国での関税の引き下げにともなう開かれた市場における競争も，多角化への再志向の大きな要因をなした[5]。

しかし，ドイツ企業の所有の特徴，とくに家族所有の企業における財務と経営の面での制約が，多角化を抑制する要因となった[6]。また戦後の諸年度における再建の必要性，自動車，電機および多くの資本財のようないくつかの産業部門の非常に急速な成長，税法，比較的に弱い反トラスト法と結びついたカルテルやトラストの伝統なども，多角化を制約する諸要因をなした[7]。技術的な

関連性は，ドイツにおける多角化の動きの支配的な特徴であった。しかし，産業企業最大100社でみても，多角化は戦後の発展の唯一の方向性ではなく，むしろそれは水平的統合や垂直的統合と同時にあるいは相前後しておこったという面がみられる[8]。

2 多角化の進展とその特徴

つぎに，多角化の進展を戦略の変化という点からみると，1950年には，ドイツの産業企業最大100社のうち34社が専業型，26社が本業型の事業構造であった。これに対して，関連型は32社，非関連型は7社であった。専業型は1960年には22社に減少したが，50年代の最も重要な変化は，このタイプの企業12社が多角化したことにある。そのうち9社が本業型へ，2社が関連型へ，1社が非関連型への多角化であった。その結果，本業型は1960年には28社にやや増加した。1950/60年には，本業型からの多角化が9社みられたが，そのうち8社が関連型への，1社が非関連型への多角化であった。1960年には関連型は40社に増加したのに対して，非関連型は9社へとわずかな増加にとどまっている。

これに対して，1960/70年には，その最も多くの変化は関連型（5社），非関連型（10社）への多角化であった。1970年にはこれらの高度に多角化した企業の割合は全体の56％を占めていた。1970年には本業型は22社に減少し，関連型は38社にやや減少したのに対して，非関連型は18社に大きく増加している。

また1950/70年の20年間の変化をみると，多角化の経路としては，専業型→本業型→関連型→非関連型への経路が多く，専業型→高度な多角化（関連型および非関連型）への経路はまれであった。すなわち，1950年に本業型であった企業の35％（26社中9社）が10年後にそれから離れ，60年に本業型であった企業の25％（28社中7社）が70年までにそれから離れた[9]。

このように，ドイツでは，アメリカのコングロマリットにみられるような非関連分野への多角化の顕著な拡大は，1960年代にもあまりみられず，関連分野への多角化に重点がおかれていた。この点はアメリカとの重要な相違のひとつであった。

第2節　組織革新と事業部制組織の導入

1　事業部制組織の導入の背景
(1)　多角化の展開にともなう管理の問題

　以上の考察をふまえて，つぎに，管理機構の変化について，事業部制組織の導入を中心にみることにする。まずそのような組織の導入の背景をみておくことにしよう。

　事業部制組織への管理機構の変革を規定した最も重要な要因のひとつは，多角化による事業構造の変化にともなう集権的な職能部制組織のもとでの管理上の問題にあった。すでに第1次大戦後に，アメリカやドイツでは一部の大企業において多角化への戦略転換がみられ，それによる事業構造の再編成にともない，職能別に部門化されていたそれまでの組織では十分に対応しきれない管理上の問題が発生した。すなわち，「部門の長たちは，多種多様な製品を扱うという困難に直面した」。例えば販売部門はまったく異なる製品を販売するということが困難であり，原材料の調達と異種製品の生産を手続化するという問題は困難な課題となった。またそうした現業活動の管理の限界もあり，「最高経営責任者は，企業者的決定よりもむしろ管理的決定にわずらわされることがしばしばであった」(10)。このような組織と管理をめぐる諸問題は，「工業企業の資本が異種生産部面へ投下されていることのあらわれ」であり，「異種生産部面へ投下された資本は，それぞれ，生産過程，流通過程および再生産過程において独自性をもった具体的特殊的運動形態をとること」によって生じたものである(11)。

　ただこの点に関して重要なことは，職能部制組織のもとでも，多角化による新しい製品系列の追加が必ずしも即管理上の諸困難を決定的にひきおこすとは限らないということである。むしろ生産，販売，購買などの職能を遂行する上での条件が大きく異なり，そのそれぞれに独自的な標準や作業手続，方針が必要とされる場合に，これらの現業活動を行う諸部門において困難な管理上の諸問題が生じることになる。そのために，全般的管理の担当者は，これらの現業諸部門の統制・調整を十分になしえず，全社的・長期的な立場からの経営資源の配分という本来的な最高管理の職能に十分に専念することができなくなるの

である。

　多角化戦略に取り組み，このような管理上の困難な諸問題に直面した企業では，多くの場合，それまでの集権的な職能部制組織とは異なる新たな編成原理に基づく分権的事業部制組織によって対応がはかられた。この新しい組織は，つぎの点に特徴と意義をもつ。ひとつには，購買，生産，販売などの職能活動を遂行する上で条件が異なる製品系列ごとにひとつの製品別の事業部をおき，分権化された単位である各事業部を独立採算の利益責任単位（プロフィット・センター）として機能させ，各事業領域の現業的活動を効率的に遂行させることである。またいまひとつには，ゼネラル・スタッフの補佐・支援のもとに投下資本利益率（ROI）のような統制手法によって各事業部の業績評価を行い，それに基づいて，経営執行委員会のような取締役会の代表執行機関のメンバーを中心とする本社幹部が全社的・長期的な立場からの経営資源の配分という本来の最高管理の機能，すなわち利益計画と予算統制に基づく全般的管理の機能に専念することを可能にしたことである。

　ドイツの企業では，取締役会は現業的な日常的活動に拘束されることが多く，長期的な意思決定や戦略的な考慮が背後におしやられることがしばしばであったとされている。しかし，事業部制組織のもとで，個々の事業部に部門の完全な経営責任を移すことによってこうした問題を取り除き，経営者的機能を遂行する単位の強化によって取締役会を増大する日常的業務から解放することは，再組織の諸方策の中心的な動機のひとつをなした[12]。

　(2)　市場条件および競争の変化と事業部制組織の導入

　このように，多角化の本格的展開にともなう職能部制組織のもとでの管理上の問題・限界が事業部制組織の導入・普及の主たる要因のひとつをなしたといえる。しかし，事業部制組織にみられる組織変革は，製品・市場の範囲という唯一の変数によって説明されるわけではなく，競争の圧力やアメリカの組織のノウハウへの接近の容易さが，重要な必要条件として現れた[13]。ことに1960年代半ばの不況を契機とする市場条件の変化，競争の激化やそれにともなうコスト圧力の増大は，意思決定の効率化のための組織革新を一層必要かつ重要なものにした。ヨーロッパ市場における競争相手のより強力な出現，1966/67年

にみられた経済再建後最初の景気後退とそれにともなうコスト圧力は，組織あるいは経営計画のための新種のモデルのような進歩的な企業管理の方法を必要とするようになった(14)。

そうしたなかで，1960年代半ば以降には，アメリカ的経営方式の導入において，企業組織，企業の計画化，経営計算制度などの問題が中心をなすようになってきた(15)。ことに1960年代末に近づくと，66/67年の不況は克服され，ヨーロッパにおける市場統合がさらにすすみ，その結果，企業の競争力は，投資の増大によって，また新しい企業構造によって強化されなければならなくなってきた。こうして，事業部の編成は，とくに外国において一層大規模になりつつある業務を事前に設定された目標に合わせて厳格に管理するための方法であると認識されるようになった(16)。

(3) 経営者の世代交代と事業部制組織の導入

そのような状況のなかにあっても，ドイツでは，事業部制組織の導入をめぐっては，管理の制度や慣行，経営者の伝統的な態度が大きな影響をおよぼした。またアメリカのような経営の発展していた典型的な国と比べると，ドイツ企業では，経営管理の専門化がすすんでおらず，トップ・マネジメントと日常的な管理との間の区別が強く，トップの自律性が高かった(17)。取締役会のレベルとその下位にある労働者階層全体との間の厳格な分離を伝統的に確立してきたトップ・マネジメントの権限のイデオロギー的な基盤は，より広範な責任の委譲や，事業部制組織において必要とされる垂直的な階層間の戦略的な情報共有とは相反するものであった。そのようなケースでは，新しい組織の採用は典型的に1人ないし数人の人物に依存していた。こうした人物のトップ・マネジメントの職位からの退職や後継者による継承が，組織の変化のタイミングの重要な決定要素のひとつをなした(18)。

組織再編が1960年代初頭よりも後の時期にみられたのは，事業部制組織についてのトップ・マネジメントの知識やこの組織での問題解決の適切さについての確信の欠如によるというよりはむしろ，企業の権力構造における1人ないし2人の中心人物の反対によるということが，より一般的であった。それゆえ，経営者の世代交代による企業の支配力の転換は，組織の再編にとってのそのよ

うな障害を取り除く上でひとつの重要な方法となった[19]。V. ベルクハーンが指摘するように，ドイツでは，1960年代初頭に経営者の世代交代がゆっくりと始まったのであり[20]，事業部制組織への職能部制組織の転換は，企業におけるこうした経営者の世代交代に照応して比較的ゆっくりと実施された[21]。

2 組織構造の変化とその特徴

そこで，つぎに，組織構造の変化を戦略の展開との関連でみることにする。1950年，60年および70年の比較では，職能部制組織は産業企業最大100社中36社から21社，さらに20社に減少した。持株会社の形態も15社から14社，さらに12社に減少した。また職能部制組織と持株会社の混合形態は，43社から48社に増加した後に18社に大きく減少した。これに対して，事業部制組織は，1950年のわずか5社から60年には15社に，70年には50社に大きく増加した。またドイツ資本の78社でみると，事業部制組織は，1950年にはみられなかったものが60年にはまだわずか3社に増加しているにすぎないが，70年には約40％を占めていた。しかし，1970年のアメリカとイギリスの事業部制組織の普及率がそれぞれ78％，72％となっていたのと比べると，普及率はなお低かった。

1950/60年には最大100社中25社が組織構造の変革を行ったが，最も共通した変化は，職能部制組織から職能部制と持株会社の混合形態への移行（12社）にあり，事業部制組織への移行はあまりみられなかった。事業部制組織の導入がすすむのは1960年代以降のことであり，60/70年には組織の変化がみられた47社中36社がこの組織形態を採用した。また1950/70年の20年間でみると，最も多いパターンは，職能部制組織→職能部制と持株会社の混合形態→事業部制組織というルートであった。事業部制組織に移行した45社のうち職能部制組織からの移行はわずか4社，持株会社から移行した企業は6社にすぎなかった。これに対して，職能部制組織と持株会社の混合形態から事業部制組織に移行した企業は，35社となっていた[22]。

このような変化については，E. ガーベレによれば，管理構造全体の変更のうち，事業部制組織という結果をもたらす変更プロセスが圧倒的に多いが，大企業と中企業との間にはその普及に大きな相違があった。例えば933社から回答を得たガーベレらの調査によれば，1974年末時点では，大企業（従業員数1,000

人以上の企業)の46.7％が事業部制組織を採用していたのに対して，中企業(従業員数100人から900人までの企業)ではその比率は38％にすぎなかった[23]。またA. ハールマンの1982年の指摘でも，その過去10年間に多くの企業は組織の再編を行っており，そのひとつの特徴は，事業領域志向，事業部門志向ないし製品志向の組織にみられた。しかし，中小企業も含めて全体的にみれば，事業部制組織による職能部制組織のおきかえは，多くの企業でおこったのではなかった。とくに1960年代末や70年代初頭にすすんだ大企業を中心とする事業部的な部門ないし事業部制組織への移行のなかには，製品別事業部とならんで，地域別事業部もみられた。そこでは，例えば海外やヨーロッパの事業領域が問題となっていた[24]。

つぎに戦略と組織構造との関連をみると，1950年には，最大産業企業100社のなかで事業の多角化(関連多角化および非関連多角化)を行った企業のわずか7％が事業部制組織を採用していたにすぎない。これに対して，その割合は1960年には20％，70年には67％に上昇した。西ドイツ資本の78社では，その割合は1960年にはわずか8％にすぎなかったが，70年には63％に達した[25]。しかし，アメリカの最大級産業企業500社と比べると，事業部制組織の普及率に差があるだけでなく，多角化と事業部制組織の採用との間のタイムラグもあった。1950/70年の期間にこの組織形態に移行した45社のなかでタイムラグがみられた40社のうち，それが10年未満のものは14社，10年から20年までのものは7社，20年以上のものは9社であった。1950年代にその製品や市場の範囲の多様性を増大させた企業のうち60％が同じ10年間に事業部制組織を採用した。その割合は1960年代には75％に上昇したが，60年代末になって事業部制組織の導入の波が最も顕著になった[26]。1967年頃には企業組織の領域はなお未開拓であったとされており[27]，事業部制組織の導入は，それを実施した最大100社の企業の半分以上においては67年以降のことであった[28]。この点について，H. ジークリストは，事業部制組織はドイツでは1960年代末に初めて普及しており，アメリカでのその全般的な普及の約10年後のことであったと指摘している[29]。

3 主要産業部門における事業部制組織の導入とその特徴

事業部制組織の導入をめぐるこのような問題をふまえて,つぎに,組織の変革についてみることにする。ここでは,主要産業別に代表的企業の事例を取り上げて考察を行うことにしよう。

(1) 化学産業における事業部制組織の導入とその特徴
① ヘンケルの事例

多角化の展開と事業部制組織の導入の最も典型的な部門のひとつをなしたのは,化学産業と電機産業であった。それゆえ,まず化学産業について考察することにしよう。

代表的企業のひとつであるヘンケルでは,組織の変革は,アメリカのコンサルタント機関であるスタンフォード研究所の提案のもとで取り組まれた。同研究所は,1960年代後半から末にかけて,長期経営計画,戦略的経営計画および組織構造の再編に関する3つの大きな提案を行った[30]。1968年12月の組織再編の提案は69年度に承認され[31],それに基づいて新しい組織構造が導入された。多角化が一定すすんでいるペルジル／ヘンケルでは,企業のトップやそれより下位のすべての管理のレベルが職能別に組織されている場合には,大規模な企業のトップにとっては,最高の効率性をもって活動することは非常に困難になった[32]。スタンフォード研究所の提案文書では,その近年にペルジル／ヘンケルは,企業規模と事業の多様性が組織構造の根本的な変革を必要とするところにまで達した[33]。それまでの職能部制組織では,利益責任の委譲,企業のコスト全体が最小になるような方法での生産,マーケティングおよびその他の職能にかかわるコストの最適化という面での不十分さ,業務活動の計画化のさいにみられた個々の職能間の不十分な情報交換が,より具体的な限界として現れた。ことに責任と権限の不明確な決定,企業のすべてのレベルでの権限の委譲の不十分さは,大きな問題をひきおこした。トップがあまりにも細かい事柄にかかわらざるをえず,その結果,彼らは企業政策の基本的な意思決定や計画化のために十分な時間を確保しえなかったという点に問題が現れた[34]。

そうしたなかで,利益の増大とコスト引き下げのためのひとつの決定的な前提条件は,下位のグループにおけるコスト・センターとプロフィット・センタ

ーの形成,権限と責任の委譲にあるとされた[35]。そこでは,特定の市場に対する責任が各事業部に委譲され,製品開発,生産,マーケティングといったすべての市場志向の諸活動が事業部に統合されるべきであるという考えのもとに,組織の再編が取り組まれた[36]。組織再編の要点は,①6つの製品別事業部,②地域部門,③8つの機能担当部門,④取締役会の代表執行機関である経営執行委員会の設置の4点であった。

このような組織では,1) 洗剤,2) 包装剤,3) 有機化学品,4) 住宅手入用薬剤,5) 化粧品,6) 無機化学品・接着剤の6つの事業部が設置された。各事業部の管理運営は,決められた方針の枠のなかで,その業務に対して,また経営執行委員会によって委譲された権限に対して責任を負った。各事業部は,生産,マーケティング,市場への投入に至る新製品の開発,輸出といった現業的な職能活動,自らの事業部の効率的な業務活動に必要な諸機能を担当した。すべての必要な業務活動に対する責任は事業部長が負うものとされ,事業部は独立したプロフィット・センターとして組織された。

また地域部門をみると,スタンフォード研究所の提案では欧州と欧州以外の2つの部門の設置が提案されたが,実際には欧州以外の地域を担当する部門のみがおかれた。現業的な部門としては,さらに各種の機能担当部門がおかれた。事業部,他の機能担当部門や地域部門に対する助言と支援,各種の機能領域の諸問題における経営執行委員会に対する助言と情報提供,企業全体のための方針や規準・処理方式の策定,有効な限りでの主要なサービス機能の提供,各機能のなかでの業務活動の成果の吟味・評価が,その主要な職務であった。1) 経営計画,2) 財務・会計,3) 法務,4) ロジスティック,5) 組織・科学的管理,6) 生産・エンジニアリング,7) 研究開発,8) 人事・社会の機能担当部門がおかれ,それらはコスト責任を負うコスト・センターをなした。

さらにトップ・マネジメント組織の改革では,Henkel GmbHが総合本社にあたる執行機関となり,国内外のすべての業務を管理するようになった。この本社は,欧州事業を担当するHenkel & Cie GmbHと欧州以外の地域の事業を担当するHenkel International GmbHを統轄した。この本社組織と事業部の創出によって,本社の取締役会を構成する経営陣を事業部の現業的な個別的問題から解放し,すべての時間とエネルギーを事業の管理・運営のより大きな諸問

題や計画，管理・統制にあてることがめざされた。さらに彼らの活動を補佐する全社的なスタッフ部門として，1）管理職支援，2）欧州産業担当，3）国際広報，4）監査，5）秘書の5つがおかれた[37]。

また独立採算制を前提とする事業部制組織における管理の重要な手法をなす投下資本利益率の原則については，スタンフォード研究所よってすでに1967年に伝えられた[38]。それは，利益計画と予算統制の効率的な体制の基礎をなした。

② バイエルの事例

つぎにバイエルをみると，1960年代初頭までは職能部制組織から離れる必要性はなんらなかった。しかし，ヘンケルの場合と同様に，企業規模の増大や競争の状況が，企業管理の新しい方向性を規定した[39]。取締役の業務負担の軽減のために，日常的業務の管理はもっぱらより下位の管理者のもとにおくことが提案され，それらの業務は事業部で行われるべきものとされた。そこでは，それまでの生産と販売の組織面での分離が放棄され，生産と販売の統合のもとに，アメリカ的な事業部という意味での「部分企業」が形成された[40]。

バイエルにおける事業部制組織の導入は1970年2月の再編において取り組まれ[41]，新しい組織は71年1月1日の施行とされた[42]。新しい組織は，事業部の創設，本社スタッフ部門の設置および取締役会スタッフの設置の3点を主要な内容としていた[43]。そこでは，徹底した分業，職務と権限の委譲が行われ，それによって管理要員を彼らの管理職務により強力に専念させることがめざされた[44]。同社のW. クナウホによって考え出された新しい組織の一般的な目標は，同社の急速な成長，急速な技術発展，市場の急速な拡大・変化に対応することにあり，増大する業務を将来もうまく処理することのできる条件を生み出すことあった。そこでは，柔軟性と効率性の最大可能な確保がめざされた。販売志向の事業部が形成されたほか，管轄範囲の明確な決定，権限と責任のより強力な委譲，新しい組織構造にみあった効率的な情報システムの構築とコンツェルン全体の統合された計画システムの開発，ライン，スタッフおよび委員会における明確な職能の分割が行われた。

まず事業部をみると，①無機化学品，②有機化学品，③ゴム，④プラスティ

ック・塗料，⑤ポリウレタン，⑥染料，⑦繊維，⑧医薬品，⑨植物保護薬の9つの製品別事業部がおかれた。その管理運営は取締役会の方針に基づいて行われ，事業部長は，毎年決められた時期に取締役会に事業部の計画の承認を求め，それに基づいて決定された事業部の目標の達成について取締役会に責任を負った。9つの製品別事業部への分割は，事業部に適切な業務規模を与えることを重視したものでもあった。各事業部には生産，販売，応用技術，研究の職能が統合された。事業部の管理は，一般的には取締役会に対して責任を負う商事担当と技術担当の2人の同等の権限をもつ取締役によって担われた。

　製造工場およびそれに直属する補助経営（乾燥工場など）は，立地条件を考慮して事業部の生産単位に統合された。また事業部内の諸部門が事業部を超えるサービス部門（本社スタッフ部門）に統合されない限りでは，ひとつの事業部の販売の管轄範囲は，例えば市場開拓，顧客相談，市場調査，注文処理のような当該事業部のマーケティングの成功のために必要なその他のすべての諸部門あるいはグループを含んでいた。研究業務でも同様に，事業部の研究部門で働く研究グループや中央科学研究所以外の研究員は，事業部の研究部門に統合された。技術部門については，事業部への組み入れによって，販売，開発，研究と生産との間の緊密な接触の実現がめざされた。また事業部のスタッフ部門をみると，事業部事務所は事業部のスタッフ単位であり，1人の管理のもとに技術と商事のスタッフを有していた。このスタッフ組織は，計画，監督および統制の組織として，また事業部の管轄範囲へのサービス提供の単位として機能した。

　またトップ・マネジメントの組織の変化をみると，取締役会は，企業全体の業務の管理に責任を負った。取締役会はまた，事業部と本社スタッフ部門の業務の管理，企業政策の決定，企業全体および大きな部分的領域の目標設定，投資や基本的な組織の問題に関する意思決定，持分の取得・売却に関する意思決定とそれについての交渉の開始の承認，とくに管理職の配置，昇進・異動や後任の管理者の選抜・支援といった重要な人事問題なども担当した。取締役の間でも，生産，販売，コンツェルンの調整，研究，エンジニアリング，財務・会計，法務・税務，人事・社会問題の機能への分業化が行われた。また取締役の業務を補佐するための取締役会スタッフがおかれた。このスタッフ組織の設置

は，活動の重複や情報のロスの回避，企業全体の管理のための取締役会の計画，監督および統制の手段としての役割，商事と技術の担当者の共同でのスタッフ職務の遂行，新しい組織にあわせたスタッフ職務の設定・配分という観点のもとに，行われた。また本社スタッフ部門もおかれた。その職務は，事業部および企業全体のためのサービス業務であり，それぞれ１人の管理者のもとで取締役会の管轄下におかれた。このスタッフ部門は，①人事・社会問題，②エンジニアリング，③財務・会計，④調達，⑤広告，⑥法務・税務，⑦中央研究，⑧特許・ライセンス，⑨応用技術の９つの部門に分かれていた。これらの本社スタッフ部門は，取締役会スタッフとともに，資本参加している国内外の企業を含めた９つの事業部にとって連結ピンをなすべきものとされた。個々の本社スタッフ部門の専門的な管理は，取締役会において当該専門領域を代表する取締役によって行われた。また有効な情報交換のために事業部を超えた委員会や会議組織が設置された。1972年には，1）事業部長会議，2）投資会議，3）工場長会議，4）中央人事委員会，5）中央生産委員会，6）中央販売委員会，7）中央研究委員会，8）中央エンジニアリング委員会，9）中央技術委員会，10）中央コンツェルン調整委員会の10の委員会・会議組織があった[45]。

　全体的にみると，新しい組織は世界市場での競争力の強化に役立った。この組織はまた，売上やコストについての労働者の意識の向上，責任の委譲ないし人事管理，企業内部における市場意識の強化を目標としたものでもあった[46]。

　　　③　BASFの事例

　さらにBASFについてみると，1960年代末から70年代初頭にかけて組織再編の取り組みが行われ，新しい組織は70年６月の施行とされた[47]。同社では，戦後，生産，販売，研究，エンジニアリング，財務，人事・社会，法務といった部門から成る職能部制組織が採用されており[48]，1960年代初頭には，製造部門には製品群別に４つの単位がおかれていた[49]。しかし，化学産業の範囲や成長率は，それまでの職能部制組織では実際にはほとんどもう職能領域の見通しが効かないものにした。BASFでは，バイエル，ヘキストやジーメンスなどと同様に，そうした透明性の回復のための手段としては，特定の製造品目の生産と販売に責任を負いその全体の見通しがきくような比較的自立的な事業部へ

の企業の分割という方法しか存在しなかった[50]。BASFの売上は1960年から70年までの間に2倍以上に増大しただけでなく,事業の拡大や他社の買収の一層の進展によって,他のグループ会社の売上もその間に20倍に増大した。また石油・ガスの領域への前方統合と後方統合がすすめられ,既存の組織は,そのような急激な成長,企業の規模や事業の拡大に対応できなくなってきた。1967年半ばに収益と財務の面での最初の危機がおこったことが,組織再編の必要性を強く認識させることになった[51]。

組織再編にあたっては,経営者の機能を取締役会から現業的な事業部へ移すことによって解決がめざされた。事業部長の経営者的職務は,計画された収益基準の達成を可能にする最適な生産戦略および販売戦略の展開と実現にあった。事業部長に1億DMから6億DMの売上高をもつ領域を任せ,実際に経営者のように行動させることに,大きな価値がおかれた。そうした理由から,技術と商事の面での広範な責任が事業部に移された[52]。現業的な諸活動のレベルでは,①基礎化学品・石油・ガス・農業化学製品,②プラスティック・繊維,③染料・化学品・医薬品,④消費者向け製品・販売調整の4つの製品別事業部がおかれた。これらの製品別の事業部は,生産と販売の領域を担当したほか,計画,開発および応用技術もその職務に含まれており,売上と利益に対して責任を負うプロフィット・センターとして機能した[53]。同社の組織再編に関する内部文書でも,それまでの組織が抱えるひとつの大きな問題として,現業的な部門がコストに対して責任を負っても利益責任を負わないという点が重視されていた[54]。そこでは,事業部長でもってプロフィット・センターを取締役会のもとに意識的に組み込み,個々の事業部をグループ別に業務担当の取締役の管轄範囲に統合した[55]。同社の取締役会は9人のメンバーで構成され,7人が事業部長を担当した[56]。事業部は,現業的な計画に対してだけでなくその活動領域のための長期的な戦略の展開にも責任を負った。生産と販売における事業部の間の結びつきは,計画システム,振替価格および共通の販売網によって確保された[57]。

また事業部の内部構造については,例えば基礎化学品・石油・ガス・農業化学製品の事業部では,基礎化学品,石油・ガス,化学肥料,農薬というようにさらに細かい製品別の単位に編成された。その各単位がスタッフ組織を有し,

そこでの現業的な活動を補佐する体制が整備された。消費者向け製品・販売調整の事業部には，①染料・塗料，②磁気技術・ナイロプリント，③販売調整の3つの部門がおかれた。前二者は製品別の担当部門であるのに対して，販売調整部門は，マーケティング手法，組織，販売要員の調整や，宣伝，ヨーロッパの支店（顧客調整を含む）などを担当した[58]。

さらにヨーロッパ以外の地域を担当する地域部門がおかれた。それは，海外における事業活動の重要性の増大に対応したものであった。地域部門は，①北米，②中南米，③アフリカ・西アジア，④南アジア・東南アジア・オーストラリアの4つの地域課から構成され，そのそれぞれにスタッフ組織が設置された[59]。製品別事業部は主にヨーロッパにおける限定された製品領域を担当したのに対して，これら4つの地域部門は，それぞれの管轄地域のすべての製品を担当した。BASFの外国での諸活動はつねに法的に独立した会社によって担当されていたので，地域部門の主要な職務は，これらの会社の収益志向の調整にあった。地域部門も，製品別事業部と同様に，その成果に基づいて評価された[60]。こうした意味でも，地域部門は，ヨーロッパ以外の主要エリアに対する地域別事業部としての性格をもち，ヨーロッパを中心とする製品別事業部とそれ以外の地域を担当する地域部門との複合的な管理組織であった。

トップ・マネジメントのレベルでは，取締役は，同社グループの戦略的な経営に対する責任とならんで，新しく生み出された一連の部分的な管轄範囲に対する直接的な責任を負うようになった。「本社計画部門」という新しいスタッフのグループが取締役会に併設され，取締役の活動を補佐した。情報の選別・処理のための近代的な技術（経営情報システム）の利用によって，一方では計画との関係での実施の管理が，また他方では，そのときどきの適切な管理レベルでの大きな職分領域の明確な権限委譲が可能となった[61]。この本社計画部門は，①経済性計算，②国民経済，③計画システム，④戦略的計画・投資，⑤年間計画・予算の5つの課から構成された。そこでは，計画機能における分業化がはかられ，国民経済課には市場分析を担当する単位がおかれた[62]。この計画部門では，各事業部や担当諸部門において作成された生産，販売および投資の計画が吟味され，練り上げられ，さらに代替案がつくられた。それによって，提出されたより多くの企業戦略や投資計画のなかから取締役がそのつど最

適なものを選択する可能性を確保することがめざされた(63)。こうした計画部門の設置による本社機構の整備は，事業部の設置による現業的な活動の権限委譲の必要性，分権化にともない集権的な要素としての連結ピンの機能が必要となってきたことへの対応であった(64)。本社レベルでは，同社グループに対するサービス機能を提供する機能別のスタッフ担当部門がおかれた。それには①研究，②法務・税務，③財務，④人事・社会問題の4つがあった(65)。

こうした新しい組織形態は，アメリカの有力な経営コンサルタント会社であるマッキンゼーの協力によって開発されたものであった(66)。BASFでは，その後の時期の組織再編においても，アメリカのこのコンサルタント会社が大きな役割を果たしており，1970年代末から80年代初頭にかけての時期に取り組まれた組織再編が終了する81年2月半ばになって，同社の協力が終了することになった(67)。

④ グランツシュトッフの事例

以上の3社の事例に匹敵するような発展が，グランツシュトッフでも，1960年代末から70年代初頭にみられた。同社でも製品別事業部制組織の導入が行われた。例えばファインケミカル事業部をみると，そこでは，つぎの2つの一貫した原則がとられていた。ひとつには，製品分野別に垂直的に組織された事業部の構想であり，そこには参加会社を含むAKUとグランツシュトッフのすべての諸活動を統合するというものである。いまひとつは，硫黄を含んだ化学製品とファインケミカルでもって国際的な事業を構築するという原則である。ファインケミカル事業部では，ビスコースの生産において発生する中間品以外の有機・無機硫化物，農業化学品，ファインケミカル，さらにこれら3つの領域と類似の製品が扱われた。これらの製品のためのEEC諸国での研究開発および生産，世界のすべての諸国での販売・マーケティングの領域の全活動が，この事業部に統合された。またエンジニアリング業務，AKUとグランツシュトッフの中央本部のその他のあらゆる業務領域の諸活動は，事業部によって調整された。事業部は事業部長の管理のもとにおかれ，彼は，事業の成果とともに自らの事業部の生産，販売，収益，あらゆる諸機能の調整と事業部の一層の拡大に全責任を負った。事業部長は，自らの職務の遂行のために，AKUとグランツシ

ュトッフのすべての諸部門と専門の担当部局に対して権限をもち，自らの事業部にとって重要なあらゆる報告，統計およびその他の資料を得た。また事業部には事業部長代理がおかれ，彼は事業部長の不在のさいあるいは支障が生じたさいに代理を務めた。事業部の活動は，AKUとグランツシュトッフの経営陣のそれぞれ3人のメンバーで構成される監督委員会によって監視された。

また事業部の投資に関しては，事業部長は，毎年，翌年度の投資計画を監督委員会に提出することになっていた。個々の投資の申請については，この委員会によって承認された投資計画の枠内で，その金額に応じて裁量と権限が与えられた。職位に応じてその金額は異なっていた。事業部長は，20,000DMから100,000DMの投資については裁量で決定することができ，それを超える額のものについては監督委員会の承認が必要とされた。裁量で決定できる金額は，事業部のなかの生産や販売などの構成部門の長の場合には20,000DM未満，事業部のなかのより下位にある各単位の長の場合には10,000DM未満とされた[68]。

羊毛事業部をみても，同様に，垂直的に組織された事業部に羊毛の領域におけるAKUとグランツシュトッフのすべての活動が統合されており，この事業単位は組織的に独立した事業部をなした。この事業部の機能，事業部長の責任および権限，投資に関する裁量は，ファインケミカル事業部とほぼ同様であった[69]。

⑤ ヘキストの事例

つぎにヘキストについてみると，1952年の組織の再編では，国内外のすべての工場，子会社は第1事業部（無機化学品，窒素肥料，植物保護薬），第2事業部（染料とその原料，繊維助剤），第3事業部（プラスティック，溶剤），第4事業部（医薬品），第5事業部（繊維，フィルム）の5つの事業部（その後7つの事業部へと再編されている）に分けられた。各事業部は，1人の技術担当取締役のもとにおかれた。また調整部門として財務・経理，法務・特許・税務，販売，研究，エンジニアリング，工場管理，技術部長（後に廃止）の各部門がおかれた。さらに技術統括本部と商事統括本部が設置されていた。こうして，管理の大幅な分権化が行われたが，ひとつの事項はつねにひとつの事業部と同時にひとつの調整部門に関連していた。それゆえ，すべての重要な決定には，少なく

とも2人以上の取締役の同意が必要とされ，共同責任となっていた(70)。また取締役の下には，例えば所管の取締役と工場の重要な技術者から構成される技術管理委員会のような，かなり大きな決定権をもつ作業グループと委員会が設置されていた。それはIGファルベン手本としたものであった(71)。

しかし，世界的な売上の増大，製造現場の数の増加，業務のたえまない拡大，新しい活動領域の追加のような1960年代にみられたヘキストの急成長のために，事業の管理は，それまでの組織の枠組みには収めきれなくなった。その結果，組織の再編が実施されることになった。そこでは，取締役会が基本的な問題の考察や決定に十分な時間を確保できるように，その権限がそれまでよりも多く，かつ明確に委譲することが決定され，全事業が14の事業部に分けられた。各事業部には生産，販売，研究，応用技術，計画・成果計算の機能が統合された。事業部は，決められた業務の範囲について，全世界にわたり責任を負った。各事業部の管理は，科学者と技術者，営業担当者と生産管理担当者のグループから構成され，分野の全担当業務が明確になるように編成された。

また取締役の役割では，その半数が各事業部を，残り半数が調整部門を担当した。調整部門としては，1）工場・技術管理（国内），2）国外生産，3）販売，4）研究，5）応用技術，6）エンジニアリング，7）財務・経理，8）法務・特許・税務，9）購買，10）人事・社会問題の10の部門がおかれた。事業部の業績評価に関しては，原則として，それぞれ2人の取締役がすべての事業部に関する個々の査定を行い，全体の責任の枠のなかで　取締役会の特別の任務を分担した。さらにスタッフ部門がおかれ，それらは，すべての作業委員会の準備的な連絡者の役割を果たし，全体の協力の確保にとって重要な役割を果たした(72)。

このように，事業部に対する共同管理の体制が生み出された。1970年1月1日にスタートしたこの組織の利点は，個々の事業部における効果的な協力の確保，職務の合理的な配分，世界的なレベルでの調整，小さなグループのなかでの事業部内の迅速な調整にあった(73)。この段階になって，取締役会は，自らに報告を行うすべての事業部を取締役会のメンバーのグループが受けもつというかたちでの生産，販売の専門化に立ち返ることになった(74)。

⑥　ヒュルスの事例

　さらにヒュルスをみると，同社では，すでに1950年代半ば以降にゴム，触媒および繊維の分野に対して事業部制組織の導入の始まりがみられたが(75)，70年代の事業部制組織の本格的導入までの時期における組織の基本的な形態は職能部制組織であった。それは生産，研究，商事および人事・法務の4つの職能部門から構成されていた(76)。しかし，世界市場における競争の一層の激化，生産単位の大規模化，科学技術の急速な発展などが，生産とマーケティングの領域においてより大きな諸要求をつきつけることになった(77)。このような状況の変化とともに，戦後，とりわけ1960年代にすすんだ多角化にともない既存の組織構造のもとでの管理上の深刻な問題が発生したことが，組織再編の大きな要因をなした。事業部制組織への再編において，取締役を日常的な活動や細かい事柄から解放しより大きなまた根本的な重要職務のための時間を確保する必要性，専門的知識をもつ労働者を工場グループの管理のためにそれまでよりも強力に動員する必要性，これらの人物に細部のことを任せ意思形成と意思決定過程に参加させる必要性についての明確な認識が根底にあった(78)。

　こうして，事業部制組織の導入の過程は1970年代初頭に新しい推進力を獲得し(79)，72年の施行でそのような組織形態の導入が行われた(80)。このような目標を実現しうる組織構造として導入されたのが，製品別事業部制組織であった。そこでは，①原料・無機化学，②有機化学・洗剤，③熱可塑性物質，④重縮合・塗料用原料，⑤ゴム，⑥エネルギー（後には窒素・農業化学品）の6つの事業部がおかれた。これらの事業部は，生産や販売といった現業的活動を担当する技術的にも経済的にも自立的な単位として機能するべきものとされた。各事業部は，取締役会によって決められた企業政策のなかで，準独立した企業のように行動した。これらの事業領域の管理はそれぞれ1人の生産と販売の専門家の責任とされ，両者の合議制に基づく共同管理の体制がとられた。また研究開発，財務・経理，法務・特許・税務などの10の中央本社部門がおかれ，それらは企業全体のために活動した。さらに取締役会に対して，また事業部や中央本社部門に対して助言や推奨を行う7つのスタッフ部門がおかれた。こうして，短期的な日常の現業的な活動に関して，事業部への権限と責任の大幅な委譲が行われた。それにより，トップ・マネジメントが日常的な現業的業務では

なくその本来の職務である長期的な計画の策定に専念するための組織がつくられた[81]。また経営計画や統制のための新しい構想が実施され，常設の経営計画委員会が設置された。それは，新しい統制メカニズムの導入と短期，中期および長期の計画活動の改善に従事した[82]。

すでにみたように，事業部制組織の導入にあたり，BASFやヘンケルの場合にはアメリカのコンサルタント会社が大きな役割を果たした。これに対して，ヒュルスでは，バイエル，BASF，ヘキストの3社が手本とされており[83]，この点で大きな相違がみられる。

事業部制組織の導入は，コンチネンタル，フロイデンベルクなどの化学産業の他の企業でもみられたが，それぞれの企業には固有の諸特徴があった。上述したように，経営者の世代交代が組織再編の進展の重要な契機のひとつをなしたが，例えばグランツシュトッフでは，事業部制組織への移行は，R.ビッツやL.ファウベルのようなより古い企業家の世代によって担われた。またアメリカの経営コンサルタント会社の助言を受けながらもアメリカ的な事業部制組織とは異なる組織構造を採用した企業もあった。例えばコンチネンタルはマッキンゼーによって助言をうけたが，それに基づいて，事業部の編成と職能部門の維持から成るひとつの混合形態を誕生させることになった。このように，実際には，事業部制組織の導入，分権化を実施した企業のなかにも，異なる形態や事業部制組織と職能部制組織との混合形態もみられた[84]。とはいえ，一般的には，多角化の進展にともない，職能部制組織のもとでは，本節1(1)でみたような管理上の問題に直面せざるをえない。代表的企業の事例をみる限り，多角化した企業の多くは，それに対応しうるような組織の編成原理を追求せざるをえなかった。その意味でも，事業部制組織にみられる編成原理を基礎にした改革が一般的であったといえる。

(2) 電機産業における事業部制組織の導入とその特徴
　　① AEGの事例
つぎに，化学産業と同様に多角化がすすみ，その事業構造からも事業部制組織の導入が重要な意味をもった部門である電機産業について考察する。ここで

は，AEGとジーメンスの2社を取り上げてみていくことにしよう。

まずAEGについてみると，戦後のこのコンツェルンの再建の時期には，意思決定の構造は，集権主義の原則に基づくものであった。そこでは，すべての重要な決定は，取締役会あるいはその会長によって直接担当されていた。生産では，管理はさまざまな業務領域に編成されているにすぎず，その権限も小さかった[85]。しかし，その後，AEGの職務の幅は，規模的にみても，また新しい活動領域の追加によっても，はるかに大きなものとなり，1957年に戦後最初の組織再編が開始された。それまでの組織は，はるかに小規模で複雑ではない企業にあわせてつくられたものであり，全体的な概観を失う危険性があった。組織の変革では，個々の製品グループにおける垂直的な編成が行われ，業務担当部門は事業部に統合され，経営執行の権限の一部が事業部長に委譲された。しかし，例えばコンツェルン全体の経営経済，人事あるいはマーケティングを担当するような管理職能のための水平的部門は存在しなかった[86]。事業部は，その専門領域において，とくに開発，工場への作業員の配置，生産，生産計画，販売計画，価格政策・販売政策といった全体的な業務の遂行に責任を負った。より明確な責任の創出，技術的に相互に関連する活動領域の厳格な統合，業務遂行の簡略化，統一的な価格政策，個々の事業部門のコストと成果の正確な概要の把握によって，また技術的・商事的観点でのすべての業務部門に関する明確な概要に基づいた企業政策の決定を可能にすることによって業務量の増大にともなう諸要求に対応することに，この組織の目標があった[87]。

しかし，急速な技術進歩，活動領域の拡大，またとくにEECの統合の強化のような国際化の動きによる競争の激化，製品数の増加，販路の拡大のもとで，また新製品の需要の創出により大きな重点をおいた業務政策の展開などの1950年代末以降の変化のもとで，組織の変革が重要な課題となった[88]。1950年代末の収益状態の悪化に直面して，コンツェルンの再組織の継続が課題とされた。そこでは，アメリカの経験を利用するために，同国のコンサルタントの利用が必要と考えられた。しかし，1963年10月1日からの新しい組織においては，アメリカのGEを手本として，中規模や小規模な事業単位にも責任が委譲され経営陣はたんに調整機関として活動するという新しい管理構造が導入された。そこでは，アメリカやイギリスのコンツェルンでみられたように，事業領

域における垂直的な編成が導入された。この新しい組織では，①エネルギーの生産および配給，②エネルギー利用，③交通，④工業向供給業務，⑤家庭用電気機器の5つの大きな部門に分けられた。これらの部門は，購買，開発から生産，販売までを自ら展開することになった。そのことによって，各部門の長の自己責任感の強化，各グループ内のより大きな柔軟性とより厳格な運営の実現がはかられた[89]。またこれら5つの垂直的な部門とともに，①マーケティング，②研究開発，③生産，④商事業務，⑤財務，⑥秘書業務全般，⑦広報，⑧輸出部門の8つの水平部門が設置された。これらは，輸出部門を除いて，企業全体のための助言と調整の職務を担当したが，事業部に対する命令権はなかった[90]。

　このように，取締役会は依然としてあらゆる諸問題の最終決定を担当する機関であったが，現業的な業務はさらに分権化された。5つの事業部は16の専門部門に細分化された。これらの専門部門は，事業部の経営方針の範囲内で開発，生産，販売，商事事項に対する自己責任のかたちで業務を遂行する「独立した企業」の地位をもつようになった[91]。また子会社も自立性を保持しつづけており，高度な分権化が行われた。しかし，さまざまな専門部門や子会社の調整は十分には可能ではなかったので，このような極度に分権化された組織は，明らかに目標を超えたものであった。それゆえ，1960年代後半には，事業部のレベルでの相対的な自立性が撤回されることになり，専門部門および統合された子会社は，事業部のもとにおかれた。それまでの事業部は，5つの企業部門（エネルギー・工業技術，通信・交通技術，大量製品，消費財，事務技術）に統合されることになり，結合された子会社も，部門としてはこれらの企業部門に組み込まれた。また水平部門は，①財務，②計画・統制，③人事，④技術，⑤地域・材料の5つの取締役の管轄領域に分割された。このような方法で，本社の取締役会にとって個々の活動現場に至るまで直接的な管理の把握が可能となるように，すべての意思決定の機構がつくりあげられた[92]。またその後の1967年には，通信機器，部品，ラジオ・テレビ・録音機の3つの部門が追加され8つの部門編成に変更された[93]。しかし，1969年には再び，①エネルギー技術，②通信・データ技術，③交通，④工業向供給業務，⑤部品，⑥家庭用電気機器，⑦ラジオ・テレビ・録音機の7つの製品別事業部へと再編された。水

平部門についても，①マーケティング，②研究開発，③生産，④事務管理，⑤人事・社会問題，⑥財務，⑦外国の7つとされた[94]。

② ジーメンスの事例

またジーメンスについてみると，アメリカの組織の原則は，1960年代の同社の組織において重要な役割を果した。戦後における同社のすべての事業単位の急速な成長は，動力技術と低圧技術の統合の進展だけでなく，開発および生産の重複をもたらした。こうした傾向は，最終的には組織再編を不可避にした。1966年の最初のステップは，3つの親会社であるジーメンス＆ハルスケ，ジーメンス・シュッケルトおよびジーメンス・ライニンガーをSiemens AGという新しい会社単位に合同することであった。この動きは，世界市場においてはるかに良い企業像をもたらした。しかし，技術の急速な進歩に対応するために，同社は，管理可能な，重複しない個々の事業単位を生み出さねばならなかった[95]。

ジーメンスでも，組織再編の推進力は市場の条件からも出ていた[96]。1960年代半ばには，このコンツェルンも，集権的な管理での対応が可能である規模を超え，製品プログラムの幅や多様性が，事業部の設置を必要にした。弱電部門と強電部門への古典的な分割は，もはや維持されることができなくなり，両部門は，相互に著しく重複するようになった。諸部門間の活動の重複や権限の対立もおこった。その結果，シナジー効果の達成のために協働の強化が必要と考えられるようになった。さらにグループの一層の成長は，業務の流れのより高い透明性を必要にした。こうして，組織改革が緊急の課題となった[97]。

1969年10月1日に新会社は6つのグループに再組織され，地域事務所や地域会社と同様に5つの本社部門をもつようになった。同社の事業部制組織は，①部品，②データ技術，③エネルギー技術，④配線技術，⑤医療技術，⑥通信技術の6つの企業領域に編成され，それらは最大限の経済的な自立性を有していた。また企業全体にかかわる事柄を担当する組織として，①経営経済，②財務，③人事，④技術，⑤販売の5つの機能別の本社部門が設置され，それらは，企業領域への助言と調整の機能を果した。それでもって，組織全体にマトリックス的性格が生み出された[98]。

個々の企業領域やその部分的な単位は，主に技術と市場の関連性の観点に基づいて組織され，製品や製品グループに沿った意思決定の分権化によって開発から販売まで責任を負うようなできる限りまとまった企業単位にするよう努力された[99]。企業領域は，企業政策の枠組みの範囲内で投資や人事の権限をもつとともに，利益責任を負った[100]。こうした分権管理において重要な位置を占めるプロフィット・センターの導入については，1960年代後半の同社の成長の鈍化が，その背景となっていた[101]。これに対して，5つの本社部門は，「6つの企業領域の間の協力を保証する装置であり，またそれらの間に起こりうるコンフリクトを統制する機関」であった[102]。5つの本社部門は，取締役会会長および企業領域に対して助言的機能を果たすべきものとされたが，命令権はもたなかった[103]。

ジーメンスのこのような組織の再編においては，コンセプトの発見も組織改革の実施も「自立的に」すすむべきと考えられたので，同社は，他の企業とは異なり，外部のコンサルタントを介入させることを断念した。こうした行動は，1960年代の同社の組織再編において，アメリカの大企業の事業部制組織の導入との相違を生むことにもなった[104]。新しい組織のコンセプトは，製品，職能および地域の責任の原則に基づいており，同社の組織のマトリックスは，いくつかの点で，大規模なアメリカの株式会社において用いられていた典型的な事業部制組織とは異なっていた[105]。ジーメンスは，アメリカで開発された事業部制組織の原理を志向したが，組織の変化は，ドイツの異なる状況に基づくものであった。そこでは，部分よりはむしろ全体を優先しながら，統合されたジーメンス社の文化を守ることに焦点がおかれていた[106]。

(3) その他の産業部門における組織の再編とその特徴

以上の考察からも明らかなように，化学産業や電機産業では，多角化が高度に展開され，それだけに，事業部制組織の導入がとくに大きな意味をもった。そこで，比較のために，これらの産業のようには多角化の進展がみられなかった産業部門として，鉄鋼業についてみておくことにしよう。

例えばマンネスマンでは，1960年代末の組織改革によって，同コンツェルンはアメリカをモデルとして自己責任のグループに分けられるようになった。ま

たライン製鋼では，1968年8月のトップの交替（シュムッカーの就任）にともない組織再編が実施された。それ以前の組織形態は，企業の機能をなんら行わず財務支配を行う持株会社に相当していた。多層なコンツェルンの本来のマネジメントは，生産および販売において無数の重複がみられる30を超える子会社の手にあった。そのような状況のもとでは，下から上へのではなく上から下への「攻撃的な」管理は可能ではなかったとされている。新しい組織のコンセプトでは，このコンツェルンの多様な活動部門を生産領域の最も下位の段階に分類しその後15の事業部に統合することが計画された。そこでは，事業部の決定的な基準は，市場志向，技術の共通性のほか，それまでの重複や分裂状態の排除に求められた。事業部は，最上位のレベルでは，5つのグループに統合され，それぞれが，同コンツェルンのひとりの取締役のもとにおかれた。こうした新しいグループ化の目標は，生産領域，事業部，コンツェルンの取締役会のレベルでの経営成果に対する明確な責任と管理，より大きなフレキシビリティの確保，より迅速な意思決定の可能性にあった。

同じく鉄鋼業の**クルップ**でも，1968年に組織再編と経営者の交代がおこった。同社でも，ライン製鋼の場合と同様に，多くの部分から構成される製造企業や販売企業にみられた重複，構造的な弱点があった。それゆえ，アメリカの大コンツェルンで選択されていた組織の原則の採用や，同種ないし類似の諸活動の組織的な統合が決定された。そこでの目標は，他のコンツェルンの企業と比べ有効に区分された生産品目の実現，クルップ・グループの個々の担当者が高い管理責任をもつような少数の大規模な企業単位の形成にあった[107]。

4　事業部制組織の導入と内部統制組織の確立
——コントローリング制度の導入とその意義——

事業部制組織の導入との関連で重要な点として，内部統制組織の確立・整備をめぐる問題がある。全般的な業務の進行の概要や全体的な評価のための手段であるコントローリングは，アメリカでは一般的に「コントローラー」（"controller"）という名称で知られている。それは，アメリカの企業ではすでに1950年代初頭に経営管理のひとつの不可欠な機関となっていたが，ドイツではまだ初期的段階にあった[108]。例えばドイツ経済合理化協議会（RKW）のア

メリカへの研究旅行に関する1957年のある報告書でも，アメリカのコントローラーの職務は，将来志向的であり，計画と統制の職務のためのひとつの重要な基礎を築くものであった。これに対して，ドイツでは，とくに企業の利益計画と予算統制のための将来志向の予測・計算が大きく欠如していた[109]。

その後，状況は大きく変化した。とくに企業規模の拡大，新しい技術の導入，変化のはやさや環境条件の変化にともなう職務の複雑性の高まりといった諸要因は，計画職務の増大のなかで，企業の情報，調整および統制の必要性を高めることになった[110]。また会計制度においても，企業の拡大と競争の変化の背後で，企業における流れやプロセスをそれまでよりも強力に統制・計画する必要性が生まれた。そのような状況のもとで，その指針とみなされるコントローリングの手段が，アメリカの方法に見出された[111]。

しかしまた，こうした諸要因とともに，コントローラーの制度の導入を決定的に重要なものにした要因のひとつは，事業部制組織の導入であった。その導入のもとでは，統制はもはやミドル・マネジメントによる事後的な評価ではなく，トップ・マネジメントによる事業部の業績の監視のための手段であった。コントローラーあるいは最高財務担当役員（CFO）という新しい取締役の職位が，この目的のために生み出された。ドイツ企業にとっては，こうした変化は非常に重要であったので，「コントローリング」や「コントローラー」という英語の用語が原語のまま使われた[112]。

ドイツ企業におけるコントローラー制度の導入の遅れは，事業部制組織の導入の遅れにひとつの重要な理由があった。またアメリカの会社法とは異なり，ドイツ企業は監査役会による十分な統制機構を利用することができた。それゆえ，1960年代に入るまでコントローラーの配置の組織面での必要性はなかったという事情もあった[113]。すでに1950年代にもアメリカのコントローラー制度を紹介した文献がみられ[114]，こうした制度はドイツでも次第に知られるようになっていた。しかし，管理の制度としての会計制度，あるいは統制，計画および調整の統合された管理の職務としてのコントローリングは，とくに1960年代半ば以降の企業の組織再編のなかで導入がすすみ，60年代末以降，アメリカのコントローリングの手法がより強力に普及することになった[115]。

アメリカのモデルを志向したコントローリングは，統一的な調整システムの

枠組みのなかに計画，執行および統制の諸機能を統合するというかたちで，これらの3つの段階の機能の分離を超えるものであった。この点に，そのような手法の導入のひとつの本質的なメルクマールがあった。このことは，ドイツの企業においてアメリカの管理の方法が次から次へと普及し次第に企業管理の広い領域をカバーしたことのひとつの証拠をなす(116)。しかし，コントローラーの機能に従事する管理者の責任の範囲はアメリカにおいてよりも狭く，戦略の策定，製品や市場にかかわる実際的な問題に彼らが積極的に関与することは，あまり一般的ではなかった(117)。また費用対効果の管理，経済性および収益性の分析，計画化のための計算や予算編成といったコントローラーの職務が本社の経営経済部門や分権化された部門において担当されていたという点も，特徴的であった(118)。

　このように，1970年代をとおして，コントローラーの職能の幅においてドイツとアメリカの企業の間に相違がみられたが(119)，職分の複合としての，また管理のコンセプトとしてのコントローリングは，ドイツの産業企業でもみられ(120)，その職務はアメリカのそれと似たものになっていく傾向にあった。また確かに景気や市場政策の変化は，ドイツ企業においても，アメリカをモデルとした体系的でかつ収益志向の企業管理が1960年代後半以降徐々に導入されるように導いた。しかし，企業の成果を制御可能とみるアメリカの近代的な経営の考え方は，ドイツの計数管理における会計係の伝統と衝突した(121)。

　そこで，個別企業の事例をみると，例えばヘンケルでは，コントローリングの手法の実施は1960年代後半の組織の再編に対応してすすんでおり，コンツェルン規模での計算制度の統一化が開始された。ジーメンスでも，近代的なコントローリングという意味での計算制度の統一化は，1960年代後半の組織の再編にともない初めて開始された(122)。5つの本社部門のひとつである経営経済部門の長は同時にジーメンス株式会社の「コントローラー」となった(123)。しかし，その導入・定着が比較的長い期間におよんだ企業も存在した。例えばフロイデンベルクでは，1980年代に入ってようやく「コントローリング」という概念が，同社の日常的な用語のなかでふつうに使われるようになった。またフォルクスワーゲンでも，コントローラーは，1980年代半ばまでは，「経営経済全般」，「技術面の経営経済」および「戦略と投資」の領域に分割されていた経営

経済部門の長であり，そこでは，計画と統制の問題が重要な役割を果たした[124]。さらにクルップでも，1970年代末に取り組まれたコンツェルンの管理の再編にともない，戦略的レベルと現業的レベルにおけるコントローリングの機能と役割，他社の導入事例の調査・検討が行われるなかで，その導入が問題とされている[125]。

　以上の考察をふまえていえば，つぎの点にドイツ的なあり方，特徴がみられる。第一に，事業部制組織の導入のもとでの利益計画と予算統制のための支援的機構としてのコントローリングの機能に従事する管理者の範囲はアメリカよりも狭かったということである。第二に，コントローリングが戦略策定のような重要な機能に活発に関与することはあまり一般的ではなかったことである。第三に，コントローリングの機能が本社レベルだけでなく分権化された現業的な部門でも担当されたことも，ひとつの重要な特徴を示している。

第3節　事業部制組織の導入のドイツ的特徴

　以上の考察をふまえて，つぎに事業部制組織の導入におけるドイツ的特徴についてみることにしよう。それは，事業部をめぐってのトップ・マネジメントの役割，事業部の業績にリンクしたかたちでの事業部長に対する報酬支払システムの利用，最大級の産業企業に占める持株会社の割合の高さのほか，権限と責任の委譲の程度や取締役会の共同管理・合議制の伝統の影響などにみられる。

1　事業部制組織の機構とそのドイツ的特徴

　まず事業部制組織の機構の面でのドイツ的特徴をみることにする。トップ・マネジメントの役割については，新しい組織の内部での共同管理のさまざまな異なる適用がみられ，それには3つの主要なオルタナティブがあったとされている。その第1は取締役が事業部長を担当するケースであり，上述の最大100社でみれば比較的規模の小さい企業で最も多くみられた。そこでは，事業部の利益責任は，会社全体の業績に共同責任を負うトップの経営者におかれた。これらの企業ではコントローラーの機能ないしそれに相当するものが存在し，ひ

とりのトップ・マネジメントのメンバーがその長の職位にあった。第2は，職能別に専門化した取締役の下に事業部がおかれ，さらに職能別に専門化した管理者によって事業部が共同で管理されるケースである。それは主として化学産業の企業でみられ，利益責任は，取締役会に対して共同責任を負う職能別の管理者チームにあった。取締役は，典型的には2つかそれ以上の事業部の技術か商事のいずれかの面ないしスタッフ部門の調整に責任を負うか，あるいはそれらの両者に責任を負った。第3は，取締役が事業部のグループを管理するケースであり，ジーメンス，AEG，バイエルのような非常に大規模な企業でみられた。そこでは，事業部の管理は2人ないしそれ以上の取締役の共同管理である場合も1人の管理である場合もあった。取締役は，事業部のグループとスタッフの長としての両方の機能かいずれか一方の機能のみを担当した[126]。

　また報酬支払システムに関しては，利益責任をもつ事業部長の報酬の一定部分が事業部の利益と結びついていたケースが多いアメリカとは異なり，ドイツでは，利益責任に基づいた事業部長に対する金銭的インセンティブの導入は，非常にまれであった。そのようなインセンティブの導入は，経営者によって好ましくないとさえ考えられていることも多かった[127]。事業部制組織を採用する企業のうち利用可能な情報のあるドイツ資本の19社でみると，すべての企業でなんらかの形態の特別手当の支払制度が利用されていた。しかし，圧倒的多数のケースでは，こうしたインセンティブは事業部長の手取り給の大きな部分でもなければ，事業部の利益とも明確に関連していなかった。目標業績に対する実際の業績に基づいて特別手当を支給していた1社，企業全体の利益や事業部の利益を含めた特別手当の方式によって事業部の業績を考慮に入れていた2社を除く残りの16社は，特別な支給を企業全体の採算性に基づいて行っていた。このように，ドイツでは，アメリカでみられたような事業部のプロフィット・センターの制度が確立していなかったケースも多かった。その意味では，ドイツの企業は，一般的に，事業部制組織に本来備わっているそのような機会の利用にさいして，その部分的な利用の道をすすんだといえる。企業内部の競争を生み出すために事業部の利益に基づくなんらかの手段や報酬支払システムの使用によって利益志向を強化する可能性は，最大100社のほとんどすべての企業では，意識的に顧みられることはなかった。それには，ドイツの経営者に

あっては事業部の利益と事業部長の報酬とを直接リンクさせることは企業の伝統に合わないと考えられていたことや，利益のベースがあまりにも不安定であることなどの理由があげられる[128]。また取締役会に報告を行う事業部長に経営責任が委譲された場合でさえ，彼に対して利益責任とともに十分な自由と権限を与えることにはかなりの抵抗があった[129]。もちろん，最大企業のいくつかでは，事業部の管理がより下位のレベルに委譲されており，取締役レベルでの事業部の経営責任と結びついた厳格な共同管理の消滅の事例もみられた。このように，ドイツとアメリカにおける事業部制組織の特徴はますます似たものになっていったという面もみられる。しかし，事業部の管理および利益責任が取締役会レベルに残されていたケースもしばしば存在した[130]。

　このような管理の分権化のあり方ともかかわって，ドイツでは最大級の産業企業に占める持株会社の割合（第2節2参照）がアメリカ[131]と比べ高かったことも特徴的である。持株会社から事業部制組織への移行の場合には，持株会社は，子会社に対するその支配を拡大・強化した。そのような変化は，子会社の内部の諸問題への持株会社の積極的な関与によって特徴づけられる。事業部制組織への移行がこのようなかたちをとったケースでは，職能部制組織から事業部制組織への移行の場合にみられたような，現業的な活動を担当する諸部門の自立性は相対的に低い傾向にあった。持株会社から事業部制組織への徐々の転換は1960年代にみられたが，例えばグーテホフヌングのように，いくつかの事例では，71年になってもなお未完成であったとされている[132]。このような持株会社の割合の高さは，「ひとつの産業体系を基盤として展開されたコンツェルン構造」というドイツ的な大企業の特質（第2章参照）に基づくものでもあり，持株会社的な管理の構造は，それに適合的な形態であったということもできる。

2　ドイツ企業の管理の伝統と事業部制組織の導入へのその影響

　またドイツ企業の伝統的な管理のあり方との関連でみると，それ以前のすべての「アメリカ化」のように，組織革新という新しい波も技術重視の協調的な企業文化のドイツ的伝統に沿って形成されたという点に，ひとつの特徴がみられる[133]。アメリカとの比較でみると，組織構造の面での類似性は，確かに，

豊かな市場において高い技術水準で事業を展開している比較的競争的で自由な経営環境や製品および市場の多様性の増大という傾向にみられる産業企業の戦略の類似性を反映したものであった。しかし，両国の文化的な相違が，組織の実態の相違をもたらしたひとつの重要な要因となった。それには，つぎのような相違があげられる。高度に集権化された階層制組織が戦後の初期の諸年度に企業の原則となっていたドイツの階層的関係は，分権化が広く普及していたアメリカ企業における職能的に基礎づけられた経営者の権限・権威とは対照的なものであった[134]。もとより，ドイツでは，経営の権威は主として経営者自身に授けられたものであるという排他性・独占性という傾向があった。その背景には，トップ・マネジメントにおける「信任」を基礎にした権威が「職能」に基づく権威に対して優位にあるとみる考え方があった。そうした考え方はアメリカの影響のもとで変化し，経営者の地位における排他性は低下した[135]。しかし，経営者の権限のイデオロギー的基盤にもかかわるそのような伝統は，事業部制組織の採用，運用にも大きな影響をおよぼすことになった。

　ドイツ企業の管理の伝統の影響のいまひとつの要因は，アメリカ企業ではみられない共同管理・合議制の伝統にあった。ドイツの企業においては，最高経営責任者（CEO）のような企業全体に関する自立した独自の意思決定権をもつひとりの人物によって経営が担われるというかたちでの職位が存在しなかった。取締役会内部の意思決定が原則的には多数決ルールによるという共同管理の伝統，原則[136]は，アメリカの企業とは大きく異なる責任の委譲のパターン，報告の関係や管理のメカニズムをもたらした[137]。共同管理の慣行は，事業部の管理のレベルやそれらの間の職務と責任の配分にも，またトップ・マネジメントにも適用されており，そうした管理のあり方は，組織の発展における文化的な相違のひとつの重要な要素の例であった[138]。

　また事業部の業績とリンクした報酬支払システムによる事業部長に対する金銭的インセンティブの導入がきわめてまれであったという点にも，アメリカとは異なるドイツの文化的側面や価値観が反映していたといえる。アメリカ的な報酬支払システムでは，事業部長の経営判断の客観性を阻害する場合や事業部と本社との間の計画の議論が交渉になってしまう場合があり企業の利害が事業部のそれと激しく対立する結果になるかもしれないという危惧がもたれてい

た。ただそれらは一般的にそのような報酬支払システムの導入による現実の経験に基づくものではなく，両国の間で明らかに異なる文化的な価値や態度の反映であると考えられると指摘されている(139)。このような経済文化の側面においては，共同管理のようなドイツ企業の管理の伝統の影響も大きかったといえる。

　このような文化的側面や制度的側面の影響については，ヘンケル，ジーメンスおよびダイムラー・ベンツの事例を分析したS. ヒルガーの研究でも，異なる経済的，政治的，文化的および制度的な諸条件に基づいて，ドイツ企業における事業部制組織の採用は，しばしば，アメリカの場合とは異なる諸結果をもたらしたとされている(140)。アメリカのノウハウに強く依存していたけれども，事業部制組織の採用においては，たんなる模倣のプロセスではなく，むしろ現地国の諸条件への一定度の適応がはかられた。アメリカからの知識の無批判的な受容は，過去のものとなり，ドイツの経営者のもつ独自の考えや手段のなかでの彼らのより大きな選択力と確信によっておきかえられてきたのであった(141)。そのような意味でも，組織の変化は，たんに戦略への適応であるだけではなく，ひとつの文化的現象でもあるといえる(142)。1960年代末の数年の新しい組織の一層の発展や経営思考の発展は，より一般的には，アメリカの革新へのドイツの経営実践の依存が低下しアメリカの解決策の無批判的な受容が明らかに過去のものとなったことを示している。アメリカに模範や知識を求めることから，ドイツでの利用に最も有望な文献やコンサルタントなどによって提供される多くのアメリカのアイデアのなかからの選択へと，優先順位が移ってきたのであった(143)。

　これまでの考察において，ドイツ企業における事業部制組織の導入についてみてきたが，同国でも，多角化にともなう事業領域の拡大と組織との適合関係という面での製品別事業部制組織の編成原理の利点を生かしながらも，独自的なあり方が試みられた。すなわち，現実の組織の構造，管理のための機構・システム，またその運用においては，取締役会の共同管理，合議制の伝統や，権限委譲のそれまでの歴史的経緯，ひとつの産業体系を基盤として展開された大企業のコンツェルン構造，販売・マーケティング的な観点よりも技術を重視し

た企業文化などを反映するかたちとなった。事業部制組織のような管理機構の導入においても，ドイツに適合的なあり方がありえたのであり，またそれが積極的な意味においても追求されたのであった。

（1） この点については，A. D. Chandler, Jr., *Strategy and Structure*, The MIT Press, 1962〔有賀裕子訳『組織は戦略に従う』ダイヤモンド社，2004年〕, A. D. Chandler, Jr., *The Visible Hand : Managerial Revolution in American Business*, Harvard University Press, 1977〔鳥羽欽一郎・小林袈裟治訳『経営者の時代——アメリカ産業における近代企業の成立——』東洋経済新報社，1979年〕, A. D. Chandler, Jr., *Scale and Scope : The Dynamics of Industrial Capitalism*, Harvard University Press, 1990〔安部悦生・川辺信雄・工藤 章・西牟田祐二・日高千景・山口一臣訳『スケール・アンド・スコープ 経営力発展の国際比較』有斐閣，1993年〕を参照。
（2） この点について詳しくは，拙書『ドイツ企業管理史研究』森山書店，1997年，第8章および同『ヴァイマル期ドイツ合理化運動の展開』森山書店，2001年，第4章を参照。
（3） Vgl. Aktennotiz(8. 8. 1962), S. 1, *Hüls Archiv*, I-5-8.
（4） G. P. Dyas, H. T. Thanheiser, *The Emerging European Enterprise*, London, 1976, p. 132.
（5） U. Wengenroth, Germany : Competition abroad——Cooperation at Home, 1870-1990, A. D. Chandler, Jr., F. Amatori, T. Hikino(eds.), *Big Business and the Wealth of Nations*, Cambridge University Press, 1997, p. 162.
（6） G. P. Dyas, H. T. Thanheiser, *op. cit.*, p. 133.
（7） *Ibid.*, p. 100.
（8） *Ibid.*, p. 90, p. 101.
（9） *Ibid.*, p. 26, pp. 63-72. なおこれらの多角化の類型とその分類の指標については，R. P. Rumelt, *Strategy, Structure and Economic Performance*, Harvard University Press, 1974, Chapter 1を参照。
（10） H. E. Krooss, C. Gilbert, *American Businenn History*, New Jersey, 1972, p. 253〔鳥羽欣一郎・山口一臣・厚東偉介・川辺信雄訳『アメリカ経営史（下）』東洋経済新報社，1974年，373ページ〕参照。
（11） 仲田正機『現代企業構造と管理機能』中央経済社，1983年，120ページ。
（12） S. Hilger, *„Amerikanisierng" deutscher Unternehmen*, Stuttgart, 2004, S. 222.
（13） G. P. Dyas, H. T. Thanheiser, *op. cit.*, p. 136.
（14） S. Hilger, *a. a. O.*, S. 170.
（15） C. Kleinschmidt, *Der produktive Blick*, Berlin, 2002, S. 308.
（16） *Ebenda*, S. 265.
（17） Vgl. H. Hartmann, *Der deutsche Unternehmer : Autorität und Organisation*, Frankfurt am

Main, 1968, S. 47, S. 75, S. 78, S. 91, S. 281, S. 291.
(18) G. P. Dyas, H. T. Thanheiser, *op. cit.*, p. 136.
(19) *Ibid.*, p. 114.
(20) V. Berghahn, *Unternehmer und Politik in der Bundesrepublik*, Frankfurt am Main, 1985, S. 293.
(21) S. Hilger, *a. a. O.*, S. 278.
(22) G. P. Dyas, H. T. Thanheiser, *op. cit.*, pp. 65-73.
(23) Vgl. E. Gabele, *Die Einführung von Geschäftsbereichsorganisation*, Tübingen, 1981, S. 1-2 〔高橋宏幸訳『事業部制の研究』有斐閣, 1993年, 1-2ページ〕, W. Kirsch, W.-M. Esser, E. Gabele, *Das Management des geplanten Wandels von Organisation*, Stuttgart, 1979, S. 3-4.
(24) A. Harrmann, Steigert ein Wechsel der Strukturorganisation die Unternehmenseffektivität?, *REFA-Nachrichten*, 35. Jg, Heft 4, August 1982, S. 202-3.
(25) G. P. Dyas, H. T. Thanheiser, *op. cit.*, p. 66.
(26) *Ibid.*, p. 73-4.
(27) Wo liegen noch Rationalisierungsmöglichkeiten im Betrieb?, *REFA-Nachrichten*, 20. Jg, Heft 6, Dezember 1967, S. 263.
(28) G. P. Dyas, H. T. Thanheiser, *op. cit.*, p. 129.
(29) H. Siegrist, Deutscher Großunternehmen vom späten 19. Jahrhundert bis zur Weimarer Republik, *Geschichte und Gesellschaft*, 6. Jg, Heft 1, 1980, S. 88.
(30) Vgl. Stanford Research Institute, Einführung einer verbindlichen langfristigen Planung in die Persil/Henkel Gruppe—Phase Ⅰ, April 1967, *Henkel Archiv*, 251/1, Stanford Research Institute, Langfristigen Planung für Persil/Henkel, Phase Ⅱ: Strategische Planung, 1. Bd, 2. Bd, Juli 1968, *Henkel Archiv*, 251/2, Stanford Research Institute, Langfristigen Planung für Persil/Henkel, Phase Ⅲ: Organisationsstruktur der Unternehmensspitze und des leitenden Management Dezember 1968, *Henkel Archiv*, 314/133.
(31) Henkel GmbH, *Geschäftsbericht 1969*, S. 33.
(32) Stanford Research Institute, Langfristigen Planung für Persil/Henkel, Phase Ⅱ, S. 315, *Henkel Archiv*, 251/2.
(33) Stanford Research Institute, Langfristigen Planung für Persil/Henkel, Phase Ⅲ, S. 3, S. 24, *Henkel Archiv*, 314/133.
(34) *Ebenda*, S. 24-6, S. 28-30, SRI-Besprechung am 16. Oktober 1968(17. 10. 1968), S. 3, *Henkel Archiv*, 314/96, SRI. Mündliche Präsentation. Struktur der Unternemensorganisation von Persil/Henkel 251/10, *Henkel Archiv*, 251/10.
(35) Stanford Research Institute, Langfristigen Planung für Persil/Henkel, Phase Ⅱ, 2. Bd, S. 440, *Henkel Archiv*, 251/2.

(36) Interview der Z für O zur Reorganisation der Henkel-Gruppe, *Zeitschrift für Organisation*, 39. Jg, Nr. 5, Mai 1970, S. 199.
(37) Vgl. Stanford Research Institute, Langfristigen Planung für Persil/Henkel, Phase Ⅲ, S. 1-114, *Henkel Archiv*, 314/133, Niederschrift über eine außerordentliche gemeinsame Postbesprechung am 20. Februar 1969(20. 2. 1969), *Henkel Archiv*, 314/96, Einrichtung von Sparten und Funktionen(31. 10. 1968), *Henkel Archiv*, 251/10, Faktoren, die für eine produktionorientierte Organisationsstruktur sprechen(11. 7. 1968), *Henkel Archiv*, 25/10, Niederschrift über die gemeinsame Post PERSIL/HNKEL/BÖHME/HI vom 12. 11. 1968(14. 11. 1968), *Henkel Archiv*, 153/42, Neuorganisation. Unterlage für Gemeinsame Post am 12. 11. 1968(9. 11. 1968), *Henkel Archiv*, 251/10, Oranisation der Unternehmensspitze(30. 5. 1968), *Henkel Archiv*, 251/10, Präsentation einer Organisationsstruktur für das Management Persil/Henkel duruch das Stanford Research Institut(SRI), *Henkel Archiv*, 153/42, Zentral-Geschäftsführung Henkel GmbH, *Henkel Archiv*, 314/96, Die Unternehmensorganisation nach Sparten(18. 7. 1968), *Henkel Archiv*, 314/96, Neuordnung(10. 3. 1969), *Henkel Archiv*, 314/96, Neuordnung. Organisationsvorschlag für Funktionen――Produktion/Ingenieurwesen――. Besprechung am 12. Februar 1969(13. 2. 1969), *Henkel Archiv*, 314/96, Kurz-Referat. Gewinn- und Kosten-Verantwortung der Sparten/Funktionen(6. 5. 1969), *Henkel Archiv*, 251/9, Kostenverantwortung der Funktionen, insbesondere der Funktion Finanzen/Rechnungswesen. Notiz Mr. Cavender vom 17. 4. 1969(23. 4. 1969), *Henkel Archiv*, 251/9, Henkel GmbH, *Geschäftsbericht 1968*, W. Feldenkirchen, S. Hilger, *Menschen und Marken. 125 Jahre Henkel 1876-2001*, Düsseldorf, 2001, S. 200-2, Die organisatorische Neuordnung der Henkel-Gruppe „Sparten, Funktionen und Regionen", *Zeitschrift für Organisation*, 39. Jg, Nr. 5, Mai 1970, S. 196-8.
(38) S. Hilger, *a. a. O.*, S. 233.
(39) C. Kleinschmidt, *a. a. O.*, S. 266-8.
(40) Vorschlag für einen Organisationsplan der FFB(ohne Agfa), S. 1-2, S. 4, *Bayer Archiv*, 001-004-003.
(41) Die Schrift von Kurt Hansen an die Leitenden Angestellten der Werke Leverkusen, Dormagen, Elberfeld und Uerdingen sowie der deutschen Aueßnstellen(25. 2. 1970), S. 1, *Bayer Archiv*, 001-004-002, Neuorganisation der Farbenfabriken Bayer AG――(3. 2. 1970), *Bayer Archiv*, 001-004-002, Neuorganisation der Bayer AG, S. 1, *Bayer Archiv*, 010-004-005, Die Schrift von Kurt Hansen an die Leitenden Angestellten der Werke Leverkusen, Dormagen, Elberfeld und Uerdingen(2. 9. 1965), *Bayer Archiv*, 010-004-005, Neuorganisation, *Bayer Archiv*, 001-004-003.
(42) Vorstandsrundschreiben Nr. 63(14. 10. 1970), S. 1, *Bayer Archiv*, 001-004-002.
(43) Neuorganisation der Bayer AG, S. 2, *Bayer Archiv*, 010-004-005.

(44) Vgl. Führungsgrundsätze der Bayer AG, S. 4, *Bayer Archiv*, 210-001.
(45) Neuorganisation der Farbenfabriken Bayer AG (3. 2. 1970), *Bayer Archiv*, 001-004-002, Organizational Rearrangement of Farbenfabriken Bayer AG――Objectives, Functions and Tasks――, *Bayer Archiv*, 001-004-002, Organisationplan der Farbenfabriken Bayer AG, Leverkusen, Stand : 1. 4. 1971, *Bayer Archiv*, 001-004-002, Farbenfabriken Bayer A. G., Leverkusen-Bayerwerk. Organisationspläne der Verkaufsabteilungen, *Bayer Archiv*, 001-004-001, Vorstandsrundschreben Nr. 64 (22. 10. 1970), *Bayer Archiv*, 001-004-002, Die Schrift von Kurt Hansen an W. Knauff über den Vorschlag des Organizsationsplanes von Knauff (24. 2. 1964), S. 3-4, S. 8, *Bayer Archiv*, 001-004-003, Organisatorische Gliederung der Bayer AG, Stand : 1. 7. 1972, *Bayer Archiv*, 010-004-005, Neuorganisation der Bayer AG, *Bayer Archiv*, 010-004-005, Die Schrift von Kurt Hansen an die Leitenden Angestellten der Werke Leverkusen, Dormagen, Elberfeld und Uerdingen sowie der deutschen Aueβnstellen (25. 2. 1970), S. 2-3, *Bayer Archiv*, 001-004-002.
(46) C. Kleinschmidt, *a. a. O.*, S. 269.
(47) Organisatorische und personelleänderungen bei AOA (5. 6. 1970), S. 1, *BASF Archiv*, C0, E. Koch, Offene Tore für das schöpferische Potential. Neuorganisaton der BASF―Die WELT sprach mit Vorstandsvorsitzendem Bernhard Timm, *Die Welt*, Nr. 193, 21. 8. 1970.
(48) Die Neuorganisation der BASF unter Marketingssichtspunkten, S. 2, *BASF Archiv*, C0, Organisatorische Maβnahmen (19. 12. 1961), *BASF Archiv*, C19/14, Organisatorische Maβnahmen (21. 12. 1961), *BASF Archiv*, C19/14, Organisation im Verkauf (24. 6. 1960), *BASF Archiv*, C19/13.
(49) Organisation der BASF (1. 1. 1964), *BASF Archiv*, C0, Werksinterner Verteiler (25. 1. 1962), *BASF Archiv*, C19/14, Rundschreiben an alle Abteilungen des Werkes (20. 12. 1963), *BASF Archiv*, C19/15, Die Schrift an alle Vertrauensleute (22. 7. 1963), *BASF Archiv*, C19/15. この段階の組織の変化については，W. Abelshauser, Die BASF seit der Neugrundung von 1952, W. Abelshauser (Hrsg.), *Die BASF : Eine Unternehmensgeschichte*, München, 2002, S. 571-3を参照。
(50) Die Neuorganisation der BASF unter Marketingssichtspunkten, S. 2, *BASF Archiv*, C0.
(51) K. Selinger, Die Organisation der BASF-Gruppe, *Zeitschrift für Organisation*, 46. Jg, Heft 1, 1977, S. 17, W. Abelshauser, *a. a. O.*, S. 570, S. 574.
(52) E. Koch, Offene Tore für das schöpferische Potential, *Die Welt*, Nr. 193, 1970.
(53) Neuorganisation der BASF-Gruppe (in : *BASF Information*, Sonderausgabe, Oktober 1969), *BASF Archiv*, C0.
(54) Die Neuorganisation der BASF unter Marketingssichtspunkten, S. 3-4, *BASF Archiv*, C0.

第6章　事業構造の再編と管理機構の変革　*225*

(55) Bemerkungen von Professor Dr. Timm über die Neuorganisation der BASF (29. 8. 1973), S. 6, *BASF Archiv*, C0.
(56) The Badische Anilin- und Soda-Fabrik AG (BASF), Some Information Worth Knowing, p. 5, *BASF Archiv*, C0. なおBASFのこうした組織における主要部門・ポストへの人員の配置については，Organisation der BASF (Stand : Juli 1975), *BASF Archiv*, C 0 を参照。
(57) K. Selinger, *a. a. O.*, S. 17.
(58) Neuorganisation der BASF-Gruppe (Juni 1970), *BASF Archiv*, C0.
(59) *Ebenda*, S. 12-3, Neuorganisation der BASF-Gruppe (in : *BASF Information*, Sonderausgabe, Oktober 1969), *BASF Archiv*, C0.
(60) K. Selinger, *a. a. O.*, S. 19.
(61) Direktionssitzung am 17. 10. 1969 zum Thema „Neugestaltung der Organisation der BASF-Gruppe", S. 1-3, *BASF Archiv*, C0.
(62) Dem Vorstandsvorsitzenden direkt unterstellte Einheiten, S. A, S. 2A, *BASF Archiv*, C0, Organisation der BASF-Grupe (Dezember 1972), S. 3, *BASF Archiv*, C0, Neuorganisation der BASF-Gruppe (Juni 1970), S. 3, *BASF Archiv*, C0.
(63) E. Koch, *a. a. O.*,.
(64) Neuorganisation der BASF-Gruppe (in : *BASF Information*, Sonderausgabe, Oktober 1969), *BASF Archiv*, C0.
(65) Die Schrift an die Mitarbeiter (2. 2. 1970), *BASF Archiv*, C0, Neuorganisation der BASF-Gruppe (in : *BASF Information*, Sonderausgabe, Oktober 1969), *BASF Archiv*, C0.
(66) Direktionssitzung am 17. 10. 1969 zum Thema „Neugestaltung der Organisation der BASF-Gruppe", S. 2-3, *BASF Archiv*, C0.
(67) Vgl. Die Schrift an die Mitglieder der Direktionssitzung (26. 8. 1968), S. 1-2, *BASF Archiv*, C0, Die Schrift an die Mitglieder der Direktionssitzung (21. 10. 1969), *BASF Archiv*, C0, Die Weiterentwicklung der Organisation (20. 3. 1981), *BASF Archiv*, C0, M. Seefel, Weiterentwicklung der Organisation. Direktionssitzung am 5. März 1981, *BASF Archiv*, C0, Die Weiterentwicklung der Organisation (20. 3. 1981), *BASF Archiv*, C0, Weiterentwicklung der Organisation kommt voran (in : *BASF Information*, 23. 7. 1980), *BASF Archiv*, C0, Neuorganisation der Aufgabengebiete in der BASF (in : *BASF Information*, 17. 7. 1980), *BASF Archiv*, C0.
(68) Vorschlag über die Bildung einer gemeinsamen AKU-Glanzstoff Schwefelchemie-Division unter der Bezeichnung Feinchemikalien-Division (FCD) (1. 10. 1968), *Rheinisch-Westfälisches Archiv zu Köln*, Abt 195, F7-4.
(69) Vorschlag über den Aufbau einer gemeinsamen AKU/Glanzstoff Vliesstoff Division unter der Bezeichnung Colbond Division (1. 12. 1968), *Rheinisch-Westfälisches Archiv zu Köln*, Abt 195, F7-5.
(70) Farbwerke Hoechst AG, *Geschäftsbericht 1969*, S. 14, K. Winnacker, *Nie den Mut ver-*

lieren, Düsseldorf, 1972, S. 178-9, S. 504〔児玉信次郎・関 英夫・向井幸雄訳『化学工業に生きる』鹿島出版会，1974年，142-3ページ，404ページ〕．
(71) *Ebenda*, S. 184〔同上訳書，146ページ〕．
(72) Farbwerke Hoechst AG, *a. a. O.*, S. 14-7, K. Winnacker, *a. a. O.*, S. 451, S. 463-4, S. 505〔前掲訳書，358ページ，367ページ，405ページ〕．
(73) Farbwerke Hoechst AG, *a. a. O.*, S. 14-5.
(74) G. P. Dyas, H. T. Thanheiser, *op. cit.*, pp. 122-3.
(75) C. Kleinschmidt, *a. a. O.*, S. 270.
(76) Neue Organisation bei Hüls, *Der Lichtbogen*, 22. Jg, Nr. 160, Juli 1970, S. 26, B. Lorentz, P. Erker, *Chemie und Politik. Die Geschichte der Chemischen Werke Hüls 1938-1979 : Eine Studie zum Problem der Corporate Governance*, München, 2003, S. 270.
(77) Neue Organisation bei Hüls, *Der Lichtbogen*, 22. Jg, Nr. 160, 1970, S. 26.
(78) Einige Überlegungen zu den Möglichkeiten einer Organisationsänderung bei CWH, S. 1, *Hüls Archiv*, Ⅰ-5-8, Niederschrift über die Sitzung des Vorstands am 3. April 1970 in Münster, Sitzungssaal der Landesbank(11. 5. 1970), *Hüls Archiv*, ohne Signatur.
(79) C. Kleinschmidt, *a. a. O.*, S. 270.
(80) Niederschrift über die Besprechung in Hüls am 14. Juni 1971, S. 2, *Hüls Archiv*, ohne Signatur, Vorstandssitzung vom 6. 7. 70, S. 4, *Hüls Archiv*, ohne Signatur, Neue Organisation bei Hüls, *Der Lichtbogen*, 22. Jg, Nr. 160, Juli 1970, S. 26.
(81) Niederschrift über die Sitzung des Vorstands CWH am 17. Juli 1970 in Schloβ Raesfeld (5. 8. 1970), *Hüls Archiv*, ohne Signatur, Neue Organisation bei Hüls, *Der Lichtbogen*, 22. Jg, Nr. 160, 1970, S. 26-7, B. Lorentz, P. Erker, *a. a. O.*, S. 270-1.
(82) Vgl. Die Schrift über die ständige Kommission „Unternehmungsplanung" und Sachbearbeiter für die Planung(15. 12. 1969), *Hüls Archiv*, Ⅵ-8-3/1, Besprechungsbericht der 1. Sitzung der Kommission „Unternehmungsplanung"(5. 2. 1970), *Hüls Archiv*, Ⅵ-8-3/1, Besprechungsbericht der 2. Sitzung der Kommission „Unternehmungsplanung"(27. 2. 1970), *Hüls Archiv*, Ⅵ-8-3/1, Besprechungsbericht der 3. Sitzung der Kommission „Unternehmungsplanung"(1. 10. 1970), *Hüls Archiv*, Ⅵ-8-3/1, Langfristige Unternehmungsplanung(11. 12. 1969), *Hüls Archiv*, Ⅵ-8-3/1, B. Lorentz, P. Erker, *a. a. O.*, S. 271.
(83) Niederschrift über die Sitzung des Vorstands am 3. April 1970 in Münster, Sitzungssaal der Landesbank(11. 5. 1970), S. 1, S. 5, *Hüls Archiv*, ohne Signatur, B. Lorentz, P. Erker, *a. a. O.*, S. 270-1.
(84) C. Kleinschmidt, *a. a. O.*, S. 269-70.
(85) G. Hautsch, *Das Imperium AEG-Telefunken : Ein multinationaler Konzern*, Frankfurt am Main, 1979, S. 151.
(86) P. Strunk, *Die AEG. Aufstieg und Niedergang einer Industrielegende*, 2. Aufl., 2000,

Berlin, S. 70.
(87) Rundschreiben Nr. 14/57, Neue Organisation der AEG (9. 7. 1957), S. 1, S. 3, *AEG Archiv*, GS839.
(88) AEG, *Bericht über das Geschäftsjahr vom 1. Oktober 1962 bis 30. September 1963*, S. 53, G. Hautsch, *a. a. O.*, S. 151.
(89) Vgl. Rundschreiben RO2, Bildung von Horizontalen und Vertikalen Bereichen (30. 5. 1963), *AEG Archiv*, GS839, AEG, *a. a. O.*, S. 53, S. 55, P. Strunk, *a. a. O.*, S. 70-4, G. Hautsch, *a. a. O.*, S. 151, Reorganisation bei wachsender Rentabilität. Relativ geringe Exportquote――Bau eines Atomkraftwerkes, *Der Volkswirt*, 17. Jg, Nr. 12, 22. 3. 1963, S. 492, J. Reindl, *Wachstum und Wettbewerb in den Wirtschaftswunderjahren*, Paderborn, 2001, S. 138, AEG. Ein Konzern wird neu organisiert. Geschäftsjahr umgestellt―― Verlustaufträge bei Schwermaschinen, *Der Volkswirt*, 18. Jg, Nr. 25, 19. 6. 1964, S. 1241.
(90) Rundschreiben RO2, Bildung von Horizontalen und Vertikalen Bereichen (30. 5. 1963), *AEG Archiv*, GS839, AEG, *a. a. O*, S. 53, S. 55.
(91) *Ebenda*, S. 54.
(92) G. Hautsch, *a. a. O.*, S. 151-2.
(93) Vgl. AEG-Telefunken AG, *Bericht über das Geschäftsjahr 1967*, S. 33-44.
(94) Vgl. Struktur-Organisation, Gesamt-Stellen-Übersicht, Ausgabe 1970 Organisationsplan (Stand 1. 11. 1969), *AEG Archiv*, GS3501, AEG-Telefunken AG, *Bericht über das Geschäftsjahr 1969*, S. 39-50.
(95) W. Feldenkirchen, The Americanization of the German Electrical Industry after 1945, A. Kudo, M. Kipping, H. G. Schröter (eds.), *German and Japanese Business in the Boom Years*, London, New York, 2004, pp. 126-7.
(96) Die Neuorganisation des Hauses Siemens, *Zeitschrift für Organisation*, 39. Jg, Nr. 8, 1970, S. 338.
(97) S. Hilger, *a. a. O.*, S. 214-5.
(98) Siemens AG, *Bericht über das Geschäftsjahr vom 1. Oktober 1968 bis 30. September 1969*, S. 14-5, Die Neuorganisation des Hauses Siemens, *Zeitschrift für Organisation*, 39. Jg, 1970, S. 338, W. Feldenkirchen, *op. cit.*, p. 127, S. Hilger, *a. a. O.*, S. 216.
(99) Die Neuorganisation des Hauses Siemens, *Zeitschrift für Organisation*, 39. Jg, 1970, S. 338-40.
(100) 山本健兒『現代ドイツの地域経済――企業の立地行動との関連――』法政大学出版会，1993年，151-2ページ。
(101) S. Hilger, *a. a. O.*, S. 229.
(102) 山本，前掲書，152ページ。
(103) G. Tacke, *Ein Beitrag zur Geschichte der Siemens AG*, München, 1977, S. 277.
(104) S. Hilger, *a. a. O.*, S. 215.

(105) W. Feldenkirchen, *op. cit.*, pp. 127-8.
(106) *Ibid.*, p. 131.
(107) Wachablösung an der Ruhr. Bewährte Sechziger und nüchterne Vierziger, *Der Volkswirt*, 24. Jg, Nr. 45, 7. 11. 1969, S. 70.
(108) RKW, *Betriebsführung durch Planung und Kontrolle : Eindrücke von einer Studienreise deutscher Betriebswirtschaftler aus Wissenschaft und Industrie.* Team-Bericht(RKW-Auslandsdienst, Heft 51), München, 1957, Zusammenfassung, S. Hilger, *a. a. O.*, S. 226.
(109) J. D. Auffermann, Der Controller――eine unternehmerische Persönlichkeit. in : RKW, *a. a. O.*, S. 43-4, S. 54-6.
(110) C. Kleinschmidt, *a. a. O.*, S. 276.
(111) S. Hilger, *a. a. O.*, S. 278.
(112) H. G. Schröter, *Americanization of the European Economy*, Dordrecht, 2005, pp. 109-10.
(113) C. Kleinschmidt, *a. a. O.*, S. 278.
(114) Vgl. H. -G. Abromeit, *Amerikanische Betriebswirtschaft. Die Praxis der Unternehmungen in den USA*, Wiesbaden, 1953, Fünftes Kapitel, RKW, *a. a. O.*, P. Horváth, *Controlling*, 4. Aufl., München, 1992, S. 54.
(115) C. Kleinschmidt, *a. a. O.*, S. 276, S. 282.
(116) *Ebenda*, S. 277.
(117) G. P. Dyas, H. T. Thanheiser, *op. cit.*, p. 137.
(118) C. Kleinschmidt, *a. a. O.*, S. 282.
(119) H. Siegwart, Worin unterscheiden sich amerikanisches und deutsches Controlling?, *Management-Zeitschrift*, 51. Jg, Nr. 2, Februar 1982, S. 99.
(120) D. Hahn, Organisation des Controllings in der deutschen Industrie, W. Goetzke, G. Sieben(Hrsg.), *Controlling, Integration von Planung und Kontrolle : Bericht von der 4. Kölner BFuP-Tagung am 22. und 23. Mai 1978 in Köln*, Köln, 1979, S. 80.
(121) S. Hilger, *a. a. O.*, S. 239.
(122) *Ebenda*, S. 227-8.
(123) G. Tacke, *a. a. O.*, S. 277.
(124) C. Kleinschmidt, *a. a. O.*, S. 283. フォルクスワーゲンでも，1970年代後半の時期にコントローリングの導入が重要な問題として取り上げられるようになっている。Vgl. Potokoll der Besprechung Personalvorstand/GBA am 01. Juli 1976 in Wolfsburg(8. 7. 1976), *Volkswagen Archiv*, 119/154/1, Potokoll der Besprechung Personalvorstand/GBA am 01. Juli 1976 in Wolfsburg(29. 6. 1976), *Volkswagen Archiv*, 119/515/2, Potokoll über die Sitzung des Gesamtbetriebsausschusses am 10. Juni 1976 in Wolfsburg(28. 6. 1976), *Volkswagen Archiv*, 119/515/2, Niederschrift über die Besprechung zwischen Personalvorstand uud Gesamtbetriebsausschuβ am 5. 3. 1976 um 9 : 00 Uhr in Wolfsburg (15. 3. 1976), *Volkswagen Archiv*, 119/515/2, Niederschrift über die Besprechung

zwischen Vorstand uud Gesamtbetriebsausschuβ am 20. Mai 1976, 8 : 00 Uhr, in Wolfsburg(20. 5. 1976), *Volkswagen Archiv*, 119/515/2, Besprechung der Gesamtbetriebssitzung vom 10. 06. 1976, *Volkswagen Archiv*, 119/515/2.
(125) Vgl. Reorganisation Konzernleitung. Vorschläge des Herrn Petry vom 27. Juli und 2./3. August und des Herren Dr. Reusch vom 3. August 1979(10. 8. 1979), *Historisches Archiv Krupp*, WA155/V6, Fried. Krupp GMBH, Reorganisation der Konzernleitung(Juni 1979), *Historisches Archiv Krupp*, WA155/V8, Reorganisation. Vorschläge des Herrn Petry vom 27. Juli und 2./3. August(10. 8. 1979), *Historisches Archiv Krupp*, WA155/V6, Controlling (29. 6. 1979), *Historisches Archiv Krupp*, WA155/V8, Konzeption für den Aufbau der Controlling-Funktion in der Konzernleitung(18. 1. 1980), *Historisches Archiv Krupp*, WA155/V8, Planung und Controlling(P+C)bei Krupp(6. 2. 1980), *Historisches Archiv Krupp*, WA155/V8, Organisatorische Unterstellung des Controlling in der obersten Leitungsebene verschidener Groβunternehmen(15. 6. 1979), *Historisches Archiv Krupp*, WA155/V8.
(126) G. P. Dyas, H. T. Thanheiser, *op. cit.*, pp. 123-5.
(127) *Ibid.*, p. 138.
(128) *Ibid.*, pp. 126-7.
(129) *Ibid.*, pp. 118-9.
(130) *Ibid.*, p. 129.
(131) アメリカでは最大級の産業企業（1949年には189社，59年には207社，69年には183社）の管理構造に占める持株会社の割合は，1949年には3.7％，59年には1.4％，69年には2.4％にすぎない。R. P. Rumelt, *op. cit.*, p. 65.
(132) G. P. Dyas, H. T. Thanheiser, *op. cit.*, pp. 115-7.
(133) U. Wengenroth, *op. cit.*, p. 162.
(134) G. P. Dyas, H. T. Thanheiser, *op. cit.*, p. 128.
(135) H. Hartmann, *a. a. O.*, S. 271-2, S. 282-3, S. 286-9, H. Hartmann, *Authority and Organization in German Management*, Princeton, 1959, p. 261, pp. 271-2, pp. 274-7.
(136) G. P. Dyas, H. T. Thanheiser, *op. cit.*, pp. 106-7.
(137) *Ibid.*, p. 137.
(138) *Ibid.*, p. 129.
(139) *Ibid.*, pp. 137-8.
(140) S. Hilger, *a. a. O.*, S. 213.
(141) G. P. Dyas, H. T. Thanheiser, *op. cit.*, p. 138.
(142) *Ibid.*, p. 102.
(143) *Ibid.*, p. 129.

第2部 1970年代から80年代末までの時期における企業経営の展開

第7章 減量合理化の展開とその特徴

　第1部での考察から明らかなように，1970年代初頭までの第2次大戦後の経済成長期にドイツの企業経営の基本的な構造と特徴が形成されてきたが，第2部では，1970年代初頭から80年代末までの時期についてみていくことにする。この時期の企業経営の主要問題としては，①減量合理化の推進，②大量生産システムの変革，③第4次企業集中運動のもとでの企業結合の展開の3点があげられる。

　1950年代および60年代の生産力の拡大によって，70年代初頭には，主要資本主義国全体でみると，市場との関係では生産能力が過剰となっていく傾向にあった。そのような内在的な変化のもとに，1970年代におこったドル・ショック（71年）と第1次オイル・ショック（73年）によって経済の構造的変化がもたらされることになる。こうした変化にともない各国資本主義は高度成長から低成長へと移行することになったが，主要資本主義各国の経済は，不況下におけるインフレーションの進展（スタグフレーション）というかつてない構造的危機に見舞われることになる。そのような資本主義の構造変化への対応として，減量合理化が推進されるとともに，需要の創出のための多品種化戦略の展開にともない，フォード・システムに典型的にみられるそれまでのアメリカ型大量生産システムからの変革が取り組まれた。この時期にはまた，企業集中が強力に推進され，それは合理化と産業再編成の手段ともなったが，ことに1980年代には第4次企業集中運動が展開されるなかで企業の結合の新たな進展がみられた。

　そこで，本章では，減量合理化の展開について考察し，その特徴と意義を明

らかにする。1970年代の資本主義の構造変化のもとでどのような構造適応の問題が新たな経営課題として生じたのか，またそれへの対応として合理化がいかに展開されたか。こうした点について，国家の政策・助成，さらにECの政策の影響や事業構造の再編との関連で，また産業間や企業間の比較をとおしてみていく。この章では，当時深刻な構造適応の問題に直面し減量合理化が最も強力に取り組まれた部門である鉄鋼業，造船業および石油産業を取り上げて考察を行う。

以下では，まず第1節において減量合理化の問題を分析するさいの産業比較の視点についてみた上で，第2節から第4節までの各節では，主要産業部門についての分析を行う。すなわち，第2節では鉄鋼業について，第3節では造船業について考案し，さらに第4節では石油産業についてみていく。

第1節　減量合理化の産業比較分析の視点

1970年代初頭の資本主義の構造変化への対応として，減量合理化と呼ばれるような過剰生産能力の整理と人員削減を中心とする合理化が取り組まれることになったが，構造適応の問題のありようやそれへの対応としての合理化の展開には，産業間にみられる相違も大きい。それゆえ，産業比較の分析視点が重要となるが，本節では，それにかかわるいくつかの重要な点についてみておくことにする。

なかでも，生産力と市場との関係や市場の状況をみた場合，産業間の相違は大きかった。鉄鋼業や化学産業はエネルギー多消費型の「重厚長大型産業」であり，2度におよぶオイル・ショックによる影響は加工組立産業と比べると大きなものとならざるをえなかった。ことに生産財や素材の部門では，市場の創出の可能性という点で消費財部門のような条件をもちえず，生産設備の固定費の回収期間も長く，影響はより深刻であった。この点は，経営環境の変化に比較的スムーズに対応することのできた自動車産業や電機産業といった加工組立産業とは大きく異なっている。

ことに市場の条件をめぐっては，電機産業，とくに家庭用電気器具部門や自動車産業では，素材産業と比べると潜在需要がまだ存在していた。なかでも，

耐久消費財,とくに自動車は有利な状況にあり,旧西ドイツ(以下ドイツと表記)でも全般的な市場の飽和化の傾向にはなかったとされている[1]。例えば1975年末のドイツにおける耐久消費財の普及率をみても,中位所得層と低位所得層の世帯との間で差がみられ,ことに乗用車では中位所得層の世帯での普及率は74.3%であったのに対して,低位所得層の世帯ではわずか5.7%であった。またカラーテレビや自動食器洗い機のように中位所得層(所有世帯比率はそれぞれ29.3%,9.5%)のみならず高所得層の世帯(同31.6%,39.5%)でも普及率の低い製品もみられた[2]。さらに同一製品種のなかのより上級のグレードへの需要のシフト,自動車の場合のより上級クラスへの買い替え需要や1世帯1台から2台への外延的拡大による需要の増大も大きな意味をもった。電機産業の場合には,さらに製品部門間での市場の飽和化の程度の差異の問題,新種製品部門の開拓による需要の創出の余地が大きかったこと(例えばVTRなど),同種製品のなかのより高い機能をもつ製品(例えば全自動洗濯機など)の市場への投入による需要創出の可能性が大きかった。耐久消費財部門では,経済発展の水準の異なる諸国への輸出の増進の可能性も大きかった。

また家庭用電気器具や自動車は消費財であることから,これらの分野では,多品種多仕様生産化による需要創出の潜在的可能性が上述の構造不況業種と比べ大きかった。こうした市場特性,製品特性に規定された産業特性ゆえに,経営環境の変化により柔軟に適応することができたといえる。

さらに生産力的側面をみても,ME技術を基礎にした合理化の展開の条件とそのような合理化による生産と経営の効率性,市場への適応力の向上の条件は,産業間で大きく異なっていた。加工組立産業では,主要工程が加工と組み立てであるという生産過程の特性に規定されて,鉄鋼業や化学産業と比べてもME技術の利用がもたらす効果は大きかった。

このような条件の違いもあり,鉄鋼,造船,石油といった構造不況業種では,1970年代に過剰生産能力の整理と人員削減を柱とする合理化が緊急かつ重要な課題となった。これに対して,加工組立産業では,減量合理化はこれらの産業ほどには問題にならなかったといえる。

しかしまた,こうした資本蓄積条件の差異に規定された経営課題と実際の合理化のあり方は,産業と国家との関係,産業の国家への依存の度合いを規定す

る要因にもなった。一般的に，鉄鋼，造船などの構造不況業種では，加工組立産業の場合とは異なり，国家への依存の度合いは高く，1970年代に過剰生産能力の整理と人員削減を柱とする産業再編成が国家の主導によって産業政策として促進され，企業集中による再編成というかたちでも推進された。なかでもドイツの造船業は，構造適応の過程において国家の支援に強く依存した産業であった[3]。しかしまた，第2節および第3節においてみるように，こうした国家の依存という面では，鉄鋼業と造船業との間でも相違がみられた。

そこで，以下では，産業比較の視点から鉄鋼業，造船業および石油産業における減量合理化の展開をみていくことにする。ドイツでは，ことに鉄鋼業と造船業は，構造危機の激化をめぐる議論において第一にあげられる部門であり，1980年代初頭以降にも，これら両部門のこうした問題は一層深刻化したのであった[4]。

第2節　鉄鋼業における減量合理化の展開とその特徴

1　鉄鋼業における構造適応をめぐる問題

まず鉄鋼業についてみると，構造適応の問題は，根本的には，生産力と市場との間の大きな不均衡に基づく1970年代半ば以降の鉄鋼危機に求められる。この時期の鉄鋼業の生産の減少の主要な要因としては，とくに需要の減退の結果としてのECの過剰生産能力の存在があったが，安価な原料，エネルギー，労働力，非常に近代的な設備という4つの面で大きな利点をもつ第3世界の諸国における新しい生産能力の創出，第3世界の需要増大の大部分がこれらの地域の諸国の自前の生産能力でもって充足されたこと，ECの鋼の消費の停滞などがあげられる[5]。またヨーロッパの近隣諸国や中進国での政府の補助金による保護的政策，ECレベルでのそうした枠組みが市場競争の環境におよぼした影響もあった。この時期の構造的な過剰生産能力の根本的な原因は，需要の減退，競争の歪み，全国的・国際的な競争におけるコスト面でのハンディキャップ，過剰投資にあり[6]，収縮する需要への生産能力の適応が重要な課題となった。しかし，こうした適応過程の進展は各国において大きく異なっており[7]，そのことも，構造危機，それへの対応の課題を一層深刻かつ長期的なものにし

た。例えば1977年のECの生産能力の利用度は平均で63％から65％にすぎなかった[8]。この時期のアメリカと日本の操業度はそれぞれ80％, 73％であり, EC諸国の生産能力の利用度はかなり低いものであった[9]。ドイツでは, 例えば存在する平炉のうち操業中の炉（各年度末, ただし1977年については6月）は, 1962年には202基中113基, 66年には173基中93基, 70年には114基中79基, 74年には77基中58基, 75年には68基中34基, 77年には54基中32基となっており, 操業度はそれぞれ55.9％, 53.8％, 69.3％, 75.3％, 50％, 59.3％となっており, かなり低い水準であった[10]。

ヨーロッパ鉄鋼業の構造適応の危機は, 国家の介入による対応をもたらし, ECの加盟各国の補助金競争をひきおこした。EC委員会の補助金政策の目標は, 同地域における鉄鋼業の再編過程の促進にあり, 過剰生産能力の削減を加速することにあった[11]。しかし, ドイツ以外の加盟諸国における補助金の年間平均額は, 1974年から79年までは46億DM, 80年から84年までは95億DMであったのに対して, ドイツのそれはそれぞれ2億DM, 11億DMにとどまっており, その格差はきわめて大きかった。こうした格差は, 1985年に承認された補助金では一層拡大した[12]。このような補助金の大部分は, 古くなった構造の克服のためにではなく, 安い価格での供給のために利用された[13]。補助金の主要な部分はリストラクチャリングのためではなく価格の調整のために使われており, ドイツの鋼を排除していたのは補助金の与えられた鋼であり, コスト的により有利な鋼ではなかった[14]。

それゆえ, ドイツ鉄鋼業にとっては, 各国の補助金政策による競争条件の歪みの是正が重要な問題となった。しかし, 1970年代および80年代をとおしてそのような是正が実現されるには至らなかった[15]。ECの鉄鋼政策は主に既存の構造の温存をはかるものであり, ダウンサイジングや設備の近代化が促進されたとはいえ, 低い能率の供給業者の排除による生産能力の徹底的な削減は, 一連の経済政策的方策によって困難にされてきたのであった[16]。一般的にみて, 補助金は, 長期間にわたり操業していない設備の温存や, 分散した立地などの維持のために利用されるケースが多かった[17]。

もちろん, 1980年以降, EC委員会によって生産制限をともなう割当てが試みられたほか, 補助金の承認の前提として再編計画を求めるという補助金政策が

とられた。しかし，その後も各国の補助金による支援策が独自に継続されたこともあり，そのような市場規制策と補助金政策との結合も，再編過程を加速することはできなかった。その結果，ECの他の諸国に対するドイツ企業の不利な競争条件は調整されるには至らなかった[18]。

このように，ドイツの近隣諸国では，人員と生産能力の必要な適応が補助金によって長い間先延ばしにされ，ドイツ鉄鋼業にとっても深刻な影響がもたらされた。そうしたなかで，構造適応の過程においては，市場との生産能力の調整，競争力の確保・強化のためのコスト削減，より高い収益性・成長性の見込まれる事業領域への展開が重要な課題となった。そこでは，①過剰な設備と人員の削減を柱とする合理化，②技術の近代化の推進，③製品と事業の多角化が相互に関連しあうかたちで，再編成が推し進められた。それゆえ，つぎに，これら3つの面の相互の関連をもふまえて再編過程をみていくことにしよう。

2 減量合理化の展開とその特徴

(1) 過剰設備の削減の全般的状況

減量合理化の展開をまず過剰設備の削減の面からみると，1973年以降の10年間の適応策の重点は，とくにコスト的に有利な設備への生産の移動・集中のほか，品質の改善や生産能率の向上，エネルギーの節約に寄与するようなプロセス技術の諸方策にあった[19]。ドイツ鉄鋼業の技術的・構造的な適応の過程においては，立地と設備の集中，大規模設備やシナジー効果のもとでのコスト削減のためのさまざまな種類の協力が中心をなした[20]。このように，過剰設備の削減が特定の生産設備への製品の集中・専門化との関連で推し進められた。

1974年から83年までの設備数をみると，銑鉄部門では，高炉は46基の閉鎖によって76基から30基に減少しているが，焼結設備では19台が廃棄され，51台から32台に減少している。粗鋼生産の領域では，平炉とトーマス転炉は1973年にはそれぞれ83基，9基みられたものが83年には姿を消しており，酸素転炉も14基の閉鎖によって47基から33基に減少している。これに対して，技術革新を背景にAOD転炉は0基から5基になっており，電炉も52基から66基に増加した。連続鋳造設備をみても，ビレット・インゴット用では14基から25基に，スラブ用では10基から20基に増加している。また圧延の領域でも，形鋼の生産では分

塊・スラブ圧延機は29基から15基に，ビーム圧延機は35基から19基に，中板・軽量の形鋼の生産のための圧延機は57基から28基に，線材圧延機も12基から7基に減少している。平鋼（鋼板類）の生産では，厚板圧延機は10基から6基に減少したのに対して，広幅帯鋼圧延機は12基から11基へとわずか1基の減少にとどまっており，冷間圧延機はむしろ41基から45基へと4基の増加をみている。この期間の圧延機の操業休止・廃棄の総数は66基にのぼった[21]。生産能力でみると，1974年から85年初頭までの時期には，合計1,600万トン分の圧延生産能力が整理された[22]。また1987年を80年との比較でみても，銑鉄生産能力では1,300万トン超が，粗鋼生産能力では約3分の1が，また圧延完成製品の生産能力では4分の1以上が整理された[23]。

　(2)　主要企業における過剰設備の削減とその特徴
　以上の考察において，過剰設備の削減の全般的状況をみてきたが，企業間の差異の把握も重要である。そこで，つぎに，過剰設備の削減を主要企業についてみることにしよう。

　ティセンについて——まずティセンをみると，一方での製法技術の進歩と他方での1975年以降の鉄鋼危機の結果としての徹底的な適応策が，80年代半ばの同社の設備の構成を特徴づけた。1974-85年の期間に操業休止・廃棄された設備の数は62となっているが，高炉では8基（329,000トンの生産能力），製鋼工場／溶解設備では26（同482,000トン）となっている。なかでも，1974年から85年までに平炉法は転炉法と電炉法によって完全にとって代えられた。また圧延設備の操業休止・廃棄は，分塊・スラブ圧延機では5基（同661,000トン），半製品・大型形鋼圧延機，中板・小型圧延機，線材圧延機では8基（同414,000トン），ユニバーサル厚板圧延機，厚板・中板圧延機，熱間圧延機では4基（同115,000トン），冷間圧延機では1基（同91,000トン）であった[24]。
　そこで，まずティセン・グループにおける1970年代に決定され実施に移されるべきとされた過剰設備の削減をみると，その最も代表的な事例は，ティセン・ニーダーライン製鉄・圧延株式会社のオーバーハウゼンの平炉製鋼設備と分塊・スラブ圧延機の閉鎖，高炉設備の閉鎖とそれにともなう発電施設の閉鎖

にみられる。平炉製鋼設備の閉鎖は，1977年6月27日に監査役会で決定された。同社には1977年の時点で7基の平炉が存在しており，そのうちの5基は，1912年に建造され49年から54年までに近代化が施された古い設備であり，残りの2基はそれぞれ60年代に建造されたものであった。平炉製鋼設備の年間生産能力1,378,700トンのうち927,200トン分が閉鎖されるべきものとされたが，同時にビレット連続鋳造設備を備えた新しい電炉製鋼設備の建造が計画されており，78年末のその完成まで451,400トンの生産の可能性が平炉製鋼工場に残された後に，置き換えが行われることになった(25)。また同社では，製鋼工場および分塊・スラブ圧延の領域において1975年6月8日に初めて操業短縮が実施され，それにより77年6月末までに489,042時間分の労働時間が失われることになった(26)。しかし，この頃には操業短縮はすでに耐え難いほどに長く続いており(27)，事態はそのような操業短縮によって対応できる状況を大きく超えるものとなったということが，思い切った設備の閉鎖に至る理由であった。平炉製鋼設備の閉鎖が新しい電炉製鋼設備の建造との関連ですすめられたことに関しては，後者は製鋼の基盤の長期的な確保のためのひとつの新しい中核をなすものであり，それでもって同社の伝統にかなった企業の発展の新しい時代が始まるという考え方に基づいていた(28)。

また圧延機についてみると，すでに1971年9月には54年建造の850mm二重式可逆圧延機などが暫定的に操業を休止しているが，設備の閉鎖が本格的にすすむのは70年代後半から末にかけてのことであった(29)。しかし，そうしたなかにあっても，例えば線材のような同社の主要製品では過剰生産能力はかなり顕著であり，分塊・スラブ圧延機は閉鎖されねばならなかったのとは対照的に，オーバーハウゼンでは，高品質の厚板を生産する圧延機のような設備は高品質綱のための特殊な課題に対応するものであり，設備を取りまく状況は異なっていた(30)。

さらに高炉工場についてみると，1978年6月14日のティセン・ニーダーライン製鉄・圧延株式会社の第30回の監査役会の議事録でも，日産約2,500トンの高炉の生産能力の閉鎖が必要であることが指摘されており(31)，翌年の79年5月18日の会議においてオーバーハウゼンの高炉設備と発電施設の一部の閉鎖が決定されている。この閉鎖は1979年8月13日には最終的に終了するべきものと

されたが，閉鎖の対象とされた高炉設備は，1958年建造で72年に近代化が施された日産（24時間操業）約3,000トンの高炉Aと38年建造で70年に近代化が施された日産（同）約1,660トンの第3高炉であった。平炉製鋼設備の閉鎖およびオーバーハウゼン工場の新しい電炉製鋼設備の導入をもたらした鉄鋼業の構造変革のために，同工場では溶銑鉄の自己需要がなくなったことが高炉設備の閉鎖の理由であった。またティセン・グループの長期的に期待される銑鉄需要の充足のためにはオーバーハウゼン工場の高炉の生産能力はもはや必要ではなくなったことも，閉鎖の理由をなした[32]。こうした閉鎖設備の選定にあたっては，他の設備との経済性に関する詳細な比較が行われている。候補としてあげられたハンボルンの第3高炉および第6高炉の閉鎖と比べると，オーバーハウゼンの高炉設備の閉鎖によって年間2,300万DM多いコスト節約が可能であり，投資などのための資本コストを控除しても1,900万DM多いコストの節約が見込まれるということが決定の理由であった[33]。オーバーハウゼンのこの高炉設備の閉鎖にともない，同設備と結びついていた発電施設も不要となり，閉鎖された[34]。こうした設備の閉鎖にあたっては，経営側と経営協議会との間で数度におよぶ協議・交渉が行われ，経営協定が結ばれるかたちですすめられた[35]。

　しかし，こうした構造変革の取り組みにもかかわらず，それらはなお十分とはいえず，1980年代には一層の合理化策が推進されることになる。ティセンでは，1983年に，生産設備の集中に関する決定である「コンセプト900」という名称のプランが策定された。それは，生産能力の操業休止・整理のみならず，その後も操業を継続する設備における生産制限や人員削減を柱としていた。この計画には，ルールオルト工場の製鋼生産能力の削減と分塊・半製品圧延機の廃棄，デュイスブルク・マイデリッヒの高炉工場の閉鎖，デュイスブルク南部の冷間圧延機とユニバーサル厚板圧延機の廃棄，オーバーハウゼンの加工設備を備えた厚板圧延機の廃棄，ハッティンゲンの厚板圧延機の廃棄，約8,000人の人員削減が含まれていた[36]。月間粗鋼生産を90万トンに削減するというこの「コンセプト900」の枠のなかでの方策は，市場の大きな喪失にとくに見舞われた厚板および条鋼類の部門に集中してきた。ことに形鋼，線材および厚板の生産は，より少ない数の圧延機に集中された[37]。またティセン高級鋼株式

会社でも，そのヴィッテン工場において，1984年12月末に線材・棒鋼圧延機が操業を停止し，そこで圧延されていた製品の最大部分がクレフェルトの設備に移された(38)。

この「コンセプト900」は，その大部分が1985年までに終了しているが，主として厚板・半製品の面にかかわる構造変革はなおいくつかの補完を必要とし，さらなる適応策である「形鋼コンセプト」が同年9月に決定された。また1987年6月にも，厚板，線材および形鋼の部門の適応策が打ち出された。そこでは，ハッティンゲンのヘンリッヒス製鉄所とオーバーハウゼン工場も対象とされ，デュイスブルク・ヒュッテンハイムへの厚板生産の集中，デュイスブルク・ホッフフェルトへの線材生産の集中，ハッティンゲンの高炉工場の閉鎖，4.2m四重式厚板圧延機の廃棄，オーバーハウゼンの線材圧延機と形鋼圧延機の廃棄が行われた(39)。

クレックナーについて——つぎにクレックナーをみると，1970年代半ば以降の鉄鋼部門における同社の企業戦略の目標のひとつは，長期の市場の動向への生産能力と人員配置の適応にあった。それは，最も能率の高い設備やコスト的に最も有利な技術への生産の集中と結びついていた。そうしたなかで，1974年から83年までに，高炉の数は15から8に，製鋼炉・転炉の数は16から6に，圧延機の数は21から9に減らされた。最も徹底的な方策は，1970年にはなお4基の高炉，4基のトーマス転炉および約3,750人の人員でもって718,000トンの粗鋼とそれにみあう量の圧延製品を生産していた完全に統合された製鉄所であるハーゲン・ハスペ製鉄所の閉鎖（1982年）であった(40)。また1983/84年の営業年度のなまこ造り工場とスラブ圧延機の操業停止も顕著な事例であり，それにあわせて，粗鋼生産能力も，年間500万トン超から300万トンに減らされた(41)。1978年6月のある報告では，その10年間にそれぞれ400万トン分の粗鋼生産能力と圧延生産能力の整理が行われているが，それらの設備は，他の諸国において稼動していたものよりも近代的なものであった(42)。

ヘッシュについて——またヘッシュをみると，1974年から84年までにそれぞれ2基の焼結設備と高炉，12基の平炉，それぞれ2基の分塊圧延機と半製品圧

第7章　減量合理化の展開とその特徴　241

延機，それぞれ1基の中板圧延機，薄板圧延機および厚板圧延機の操業停止・廃棄が行われた[43]。すでに1980年までに合計12基の炉を備えた3つの平炉製鋼工場がLD転炉を備えた酸素製鋼工場によっておきかえられた[44]。圧延部門では，1983年10月末にヴェストファーレン工場の薄板圧延機の操業休止・廃棄が決定され，それにともない，同社は軽量の形鋼の生産を終了し，平鋼製品へと一層の集中をはかった[45]。また1986年3月にヘッシュ製鋼のクロイツタールアイヒェン工場の酸洗装置と可逆式スタンドなどを備えた冷間圧延機の操業が停止されたほか[46]，同年9月末にはヴィッセン冷間圧延工場が閉鎖された[47]。また同社が50％の資本参加を行っていたエステル製鉄でも，1981年に再編計画が策定されている。そこでは，より利益のあがる製品への集中や単一立地（ヴェストファーレン製鉄所）への集中の加速などが計画されたが，後者は，酸素製鋼工場の閉鎖，分塊圧延機や厚板圧延機の廃棄などをともなう整理計画であった。同社では，1980年代に入り製品の合理化（81-83年），半製品の合理化（82-83年），さらに立地の合理化（84-87年）という3つの合理化計画・再編コンセプトが策定された。なかでも，半製品の合理化は，1982年末に行われた最後の平炉製鋼工場の閉鎖と83年4月に実施されたヴェストファーレン製鉄所の半製品圧延設備の生産停止でもって終了している[48]。

　クルップについて——さらにクルップをみると，クルップ製鋼では，1975年から83年1月末までに4基の高炉が操業を休止したほか，18の製鋼工場の設備ユニットや12基の圧延機の操業休止・廃棄が行われた。同社では，1982年半ば以降のヨーロッパ鉄鋼業における危機的状況の異常な深刻化のもとで，生産，生産能力および人員における一層の徹底的な適応策が強制され，そこでは，設備と人員の整理のほか，特定の工場の設備への生産の集中が課題とされた[49]。ことに製鋼工場では，1974年から84年までに生産単位の数は27から5へと22も減らされた[50]。こうした生産の集中としては，1982年に始まるLD製鋼工場へのラインハウゼン工場の製鋼生産の集中をあげることができる[51]。また1983年には「構造コンセプト1983」が策定され，それに基づいてヴェルドールにおける中板圧延機，ボーフムにおける分塊・半製品圧延機の廃棄が行われた。またレファークーゼンのテオドア・ヴッパーマン有限会社の中板圧延機が操業を

停止しており，その生産はボーフムの熱延広幅帯鋼圧延機に移されており，生産の専門化が重要な課題とされた[52]。

　マンネスマンについて——マンネスマンでも同様に過剰設備の削減がすすめられてきたが，同社の中核的部門をなす鋼管の領域でも，つなぎ目なし管のための生産設備の数は1970年の25から86年には9に，溶接管のそれも11から5に減らされている。また製造立地も大幅に減らされており，その数は同期間に20から13にまで減少した[53]。

　ザルツギッターについて——またザルツギッターをみると，パイネ・ザルツギッターでは，1974年から84年までにイルゼデの高炉工場の完全な閉鎖およびそれと結びついた約30％の粗鋼生産能力の削減が行われたほか，高炉の数も9から5に減らされた。また製鋼工場では5基あった平炉がすべて廃棄されたほか，圧延部門でも，2基の小形圧延機，それぞれ1基の線材圧延機，厚板・中板圧延機が姿を消した。また1980年代半ばまでの数年間の再編成の後には，工場間の明確な製品分業が築かれており，平鋼などの鋼板類の生産と表面処理はザルツギッターに，形鋼の生産はパイネに集中された[54]。

　過剰設備の削減による生産能力の整理と製品別生産の集中・専門化を推進する上で企業の集中と生産の集積の進展が大きな役割を果たした。1970年代半ばには20の独立した企業がドイツの粗鋼の80％超を生産していたが，80年代半ばには同じ割合の生産がわずか7つの企業グループによって担われるようになっている。これらのグループは，そのときどきの特別な立地条件，それらの伝統的な生産状況にかなった技術的なコンセプトや企業構造を選択してきた[55]。例えば1980年代半ばのクルップとクレックナーの鉄鋼部門の統合の目標は，両社の活動の統合によって個々の設備の操業休止・廃棄のもとで生産能力の利用度を改善することにあった[56]。また1980年代末のクルップとマンネスマンとティセンとの間での協力協定によって，ティセン製鋼へのクルップ製鋼のラインハウゼン工場のレール・半製品生産や形鋼生産の移動，クルップ・マンネスマン製鉄の設立などによって，企業を越えるレベルでの生産の集中の取り組み

が追求された[57]。

(3) 技術的再編の推進と過剰設備の削減，生産の集中へのその影響

また鉄鋼業における減量合理化による構造適応策においては，生産技術革新の導入，新しい設備の創出は，生産性の高い設備への生産の集中や設備の廃棄とセットで展開され，技術的再編がそのような合理化の前提条件をなしたというケースもみられた。それゆえ，つぎに，この点についてみておくことにしよう。

例えばマンネスマンでは，1978年から85年までにみられた70年以降における製鉄所の再編の第2段階において，すべての生産段階において高性能設備への生産の集中が取り組まれた。そこでは，つなぎ目なし管の生産のための前段階でもある連続鋳造技術の発展は，こうした合理化過程・再編過程のとくに重要なひとつの前提条件をなすものであった[58]。ティセンでも，連続鋳造法でのより高度な生産が分塊圧延機の一層の廃棄を可能にした[59]。そのような代表的事例のひとつは，ブレーメン製鉄所とゲオルグスマリーン製鉄所における連続鋳造設備の新規建造による100％の連続鋳造への移行にともなう，分塊スラブ圧延機を備えたなまこ造り工場の閉鎖や半製品圧延機の操業休止・廃棄にみられる[60]。クルップでは，圧延部門の構造変革は，平鋼生産のための新しい冷間圧延機の建造と既存の圧延機の近代化によって，また製品プログラムの構造の変化や連続鋳造設備への移行を考慮に入れたとくに能率の高いわずかの設備への生産の集中によって特徴づけられる。そこでは，合計15基の圧延機，とくに分塊圧延機と形鋼圧延機の操業休止・廃棄が行われている[61]。クルップ製鋼では，ボーフム工場における1982年完成の容量120トンの大型アーク電炉によって，同工場の高級鋼の全生産をたったひとつの製鋼工場に集中することができた[62]。このように，クルップでは，電炉製鋼工場における高級鋼・特殊鋼の生産への集中に重点をおいた設備投資とそれによる平炉製鋼工場設備の閉鎖というかたちで，技術的再編をともないながら高級化・高付加価値化の方向での集中化がはかられたという点が特徴的である[63]。それは，構造適応策が求められるなかでの市場のより有利な条件をもつ領域への重点移動という戦略のあらわれでもあったといえる。

(4) 人員削減と操業短縮の展開

このような構造適応策においては，設備の操業停止・廃棄にともない必然的に人員削減や他の工場・経営への人員の配置転換が推し進められており，人員削減はそのような適応策の結果であったといえる[64]。鉄鋼業の就業者数（各年度の9月末）は，1960年には361,123人であったものが75年には308,146人に，さらに85年には218,594人にまで減少している。1960年から75年までの期間の減少は14.7％にとどまっているのに対して，75年から85年までの期間のそれは29.1％にのぼっている[65]。このような人員削減の結果，鉱工業全体の就業者数に占める鉄鋼業のそれの割合（1970年については従業員10人以上の企業，80年および90年については従業員20人以上の企業が対象）は，1950年の4.6％から70年には4.1％，80年には3.9％に低下しているものの，比較的緩やかな低下であったのに対して，90年には2.5％にまで大きく低下しており[66]，80年代の変化は大きかったといえる。

また操業短縮の導入も，労働力需要を生産の減少に短期的に適応させるための最も重要な諸方策のひとつをなした。鉄鋼業では，最大36ヵ月の操業短縮基金の支払いを可能にした連邦労働省の特別規定が1984年12月31日に終了となった。その後は最大24ヵ月の操業短縮基金の支払いに制限され，1985年にはようやく年平均で0.2％の非常に低い操業短縮の割合となっている。しかし，翌年の1986年には全就業者の4.8％が操業短縮に見舞われるなど[67]，雇用におよぼす影響は深刻なものであった。例えばティセンでも，1981/82年の営業年度には，その間の非常に強力な需要の落ち込みのために，操業短縮がそれまでにない規模で導入されざるをえなかったが[68]，その後の85/86年度にも，不利な市場の動きのもとで再び操業短縮が導入されている[69]。

ただドイツでは，生産能力の削減の進展とともに，このような人員削減は，他の諸国と比べても労働側との争いを避けるかたちで比較的平和裡にすすめられたといえる。そのことは，合意と協調的関係，さらにそれを支える経済力という3つの条件を基礎にしたものであり[70]，構造適応のドイツ的なあり方のひとつの側面がこうした条件性にあらわれているといえる。

(5) 事業の多角化の展開とそのドイツ的特徴

　以上の考察をふまえて,つぎに,構造適応策の展開を事業の多角化との関連でみておくことにしよう。1970年代半ばに始まる鉄鋼危機は,まさに過剰生産能力の徹底的な削減とともに,企業の事業構造の変革によってのみ克服しうる問題でもあった[71]。積極的な構造改革という企業政策にとっては,既存の活動領域において達成された地位の強化と新しい市場や将来性のある成長分野への多角化という2つの課題は,不可分に関連したものであった[72]。こうした多角化の方向性をみると,ドイツでは,ことに製品の多角化では,高級鋼および関連のハイテク製品の生産がとくに重要な位置を占めた[73]。

　例えばマンネスマンでは,鋼管工場の生産能力の削減は,コンツェルンの多角化というそれまでの成功裡の戦略の継続を強制することになった[74]。マンネスマンは,1970年代半ば頃にはすでに,古典的なモンタン・コンツェルンから鋼管,機械,設備および商事の部門をもつ望ましい構造へと変化をとげてきたが[75],その後も,鉄鋼以外の部門の事業が占める比重は一層高くなっている。同コンツェルンでは,鋼管と鋼管製品の売上比率は1975年の47％から87年には23％にまで大きく低下したのに対して,機械・設備の製造部門のそれは29％から41％に上昇している。また1975年にはみられなかった電機・電子部門の売上の比率が87年には15％を占めるようになっており,事業構造は大きく変化している[76]。またティセンをみると,同グループは1970年代初頭には主に鉄鋼部門における活動を中心としており,投資財・加工部門の売上の比率は1972/73年にはわずか5％であった。しかし,1986/87年に鉄鋼部門の割合は46％から27％にまで大きく低下したのに対して,投資財・加工部門の割合は25％にまで上昇した[77]。

　ただこうした多角化による事業構造の変革による適応策を国際比較の観点からみると,ドイツの鉄鋼企業にあっては,大なり小なりすでに経済成長期から鉄鋼部門以外にも加工部門,とりわけ機械製造などに前方統合している企業も多かった。その限りでは,例えば日本企業などと比べても,1970年代以降の構造適応の過程において事業構造のドラスティックな展開とは必ずしもならなかったともいえる。

　しかしまた,鉄鋼業におけるこの時期の構造変革においては,ヘッシュの事

例にみられるように,鉄鋼製品の総合的な供給業者から専門のそれへの転換がすすめられた企業もみられる[78]。クレックナーでも,同様の再編がすすんだ結果,世界での売上のうち加工部門の売上の占める比率は半分を超えるまでに上昇している[79]。

以上のような構造適応策において,ドイツ鉄鋼業は,経営者の手法・手腕でもって,国家の支援を受けた外国の競争相手の企業よりも危機をより効率的に克服することができたという面も強い[80]。技術面でのより高い競争力や比較的少ない補助金にもかかわらず,ドイツ鉄鋼業では,設備の操業停止・廃棄がかなりの規模で取り組まれており,長い期間にわたり,ECの多くの競争相手と比べると,補助金の問題による競争の歪みに対して自力で徹底して対応する努力が行われてきた[81]。フランスやイギリスでは国家による管理のもとで鉄鋼業の再建がめざされたのに対して,ドイツの鉄鋼業では,自由主義経済の理念による自主合理化路線の方向で対応がはかられた[82]。こうした点は,つぎにみる造船業のケースとは大きく異なっている。

第3節　造船業における減量合理化の展開とその特徴

1　造船業における構造適応をめぐる問題

そこで,つぎに造船業について考察を行うことにする。まず構造適応をめぐる問題についてみることにしよう。

(1)　造船業における構造的危機とその特徴

1970年代後半から80年代の造船業の世界的な危機は,循環的な世界経済恐慌の諸結果や資本主義国全体の経済成長の鈍化,先進国と途上国との間の国際分業の変化による貿易の流れの変化,途上国の工業化の進展,造船技術の発展などの複合的な諸要因によってもたらされたものであった[83]。それだけに,それまでの時期と比べても,危機は一層深刻なものとなった。

もとより,戦後に導入がすすんだ熔接ブロック建造方式への移行は,鋲打層状建造方式に比べ生産性の大幅な上昇をもたらしただけでなく,この方式は技術移転の容易さからすべての造船諸国で利用され[84],世界の生産力の著しい

増大をもたらした。世界の船の建造量は，1960年の790万登録総トン数から75年には3,480万登録総トン数へと4倍以上に増大した。なかでも大型タンカーの建造量の増大が顕著であり，世界の総トン数に占めるその割合は，1975年には43％超にのぼった[85]。しかし，オイル・ショック後の輸送の大幅な減少によるタンカー需要の激減のもとで，世界の造船市場における需給の大きな不均衡がもたらされた[86]。こうして，1970年半ばには，世界の造船市場では30％から40％の生産能力の過剰が発生し[87]，造船所の生産能力の削減が不可欠の課題となったが，それはとりわけ大型タンカーの建造にいえる[88]。

ドイツ造船業では，より大規模および中規模の造船所の生産の重点は専用船の製造にあり，20万tdwを超える大型タンカーを生産していたのはわずか3つの造船所に限られていた[89]。しかし，大型タンカーや大型貨物船を中心とする供給体制からの重点移動によってひとつの打開策を追求した専用船の部門でも，ドイツの造船所は，1980年代初頭以降には日本との，またその半ば以降には韓国との激しい競争に直面することになった。日本に対しては賃金水準と生産性の面で，また韓国に対しては賃金水準の面で，ドイツの造船企業はコスト競争において不利な状況に陥らざるをえなくなった[90]。

また船主と造船企業に対する世界的な補助金の供与も，事態を一層深刻なものにする要因として作用した。補助金は船の購入価格の低下をもたらした。そのことは，船の世界的な過剰供給にもかかわらず，船主に対して船隊の近代化，古い船のスクラップ化やトン数の増大の誘因を与え[91]，過剰生産能力の一層の拡大をもたらす要因となった。

そのような状況のもとで，1970年代半ばから後半の時期には，競争の激化によって価格は世界的に造船所の製造原価を下回る水準にまで低下し，76年にはドイツの市場シェアも約2％にまで低下した。そうしたなかで，過剰生産と世界の造船市場における不均衡によって，深刻な適応策と収縮過程が必要となってきた[92]。

さらに造船業の構造との関連でみれば，1970年代半ば頃になっても，この産業はあまり多角化のすすんでいない産業であり，そのことも，危機の社会的な影響が深刻なものとなる要因になった[93]。そうしたなかで，競争の激化はドイツの造船所にとっての商船の建造の意義の低下をもたらし，修理，改造，航

海船の建造,造船の福次的な生産や造船以外の生産が,またオフショア事業の展開がより強力に前面に出てくることになった[94]。そうしたなかで,1978年の*Hansa*誌のある指摘にみられるように,ドイツの船主向けに建造された高価な船は,同国の造船所にとっての競争の最善の担い手であった[95]。

ここで世界の船の生産(引き渡し)に占めるドイツのそれの割合をみると,それは1955年には19%であったが,70年には6%,82年には3.7%にまで著しく低下している[96]。こうした状況をもたらしたドイツ造船業の国際競争力の低下は,たんに生産コスト面での問題だけでなく,各国の補助金政策にみられる差異によっても規定されていた。そこで,つぎに,国家の政策的関与をめぐる問題についてみることにしよう。

(2) 国家の政策的関与とその役割
① 国家の政策的関与の国際比較とそこでの問題点

1960年代初頭に始まる造船助成計画では,国家による助成は,本来,外国の競争相手に対して競争の機会を高めるためにドイツの造船所の輸出を低廉にするという目標のもとに追求された[97]。造船業に特徴的な点は,鉄鋼業とは異なりはやくも1960年代初頭に世界の生産能力が過剰となっていることにあり[98],ドイツにおける補助金の供与も,そのような状況の変化への対応であった。例えばクルップのB. バイツに宛てた1964年12月17日の造船専門家であるマルティン・シュルツの手紙や企業内の他の文書でも,1960年代半ば頃にはヨーロッパの造船業は苦境に陥っており,実際にはすでに数年来補助金産業となっていたことが指摘されている。そこではまた,日本の造船業の競争力の高さと価格面の優位のもとでドイツの大造船所が合理化を推進してきたこと,しかし一層の合理化がなお必要であったことがはやくも指摘されている[99]。しかしまた,その一方で国際競争力の強化のために大規模な投資が求められるという状況にあり[100],過剰生産能力の蓄積が一層すすむ条件も強まる傾向にあった。こうした状況もあり,1960年代半ばには,例えばAG "Wesser",ドイツ造船,ホヴァルト,ブローム&フォスの取締役の間でのさまざまな領域の意見交換のための会合の機会が時折もたれており,そこでは,製造原価の比較が行われたほか,価格の一層の暴落を妨げることがめざされた[101]。

しかし，1970年代以降には，状況は大きく変化することになった。1970年代後半，ことに末になると，競争の圧力の増大が世界の造船における補助金競争の加速をもたらした。ただ補助金政策は国によって大きく異なっており，船の建造費に対する直接的な補助金は，例えば1981年にはイギリスでは23.1％，フランスでは22.8％，イタリアでは22.7％，オランダでは16.4％であったのに対して，ドイツでは平均6.6％にすぎなかった。こうした数字は建造費に対する直接的な補助金のみに関係しており，国内の船主への助成，国営の造船所に対する損失の引受けや低利子の長期の造船信用も考慮すると，各国では，市場価格との関連でみると50％を超える補助金が与えられたことになる[102]。こうした傾向は1980年代にも引き続きみられた[103]。補助金を中心とするこのような助成策による競争の歪みを是正するために，補助金の廃止の交渉，国際的な合意がOECD加盟国の間やECレベルでもなされたが，各国の経済政策の目標についての考え方の相違もあり，造船危機のなかにあって，そのような取り決めが持続的に効果をあげることはなかった[104]。ECによる1984年の補助金の2年間延長の規定でも，公的な補助金の供与には造船能力の削減が条件とされたが[105]，こうした規定が現実に実効性をもったかどうかという点では，大きな限界があった。また日本や韓国に対する価格，納期および船の資金調達における劣位は，生産性，賃金コスト，生産方式といった経済的諸要因だけでなく，これらのアジア諸国において与えられた国家の支援を基礎にしたものでもあった[106]。以上のような状況のもとで，ドイツ政府の造船政策の目標は，こうした競争の歪みを部分的なものであるとはいえ調整することにあった[107]。

② ドイツ政府の政策的関与の意義と限界

そこで，ドイツ連邦政府の造船助成策についてみると，1970年代半ばまではそれは輸出金融とドイツの船主向けの類似の諸方策に限られていたが[108]，その後の時期には一層拡大されることになった。ドイツ造船業の補助金の全般的な目標は造船能力の維持にあり，その最も重要な理由のひとつは雇用の確保・維持にあった[109]。造船業への国家による補助金供与のいまひとつの理由は，とりわけこの産業の戦略的意義・地域政策的意義にあった。造船業は沿岸地方のわずかな立地に集中しており，これらの地域の就業者の大部分の生存はこ

の産業に依存していたという事情があった(110)。

こうした国家の助成的措置の意義についていえば，1961年以降の造船助成プログラムは，船の資金調達のさいの外国と比べての不利な条件を克服するかたちで一定の成果をあげたといえる。しかし，1969年から74年までに与えられた投資助成は，ドイツの造船所における大型船への方向づけを促進し，新たに登場しつつある競争相手にも，また既存の競争相手にも劣るような新規建造船の市場セグメントへの方向づけを促進することにもなった。そのことは，ドイツの造船業の競争力を長期的に損なう結果となった(111)。そのような状況もあり，1970年代末以降80年代にかけての補助金による資金は，本質的には，ドイツの造船所が高い生産コストにもかかわらずなお競争力をもちうるような市場において製品系列の再編をもたらすべきものとされた(112)。

ドイツの造船業では，1978年には生産能力の利用度がわずか50％にも満たず，そうしたなかで，国家主導の構造調整が重要な課題となったが，8回におよぶ国家の造船助成計画は，年間最大300万登録総トン数もの船の建造能力の建設に寄与することになった。1983年にはその約4分の1しか利用されることができなかった。この時期には，1960年代および70年代初頭の造船景気の短期的な利益期待の観点のもとで国家のかなりの補助金支出でもって数年前に初めてつくられた最も近代的な生産能力が廃棄され，それにともない余剰人員の削減も取り組まれるという事態に至った(113)。

このように，船の新規建造のための国家の補助金の増大は，生産能力と需要の不均衡の増大を一時的に覆い隠すことができたにすぎず，生産の可能性への需要の見せかけの適応をもたらしたにすぎない(114)。1970年代に与えられた造船業の維持存続のための補助金と適応のためのそれとが結びついて，構造適応を遅らせ，それでもって競争力を強化するよりはむしろ弱める結果となった。1980年代における造船業の存続のための補助金は，構造適応がなされなかったということの結果であった(115)。

現実には，補助金で支えられた造船価格は過剰な船の存在を生み出し，そのことは輸送価格の構造に大きな影響をおよぼすことにもなった(116)。それは，造船業の顧客である海運業の収益を圧迫する要因ともなり，造船需要にもはねかえってくる結果とならざるをえなかった。国家の補助金などによる助成策

は，結果として，過剰生産能力の温存をもたらしただけでなく，生産能力の削減を促進するかわりに船の建造のための生産設備に投資する刺激を再三生み出してきたのであり(117)，むしろ過剰生産能力の整理を柱とする合理化の必要性を一層高めることにもなったといえる。また造船業が沿岸地方を中心とする特定の地域に立地していたという事情に基づく州政府によるこの産業への支援は，産業部門をこえる地域の構造変革を妨げることになり，補助金は，地域的な観点からみても，否定的な作用をもたらした(118)。

さらに助成政策の影響を雇用対策との関連でみると，船の市場価格は，保証金によって守られた建造価格よりもかなり低く，また財政政策の結果として州政府がそれまでの補助金の供与を長く維持することができないことがその後の諸年度に明らかになったときに，雇用の一層の喪失が不可避となった。注文への助成や保証金の供与がもたらしたものは，就業者の削減の時間的な遅れであって，それを阻止することはできなかった(119)。このように，補助金による助成は，雇用の確保という補助金の理由づけと目標にもかかわらず，1990年代初頭までの比較的大きな雇用の削減を食い止めることはできなかった(120)。

2　減量合理化の展開とその特徴

（1）過剰設備の削減とその特徴

以上の考察において，構造適応をめぐる問題についてみてきた。それをふまえて，つぎに，造船業における減量合理化を中心とする構造適応策の展開についてみることにしよう。

これまでにみたような深刻な状況のもとで，1970年代半ば以降，造船企業，ドイツ造船業協会および連邦政府・州政府は，生産能力の削減の徹底した方法をとった(121)。生産能力の削減がとくに大きかったのは大造船所であった。例えば1970年代半ば以降の約10年間に大規模な造船所は生産能力の4分の3以上を，またより中小の造船所は約40％を削減した(122)。1983年の*Hansa*誌のある報告でも，ドイツの船主は主に比較的小規模の船を注文しており，このクラスの船では国際競争もあまり激しくはなく，市場は大規模な船の場合に比べ安定していた(123)。

こうして，1975年には全体で84あった造船業の製造現場は81年12月には25に

まで削減されており，それらは閉鎖されるかあるいは造船とは異なる目的に使用された[124]。その約10年後の1986年8月の*Stahl und Eisen*誌のある報告でも，当時ドイツの造船所はなおその生産能力の約3分の1を削減しなければならない状況にあった。しかし，多くの場合，企業は生産能力の削減のための資金調達が可能な状況にはなかったので，なお国家の補助が必要であった[125]。そうしたなかで，航海船の領域では，1986年に決定された生産能力の削減が徹底して実現されたので，88年という年は構造政策的には重要な年となった[126]。

例えばホヴァルツヴェルケ・ドイツ造船では，1973年にはかつてのドイツ造船の中核工場でありドイツ最大の造船施設であったハンブルク・フィンケンヴェルダー工場が閉鎖されたが，同社は，強力な投資のわずか2年後に造船危機に直面することになった[127]。また1970年代後半には，計画された生産能力の削減のなかで，ハンブルクにあるロス工場の船の新規建造は，それまでの3つの造船台に代えてひとつのそれに集中されることになった[128]。同社では，1972/73年以降，商船の生産能力の削減が取り組まれてきたが，80年には50％以上の削減となった[129]。1978年9月には，3年間のプログラムにおいて，市場の状況への造船能力の一層の適応，収益性を見込むことのできる生産部門の強化や造船に依存しない生産の拡大をはかることが決定され，具体的には5つ以下の製造現場への生産の集中が計画された[130]。翌年の1979年2月にはより具体的な構造コンセプトが打ち出され，そこでは，2工場の閉鎖による生産能力の一層の削減，それまでの5つの製造現場を3つに減らすかたちでの生産の集中が計画された。この計画は1億6,000万DMの投資と結びついており，造船以外の生産の努力が継続されるべきものとされた[131]。それに基づいて，実際には，1982/83年にはライヘアシュティーク工場の閉鎖，83年にはディートリッヒスドルフ工場の閉鎖が行われた[132]。また1983年の船の新規建造の中止を計画した構造コンセプトに基づいて，ロス工場がホヴァルツヴェルケ・ドイツ造船から切り離され，85年10月1日にブローム＋フォスに売却された[133]ほか，85/86年の営業年度にはドック数が18から9に減らされた[134]。ブローム＋フォスに売却されたこのロス工場は，同社の構造コンセプトのなかでシュタインヴェルダー工場と統合されたが，修理部門の再編が1988年に終了したのにともない，最終的には閉鎖された[135]。またホヴァルツヴェルケ・ドイツ造船の

修理部門の再編においては，1985/86年のハンブルクにある工場の放棄の後には，同業務のすべての活動がキールに集中されることになった[136]。

またクルップ・コンツェルンに属するAG "Weser"をみると，同社では，すでに1973年には，生産能力の拡大のための投資が推進される[137]一方で，対象となる市場の状況が異なるブレーメン造船所とゼーベック造船所の統合が検討される[138]など，構造的危機のはやい時期から再編の取り組みがすすめられている。しかし，それが本格化するのは1970年代末のことであった。1979/80年には取締役会による再建コンセプトが打ち出されたが，それは世界市場における諸条件の変化への同社の適応をなんら保証するものではなかった。ブレマー・フルカンも1970年代末には経済的困難に陥ったので，ブレーメンの立地の救済のためにAG "Weser"とブレーマー・フルカンの合併が検討されることになった。しかし，同時にドイツの造船業全体の状況は劇的に悪化し，そのことは，経営現場全体の閉鎖とコスト的に最も有利な経営への集中の要求が政財界から出されることになった。1983年の晩夏には両造船所の取締役会は最終的に，一方ではAG "Weser"にとってグレッペリンゲンの立地の閉鎖（83年12月31日）を意味しまた他方ではブレーマーハーベンのゼーベック造船所に独自の継続の可能性を与えることになる再建策を了承した[139]。またグレッペリゲン造船所とヴェゲザック造船所の統合を提案した会計監査・税理士事務所のトロイアルバイトの1983年2月14日の提案文書でも，より低い水準への生産能力の適応と造船立地の閉鎖の必要性が指摘されているが，同時に船の修理および改造の領域への生産能力の移動の可能性についても指摘されている[140]。1982年の*Stahl und Eisen*誌のある報告によれば，ブレーメン造船所の競争力の強化を目標とした再編コンセプトの実施でもって，将来のよりよい展開のための内部的前提条件が与えられた[141]。そこでは，大型船の製造から専用船の製造への方向転換とそれにともなう大型船の生産設備の部分的な閉鎖や生産設備の再編が取り組まれた[142]。しかし，ブレーメン造船所では，1983年の営業年度には，設備の遊休化や閉鎖によって大きな欠損を生み出した。これに対して，ゼーベック造船所は同営業年度には良好な経営成果をあげたが[143]，クルップでは，結局，同造船所の売却でもって，1986年末以降，造船業務から撤退することになった[144]。

このような過剰生産設備の削減・整理について，造船部門内の事業セグメントの構成を考慮に入れてみると，つぎのようにいえる。生産能力の整理とコスト負担の軽減は，ドイツの造船所が将来性と収益性のより高い諸部門にそれまでよりもはるかに強力に集中し，個々の企業の間の分業による専門化に取り組むための前提条件を生み出した。1980年代半ばには，ドイツの造船所による生産の90％以上が，技術的に利用価値の高い専用船，とくにコンテナ船やその他の貨物船，ガスタンカーの生産となっている。これに対して，ドイツの造船所は，日本や韓国のような諸国に対してもはやコスト的に競争できないような部分市場からは，ほぼ完全に撤退してきた[145]。

こうした技術的に利用価値の高い専用船への生産の重点移動は，1970年代後半以降にすでにみられたが[146]，生産能力の整理・削減の結果，造船企業の生産構造も大きな変化をとげた。1974年から76年までの期間にはタンカー・大型貨物船の生産の割合は約80％を占めており，小口貨物用船・コンテナ船の生産の割合は平均で14％にすぎなかった。しかし，1977年から79年までの期間にはその割合は逆転し，前者は17％，後者は67％となっている。製品構成におけるこうした適応は，大規模な投資をともないながらすすんだ[147]。

以上のような生産能力の整理・削減と平行して，造船業における集中によって支えられた生産の合理化が推進されたが，こうした過程のなかで巨大企業への一層の集中，寡占化がすすんだ。その結果，1990年代初頭には，存続していた生産能力の大部分がフルカン連合，ホヴァルツヴェルケ・ドイツ造船およびブローム＋フォス／ティセン北海会社の3大グループに集中されるに至った[148]。

(2) 人員削減の進展

またこうした生産能力の削減にともない大幅な人員削減もすすめられた。1970年代に入って以降82年までに，製造現場の数が25％以上削減されたのにともない，商船の新規建造に投入された労働者数も40％以上削減された[149]。就業者数の減少は新規建造能力の収縮のひとつの指標であるが[150]，造船業の就業者数（各年度の9月末）は，1960年の98,421人から75年には76,874人に，85年には44,319人にまで減少している。1960年から75年までの期間の減少は21.9％

であるのに対して，75年から85年までの10年間には42.3％にのぼっている[151]。また企業の倒産，集中，技術進歩や労働の合理化は，労働者数の削減をもたらしたが，1970年から83年までの期間のその数は，ホヴァルツヴェルケ・ドイツ造船やフルカンなどの大規模な造船所ではそれぞれ13,000人，従業員700人から2,000人までの中規模の造船所では約1,000人にのぼっている[152]。

また国家・州の補助金などによる助成策との関連でみると，雇用の確保という面では，そのような助成策は効果的ではなかっただけでなく，人員削減を一層促進することにもなりえた。E. ローデラーは1983年に，それまでの補助金の供与は問題の緩和，いわんや解決にはまったく役立たないということを明らかにしてきたとしている[153]。この時期には，造船所における雇用の維持に関する利害が明らかに前面に出てきたが，そのことは，労働者側が労働条件や賃金のかなりの悪化を受け入れる用意を理由づけた[154]。また生産設備の削減が国家による助成でもって推し進められたことも，職場の削減にともなう人員削減を促進することになった。例えば1981年のH. シュルツの指摘でも，国家によって支払われた補助金でもって，ドイツのすべての大規模な造船所は，その数年来，職場を破壊してきたとされている[155]。

3　事業構造の再編，経営戦略の展開と構造適応

造船業の構造調整策のいまひとつの重要な点は，鉄鋼業の場合と比べると，多角化への展開があまりすすまなかった点にみられる。1980年6月の*Hansa*誌のある報告にもみられるように，確かに造船以外の生産や造船の副次的な生産の割合はかなり上昇しており，投資の約3分の2が生産プログラムの変更や合理化のために利用された[156]。多角化は，長期的な戦略として，リスクの分散と削減のための一般的な手段をなすものである。しかし，そのために必要な資本の欠如から，大部分の造船所にとっては，それは危機の克服の手段としては適さなかったという事情があった[157]。造船とは関係をもたない活動の可能性は，技術と市場の面から制約されていた。多角化は，その実現までにかかる時間や規模の面からも，市場，資本需要や労働者の配置転換の困難さといった限界に直面した[158]。1986年の*Hansa*誌のある報告でも，いくつかの企業はその経営戦略において造船に特有の諸部門の削減あるいは完全な放棄に取り組んだ

のに対して，他の企業は，発生する国内販売の減少を外国で補うよう努力したとされている[159]。

例えばハンブルクにある大規模な造船所は，比較的わずかしかあるいはまったく恐慌に見舞われることのないような修理部門，専用船の建造および造船以外の生産領域の3つの部門にその活動を集中してきた。こうした生産プログラムの多様化は，企業の存続，造船景気の循環の影響を緩和・回避することを容易にした。こうした諸方策はすべて，もはや採算のとれない生産能力の廃棄や人員のかなりの減少をもたらしてきたたえまない合理化・近代化の諸努力をともなうものであった[160]。しかしまた，新規建造のための生産能力の遊休部分を船の修理ないし改造の注文によってカバーしようという造船業の諸努力は，競争を一層激化させ，また一部では価格をコストより低い水準にまで押し下げることにもなった[161]。

また1970年代後半以降の造船危機への構造適応策を主要企業の経営戦略との関連でみると，G. アルベルトは，コスト・リーダーシップ戦略を追求したAG "Weser"，差別化戦略を追求したブローム＋フォス，市場のセグメント化を追求したメイヤー造船の3社を分析している。ブローム＋フォスとメイヤー造船は，品質と納期によって船の新規建造の市場において安定的な状況を確立することができた。ブローム＋フォスでは，受注に占める造船部門の割合は1960年代には平均でなお半分を占めていたが，70年代および80年代には約3分の1に，80年代末には4分の1にまで低下したほか，77年には商船の建造から完全に撤退している。同社ではまた，造船部門でも差別化・特殊化がはかられており，軍艦や特殊船の生産の大きな割合がそれを示している。同社が1975年以降の世界的な造船危機にほとんど見舞われなかったのは，このような差別化戦略によるものであったが，同社には，造船以外でも，さらに全部で35の重要な製品をもつ5つの事業領域が存在していた。またメイヤー造船も，世界の造船市場のなかの収益性の高い，はるかに価値の高いセグメントへの展開をはかっており，こうした戦略によって，全国レベルでの競争優位を完全に利用することが可能になった。同社では，ガスタンカー，フェリーボート，客船，巡視船などの製品のバリエーション別に区別される6つの市場セグメントにその活動の重点がおかれるようになった。これに対して，AG "Weser" の場合には，1950

年代には最も重要な競争相手に対するドイツの賃金コストの利点からコスト・リーダーシップ戦略がなお可能であったが，そのような戦略は，すでに60年代には，相対的に高い賃金コストのために，もはや最適なものではなくなった。さらに1970年代には，日本のほか韓国のような新規参入の諸国とのコスト格差の問題から，そのような戦略の限界は決定的となってきた。価格のみによって競争力の確保をはかってきた同社では，1980年代には閉鎖が不可避となり，それは83年に実施されている。こうした点でも，構造適応策の展開においては，たんに過剰設備や人員の削減という減量合理化の面のみならず，事業構造の再編も含めた広く経営戦略の展開にかかわる要素が重要な意味をもった。このような戦略的対応という面でみれば，1975年のタンカー市場の崩壊後に多くの造船所において始められた専用船の建造の方向での構造改革は，多くの場合，あまりにも遅すぎたといえる[162]。J. シュタイナーによれば，いくつかの先進国が造船の特定の諸部門において競争力を有しているという状況は，技術的に利用価値の高い製品へのより強力な専門化，再編成および多角化の努力の強化によるものであったが[163]，そのような状況には企業間でも大きな差異がみられたといえる。

第4節　石油産業における減量合理化の展開とその特徴

　以上の考察において，鉄鋼業と造船業についてみてきたが，それをふまえて，つぎに，石油産業について考察することにしよう。石油産業は，オイル・ショックの影響を最も大きく受けた産業のひとつであり，構造的適応と減量合理化の展開は，これまでに考察した2つの産業と比べても特徴的なかたちとなった。

1　石油産業における構造適応をめぐる問題

　まず石油産業における構造適応の問題についてみることにしよう。それは，なによりもまず，第1次オイル・ショック後の消費の落ち組みとその結果としてのかなりの過剰生産能力，精製部門における損失の発生・拡大にあった[164]。

第2次大戦後，世界の石油産業の生産・販売の大部分はひとにぎりの巨大独占企業によって支配されてきた。例えば1973年には，国際的な原油の取引の約75％がBP，エクソン，ガルフ，モービル，シェル，スタンダード・オイル・オブ・カリフォルニア，テキサコのメジャー7社によるものであった(165)。ドイツでは，これら外資の子会社の進出がすすんでいたが，1973年秋の原油価格の高騰は，ドイツの石油企業にとって二重の構造問題をもたらした。ひとつには，原油，精製能力および輸送能力の世界的な超過供給が輸入競争の圧力を生み出したことである。いまひとつには，世界市場での原油価格の上昇が国内の原油・天然ガスの採掘において利益の大きな格差をもたらしたことである。後者については，国内で採掘される原油のコストは当時の世界市場の価格よりもかなり低かったが，国内の採掘は1970年代半ばにはエッソ，シェル，モービル，テキサコおよびヴィンターシャルといったひと握りの企業の手に握られており，こうした点での利益は，かなりの競争の歪みをもたらした(166)。

　また市場の状況をみると，完成製品の市場は非常にフレキシブルに対応したのに対して，原油市場はさまざまな面で硬直性を示した(167)。そうしたなかで，1970年代以降，ドイツ国内の精製能力の利用度は大きく低下し，1970年の90％から76年には66％(168)，さらに81年から82年にかけての時期にはその最低水準である57％にまで落ち込んでいる(169)。販売の可能性の著しい低下のために，1980年代前半には，精製部門でも世界的にかなりの生産能力の過剰が存在することになった(170)。ことに1979年から80年にかけての第2次オイル・ショックの影響は大きく，需要の落ち込みは，民間の消費者や産業によるエネルギーの節約が予期しない規模で行われたことによっても，一層深刻なものとなった(171)。石油製品の消費の減少に加えて，石油の完成製品の輸入超過，とくに重油系の暖房用石油の需要の減少をもたらした軽油系製品への需要構造の変化も，ドイツの石油精製の過剰をもたらす原因となっており，構造的危機の諸要因をなした(172)。

　さらに競争構造の変化をみると，ドイツ国内の石油産業内部での寡占的競争の激化，国際市場へのドイツの石油市場の統合をフレキシブルに利用してきた，精製設備をもたない供給業者によるアウトサイダーの激しい競争は，競争を制限する戦略を妨げてきた。また製品間の競争関係も大きな影響をおよぼし

ており，暖房用石油の市場では，石油はとりわけ天然ガスや石炭による代替競争にもさらされる結果となった(173)。

このような石油産業の厳しい経営環境をその後の1980年代後半から末についてみると，ドイツの企業は，原油価格の崩壊，ドル相場の劇的な低下およびヨーロッパのなかでも製油部門における最も高い環境保護のためのコストという3つの大きな諸問題に直面した。それだけに，他の諸国と比べても，構造適応はこの時期にも一層緊急の課題とならざるをえなかった(174)。

2 減量合理化の展開とその特徴

(1) 減量合理化の展開の全般的状況

① 減量合理化の一般的傾向

以上のような構造的な問題への対応として，石油産業でも減量合理化の展開が強力に推進された。かなりの過剰生産能力の存在と競争構造の変化のもとで，石油産業では，自由な市場体制でもって比較的多くの精製能力が整理されまた分解設備の増加がもたらされるかたちで装備替えが行われてきた(175)。

1982年度のドイツシェルの営業報告書によれば，当時のヨーロッパおよびドイツの石油産業の主要課題のひとつは，製油所の生産能力，輸送能力および販売能力の適応にあり，ドイツでも，その4年間に，約3,300万トンの蒸留能力が閉鎖された。それにもかかわらず，過剰生産能力の一層の削減が引き続き緊急の課題となった(176)。すなわち，1979年のイラン革命から83年半ば頃までの期間の精製部門における生産能力の4分の1以上という大規模な閉鎖にもかかわらず，依然として市場の回復はみられず，国内販売に占める輸入石油製品の割合は，その最近に強力に上昇した。そうしたなかで一層の減量合理化の取り組みが課題となった。そのような状況のもとで，設備の操業度も大きく低下する傾向にあり，1970年代末からの約3年来，完成製品の輸出の増大や設備の閉鎖の増加にもかかわらず，ドイツ国内の製油所の操業度は60％を下回っていた。そうしたなかで，国内の製油所が3分の2，完成製品の輸入が3分の1を占めるという供給割合の伝統的な構造を維持するためには，短期間に2,000万トン（t/a），また中期的にはさらに2,000万トン規模の閉鎖が必要となった(177)。第1次オイル・ショック後，製油所の利用度はそれまでの80％超から1982年ま

でに57％に低下しているが，80％超というこの部門の経済的な操業度に再び達するのは86年以降のことである[178]。

　この間の全般的な傾向を2度におよぶオイル・ショックの影響の比較という点でみると，1973年の第1次オイル・ショック後には，石油企業の拡大計画の修正，投資計画の縮小・中止がもたらされたにすぎない。これに対して，第2次オイル・ショックによる価格の上昇後に初めて石油の消費の持続的な減少に至り，生産能力の徹底的な閉鎖が重要な課題となった[179]。そこでは，製油所の完全な閉鎖を避けるために，まず個別の蒸留設備のみが操業を停止されたが，国内の精製量の持続的な減少に直面して，1982年以降には製油所全体も閉鎖されるようになった。この方法で1980年代半ばまでに国内の生産能力はドラスティックに削減された。その結果，1985年以降はごくわずかの適応策が行われたにすぎない。そのような閉鎖にともない，設備は一般的には取り壊されたが，個々の設備は，他の生産過程においてさらに有効利用されうるように改造されることも時折みられた。ドイツの蒸留生産能力の推移は，1973-88年の強力な減少によって特徴づけられるが，生産能力は78年に頂点に達した後に，ドラスティックに削減され，88年までの10年間に精製能力は半減することになった[180]。この点をEC加盟諸国についてみると，原油の蒸留能力がピークに達した1979/80年との比較では，86年には35％の削減となっており，同期間のその数字が46％超であったドイツ[181]では，外国と比べても過剰生産能力の整理による構造適応の過程はすすんでいたといえる。

　また石油産業では，主として輸送条件に規定されるかたちで企業・工場の立地が過剰生産能力の整理のあり方に大きなかかわりをもった。なかでも，北部・西部と南部との差異が顕著であり，前者では，南部の市場地域においてよりも大規模な閉鎖が行われた。北部と西部のような外国からのコスト上有利な輸送条件をもつ地域では，輸入品による市場競争への影響が大きかった。これに対して，そのような条件をもたない南部では，輸出品との競争をそれだけ回避することができた。こうした事情も反映して，1973年から88年までの期間に生産能力は北部では53.9％減，西部では54.3％減となっているのに対して，南部では23.2％減にとどまっている[182]。また統合の利点が大きいという石油産業の特性もあり，供給がコンツェルン内の他の立地に受け継がれることができ

る場合には，石油の販売のさいの統合の利点の維持のために製油所の閉鎖が行われた。これに対して，製油所の閉鎖でもってそのような利点が失われるおそれがある場合には，閉鎖は徹底して回避された[183]。

② 技術的再編，結合経済と過剰設備の削減

以上のような過剰設備の整理とともに，特定の領域や技術の生産設備の一層の拡大が平行してすすめられた。しかし，すでにみた鉄鋼業の場合とは異なり，それらの設備も，市場の大きな変化にともない閉鎖されざるをえない状況にあった。消費の減少と輸入の増大の結果としての蒸留設備の閉鎖の必要性の一方で，需要構造の変化のゆえに，例えば分解設備は拡大されなければならなかった。その拡大はすでに第1次オイル・ショック後に開始されていたが，消費がドラスティックに減少し蒸留設備が閉鎖されなければならなかった第2次オイル・ショック後になると，初めて分解設備の増加は抑制されることになった。操業休止に見舞われた製油所において操業している分解設備が引き続き利用されることは例外的なケースであり，そのため，分解能力の一層の増大も，ブレーキがかけられることになった[184]。しかし，BPやエッソの事例にもみられるように，製油所では，分解設備での生産能力の欠如や低さが，需要への供給構造の適応力の低さ，精製設備の利用度の低下をもたらす要因ともなっており，減量合理化のあり方にも影響をおよぼすことになった[185]。

石油産業における構造適応の問題をみる上で重要な点のひとつは，生産に占める分解設備でのそれの割合の上昇が需要への適応の有利な条件を与え，構造適応の過程は生産構造や技術的な面とも密接な関連をもってすすめられたということにある。例えばヴィンターシャルでは，リンゲン工場における分解設備の占める高い割合でもって，現存する需要への原油採掘の最適な適応が達成された[186]。例えば同社のある文書でも，1980年代初頭から前半の厳しい経営環境に直面するなかで，石油精製は分解設備の能力の拡大によってのみ需要の構造変化に適応することができるという認識が示されている[187]。VEBAをみても，ゲルゼンキルヘン製油所では，分解能力の拡大でもって分解設備の占める割合は明らかに上昇し，設備の利用度は改善されたほか，カールスルーエのオーバーライン工場でも同様に，製油所は徹底して有効利用され，その存続が確

保された(188)。

 こうした生産能力の適応については，例えば1973年から88年までの期間には設備全体では44％減となっているが，分解設備の占める割合が20-40％の場合には22.1％減，40-60％の場合には33.3％減，60-100％の場合には17.5％減にとどまっている。これに対して，分割設備の占める割合が20％までの場合には，91.5％もの生産能力の削減となっている。また分解設備をもたない立地は，大部分のケースにおいて閉鎖されたのに対して，少なくとも20％の転換度をもつ製油所は，BPのディンスラーケン製油所をひとつの例外として，維持される傾向にあった(189)。このような意義をもつ分解設備への投資は，この時期の構造適応にも大きな役割を果たしており，例えばドイッシェルでも，1983年の石油事業における投資の重点は，ケルン・ゴッドルフ製油所のそのような設備の建造にあった(190)。ゴッドルフの分解設備は，1985年にはフル操業されるようになっている(191)。

 このように，ドイッシェルの営業報告書も指摘する如く，この時期の構造適応の過程は，過剰設備の整理を柱とする徹底的な合理化と投資によるコスト引き下げがセットとなるかたちで推し進められた。VEBAの1976年度の営業報告書でも，分解能力の拡大と蒸留能力の削減によって原油の精製を市場条件の変化に適応するための方策が展開されてきたことが指摘されている(192)。1980年代の石油産業は，まさにこうした過剰生産能力の削減と高投資の展開（とくに分解設備への投資）という二重の適応過程のなかにあった(193)。

 また石油産業における構造適応を垂直的統合，結合経済との関連でみると，石油化学との垂直的統合や結合経済の利益は，製油所の存続に寄与することになった。これに対して，石油精製および石油加工における結合経済の利益の欠如は，製油所の閉鎖を促す要因ともなった(194)。石油産業における構造適応の過程は，過剰生産能力の削減とともに処理・加工の度合いの上昇というかたちでもすすんでおり，そのことによってより高価な製品の割合が上昇したという点も特徴的である(195)。

 (2) 主要企業における減量合理化の展開とその特徴
 つぎに，減量合理化の具体的な展開について，代表的企業の事例を取り上げ

てみていくことにする。分解設備の存在やそうした設備への転換の状況，垂直的統合の進展の度合いや生産構造の相違などによって，減量合理化のあり方，その成果においても，企業間で差異がみられた。ここでは，外国企業の在ドイツ子会社であるドイツシェルと，民族資本であるVEBAおよびヴィンターシャルを取り上げて，比較の視点から考察することにしよう。

ドイツシェルについて——まずロイヤル・ダッジ・シェルの子会社であるドイツシェルをみると，1975年の同社の蒸留設備の利用度は年平均ではわずか約62％にすぎなかったが[196]，第1次オイル・ショック後の需要の減少のなかでも，同社の製油所における原油の蒸留設備の利用度は一時的にしか低下しなかった。それゆえ，1977年にわずかの生産能力の適応のみがインゴルシュタットとミスブルクにおいて行われたにすぎず，それぞれ20万トン，30万トンの蒸留能力の削減にとどまっている。これに対して，第2次オイル・ショック後に初めて操業度の著しい低下がおこっており，1980年代初頭以降に過剰設備の削減が本格的に取り組まれるようになった[197]。この点は，上述した全般的状況に一致している。

ドイツシェルの1981年度の営業報告書でも，同社は石油部門の最初の企業のひとつとして過剰生産能力の整理という必要な歩みをすすめたとされている[198]。すなわち，1980-81年のゴッドルフの石油化学の生産能力の削減，82年のインゴルシュタットの280万トンの生産能力をもつ製油所の閉鎖のほか，83年にはゴッドルフの50万トンの蒸留能力の削減，ライヒシュテットの200万トンの生産能力をもつ精油所の持分の売却が行われている。また1984年にはモンハイムの50万トンの能力をもつ原油の蒸留設備が閉鎖され，86年にも225万トンの生産能力をもつミスブルクの製油所が閉鎖されたほか，87年にはモンハイムの石油工場自体が閉鎖された。モンハイム石油工場の閉鎖は，その小さな経営規模での競争力の低さとビツメンの需要の減少によるものであった[199]。またミスブルク製油所の閉鎖は，原油の採掘量の減少の結果としてのあまりにも小さな経営規模と低い操業度から生じる処理コストの上昇によるものでもあった。これに対して，ハンブルクでは，輸送条件に恵まれた立地ゆえに製油所は製品輸入の競争圧力にさらされたが，重残留物の処理のための既存の分解設備

と潤滑剤の生産能力でもって，製油所にとっては，需要構造への供給構造の適応とそれらの設備の徹底した有効利用が可能となった。ハンブルクの製油所は，その生産構造によって多くの競争相手に優っており，市場においてもちこたえることができた[200]。またミスブルクの製油所の閉鎖にともない，その生産の大部分がハンブルクに移され，こうした生産の集中によって，ハンブルク製油所の生産能力の操業度は引き上げられた[201]。ドイツシェルでは，他社と比べても生産能力の適応の取り組みは控えめであったが，そのことは，第1次オイル・ショック直後の同社の製油所における平均よりも高い分解法の生産能力によるものであった[202]。

VEBAについて——つぎにVEBAをみると，その石油部門であるVEBA石油では，第1次オイル・ショック後の需要の減少によって製油所の操業度は著しく低下しており，1975年のゲルゼンゲルク社との合併後，石油精製において明らかな過剰生産能力が存在することになった。そうしたなかにあって，生産能力の過剰は，もっぱら製油所の持分の売却によって削減されており，設備の削減では，ゲルゼンキルヘンの立地においてのみ，より小規模な蒸留設備の部分的な閉鎖が行われているにすぎない。しかし，1970年代末以降，ことに80年代に入って設備の削減・閉鎖が大規模に行われた。その具体的な事例をみると，第1次オイル・ショック後の需要の減少，モービル社のヴィルヘルムスハーフェン製油所の開設による販売の困難の増大や輸入製品との競争などのもとで，1978年には240万トンの生産能力をもつエムデンのフリジア製油所が売却された。また1979年にはBPへのゲルゼンベルクの売却によるERIAGとERSの持分の放棄によって，550万トンの蒸留能力の削減が行われた[203]。ドイツBPへのゲルゼンベルクの売却によって，VEBA石油の蒸留設備の操業度は，1979年には前年度の67％から87％に上昇したが[204]，翌年の80年には再び平均で約76％にまで低下した[205]。

そのような状況のもとで，ゲルゼンキルヘンの生産能力の整理・縮小が取り組まれることになった。1980年には400万トンの蒸留能力の削減，82年には250万トンの蒸留能力の削減と石油化学の生産能力の縮小，83年には接触分解設備の閉鎖と精油所の50％にあたる持分の売却が行われた。また1986年には2つの

製油所をめぐって，それぞれ50％，75％の持分の売却が行われている。こうした取り組みの結果，VEBAの生産能力の適応は，1980年代後半にはすでにそのかなりの部分が終了した。同社の生産能力の推移は，そうした適応が石油産業の平均をはるかに超えるものであったこと，はやくに行われたことを示している(206)。

このように，1978年の最高水準と比較すると，84年には製油所の生産能力の3分の1が削減されており，蒸留能力の利用度はその前年に比べ5％上昇し，平均64.6％に改善されている。それは翌年の1985年には72.4％にまで回復しているが，こうした操業度の改善は，ほとんどもっぱら，その間の過剰生産能力の整理による適応策によるものであった(207)。設備の削減がほぼ終了に至る1986年には，VEBA石油の製油所の生産能力は，70年代半ばの4分の1にまで減少することになった(208)。

ヴィンターシャルについて──また1968年の合併によってBASFの100％所有の子会社となったヴィンターシャルをみると，同社は，73年にはリンゲン／エムスの製油所，ザルツベルゲンの潤滑剤の精製工場のほか，マンハイム製油社の60％の持分を所有しており，78年には残りの40％の持分も取得している。しかし，その後，構造適応の必要性に迫られ，1973年から88年までに，生産能力の部分的な閉鎖による適応が行われてきた(209)。ことに1985年末には総額1億5,000万DMでもって，投資をともなうかたちで，マンハイム，リンゲンおよびザルツベルゲンの3つのすべての製油所の構造の強化とより価値の高い製品の生産の改善を目的としたリストラ策が開始されたが(210)，89年にはマンハイム製油所が閉鎖されることになった。その結果，ドイツ北部に2つの立地のみが存在しつづけることになった。

マンハイム製油所では，第1次オイル・ショック後の消費の減少によって生産能力をフル操業することはもはや可能ではなく，そのために，1983年には210万トンの蒸留能力の削減が実施されているが，87年にもさらに130万トンの蒸留能力の削減が行われた。この製油所の閉鎖の理由は，設備の利用度の低さだけでなく，分解設備の欠如や石油化学における低い統合度にもあった(211)。またマンハイム製油所はBASFへの原料供給源となっているというかたちでの結合経済の結びつきが存在しており，それは操業の有利な条件でもあった

が[212]。このことは，同製油所の閉鎖を遅らせる要因のひとつともなったといえる。リンゲン／エムスの製油所は，分解設備による生産の割合が高いというその設備の特性のために，他の製油所と比べると技術的に競争力を有していた。これに対して，マンハイム製油所については，分解設備の欠如という設備の構造や市場の状況のために損失の状況からの脱却は可能ではなく，生産の構造の改善のための5億DMの投資によってさえ原油精製の採算性は達成されえないという判断から，閉鎖が決定された[213]。マンハイム製油所では1980年代初頭には重油系の暖房用石油が約35％を占めるという条件[214]も，市場との関係でみた場合に閉鎖が決定される重要な要因のひとつをなした。ヴィンターシャルが15％の持分を所有していた販売組織であるアラルは南西部にある競争力の高い精製能力を利用することができたので，またマンハイム製油所の閉鎖によって石油の販売における統合の利点が失われることはなかったので，この意思決定は有利であった。またリンゲン製油所についてみると，操業度の改善のために，同製油所の生産能力は，いくつもの蒸留設備の閉鎖によって削減されており，すでに1974年には25万トンの削減が行われている。第1次オイル・ショック後には同製油所の設備の利用度は確かに低下しているが，競争があまり激しくなかったことから，操業度は安定しており，生産能力はほぼ維持されてきた。しかし，1977年には接触分解設備の閉鎖が行われた。さらにザルツベルゲン製油所についてみると，潤滑油の精製工場というその専門化された特性もあり，安定した需要によって設備が徹底して利用されたことから，1977年に6万トンの蒸留能力の削減がみられるものの，生産能力はわずかの変化しかみられなかった[215]。

このように，同じ企業のなかでも工場間の比較をとおしてそこにみられる差異を規定している諸要因を市場や技術的特性との関連において把握することが重要となる。ヴィンターシャルでは，こうした構造適応の過程を経ながらも，1988/89年には，さまざまな諸部門においてなおかなりの合理化の潜在的な可能性が存在することが徹底的な調査によって明らかにされ，設備の一層の閉鎖や売却が推し進められた[216]。

またヴィンターシャルの減量合理化，構造適応の展開においては，石油と天然ガスの採掘における統合から得られる市場面での利益が，川下部門の損失を

埋め合わせるために利用された。そのことによって，遊休化した生産能力によるコスト増大の圧力が緩和されることになった。しかしまた，その結果，必要な適応が先延ばしにされることにもなりえた[217]。

以上の3社の比較をとおしていえることは，蒸留設備や接触分解設備の閉鎖・廃棄がすすんだのに対して，複分解設備，複分解法の利用という点が重要な意味をもっており，それらの利用がすすんでいたドイツシェルの場合には生産能力の削減による適応の必要性は他の2社と比べても小さく，その取り組みも控えめであったということである。またヴィンターシャルのように，分解設備，分解法の利用の程度の低さ，そうした点にあらわれる生産構造のありよう，特質とともに，垂直統合度の低さが工場・設備の閉鎖を規定する要因として作用したほか，販売との統合の利点も工場の閉鎖と深いかかわりをもつことになった。

これまでの考察において，1970年代以降の資本主義の構造変化のもとでみられた企業経営の主要問題のひとつとして，減量合理化の展開とそれによる構造適応の過程について考察を行ってきた。この時期の企業経営のいまひとつの重要な問題として，大量生産システムの変革がある。戦後，フォード・システムにオートメーション技術を組み込んだアメリカ的な大量生産システムが主要資本主義諸国でも導入され，それは企業の発展においても，国民経済の発展においても大きな役割を果たしてきた。しかし，1970年代以降の資本主義の歴史的条件の大きな変化のもとで，大量生産システムの再編が企業経営における最重要課題のひとつとなってくる。それゆえ，次章では，こうした問題について考察を行うことにしよう。

（1）H. H-. Härtel, E. Thiel, B. Feldmann *Analyse der Strukturellen Entwicklung der deutschen Wirtschaft——Strukturbericht 1983——. Forschungsauftrag des Bundesministers für Wirtschaft*, Hamburg, 1984, S. 17.
（2）Vgl. Budgets ausgewählter privater Haushalte. Ergebnis der laufenden Wirtschaftsrechnung, *Wirtschaft und Statistik*, 28. Jg, Heft 6, Juni 1976, S. 340-3.
（3）K. H. Pitz, Strukturprobleme im Schiffbau, *WSI Mitteilungen*, 30. Jg, Heft 2, Februar 1977, S. 109.

(4) J. Welsch, Strukturwandel in der Wachstumskrise als strukturpolitisches Problem der achziger Jahre――Einige Aspekte der neuen Strukturberichterstattung――, *WSI Mitteilungen*, 37. Jg, Heft 8, August 1984, S. 438.

(5) Situation der Stahlindustrie in der Europäischen Gemeinschaft, S. 1, *ThyssenKrupp Konzernarchiv*, TNO/920, Niederschrift über die 30. Aufsichtsratssitzung der Thyssen Niederrhein Aktiengesellschaft Hütten- und Walzwerke am 14. Juni 1978 in Oberhausen, S. 2, *ThyssenKrupp Konzernarchiv*, TNO/920.

(6) W. Bartels, Strukturbedingte Kapazitätsanpassung, *Stahl und Eisen*, 105. Jg, Nr. 11, 3. 6. 1985, S. 601.

(7) H. Kriwet, ―Zwischen Dirigismus und Subventionen―Die Chancen der deutschen Stahlindustrie, *Stahl und Eisen*, 105. Jg, Nr. 2, 28. 1. 1985, S. 51A.

(8) Bericht der Kommission der Europäischen Gemeinschaften über Umstrukturierung und Umstellung der gefährdeten Stahlindustrie, *Stahl und Eisen*, 98. Jg, Nr. 8, 20. 4. 1978, S. 424.

(9) Niederschrift über die 30. Aufsichtsratssitzung der Thyssen Niederrhein Aktiengesellschaft Hütten- und Walzwerke am 14. Juni 1978 in Oberhausen, S. 2, *ThyssenKrupp Konzernarchiv*, TNO/920.

(10) Antrag auf Anwendung des Artikels 56§2 des Vertrages über die Gründung der Europäischen Gemeinschaft für Kohle und Stahl zugunsten der von der endgültigen Stillegung des in Oberhausen gelegenen Siemens-Martin-Stahlwerkes und der mit diesem in einer Hitze arbeitenden Block-/Brammenstraβe betroffenen Arbeitnehmer der Thyssen Niederrhein AG Hütten- und Walzwerke, Oberhausen(27. 10. 1977), S. 8, *ThyssenKrupp Konzernarchiv*, TNO/3548.

(11) EG-Subventionen : Wettlauf um Staatshilfen, *Stahl und Eisen*, 104. Jg, Nr. 6, 19. 3. 1984, S. 309.

(12) Die deutsche Stahlindustrie fordert : Chancengleichheit in Europa, *Stahl und Eisen*, 105. Jg, Nr. 4, 25. 2. 1985, S. 179–80, Bundesrepublik Deutschland : Stahlindustrie nach wie vor subventionsgeschädigt, *Stahl und Eisen*, 105. Jg, Nr. 14/15, 22. 7. 1985, S. 804.

(13) Vgl. H. Uebbing, *Wege und Wegmarken*, Berlin, 1991, S. 129.

(14) Vgl. H. Kriwet, Subventionen als Ursache der Stahlkrise, *Stahl und Eisen*, 104. Jg, Nr. 2, 23. 1. 1984, S. 103.

(15) Vgl. R. Mintrop, Zur Lage der Stahlindustrie, *Stahl und Eisen*, 98. Jg, Nr. 15, 27. 7. 1978, S. 800, Die Subventionspolitik in der Europäischen Gemeinschaft und ihre Folgen für die deutschen Stahlindustrie, *Stahl und Eisen*, 102. Jg, Nr. 10, 17. 5. 1982, S. 495–6, Zur Lage der deutschen Stahlindustrie nach der EG-Quotenregelung, *Stahl und Eisen*, 104. Jg, Nr. 5, 5. 3. 1984, S. 249, A. Kormann, Die Stahlindustrie wieder in der Krise――stärkerer Flankenschutz der Politik ist unabdingbar, *Stahl und Eisen*, 107. Jg, Nr. 7, 6. 4. 1987,

S. 299, M. Bangemann, Mitgliederversammlung 1985 der Wirtschaftsvereinigung Eisen- und Stahlindustrie, *Stahl und Eisen*, 105. Jg, Nr. 12, 17. 6. 1985, S. 658, Thyssen AG, Bericht über das Geschäftsjahr vom 1. Oktober 1988 bis zum 30. September 1989, S. 27-8, R. Vondran, Die konjunkturelle Lage der Stahlindustrie, *Stahl und Eisen*, 108. Jg, Nr. 10, 16. 5. 1988, S. 474.

(16) H. Wienert, Stahlindustrie erneut im Krisenstrundel, *Wirtschaftsdienst*, 67. Jg, Nr. 3, März 1987, S. 143.

(17) 渡辺公平「資本主義諸国の鉄鋼危機と西ドイツにおける独占機構の変化について」『獨協大学経済学研究』，第43号，1986年1月，69ページ。

(18) H. Kriwet, —Zwischen Dirigismus und Subventionen, S. 51A, Produktivität, Arbeits- und Lohnstückkosten in der deutschen Stahlindustrie, *Stahl und Eisen*, 101. Jg, Nr. 5, 9. 3. 1981, S. 11.

(19) Eisenhüttentag 1984, *Stahl und Eisen*, 104. Jg, Nr. 24, 26. 11. 1984, S. 1254.

(20) G. T. Wuppermann, Strukturmaßnahmen und technische Konzepte in Unternehmen der deutschen Stahlindustrie, *Stahl und Eisen*, 105. Jg, Nr. 1, 14. 1. 1985, S. 1.

(21) Vgl. *Ebenda*, S. 1-2, Eisenhüttentag 1984, *Stahl und Eisen*, 104. Jg, Nr. 24, 26. 11. 1984, S. 1252-3.

(22) H. Kriwet, —Zwischen Dirigismus und Subventionen, S. 51.

(23) 125 Jahre VDEh. Festrede des Vorsitzenden G. Theodor Wuppermann zum 125jährigen Jubiläum des VDEh, *Stahl und Eisen*, 105. Jg, Nr. 24, 2. 12. 1985, S. 1374.

(24) K-A. Zimmermann, Thyssen-Gruppe Unternehmensbereiche Stahl und Edelstahl, *Stahl und Eisen*, 105. Jg, Nr. 1, 14. 1. 1985, S. 35, S. 37-8.

(25) Vgl. Stillegung Siemens-Martin-Stahlwerke, Werk Oberhausen, Werks-Kenn-Nr. Der Kommission 11 30 190, Anlage, S. 1-2, *ThyssenKrupp Konzernarchiv*, TNO/3548, Antrag auf Anwendung des Artikels 56§2 des Vertrages über die Gründung der Europäischen Gemeinschaft für Kohle und Stahl zugunsten der von der endgültigen Stillegung des in Oberhausen gelegenen Siemens-Martin-Stahlwerkes und der mit diesem in einer Hitze arbeitenden Block-/Brammenstraße betroffenen Arbeitnehmer der Thyssen Niederrhein AG Hütten- und Walzwerke, Oberhausen (27. 10. 1977), S. 11, *ThyssenKrupp Konzernarchiv*, TNO/3548, Niederschrift über die 26. Aufsichtsratsitzung der Thyssen Niederrhein Aktiengesellschaft Hütten- und Walzwerke am 27. Juni 1977 in Duisburg, S. 2, *ThyssenKrupp Konzernarchiv*, TNO/916, Der Brief an Herrn Dr. -Ing. H. -G. Sohl, Vorsitzender des Aufsichtsrates der August-Thyssen-Hütte AG (16. 2. 1977), *ThyssenKrupp Konzernarchiv*, A/30910, Der Brief an Herr Mösle (19. 4. 1977), S. 1, *ThyssenKrupp Konzernarchiv*, A/30910.

(26) Antrag auf Anwendung des Artikels 56§2 des Vertrages über die Gründung der Europäischen Gemeinschaft für Kohle und Stahl zugunsten der von der endgültigen

Stillegung des in Oberhausen gelegenen Siemens-Martin-Stahlwerkes und der mit diesem in einer Hitze arbeitenden Block-/Brammenstraße betroffenen Arbeitnehmer der Thyssen Niederrhein AG Hütten- und Walzwerke, Oberhausen (27. 10. 1977), S. 11, *ThyssenKrupp Konzernarchiv*, TNO/3548.

(27) WDR Ⅰ, "Echo West" v. 3. 3. 1977, *ThyssenKrupp Konzernarchiv*, A/30910.

(28) Niederschrift über die 26. Aufsichtsratssitzung der Thyssen Niederrhein Aktiengesellschaft Hütten- und Walzwerke am 27. Juni 1977 in Duisburg, S. 4, *ThyssenKrupp Konzernarchiv*, TNO/916.

(29) Stillegung des 850er Reversiergerüstes und der Kontistaffel (Knüppelstraße) Werk Oberhausen, Werks-Kenn-Nr. der Kommission 11. 30. 190 (9. 11. 1977), S. 1-2, *ThyssenKrupp Konzernarchiv*, TNO/3548.

(30) Niederschrift über die 26. Aufsichtsratssitzung der Thyssen Niederrhein Aktiengesellschaft Hütten- und Walzwerke am 27. Juni 1977 in Duisburg, S. 7-8, *ThyssenKrupp Konzernarchiv*, TNO/916.

(31) Niederschrift über die 30. Aufsichtsratssitzung der Thyssen Niederrhein Aktiedngesellschaft Hütten- und Walzwerke am 14. Juni 1978 in Oberhausen, S. 4, *ThyssenKrupp Konzernarchiv*, TNO/920.

(32) Vgl. Stillegung der Hochofenanlage, Werk Oberhausen, Werks-Kenn-Nr. der Kommission 113 0190, S. 1-2, *ThyssenKrupp Konzernarchiv*, TNO/1626, Vorbericht für die 33. Aufsichtsratssitzung am 18. Mai 1979, S. 3, *ThyssenKrupp Konzernarchiv*, TNO/1625, Der Brief von Thyssen Niederrhein Aktiengesellschaft Hütten- und Walzwerke an den Rat und die Verwaltung der Stadt Oberhausen (21. 5. 1979), S. 1, *ThyssenKrupp Konzernarchiv*, TNO/1627, Auszug aus dem Protokoll über die Vorstandssitzung Thyssen AG am 28. 05. 1979 (30. 5. 1979), *ThyssenKrupp Konzernarchiv*, TNO/1625, Meldung gemäß Entscheidung Nr. 22/66, *ThyssenKrupp Konzernarchiv*, TNO/1626.

(33) Vorbericht für die 33. Aufsichtsratssitzung am 18. Mai 1979, S. 4, *ThyssenKrupp Konzernarchiv*, TNO/1625.

(34) Abrechnung des Kraftwerkes Oberhausen/Ihr Schreiben von 10. Februar 1982――Dr. Bn/Mr (25. 2. 1982), *ThyssenKrupp Konzernarchiv*, TNO/1626, Der Brief von Thyssen Niederrhein Aktiengesellschaft Hütten- und Walzwerke an den Rat und die Verwaltung der Stadt Oberhausen (21. 5. 1979), S. 1, *ThyssenKrupp Konzernarchiv*, TNO/1627.

(35) Vgl. Die Schrift von Thyssen Niederrhein Aktiengesellschaft an den Gesamt-Betriebsrat der Thyssen Niederrhein AG Hütten- und Walzwerke (12. 9. 1979), *ThyssenKrupp Konzernarchiv*, TNO/1627, Interessenausgleich gemäß §111, 112 BetrVG über die Stillegung der Hochofenanlage der Thyssen Niederrhein AG (Betriebsvereinbarung, Nr. 09/79) (16. 5. 1979), *ThyssenKrupp Konzernarchiv*, TNO/1627, Die Schrift von Thyssen Niederrhein AG an den Vorstand der Tyssen

Niedrrhein AG―—über Herrn Kübel―—(10. 5. 1979), S. 2, *ThyssenKrupp Konzernarchiv*, TNO/1627, PL-Besprechung am 10. 09. 79, *ThyssenKrupp Konzernarchiv*, TNO/1626.

(36) Vgl. Thyssen AG, *Bericht über das Geschäftsjahr vom 1. Oktober 1982 bis zum 30. September 1983*, S. 12, Thyssen Stahl AG : Strukturanpassungskonzept(Konzept 900), *Stahl und Eisen*, 104. Jg, Nr. 3, 16. 2. 1984, S. 160, H. Uebbing, *a. a. O.*, S. 140–1, S. 336.

(37) Thyssen Stahl AG, *Stahl und Eisen*, 106. Jg, Nr. 6, 24. 3. 1986, S. 284.

(38) Rationalisierung bei den Thyssen Edelstahlwerken, *Stahl und Eisen*, 105. Jg, Nr. 6, 25. 3. 1985, S. 15.

(39) Thyssen AG, *Bericht über das Geschäftsjahr vom 1. Oktober 1986 bis zum 30. September 1987*, S. 26, *Bericht über das Geschäftsjahr vom 1. Oktober 1987 bis zum 30. September 1988*, S. 29, H. Uebbing, *a. a. O.*, S. 141–2, S. 336, Strukturkonzept der Thyssen Stahl AG für Oberhausen und Hattingen, *Stahl und Eisen*, 107. Jg, Nr. 14/15, 20. 7. 1987, S. 14.

(40) L. v. Bogdandy, H. Korth, Die Klökckner-Werke AG, *Stahl und Eisen*, 105. Jg, Nr. 1, 14. 1. 1985, S. 13.

(41) Klökckner-Werke AG : Entwicklung des Stahlbereichs im Geschäftsjahr 1983/84, *Stahl und Eisen*, 105. Jg, Nr. 8, 22. 4. 1985, S. 479.

(42) Strukturbesserung bei Klökckner, *Stahl und Eisen*, 98. Jg, Nr. 13, 29. 6. 1978, S. 681.

(43) K. Consemüller, Die Hoesch Stahl AG, *Stahl und Eisen*, 105. Jg, Nr. 1, 14. 1. 1985, S. 12.

(44) Umstrukturierung der Hoesch Hüttenwerke, *Stahl und Eisen*, 100. Jg, Nr. 5, 10. 3. 1980, S. 240.

(45) Hoesch Werk legt Feinstraβe still, *Stahl und Eisen*, 104. Jg, Nr. 2, 23. 1. 1984, S. 9.

(46) Hoesch Stahl AG hat Kaltwalzwerk in Eichen stillegt, *Stahl und Eisen*, 106. Jg, Nr. 10, 19. 5. 1986, S. 14.

(47) Kaltwalzwerk Wissen der Hoesch Stahl AG stillgelegt, *Stahl und Eisen*, 106. Jg, Nr. 22, 30. 10. 1986, S. 10.

(48) Umstrukturierungsprogramm des Estel-Hoesch-Konzerns, *Stahl und Eisen*, 101. Jg, Nr. 18, 7. 9. 1981, S. 71–2, Hoesch : 1982 mit Gewinn abgeschlossen, *Stahl und Eisen*, 103. Jg, Nr. 11, 6. 6. 1983, S. 576.

(49) Krupp Stahl AG will Profilstahlerzeugung im Werk Rheinhausen einschränken, *Stahl und Eisen*, 103. Jg, Nr. 2, 31. 1. 1983, S. 8.

(50) H. Graf, G. Meinshausen, Die Krupp Stahl AG, *Stahl und Eisen*, 105. Jg, Nr. 1, 14. 1. 1985, S. 20.

(51) Krupp Stahl AG : Geschäftsergebnis 1982, *Stahl und Eisen*, 103. Jg, Nr. 13, 4. 7. 1983, S. 678–9.

(52) Krupp Stahl AG : 1984 erstmals(seit 1979) wieder mit Gewinn, *Stahl und Eisen*, 105. Jg, Nr. 14/15, 22. 7. 1985, S. 808, Krupp Stahl AG : Stillegung der Mittelbandstraβe der

Theodor Wuppermann GmbH, *Stahl und Eisen*, 105. Jg, Nr. 14/15, 22. 7. 1985, S. 809, Krupp Stahl AG : Strukturanpassungskonzept, *Stahl und Eisen*, 104. Jg, Nr. 3, 6. 2. 1984, S. 161-2.

(53) Mannesmannröhren-Werke, *Stahl und Eisen*, 106. Jg, Nr. 17, 25. 8. 1986, S. 909.

(54) K. Stähler, Die Stahlwerke Pein-Salzgitter AG, *Stahl und Eisen*, 105. Jg, Nr. 1, 14. 1. 1985, S. 29-30.

(55) G. T. Wuppermann, *a. a. O.*, S. 1.

(56) Fusion der Stahlbereiche von Krupp und Klökckner Tätigkeitsbeginn am 1. 1. 1985, *Stahl und Eisen*, 104. Jg, Nr. 22, 29. 10. 1984, S. 1193.

(57) Krupp Stahl : Beseitigung vorhandner Schwachstellen, *Stahl und Eisen*, 108. Jg, Nr. 13, 27. 6. 1988, S. 672.

(58) Mannesmannröhren-Werke, *Stahl und Eisen*, 106. Jg, Nr. 17, 25. 8. 1986, S. 909.

(59) Vgl. Thyssen AG, *Bericht über das Geschäftsjahr vom 1. Oktober 1980 bis zum 30. September 1981*, S. 11, *Bericht über das Geschäftsjahr vom 1. Oktober 1981 bis zum 30. September 1982*, S. 16.

(60) L. v. Bogdandy, H. Korth, *a. a. O.*, S. 14, S. 17.

(61) H. Graf, G. Meinshausen, *a. a. O.*, S. 21.

(62) Krupp Stahl AG : Geschäftsergebnis 1982, *Stahl und Eisen*, 103. Jg, Nr. 13, 4. 7. 1983, S. 678.

(63) Vgl. Fried. Krupp Hüttenwerke Aktiengesellschaft, Investitionsplanung 1974-1978(16. 11. 1973), Blatt 1, Blatt 8-9, Blatt 14, Blatt 24, Blatt 59, *Historisches Archiv Krupp*, WA155/V447.

(64) 例えばThyssen AG, *Bericht über das Geschäftsjahr vom 1. Oktober 1983 bis zum 30. September 1984*, S. 13, *Bericht über das Geschäftsjahr vom 1. Oktober 1984 bis zum 30. September 1985*, S. 13, *Bericht über das Geschäftsjahr vom 1. Oktober 1985 bis zum 30. September 1986*, S. 13, *Bericht über das Geschäftsjahr vom 1. Oktober 1986 bis zum 30. September 1987*, S. 27などを参照。

(65) Vgl. *Statistisches Jahrbuch für die Bundesrepublik Deutschland*, 1962, S. 226-7, 1977, S. 168-9, 1987, S. 176-7.

(66) Vgl. *Statistisches Jahrbuch für die Bundesrepublik Deutschland*, 1955, S. 164-6, 1973, S. 221, 1982, S. 167, 1992, S. 199.

(67) Die Entwicklung der Belegschaftszahlen und Belegschaftsstruktur in der Stahlindustrie seit 1970, *Stahl und Eisen*, 107. Jg, Nr. 6, 23. 3. 1987, S. 247.

(68) Thyssen AG, *Bericht über das Geschäftsjahr vom 1. Oktober 1981 bis zum 30. September 1982*, S. 11.

(69) Thyssen AG, *Bericht über das Geschäftsjahr vom 1. Oktober 1985 bis zum 30. September 1986*, S. 13.

(70) J. Esser, W. Fach, Crisis Management „Made in Germany" : The Steel Industry, P. J. Katzenstein(ed.), *Industry and Politics in West Germany. Toward the Third Republic*, Cornell University Press, 1989, p. 223, p. 247参照。

(71) H. Cox, Möglichkeiten und Grenzen der Bewältigung der Stahlkrise. Eine Produktions-, Kosten- und Wettbewerbsanalyse, *Wirtschaftsdienst*, 63. Jg, Nr. 10, Oktober 1983, S. 493.

(72) F. J. Weisweiler, Wachstum durch Umstrukturieung――Chancen und Konsequenzen für unsere Unternehmen, *Stahl und Eisen*, 103. Jg, 1983, 165. Hauptversammlung des Vereins Deutscher Eisenhüttenleute, Eisenhüttentag 1983, S. 42.

(73) J. Esser, W. Fach, *op. cit.*, p. 226.

(74) Mannesmann : 1986 Jahr der Gegensätze, *Stahl und Eisen*, 107. Jg, Nr. 16, 10. 8. 1987, S. 760.

(75) Mannesmann sieht zuversichtlich auf das Geschätsjahr 1976, *Stahl und Eisen*, 96. Jg, Nr. 17, 26. 8. 1976, S. 855.

(76) Mannesmann : 1987 gut behauptet, *Stahl und Eisen*, 108. Jg, Nr. 13, 27. 6. 1988, S. 673.

(77) Thyssen AG : Dienstleistungs――statt Massengeschäft, *Stahl und Eisen*, 108. Jg, Nr. 5, 7. 3. 1988, S. 237, 100 Jahre Thyssen――Die Geschichte eines Konzerns, *Stahl und Eisen*, 111. Jg, Nr. 5, 15. 5. 1991, S. 130.

(78) Hoesch Stahl AG, *Stahl und Eisen*, 106. Jg, Nr. 21, 20. 10. 1986, S. 1139.

(79) Klöckner-Werke AG : Verarbeitungskonzern mit eigner Stahlerzeugung, *Stahl und Eisen*, 108. Jg, Nr. 9, 2. 5. 1988, S. 472.

(80) Vgl. H. Kriwet, Die deutsche Stahlindustrie――ein Beispiel für erfolgreiche Krisenbewältigung in Europa, *Stahl und Eisen*, 106. Jg, Nr. 10, 19. 5. 1986, S. 557, S. 560.

(81) 125 Jahre VDEh. Festrede des Vorsitzenden G. Theodor Wuppermann zum 125jährigen Jubiläum des VDEh, *Stahl und Eisen*, 105. Jg, Nr. 24, 2. 12. 1985, S. 1374.

(82) 長谷川拓三「西ドイツ鉄鋼業の展開と固定費の作用――S. フントの見解について――」『名城商学』(名城大学), 第35巻第3号, 1985年12月, 151ページ。

(83) A. Zeh, Schiffbau kapitalistischer Länder im strukturellen Wandel, *I. P. W. -Berichte*, 7. Jg, Heft 11, November 1978, S. 51.

(84) G. Albert, *Wettbewerbsfähigkeit und Krise der deutschen Schiffbauindustrie 1945-1990*, Frankfurt am Main, 1998, S. 217-8.

(85) C. A. Fritz, Weltweite Schiffbaukrise, *Wirtschaftsdienst*, 56. Jg, Nr. 8, August 1976, S. 384.

(86) W. Nölling, Wettbewerbsfähigkeit muβ gestärkt werden, *Wirtschaftsdienst*, 56. Jg, Nr. 8, August 1976, S. 391-2, C. Ostersehlte, *Von Howaldt zu HDW. 165 Jahre Entwicklung von einer Kieler Eisengießerei zum weltweit operierenden Schiffbau- und Technologiekonzern*, Hamburg, 2004, S. 453, S. 481.

(87) C. A. Fritz, *a. a. O.*, S. 383.
(88) *Ebenda*, S. 385.
(89) Vgl. W. Fante, Anpassung erfordert staatlichen Flankenschutz, *Wirtschaftsdienst*, 56. Jg, Nr. 8, August 1976, S. 389-90, W. Nölling, *a. a. O.*, S. 394.
(90) G. Albert, *a. a. O.*, S. 219, W. Biermann, Schiffbau in unruhiger See, H. Aly, R. Kuhlmann(Hrsg.), *Blohm+Voss. Werftenverband und Neuausrichtung 2002-2012*, Hamburg, 2012, S. 34, C. Ostersehlte, *a. a. O.*, S. 12.
(91) G. Albert, *a. a. O.*, S. 94.
(92) Die Schrift für die ordentliche Hauptversammlung vom Geschäftsjahr 1977, S. 7, *Historisches Archiv Krupp*, WA143/87.
(93) Krisenkonzept für den Schiffbau, *Hansa*, 115. Jg, Nr. 19, Oktober 1978, S. 1577.
(94) Vgl. R. Kappel, Zur Krise und zur Perspektive des Schiffbaus in der Bundesrepublik, *Gewerkschaftliche Monatshefte*, 34. Jg, Heft 10, Oktober 1983, S. 687, W. Biermann, *a. a. O.*, S. 43, H. J. Witthöft, *Tradition und Fortschritt. 125 Jahre Blohm+Voss*, Hamburg, 2002, S. 404, S. 406, S. 410-1, S. 414-6, S. 421, S. 424-5, S. 430, C. Ostersehlte, *a. a. O.*, S. 455. 例えばブローム＋フォスでは，1974年から77年までの期間に対して1億7,500万DMの大規模な投資計画が打ち出されているが，そのうち，約9,500万DMが修理の領域に，約4,000万DMが新しい船の建造およびオフショア生産の領域に投資されている。H. J. Witthöft, *a. a. O.*, S. 379.
(95) Schiffbau steht vor seiner schwersten Krise, *Stahl und Eisen*, 106. Jg, Nr. 18, 8. 9. 1986, S. 983.
(96) R. Kappel, *a. a. O.*, S. 688.
(97) *Ebenda.*, S. 691.
(98) H. Heeckte, Die Schiffbauindustrie der Bundesrepublik Deutschland im internationalen Wettbewerb, *Weltwirtschaftliches Archiv*, Bd. 95, 1965(Ⅱ), S. 323.
(99) Vgl. Der Brief von Martin Schulz an den General-Bevollmächtigten der Krupp-Werke Herren Dr. Beitz vom 17. 12. 1964, S. 1, *Historisches Archiv Krupp*, WA 42/1075, Die Schrift über Tanker für Italien — Reederei "Sidarma", Venedig.（5. 2. 1964), S. 1, *Historisches Archiv Krupp*, WA42/1075, Niederschrift über die Sitzung des Aufsichtsrates am 4. Dezember 1963 in der Hauptverwaltung der Aktien-Gesellschaft "Wesser", S. 4, *Historisches Archiv Krupp*, WA42/1074.
(100) Niederschrift über eine Sitzung des Direktoriums mit dem Vorstand der AG "Wesser" am 27. 7. 1967 in Essen, S. 1, *Historisches Archiv Krupp*, WA42/1076.
(101) Der Brief an den Vorsitzer des Aufsichtsrates der Aktien-Gesellschaft "Wesser" Herrn Berthold Beitz vom 24. 6. 1965, *Historisches Archiv Krupp*, WA42/1075.
(102) W. Fante, Staatliche Interventionen in der Marktwirtschaft, *Wirtschaftsdienst*, 62. Jg, Nr. 5, Mai 1982, S. 228.

(103) W. Fante, Überkapazitäten beschleunigen Subventionswettlauf, *Hansa*, 123. Jg, Nr. 1/2, Januar 1986, S. 32. 例えば1987年1月1日にはECの閣僚理事会は国家の造船助成の上限を28%と決定しているが，ドイツ政府および海岸地域の諸州の競争力強化のための助成プログラムでは，助成額の上限を建造費の16.7%とされている。C. Ostersehlte, *a. a. O.*, S. 457.

(104) Vgl. A. Gutowski, E. Thiel, M. Weileppe, Analyse der Subventionspolitik. Das Beispiel der Schiffbau-, Luft und Raumfahrtindustrie(Ergänzungsband 4 zum HWWA-Strukturbericht 1983. Forschungsauftrag des Bundesministers für Wirtschaft) Hamburg, 1984 S. 41, W. Fante, Staatliche Interventionen in der Marktwirtschaft, S. 229.

(105) EG-Kommission genehmigt Schiffbau-Subventionen, *Hansa*, 122. Jg, Nr. 14, Juli 1985, S. 1430-1.

(106) G. Albert, *a. a. O.*, S. 309.

(107) W. Fante, Anpassung erfordert staatlichen Flankenschutz, S. 390, Trendwende im Schiffbau, *Hansa*, 117. Jg, Nr. 3, Februar 1980, S. 184.

(108) W. Fante, Anpassung erfordert staatlichen Flankenschutz, S. 391.

(109) A. Gutowski, E. Thiel, M. Weileppe, *a. a. O.*, S. 30-1, K. Lammers, *Regionalförderung und Schiffbau-Subventionen in der Bundesrepublik*, Tübingen, 1989(Kieler Studien, 224), S. 175.

(110) H. Schulz, Konzernbiographie Howaldtswerke-Deutsche Werft AG Hamburg und Kiel (HDW AG), *I. P. W. -Berichte*, 10. Jg, Heft 6, Juni 1981, S. 63, K. Lammers, *a. a. O.*, S. 175.

(111) G. Albert, *a. a. O.,* S. 220, S. 309.

(112) Deutsche Werften in 10 Jahren um 80% geschrumpft, seit 1980 stabile Weltmarktanteile, *Stahl und Eisen*, 105. Jg, Nr. 20, 7. 10. 1985, S. 1072.

(113) Vgl. R. Gutermuth, BRD-Werftenkrise. Lehrstück kapitalistischer Wirtschafts- und Sozialpolitik, *I. P. W. -Berichte*, 12. Jg, Heft 11, November 1983, S. 44-5.

(114) A. Zeh, *a. a. O.*, S. 53.

(115) G. Albert, *a. a. O.*, S. 220.

(116) Vgl. 150 Jahre Howaldtswerke──Deutsche Werft AG, *Hansa*, 125. Jg, Nr. 19, Oktober 1988, S. 1186.

(117) K. Lammers, *a. a. O.*, S. 164.

(118) *Ebenda*, S. 175-6.

(119) *Ebenda*, S. 157-8.

(120) G. Albert, *a. a. O.*, S. 220

(121) R. Kappel, *a. a. O.*, S. 688.

(122) Deutscher Schiffbau wieder gestärkt, *Stahl und Eisen*, 105. Jg, Nr. 13, 1. 7. 1985. S. 754, K. Nienaber, Schiffbau und Schiffstechnik 1984, *Hansa*, 122. Jg, Nr. 1/2, Januar 1985, S. 107.

(123) Werften in schwerer Zeit. Notwendige Anpassungs- und Hilfsmaßnahmen, *Hansa*, 120. Jg, Nr. 10, Mai 1983, S. 852.

(124) Für Fortsetzung der Schiffbauhilfen, *Hansa*, 118. Jg, Nr. 24, Dezember 1981, S. 1729.

(125) Deutsche Werften müssen Kapazitäten um ein Drittel reduzieren, *Stahl und Eisen*, 106. Jg, Nr. 17, 25. 8. 1986, S. 923.

(126) H. Maack, Deutscher Seeschiffbau 1988/89, *Hansa*, 126. Jg, Nr. 7, April 1989, S. 446.

(127) H. Schulz, *a. a. O.*, S. 62-3, B. Bock, *Gebaut bei HDW. Howaldtswerke-Deutsche Werft AG, 150 Jahre*, Herford, 1988, S. 166, S. 176.

(128) Howaldtswerke――Deutsche Werft AG. Günstiges Ergebnis 1975-76――Weiter Kapazitätsbeschränkungen, *Hansa*, 114. Jg, Nr. 5, März 1977, S. 369.

(129) Holwaldtswerke-Deutsch Werft 1978/79, *Hansa*, 117. Jg, Nr. 6, März 1980, S. 396.

(130) HDW-Dreijahresprogramm, *Hansa*, 115. Jg, Nr. 19, Oktober 1978, S. 1578-9.

(131) Strukturkonzept einer Großwerft, *Hansa*, 116. Jg, Nr. 5, März 1979, S. 335, HDW-Strukturkonzept, *Hansa*, 116. Jg, Nr. 5, März 1979, S. 337, Holwaldtswerke-Deutsch Werft 1978/79, *Hansa*, 117. Jg, Nr. 6, März 1980, S. 397.

(132) Vgl. B. Bock, *a. a. O.*, S. 176, 150 Jahre Howaldtswerke――Deutsche Werft AG, *Hansa*, 125. Jg, Nr. 19, 1988, S. 1186, Howaldtswerke-Deutsche Werft Aktiengesellschaft Hamburg und Kiel, *Handbuch der Deutschen Aktiengesellschaften*, 1983/84, Heft 4, S. 411, 1984/85, Heft 17, S. 2559.

(133) Vgl. B. Bock, *a. a. O.*, S. 166, S. 169, 150 Jahre Howaldtswerke――Deutsche Werft AG, *Hansa*, 125. Jg, Nr. 19, 1988, S. 1186, Salzgitter AG : 1984/85 verbesserte Ergebnisse, *Stahl und Eisen*, 106. Jg, Nr. 10, 19. 5. 1986, S. 602.

(134) Howaldtswerke-Deutsche Werft Aktiengesellschaft Hamburg und Kiel, *Handbuch der Deutschen Aktiengesellschaften*, 1985/86, Heft 6, S. 783, Howaldtswerke-Deutsche Werft Aktiengesellschaft, *Handbuch der Deutschen Aktiengesellschaften*, 1986/87, Lieferung 35, S. 5035.

(135) Mit dem Strukturkonzept aus der Verlustzone, *Hansa*, 126. Jg, Nr. 3/4, Februar 1989, S. 163.

(136) C. Ostersehlte, *a. a. O.*, S. 517.

(137) Vgl. Protokoll über die Vorstandssitzung am Dienstag, d. 3. April 1973 in Bremen (12. 4. 1973), S. 3, *Historisches Archiv Krupp*, WA143/83, Protokoll über die Vorstandssitzung am 9. Januar 1973 in Bremerhaven (12. 1. 1973), *Historisches Archiv Krupp*, WA143/83.

(138) Vgl. Protokolle über die Vorstandssitzungen von Freitag, d. 1. 6. 1973 und Dienstag, d. 5. 6. 1973. (6. 6. 1973), *Historisches Archiv Krupp*, WA143/83, Protokoll über die Vorstandssitzung am Dienstag, d. 16. Oktober 1973, in Bremen (17. 10. 1973), S. 2, *Historisches Archiv Krupp*, WA143/83.

(139) Historisches Archiv Krupp, Findbuch Bestand WA143 AG "Wesser", S. Ⅲ- Ⅳ,

Historisches Archiv Krupp.
(140) Vgl. Treuarbeit Aktiengesellschaft, Gutachtliche Stellungnahme Nr. 57 1957 0 zu einem Konzept zur Zusammenführung der Werften Betriebe Gröpelingen und Vegesack (14. 2. 1983), Blatt 1. Blatt 3-4, *Historisches Archiv Krupp*, WA143/104.
(141) Der Krupp-Konzern im Geschäftsjahr 1981, *Stahl und Eisen*, 102. Jg, Nr. 5, 8. 3. 1982, S. 245.
(142) G. Albert, *a. a. O.*, S. 254.
(143) Fried. Krupp GmbH : Erfolgreiche Umstrukturierung, unbefriedigende Ergebnisse, gute Zukunftsperspektiven, *Stahl und Eisen*, 104. Jg, Nr. 16, 13. 8. 1984, S. 810.
(144) Fried. Krupp GmbH : Strukturwandel beschleunigt, *Stahl und Eisen*, 107. Jg, Nr. 17, 24. 8. 1987, S. 814, Beschäftigungslücken, Kurzarbeit und Verluste, *Hansa*, 124. Jg, Nr. 15/16, August 1987, S. 890.
(145) Deutsche Schiffbau wieder gestärkt, *Stahl und Eisen*, 105. Jg, Nr. 13, 1. 7. 1985, S. 754.
(146) Deutscher Schiffbau im internationalen Konkurrenzkampf, *Hansa*, 11. Jg, Nr. 20, Oktober 1981, S. 1448.
(147) Für Fortsetzung der Schiffbauhilfen, *Hansa*, 118. Jg, Nr. 24, Dezember 1981, S. 1729.
(148) G. Albert, *a. a. O.*, S. 97.
(149) W. Fante, Staatliche Interventionen in der Marktwirtschaft, S. 227-8.
(150) K. Nienaber, *a. a. O.*, S. 107.
(151) Vgl. *Statistisches Jahrbuch für die Bundesrepublik Deutschland*, 1962, S. 226-7, 1977, S. 168-9, 1987, S. 176-7.
(152) R. Kappel, *a. a. O.*, S. 692.
(153) E. Loderer, Aspekte der strukturellen Krisen im Metallbereich——Aus der Sicht der IG Metall, *Gewerkschaftliche Monatshefte*, 34. Jg, Heft 10, Oktober 1983, S. 638.
(154) M. Schumann, E. Einemann, C. S. -Rebell, K. P. Wittemann, *Rationalisierung, Krise, Arbeiter. Eine empirische Untersuchung der Industrialisierung auf der Werft*, Frankfurt am Main, 1982, S. 564.
(155) H. Schulz, *a. a. O.*, S. 64.
(156) H. Matthöfer, Deutsche Schiffbauindustrie im Strukturwandel, *Hansa*, 117. Jg, Nr. 12, Juni 1980, S. 867.
(157) G. Albert, *a. a. O.*, S. 95.
(158) Grenzen der schiffbaufremden Fertigung, *Hansa*, 117. Jg, Nr. 14, Juli 1980, S. 1011.
(159) Leistungsbilanz der deutschen Werftindustrie. Bessere Beschäftigung als 1984, *Hansa*, 123. Jg, Nr. 14, Juli 1986, S. 1153.
(160) W. Nölling, *a. a. O.*, S. 394. とはいえ，もちろん多角化の展開は造船業でも追及されており，そのための手段として他社の買収の方法も重要な意味をもった。それには，例えばブローム＋フォスによる1978年のKaeser Klimatechnik GmbHやAnton Kaeserの

買収のほか,ホヴァルツヴェルケ・ドイツ造船による1970年代末の遠隔通信,船舶用電子機器,環境技術および機器の製造に従事していたHAGENUK vorm. Neufeld & Kuhnke GmbHの買収などをあげることができる。H. J. Witthöft, *a. a. O.*, S. 396, C. Ostersehlte, *a. a. O.*, S. 453.

(161) Holwaldtswerke-Deutsch Werft 1978/79, *Hansa*, 117. Jg, Nr. 6, März 1980, S. 396.

(162) Vgl. G. Albert, *a. a. O.*, S. 312-7.

(163) J. Steiner, Anpassung an änderte Strukturen und Bedingungen, *Hansa*, 118. Jg, Nr. 2, Januar 1981, S. 70.

(164) M. Kröper, Strukturproblemem und Strukturpolitik in der Alminium-, Chemie- und Mineralölindustrie, *Gewerkschaftliche Monatshefte*, 29. Jg, Heft 6, Juni 1978, S. 383.

(165) J. Mohnfeld, Die Weltölindustrie im Strukturwandel, *Wirtschaftsdienst*, 62. Jg, Nr. 4, April 1982, S. 184.

(166) M. Willms, Das zweifache Strukturproblem der Mineralölindustrie, *Wirtschaftsdienst*, 56. Jg, Nr. 12, Dezember 1976, S. 613, S. 615.

(167) H. J. Schürmann, Wandlungen auf den internationalen Ölmarkten, *Wirtschaftsdienst*, 63. Jg, Nr. 8, August 1983, S. 396-7.

(168) M. Willms, *a. a. O.*, S. 614.

(169) Deutsche BP AG, *Bericht über das Geschäftsjahr 1981*, S. 30, Deutsche Shell AG, *Bericht über das Geschäftsjahr 1981*, S. 6, Mineralölverarbeitung dem Markt angepaßt, *Kohle Heizöl*, 39. Jg, Nr. 12, Dezember 1986, S. 14.

(170) H. J. Schürmann, *a. a. O.*, S. 398.

(171) Wintershall plant Anpassung ihrer Kapazität in der Erdöl-Raffinerie Mannheim an den abnehmenden Mineralölmarkt in der Bundesrepublik (19. 7. 1983), S. 1 (in : *Wintershall Presse-Information*), *BASF Archiv*, A. 4. 1. 21/18.

(172) Die Wintershall AG und ihre Aktivitäten, S. 10 (in : *Wintershall Presse-Information*), *BASF Archiv*, A. 4. 1. 21/18, H. Wüstefeld, Der Unternehmensbereich Öl und Gas, S. 13 (in : *BASF referate*, 3. 2. 1982), *BASF Archiv*, A. 4. 1. 21/8.

(173) H. J. Schürmann, Strukturwandel und Anpassungsprobleme. Ein Zwischenbilanz, *Wirtschaftsdienst*, 62. Jg, Nr. 3, März 1982, S. 142.

(174) Probleme in der Mineralöl-Industrie : Auch Wintershall ist davon stark betroffen (16. 3. 1988), S. 1 (in : *Wintershall Presse-Information*), *BASF Archiv*, A. 4. 1. 21/18, Ausführungen von Heinz Wüstefeld, Vorsitzender des Vorstands der Wintershall AG (28. 10. 1988), S. 1, S. 6 (in : *Wintershall Presse-Information*), *BASF Archiv*, A. 4. 1. 21/18.

(175) H. J. Schürmann, Wandlungen auf den internationalen Ölmarkten, S. 398, H. J. Schürmann, Strukturwandel in der Mineralölwirtschaft——politische Handlungszwänge?, *Kohle Heizöl*, 38. Jg, Nr. 6, Juni 1985, S. 3-4.

(176) Deutsche Shell AG, *Bericht über das Geschäftsjahr 1982*, S. 7.

第7章　減量合理化の展開とその特徴　*279*

(177) H. J. Schürmann, Wandlungen auf den internationalen Ölmarkten, S. 399-400.
(178) B. Hnat, *Strukturwandel in der mineralölverarbeitende Industrie der Bundesrepublik Deutschland. Untersuchung über das Anpassungsvorhalten der Mineralölgesellschaften als Folge der Ölkrise*, Göttingen, 1992, S. 36-7, Mineralölverarbeitung dem Markt angepaßt, *Kohle Heizöl*, 39. Jg, Nr. 12, Dezember 1986, S. 14.
(179) Vgl. H-J. Burchard, Die Mineraölverarbeitung im Spannungsfeld eines sich wandelnden Ölmarktes, *Zeitschrift für Energiewirtschaft*, 5. Jg, Heft 4, Dezember 1981, S. 226-30, H. J. Schürmann, Inländische Mineralölverarbeitung : Anpassungszwänge und Neuorientierungen, *Kohle Heizöl*, 37. Jg, Nr. 11, November 1984, S. 5.
(180) B. Hnat, *a. a. O.*, S. 34-6, Ausführungen von Heinz Wüstefeld, Vorsitzender des Vorstands der Wintershall AG (28. 10. 1988), S. 6 (in : *Wintershall Presse-Information*), *BASF Archiv*, A. 4. 1. 21/18. 1988年までの10年間にドイツの石油精製能力が半減されたことに関して，ヴィンターシャルの文書でも，同国は，その精製能力が自らの需要をはるかに下回った，ヨーロッパにおける唯一の国であったと指摘されている。Probleme in der Mineralöl-Industrie : Auch Wintershall ist davon stark betroffen (16. 3. 1988), S. 2 (in : *Wintershall Presse-Information*), *BASF Archiv*, A. 4. 1. 21/18.
(181) EG-Raffinerieindustrie weiter auf Anpassungskurs, *Kohle Heizöl*, 41. Jg, Nr. 10, Oktober 1988, S. 14.
(182) B. Hnat, *a. a. O.*, S. 177.
(183) *Ebenda*, S. 180.
(184) *Ebenda*, S. 38-42, H. J. Schürmann, *Anpassungsprozesse auf den deutschen Ölmärkten unter besonderer Berücksichtigung der internationalen Marktzusammenhänge*, München, 1984, S. 176, H. Diederichs, Downstream Investitions- und Anpassungsprobleme der deutschen Mineralöindustrie, *Betriebswirtschaftliche Forschung und Praxis*, 36. Jg, Heft 2, 1984, S. 143.
(185) Vgl. B. Hnat, *a. a. O.*, S. 102, S. 140.
(186) *Ebenda*, S. 175.
(187) H. Wüstefeld, Der Unternehmensbereich Öl und Gas, S. 13 (in : *BASF referate*, 3. 2. 1982), *BASF Archiv*, A. 4. 1. 21/8.
(188) B. Hnat, *a. a. O.*, S. 163-4.
(189) *Ebenda*, S. 183.
(190) Deutsche Shell AG, *Bericht über das Geschäftsjahr 1983*, S. 4-5.
(191) Deutsche Shell AG, *Bericht über das Geschäftsjahr 1985*, S. 5.
(192) VEBA AG, *Bericht über das Geschäftsjahr 1976*, S. 8.
(193) Vgl. Deutsche Shell AG, *Bericht über das Geschäftsjahr 1982*, S. 6, *Bericht über das Geschäftsjahr 1989*, S. 9, Mineralölverarbeitung dem Markt angepaßt, *Kohle Heizöl*, 39. Jg, Nr. 12, Dezember 1986, S. 14.

(194) Vgl. B. Hnat, a. a. O., S. 103, S. 127.
(195) H. J. Schürmann, Anpassungsprozesse auf den deutschen Ölmärkten, S. 157.
(196) Deutsche Shell AG, Bericht über das Geschäftsjahr 1975, S. 13.
(197) B. Hnat, a. a. O., S. 106, S. 108.
(198) Deutsche Shell AG, Bericht über das Geschäftsjahr 1981, S. 6.
(199) Vgl. B. Huat, a. a. O., S. 106, S. 113, Deutsche Shell AG, Bericht über das Geschäftsjahr 1983, S. 4, Bericht über das Geschäftsjahr 1984, S. 5, Bericht über das Geschäftsjahr 1985, S. 4, Bericht über das Geschäftsjahr 1986, S. 5, Bericht über das Geschäftsjahr 1987, S. 3.
(200) B. Hnat, a. a. O., S. 115.
(201) Deutsche Shell AG, Bericht über das Geschäftsjahr 1986, S. 5, S. 13.
(202) B. Hnat, a. a. O., S. 112.
(203) Vgl. Ebenda, S. 152-4, S. 156, S. 158, S. 163-4.
(204) VEBA AG, Bericht über das Geschäftsjahr 1978, S. 9, Bericht über das Geschäftsjahr 1979, S. 11.
(205) VEBA AG, Bericht über das Geschäftsjahr 1978, S. 9, Bericht über das Geschäftsjahr 1980, S. 12.
(206) B. Hnat, a. a. O., S. 154, S. 157, VEBA AG, Bericht über das Geschäftsjahr 1982, S. 14, Bericht über das Geschäftsjahr 1986, S. 25.
(207) VEBA AG, Bericht über das Geschäftsjahr 1984, S. 25, Bericht über das Geschäftsjahr 1985, S. 25.
(208) VEBA AG, Bericht über das Geschäftsjahr 1986, S. 9.
(209) Vgl. B. Hnat, a. a. O., S. 166-7, Wintershall plant Anpassung ihrer Kapazität in der Erdöl-Raffinerie Mannheim an den abnehmenden Mineralölmarkt in der Bundesrepublik, Kohle Heizöl, 36. Jg, Nr. 8, August 1983, S. 17.
(210) Ausführungen von Heinz Wüstefeld, Vorsitzender des Vorstands der Wintershall AG (28. 10. 1988), S. 6-7 (in : Wintershall Presse-Information), BASF Archiv, A. 4. 1. 21/18, Probleme in der Mineralöl-Industrie : Auch Wintershall ist davon stark betroffen (16. 3. 1988), S. 2 (in : Wintershall Presse-Information), BASF Archiv, A. 4. 1. 21/18.
(211) Vgl. B. Hnat, a. a. O., S. 167, S. 169-70, S. 175, Wintershall plant Anpassung ihrer Kapazität in der Erdöl-Raffinerie Mannheim an den abnehmenden Mineralölmarkt in der Bundesrepublik, Kohle Heizöl, 36. Jg, Nr. 8, August 1983, S. 17.
(212) Die Wintershall AG und ihre Aktivitäten, S. 9 (in : Wintershall Press-Information), BASF Archiv, A. 4. 1. 21/18, Wintershall plant Anpassung ihrer Kapazität in der Erdöl-Raffinerie Mannheim an den anehmenden Mineralölmarkt in der Bundesrepublik (19. 7. 1983), S. 2 (in : Wintershall Press-Information), BASF Archiv, A. 4. 1. 21/18, Ausführungen von Dr. Otto Walterspiel, Vorsitzender des Vorstands der Wintershall AG (14. 4. 1978), S. 5 (in : Wintershall Presse-Information), BASF Archiv, A. 4. 1. 21/18.

(213) Ausführungen von Heinz Wüstefeld, Vorsitzender des Vorstands der Wintershall AG (28. 10. 1988), S. 7 (in : *Wintershall Presse-Information*), *BASF Archiv*, A. 4. 1. 21/18, Zusammenfassung der Ausführungen von Dipl. -Ing. Günther Goertz, Technischer Direktor der Erdöl-Raffinerie Emsland (14. 4. 1978), S. 1 (in : *Wintershall Presse-Information*), *BASF Archiv*, A. 4. 1. 21/18, Kurz-Information über die Erdöl-Raffinerie Emsland (14. 4. 1978), S. 2 (in : *Wintershall Presse-Information*), *BASF Archiv*, A. 4. 1. 21/18, Ausführungen von Dr. Otto Walterspiel, Vorsitzender des Vorstands der Wintershall AG (14. 4. 1978), S. 6 (in : *Wintershall Presse-Information*), *BASF Archiv*, A. 4. 1. 21/18, Wintershall baut Hydrocraker (23. 9. 1976) (in : *Wintershall Presse-Information*), *BASF Archiv*, A. 4. 1. 21/13, Bilanz-Pressekonferenz am 08. 05. 1978, *BASF Archiv*, A. 4. 1. 21/13, Neuer Hydrocracker in Lingen erhöht Konversionskapazität, *Europe Oil-Telegram*, 13. 4. 1978, Wintershall baut den Raffinerie-Bereich aus. Trotz hoher Betriebsverlust/Zur Rohstoffsicherung der BASF/Veränderte Bedarfsstruktur, *Frankfurter Allgemeine Zeitung*, 15. 4. 1978. リンゲン製油所の生産能力に占める分解設備のそれの割合は，例えば1978年4月には40％であった。Modernisierte Emsland-Raffinerie. 40% Konversionskapazität bei Wintershall in Lingen, *Erdöl-Informationsdienst*, 14. 4. 1978.

(214) Heinz Wüstefeld, Der Unternehemensbereich Öl und Gas (3. 2. 1982), S. 16 (in : *BASF referate*), *BASF Archiv*, A. 4. 1. 21/8.

(215) Vgl. B. Hnat, *a. a. O.*, S. 166-7, S. 170-1, Wintershall plant Anpassung ihrer Kapaität in der Erdöl-Raffinerie Mannheim an den abnehmenden Mineralölmarkt in der Bundesrepublik, *Kohle Heizöl*, 36. Jg, Nr. 8, August 1983, S. 17, Die Wintershall und ihre Aktivitäten, S. 9 (in : *Wintershall Presse-Information*), *BASF Archiv*, A. 4. 1. 21/18, Spezialisiert auf Schmierölherstellung/Moderne Technologie auf historischem Boden (18. 6. 1984), S. 1, *BASF Archiv*, A. 4. 1. 21/18.

(216) Ausführungen von Heinz Wüstefeld, Vorsitzender des Vorstands der Wintershall AG (28. 10. 1988), S. 8-9 (in : *Wintershall Presse-Information*), *BASF Archiv*, A. 4. 1. 21/18.

(217) Vgl. B. Hnat, *a. a. O.*, S. 169, Wintershall plant Anpassung ihrer Kapaität in der Erdöl-Raffinerie Mannheim an den abnehmenden Mineralölmarkt in der Bundesrepublik, *Kohle Heizöl*, 36. Jg, Nr. 8, August 1983, S. 17.

第8章　生産システムの改革とその意義
――ドイツ的生産モデルの追求とモジュール生産方式への道――

　本章では，前章での考察につづいて，1970年代から80年代末までの時期の重要な企業経営の変化として，生産システムの改革をめぐる問題について考察を行う。ドイツにおける大量生産システムの展開を加工組立産業についてみると，アメリカ的な大量生産方式とは異なるかたちでの戦前の「品質重視のフレキシブルな生産構想」の伝統[1]，アメリカより少ない生産量のもとでも一定の量産効果を確保することや生産のフレキシビリティをめざした大量生産方式の展開[2]，戦後におけるフォード・システムの導入を基軸としながらもマイスター制度のような専門技能資格制度や職業教育制度に支えられるかたちでの，熟練労働力にも依拠した生産のシステム，体制の展開がみられた。
　しかし，1970年代以降の資本主義の構造変化のもとで，それまでの大量生産システムの限界が顕在化し，その改革の取り組みが推し進められるようになってくる。そうしたなかで，日本とも異なるドイツ的な展開・あり方が追求されていくことになった。しかしまた，1980年代の「ジャパナイゼーション」の動きや90年代の「リーン生産方式」の導入・移転の動きなどにもみられるように，日本企業の生産システムの優位性とそれに基づく競争優位への対応が重要な問題となってきた。例えばフォルクスワーゲンの1977年6月28日の取締役会の議事録でも，日本の自動車企業との生産性の格差の問題が取り上げられている[3]。それゆえ，1970年代から80年代にかけてのドイツの生産システム改革の意義と限界を明らかにし，今日に至る変化の方向性を規定することになった諸要因を把握することが重要となってくる。
　そこで，以下では，1970年代以降の生産システム改革について，その最も代表的な部門をなす自動車産業を取り上げて，90年代以降のモジュール生産方式

の展開との関連をふまえて考察していくことにする。まず第1節において1970年代の資本主義の構造変化のもとでの生産システム改革の課題についてみた上で，第2節では生産システム改革の実態について具体的にみていく。それをふまえて，第3節では，ドイツの生産システム改革の意義と限界をその後の展開との関連のなかで明らかにしていく。

第1節　1970年代の資本主義の構造変化と生産システム改革の課題

　1970年代の資本主義の構造変化のもとで，フォード・システムとオートメーション技術を基盤にしたアメリカ型大量生産システムからの転換が取り組まれるに至る社会経済的背景，そのもとでの生産システム改革の課題とはいかなるものであったのであろうか。まずこの点についてみておくことにしよう。

　この時期の生産システム改革の必要性を決定的に規定したのは，多品種化の進展にともなう一品種当たりの生産ロットの縮小の問題と製品間の需要変動への生産の対応の必要性にあった。1970年代以降になると，市場条件の大きな変化のもとで，需要の創出のための重要な手段として，製品の多様化・差別化をめざして多品種化戦略が展開され，自動車産業の場合には，車種の増加と同一車種のなかの仕様の拡大がすすんだ。しかし，低成長への移行のもとで消費性向が低下する傾向にあるなかで，本来，品種数の増加と同じテンポで需要が拡大していくような条件にはなかった。その結果，1品種（車種）当たりの平均の生産ロットが低下するなかで，「専用化」の論理による生産編成に基づくアメリカ型大量生産の方式では，「規模の経済」を実現しうる操業度の確保は困難とならざるをえなかった。例えばフォルクスワーゲンでは，1982年には，かつての大衆車「カブト虫」("Käfer")と同じ売上台数を達成するためには約14の製品のバリアントが生産されねばならず[4]，この点にもこの時期の問題が示されている。同コンツェルンは1970年代初頭に製品プログラムの根本的な転換を開始しており，売上台数全体のうち72年以降のモデルの台数の占める割合は73年には14％にすぎなかったが，77年には70％にまで上昇している[5]。例えば1979年1月24日の監査役会の議事録でも，同コンツェルンはその間に新しい世代のモデルの投入による広範な製品の多様性でもって，競争相手に打ち勝つた

めのあらゆる前提条件を生み出してきたと指摘されている⁽⁶⁾。

しかし,「専用化」の原理を基礎にしたアメリカ型大量生産の外延的拡大での多品種生産への対応は，設備投資負担とその固定費回収の問題からも容易なことではなく，多品種の大量生産をコスト的に十分に成り立たせることは困難にならざるをえない。しかも，製品間の需要変動への生産の対応における硬直性が問題とならざるをえない。したがって，多品種の大量生産をどのようにしてコスト的に成り立たせるか，またいかにして品種間の需要変動に対する生産のフレキシビリティを確保するかということが重要な課題となってきた。

こうして，この時期のドイツ自動車産業では，フレキシビリティによる効率性の追求が新しい合理化のパラダイムとなった⁽⁷⁾。例えばフォルクスワーゲンの取締役会の議事録をはじめとする多くの文書でも，1970年代に入ってからフレキシビリティの確保が最重要課題のひとつとなったことが指摘されている⁽⁸⁾。それまでの顧客志向の多様化高品質生産は，ドイツにおける競争力と立地の維持のための決定的な基盤であったが，品質とフレキシビリティへの高度な要求は，もはや伝統的な生産コンセプト，組織構造およびそれと結びついた人事政策では克服されることにはならなかった⁽⁹⁾。

第2節　ドイツ企業の生産システム改革とその特徴

生産システム改革が取り組まれた社会経済的背景とそこでの経営課題についての以上の考察結果は，ドイツだけではなく広く主要資本主義国にもほぼあてはまるものである。そうしたなかで，ドイツでは生産システム改革はどのようにすすんだのであろうか。そこで，つぎに，この時期の生産システム改革のドイツ的展開とその特徴についてみることにしよう。

この時期のドイツ自動車産業における生産の合理化の主要特徴は，価格面での競争優位よりも製品の差別化・高付加価値戦略の重視のもとで，ME技術という新技術と熟練工を中心とする集団労働という新しい作業組織に依拠するかたちで生産システムのフレキシビリティの実現を可能にする生産モデルの追求にあった。「ドイツ的生産モデル」は，フレキシブル・オートメーション技術の積極的な展開，直接生産現場への専門労働者（熟練工）の投入，「直接生産

機能の統合・大括り化と間接機能（保守・整備・品質保証）の生産現場への統合」という「機能統合」を柱とするものであった[10]。

1 ME技術に依拠した生産システムのフレキシブル化

まずME技術との関連でみると，この技術は，それまでの専用機や伝統的な自動化技術にみられた設備利用における硬直性を一定程度克服し，「汎用性」の回復をはかり，そのことによって設備の効率性（自動化）と汎用性の両立をある程度可能にした[11]。この「汎用性」の回復が技術のフレキシビリティの基礎となっており，ドイツでは，産業ロボットやNC工作機などのME技術の導入を優先するかたちで，自動化の効率性と技術のフレキシビリティに大きく依拠した展開がはかられた[12]。例えばフォルクスワーゲンでは，新しい車種によって数年でもって「カブト虫」が駆逐されたときに，フレキシブルなロボット技術がますます重要となったが，1983年の営業年度末には1,200台を超える産業ロボットが投入されていた[13]。このように，この時期の自動車企業の再編においては，生産の技術的側面に焦点があてられており，その目標は，主として手作業での生産の形態や以前のあまりフレキシブルでない専用機械の代わりに，コンピューターを基盤としたフレキシブルな技術（産業ロボット，CNC工作機など）を大規模に導入することにあった[14]。

ただフレキシブル自動化の状況は，工程部門によっても大きく異なっていた。それは，プレスや機械加工では広くすすんでおり，そこでは，自動化の水準の完全化や周辺領域の機械化が問題となった。これに対して，熔接（ホワイトボディの組み立て）や塗装では，ハイテクとローテクの領域が混在していた。またユニット組立や最終組立では，部分的な反復作業の漸次的な自動化がみられたが，1990年代初頭になっても徹底した機械化にはなお至っていなかった[15]。

そこで，主要工程別にみると，1989年発表のM.シューマンらの研究によれば，**プレス工程**では，生産労働者の構成をみた場合，製品に対する手仕事労働者はすでにみられなくなっており，高度に自動化された機械に対する手仕事労働者が86％を占めていた。**機械加工工程**もこの時期にNC工作機やマシニング・センターなどのME技術による自動化がすすんだ工程部門であった。そこ

では，製品に対する手仕事労働者の占める割合はわずか6％にとどまっており，生産労働者のうちの68％が機械に対する手仕事に従事していた[16]。

また**車体製造工程**についてみると，例えばオペルでは，1984年の営業年度には，ボーフム工場において，自由にプログラムできるフレキシブルな自動熔接機によって，それまでの製品のタイプに拘束された硬直的な熔接設備がおきかえられ，手による熔接が大幅に削減された。その結果，カデットの生産に必要な4,200の熔接点のうち98％が自動で行われるようになった[17]。また1987年度の営業報告書によれば，この時期に頂点に達したリュッセルスハイム工場の大規模な近代化プログラムでは，車体組立のフレキシブル・オートメーションへの転換も大きな役割を果たした[18]。またドイツフォードの3つの工場でも，1985年には熔接点の自動化率は82％から92％に達している[19]。フォルクスワーゲンでも同様であり，例えば1987年の営業報告書によれば，エムデン工場の新しいフレキシブルなホワイトボディ生産では，大量の熔接機の組み合わせのなかで車体用部品が完全自動で熔接されるように配置されていた[20]。しかし，全体的にみると，ホワイトボディの製造工程では，生産労働者に占める製品に対する手仕事労働者の割合は81％と高かったのに対して，機械に対する手仕事労働者の割合は14％にとどまっていたとされている[21]。

さらに**組立工程**をみると，1980年代，遅くともその後半には，組み立てにおけるフレキシブル自動化による変革が考慮に入れられねばならない限りでは，合理化のタイプの徹底的な変革がはっきりと現れた[22]。しかし，組み立てにおいては，その工程の性格もあり，他の工程部門と比べ合理化の立ち遅れが大きく，その克服が近代化の政策のひとつの統合された構成部分となった。そうしたなかで，組み立ては自動車製造のなかで最大の合理化利益が期待される部門をなした。1980年代には，「フレキシブル組立システム」の開発という生産技術の面のほか，「組み立てのしやすい設計」という製品技術面の2つの方向において，組立作業の自動化・機械化の障害を克服するための努力が展開された[23]。フレキシブルな組立自動化でもって，それまで組み立てにおいて普及していたような個別の諸方策の連鎖としての合理化の形態は，個々の諸方策を合理化コンセプトのなかに計画的かつ組織的に組み入れる必要性によっておきかえられた[24]。そこでは，プログラムの可能な組立システムが，フレキシブ

ルな組立自動化の中核をなした⁽²⁵⁾。

　ここで，個別企業の事例をみると，最も典型的な事例は**フォルクスワーゲン**にみられる。同社では，1983年に組立工程にも最新鋭の自動化設備を導入したホール54が操業を開始した。組み立ての機械化・自動化への取り組みの象徴であるこの工場は，自動搬送システム，統合された品質管理システムおよび人間に配慮した作業職場を備えていた⁽²⁶⁾。このホール54での最終組立の機械化の実現のために，自動車の設計も「ロボットに適したもの」にすることが必要とされ，それまでの組立工程の順序が新しい技術に合わされるとともに，設計の変更も行われた⁽²⁷⁾。1986年度には，それまでの枠組みを超えた自動化率の上昇は，本質的には，組立部門においてのみなお可能であった。それゆえ，新しい自動化のシステムがユニット組立に投入されており，カッセルの変速機工場がひとつの重点をなした。またエムデン工場およびブラウンシュバイク工場でも，自動化の観点のもとで，同コンツェルンのすべての工場にとってのモデルとしての性格をもつ大規模なプロジェクトがすすめられた⁽²⁸⁾。こうして，1987年度には，組み立てにおける自動化システムは，生産のフレキシビリティのさらなる一歩をなした⁽²⁹⁾。

　また**オペル**でも，1983年にフレキシブルな自動組立ラインが配置されている。ボーフム工場でのカデット用サスペンションの組み立へのその導入によって，作業条件が改善されただけでなく，異なるタイプもフレキシブルに組み立てられることができるようになった⁽³⁰⁾。またカデットとアスコナのリアアクスルの生産のために，1986年9月以降，徹底的な自動組立を可能にする2本の組立ラインが配置されている⁽³¹⁾。

　このような新しい技術は，とくに安全性や走行安定性という面をも含む製品の品質改善を実現するための手段としても導入された⁽³²⁾という点も，特徴的である。新技術の導入を核とした生産システムの改革は，そのようなドイツ的な製品戦略・製品コンセプトとも深い関連をもって推進されたのであった。
　さらにまた，ME技術の導入を基軸とした改革が労働の人間化の取り組みとも深い関連をもって推進されたという点⁽³³⁾，熟練労働力にも依拠するかたちで展開されたという点に，ドイツの自動車産業における生産システム改革のい

まひとつの特徴がみられる。前者に関しては,例えばフォルクスワーゲンをみても,すでに1970年代後半の多くの内部文書において,職場における労働の人間化のための投資が合理化投資や拡張投資などとともに行われており,投資の目的のひとつとなっていたことが指摘されている[34]。また熟練労働力にも依拠した展開については,人的要因の経営上の新たな評価と労働力利用の戦略の根本的な変化にみられる労働政策のパラダイム転換のなかに,人間の労働の特別な質に対する新しい評価が表れている[35]。それゆえ,つぎに,この時期の生産システムの改革について,ME技術の導入との関連のなかで熟練労働力の果たした役割についてみることにしよう。

2 ME技術の導入と熟練労働力の新しい役割
――直接労働と間接労働の職務統合――

ME技術を基礎にした合理化,生産システムの展開における熟練労働力の役割について,H. ケルンとM. シューマンは,伝統的なホワイトボディの生産では,それまで存在しなかったような専門的な熟練が用意される場合にのみ,複雑な新しい技術は企業によって成功裡に投入されえたとしている。一方では,電子制御のソフトウエアの側面を完全に支配しまたプログラミングを行うことのできる要員が必要とされたが,他方では,最も困難な種類の故障も短時間で完全に診断し排除することのできる労働力が必要とされるようになった[36]。そこでは,直接工への保全機能の統合というかたちでの新しい労働投入様式への変化がみられたが,この点は,とくに,ホワイトボディ製造のような自動化がすすんだ工程部門においてみられた。ケルンとシューマンの1984年の研究によれば,現場での保守や古典的な検査の大部分が,より高い職業上の価値をもつライン制御工（Straßenführer）と呼ばれる生産要員によって担当されるようになっている[37]。ホワイトボディの生産では,1980年代後半には,大部分の自動車工場において,産業ロボットが多極点熔接設備の機能を引き継いだが,それまでの設備の操作係と段取り係との間での職務の分離は撤廃され,直接生産者への間接機能の統合がすすんだ[38]。

フレキシブル生産と高度な技術は,労働力利用における直接労働と間接労働の職務統合というアプローチを求めた[39]。熟練を要する生産労働は,一定の

状況において生産過程の自動化や情報化を経済的に最適な状態にするために投入された。熟練労働者は，前もって関与することによって，自動化された生産設備の障害や故障の一部を回避するか，あるいは自ら克服することができた[40]。

例えばフォルクスワーゲンの1982年度の営業報告書でも，熟練をもつ労働者のみが，コンピューターに支援された設計の方式や産業ロボット，数値制御の工作機械，フレキシブル生産システムを扱うことができたとされている[41]。上述のホール54でも，ライン制御工の職位のために，限定されていたとはいえ修理の職務をも担当する万能的な熟練工が投入されたほか，エレクトロニクスの基礎知識を有する比較的若い専門労働者が配置された[42]。またBMWでも，1980年代初頭には，熔接ロボットのプログラミングは専門家の作業であり，専門労働者が工具をテストし，プログラムを試すようになっていた[43]。

このように，ME技術に依拠したより高度な機械化・自動化は，設備の保守・整備やプログラミングのための熟練労働力の需要の増大をもたらした[44]。そのことは，保守・修理のような間接機能の直接工への統合というかたちでの新しい熟練職種を生み出した。ただケルンとシューマンの1984年の指摘でも，このような機能統合は生産労働者の「再熟練工化」（"Reprofessionalisierung"）をもたらすものであり，労働編成のパラダイム転換を意味するものでもあるが，それはなお普遍化・一般化しうるものではなく，漸次的な転換であったとされている[45]。ことに組み立てにおけるコンベア作業が維持されたという状況のもとでは，職務統合の比較的限られた可能性しか存在しなかった[46]。

しかし，その後の1994年に発表されたM. シューマンらの調査研究である"*Trendreport*"などの研究では，生産と保守の機能にまたがる「システム規制工」（Systemregulierer）と呼ばれる新しい生産熟練労働者のタイプの量的拡大，その職務の範囲を拡大させた熟練労働者がみられるようになっている。極めて単純な撹乱の除去から非常に複雑な機械工学・電気工学・電子工学的な修理や監視・整備点検を職務内容とする「システム規制工」が重要な役割を果たすようになった。このシステム規制工は，プレスや機械加工のような自動化された生産過程をもつハイテク部門において最も顕著にみられた。例えば生産労働者に占めるその割合は，プレス工程では14％（最新の大型多段階プレスでは100％），機械加工工程では23％（CNSトランスファーラインでは90％）であった。

これに対して，その割合は，ハイテクとローテクの両方が混在するホワイトボディの生産の場合，最新の熔接ロボットラインでは56％と高かったが，この生産工程全体では5％と低かった。このような工程部門間の差異や職務統合の多様なパターンがみられるものの，システム規制工は，生産労働者の基幹的要員と位置づけられている(47)。このような保守職務の統合は，多くのケースにおいて，熟練をもつシステム規制工の変種にとってのひとつの重要な前提条件であり，自動化された生産過程では，保守の職務が量的にも質的にもひとつの重要な機能の領域をなした(48)。

こうして，1990年代初頭までに，自動車産業では，企業は，現場の就業者の熟練と権限の強化をめざした労働組織・労働投入の戦略の統合された諸形態を展開した。機械化された生産の部門では，個別のケースにおいて伝統的な作業構造・経営構造からの非常に徹底した離脱がみられた。しかし，手作業がなお支配的な部門では，機械化されたできる限り統一的な諸部門を生み出そうとする試みが実践可能であることは，コスト的な理由からまれであった。そこでは，システム規制工の職務とより大きな手作業の範囲との結合は例外的なケースでしかみられず，さまざまな諸活動が異なる労働力によって行われているという状況がより多くみられた(49)。こうした部門間の差異はみられたが，熟練労働者が中心におかれた労働統制は，近代的な技術の管理にとってとくに重要であり，それゆえ，熟練労働者および「職業」としての熟練労働のひとつの特殊な理解が「ドイツモデル」の中心にあったとされている(50)。

3 集団労働の展開とその特徴

この時期の生産システム改革はまた，労働の人間化のプロジェクトとのかかわりのなかで，集団労働の導入というかたちでもすすめられた。生産チームの形成は，選別された従業員に対するより広い範囲の作業の要求への対応のひとつのオルタナティブを意味するものであった。経営側のチーム・コンセプトは，保守や品質管理の労働者のような専門的な間接労働者をチームにおいて直接生産労働者と統合することにあった(51)。1970年代半ば頃までは，ドイツの自動車産業において支配していた合理化モデルは，主として，分業による人員配置を志向しており，「テイラー的労働編成」と呼ばれるものであった。しか

し，それ以降の時期には，経営のフレキシビリティの確保を目的とした労働編成の新しい形態が組織的にテストされ，普及した。それはまずとりわけ労働集約的な組立部門においてみられた[52]。

　例えば**フォルクスワーゲン**では，1970年代半ばから後半にかけての時期に，異なる作業構造の比較に関する公的な助成を受けた経営プロジェクトの枠のなかで，「部分的に自律的な集団労働」の試みが実施された。そこでは，作業は，それぞれ平行して実施される4つの組み立ての島で働く2つの組立グループで行われた。それまでの単調な短いサイクルの諸活動に比べはるかに要求の多い作業内容をこなせるように，大規模な熟練養成策が展開され，成功裡に実施された。ただ職務の変更（ローテーション）は，グループ分けをめぐる軋轢のために可能ではなく，非常に遅くになって初めて，経営協議会とIGメタルによる統一的なグループ分けが実施されるようになっている[53]。また同社の1989年度の営業報告書によれば，生産性の一層の向上のために，すべての工場で新しい労働組織の形態が試験プロジェクトの枠のなかでテストされ導入されたが，そのひとつが集団労働であった。そこでは，7～12人の労働者のグループがチーム自体の作業の流れを決定し，また自らの製品の生産量と品質，設備の保守に責任を負うことになった。このような組織変更の目標は，労働者により大きな責任を移すこと，コスト意識を強化することにあった[54]。

　オペルでも，ボーフム工場において，日本のモデルのたんなるコピーを超えた集団労働の形態がみられ，ドイツの特殊的条件のもとで，むしろ1970年代の労働の人間化の構想から強く学んだ考え方と日本のモデルとの統合が現れた。同工場の集団労働では，作業グループが生産労働のみならず生産にかかわる間接労働（品質の確保，修理および保守）も担当することによって，また経営上の問題の解決への労働者のより強い関与によって彼らのもつ生産に関する知識をより有効に利用することが目標とされた。作業グループの職務の遂行はグループ内での職場の交代と結びついていたが，そのような交代はグループによって決定された。それは，拡大された自由な執行の権限の重要な部分をなした。集団労働の導入は大規模な熟練養成プログラムと結びついており，その間に800人を超える労働者を抱える71のグループが形成された。1990年末には初めて，ボーフム工場における約20,000人の従業員の大部分を占める組立工場とプレス

工場の諸部門において,最初の集団労働のプロジェクトが組織された。しかし,この時期には,流れ作業における集団労働の導入はまだすすんでいなかった(55)。またBMWでも,1990年度の営業報告書によれば,強化された集団労働,生産の領域における保守,品質確保,ロジスティックの職務の担当という労働組織の新しい諸形態は,試験プロジェクトにおいてすでにその価値が実証されてきた(56)。またメルセデス・ベンツでも,すでに1981年に集団労働が導入されている(57)。

しかし,集団労働における準自律的作業チームという概念は,コスト面での制約条件から一時的後退を余儀なくされた。こうした概念とは異なる新たなかたちでの集団労働・チーム制が展開されるようになるのは,日本のリーン生産方式がドイツにも伝播する1990年代のことである(58)。ドイツでは,MEによる技術的合理化が生産システムをフレキシブルにするものとしてとくに重視されており,組織の面の改革はむしろ補完的な性格をもつものにとどまっていた。集団作業の導入においても,フォード的な生産モデルの克服ではなく,その補完および改善が問題となっていたといえる(59)。集団労働の導入はまた,それが労働の人間化をめざした運動の一環として取り組まれたという事情もあり,いわば「ヒトのジャスト・イン・タイム」ともいうべき人員配置の柔軟化,「少人化」を前提とする日本的なあり方とは異なっていた。

4　職場小集団活動の展開とその特徴

また日本企業の高い国際競争力の圧力のもとで,QCサークルや改善提案活動などの職場小集団活動の導入も,生産システム改革の重要な部分をなした。例えばフォルクスワーゲンの1976年11月25日の経済委員会の会議でも,欠陥品の源泉を狭めるために改善の価値のある品質管理の原則についての議論が行われている。そこでは,品質という点では多くのことが成し遂げられねばならないこと,日本企業の品質は平均してフォルクスワーゲンのそれよりも高く,同社の品質は満足のいくものではなかったことが指摘されている(60)。こうした状況のもとで,ドイツでも,1980年代に入り,自動車産業はもとより他の産業でも,日本的な方式の学習・導入が始まっており,82年11月には「第1回QCサークル会議」が開催されている。自動車産業では,日本モデルは労働組織の

新しい方法に対して刺激を与えることになり，1980年代初頭の時期は，ドイツ企業による日本的な方式の受容の転換点をなした(61)。

1980年代前半には，例えばフォルクスワーゲン・コンツェルンの国内にあるほぼすべての自動車工場において，当初はヴォルフスブルク工場のために展開されたコンセプトを基礎にして実施あるいは計画されたQCの構想が存在していた(62)。1982年に「日本の挑戦」への対応としてQCサークルや集団労働の導入が行われているが，その後の10年間にハノーファー工場だけでも1,785のQCサークルが組織された。ただそれらは，日本のモデルのたんなる移転の結果ではなく，職場の活動，集団作業や組織の発展のなかにもみられる異なる源泉をもつものであった(63)。

こうした生産労働者の責任の拡大におけるひとつの焦点は，直接生産労働者への品質管理に対する責任の移転をめぐる問題であった。「修理検査工」と呼ばれる新たな階層が修理と品質管理の統合によって生み出されたドイツフォードにおいてのみ，生産部門への検査機能の復帰は，新しい職務のタイプの創出と関連していた。フォルクスワーゲンでは，品質管理の機能は生産部門に吸収され，新しい職務の名称を生み出すことなく個々の職務に対する標準的な職務記述に統合された。同社における傾向は，品質管理のサブシステム（品質管理チーム）の創出による品質管理の機能の分権化およびそれぞれ1人の品質管理検査工と修理の作業者のペアの形成にあった。しかし，1980年代半ばに120の品質サークルがみられたハノーファー工場を除くと，その時点では比較的小さな数の活動サークルしか存在しなかった。これに対して，オペルでは品質管理の活動のレベルは低かったものの，その生産チームのコンセプトは，より包括的な方法で品質サークルの目標と機能を具体化したものであった。またBMWとドイツフォードは，こうした点では最もすすんでいた。一方，品質サークルの活動をあまり広く展開することを認めなかったダイムラー・ベンツやオペルの経営協議会では，組合代表が品質サークルの制度をとおして経営側に取り込まれてしまう危険性を危惧するという否定的な態度が広がっていた(64)。

職場小集団活動では，さらに提案制度も重要な意味をもった。例えばフォルクスワーゲンでも，1970年代後半には提案制度の活用が一層重要な課題とされており，例えば経済委員会や全社レベルの経営委員会の会議，さらに経営協定

のなかでも取り上げられている(65)。1981年度には7,678件の提案があり，前年度に比べ33.1％増加している。その採択率は26.9％であったが，総額610万DMが報奨金として支払われている(66)。オペルでも，1975年度には改善提案制度はすでに約25年の歴史をもち，総計約280,000件の提案が行われており，1,840万DMが報奨金として支払われたが，この年度にも37,339件の新たな提案が行われている(67)。1987年度には29,235件の改善提案が出され，そのうち9,438件が採択され，総額700万DM超が報奨金として支払われた(68)。ただ日本では，例えばトヨタをみても，すでに1978年には改善提案件数は463,000件にものぼっており，その件数でも大きな格差がみられた。こうした職場小集団活動の展開にもかかわらず，日本企業と比べドイツ企業における欠陥率は高く，例えばフォルクスワーゲンでも，1980年代初頭には，1日当たりでは約4,000台生産された自動車のうち約1,000件の欠陥があり，手直しが必要とされた(69)。

第3節　ドイツ企業の生産システム改革の限界とその後の展開

1　日本的生産システムの優位とその要因

このように，1970年代以降の生産システム改革においては，ME技術と熟練労働力に依拠した大量生産システムへの再編というかたちでの多品種高品質生産のフレキシブルな展開を模索したドイツ的な対応が推し進められてきた。そのようなあり方は，高品質・高付加価値製品の分野・市場セグメントへのシフトとも関係しており，価格競争がある程度回避しうるような上級の市場セグメントでは，とくに有効性を発揮しうるという条件にあったといえる。しかし，より需要量も生産量も多い市場セグメントの場合には，日本的な対応のあり方と比べると，その有効性には差異がみられることにもなった。

この時期の日本的な対応のあり方は，生販統合システムによる生産と市場（需要）との調整を前提にした上で，労働手段と労働力の利用の面での「汎用化の論理」に基づく生産編成を基調として，それにジャスト・イン・タイム生産とそれを支える下請分業生産構造をセットにしたかたちでの，生産・販売・購買の統合を軸とし，さらに開発が有機的に結びつくことによる総合的なシステム化という点に特徴がみられる。こうしたあり方は，ドイツ的な対応と比

べ，1品種当たりより小ロットでの生産の効率性を可能にし，例えば自動車産業では，どのランク・レベルの車種の生産，市場への適応においても有効に機能するものであった。それゆえ，それは，自動車産業に限らず広く加工組立産業の大量生産型製品全般に有効な生産方式となった(70)。

日本では，労働者の多能工的な能力・技能とチーム制のなかでのそのフレキシブルな運用，QCサークル活動，改善提案活動のような職場小集団活動などによって，ドイツ企業が重視する製品の機能性（動力性能・走行性能）や安全性・信頼性，耐久性の面での品質とは異なり，生産の段階でのきわめて低い不良品の発生や故障の少ない製品という面での品質の確保に重点がおかれてきた。また「ヒトのジャスト・イン・タイム」ともいうべき日本的な労働力利用の汎用化とそれに基づくフレキシビリティは，全体的なジャスト・イン・タイム生産の枠のなかで，労働集約的性格が強い組立工程のような部門において，欧米の企業と比べ，非常に高い効率性と製造品目の変動への生産の適応力を確保してきた。

2　ME技術を基軸とする生産システム改革の限界

以上の点をふまえて，つぎに，ME技術に大きく依拠した生産システムの変革という点でのドイツの生産システム改革の問題点・限界についてみることにしよう。例えばフォルクスワーゲンにおける組み立ての自動化では，ロボットの大規模な投入にもかかわらず，あるいはまさにそのために，製品のタイプに拘束された硬直的な機械の連鎖がなくなることはならなかった。これに対して，オペルでのモジュール組立のコンセプトは機械化の大きな飛躍を断念したが，そのかわりに非常にフレキシブルな運用が可能であった。自動車産業では，1990年になっても新技術のある程度統一的な導入戦略はみられなかったとされている(71)。こうした技術中心の戦略は，日本企業が人間の管理の巧みな方法でもって有していた競争上の利点を凌駕する機会をコンピューターに支えられたフレキシブルな生産技術のなかに見出そうとするものでもあった(72)。しかし，日本の労働編成，労働力利用のもつ優位に対するキャッチアップは，技術的要因でもって十分に可能となるものではなかったといえる。

確かにドイツ自動車産業は産業ロボットのパイオニアであり，最大の利用者

であったが，その投入は生産過程の小さな部分に限定されていた。例えば1983年と90年のドイツ自動車産業における平均の自動化率をみると，プレス工程ではそれぞれ60％，70％，ホワイトボディの製造では40-70％，70％，塗装工程では40％，70％，機械加工では75％，80％と高い数字となっていた。これに対して，ユニット組立ではそれぞれ25％，45％，最終組立では10％，20％にとどまっている(73)。生産のフレキシビリティを高める戦略の推進にもかかわらず，中核工場の生産組織が徹底的に改変されることにはならなかった。フレキシブル生産は分枝工場での新型モデルにともない導入されたにすぎない(74)。

　なかでも組立工程をみると，U.ドラータの1990年の指摘でも，組み立ての合理化の成果はそれまで主として迂回的な方法によって実現されており，それは，組み立てに適した製品の設計（例えばフォルクスワーゲンゴルフ）やメインのコンベアからの部分的な作業の排除（例えばオペル社のオメガのモジュール組立）といった方法にみられる(75)。最先端工場であったフォルクスワーゲンのホール54では，組み立ての自動化の割合はその操業当初から25％（1973年発売の初代ゴルフの組み立てでは5％であった）にのぼっていた(76)。しかし，組立自動化においては，他の工程部門と比べ技術的な困難さも高く，産業ロボットでもって自動化された組立作業には失敗も多かった。保守機能を統合した熟練労働力は，そのような事態への対応のために必要とされたのであり，同工場の組立自動化の試みは，本来めざされていた有効性を発揮しえたとは言い難い状況にあった(77)。「カブト虫」の自動化された生産ラインとは対照的に，新型ゴルフの生産のための設備や工程はある程度のフレキシビリティを有していたが，そのような柔軟性はひとつのモデルやそのバリアントに限定されていた。組立自動化によってコストと労働力の節約という目標は達成されず，むしろ最新鋭工場のホール54が同社の損益分岐点の上昇をもたらしたことは，1990年代初頭における同社のひとつの主要な問題とならざるをえなかった(78)。

　このように，1980年代には，設備や技術への非常に十分な投資資金をもってしてもなんら決定的な競争上の利点は確保されず，また期待された生産性の飛躍的な向上も達成されることはできなかった(79)。そうしたなかで，ことに1992/93年の自動車産業の危機以降，組立工程，とくに最終組立における自動化は，確かに技術的には実行可能であるが経済的には困難であることが明らか

になり，自動化の傾向はむしろ後退することになった[80]。1990年代以降には，ことに新しく設立された生産立地や以前の周辺の生産立地では，フレキシブルな自動化システムからあまり自動化されていない生産設備への生産技術の転換が推進された[81]。こうして，1980年代に強力に推進された自動化は，90年代になると，傾向としては，放棄されることになった[82]。

3 日本的生産システムの導入とその限界

(1) 日本的労働管理モデルの導入とその限界

またドイツ企業でも日本的な大量生産モデルの導入も試みられたが，そのような取り組みは十分な進展をみるには至らなかったことも大きな影響をおよぼすことになった。上述したように，日本的な方式はきわめて総合的なシステム化によるものであるが，1980年代末から90年代にかけての時期になっても，ドイツ企業への日本的なシステムの導入は，チーム制，QCサークル，ジャスト・イン・タイムのような個別の諸形態や制度に限定されていたという面が強い[83]。

なかでも，チーム制についてみると，ドイツでは，テイラー的な「構想と執行の分離」に基づく過度の専門化と官僚化にみられる「中央集権的な企業組織の硬直性」という限界をフレキシブルな自動化技術によって克服しようとする傾向にあった。しかし，その限界が明らかになるなかで，1990年代以降，リストラクチャリングと平行した集団労働（チーム制）の導入へと向かうことになった[84]。ドイツの自動車産業においてそれが労働政策的合理化の手段として生産にとって重要なものとなるのは，深刻な販売不振が顕著になった1992/93年以降のことであり，リーン生産の議論の結果としてであった[85]。1990年代に入ってオペルのアイゼナッハ工場，フォルクスワーゲンのモーゼル工場，メルセデス・ベンツのラシュタット工場のような新しい工場を中心に，作業組織の新しい形態（チーム作業）を含むリーン生産の原理の導入がようやく本格的に取り組まれることになる[86]。例えばダイムラー・ベンツをみても，チーム作業は従業員にとっての行動と意思決定の自由を増大させるものであり，そのような協力の新しい形態は，1994年の営業年度における生産性戦略のひとつの重要な要素であったとされている[87]。またM. フンダーとB. ザイツの1997年の

指摘でも,この時期には,ドイツでもチーム作業ないし集団労働のコンセプトが労働組織の変化の中心部分をなしていた[88]。

またQCサークルについてみても,1994年のM. シューマンらの指摘では,確かにいくつかの企業がその最初の経験を収集しているが,実際の成果をなんら達成することがなかったこともしばしばみられたとされている[89]。日本企業の小集団活動は,終身雇用という日本的な雇用慣行と企業主義的な労働組合の存在に支えられたものである。こうした条件となる基盤なしに小集団活動のみの適応が可能と考えたことにも,ドイツをはじめ欧米企業においてQCサークル活動が日本企業のように普及・定着しなかった原因があった[90]。さらに改善提案活動についてみても,日本では改善によって雇用の削減がもたらされることはないという点が従業員の合意を得るための鍵となっていたのとは大きく異なり,ドイツ自動車産業の改善活動の多くのパイロット的方策では,とりわけ人員の節約が経営側の期待の中心にあった。それだけに,改善の実践は,その基本理念と実際の利用との間の大きな矛盾を生むことにもなった[91]。また1990年代に入るまで,品質保証は直接的な生産工程の外にある独自の領域の問題とみなされており,生産工程内で不良品を出さないための品質管理という視点が欠如していたことも[92],日本的なQCサークルによる品質管理の導入,その成果の追求において制約的条件となった。

さらに労働力の熟練的・技能的要素のもつ意義についてみても,プログラミング技術に関する熟練や直接工の保守・修理機能の熟練は,それまでの技能資格と専門職業訓練制度を基礎にした直接的な生産過程における技能的熟練と比べても,その質・内容の重点の変化を意味するものであった。ドイツでも,確かにできる限り多くのラインの部分を受け持つ「水平的フレキシビリティ」の追求の方向での対応もみられた[93]。しかし,むしろ日本の多能工的な汎用性をもった直接部門の技能・熟練とは異なるかたちでの,間接機能にかかわる熟練・技能とその統合が重視されてきたといえる。

もとより,ドイツにおける新しい生産の構想は,自動化ないしその準備によって支配されており,製造業者は,日本の組織の形態を採用することから得られる将来の利点への対応においては慎重かつ保守的であったとされている[94]。ドイツの工場では,職務統合,直接生産職務での熟練労働者の配置とともに,

従業員の経営参加が変化の特徴的な方向性であったが(95)，職場小集団活動の面での日本との相違は大きかった。多くの面接者によって，QCサークル，問題解決グループや自発的な研究サークルのようなあらゆる種類の職場小集団活動の存在は日本と西洋の企業の間のひとつの根本的な相違であり，また日本の成功を説明するひとつの主要な要因であるとみなされていた。そこでは，日本的な職場小集団活動の導入の遅れとともに，工場でのその現実の活動におけるかなりの相違が指摘されている(96)。

ドイツの自動車産業では，確かに，技術志向の戦略が推し進められてきた1980年代とは異なり，90年代には日本への志向が強まり，改善，TQM，TPM，集団労働（チーム制）が生産コンセプトの主要な柱をなすようになった(97)。しかし，こうした労働力利用の面にかかわる限界性は，両国の労使関係，労使慣行のあり方とも深いかかわりをもつものであった。IGメタルを中心とした労働側にあっては，テイラー・システムに依拠した伝統的な作業組織のもとでの「非人間的な労働」の克服，「人間に相応しい」労働の実現，労働者の職業資格の向上とそれによる賃金報酬の改善が見込まれる限りにおいて，技術労働の「フレキシブル化」が支持されたのであった。しかも，経営側が意図する無制限のフレキシビリティの欲求も，それに対する労働側の社会的規制・チェック機能がつねに行使されるなかでの展開とならざるをえなかった(98)。また共同決定制度の存在ゆえに，経営協議会のメンバーや労働組合の代表者は，作業を組織するための彼ら自身のコンセプトやオルタナティブを展開することができたのであり(99)，こうした制度的な条件の違いも，日本的な労働管理モデルの導入のあり方に大きな影響をおよぼした。

(2) ジャスト・イン・タイム生産方式の導入とその限界

またこの時期には，日本的生産システムを構成する重要な諸要素をなすジャスト・イン・タイム生産方式の導入，ことに部品企業との関係のなかでの有機的な統合というかたちでの総合的なシステム化の点からみても，ドイツでは十分な解決には至らなかったといえる。例えばフォルクスワーゲンでは，1983年9月に新しいロジスティック・コンセプトの段階的な実現が開始されており，それまで利用されていた方式とは対照的に，生産過程全体において材料の管

理・統制に対する責任が新しいロジスティック組織によって一手に引き受けられるかたちとなった。このコンセプトの目標のひとつは，調達と生産のあらゆる段階における在庫の削減にあった(100)。そこでは，コンピューターによる材料管理と生産の管理の統合化がはかられ，このロジスティック・システムへのすべての部品企業の結合がめざされた。類似の取り組みはダイムラー・ベンツでもみられた。しかし，これらの機能的なロジスティック・システムは，根本的には，部分的な実現にとどまっていた。供給業者から原材料倉庫，生産および組み立てをこえて完成品倉庫，流通業者に至る全体的なロジスティックの連鎖を含む複雑なネットワークの構造は，依然として大きな諸困難に直面しており，1990年の時点でも，近い将来に解決が期待される状況にはまだなかった(101)。

　例えばダイムラー・ベンツでは，1991年に市場に投入された新しいSクラスとの関係でジャスト・イン・タイムがより強力に実施されたが，この頃にはまだ42,000の部品数のうち1,760の部品数をもつ8つの部品グループがジャスト・イン・タイムの原則に基づいて購入されていたにすぎない。1992年以降，16のジャスト・イン・タイム供給業者との協力関係が築かれたが，ジャスト・イン・タイム供給されたのはなお購入金額の20％にすぎなかった(102)。またフォルクスワーゲンと同社への部品供給業者であるフロイデンベルクの関係にみられるように，日本の自動車メーカーと部品企業との間にみられるほぼ共生的な関係や目の詰んだ結びつきのなかで実践されてきたものに匹敵するような緊密な協力は，ドイツのケースでは可能ではなかったとされている(103)。

　このように，ジャスト・イン・タイムの本格的な導入の取り組みが推し進められるのは1990年代に入ってからのことである。フォルクスワーゲンでは，ジャスト・イン・タイムのコンセプトがはるかに広範に展開されたモーゼルの新工場を除くと，1980年代末から90年代前半にかけての時期にようやく，同社の工場の場所的に近いところへの部品企業の移転をもたらしてきた多くのジャスト・イン・タイムのプロジェクトが実現されるようになった(104)。またBMWをみても，システム・サプライヤーの支援・育成は1980年代半ばに取り組まれているものの，ジャスト・イン・タイム供給の組織的な導入は80年代末のことであった(105)。アウディでも，1年に5つの新しい部品グループをジャスト・

イン・タイムないし直接供給へと転換することが目標とされ，1992年半ばには14の部品のグループに対して合計30のジャスト・イン・タイムのプロジェクトが実現された。しかし，それははやいものでも1988年に開始されているにすぎず，多くは91年以降に取り組まれたものであった[106]。さらにオペルをみても，アイゼナッハ新工場のひとつの例外を除くと，緩衝在庫がゼロに近いかたちでのより厳密な定義に基づいたジャスト・イン・タイムのコンセプトは，GMのヨーロッパにおける生産連合の内部での供給に限定されており，1990年代前半になってようやく，外部からの部品購入の3分の1がジャスト・イン・タイムの方法で行われるようになった[107]。

　このようなジャスト・イン・タイムの実現のための条件という面では，日本のような階層構造をもつ下請制を基盤とした分業構造がドイツをはじめ欧米にはみられないという問題が根底にあった。ジャスト・イン・タイム生産による部品在庫の削減については，例えば自動車企業と1次下請企業との間の「補完的」関係ゆえに，両者の長期的・固定的関係の効率的な維持が重要な意味をもつ。そのため，自動車企業のジャスト・イン・タイム生産の展開にともなう1次下請企業のレベルでの完成部品の在庫保有をいかに回避するかということが，自動車企業にとっても，重要な問題となってくる。こうした問題に対しては，多くの場合，1次と2次，2次と3次の下請企業の間の関係が「代替的関係」（発注先の部品企業間での選別や内製化による代替）にあることから，1次下請企業レベルでのジャスト・イン・タイム生産の実現による完成部品の在庫保有の回避と2次以下の下請企業への在庫保有の圧力による緩衝機能によって，対応がはかられることになる。しかし，部品企業レベルでのジャスト・イン・タイム生産に関していえば，ドイツでは，1990年代半ば頃になっても，多くの部品企業は発注側の生産者のジャスト・イン・タイムの要求に在庫保有の増大によって対応していた。部品企業は確かにジャスト・イン・タイムで供給はしていたが，そうしたリズムのなかで生産を行っていたわけではなく[108]，この点でもなお大きな限界がみられたといえる。

　また日本の下請制利用による景気変動へのフレキシブルな適応性についみると，自動車の需要の減少による部品の発注量の削減にともなう1次下請企業側の労働手段の遊休化に起因する固定負担増と納入単価へのその影響の回避のた

めの条件は，1次下請企業が受注した部品の生産の多くの部分が2次以下の下請企業に外注されることによる生産能力の遊休化の回避にある。1次下請企業と2次下請企業との関係は「代替的」関係にあること，また下位の階層にいくほど生産技術や生産工程の汎用性が高くなる傾向にあることなどの条件を基礎にして，景気変動にともなう発注の減少のもとで2次下請企業の労働手段の遊休化によって生じる固定費負担増を1次下請企業がほぼ回避するかたちで，景気の変動に応じて発注の抑制・取り消しを行うことができる余地が大きくなる。

こうして，日本の場合には，自動車メーカーと1次下請企業との間の固定的・継続的な関係がもたらす景気変動に対する「硬直性」の問題も，その分だけ緩和されうることになる。ジャスト・イン・タイムという自動車企業の組立工程と部品企業の製造工程との間の緊密な部門間調整，それに基づく有機的統合をはかりながらも，内製した場合と比べると，また日本的な階層的構造が存在しない場合と比べると，自動車企業は一定のフレキシビリティを得ることができるのである[109]。こうした点での日本との条件の相違は，ドイツ企業のジャスト・イン・タイム生産の展開における限界を規定する要因となったといえる。

4　生産システム改革の限界とモジュール生産方式への展開

以上のようなドイツ企業における日本的生産システムの導入の遅れ，限界を規定した諸要因としては，ひとつには，品質重視・機能重視というドイツ市場のみならずヨーロッパ市場にみられる特質に合わせた生産のあり方が追求されたことがあげられる。いまひとつには，ヨーロッパ市場での日本車のシェアは高まったとはいえ，こうした市場の特質もあり日本企業の競争優位はアメリカ市場の場合ほどには決定的とはならなかったことである[110]。さらにME自動化技術を軸とする生産システム改革の方向での対応が本格化するのが1980年代に入ってからのことであった[111]という時期的な問題もみられる。しかし，ドイツ企業のフレキシビリティや高品質生産は，同国の労働システムのもとでは非常に高くつくものであり，またアップグレード戦略も生産コストの上昇，製品価格の高さの要因となった[112]。それゆえ，1990年代に入ると，販売不振に

ともなう収益性の悪化のもとで，それまでの生産のあり方からの転換が重要な問題となってくる。

こうして，1990年代初頭には，MITの研究プロジェクトにおいて「リーン生産方式」（"Lean Production"）と呼ばれるようになるトヨタ自動車の生産システムに代表される包括的な意味での日本的大量生産モデルの導入が本格的な問題となってくる[113]。またEU域内市場やそれと結びついた競争の一層の激化のもとで，市場における企業の地位の確保やドイツの生産立地の確保のためにコスト的に有利な生産方式の探求が不可欠となったという事情もあった[114]。「リーン・モデル」のメッセージは，ドイツの自動車製造業者にとっては，その再編の基準となり[115]，新たな推進力を与えた。例えばオペルの1993年の営業報告書でも，リーンな，また効率的な生産方式によってのみ国際競争におけるドイツ自動車生産者の構造的なコスト面の不利は埋め合わせることができると指摘されている[116]。

そうしたなかで，ジャスト・イン・タイムの導入というかたちでの取り組みも一層強力に推し進められており，例えば1992年に完成したオペルのアイゼナッハ工場は，ロジスティックの面でも「リーンな」自動車工場のプロトタイプ，また世界的なオペル／GMの生産連合におけるその後のすべての生産現場にとっての手本とされるようになっている。2002年に操業を開始した新しいリュッセルスハイム工場でもアイゼナッハのロジスティック・コンセプトが展開されたほか[117]，他社でも同様にそのような変革が重視されてきたという傾向にある[118]。1999年のH. キルパーらの研究でも，自動車産業における生産と供給の面の関係の変革はなお進行中であり，そのシステムの変革の核は製品志向から企業間のプロセス志向への変革にあった。自動車企業の新しい生産戦略においては，ジャスト・イン・タイム供給の体制の構築，部品企業への開発，製品およびプロセスの責任の移動や部品企業とのつながりの再編などに重点がおかれてきたとされている[119]。

しかし，グローバル競争構造への変化とそれにともなう価格競争力の重要性の増大のもとで，日本的なかたちとは異なる新たな対応がはかられることにもなった。ドイツでも，生産ネットワークの企業間の新たな構造の形成が経営上の中心的な問題となったが[120]，そこでは，日本の下請分業生産構造とそれに

基づくジャスト・イン・タイム生産方式の高度な展開のための基盤の欠如という問題があった。ドイツでは，自動車企業が直接取引する部品供給企業の数は1990年代には2,800から3,600にものぼっており(121)，日本と比べると著しく多く，部品供給の体制は，日本のような高いレベルでの部門間調整を可能にするような重層的かつ階層的な構造とはなっていない。またそのような生産ネットワークが有効に機能しうるためには，自動車メーカーと部品企業との間の協力や情報の相互の交換が基礎となるが，ドイツではそうした協力の成果の分配は，大きな力をもつ購買側の企業に有利になっていたとされている(122)。こうした点については，1995年のEU委員会の報告でも，ヨーロッパでは，自動車メーカーと部品企業との間には，前者が後者に対して持続的により低価格を要求し，競合者を利用するという脅しをかけるかたちでの敵対的な関係が伝統的に存在してきたとされている(123)。日本のような自動車企業と部品企業との友好的・協力的関係の基盤は欠如していたといえる。

さらに，たんに部品調達における外部依存という意味での「日本化」だけでなく，中小の部品企業の「開発力」という面での日本化も重要な意味をもつが(124)，ドイツ企業は，製品開発の統合化されたシステムへのサプライヤーの組み込みには非常に消極的であり，その開始は非常に遅かった(125)。この点でも，協力関係の弱さを抱える従来のドイツの企業間関係，生産分業構造には大きな限界がみられたといえる。

1990年代に入ると，80年代にすでに始まっていたとはいえなお部分的であった日本的下請システムの導入に力が入れられるようになり，自動車の共同開発に部品企業が参加する方式の導入（自動車開発方式における「デザイン・イン」への移行は93年に始まる），それを契機としたシステム・サプライヤーと呼ばれる大手部品メーカーを中心とする日本的下請システムに向けての再編成が強まっていくことになる(126)。例えばBMWでも，調達および部品企業との関係が自動車のモデルの開発過程への部品企業のはやい段階からの参加を含む新しい基礎の上におかれるのは，1990年以降のことである(127)。またフォルクスワーゲンでも，1990年代半ばには，部品のグローバル調達とともにデザイン・インによる部品企業の側での部品の開発とそのようなかたちでの部品の調達がトレンドとなってきた(128)。さらにダイムラー・ベンツでも，1993年に同社の内部

のプロセスに部品企業がそれまでよりもはるかに深く関与し，部品供給業者の経験やアイデアをより強力に利用するために，「タンデム」("TANDEM")というサプライヤーとの協力のための新しいコンセプトが打ち出されている。それに基づいて，部品企業が非常に初期の段階から新型モデルの開発に参加し，まとまったシステム全体の開発・生産の責任がますます部品企業側に移されるようになっている[129]。こうして，自動車企業の生産に同期化された調達のより強力な実施，品質の確保および部品企業の支援，研究開発の領域での部品企業とのより徹底した協力がはかられ，それらによって自動車企業と部品企業との間の供給・業務関係は大きく変化することになった[130]。

　しかし，ドイツでは，そのような内製部品事業の見直しの動きがモジュール生産方式の導入と密接に関連づけられて推し進められてきたという点が特徴的である。上述のような企業間関係に基づく生産分業のシステムの再編成においても，部品企業のコスト削減は日本と比べるとなお不十分であり，自動車メーカー側の部品企業に対する指導体制の弱さもみられた。そうしたなかで，ドイツの自動車企業は，部品コスト削減のための新しい手段として，「モジュール生産化とそのためのシステムモジュール・サプライヤーの育成」に焦点をあてる方向にあった。自動車企業が設計図を用意して招集した数社の部品企業のなかで最も安値でオファーした部品メーカーを次期取引先に選定するという取引方式（"Bidding"方式）が1990年代後半まで維持されてきたドイツ自動車産業では，部品コスト削減の取り組みの経験も浅く，成果も十分ではないことが，モジュール化の動きを促進させてきたという状況にあった[131]。そうしたなかで，ユニット・システム（Baukasten System）の原理に基づく個々のコンポーネントの統合による開発と生産のコストの削減，自動車生産者の側の組み立てや開発・テストの費用の削減，個別のコンポーネントの場合よりも低いロジスティック費用によるコスト削減などの利点をもつモジュール生産の方式の展開とそのためのシステム・サプライヤーとの協力関係の構築が，大きな意味をもった[132]。

　こうしたモジュール生産方式の本格的展開，さらにそれにともなう部品企業との協力関係を基礎とするモジュール・コンソーシアムの形成は，1990年代後半のフォルクスワーゲンのブラジルにおけるトラック・バス生産のための新工

場での展開にみられ，その後，ヨーロッパの工場でも普及していくことになる(133)。とくに新しいモデルが投入されるさいや新しい組立工場が建設されるときにはつねに，モジュール化の志向は，企業が工業諸国において行う投資にますます統合されるようになっていった(134)。

また労使関係のあり方にも規定された日本的な労働慣行・労働編成に基づく汎用的な労働力利用の基盤という面での制約的条件も，モジュール生産方式の導入の重要な要因をなした。最終組立工程は工数の多さと作業の種類の多様性という点に特質をもつ。それだけに，柔軟な職務構造のもとでの多能工のフレキシブルな運用をチーム制のなかで展開すること，それにQCサークル，改善活動などがリンクするというかたちでの日本的な労働編成，労働管理のあり方がもつ意義は極めて大きい。「ヒトのジャスト・イン・タイム」に基づくそのような日本の優位へのキャッチアップの手段のひとつが，モジュール・サプライヤーにおいて事前に組み立てられた基幹構成要素の組付けによる工数削減と作業の簡素化を可能にするモジュール生産方式に求められることになったといえる。

1990年代以降，「効率性」と「フレキシビリティ」の追求における日本的なあり方に対する代替的な対応策としての「解」が模索されざるをえない状況にあったが，以上のような制約的条件のもとで，また基幹要素部品の標準化の原理に基づくドイツのユニット・システムの伝統(135)なども基礎となって，そのような「解」がモジュール生産方式に求められることになった。すなわち，モジュール生産方式は，組み立ての流れのなかへの部品企業の組み込みとインターフェースによって区切られた統一的な部分へのその配分によって，自動車企業は最終組立工程をフレキシブルにすること，また製品のバリアントの拡大や顧客に特殊的な製品の開発の結果として増大する複雑性に対処することに成功を収めようとするものである(136)。また「モジュールは適切な在庫を持ちロットで生産されるから，メインラインとの同期は取らなくて済む」だけでなく，「メインラインのほうも負荷の大きな作業がなくなり，しかもラインは短くその分柔軟性に富む」(137)。そのことによって，モジュール生産方式は，日本のような工程間の同期化の高度な展開とフレキシブルな人員配置が可能な生産システムに対するキャッチアップの手段として追求されたのであった。

こうして，今日に至る歴史的過程のなかで，生産方式の総合的なシステム化というかたちでの日本的な対応とは異なり，それに対する「オルタナティブ的解」としてのドイツ的な対応のあり方が規定されることになったといえる。例えばオペルでは，すでに1984年の営業年度にドアと運転席のためのモジュール生産方式が新しいカデットのモデルに初めて導入されているが[138]，ドイツ自動車産業において，日本的生産システムの優位に対するキャッチアップの手段としてのそのような生産方式が本格的に導入されていくのは，90年代以降のことである[139]。モジュール方式での製品コンセプトは長らく議論されてきたが，ドイツ自動車産業では，それは，より新しい製品モデルの世代でもって初めてほぼ全般的な構成原理として確立されることになった[140]。日本とは異なるこうしたあり方は，ドイツと同じような条件をもつヨーロッパ諸国においても，生産システム改革の新しい方向性・あり方を示すものとなった。

（1） M. Stahlmann, *Die Erste Revolution in der Autoindustrie*, Frankfurt am Main, New York, 1993, 拙書『ナチス期ドイツ合理化運動の展開』森山書店，2001年を参照。
（2） T. v. Freyberg, *Industrielle Rationalisierung in der Weimarer Republik*, Frankfurt am Main, New York, 1989, T. Siegel, T. v. Freyberg, *Industrielle Rationalisierung unter dem Nationalsozialismus*, Frankfurt am Main, New York, 1991, J. Bönig, *Die Einführung von Fließarbeit in Deutschland bis 1933*, Münster, Hamburg, 1993, H. Homburg, *Rationalisierung und Industriearbeit. Arbeitsmarkt——Management——Arbeiterschaft im Siemens-Konzern Berlin 1900–1939*, Berlin, 1991, 拙書『ヴァイマル期ドイツ合理化運動の展開』森山書店，2001年，前掲拙書『ナチス期ドイツ合理化運動の展開』などを参照。
（3） Protokoll der Vorstandssitzung Nr. 23/77 vom 28. 6. 77, S. 2–3, *Volkswagen Archiv*, 250/347/1.
（4） S. Roth, Rationalisierungsmaßnahmen der 80er Jahre und gewerkschaftliche Handlungsbedingungen, *Gewerkschaftliche Monatshefte*, 33. Jg, Heft 3, März 1982, S. 130.
（5） Prospekt Volkswagenwerk Aktiengesellschaft Wolfsburg, Börseneinführung in Wien Noveber 1978, S. 12, *Volkswagen Archiv*, 119/447/1.
（6） Niederschrift über die 90. Sitzung des Aufsichtsrates der Volkswagenwerk Aktiengesellschaft am 24. Jan. 1979 in Wolfsburg, S. 8, *Volkswagen Archiv*, 119/447/1.
（7） H. Kern, M. Schumann, *Das Ende der Arbeitsteilung? Rationalisierung in der industriellen Produktion*, 2. Aufl., München, 1990, S. 43.
（8） Vgl. Protokoll der Vorstandssitzung Nr. 10/78 vom 28. 3. 78, S. 1, S. 4–5, *Volkswagen*

Archiv, 250/347/1, Protokoll der Vorstandssitzung Nr. 12/77 vom 29. 3. 77, S. 4, *Volkswagen Archiv*, 250/347/1, Bericht über das Geschäftsjahr 1977 Volkswagenwerk Aktiengesellschaft Wolfsburg. Sperrfrist! Veröffentlichung frei ab 27. April 1978, S. 15, *Volkswagen Archiv*, 119/447/2, Volkswagenwerk Aktiengesellschaft, Investitionen. Antrag auf Vorabgenehmigung zum Investitionsprogramm XXⅧ, S. 2, *Volkswagen Archiv*, 119/441/1, Volkswagenwerk AG, Dokumentation zum Bericht des Vorstandes für die Hauptversammlung 1977, S. 26, *Volkswagen Archiv*, 119/441/1.

(9) S. Roth, Produktionskonzepte in Japan und Deutschland : Eine gewerkschaftliche Vergleichsstudie in der Automobilindustrie, K. Zwickel(Hrsg.), *Vorbild Japan? Stärken und schwächen der Industrieorte Deutschland und Japan*, Köln, 1996, S. 115.

(10) 風間信隆『ドイツ的生産モデルとフレキシビリティ』中央経済社，1997年，287-8ページ。

(11) この点については，拙書『現代経営学の再構築』森山書店，2005年，第1章第3節および第6章第2節2を参照。

(12) この点については，例えば，Volkswagen AG, *Bericht über das Geschäftsjahr 1977*, S. 15, Daimler-Benz AG, *Geschäftsbericht 1982*, S. 43, *Geschäftsbericht 1983*, S. 39, *Geschäftsbericht 1985*, S. 67などを参照。

(13) Volkswagen AG, *Bericht über das Geschäftsjahr 1983*, S. 56.

(14) U. Jürgens, K. Dohse, T. Malsch, New Production Concepts in West German Car Plants, S. Tolliday, J. Zeitlin(eds.), *The Automobile Industry and Its Works. Between Fordisum and Flexibility*, Cambridge, 1986, p. 259.

(15) M. Schumann, V. B-Kinsky, U. Neumann, R. Springer, Breite Diffusion der Neuen Produktionskonzepte――zörgerlicher Wandel der Arbeitsstrukturen. Zwischenergebnisse aus dem „Trendreport――Rationalisierung in der Industrie", *Soziale Welt*, 41. Jg, Heft 1, 1990, S. 49.

(16) *Ebenda*, S. 52.

(17) Adam Opel AG, *Geschäftsbericht 1984*, S. 11-2

(18) Adam Opel AG, *Geschäftsbericht 1987*, S. 19.

(19) Ford-Werke AG, *Geschäftsbericht 1985*, S. 39.

(20) Volkswagen AG, *Bericht über das Geschäftsjahr 1987*, S. 34.

(21) Vgl. M. Schumann, V. B-Kinsky, U. Neumann, R. Springer, *a. a. O.*, S. 51-2.

(22) R. Bispinck, Montagetätigkeit im Wandel――Arbeitsbedingungen zwischen Fließband und Computer――, *WSI Mitteilungen*, 36. Jg, Nr. 2, Februar 1983, S. 88-9, S. 94-5.

(23) H. Kern, M. Schumann, *a. a. O.*, S. 60.

(24) Vgl. D. Seitz, Rationalisierung und Beschäftigungsentwicklung in der Serienmontage, *WSI Mitteilungen*, 39. Jg, Nr. 2, Februar 1986, S. 59-60.

(25) R. Bispinck, *a. a. O.*, S. 95, S. 97.

第8章　生産システムの改革とその意義　*309*

(26) Volkswagen AG, *Bericht über das Geschäftsjahr 1983*, S. 27, S. 48.
(27) *Ebenda*, S. 57.
(28) Volkswagen AG, *Bericht über das Geschäftsjahr 1986*, S. 33.
(29) Volkswagen AG, *Bericht über das Geschäftsjahr 1987*, S. 34.
(30) Vgl. Adam Opel AG, *Geschäftsbericht 1983*, S. 11.
(31) Vgl. Adam Opel AG, *Geschäftsbericht 1986*, S. 12.
(32) この点については，例えば，Ford-Werke AG, *Geschäftsbericht 1984*, S. 47, Daimler-Benz AG, *Annual Report 1986*, p. 30, *Geschäftsbericht 1987*, S. 29, BMW, *Bericht über das Geschäftsjahr 1982*, S. 15-6, *Bericht über das Geschäftsjahr 1985*, S. 17などを参照。
(33) Vgl. Volkswagen AG, *Bericht über das Geschäftsjahr 1977*, S. 15, Ford-Werke AG, *Geschäftsbericht 1984*, S. 47, *Geschäftsbericht 1985*, S. 39, BMW AG, *Bericht über das Geschäftsjahr 1980*, S. 11.
(34) Bericht über das Geschäftsjahr 1977 Volkswagenwerk Aktiengesellschaft Wolfsburg. Sperrfrist！Veröffentlichung frei ab 27. April 1978, S. 15, S. 17, S. 41, *Volkswagen Archiv*, 119/447/2, Prospekt Volkswagenwerk Aktiengesellschaft Wolfsburg, Börseneinführung in Wien November 1978, S. 17, S. 20, *Volkswagen Archiv*, 119/447/1.
(35) M. Schumann, Kampf um Rationalisierung──Suche nach neuer Übersichtlichkeit, *WSI Mitteilungen*, 61. Jg, 7/2008, Juli 2008, S. 380.
(36) H. Kern, M. Schumann, *a. a. O.*, S. 76, S. 83.
(37) Vgl. *Ebenda*, S. 81.
(38) M. Muster, Chancen und Schwierigkeiten arbeitspolitischer Interessenvertretung in der Autoindustrie, *WSI Mitteilungen*, 40. Jg, Nr. 6, Juni 1987, S. 339, S. 341.
(39) U. Jürgens, T. Malsch, K. Dohse, *Breaking from Taylorism. Changing Forms of Work in the Automobile Industry*, Cambridge University Press, 1993, p. 372.
(40) Vgl. I. Asendorf, C. Nuber, Qualifizierte Produktionsarbeit──Die Renaissance des Facharbeiters in der industriellen Produktion?, T. Malsch, R. Seltz (Hrsg.), *Die neuen Produktionskonzepte auf dem Prüfstand. Beiträge zur Entwicklung der Industriearbeit*, 2. Aufl., Berlin, 1988, S. 271, S. 275.
(41) Volkswagen AG, *Bericht über das Geschäftsjahr 1982*, S. 17.
(42) K. G-Börshing, Die Personalentwicklung für Hall 54, P. M-Dohm, H. G. Schütze (Hrsg.), *Technischer Wandel und Qualifizierung : Die neue Synthese*, Frankfurt am Main, New York, 1987, S. 173-4.
(43) BMW AG, *Bericht über das Geschäftsjahr 1981*, S. 33.
(44) R. Bispinck, *a. a. O.*, S. 99-100.
(45) H. Kern, M. Schumann, *a. a. O.*, S. 79. S. 98-9.
(46) *Ebenda*, S. 54.
(47) Vgl. M. Schumann, V. B-Kinsky, M. Kuhlmann, C. Kort, U. Neumann, *Trendreport Ra-*

tionalisierung. Automobilindustrie, Werkzeugmaschinenbau, Chemische Industrie, 2. Aufl., Berlin, 1994, S. 85-90, M. Schumann, V. B-Kinsky, U. Neumann, R. Springer, *a. a. O.*, S. 51-3, S. 62, S. 68.

(48) M. Schumann, V. B-Kinsky, M. Kuhlmann, C. Kort, U. Neumann, *a. a. O.*, S. 166.

(49) *Ebenda*, S. 165, S. 341.

(50) U. Jürgens, T. Malsch, K. Dohse, *op. cit.*, pp. 384-5.

(51) U. Jürgens, K. Dohse, T. Malsch, *op. cit.*, p. 269.

(52) Vgl. E. Brumlop, *Arbeitsbewertung bei flexiblem Personaleinsatz. Das Beispiel Volkswagen AG*, Frankfurt am Main, New York, 1986, S. 48-9.

(53) Vgl. R. Bispinck, *a. a. O.*, S. 91, Volkswagen AG, *Gruppenarbeit in der Motorenmontage. Ein Vergleich von Arbeitsstrukturen*, Frankfurt am Main, New York, 1980, S. 23-36, S. 49-51.

(54) Volkswagen AG, *Bericht über das Geschäftsjahr 1989*, S. 34.

(55) H. Minssen, J. Howaldt, Gruppenarbeit in der Automobilindustrie――Das Beispiel Opel Bochum――, *WSI Mitteilungen*, 44. Jg, Nr. 7, Juli 1991, S. 435-7, S. 441.

(56) BMW AG, *Bericht über das Geschäftsjahr 1990*, S. 42.

(57) W. Lux, Das Fallbeispiel Mercedes-Benz, Sindelfingen, W. Heidemann, A. P-Kohlhoff, C. Zeuner(Hrsg.), *Qualifizierung in der Autoproduktion. Europäische Automobilkonzern reagieren auf die japanische lean production*, Marburg, 1992, S. 113.

(58) 渡辺 朗「ハイブリッド型チームから自主設計的チームへ――ドイツにおけるチーム制の発展動向――」,大橋昭一・竹林浩志編著『現代のチーム制 理論と役割』同文舘出版,2003年,110ページ,113-5ページ参照。ドイツでは,1990年代には,「生産効率中心主義的な日本型作業チーム概念に,西欧で展開されてきた産業民主義的思考を加えて,より人間志向的な作業チーム概念に発展させたもの」として,「日本型とドイツ型とを融合した『ハイブリッド型』の作業チーム概念」が開発されている。同論文,110ページ。

(59) Vgl. T. Haipeter, *Mitbestimmung bei VW. Neue Chancen für die betriebliche Interessenvertretung*, 1. Aufl., München, 2000, S. 312.

(60) Protokoll Nr. 6/76 über die Sitzung des Wirtschaftsasschusses am 25. 11. 76(14. 12. 1976), S. 3, *Volkswagen Archiv*, 119/911.

(61) C. Kleinschmidt, *Der produktive Blick*, Berlin, 2002, S. 369, S. 383.

(62) M. Pusch, K. Volkert, H. -J. Uhl, Qualititätszirkel/Werkstattkreise/Aktionskreise der Volkswagenwerke AG. Erfahrungen des Betriebsrats, *Gewerkschaftliche Monatshefte*, 34. Jg, Heft 11, November 1983, S. 741.

(63) A. P-Kohlhoff, Das Fallbeispiel VW Hannover, W. Heidemann, A. P-Kohlhoff, C. Zeuner (Hrsg.), *a. a. O.*, S. 105, S. 112, C. Kleinschmidt, *a. a. O.*, S. 383.

(64) U. Jürgens, K. Dohse, T. Malsch, *op. cit.*, pp. 275-6.

(65) Vgl. Offene Fragen und Themen/Betriebsvereinbarungen(14. 9. 1979), S. 2, *Volkswagen Archiv*, 119/218/1, Protokoll Nr. 2/77 über die Sitzung des Wirtschaftsasschusses am 22. 02. 1977, S. 2, *Volkswagen Archiv*, 119/911, Protokoll Nr. 1/76 über die Sitzung des Wirtschaftsasschusses am 11. 02. 1976(20. 2. 1976), S. 2, *Volkswagen Archiv*, 119/911, Kurzprotokoll. Besprechung zwischen Herrn Briam und dem Gesamtbetriebsausschuβ(18. 5. 1979), *Volkswagen Archiv*, 119/218/1, Besprechungsunterlagen für die Gesamtbetriebsratssitzung in Braunschweig am Donnerstag, dem 1. Dezember 1977, 9. 00 Uhr, *Volkswagen Archiv*, 119/218/1.

(66) Volkswagen AG, *Bericht über das Geschäftsjahr 1981*, S. 42.

(67) Adam Opel AG, *Geschäftsbericht 1975*, S. 16.

(68) Adam Opel AG, *Geschäftsbericht 1987*, S. 24.

(69) C. Kleinschmidt, *a. a. O.*, S. 379–80.

(70) この点については，前掲拙書『現代経営学の再構築』，第6章を参照。

(71) U. Dolata, Modernisierung und Umprofilierung der Konzernstrukturen in der Automobilindustrie, *WSI Mitteilungen*, 43. Jg, Nr. 1, Januar 1990, S. 40, S. 42.

(72) U. Jürgens, Produkutionskonzepte und Standortstrategien in der Weltautomobilindustrie, *WSI Mitteilungen*, 43. Jg, Nr. 9, September 1990, S. 597.

(73) H. Kern, M. Schumann, *a. a. O.*, S. 66.

(74) E. W. Schamp, The German Automobile Production System Going European, R. Hudson, E. W. Schamp(eds.), *Towards a New Map of Automobile Manufacturing in Europe? New Production Concepts and Spatial Restructuring*, Berlin, Heidelberg, New York, 1995, p. 103.

(75) U. Dolata, *a. a. O.*, S. 40. オペルのモジュール生産については，U. Jürgens, K. Dohse, T. Malsch, *op. cit.*, をも参照。

(76) F. Weiβgerber, Planung und Umsetzung neuer Montageverfahren am Beispiel der Hall 54――Technische und personelle Aspekte, P. M-Dohm, H. G. Schütze(Hrsg.), *Technischer Wandel und Qualifizierung : Die neue Synthese*, Frankfurt am Main, New York, 1987, S. 167, U. Jürgens, K. Dohse, T. Malsch, *op. cit.*, p. 261.

(77) この点については，例えばM. Keller, *Collision. GM, Toyota, Volkswagen and the Race to Own the 21st Century*, New York, 1993, pp. 173-5〔鈴木主税訳『激突 トヨタ，GM，VWの熾烈な闘い』草思社，1994年，236-8ページ〕, J. P. Womack, D. T. Jones, D. Roos, *The Machine that Changed the World : How Japan's Select Weapon in the Global Auto Wars Will Revolutionize Western Industry*, New York, 1990〔沢田 博訳『リーン生産方式が，世界の自動車産業をこう変える：最強の日本車メーカーが欧米を追い越す日』経済界，1990年〕参照。

(78) U. Jürgens, The Development of Volkswagen's Industrial Model, 1967-1995, M. Freyssenet, A. Mair, K. Shimizu, G. Volpato(eds.), *One Best Way? Trajectories and*

Industrial Models of the World's Automobile Producers, Oxford University Press, 1998, pp. 292-3.

(79) U. Jürgens, *a. a. O.*, S. 598.

(80) M. Schumann, Die deutsche Automobilindustrie im Umbruch, *WSI Mitteilngen*, 50. Jg, Nr. 4, April 1997, S. 223.

(81) F. Speidel, *Mitbestimmte versus managementbestimmte Globalisierung in der Automobilindustrie. Ein Vergleich der Internationalisierungsstrategien und ihrer Verarbeitungen durch die Akteure der industriellen Beziehungen am Beispiel VWs und Renaults*, München, Mering, 2005, S. 103.

(82) A. Eckardt, H. Köhler, L. Pries, Die Verschränkung von Globalisierung und Konzernmodernisierung oder : Der ‚Elch-Test' für die deutsche Automobilindustrie, G. Schmidt, R. Trinczek (Hrsg.), *Globalisierung. Ökonomische und soziale Herausforderungen am Ende des zwanzigsten Jahrhunderts*, 1. Aufl., 1999, S. 174.

(83) U. Jürgens, *a. a. O.*, S. 600.

(84) 大塚　忠『ドイツの社会経済的産業基盤』関西大学出版部，2010年，197ページ。

(85) M. Schumann, Die deutsche Automobilindustrie im Umbruch, S. 220.

(86) E. W. Schamp, *op. cit.*, pp. 103-4. とはいえ，1998年のU. ユルゲンスの研究では，フォルクスワーゲンでも，フルスケールの集団労働の組織をもつ工場はザルツギッターエンジン工場のみであり，工場の間で集団労働へのかなり多様なアプローチがみられ，チーム制には生産組織の再編におけるひとつの戦略的な焦点として特別な注意が払われている状況にあったとはいえないとされている。U. Jürgens, *op. cit.*, p. 303.

(87) Daimler-Benz AG, *Annual Report 1994*, p. 39, p. 42.

(88) M. Funder, B. Seitz, Unternehemen (re) organisation und industrielle Beziehungen im Maschinenbau. Ergebnisse einer repräsentativen Studie, *WSI Mitteilungen*, 50. Jg, Nr. 1, Januar 1997, S. 58. なお1990年代の集団労働について「構造革新的な」編成の形態と「構造保守的な」編成の形態に分けて分析した研究として，D. Gerst, T. Hardwig, M. Kuhlmann, M. Schumann, Gruppenarbeit in den 90ern : Zwischen strukturkonservativer und strukturinnovativer Gestaltungsvariante, *SOFI-Mitteilungen*, Nr. 22, Juni 1995を参照。

(89) M. Schumann, V. B-Kinsky, M. Kuhlmann, C. Kurz, U. Neumann, Rationalisierung im Übergang――Neue Befunde der Industriesoziologie zum Wandel der Produktionskonzepte und Arbeitsstrukturen――*WSI Mitteilungen*, 47. Jg, Nr. 7, Juli 1994, S. 408, M. Schumann, V. B-Kinsky, M. Kuhlmann, C. Kort, U. Neumann, *a. a. O.*, S. 168.

(90) 安井恒則「小集団活動とチーム作業方式」，大橋・竹林編著，前掲書，86ページ。

(91) S. Roth, Produktionskonzepte in Japan und Deutschland, S. 167.

(92) Vgl. M. Schumann, V. B-Kinsky, M. Kuhlmann, C. Kort, U. Neumann, *a. a. O.*, S. 69.

(93) H. Kern, M. Schumann, *a. a. O.*, S. 86.

第 8 章　生産システムの改革とその意義　*313*

(94) U. Jürgens, K. Dohse, T. Malsch, *op. cit.*, pp. 273-4.
(95) U. Jürgens, T. Malsch, K. Dohse, *op. cit.*, p. 380.
(96) *Ibid.*, p. 375.
(97) S. Roth, Produktionskonzepte in Japan und Deutschland, S. 120, S. 135.
(98) 風間，前掲書，98ページ。
(99) U. Jürgens, T. Malsch, K. Dohse, *op. cit.*, p. 382.
(100) Volkswagen AG, *Bericht über das Geschäftsjahr 1983*, S. 37.
(101) Vgl. U. Dolata, *a. a. O.*, 41.
(102) H-R. Meißner, K. P. Kisker, U. Bochum, J. Aßmann, *Die Teile und Die Herrschaft. Die Reorganisation der Automobilproduktion und der Zulieferbeziehungen*, Berlin, 1994, S. 98.
(103) C. Kleinschmidt, *a. a. O.*, S. 388-9.
(104) H-R. Meißner, K. P. Kisker, U. Bochum, J. Aßmann, *a. a. O.*, S. 134.
(105) L. Pries, S-C. Rosenbohm, Diktiert die Globalisierung Standortverlagerung? Das Beispiel der Werksansiedlung von BMW in Leipzig, L. Pries, C. Bosowski (Hrsg.), *Europäsche Automobilindustrie am Scheideweg*, München, Mering, 2006, S. 67.
(106) H-R. Meißner, K. P. Kisker, U. Bochum, J. Aßmann, *a. a. O.*, S. 66-7.
(107) Vgl. *Ebenda*, S. 112, S. 114, S. 116.
(108) *Ebenda*, S. 25.
(109) この点について詳しくは，前掲拙書『現代経営学の再構築』，246-51ページおよび262ページの注44を参照。
(110) *Ward's Automotive Yearbook 1987*, p. 72.
(111) Vgl. U. Dolata, *a. a. O.*, S. 37-40, H. Kern, M. Schumann, *a. a. O.*, S. 59.
(112) U. Jürgens, The Development of Volkswagen's Industrial Model, p. 296参照。
(113) Vgl. H. Rudolph, *Erfolgsfaktoren japanischer Großunternehmen. Die Bedeutung von Wettbewerb und individuellen Leistungsanreizen*, Frankfurt am Main, New York, 1996, S. 187-9.
(114) Volkswagen AG, *Geschäftsbericht 1992*, S. 18-9.
(115) Vgl. M. Schumann, Die deutsche Automobilindustrie im Umbruch, S. 218.
(116) Adam Opel AG, *Geschäftsbericht 1993*, S. 22.
(117) W. Strinz, „Der Lieferantenpark kommt ins Werk", *Automobiltechnische Zeitschrift*, 102. Jg, Nr. 7-8, Juli/August 2007, S. 602.
(118) Vgl. B. Schröder, „Logistik im Zeichen des Wettbewerbs", *Automobiltechnische Zeitschrift*, 102. Jg, Nr. 7-8, Juli/August 2007, S. 600. G. Meise, „Auf Just-IN-Time folgt Order-to-Delivery", *Automobiltechnische Zeitschrift*, 102. Jg, Nr. 7-8, Juli/August 2007, S. 601. J. Gebhardt, „Just-In-Time ist nicht mehr wegzudenken", *Automobiltechnische Zeitschrift*, 102. Jg, Nr. 78, Juli/August 2007, S. 601.
(119) Vgl. H. Kilper, J. S-Dilcher, Auf dem Wege zum Ko-Produzenten. Über den Wandel der

Produktions- und Lieferbeziehungen in der Automobilbranche, S. 3, S. 7, S. 14(in : Institut für Arbeit and Technik, Ruhr-Universität Bochum, *Jahrbuch*, 1998/99, Gelsenkirchen, 1999).
(120) K. Semlinger, New Developments in Subcontracting : Mixing Market and Hierarchy, A. Amin, M. Dietrich(eds.), *Towards a New Europe? Structural Change in the European Economy*, Aldershot, Brookfield, 1992, pp. 98-9. pp. 104-5, K. Semlinger, Small Firms in Big Subcontracting, N. Altmann, C. Köhler, P. Meil(eds), *Technology and Work in German Industry*, London, New York, 1992, p. 342, p. 350, K. Semlinger, Fremdleistungsbezug als Flexibilitätsreservoir――Unternehmenspolitische und arbeitspolitische Risken in der Zulieferindustrie――, *WSI Mitteilungen*, 42. Jg, 9/1989, S. 517, S. 524.
(121) S. Roth, Automobilhersteller und ihre Zuliefer in Deutschland und Japan, K. Zwickel (Hrsg.), *a. a. O.*, S. 191.
(122) K. Semlinger, New Developments in Subcontracting, p. 110.
(123) European Commission, *Panorama of EU Industry 95/96*, Brussels, Luxemburg, 1995, Chapter 11, p. 20.
(124) 廣江 彰「『日本化』すすめるドイツ自動車産業」『調査季報』，国民金融公庫総合研究所，第25号，1993年5月，41ページ参照。
(125) U. Jürgens, The Development of Volkswagen's Industrial Model, p. 296.
(126) 池田正孝「欧州自動車産業の下請け再編成の動向――日本型下請システムの展開――」『中央大学経済研究所年報』，第25号（Ⅱ），1995年3月，170ページ，同「欧州自動車メーカーの部品調達政策の大転換――ドイツ自動車産業を中心として――」『中央大学経済研究所年報』，第28号，1998年3月，240ページ。
(127) H-R. Meiβner, K. P. Kisker, U. Bochum, J. Aβmann, *a. a. O.*, S. 69.
(128) Vgl. Volkswagen AG, *Geschäftsbericht 1995*, S. 36.
(129) Dailer-Benz AG, *Geschäftsbericht 1993*, S. 21, *Annual Report 1993*, p. 21, *Annual Report 1996*, p. 18.
(130) Vgl. M. Reeg, *Liefer- und Leistungsbeziehungen in der deutschen Automobilindustrie. Strukturelle Veränderungen aus unternehmerischer und wirtschaftspolitischer Sicht*, Berlin, 1998, S. 244.
(131) 池田，前掲「欧州自動車メーカーの部品調達政策の大転換」，219ページ，222ページ，239ページおよび246ページ参照。
(132) Vgl. D. Bauer, Modultechnik in der Motorkühlung, *Automobiltechnische Zeitschrift*, 95. Jg, Nr. 9, September 1993, ATZ-Supplement, S. Ⅰ-Ⅱ, Modultechnik bietet techniche und wirtschaftliche Vorteile, *Automobiltechnische Zeitschrift*, 100. Jg, Nr. 4, April 1998, S. 272, K. G. Lederer, Neue Formen der Zusammenarbeit entwickeln, *Automobiltechnische Zeitschrift*, 97. Jg, Nr. 2, Februar 1995, S. 69.

(133) この点については，Y. Lung, M. S. Salerno, M. Zilbovicius, A. V. C. Dias, Flexibility through Modularity : Experimentations with Fractal Production in Brazil and in Europe, Y. Lung, J-J. Chanaron, T. Fujimoto, D. Raff (eds.), *Coping with Variety in the Auto Industry*, Hampshire, Vermont, 1999, A. Fleury, M. S. Salerno, The Transfer and Hybridization of New Models of Production in the Brazilian Automobile Industry, R. Boyer, E. Charron, U. Jürgens, S. Tolliday (eds.), *Between Imitation and Innovation. The Transfer and Hybridization of Productive Models in the International Automobile Industry*, Oxford University Press, 1998, R. Marx, M. Zilbovicius, M. Salerno, The Modular Consortium in a New Volkswagen Truck Plant in Brazil : New Forms of Assembler and Suppliers Relationship, *Integrated Manufacturing Systems*, Vol. 8, Issue 5, 1997などを参照。

(134) Y. Lung, M. S. Salerno, M. Zilbovicius, A. V. C. Dias, *op. cit.,* p. 254.

(135) この点については，拙書『戦後ドイツ資本主義と企業経営』森山書店，2009年，第10章第3節，前掲拙書『ヴァイマル期ドイツ合理化運動の展開』および『ナチス期ドイツ合理化運動の展開』などを参照。

(136) Vgl. L. G. G. Salgado, *Die Modulproduktion in der Automobilindustrie Brasiliens. Eine rechtliche und ökonomische Analyse*, Berlin, 2008, S. 128.

(137) 大塚，前掲書，315-6ページ。

(138) Adam Opel AG, *Geschäftsbericht 1984*, S. 11.

(139) 1990年代以降のドイツ自動車産業におけるモジュール生産方式の導入については，例えばM. Schumann, Die deutsche Automobilindustrie im Umbruch, S. 225, Volkswagen AG, *Geschäftsbericht 1995*, S. 44などを参照。

(140) Vgl. N. D'Alessio, H. Oberbeck, D. Seitz, 》*Rationalisierung in Eigenenergie*《. *Ansatzpunkte für den Bruch mit dem Taylorismus bei VW*, Hamburg, 2000, S. 54.

第9章　企業集中の展開と事業構造の再編
――第4次企業集中運動との関連を中心として――

　第2章で考察したように，1960年代以降に本格的に展開された第3次企業集中運動のもとで，大規模な企業の集中・結合がみられたが，80年代には，市場と生産，さらに事業構造の面から大企業体制・コンツェルン体制の再編・強化をはかるべく，大規模な企業集中の波が展開された。この時期の企業集中の波は第4次企業集中運動と呼ばれており，企業の合併・買収（M&A）の大きな動きのなかで，事業分割と多角化による事業構造の再編，大企業による国際的な市場支配体制の強化が推し進められていくことになる。

　そこで，本章では，1980年代の第4次企業集中運動の展開とそのもとでの企業結合について考察し，その特徴と意義を明らかにしていくことにする。ここでの考察は，1990年代以降のグローバル段階におけるM&Aと企業提携を中心とする企業集中の一層の展開，リストラクチャリングの新たな展開の分析にとっても大きな意味をもつ。

第1節　第4次企業集中運動の展開とその特徴

1　第4次企業集中運動の背景

　まず第4次企業集中運動の展開についてみることにするが，それを規定した主要因・背景としては，1970年代以降の資本主義の構造変化とその後の時期の不安定性の一層の強まり，そのもとでの国際競争の一層の激化，それらにともなう企業における事業構造の再編成の必要性，科学技術革命の新展開による新技術の発展，国家による独占規制の緩和などがあげられる。1980年代の非常に活発な集中化の最も重要な原因は，経済恐慌以外では，科学技術の発展の急速

なテンポ，競争の激化および競争相手よりもできる限り恐慌の影響を受けにくい構造の実現のための諸努力の結果として生じる独占体の構造適応の過程にあった[1]。

1970年代初頭の国際通貨危機と第1次オイル・ショックによってアメリカ主導の戦後世界資本主義体制の二大支柱が大きく動揺するなかで，またそれに続く74-75年の世界同時恐慌と第2次オイル・ショック（1979-80年）によって，世界資本主義の「構造的危機」は一層深まることになった。1980年代になっても，これらの複合的危機の諸要因の強い作用のもとで，日米欧の主要資本主義国間，また産業部門間や企業間の不均等発展の作用が一層激しくなり，世界資本主義の不安定性は一層強まることになった[2]。そうしたなかで，1980年代に入ると，集中化の重点は，拡大から競争力の維持へとより強力に移行してきた。すなわち，コンツェルンの大規模な買収ないし合併は，つねに競争力の向上を目標としており，潜在的能力の拡大では決してなく，買収を行う側の独占体の目下の収益性あるいは近い将来の収益性の改善をめざすものとなってきた。こうした変化は，恐慌の圧力のもとで事業構造の改善への圧力が強まったことによるものである[3]。

また技術的要因をみると，マイクロエレクトロニクス（ME），バイオテクノロジー，新素材の開発など「科学技術革命」の新展開や経済活動の国際化が一層すすむなかで，国際競争の激化とイノベーションの急速な進展への対応も重要な課題となってきた。そうしたなかで，1970年代後半以降，とくに80年代に入ってから，日米欧の巨大企業は，合併や買収，さまざまな提携の形態による企業の多角化，成長分野への進出，国際的事業展開を推し進めた。そうした経営行動の推進において企業の結合が大きな意味をもつようになり，企業集中運動の新たな波がおこった[4]。技術の領域では，企業を戦略的提携や合併へと押しやるのは，とりわけコストの節約のほか国際的な技術コンツェルンの強い圧力にあった[5]。

このような技術発展ともかかわって，この時期の蓄積条件の変化のもとで重要な問題となったのは，事業分割と多角化の推進による事業構造の再編成という課題であった。この時期の企業の再編成＝再構築の取り組みにおいては，ハイテクノロジーの諸分野への多角化や，ソフト化，サービス化に向けての事業

の多角化が強力に推し進められた(6)。ただそこでの主要な傾向としては，単純に軌道修正が問題となっているのではなく，構造変化への積極的な適応や科学技術進歩を促進するような多角化の実施が問題となっている。そこでは，統合化された，集中的あるいは機能的な多角化のタイプが問題となった(7)。この時期の企業集中には，他の事業を営む企業をM&A（合併・買収）の方式によって子会社あるいは新規事業部門として取り込むというかたちでの経営資源の獲得を目的として展開されたものも多くみられた(8)。そのような集中は，事業構造の再編成をはかる上で重要な意味をもった。この時期の合併は，国境を越える多角化において，集中にかかわった双方の企業の企業特殊的な利点を迅速に，また相対的に有利なコストでもって結びつける可能性を与えた(9)。もちろん製品多角化をともなわない「非多角化水平結合」もみられ，1983年以降このタイプの企業集中も大きく増加しているが，それは，むしろ同一市場内部での結合であり，市場防衛的な戦略を基礎にしたものであった(10)。

　事業構造の再編成の推進がこの時期の企業集中のひとつの重要な契機となっていたことは，例えばM.ハインとR.ヴァイスによる1985年のコンツェルンの再編・集中に関するつぎの指摘にもみられる。すなわち，多くの独占体のより利益のあがるコンツェルン構造への適応でもって，テクノロジー志向の大型買収が一層強力に増加している。また軍事部門の集中化が歴史的にみられなかった規模にまで達したほか，外国での大型の買収が記録的水準に達した。独占体の構造変革は，その数年来，国際的な資本と生産の集中過程のひとつの決定的な推進力となってきた(11)。また1988年の集中化の過程をみても，それは，多くの国際的なコンツェルンにとっては，はるかに大きな次元において，世界市場と技術の面での主導的地位をめぐる企業連合のよりフレキシブルな競争構造のひとつの重要な要素になったとされている(12)。

　この時期にはまた，とくにハイテク分野（コンピューター，航空宇宙技術，通信技術，半導体技術，バイオテクノロジー）における日米の企業に対するヨーロッパ企業の立ち遅れ(13)のもとで，こうした分野の競争力の強化という課題も，企業集中を促進する要因をなした。そこでは，ヨーロッパ規模での企業の集中が重要な意味をもっており，合併・買収による相手企業の技術力の利用や先端技術の共同での研究開発のための協力が推進された。例えば1985年にとり

わけフランスのイニシアティブで成立した西ヨーロッパ内の協力プログラムは，促進的な作用をもたらした。ヨーロッパをまたがるそのような独占企業の同盟は，アメリカと日本に対する西ヨーロッパの地位の強化をめざしたものであるとともに，それらの技術力，市場および経営資源への接近を考慮に入れたものであった[14]。

また法制の面での変化についてみると，1980年代は，全般的に独占規制の緩和がすすんだ時期でもあった。ことにアメリカ，日本およびイギリスにおいて最も明確にみられたように，いくつかの諸国では，恐慌の期間には，国家への独占体のより強力な圧力によって，反トラスト法や集中過程の規制のその他の手段の運用において根本的な緩和が実施された[15]。こうした独占規制の緩和は，この時期の企業集中の大きな波をもたらす重要な要因のひとつをなした。

さらに，独占規制や産業再編成の問題とともに，株価の上昇も企業集中の進展をもたらす大きな契機のひとつとなった。1980年代には，コングロマリット的結合，産業構造の再編成，株式市場ブームという3つの要因が相互の因果関係をもって進行した[16]。そうしたなかで，産業における企業集中の展開において銀行が大きな役割を果たしたことも，企業の結合を促進した。とくに1980年代後半以降の高株価現象を背景として，ドイツ特有のユニバーサル・バンクの証券取引業者としての機能がコングロマリット的結合において最大限に発揮され[17]，そのことによって企業集中が促進されたのであった。

2　第4次企業集中運動の特徴

以上のような第4次企業集中運動の背景をふまえて，つぎに，この時期の企業集中運動の主要特徴についてみていくことにしよう。それにはつぎの点をあげることができる。すなわち，事業構造の再編ともかかわってテクノロジー指向の企業集中が推進されたこと。合併・買収が事業の分割・切り離し，売却とセットのかたちで展開されるケースも多かったこと。企業集中がリストラクチャリング（多角的な事業の再構築）の手段として展開されるなかでクロスボーダー的合併のかたちでも推進されたこと。技術開発や販売・サービスなどの面をめぐる企業間の協力関係の構築がそれまで以上に強力に取り組まれたことなどである。

ヨーロッパのレベルでみると，EC域内における競争の激化や日米との国際競争の激化のもとで，また日米の巨大企業に対する国際競争力の強化をめざした1990年代前半のEC統合にむけて，かつてない新しい企業集中の波が80年代におこった。そのような企業集中は，化学，電機，自動車，食品などの産業を中心にみられたほか，金融の部門でもとくに増加をみた。この時期には，企業集中にともないコンツェルン構造の変化がみられるケースも多かったが，企業の新しい大規模な組織体制の形成が構造的再編や重点分野への諸活動の集中と結びついているということが，効果的な国際競争戦のためのひとつの重要な前提となった[18]。

こうした企業集中運動のひとつの重要な特徴は，テクノロジー指向的な集中・結合が展開されたという点にみられる。独占体は，大部分のケースにおいて，平均を超える収益性が期待される最も近代的な領域の一層の拡大や追加の購入によって，価値増殖のより有利な構造を実現しようと試みた。技術志向の大型買収のとくに顕著な事例は，電機・航空産業へのダイムラー・ベンツの参入のほか，機械製造分野へのフォードの参入，航空機産業へのGMおよびクライスラーの参入，医薬品・バイオテクノロジー分野への総合電機コンツェルンであるGEの参入，ビデオ技術の新しい領域における電機コンツェルンのフィリップスと三洋電機の強力な集中活動などにみられる[19]。なかでも，ダイムラー・ベンツは，従来の中心的分野である自動車部門からAEGの買収による電機産業分野への展開や，メッサー・シュミット・ベルコウ・ブロウムの合併による航空宇宙産業の分野への多角的展開を推し進めた[20]。そうした動きは，テクノロジー指向的な多部門構造をもったコンツェルンの形成へと至っており，そのことは，科学技術進歩の要求に応じてEC各国のコンツェルン間の資本集中がすぐれてテクノロジー指向的であるという側面を示すものである[21]。

しかしまた，この時期のコンツェルンの構造変化は，高度に多角化した事業構造における事業分割をともなうものでもあった。独占体の急速になっている構造変革のひとつの基本要素は，集中化の過程のなかでそのコンツェルンの一部を他の企業に売却することにあった。その結果，中核部門の強化や多層な事業構造とともに，周辺部門の切り離しがはるかに多く増大している[22]。ただその場合にも，事業の分割・売却が他社やその事業分野の購入とセットで展開

されたケースも多く，他社へのコンツェルンの一部分の売却はしばしば大規模な追加の購入と直接的な関係をもって実施されたという点が重要である[23]。

　1980年代，とくにその半ば以降の企業集中は，国内の大型の企業結合として，またEC統合を目標とした競争力強化のためのハイテク分野を軸とするリストラクチャリング（多角的な事業再構築）の手段として展開されるとともに，国境を越えたかたちですすめられた[24]。ことにヨーロッパ規模での企業集中の場合には，こうした結合は，先端技術の共同研究開発，ハイテク技術の分野での日米の企業に対する競争力の強化をめざすものでもあった。また国境を越えるヨーロッパ規模でのリストラクチャリングが推し進められるなかでクロスボーダー的な企業集中が展開されたことに特徴がみられる[25]。ことに大型の企業の買収・合併においては，かなりの部分において，たえず既存の生産のプロフィールへの「適応可能な」機能資本の組み入れが問題となっている。結合される企業のもつ特定の重点領域の強化は，一般的に，「問題を抱える」部分的領域の排除をともなうかたちで展開されており，そのことは，生産能力と職場の一部の排除をもたらした。例えば1982年には，集中化の結果として就業者数の徹底したまた即座の削減が強力に前面に出てきたのであり，そうした削減は，コンツェルンの収益性の改善へのひとつの重要な動機をなした[26]。

　そこで，国際集中の一層の進展についてみると，1986年6月から87年5月までにECにおいてみられた産業企業間の新たな多数株出資・合併の件数は303件であった。これに対して，1989年6月から90年5月までの期間には，その件数はすでに622件にのぼっており，純粋な一国レベルの集中現象は重要性を失ったとされている。一国レベルの集中は，1986/87年にはなお多数株出資のうちの70％を占めていたが，89/90年には約40％にまで減少している[27]。また1988年の全合併の45％が外国企業の直接的な購入であり，そこでは206件の合併が外国において実現されている。旧西ドイツ（以下ドイツと表記）において行われた買収をみても，317件の事例（27％）において外国の資本参加がみられた。純粋な国内の合併は635件であり，全合併件数の55％にとどまっている[28]。また1980年代末の数年には，クロスボーダー的な企業の買収・合併が，より効率的な構造とより高い競争力を実現するための独占体の戦略の構成要素として非常に重要となってきた。売上額でみると，買収活動の40％超が外国において実

現されているが，西ヨーロッパの独占体にとってはその割合は50％を超えるという状況にあった[29]。

また企業間の協力もコンツェルンの構造適応におけるひとつの重要な要素として作用した。大部分は資本関係によって基礎づけられまた支えられた独占体のそのような部分的な同盟は，1986年にも，世界市場の地位の維持ないし確保をめぐる技術面での競争における資本の節約や時間の面での利益のひとつの主要な手段であった。ある調査において把握された151件の顕著な事例のうち，50件は，パートナーの販売網・サービス網の直接的ないし間接的な共同利用あるいはその他の市場の利益をめざしたものであった。さらに38件は，技術的な主導性をもつコンツェルンの研究開発力の部分的な活用を目的としたものであった。他の33件は，生産コストの引き下げ，生産能力のより良い利用，専門化，潜在的能力の相互の利用や，生産の協力のその他の諸形態による自前での経営資源の蓄積の回避をめざしたものであった。原料面での協力は，1986年にも，とりわけ，当該企業に対して必要な原料の購入を有利な条件で，すなわち競争相手に対してコスト上有利に確保するという目標に役立った[30]。大部分の協力は，それに関与したコンツェルンの側では，同時により多くの目標に役立っており，1988年の集中をみても，上述のような目的のほか，生産の効率化がめざされた。そこでは，異なる国のそれぞれ2つのコンツェルンの投資力の統合による共同での新しい生産設備の配置（12件）や，西ヨーロッパの大企業同士による好業績部門の結合のほか，世界市場での主導的な地位をもつ4つの新しい多国籍の部分コンツェルンへの躍進をもたらした，アメリカのコンツェルンとの集中の傾向が傑出していた。

このように，非常に多くの数の新たな国際的な独占的協力の方法が，時間とコストを節約しうるようなより競争力の高い構造の実現のために，非常に多くのコンツェルンによって補完的戦略として推進された。西ヨーロッパの企業は，日本やアメリカの企業よりも頻繁にそのような協力関係の構築に関与した。そこでは，とりわけドイツおよびフランスのコンツェルンは，その国境を越えた協力活動を主に西ヨーロッパのなかで拡大した。西ヨーロッパの企業，とりわけドイツの企業は，同地域におけるより強力な競争的地位を構築するための努力の枠のなかでは，協力によって同地域において広く展開されてきた外

国の拠点網の効率化ほどにはより広い国境を越えた企業の買収には向かわなかった(31)。その大部分が国境を越えるかたちで展開された西ヨーロッパのコンツェルンによる同盟の形成は，例えば1984年には前年の7件から12件へと増加しているが，それは，ドイツとフランスの大企業によって最も強力に担われた。そのような同盟は，アメリカおよび日本の強力な競争相手に対する西ヨーロッパのより強力な地位をもたらした。それには，高集積のマイクロエレクトロニクス部品（ジーメンスとフィリップスの同盟），事務用コンピューターの製造（フィリップスとトーマスの同盟），原料の独占化のキー領域（とりわけメタル・ゲゼルシャフトとドレイフュス・グループの同盟）といった重要な領域における協力関係の構築があげられる(32)。

この時期にはまた，銀行資本のヨーロッパ的規模での拡張という点にも特徴がみられる。そのような銀行資本の集中，M&Aは，非金融部門でのクロスボーダー的企業集中と大企業のリストラクチャリングを促進させる働きをするとともに，「西ヨーロッパ規模での金融資本支配の再編成の一環」としてすすめられたのであった(33)。

第2節　ドイツにおける企業集中の展開とその意義

このように，第4次企業集中運動は，第3次企業集中運動と比べても新しい諸特徴をもつものとなっている。これまでの考察をふまえて，つぎに，ドイツにおける企業集中の展開とその意義についてみることにしよう。

まずこの時期のドイツにおける企業集中の件数の推移をみると，1983年には506件であったものが85年には709件に，さらに90年には1,548件へと大きく増加している(34)。なかでも大型の企業集中が増加しており，1983年から90年までの期間にみられた7,600件の集中のうち120億DMを超える売上額をもつ企業同士の集中は3,1494件にのぼっており，全体の41.4％を占めている。年次別にみると，その割合は1983年の34.6％から86年には40.8％に，さらに90年には47.4％に上昇している。また1983年から90年までの企業集中の総件数に占める主要産業部門の集中の割合をみると，化学産業は6.3％，石油産業は6.1％，電機産業と食品産業はそれぞれ4.9％，機械産業は4.8％，鉄鋼業は3.4％，商業は

11.7％を占めており[35]，これらの諸部門を中心に企業集中が活発に展開されたことがわかる。

　まず事業構造の再編成を目的とした企業集中についてみると，ダイムラー・ベンツによる1980年代に破綻した電機企業のAEGの買収は，ドイツの独占体の拡張における新しい一面を切り開いた。その基本的特徴のひとつは，同国の独占資本が，重要な産業コンツェルンの次元に関しても，また構造に関しても，科学技術の進歩や資本主義の世界経済の不安定性によって変化している国際競争の条件に一層急速なテンポで順応し始めているということにある[36]。ドイツではまた，アメリカやイギリス，日本とは異なり，1980年には競争制限防止法の改正により大企業による中小企業の買収やコングロマリット合併に対する規制が強化されたが，それにもかかわらず，80年代後半にはコングロマリット合併を中心とした企業の合併が再び増加した。それは，事業の多角化の展開にとって大きな意義をもつものであった。そのような企業集中については，「先端技術に関連した技術革新と新しい成長分野をめぐる巨大企業による企業買収と多角化の過程は，西ドイツ経済の構造変動にともなう寡占構造の再編成過程ともいえる」[37]。

　また科学技術の面での独占的地位の維持のための企業集中，さらにこうした動きのグローバル化への適応のための企業の結合についてみると，そこでは，提携だけでなく多様な企業の買収も増加してきた。財務力のより弱い適切な相手は，協力によってではなく買収によって結合された。ジーメンス・コンツェルンも，それまでよりも強力に国際的な企業の買収を行った。ジーメンスのK. H. カスケによれば，日本は接近が困難であるので，同コンツェルンは西ヨーロッパにおけるその地位を完全なものしようとしたほか，アメリカにおいても拡大をはかろうとした。そうしたなかで，ジーメンスは，IBMの情報通信の子会社のロルムの買収を行ったほか，アメリカでの販売にさいして，共同会社の設立によって，AT&Tにつぐ2番目に大きい民生用のコンピューター制御の構内交換機の供給者（市場シェアは20％）となった[38]。

　より大規模なコンツェルンでは，多くの場合，古くからの企業の買収は，新しい市場への参入を容易にするということが前提とされた。例えば資本主義最大の化学・医薬品製造業者に属するヘキスト・コンツェルンは，1985年ローゼ

ンタールの工業用セラミックス部門の買収を行っているが，この部門は電機産業と自動車産業向けのセラミックスを供給するものとして展開されることになった(39)。ヘキストはまた，アメリカのセランセの買収によって同国の化学市場において第5位にのぼりつめたほか，この国のバイオテクノロジー分野における重要な地位を獲得した。ヘキストは，この買収でもって，世界最大の繊維の生産者となり，それによって，ドイツ企業にとって困難なアメリカ市場においてゆるぎない地位を確立した(40)。1987年のこの買収は約30億ドルを投じて行われ，ヘキスト史上最大の規模ともいえるそれまでよりもかなり大きな次元に達するものであった。同コンツェルンの売上に占める北米地域のそれの割合は，86年には15％を下回っていたが，その後の諸年度には約4分の1にまで上昇した(41)。また1980年代末頃から90年代初頭にかけての事例としては，クルップによるヘッシュへの多数株出資があげられる。この事例でも，期待されたシナジー効果および合理化効果と結びつくかたちでの潜在能力の拡大にのみ鉄鋼部門における生き残りのチャンスが存在するという産業のコンセプトが，追求されたのであった(42)。

　以上の考察からも明らかなように，1980年代の第4次企業集中運動のもとですすんだ企業の結合をテコとした大企業の構造変革は，それまでの多角的事業構造のバランスが市場における競争力，収益性の確保・維持という面で大きく損なわれてきたことへの対応であった。それは，第3次企業集中運動の過程で再編がはかられたコンツェルン体制のもつ限界を事業構造の再編の面から克服しようとするものであるとともに，競争力の確保・強化のために「競争と協調」の戦略によって大企業の市場支配力を支える新たな体制への変革を追求するものであった。

　しかし，1990年代以降のグローバル段階になると，それまでの資本蓄積条件，市場条件，それらに規定された競争構造は大きく変化し，80年代に展開された企業集中，ことに多角化を促すような新しい事業領域への展開は必ずしもバランスのとれた事業構造を保証しうるものではなく，限界に至るケースも多くみられるようになってくる。企業の買収・合併によって拡大された生産能力が過剰となるなかでその徹底した整理に迫られるケースや，多角的に一層広がった事業領域のなかから「選択と集中」によって事業構造の再編成を行うこと

が不可避になるケースも多くみられるようになってきた。さらにある事業領域内の特定の製品分野への集中・絞り込みが重要な課題となるケースも多くなってきた。それゆえ，1980年代の企業集中の展開とそこでの問題点をふまえて90年代以降のリストラクチャリングの展開，企業集中の新たな展開について考察することが重要な課題となってくる。こうした問題については，第3部においてみることにしよう。

(1) Vgl. M. Heyn, R. Weiß, Monopolkapitalistische Zentralisationsprozesse. International bedeutendste Vorgänge 1987, *IPW-Berichte*, 17. Jg, Heft 12, Dezember 1988, S. 56.
(2) 前川恭一『現代企業研究の基礎』森山書店，1993年，133ページ。
(3) M. Heyn, R. Weiß, Monopolkapitalistische Zentralisationsprozesse. International bedeutendste Vorgänge 1982, *I. P. W. -Berichte*, 12. Jg, Heft 12, Dezember 1983, S. 56-7.
(4) 前川，前掲書，133ページ。
(5) H. Zschiedrich, Europäischer Binnenmarkt beschleunigt internationale Kooperation und Konzentration, *I. P. W. -Berichte*, 21. Jg, Heft 1/2, Januar/Februar1992, S. 78.
(6) 前川，前掲書，133-6ページ。
(7) F. Rudolph, Neue Profitstrategien und Organisationsstrukturen der Konzerne, *I. P. W.-Berichte*, 14. Jg, Heft 9, September 1985, S. 31.
(8) 前川，前掲書，134ページ。
(9) R. Bühner, *Grenzüberschreitende Zusammenschlüsse deutscher Unternehmen*, Stuttgart, 1991, S. 18.
(10) 工藤章『20世紀ドイツ資本主義 国際定位と大企業体制』東京大学出版会，1999年，562ページ。
(11) Vgl. M. Heyn, R. Weiß, Monopolkapitalistische Zentralisationsprozesse. International bedeutendste Vorgänge 1985, *IPW-Berichte*, 15. Jg, Heft 12, Dezember 1986, S. 58, M. Heyn, R. Weiß, Monopolkapitalistische Zentralisationsprozesse. International bedeutendste Vorgänge 1983, *I. P. W. -Berichte*, 13. Jg, Heft 12, Dezember 1984, S. 56.
(12) Vgl. M. Heyn, R. Weiß, Monopolkapitalistische Zentralisationsprozesse. International bedeutendste Vorgänge 1988, *IPW-Berichte*, 19. Jg, Heft 1, Januar 1990, S. 60.
(13) H-W. Niemann, *Wirtschaftsgeschichte. Vom Mittelalter bis Heute*, Darmstadt, 2009, S. 119.
(14) Vgl. M. Heyn, R. Weiß, Monopolkapitalistische Zentralisationsprozesse. International bedeutendste Vorgänge 1985, S. 59-60.
(15) M. Heyn, R. Weiß, Monopolkapitalistische Zentralisationsprozesse. International bedeutendste Vorgänge 1983, S. 55.

(16) 山口博教『西ドイツの巨大企業と銀行』文眞堂，1988年，86ページ，91ページ。
(17) 同書，102-3ページ。
(18) 前川，前掲書，146-50ページ，林 昭「現代企業における企業集中形態」，林 昭編著『現代の大企業 史的展開と社会的責任』中央経済社，2003年，81ページなど参照。
(19) M. Heyn, R. Weiβ, Monopolkapitalistische Zentralisationsprozesse. International bedeutendste Vorgänge 1985, S. 58.
(20) Vgl. H. Tammer, Strategien in der deutschen Groβbanken und Industriekonzerne mit Kurs auf den EG-Binnenmarkt, *I. P. W. -Berichte*, 1992, 21. Jg, Heft 1/2, Januar/Februar 1992, S. 55-7.
(21) 前川，前掲書，148ページ，151-2ページ参照。
(22) Vgl. M. Heyn, R. Weiβ, Monopolkapitalistische Zentralisationsprozesse. International bedeutendste Vorgänge 1986, *IPW-Berichte*, 17. Jg, Heft 1, Januar 1988, S. 59.
(23) Vgl. M. Heyn, R. Weiβ, Monopolkapitalistische Zentralisationsprozesse. International bedeutendste Vorgänge 1987, S. 56, M. Heyn, R. Weiβ, Monopolkapitalistische Zentralisationsprozesse. International bedeutendste Vorgänge 1988, S. 59.
(24) 林 昭『激動の時代の現代企業』中央経済社，1993年，50-5ページ，M. Heyn, R. Weiβ, Monopolkapitalistische Zentralisationsprozesse. International bedeutendste Vorgänge 1988, S. 59.
(25) 林，前掲『激動の時代の現代企業』，52-3ページ。
(26) Vgl. M. Heyn, R. Weiβ, Monopolkapitalistische Zentralisationsprozesse. International bedeutendste Vorgänge 1982, S. 57.
(27) K. P-Schmid, Im Sog des Binnenmarktes, *Die Zeit*, 46. Jg, Nr. 35, 23. 8. 1991, S. 24.
(28) M. Tolksdort, Probleme der Unternehmenskonzentration in Europa, *Veröffentlichungen der Fachhochschule für Wirtschaft Berlin*, Bd. 20, Mai 1991, S. 73
(29) M. Heyn, R. Weiβ, Monopolkapitalistische Zentralisationsprozesse. International bedeutendste Vorgänge 1988, S. 59.
(30) M. Heyn, R. Weiβ, Monopolkapitalistische Zentralisationsprozesse. International bedeutendste Vorgänge 1986, S. 58-9.
(31) M. Heyn, R. Weiβ, Monopolkapitalistische Zentralisationsprozesse. International bedeutendste Vorgänge 1988, S. 59-60, M. Heyn, R. Weiβ, Monopolkapitalistische Zentralisationsprozesse. International bedeutendste Vorgänge 1983, S. 56.
(32) M. Heyn, R. Weiβ, Monopolkapitalistische Zentralisationsprozesse. International bedeutendste Vorgänge 1984, *I. P. W. -Berichte*, 14. Jg, Heft 12, Dezember 1985, S. 55.
(33) 林，前掲『激動の時代の現代企業』，53-4ページ。
(34) Bericht des Bundeskartellamtes über seine Tätigkeit in der Jahren 1989/90 sowie über die Lage und Entwicklung auf seinem Aufgabengebiet, Deutscher Bundestag, *Drucksache*, 12/847, S. 125.

(35) Vgl. Bericht des Bundeskartellamtes über seine Tätigkeit sowie über die Lage und Entwicklung auf seinem Aufgabengebiet, 1983/84 (Deutscher Bundestag, *Drucksache*, 10/3550, S. 121-5), 1985/86 (*Drucksache*, 11/554, S. 109-13), 1987/88 (*Drucksache*, 11/4611, S. 117-21), 1989/90 (*Drucksache*, 12/847, S. 127-31).

(36) C. Shirmeister, Daimler――AEG――Beginn neuer Monopolisierungswelle in der BRD?, *I. P. W. -Berichte*, 15. Jg, Heft 1, Januar 1986, S. 50.

(37) 佐々木 昇『現代西ドイツ経済論』東洋経済新報社, 1990年, 70-1ページ, 73ページ。

(38) C. Shirmeister, Konzerunstrukturen und wissenschaftlich-technischer Fortschritt, *I. P. W. -Berichte*, 19. Jg, Heft 5, Mai 1990, S. 14-5.

(39) Hoechst AG, Prof. Wolfgang Hilger tritt in den Ruhestand, S. 1 (in : *Hoechst Press-Information*, 26. 4. 1994), *Hoechst Archiv*, FL3. 2, Vorstandsmitglieder persönliche Daten Hilger, Wolfgang, Vorsitzender des Vorstandes.

(40) C. Shirmeister, Konzerunstrukturen und wissenschaftlich-technischer Fortschritt, S. 15.

(41) Hoechst AG, Prof. Wofgang Hilger tritt in den Ruhestand, S. 1-2 (in : *Hoechst Press-Information*, 26. 4. 1994), *Hoechst Archiv*, FL3. 2, Vorstandsmitglieder persönliche Daten Hilger, Wolfgang, Vorsitzender des Vorstandes.

(42) H. Zschiedrich, *a. a. O.*, S. 76.

第3部　1990年代以降のグローバル段階における企業経営の展開

第10章　株主主権的経営，コーポレート・ガバナンスとそのドイツ的展開
　　　——企業経営の「アメリカ化」の再来とその影響——

　1990年代以降のグローバリゼーションのもとで，アメリカ的なあり方への接近という意味での「アメリカ化」という傾向が顕著になってきた。そこでは，「アメリカン・スタンダード」がひとつの有力なモデルとして喧伝され，同国の影響が，市場経済モデルとしての資本主義のあり方という面とともに企業経営のモデルという面でも強くなってきた。そうしたなかで，商品市場，金融市場および労働市場のいずれにおいても市場原理に全面的に委ねることを最善とするアメリカ的な市場経済モデルとは異なる特徴をもち，「ライン型資本主義」[1]や「調整された市場経済」[2]などと呼ばれる資本主義モデルの典型例とされるドイツでも，「アメリカ化」の圧力が強くなってきた。なかでも，企業経営のレベルでは，資本市場の圧力の増大のもとで，株主価値の極大化を最重要視する株主主権的な経営，そのような方向性を指向したコーポレート・ガバナンスへの圧力が強まり，そうしたあり方への接近の傾向も強くなってきた。
　ドイツは，第2次大戦後，資本主義のタイプとそのもとでの企業経営の特徴的なひとつのあり方を示してきた。すなわち，資本所有と人的結合の両面での産業・銀行間の関係，銀行間の協調的関係，さらに共同決定制度のもとでの労使協調的な体制があり，そのような企業体制は「ドイツ株式会社」（"Deutschland AG"）とも呼ばれ[3]，資本市場の圧力のもとでも経営の自律性を維持する重要な基盤をなしてきた。1990年代以降のアメリカ的経営モデルの導入は，企業経営の価値基準，行動原理の転換をもたらすものであり，企業にお

ける経営の自律性を大きく制約する要因となるとともに，労働者のみならず広く企業の利害関係者（ステイクホルダー）にも大きな影響をおよぼすことになっている[4]。それだけに，ドイツ側の抵抗・反発も一層強いものとなってきたという状況にもある。

　それゆえ，ドイツ企業におけるアメリカ的な株主主権的経営や株主指向・資本市場指向的なコーポレート・ガバナンス（企業統治）への転換という問題については，その現実をどう認識するか，それまでの企業体制，協調的な資本主義的あり方にどのような変化がみられることになったのかということが重要な問題となってくる。本章では，こうした問題について考察を行うことにする。そのことは，ドイツ資本主義の今日的理解においても重要な意味をもつ。

　そこで，以下では，まず第1節においてアメリカ的「金融化」とそのもとでのドイツ的企業体制の動揺について考察し，第2節ではドイツ企業の株主価値重視の経営への転換とその特徴を明らかにしていく。それをふまえて，第3節では，株主主権に基づくアメリカ的経営モデルとドイツ的な経営との相剋について，それを規定している諸要因との関連のなかで考察を行う。

第1節　アメリカ的「金融化」とドイツ的企業体制の動揺

1　アメリカ的「金融化」と株主価値志向の拡大

　まず1990年代以降のアメリカ主導の「金融化」の広がりとドイツ的企業体制へのその影響についてみることする。1990年代以降の金融経済の肥大化と企業レベルでのその影響を「金融化」としてとらえた場合，それは「外部的金融化」と「内部的金融化」とに分けられる。前者は，金融市場ないし金融界，そのオピニオン・リーダーが産業企業とその経営におよぼす影響に関するものである。また後者は，金融市場志向の業績基準の利用，企業の経営過程の統治や，リストラクチャリングのイニシアティブへの資本市場志向のシステムの利用に関係している[5]。株主価値のコンセプトにおいて考慮される唯一の利害・関心は所有者の財務的利益であり[6]，「金融化」は，製品市場での競争から資本市場の圧力に対する対応へのシフトというかたちでの，生産重視から金融重視への転換である[7]。

1990年代以降のアメリカの影響は，ドイツでは，大型合併ブームにともなう企業間関係の変化，資本市場の圧力のもとでの個別企業の次元での経営手法と経営者のアメリカ化にみられる所有・経営関係の変化，国境を越える企業買収に関する制度の構築，さらには労働協約の締結・改訂による労働条件の「柔軟化」というかたちでの労使関係の変化にまでおよんでいる[8]。アメリカ的な企業統治や株主価値のイデオロギーの普及は，発達した証券市場をもつ同国の特殊な制度の世界的な普及，すなわち証券化を前提としたものである[9]。そうしたなかで，ドイツとEUのレベルでも，アメリカ的な線に沿った資本市場の整備のための法制度の改革，規制緩和がすすめられた。EUは加盟諸国に対して金融市場の自由化の方向を押し出し，そこでは，株式市場がより重要なものと位置づけられ，改革は投資家保護と会計基準を強化してきた[10]。ドイツの法制度の改革では，投資家保護の改善と倒産からの企業の防御がめざされた[11]。

　こうして，1990年代にはドイツにおける企業文化は飛躍的な変化をとげることになった。21世紀の始まりとともに，株主の見地からアングロ・サクソンの資本市場においてすでに数年来みられたのとほぼ同等の信任をドイツの資本市場に与えるひとつの基盤が生み出されてきた[12]。そのような状況のもとで，ドイツでも，1990年代後半の数年間に大企業の株主価値への志向がますます拡大してきた[13]。1990年から97年頃までの時期には，株主価値主義に基づいて経営される企業は，外国に本拠をもつコンツェルンの子会社が中心であったが，90年代末から2000年代初頭には，株主価値主義の利用は，より多くの数の世界志向の企業においてみられるようになっている[14]。

2　アメリカ的「金融化」のもとでのドイツ的企業体制の動揺

　つぎに，こうした問題を「ドイツ株式会社」とも呼ばれる企業体制とのかかわりでみると，アメリカやイギリスのような退出に基づくガバナンスとドイツや日本のような関係性ないし発言権に基づくそれとの間には大きな相違がみられる[15]。ドイツの伝統的なコーポレート・ガバナンスのシステムにおいては，①企業金融と監査役会における銀行の支配的な役割，②共同決定制度，③生産重視の経営システムの3つが柱をなしてきた[16]。アメリカのシステムは企業外部の関与に依存するかたちであるのに対して，ドイツのシステムは，「内部

の論理」に基づく内部コントロールのシステムである。それは内部情報を基礎にして機能するものであり[17]，なかでも銀行の役割が大きい。そのことは，銀行による株式の直接所有と代理議決権システム，長期・短期の銀行信用を中心とした産業企業の資金調達によるものであった[18]。ドイツ企業においては，他の諸国と比べても資本所有の集中の傾向が強く，ドイツ・モデルにはユニバーサル・バンクによって管理されるかたちでの銀行を基礎とする産業企業の財務のシステムが関係している。銀行は，資金供給の構造に深刻な影響をおよぼす短期の投資ファンドの急増を妨げることに成功してきた。しかし，1990年代以降のファンドの力の増大やその短期的な投資戦略は，長期志向が「ドイツ・モデル」の最も重要な要素のひとつであるそれまでの金融の慣行の打破を意味するものでもある[19]。

1990年代以降のドイツ的企業体制をとりまく条件の変化においては，①銀行による信用供与に代替する資金調達源の利用可能性の増大，②短期的所有での株式の利回りに比べての株式会社への直接的な資本参加の利回りの低さ，③専門的な資産管理にかかわる企業の数の増加，④コーポレート・ガバナンスの構造に直接影響をおよぼす会社法・税法の改正という4つの傾向が，とくに重要な意味をもった[20]。それゆえ，以下では，企業の資金調達の条件，企業の所有構造，銀行の経営行動の変化との関連でみていくことにしよう。

　企業の資金調達の条件の変化の影響について——まず企業の資金調達の条件の変化をみると，1990年代初頭の深刻な不況下での産業のリストラクチャリングや企業のスリム化による企業収益の回復がもたらした株価の上昇と株式市場の活況のもとで，産業資本にとっての資金調達の条件は変化した[21]。ドイツでは，ハウスバンク（主力銀行）との産業企業の密接な結びつきのもとで，株式発行による自己資本の調達は第二義的な意義しか果たさず，1980年代末まではドイツの公開会社には株主の利害への志向は欠如していた。しかし，1990年代以降，国内における資本市場の自由化の進展，国際的な資本の流動性の高まり，国際競争の激化，情報通信技術の飛躍的な発展によって，変革がおこった。またとりわけ大規模な多国籍企業の資金需要の増大は，全国的な資本市場や国際的な資本市場において利回りの高い投資を求める多くの個人投資家や機

関投資家によってしか調達されえないような規模に達した[22]。そのような状況のもとで，1990年代半ばには，国際資本市場の自由化は，伝統的に銀行の金融に依存してきたドイツ企業に対して，成長のための資金の調達のより安価な方法の考慮を可能にした。そのような変化は，上場企業に事業の再編と自らの期待にそった経営の展開への圧力を加えることによって国内外の機関投資家が活動的なプレイヤーになったことを意味するものである[23]。

1990年代以降の投資ファンドや年金ファンドなどの新しい所有者の重要性の増大は，企業の監督機関としての銀行の役割の後退を前提とするものであった[24]。グローバルな金融市場における最も重要なプレイヤーは機関投資家であるが，ヨーロッパでは，機関投資家は，金融市場の出来事に自らの影響を強化する手段となっている大規模な金融機関の投資部門として活動している場合が多い[25]。

企業の所有構造の変化の影響について――また企業の所有構造の変化をみると，資本市場の国際化はドイツにおける機関投資家の出現とともにすすんだが[26]，企業の所有構造の変化も，株主価値志向の経営への転換の大きな圧力をなした。株主価値志向は，ドイツの大企業の株主としての機関投資家，とくにアングロ・アメリカの投資家の出現・プレゼンスの上昇と結びついている[27]。またイギリスのファンドも機関投資家として大きな役割を果たすようになっており，例えば1999年にはすでに，マンネスマンの株式の40％，ダイムラー・クライスラーの株式の31.3％，ドイツ・テレコムの株式の27.5％，VEBAの株式の22％，バイエルの株式の20％が英米のファンドによる所有であった[28]。ドイツでも，アメリカの流れに沿った法制度の改革によって私的年金基金の創出が可能となり[29]，民間の年金基金が出現するなど新しい機関投資家の誕生がみられ，機関投資家としての年金ファンドの地位はより強力となった[30]。

また株式の所有や持合いの対象となっていた他社の保有株式の売却のさいのキャピタル・ゲイン課税の廃止を定めた法改正の実施（2002年施行）も，企業資産の大きな再配分をひきおこす要因となっており[31]，銀行による産業企業の株式所有が減少する要因をなした[32]。さらに債権者保護を強く志向してき

た株式法が投資家保護の観点から改正された[33]ほか，ドイツ・テレコムの民営化や新株の発行のためのインフラストラクチャーの強化によって「株式文化」を生み出そうとする政府の努力も，個人株主の拡大をはかる上で重要な意味をもった[34]。こうして，1990年代半ば頃以降には，ドイツでもある程度の株式文化が生まれることになり[35]，個人株主の増加も含めて企業の所有構造の変化がもたらされた。

銀行の経営行動の変化の影響について——こうした所有構造や産業企業の資金調達の変化にともない銀行の経営行動が変化したことも，大きな影響をおよぼした。産業企業に対する株式所有の減少を意味する民間大銀行の投資銀行への志向，国際的な資本市場の自由化にともなう直接金融による産業企業の資金調達とそれによる特定の金融機関への信用依存からの解放という2つのかたちで，アングロ・アメリカの実践の普及に一致したグローバルな金融市場は，コーポレート・ガバナンスの変化への圧力を加えた[36]。ハウスバンクのパラダイムから投資銀行のそれへとドイツの大銀行が変化し，大銀行は産業企業との強力な結びつきを後退させる傾向にあったこと，大銀行による敵対的買収の支持なども反映して，資本市場は企業支配権市場としての面が強くなってきた。企業の株主価値志向は，企業がそのような支配の市場にさらされるようになったことと結びついている[37]。J.ヘプナーらの2001年の研究でも，その最近まで銀行は一般的に敵対的買収に反対してきたが，いくつかの銀行はそのような買収の支持において重要な役割を果たしてきたとされている[38]。

アメリカの場合よりもはるかに少数の銀行とその他の金融機関への所有の集中のもとで，ドイツの経営者は株式市場の短期的な圧力からのかなりの隔絶を享受してきた[39]。ドイツのすべてのユニバーサル・バンクが人的結合と資本参加によって追求している企業戦略上の利害は，与信者のリスクの低減の可能性から生じるものであった。大企業の外部的な資本需要が主に株式市場あるいは社債によって充足される場合には，銀行は純粋な金融の仲介者として行動することになる。そこでは，リスクは，銀行によってではなく，企業の倒産の場合にその資本を失う株主ないし社債の所有者によって負担されることになり，純粋な投資銀行にとっては，産業企業との緊密な結合関係は，企業戦略的な意

味をもたなくなる。また投機的な取引の増大にともないリスクの種類が変化してきたほか，アングロ・アメリカ的なより高い透明性の確保の傾向によって，内部的なモニタリングがもちうる利点もより小さくなってきた。その一方で，企業の発展における合併・買収の意義の増大は，投資銀行業務を魅力的なものにした[40]。また金融の国際化によっても，信用の供与をめぐって大きな変化が生み出されており，ドイツの銀行が企業に対して行使していた支配力が弱まり，企業の業績をモニターし慎重な長期的な戦略を奨励するという銀行の力も動機も弱まるという状況にある[41]。こうして，ドイツの銀行の役割は急速に変化し，「忍耐深い資本」から株主価値志向への転換がはかられたが，こうした変化は，国内外の年金基金の重要性の増大によっても強化された[42]。

　この時期にはまた，銀行は，株式の相互持合いの後退だけでなく，産業企業との所有関係の整理・再編を行うとともに，役員の兼任のシステムをも後退させ始めた。ドイツ銀行は1990年代初頭に産業企業への25％を超える資本参加を削減し始めた。そのことには，吸収合併のさいの株式交換の意義の増大のもとで，産業企業への資本参加と結びついた株価の下落が同行の代表者によってますます批判的に評価されるようになったという事情も関係している[43]。産業企業への直接的なかたちでの継続的な資本参加からファンドをとおした間接的な関与への傾向も，産業企業との銀行のかつての緊密な関係を決定的に弱める要因として作用した[44]。また金融機関による産業企業の監査役会会長の派遣は，株主価値志向への転換がすすむ1990年代半ば以降に減少しており，企業のモニタリングにおける銀行の役割の明確な低下がみられる。例えばドイツ銀行の最高財務担当者は，同行は1990年代後半以降の数年にわたり他の企業によって提供されている監査役の地位をすべて充たしてはいなかったとしており，将来もより少ない役員しか派遣しないことを公式に宣言している[45]。同行は企業のモニタリングを後退させ，2000年代初頭までにドイツ企業の監査役会会長の数をほぼ半減させてきた[46]。

　以上のような変化のもとで，「ドイツ株式会社」と呼ばれる企業体制は大きく動揺することになったが，企業にとっては，株価を高く維持しておくことは，敵対的買収からの防衛と他社のより有利な買収の可能性という二重の重要

な意味をもつようになってきた(47)。こうした事情も，産業企業の株主価値経営への志向を強める要因となった。資本市場の評価を前提にした配当の増大や株価上昇など株主にとっての利益の増大という株主価値志向の経営の目標は，生産や企業の付加価値の実現から直接生れてくる実体経済の目標とは根本的に異なっている(48)。「留保利益の確保と利益の再投資」を基礎にした生産重視から「ダウンサイジングと利益の分配」という金融重視の政策への転換という企業戦略のシフトの世界的な広がりは，実体経済との一層の乖離を生んでいる(49)。1990年代以降の大きな変化のひとつは，まさに金融業の特殊な状況が産業企業全体にまで広がってきたこと，またそのことが「支配の原則」から「企業の目標」への株主価値原則の転換という転倒をひきおこしてきたことにあり，この点はドイツについてもいえる(50)。

第2節　ドイツ企業における株主価値重視の経営への転換とその特徴

以上の考察において，アメリカ的「金融化」のもとでのドイツ的企業体制の動揺についてみてきた。それをふまえて，つぎに，ドイツ企業における株主価値重視の経営への転換について具体的にみていくことにしよう。

1　株主価値重視の経営への転換

資本市場の圧力のもとで，株主価値志向の経営のモデルは，とりわけ事業ポートフォリオの構造の決定と個々の事業領域における競争戦略の選択のさいに基礎におかれるべきものであるとされている(51)。M.ヘプナーは，こうした株主価値の政策は①対投資家広報活動／会計，②事業の経営，③経営者への報酬の3つの次元でみることができるとしている。彼は，上場企業の株主価値志向の度合いの評価の指標として，1) 年次報告書の情報の質，2) 対投資家広報活動，3) 将来キャッシュフローを重視した事業の経営，4) ストック・オプションによる経営者への報酬支払いの4点をあげている(52)。以下では，これらの主要な問題についてみていくことにしよう。

会計基準の変更について——まず会計制度をめぐる問題をみると，ドイツの

会計は非常に保守的で慎重なルールと債権者保護にポイントをおいていた。これに対して，国際会計基準もアメリカの会計基準も，より投資家志向であり，企業の正当な価値を評価するために必要な情報を資本市場の参加者に提供するという考えに基づいたものである[53]。資本市場の意義の増大と資本をめぐる競争の激化に直面して，国際会計基準あるいはUS-GAAPのような資本市場の観点をより強く志向した，透明性の一層高い会計ルールが，ドイツの商法典に基づく会計処理に対して有利となった[54]。

そのような状況のもとで，株式をいかに利用するか（株式スワップやストック・オプションなど）ということに関する自由化のほか，国際会計基準の導入，より高い透明性とディスクロージャーの促進がはかられた[55]。ヨーロッパ大陸の企業は，外国の株式市場での上場の増加や国際会計基準の受容というかたちでアングロ・アメリカ的な慣習に適応し始めた[56]。さらに1997年に開設されたノイア・マルクトに上場の企業には，国際会計基準ないしUS-GAAPに基づく決算書の作成・報告とそれによる透明性の確保が求められた[57]。こうして，すでに2000年代に入った最初の10年間の半ばまでに，多くの企業が伝統的なドイツ商法典に基づく決算から国際会計基準／国際財務会計基準（IFRS）あるいはUS-GAAPに基づく決算へと自発的に転換してきた[58]。すでに1997年にはDAX30社のうち国際会計基準を採用していた企業の割合は43.3%にのぼっており[59]，2000年代初頭には400をこえる公開会社が国際会計基準ないしUS-GAAPに基づいて決算を行っていた[60]。

こうした会計基準の変更の問題は，ストック・オプションの導入とも関連性をもっている。例えば1999年までに経営者にこうした制度を導入していた多くの企業はすでに，US-GAAPないし国際会計基準といったより透明性の高い会計基準の利用によって株主価値への関与を示してきた。これに対して，ドイツ商法典の会計基準を使用していた企業には，2004年までにストック・オプションを導入していた企業はみられなかった[61]。

このように，国際会計基準やUS-GAAPへの移行がすすんでおり，2001年のエンロンの破綻までは，ドイツでもUS-GAAPを最善の会計基準とみる見方も多かった。しかし，その後はアメリカのルールは不透明な個別のルールの複合として魅力が失われることにもなった[62]。

そこで，個別企業についてみると，アメリカ的な株主価値重視の経営を最も強く志向した企業のひとつであるドイツ銀行は，はやくも1995年に資本市場のグローバル化を顧慮して国際会計基準による決算書の作成を開始している[63]。同行は，2001年にはニューヨーク証券取引所への上場にともないUS-GAAPに基づく決算へと転換した[64]。コメルツ銀行でも1998年に初めて国際会計基準に基づく決算が行われるようになった[65]。保険業のアリアンツでも同様に，1998年の営業年度に対して国際会計基準に基づく決算が初めて公表されるようになっている[66]。またダイムラー・ベンツも，はやくも1993年にUS-GAAPへの会計基準の転換を行うことでニューヨーク株式市場での上場へとすすんだ[67]。フォルクスワーゲンでは2001年に初めて国際会計基準に基づく決算書の作成が行われるようになっている[68]。ジーメンスでも2001年の営業年度の初めにUS-GAAPに基づく決算に転換している[69]。ティセン・クルップも，1998/99年の営業年度に決算書の作成において国際会計基準およびUS-GAAPの導入を行っている。それは，とくに株主，国際的な投資家およびアナリストによる透明性と数値の国際比較の可能性の要求に応えたものであり，アメリカの資本市場への上場の道を開くものでもあった[70]。

このような会計基準のアメリカ化，国際化はまた，投資家広報の面でも大きな意味をもった。例えば1998年のDAX100社の調査に基づくA-K.アクライトナーとA.バーゼンの99年の研究では，回答のあった40社でみると，この時期にはすでに，そのすべてにおいて投資家広報部門が存在しており，経営成果に関する公表の頻度が高まる傾向にあった。すでに70％の企業が四半期の経営成果を公表しており，半年間の経営成果を公表している企業の割合は25％，1年に1度しか公表していない企業の割合はわずか5％にとどまっていた[71]。

経営者報酬へのストック・オプションの導入について——またトップ・マネジメントの報酬へのストック・オプションの導入をみると，それは，敵対的買収や企業支配権市場とならんで，金融市場の行動の論理を企業の戦略や内部コントロールの構造のなかにもちこむ伝達メカニズムをなすものである[72]。そのような意味において，インセンティブ・システムとしてのストック・オプションは，株主価値経営の重要な手段をなす。

ドイツではストック・オプションは1996年まではほとんどみられなかったが，同年にダイムラー・ベンツやドイツ銀行においてその導入が問題となっている[73]。ドイツ銀行のストックオプション・プログラムは1996年の株主総会において投票の99％以上によって支持されたが，個人投資家による抵抗を容易に克服する上で，代理議決権や株式の相互持合いが大きな役割を果たした[74]。1990年代末には経営者に対するインセンティブはストック・オプションの導入による経営者報酬のひとつの一層大きな要素となったとする見方も多い[75]。例えばBASFでも，1999年4月以降には同グループの約1,200人の上級経営者にストックオプション・プログラムの利用が可能となっている[76]。しかし，この時期には，全般的にみると，ストック・オプションはまだ必ずしも広く普及したわけではなかった。それは，ドイツの大企業，とくに株主価値原則を志向する大企業のトップ・マネジメントに適用されたにすぎず，その他の企業でそのような制度を利用していたのは，ノイア・マルクトに上場のいくつかのハイテク企業に限られていた。またストック・オプションは，全般的にみると，経営者に対する通常の報酬の補足的なものにすぎなかった[77]。

そこで，ストック・オプションの導入の状況をみると，1997年にはDAX30社のうち60％の企業で経営者に対するストック・オプションが導入されていたが[78]，2000年の時点では，ドイツのトップ30社の半分以上が，トップ・マネジメントにインセンティブを与えるために，アメリカ流のそのような制度を導入していた[79]。DAX30社ではすべての企業が2004年までにストック・オプションを導入している[80]。また大企業125社について調べたある研究では，2006年には65社がストック・オプションを採用しており，そのうち22社は1998年までに採用していたが[81]，その前後の時期の採用の増加は，同年の会社法（株式法）の改正の影響も大きかった。

しかし，ストック・オプションの導入に対して抑制的に作用する要因もみられた。アメリカの投資家や外国人による所有への依存，株主価値志向，分散所有か大口保有かといったことが，経営者のストック・オプションの採用と強いかかわりをもっていた[82]。例えば株式所有の集中は，株式をベースにした報酬による経営者へのインセンティブの導入に抑制的に作用するという傾向にあり[83]，家族所有・同族所有は，ストック・オプションの採用に反対する要因

となる傾向にある。またストック・オプションは経営者に雇用の安定よりも株価の重視を強制するものであるので，従業員はその導入に抵抗する傾向もみられた。しかし，そのような抵抗はまったく弱く，時間とともにより弱まりさえしたとされている。とはいえ，A. チゼマは2010年に，高度な集団主義と不確実性の回避という文化に基づいて築かれた制度をもつドイツのような社会では，株主志向の改革に対する潜在的な抵抗は過小評価されるべきではないとしている。経営者と従業員との間の報酬の格差を拡大させる潜在的可能性をもつ経営者へのストック・オプションの採用は，いくつかのステイクホルダー（例えば従業員）によって違法とみなされるという状況にもあった[84]。経営者へのストック・オプションの導入は，ガバナンスのアメリカ化に関するひとつの重要な試金石，最も重要な説明要因をなすものであり[85]，大部分の大企業はストック・オプション・プランを確立していた。しかし，ドイツ企業による経営者へのその利用は，アングロ・アメリカの企業よりははるかに少ない程度にとどまっていた[86]。企業の株式やストック・オプションによる報酬支払いの増大は，ドイツの平等主義的なステイクホルダー志向のガバナンス・システムには合わなかったともいえる[87]。

　こうして，ドイツ企業のストック・オプションは，アメリカとは異なるいくつかの諸特徴をもつものとなった。株式資本のより小さい割合とより多くのトップの経営者をカバーするという意味で，ドイツ企業はより平等主義的なストック・オプションのプランを導入してきた。ドイツのプランは，経営成果に関係するより多くの条件や質的により確実な経営成果の条件を組み入れたものとなっている[88]。また経営者の報酬全体に占めるストック・オプション部分の割合の低さなどもあり，こうした方法での経営者に対するインセンティブは，アメリカほどには強いものでない場合も多い。そうした意味でも，ストック・オプションは，経営者報酬のパッケージのひとつの要素にすぎないという面が強い[89]。またジーメンスやダイムラー・クライスラー，ティセンの事例などにみられるように，長期的なインセンティブを重視するという傾向も強いなど，ドイツ的な環境に合せたあり方を追求したケースも少なくない[90]。

　ドイツのステイクホルダーの利害は，伝統的な同国のアプローチのなかに広く普及しており，ストック・オプションのような経営者へのストレートなイン

センティブ・システムの導入を困難にする要因として作用した[91]。ドイツにおける経営者報酬は，企業に長期的に関与する株主の内部的な声や監査役会の従業員代表によっても強い影響を受けており，従業員というステイクホルダーは，経営者の報酬パッケージに影響をおよぼす強い地位を占めている。さらに，ネットワーク化された企業を優先する税制や法的なルールのほか，銀行の安定的な株式所有も，経営者の報酬を抑制する制度的要因をなしている[92]。例えばM. ゲルゲンらの2008年の研究でも，支配的な大口保有株主が存在する企業ではCEOはより低い報酬しか得ておらず，また報酬と業績との関係はもはや統計的には重要なものではなかったとされている[93]。

　アメリカ，イギリスに比べてのストック・オプションの導入のこうした状況においては，ドイツ企業の文化的要因の影響も大きい。例えばC. スコットの調査研究では，主要な要因として，つぎの点があげられている。すなわち，ドイツ人経営者は長期志向と計画の重視という傾向にあること。ドイツ社会は合意を基礎としたものとなっており，平等主義的なあり方をよしとするなかで妬みの社会という面がみられること。ストック・オプションは非常に大きな危険性をもつインセンティブ手段でありリスクの受容にはアメリカやイギリスよりも消極的であること。資本市場の発展の遅れと役割の低さ。ドイツ人経営者は個人志向であり概してチームプレイヤーではなく，名声を志向する傾向にあるが妥協への望みが非常に強く，株主価値に重点をおいてはいないこと[94]。こうしたドイツ社会と同国企業の文化，経営者の考え方・経営観は，アメリカ流のストック・オプションの導入・普及を制約する要因として作用したといえる[95]。

　このように，ストック・オプションのような経営者報酬の方法の導入では，大きな修正をともなう場合が多いという傾向にあった。全体的にみれば，国際会計基準の採用，ドイツ・コーポレート・ガバナンス・コードの遵守，経営業績の測定のための特定の手段の利用や積極的な投資家広報部門に関する活動の実施といった面では，最も小さな修正でもって導入がすすんだといえるが，それらの場合とは状況は大きく異なっている[96]。またダイムラー・クライスラーやフォルクスワーゲンの事例などにもみられるように，ストック・オプションが経営者層に対してのみならず，下位にあるミドル・マネジメントなどより

低い階層の従業員にまで拡大して導入されていることも特徴的である[97]。しかし，ストック・オプションのそのような導入は，アメリカ的な株主価値経営のより徹底したかたちであるというよりはむしろ，労使の協調的・安定的関係のなかでのある種のバリアントとしての面が強いといえる。

株主価値志向のリストラクチャリングの展開について——株主価値重視の経営のいまひとつの特徴的なあらわれは，資本市場の圧力の増大のもとで，リストラクチャリングによる事業再編や企業構造の再編，そのための企業集中の展開が企業価値・株主価値の向上のための条件として強制されるようになったという点にみられる。もとより，1980年代には，多種多様なステイクホルダーのグループの対立する要求の重視のもとで，主に株主に利益となるようなリストラクチャリングの努力のインセンティブも範囲も限定的であったが[98]，こうした状況は大きく変化してきた。

1990年代以降のリストラクチャリングの展開は，本質的には，グローバルな競争構造の変化に規定されたものであるが，資本市場の強まる影響は，企業に対して中核事業への集中とM&Aのような手段での中核事業の強化への圧力を加えることになっている[99]。こうしたあらわれは，例えばVEBAの非中核事業単位や業績の低い事業単位の売却，ダイムラー・ベンツにおける中核事業である自動車とトラックの製造への回帰，ヘキストにおける低収益・低成長の工業用化学製品事業からの撤退，世界的なライフサイエンス（医薬と農業化学）企業への展開のためのローヌ・プーランとの合併，アベンティスというフランス語の新しい企業名を選びドイツ企業のアイデンティティを放棄したこと[100]などに，最も典型的にみられる。また金融業の企業，とくに銀行は，アングロ・アメリカの銀行よりも低い収益性に対して機関投資家の強い批判にさらされており，機関投資家の要求のひとつは，規模の経済の達成と「オーバーバンキング」の程度の引き下げのための銀行の合併であった[101]。

多くの場合，経営者は，新しい投資家のグループの圧力によって，中核事業への集中や，アウトソーシングによる不採算の構成要素やもはや企業の構造に合わないそれの排除あるいは企業からの完全な切り離しを強制される結果となっている[102]。そのような経営戦略は従業員との対立をひきおこす可能性をも

つが，社会的な協力関係のそれまでの支柱との一層の断絶は，実体経済における上位の合理性基準としての技術的・工業的および技術的・自然科学的な観点を金融市場のパラメーターによって排除することを基礎づけるものである[103]。生産能力を部分的に売買するようなM&Aにともなうリストラクチャリングが企業戦略の中核に位置づけられ，経営トップによって自らの役割とみなされるようになったことは，従業員の利益を犠牲にしても株価を高めることが経営の主要目的となったことのひとつの重要な原因をなした[104]。

しかしまた，リストラクチャリングの推進が資本市場の圧力によって強められるという傾向のなかにあっても，そのような再編が必ずしも強い株主価値志向のかたちで推進されたわけではないというケースもみられる。例えばジーメンスでは，半導体部門が切り離され，別会社として上場されるというかたちでのスピン・オフが行われたが，それは，スピン・オフされた会社の支配を確保しうるだけの株式所有の維持を前提として，また経営協議会の支持のもとですすめられた。株主価値の観点からすれば，それは広範囲におよぶものとはなっていなかった[105]。こうしたあり方に関して，R. ツーゲヘアは，同社の共同決定は事業再編のプロセスにおいて労働者を十分に保護するにはあまりに弱かったとしている[106]。ただこの点をめぐっては，A. ベルシュも指摘するように，ツーゲヘアはとくに監査役会レベルの共同決定に焦点をあてているという問題があり[107]，経営協議会の協調的なかかわりが株主価値志向のリストラクチャリングの抑制へと働いたことの意味をむしろ重視すべきであろう。

2　株主価値重視の経営への転換の限界

このように，1990年代以降，ドイツでも株主価値重視の経営への転換がすすんだが，そこでは，株主価値の原則の実践による影響はあまり大きなものではなく，ヨーロッパ大陸の他の諸国との比較でさえ，株主価値経済の方向には非常にゆっくりと動いている傾向にあった。1990年代後半の諸変化は，主にダイムラー・クライスラーやジーメンスのような一握りの大企業に影響をおよぼしており，ドイツにおける株主価値経済にとっての経済的基盤は非常に限られたものであった[108]。この時期の「アメリカ化」の再来のなかにあっても，現実には，ドイツ的な企業経営の特徴，企業体制の基本的な枠組みの決定的な変化

というかたちには必ずしもなってはいないといえる。

　多様な小さな諸変化にもかかわらず，コーポレート・ガバナンスのドイツのシステムの柱はなお存続しており，銀行を基礎にした資金調達，産業の共同決定や生産重視の経営志向はすべて，1990年代をとおして株主価値の前進を妨げてきた[109]。その後の時期をみても，2000年代に入ってからの株式ブームと大型合併ブームの終焉，2003年の新興株式市場ノイア・マルクトの閉鎖などがみられ，アメリカ的な資本市場志向の株主価値重視の経営への反発や反省，見直しの動きも生まれてきた。2000年代初頭にハイテクブームや株価の崩壊がより全般的になって以来，「株式市場」資本主義（"stock market" capitalism）は，もはや1990年代のようには流行のものとはならなかった[110]。

　株主価値経営への転換における限界をコーポレート・ガバナンスの面でみても，現在もなお株主価値志向によって特徴づけられる退出志向のアメリカ的なシステムへの十分な収斂化には至ってはいないといえる[111]。ドイツのコーポレート・ガバナンス・システムの重要な改革や個々の諸要素の多大な諸変化にもかかわらず，また1990年代以降の経済のグローバル化や企業活動の顕著な国際化にもかかわらず，それを支える多くの諸要素は大部分あまり変わらないままであった。伝統的なシステムの主要な諸特徴は全体としてはなお維持されており，内部的なコントロールのシステムが市場ベースの外部的システムにとって代わられつつあるというわけではない。発言というコントロールの哲学によって特徴づけられるドイツのシステムは，その根本的な特性を継続しているだけでなく，システムに内在的なかたちで強化してきた。そうしたなかで，むしろ依然としてひとつの明確な構造のバリアントが存在している[112]。

　株主価値よりはむしろステイクホルダー価値の最大化に焦点をおいたガバナンスの効率性の基準という点に重要な特徴をもつドイツのステイクホルダー型のコーポレート・ガバナンス・システムの変質ではなく，むしろインクリメンタルな適応という結果となっている。それは確かに株主価値システムとステイクホルダー・システムとの間のより大きな類似性をもたらすものであるが，異なる制度の論理は侵害されないままであるとされている[113]。確かにドイツのコーポレート・ガバナンスのシステムは，多くの点でアングロ・サクソンのそれにかなり近づいており，そのことは例えば投資家保護，透明性の要求，コー

ポレートガバナンス・コード，成果志向の報酬支払いや機関投資家に関してあてはまるが，ドイツのシステムの本質的な諸要素は維持されてきたという面も強い[114]。例えばM. メッテンの2010年の指摘でも，その直近の5年以内に株主価値コンセプトから企業側の利害への明確な移動がみられ，2002年の営業年度にはまだDAX企業の多数が株主価値を義務づけられていたのに対して，2007年度には全DAX企業の半分が，戦略の中核的な構成要素を重視した企業側の利害を追求するようになっていた。さらに3分の1の企業では，利害多元的な考慮のなかで株主の利害よりも企業側の利害を優先するハイブリッド戦略が追求されていた[115]。

そこで，以下では，株主価値重視のアメリカ的な経営モデルへの圧力が最も強くあらわれた代表的な産業部門について考察を行うことにする。ここでは，自動車産業と化学産業を取り上げてみておくことにしよう。

自動車産業について――まず自動車産業をみると，金融の力や金融投資家の要求が増大する一方で，ドイツの自動車企業は同時に，持続的な，あるいは強まりつつさえある生産面の諸要求に対応しなければならず，金融の論理と生産の論理との間の新しいバランスを見出すことが必要となってきた。標準化された製品の大量生産や専門品の生産は，経営資源への長期的な接近と企業内部の幅広い能力を必要とする製品戦略である。それゆえ，製品市場の条件が，限られた程度にしか金融市場の全般的な要求に従わないという状況をもたらした。そのような製品戦略とも関連して，現業的なレベルの行為者はかなりの力の源泉をもち，トップ・マネジメントによる金融面のパラメーターへの志向とのひとつのバランスを生み出しうることにもなっている。生産経済の規準や諸要求は，一貫して金融面のそれに対するひとつの強い均衡を与えるものとなってきた。株主や資金の貸し手の要求に対処する戦略的経営の論理と現業的な業務や従業員の要求に対処するオペレーショナルなレベルの経営の論理との間でのこのような矛盾する対立的な関係という点では，ドイツの自動車製造業者の行動の余地はある程度守られている状況にある[116]。自動車企業の実際の経営行動においては，例えば資本市場の圧力の増大とグローバル化の選択肢は，生産の複雑な諸関係のなかでの交渉によって，少なくとも部分的には均衡がはかられ

ている。それは,例えば工場の立地ないしその変更に関する意思決定にもみられる[117]。このように,生産の論理は金融市場の論理によって完全にとって代わられうるというわけではない[118]。例えばL. ゴータスとC. レーンの2009年の研究でも,ダイムラー・クライスラーとフォルクスワーゲンでは,イデオロギーと組織の実践(コミュニケーション,オペレーションおよび経営者報酬)のレベルのいずれにおいても株主価値の考え方が採用されたが,それは株主価値の完全な採用を意味するものではない。そこでは,株主価値の長期の増大に焦点があてられており,短期の最大化を重視したものとなってはおらず,長期的な成長への志向が維持されてきたと指摘されている[119]。

　例えば**フォルクスワーゲン**でも,2000年代に入って決算および財務報告の国際会計基準への転換のほか,売上高利益率から資本利益率への転換が行われており[120],株主価値は,企業によって達成されるべきひとつの目標として受け入れられてきた。しかし,そこでも,他の目標とのバランスがはかられており,一般的なステークホルダー・アプローチに従ってきた。同社では,株主価値をその優先順位のトップにおくことには慎重であり,そのかわりに株主価値と労働者の価値との間のバランスが追求された[121]。投資決定における金融面の規準の役割の増大は,完全な株主価値の政策のひとつの印ではなく,自社の株式の市場価値を高めようとする戦略と同時に敵対的買収に対する防衛的な障壁の構築という戦略の追求によるものであった[122]。同社の戦略的な関心は,株主価値の短期的な最大化ではなく企業の長期的な成長におかれ,株主価値の考え方を長期的な利益志向と一致させようと試みてきた。そこでは,株主の利害とステイクホルダーのグループの利害との分かち合いが追求されるかたちとなってきた[123]。また金融市場の論理を強くうけて企てられたダイムラーとクライスラーの合併でさえも,少なくとも大部分は,株主ないし金融市場のプレイヤーの短期的な利害にあまりに厳密に従属することを避けるための戦略とみなされるものであった。この合併は,ダイムラー・ベンツの経営陣にとっては,敵対的買収のリスクを低減させるために株価を釣り上げることを意図したものでもあり[124],そのような防衛的動機も強いものであった。

　化学産業について——また化学産業をみると,1990年代以降,株主価値の考

え方や資本市場のプレイヤーのなかで，株主価値の主唱者によって多角化は根本的に問題視され，株主価値重視の経営への圧力は，この産業のリストラクチャリングの展開を大きく促進してきた。しかし，企業の歴史的に発展してきた特殊な事業ポートフォリオの構造や企業の経済的地位の差異，資本市場の重要なプレイヤーを優先する志向という点での経営陣の相違によって，株主価値重視の経営の圧力への対応，戦略のあり方には，企業によっても大きな差異がみられる[125]。

　純粋なライフサイエンス戦略を採用し，合併を展開してきた**ヘキスト**では，外国，とくにアメリカでの高度な経験をもち1994年にCEOに就任した財務畑出身のJ. ドルマンの主導のもとに，トップ・マネジメントにおいては株主価値志向が強かった[126]。こうした株主価値重視は，ドルマンの前任者のW. ヒルガーの時代にはみられなかったものであり，1996年4月の同社の内部文書でも，ヘキスト・コンツェルンでは取締役は株主価値という意味での長期的な競争力に責任を負っていると指摘されている[127]。また1995年4月25日の株主総会の文書でも，同社の目標は，企業価値の向上と魅力的な配当によって株主に利益となるべき平均以上の収益率を長期的に達成することであると指摘されている[128]。その2年後の1997年5月6日の株主総会の文書でも，企業価値の向上はヘキストの成果の基準であり，同社は企業の長期的で持続的な価値の向上に努力していることが指摘されている[129]。またその翌年の1998年5月5日の株主総会の文書でも，企業価値の向上が最上位の目標であり，ヘキスト株の価値と資本市場，株主による評価が同社にとって企業の成功の基準であるとされている[130]。ヘキストでは，1997年にヘキスト株式会社を戦略的経営持株会社とする組織再編が取り組まれており，その基本的特徴と利点のひとつとして，より透明性の高い組織の実現があげられている。持株会社組織の創出においては，より小さな集中された企業単位への概観しやすい製品カテゴリーの明確な分割によって株主および投資家により高い透明性をもたらすということも重視されている[131]。

　これに対して，**バイエル**では，1992年の同じく財務畑出身のM. シュナイダーのCEOへの就任にもかかわらず，企業経営の「ライン型資本主義」のモデルへの関与が維持されてきた。同社のトップ・マネジメントの全般的な態度

は,伝統的な企業文化と多様な製品ポートフォリオの枠組みのなかでのゆるやかな変化が最善の方法であるというものであった。そのことは,ポリマー,化学製品,ヘルスケアおよび農業化学の4つの事業が柱となる構造の維持にみられる[132]。同社では,ヘキストがローヌ・プーランと合併した後の2001年の株主総会でも,株主の90％超によるコンツェルンの経営に対する支持,キャッシュフローの高い水準と増大という事情もあり,多くの機関投資家や金融仲介機関にはコンツェルンの構造を解体させる意思はみられなかった[133]。

BASFでも,トップ・マネジメントには,伝統的な結合経済の戦略とそのさまざまな経済性の維持が将来の生き残りにとって最善であるとする信念があった。そこでは,イノベーションと製品の高い品質を中核市場でのコスト・リーダーシップと結びつけることをめざす競争戦略が展開され,コーポレート・ガバナンスの原則においても明確なステイクホルダー・アプローチがとられた[134]。同社は,資本の利回りへの投資家の高まる要求を受け入れたとはいえ,資本市場の重要なプレイヤーによるコンツェルンの構造の再編への要求に抵抗した事例をなしており[135],この点でもヘキストのケースとは大きく異なっている。

3 株主価値重視の経営への転換における企業間の差異

また株主価値重視の経営への転換の動きにおける企業間の差異も大きかった。例えばともに株主価値経営への志向が強かったジーメンスとダイムラー・クライスラーの比較でみても,後者の株主価値モデルは大陸をまたがる統合のある手段を示すものであったが,同様の圧力のもとでのジーメンスの変化はより限定的なものでありつづけた[136]。ジーメンスでは,株主価値アプローチのすべての諸特徴が輸入されたわけでも,アングロ・サクソンの標準と同等の特徴が実施に移されてきたわけでもなかった。最大の変化がみられた情報政策やディスクロージャーの領域でさえ,より強い資本市場志向は,資金調達や配当政策といった財務政策の他の主要な諸特徴に影響を与えることはなかったとされている[137]。

国際競争にどの程度見舞われることになったかということも,株主価値重視の経営への転換に大きな影響をおよぼすひとつの要因となっている。国際競争

から保護された諸部門の企業は，国際競争にさらされた諸部門の企業ほどには株主価値志向ではなかったとされている[138]。国内志向として分類される企業は例外なく株主価値の順位の下限に位置しているのに対して，とくに世界市場志向の強い化学・医薬企業は強い株主志向を示している傾向にある。経営者は，国際的な製品市場での地位の改善のために，競争激化の時代に収益性へと駆り立てる手段として株主価値のコンセプトを利用したという面も強い[139]。

このような国際市場への依存の強い企業やグローバル展開を推進している企業については，例えばドイツ，オーストリアおよびスイスの412の株式会社ないし公開会社の調査に基づくE.クナップの2009年の研究でも，監査委員会のようなアメリカ的な内部監査・監視の機能のための委員会の設置などにもみられるコーポレート・ガバナンスのシステムを導入している企業では，その売上の非常に高い割合が国際市場で占められているという状況にあった。こうした点でも，市場のターゲットの大きな割合を国際市場に求めている企業とそうではない企業との間では企業間の差異は大きい[140]。

ことに所有構造の相違も企業間の差異に大きな影響をおよぼす要因をなしており，アングロ・アメリカ的な経営のスタイルの採用や株主価値志向の強まりは公開会社ではより広くみられるのに対して，同族所有の企業では，そのような状況には大きな相違がみられる[141]。より小規模な大口保有株主と分散した機関投資家との間で所有と支配が共有されているより大規模な企業では，コーポレート・ガバナンスの諸変化はより大規模であった。これに対して，その大部分が銀行以外の支配的な所有者をもつような中小の上場企業にとっては，変化は限定的であった[142]。それには，資本市場からの資金調達の可能性はたいていの場合大企業のみに限られており中小企業では大部分が銀行の信用による調達であるという事情がある[143]。この点については，M.ファウストらによる2009年の*Die Mitbestimmung*誌の論文や2011年の他の研究でも，調整された資本主義に対する対抗モデルは，ドイツでは，純粋な形態で普及してきたわけでも経済全体にわたり普及してきたわけでもないとされている。そのことは，上場企業のセグメントが限られており非上場の大企業や株式会社以外の法的形態・所有形態が有力である大企業も存在していることによるものでもある[144]。こうした事情からも，コーポレート・ガバナンスに関する主として資本

市場関連での説明は，同族企業も含めたドイツ企業の多くには限定的にしかあてはまらないとされている[145]。

第3節　株主価値重視の経営モデルとドイツ的経営モデルとの相剋

　以上の考察において，アメリカ的な株主価値重視の経営モデルへの転換とその特徴についてみてきた。それをふまえて，つぎに，アメリカ的な経営モデルとドイツ的なそれとの相剋，ドイツ的な特徴・あり方を規定した諸要因，さらにそこにみられる含意についてみていくことにしよう。

1　株主価値重視の経営モデルとドイツ的経営モデルのハイブリッド化

　ドイツ企業における現実をみると，株主価値重視の経営というアメリカ的なあり方，諸要素が取り入れられながらも，ドイツの伝統的な経営モデルの諸要素とのハイブリッド化となったという面が強い。例えばS. ヴィトルスは，ドイツ企業の変化は株主価値の徹底的な受容から変化に対する頑固な抵抗までの全体的な範囲におよぶかたちとなっており，かなりの異質性によって特徴づけられるとしている。そこでは，アングロアメリカ・モデルへの全般的な収斂化ではなく，むしろ少数株主の地位の部分的な向上と経営者の間の，また経営側と労働側との間の交渉での合意のような伝統的なステイクホルダーの慣行との結合というかたちでの，企業組織の「ハイブリッド」モデルの採用となったとされている[146]。ドイツの企業はアメリカやイギリスで実践されてきたものよりも穏やかな株主価値の形態を採用してきたが，それは，伝統的なステイクホルダーの持続的な影響を反映したものである[147]。また売上増大，雇用の安定や製品の品質といったドイツ企業の典型的な目標は，現実には，株主価値によっておきかえられるよりはむしろ強められてきたのであり，株主価値のドイツ的なバリアントは，交渉された株主価値（negotiated shareholder value）と特徴づけられうるとされている。そこでは，機関投資家の利害はまずステイクホルダー連合の他のメンバー，とくに大株主や従業員代表と交渉されねばならないという面が強い。この点については，ステイクホルダー連合のメンバーのなかでの利害の相違のために機関投資家の要求の性質を変えるような妥協が見出さ

れねばならないこと，またこうした力のバランスを反映して株主価値の達成のための手段は交渉の過程で修正され，多くの手段は英米においてとは異なる形態をとることにもなる，という2つの点の特徴がみられる[148]。

こうした点については，R. ツーゲヘアも，「ドイツ的企業統治のアングロ・サクソン的株主行動への適応」と他方での「共同決定の安定性」という「資本市場と企業の共同決定とが調和的に並存する」状況がみられること，それはハイブリッド化という概念でもって最も適切に特徴づけられることを指摘している[149]。またダイムラー・クライスラーとフォルクスワーゲンを比較したL. ゴータスとC. レーンの2009年の研究でも，両社は株主価値の諸要素を異なる程度に，また異なる方法で採用してきたが，両社はともに，それをとおしてコーポレート・ガバナンスの「ハイブリッドな」形態を生み出してきたとされている。そこでは，株主価値やそれに関連する実践は，これら2社においてすでに存在していた制度的慣行や考え方と混合されたのであった[150]。

それゆえ，そのようなあり方を規定することになったいくつかの重要な諸要因との関連で株主価値重視の経営モデル，コーポレート・ガバナンスへの転換の現実を把握することが重要な問題となってくる。以下では，この点について詳しくみていくことにしよう。

2　銀行の役割の変化との関連での株主価値重視の経営モデルとの相剋

まず銀行の役割の変化との関連でみると，1998年，2001年および2005年のドイツの4大銀行（ドイツ銀行，ドレスナー銀行，コメルツ銀行およびバイエルンヒポフェラインス銀行）と2大保険会社（アリアンツ，ミュンヘン再保険会社）による非金融企業最大100社に対する株式所有と監査役派遣の調査に基づくA. オネッティとA. ピゾニーの研究でも，ドイツ・モデルの動揺が比較的小さいことが示されている。金融機関による株式所有の後退の傾向はみられるものの，監査役派遣と株式所有との間には弱い相関関係しかみられなかったとされている。監査役の派遣数はこの期間に118から189に増加した後に130まで減少しているとはいえ，2005年のその数は98年のそれを上回っている。また最大100社への監査役の派遣全体に占める上位50社への派遣数の割合は，1998年には84.7％であったものが2001年には78.8％にやや低下した後に2005年には80.7％

に再び上昇している。これを上位10社でみると，その割合は，43.2％から33.3％に低下した後に34.6％へとわずかに上昇している。4銀行についてみても，ほぼ同様の傾向にあり，監査役の派遣数は2001年に大きく増加した後に2005年には減少しているが，ほぼ1998年の水準にあった。さらにこれらの6つの金融機関による監査役会会長の派遣をみても，上位50社への派遣数の占める割合は，88.8％から80％に低下した後に88％に再び上昇しており，上位10社では33.3％から26.7％に低下した後に28％へとわずかながら上昇している。このように，一般的に資本市場の圧力がより強い最大50社，さらに最大10社への金融機関からの監査役ないし監査役会会長の派遣の一層の集中がみられる。上述の6つの金融機関が産業企業の監査役会において行使しうる議決権の割合は明らかに高く，こうした人的結合が産業企業のコーポレート・ガバナンスにおいて果たす役割もそれだけ大きかったといえる。しかも，ひとつの金融機関がある企業に対して支配的な役割を行使する地位にあることはまれであり，ドイツの銀行・産業間関係は，産業企業に対して大きな影響力を行使する，固く結びつけられた金融機関のネットワークに基づいている[151]という点にも注意しておく必要がある。

　このように，人的側面での結合の明確な後退の傾向のなかにあっても，その全面的な減少というわけでは必ずしもなく，変化は資本の面でのそれと比べると小さいといえる。銀行による持株の売却や他の企業への監査役の派遣の減少は，コーポレート・ガバナンスにおける銀行の役割の消滅とそのまま同義であることを意味するわけではなく[152]，銀行の持株と結びつく寄託株の意義もなお大きい。またドイツでは，アングロ・サクソン的な意味での「独立した」外部の役員という強い文化はみられない。企業の監査役会からの銀行代表の退出の主要な結果は，監査役会における「独立した」外部役員の数の増加よりはむしろ，退職時に監査役になったかつての常勤の取締役の数の増加であった[153]。また役員兼任をみても，コーポレート・ガバナンスのドイツ的なシステムにおける制度面の諸変化は，例えば役員兼任のネットワークに部分的な影響をおよぼしてきたが，そうした影響は構造的な性格よりはむしろ量的な性格にとどまってきた[154]。ドイツのコーポレート・ガバナンスのシステムにおよぼす銀行の役割の変化による影響は，多くのところで主張されてきたものより

ははるかに劇的なものではないとされている[155]。こうした点にかかわっていえば，ドイツの銀行はなおいくつかの監査役会に対するある種の間接的なコントロールを発揮しているが，それは，適した人物を適切な職位に任命するという，銀行のもつ能力によって強化されているということも重要である[156]。

また資本市場の状況の変化もみられ，それを基礎にしたエクイティ・ファイナンスの利用の大きな拡大は，2000/2001年の株式バブルの崩壊でもっていったん終わらざるをえない状況になり，ドイツの金融市場をより市場ベースの方向に転換しようという最大の銀行の野心は，失敗に終わったともいえる。銀行はドイツの金融システムにおいてキー・プレイヤーにとどまっており，大量の売却にもかかわらず，なお企業の大量の株式を所有しているという状況にもある[157]。銀行と企業との関係は連続性と変化の両方を示している。銀行と企業との関係の動揺は，高い利益をあげている最大の企業の間では現実にみられるが，同時に企業の他のセグメントは，銀行との非常に強い関係をもち続けており，リレーションシップ・バンキングは，完全に縮小したわけではなく，企業の異なるグループの方向へとシフトしてきた[158]。例えばA. ハッケタールらの研究では，2000年代の最初の10年の半ば頃になっても，銀行の融資はなお断然最も重要な資金調達源であった。そうしたなかで，資本市場は引き続きとくにコーポレート・ガバナンスにおいて重要な役割を果たしてはいないという状況にある。そのことの背景には，銀行の役割の後退にもかかわらずなお所有の高度な集中がみられることのほか，他の企業の経営者やとくに同じ会社の以前の経営者の役割が増大してきたこと，内部コントロールのシステムを支えてきた大口株主，従業員，銀行などによる統治の連携は根本的な影響を受けているわけでは必ずしもないということがある[159]。個別的にはコンツェルンのトップに位置する企業の経営者の支配は増大している場合もみられるほか，企業金融の銀行志向とならんで資本市場をとおしての資金調達との混合のかたちもみられ，それはドイツの株式会社により多くの選択肢を与えることにもなっている[160]。

産業企業への銀行の関与の後退という問題をめぐっては，銀行は保険会社，とくに1990年代初頭以降にその株式所有を大きく増大させてきた最大の生命保険会社であるアリアンツによって部分的にとって代わられてきたという点も重

要である。保険会社は銀行の部分的な撤退によって生み出されたギャップを埋め合わせてきたのであり，ミューチアル・ファンドやヘッジファンドのような他の機関投資家よりも忍耐深い，長期的な観点での投資を行ってきたという傾向にある[161]。ただアリアンツの場合，2006年までは関連企業以外の非金融企業を含めた他社への資本所有は増大の傾向にあるが，2007年以降は資本を所有している企業の数でみても，また所有比率でみてもほぼ一貫して減少の傾向にある[162]。いくつかの大株主，とくに民間の大銀行の役割の低下という状況にあるとはいえ，他の大株主はコーポレート・ガバナンスの強い役割に関与し続けており，ドイツのステイクホルダー・モデルにおける主要な変化は，むしろステイクホルダーの連合への機関投資家の統合という点にみられる[163]。

　全般的にみれば，銀行は外部の連合の参加者のなかでも影響力を行使する最も強力なグループであり，ドイツのユニバーサル・バンク・システムに基づいて，依然として銀行の利害が経営側によって最もはやくに考慮されるという状況にあった[164]。また株式志向の業績の目標は，機関投資家と銀行の利害関係者との間で成果・業績の基準をめぐって対立を生み出すという面もみられる[165]。こうした点からも，銀行の役割の決定的な低下には必ずしもなっていないといえる。このように，ドイツ企業は長期の忍耐深い資本へのアクセスを維持しつづけており，株主価値がドイツの企業によって積極的に採用されたり修正されたりしたとはいえ，資金調達およびコーポレート・ガバナンスのドイツ的なシステムのコアは，大部分において変化しないままの状況にあったといえる[166]。

3　機関投資家の影響との関連での株主価値重視の経営モデルとの相剋

　さらに機関投資家の影響との関連でみると，例えばJ.ヘンドリーらの2007年の研究でも，イギリス以外のヨーロッパ諸国では，大部分の企業は，ひとつの大口保有株主によって効果的に支配されており，その結果，ある機関投資家が実力行使から得るものはほとんどないという状況にあるとされている[167]。またドイツの機関投資家をみると，代表的な投資会社の圧倒的大部分は大規模な銀行や保険会社の子会社であり，その結果として生じる利害の対立から，機関投資家は企業の監視に比較的わずかしか関与しなかった。とくに保険会社で

は，法的な規定の影響もあり，その投資ポートフォリオに占める株式の割合は，アングロ・サクソン諸国よりは低い傾向にある(168)。このように，現実には，単純に金融機関の影響力の低下となっているというわけではない。また銀行が退出し他のより大きな大口保有株主が存在しないような企業でさえ，新しい金融投資家が大量の株式の所有に関与しているという状況はまったくわずかなケースにとどまっていた。その多くは，大規模な保険会社であるかあるいは，典型的なミューチアル・ファンドとは対照的な特殊なタイプのファンドであるが，それらは集中的な長期の投資志向を有しているという傾向にあった(169)。

また機関投資家の圧力・影響については，運用の委託を受けた信託ファンドと直接運用のファンドとの間で行動の相違がみられる。前者や投資会社は，短期的な財務的利益の圧力のもとにはるかに強くさらされており，年間の財務成果という主要な基準が，「退出」というはるかに短期的な行動を生み出している。これに対して，直接運用を行うファンドは，安定株主として自らのポジションをとり，長期的な投資戦略を追求し，経営者との関係では「発言」の戦略をとる傾向にある。ドイツでは，運用の委託を受けた信託ファンドが決定的な圧力となって投資先の企業の経営のあり方を大きく変えるというわけでは必ずしもないという傾向にある(170)。ことに21世紀初頭のコーポレート・ガバナンスの危機の後，長期運用を行う投資家の役割の優位という企業統治における新しい傾向がみられ，株主価値は，その基礎が動揺するなかで理論的にも異議が唱えられる状況になってきた(171)。

4 生産重視の経営観，トップ・マネジメントの機構・人事構成との関連での株主価値重視の経営モデルとの相剋

さらに生産重視の経営観というドイツの企業経営の伝統，企業観，企業文化，それらをも反映したトップ・マネジメントの人事構成といった要因がおよぼした影響(172)も大きかった。経営者に財務の専門家が多いアメリカやイギリスとは異なり，ドイツの経営者には経済学の分野とならんで自然科学や法律の専門家が多い傾向にある(173)。1990年代以降になっても，こうした状況が決定的に変化するという状況には必ずしもなっておらず，生産重視の経営観，企業

経営の伝統，それらを反映したエンジニアの地位の高さなどが，トップ・マネジメントの人事構成ともなお深い関係をもっている。例えばW. エーベルバインとJ. トーレンの1993年の研究でも，ドイツの工業経営では企業のトップに位置しているエンジニアの数は他の国よりも多く，例えばイギリスと比べるとはるかに多かった[174]。またE. ゲルムの2004年の調査でも，大学教育を受けた取締役会メンバーに占める工学・自然科学分野の出身者の割合は，回答のあった企業全体でみても，また共同決定の対象となる企業でみても32％となっていた。また情報科学・数学や精神科学の分野の教育を受けた者の割合はそれぞれ9％，8％となっており，それらをあわせると理科系出身者の割合は全体の約40％にのぼっている[175]。ドイツの経営者・管理者は職務志向でありまた技術面に熟達しているという傾向が強く[176]，こうした状況がおよぼす影響は大きいといえる。企業を「金銭を生む機械」としてではなく製品が設計され生産・販売される場とみる志向は，金融の目的よりも生産の目的を重視するということと結びついてきた。そのことは，株主価値の最大化がトップ・マネジメントの焦点にはあまりならないという結果をもたらした[177]。

このような技術・品質・生産重視の経営観とそれを反映した経営者の人事構成に加えて，ドイツでは内部昇進の経営者の割合が高く，経営者の外部労働市場の役割が限定的であるという事情もあった。こうした状況は，アメリカ的な株主価値重視の経営モデルとドイツ的経営モデルとの相剋が生まれる重要な要因のひとつとなった。

確かに1990年代以降，外部労働市場の役割は明らかに高まっており，上場産業企業最大40社を対象としたM. ヘプナーの研究でも，金融・財務の専門家に分類される最高経営責任者の割合は1990年代半ばすぎまで上昇しており，企業の外部出身の取締役の割合も，90年代をとおして約2倍に上昇している。経営者の専門職化，経済的事項や金融面の事項の重要性の増大，外部労働市場からの経営者の採用，在任期間の短縮といった経営者をとりまく社会的環境の変化は，株主価値の戦略が経営者の間で高い評判を得た理由を説明する上で重要なものであるといえる[178]。金融市場志向の経営コンセプトの躍進は，経営陣における内部の移動，すなわち財務担当の取締役の昇進によるという面も強く，そのような取締役によって打ち出された目標や優先順位の設定は，企業の戦略

の選択に決定的な影響をおよぼすようになってきた[179]。

しかし，現実には，内部昇進の経営者の比率は相対的に高く，こうしたトップ・マネジメントの構成におけるメンバーの経歴やそれに基づく経営の考え方，経営の執行を主導する立場にある取締役会会長の経歴や経営観，それらを反映した企業文化などのおよぼす影響もなお大きなものである。株主価値重視の経営の志向は，トップ・マネジメントのパーソナリティの影響が強い場合やそれと結びついている場合も少なくない。そのような経営者としては，ダイムラー・クライスラーのJ. シュレンプやジーメンスのH. v. ピーラー，ヘキストのJ. ドルマンなどが典型的であり，ドイツの株主価値は，これらの活動的で名声の高い最高経営責任者によって導入されてきた企業のラディカルな変化のプログラムを意味するものである[180]。1990年代以降には，多くの大企業において経営者の世代交代がおこっており，そのことはより強い株主価値志向を促進した[181]。しかし，ヘキストやダイムラーに典型的にみられるように，財務・金融畑の人物の取締役会会長への就任が経営陣における力関係に大きな影響をおよぼし決定的な役割を果たしたという状況は，必ずしも上場企業を中心とするドイツの大企業全般に同様にあてはまるものでは必ずしもない。

またドイツ企業のトップ・マネジメントの経営の機構，それをも反映した最高経営責任者（CEO）の役割をめぐる問題をみると，ドイツの法律は，取締役会を企業の意思決定に対して集団責任を負う共同機関とみなしており，取締役会内部には合議制による合意に基づく意思決定への強い志向がみられる[182]。このことも，経営陣のなかでの有力な代表的人物による強い主導性の発揮というかたちでの株主価値重視の経営への転換に対して抑制的に作用する要因となりえた。トップ・マネジメントの二層制構造のもとでは，取締役会のトップは「会長」よりはむしろ「議長」であり，意思決定に等しく責任を負う取締役会の各メンバーは，議長／会長に対してよりはむしろ監査役会に対して責任を負うというかたちとなっている[183]。これに対して，アメリカでは，トップの経営者の役割は典型的に取締役会によってCEOに与えられ，機能は執行役員のような上級管理者のグループに与えられるという原則がとられているが，ドイツでは，そのようなあり方とは大きく異なっている[184]。ドイツでは，会社を代表するのは取締役会会長ではなく取締役会全体であるとされる場合が多く，

その会長ないし議長は調整機能を担当するかたちになっている。会長に対してCEOに似た機能を負わせることは意図されておらず,またそうなっていないのが通例である[185]。取締役会のメンバーの間での階層的な差異はみられず,取締役会の会長ないし議長は彼らに対する命令権を有してはいない。こうした点からも,アメリカ的なCEOモデルは,ドイツのコーポレート・ガバナンスとは相容れないものである[186]。

このように,ドイツ企業では,個々の取締役は,意思決定において大きな自律性を享受しており,政治的な支持のために利用しうる選挙区となる基盤をもち,意思決定は典型的に合意を基礎にしてなされるのが通例である。そのことは,取締役会レベルでの根本的な変化に関する意見の一致を困難にする傾向にもある[187]。また合議制の経営のひとつの重要な結果は,アングロ・サクソン諸国と比べ経営者の転職率が低いことにあり[188],内部労働市場を基礎にした経営者の人事構成は,外部取締役の比率や彼らの影響力を制約する要因ともなった。さらにドイツの株式会社では取締役の任期に関してアメリカと比べ長い契約がなされるという傾向も,取締役が短期の経営成果への圧力から開放されるという状況を可能にする要因となってきた[189]。

またトップ・マネジメントの機構,人員の間の連携という面でみると,大銀行では,長期にわたり在職してきた取締役がその在任期間後に監査役会に移り,そこでは,かつての取締役会会長が監査役会会長となることも多い。それゆえ,監査役会は銀行業務を完全に理解した人物によって占められているという傾向がみられる[190]。取締役会から監査役会へのそのような移動は,産業企業でもみられる[191]。こうした事情も,企業内部における取締役会と監査役会との連携によって外部の資本市場の圧力に対する防衛的機能を発揮する上で重要な意味をもっている。

5 共同決定制度との関連での株主価値重視の経営モデルとの相剋

つぎに共同決定制度の影響をみると,労働組合は監査役会において経営者側と共同で「過度の外部化」,すなわち企業外部からの自らの利害の侵害と戦う体制にあり,こうした協調的な体制は,企業の経営過程におけるアメリカ的金融化の強い影響を抑止する重要な基盤をなしてきた。例えばF. シュヴァルツ

は，ドイツ銀行について，こうした「過度の外部化」との闘いにおける労働組合の最も重要なパートナーは同行であったとしている(192)。こうした点で，共同決定制度のもとでの労働側の利害と経営の自律性の確保という企業側の利害は十分に一致しうるものである。また1976年共同決定法適用下の企業では，経営陣による労働側代表の監査役との協調がはかられる場合には，外部の勢力が監査役の半数にあたる出資者側代表のメンバーのすべてを掌握しない限りその主張・利害を実現することが困難になる。また近年の自社株買いの動きにみられるように当該企業が自社株を一定保有することにより出資者代表の監査役を1人でも確保すれば，労働側代表の監査役との連携・協調によって外部の勢力を制することも可能となる。こうした条件は，資本市場の圧力の増大のもとでも，決定的に変化しているわけではない。

また共同決定制度の影響を企業内部でみると，政策の重要な変更に関して経営協議会の合意が重要となるという点にドイツ企業の意思決定におけるひとつの特徴がみられる。「労働者の団結」は，株主価値への経営側の要求に経営協議会が抵抗することのできる力に影響をおよぼすひとつの決定的な変数となっている(193)。M.ヘプナーは，株主価値は共同決定の効率志向への全般的な傾向を強めているが共同決定は株主価値によって危険にさらされているわけではないという点で，株主価値と共同決定は考えられてきたほどには対立しない関係にあるとしている(194)。例えば資本市場の圧力の増大，株主価値志向の経営の推進のもとで要求されるリストラクチャリングによる企業の構造変革をみても，制度的に保証された方法で労働者の利害が企業の意思決定において考慮される場合には，企業変革において労働者が保護されるという状況にある。そのような前提条件のもとでは，資本市場によって突き動かされ実施される事業再編は，摩擦なしに，またコンフリクトなしに労使協調的にすすむという傾向にあった(195)。またアングロ・サクソンの投資家でさえも，実際には共同決定と折りあってきたのであり，一部ではその経済的な利点を認めてきた場合さえみられるとされている(196)。

また共同決定制度とも深いかかわりをもつ労使関係の影響も大きく，J.ケデュトラーらの研究でも，自動車産業では，金融市場の新しい要求・圧力と実体経済との間のコンフリクトは，この部門で構築された労使関係のシステムと結

びついて，企業戦略のバランスを保つこと，あるいは必要な場合にはそれを新たに調整することに大きく寄与しうることになったとされている[197]。またG. ジャクソンも，共同決定と強力な福祉国家の法的モデルがドイツ企業に対して日本においてよりも迅速にそのステイクホルダー・モデルをより大きな株主価値の方向へと適合させることを可能にしてきたとしている[198]。ことに機関投資家によるひとつの重要な要求である，従業員の成果とより結びついた報酬支払いや業績の悪い事業単位の売却・閉鎖，人員整理・雇用調整においても，経営協議会との交渉が必要となり[199]，そのことは，株主価値経営の展開のドイツ的なあり方に大きな影響をおよぼす要因をなした。例えばフォルクスワーゲンを事例としたI. クラークの研究でも，同社のケースは，資本側と経営側にとっての株主価値戦略の出現はドイツの経営のシステムにおける中核的な制度としての共同決定や団体交渉を徐々に弱めてきたということを示すものではないとされている。むしろ同国のビジネス・システムおよびそのなかでの労使関係のパターンは，改革のさいに従わざるをえないひとつの強力な規制力をもつということを示すものである[200]。

確かに共同決定に対する批判や制度の変容をめぐる動きも活発化してきたが，現実には，共同決定の大規模な改革のきっかけが生み出されたというわけではなく，決定的な状況の変化には至っていないといえる[201]。株主の利害の考慮の強まりのなかで，ステイクホルダーの影響はそれなりに抑制され，経営側の意思決定の余地は狭められる傾向にあったが，監査役会や共同決定のような本質的なメルクマールにはわずかな変化しかみられず，銀行や企業の結合の意義は決定的に減少してきたというわけではない[202]。

またリーマン・ショックにともなう金融危機，経済危機の世界的連鎖の広がり，金融市場のみならず商品市場，労働市場にもおよぼしたその深刻な影響のもとで，アメリカ的な株主価値重視の経営モデル，資本市場指向型コーポレート・ガバナンスに対する批判，反省は一層強まっている。そうしたなかで，ドイツ的な経営モデル，コーポレート・ガバナンスの評価の高まり，そうした経営モデル，ガバナンスのシステムへのより強い志向という傾向もみられる[203]。

以上の考察において，1990年代以降にみられた企業経営の「アメリカ化」の再来という現象のもとでの株主主権的な経営，コーポレート・ガバナンスへの転換をめぐる問題についてみてきたが，この時期のいまひとつの重要な企業経営の現象として，リストラクチャリングの全産業的な広がりをもった，またグローバルなレベルでの展開がある。それは資本市場による株主主権的な経営への圧力とも深く関わる問題であるが，次章では，こうした問題について考察を行うことにしよう。

(1) M. Albert, *Capitalisme contre Capitalisme*, Paris, 1991〔小池はるひ訳『資本主義対資本主義：21世紀への大論争』，新訂版，竹内書店，1996年〕参照。
(2) P. A. Hall, D. Soskice (eds.), *Varieties of Capitalism*, Oxford University Press, 2001〔遠山弘徳・安孫子誠男・山田鋭夫・宇仁宏幸・藤田奈々子訳『資本主義の多様性』ナカニシヤ出版，2007年〕参照。
(3) ドイツの企業体制については，欧文文献は多くみられるが，邦語文献としては，海道ノブチカ『ドイツの企業体制——ドイツのコーポレート・ガバナンス——』森山書店，2005年が体系的である。またドイツの企業体制の動揺・変化を企業統治構造の面から考察した日本の研究としては，風間信隆「資本市場のグローバル化とドイツ企業統治構造の変容」『明治大学社会科学研究所紀要』，第49巻第2号，2011年3月，同「金融・経済危機とドイツの企業統治システム——多元的企業統治モデルと共同決定の意義——」『商学論纂』(中央大学)，第53巻第5 - 6 号，2012年3月，同「グローバル化の進展とドイツ的企業統治システムの進化——株主価値重視経営からの脱却と共同決定の現代的意義——」，日本経営学会編『リーマン・ショック後の企業経営と経営学』(経営学論集 82集)，千倉書房，2012年9月などがある。
(4) こうした問題については，拙稿「企業経済の経営学——現代資本主義の『現実』と『架空性』の中の企業経営の科学的分析——」，國嶋弘行・重本直利・山崎敏夫編著『「社会と企業」の経営学——新自由主義的経営から社会共生的経営へ——』ミネルヴァ書房，2009年を参照。
(5) J. Kädtler, H. J. Sperling, The Power of Financial Markets and the Resilience of Operations : Argument and Evidence from the German Car Industry, *Competition & Change*, Vol. 6, No. 1, March 2002, p. 83, J. Kädtler, H. J. Sperling, Worauf beruht und wie wirkt die Herrschaft der Finanzmärkte auf der Ebene von Unternehemen? Order : Taugt Finanzialisierung als neue Software für die Automobilindustrie?, *SOFI-Mitteilungen*, Nr. 29, Juni 2001, S. 40参照。
(6) J. F. H. Baumüller, *Post Shareholder Value, Zukünftige Unternehmensführungskonzepte nach dem Shareholder Konzept*, Saarbrücken, 2010, S. 104.

(7) J. Froud, C. Haslam, S. Johal, K. Williams, Shareholder Value and Financialization : Consultancy Promises, Management Moves, *Economy and Society*, Vol. 29, No. 1, February 2000, pp. 103-4.

(8) この点については，工藤 章『日独経済関係史序説』桜井書店，2011年，184-90ページ参照。

(9) 同書，174ページ。

(10) G. Jackson, Stakeholders under Pressure : Corporate Governance and Labour Management in Germany and Japan, *Corporate Governance : An International Review*, Vol. 13, No. 3, May 2005, p. 419.

(11) Vgl. W. Schnitzler, Implementierung der Anforderungen des Sarbanes-Oxley Acts in einem deutschen Großunternehmen, C-C. Freidank, P. Altes(Hrsg.), *Rechnungslegung und Corporate Governance. Reporting, Steuerung und Überwachung der Unternehmen im Umbruch*, Berlin, 2007, S. 229.

(12) F. F. Beelitz, Shareholder Value und Kapitalmarktorientierung im bundesdeutschen Umfeld im Umbruch, H. Siegwart, J. Mahari(Hrsg.), M. Ruffner(Gasthrsg.), *Corporate Governance, Shareholder Value & Finanz*, Basel, 2002, S. 587.

(13) R. H. Schmidt, J. Maßmann, Drei Mißverständnisse zum Thema „Shareholder Value", Johann Wolfgang Goethe-Universität, *Working Paper Series, Finance & Accounting*, No. 31, Febrary 1999, p. 1.

(14) K. Dörre, H. Holst, Nach dem Shareholder Value? Kapitalmarktorientierte Unternehmenssteuerung in der Krise, *WSI Mitteilungen*, 62. Jg, 12/2009, Dezember 2009, S. 670, K. Dörre, *Kampf um Beteiligung. Arbeit, Partizipation und industrielle Beziehungen im flexiblen Kapitalismus. Eine Studie aus dem Soziologischen Forschungsinstitut Göttingen(SOFI)*, 1. Aufl., Wiesbaden, 2001.

(15) T. Buck, I. Filatotchev, M. Wright, Agents, Stakeholders and Corporate Governance in Russian Firms, *Journal of Management Studies*, Vol. 35, No. 1, January 1998, p. 82.

(16) U. Jürgens, K. Naumann, J. Rupp, Shareholder Value in an Adverse Environment : the German Case, *Economy and Society*, Vol. 29, No. 1, February 2000, p. 59, K. Paetzmann, *Corporate Governance. Strategische Marktrisken, Controlling, Überwachung*, Berlin, Heidelberg, 2008, S. 40.

(17) S. M. Mintz, A Comparison of Corporate Governance Systems in the U. S., UK and Germany, *Corporate Ownership & Control*, Vol. 3, No. 4, summer 2006, p. 31, A. Hackethal, R. H. Schmidt, M. Tyrell, Banks and German Corporate Governance : On the Way to a Capital Marketbased System?, *Corporate Governance*, Vol. 13, No. 3, May 2005, p. 398, S. C. Weber, *Externes Corporate Governance Reporting börsennotierter Publikumsgesellschaften. Konzeptionelle Vorschläge zur Weiterentwicklung der Unternehmerischen Berichterstattung*, 1. Aufl., Wiesbaden, 2011, S. 553.

第10章　株主主権的経営，コーポレート・ガバナンスとそのドイツ的展開　*363*

(18) U. Jürgens, K. Naumann, J. Rupp, *op. cit.*, p. 62.
(19) H. Oberbeck, N. D'Alessio, The End of the German Model? Developmental Tendencies in the German Banking Industry, G. Morgan, D. Knights (eds.), *Regulation and Deregulation in European Financial Services*, Basingstoke, 1997, p. 86, pp. 101–2.
(20) Vgl. J. Kengelbach, A. Roos, Entflechtung der Deutschland AG. Empirische Untersuchung der Reduktion von Kapital- und Personalverflechtungen zwischen deutschen börsennotierten Gesellschaften, *Mergers and Acquisitions*, 1/2006. S. 12, S. 21.
(21) W. Menz, S. Becker, T. Sablowski, *Shareholder-Value gegen Belegschaftsinteressen. Der Weg der Hoechst-AG zum 》Life-Science《-Konzern*, Hamburug, 1999, S. 36–7.
(22) F. F. Beelitz, *a. a. O.*, S. 577–8, S. 581.
(23) A. Chizema, Early and Late Adoption of American-style Executive Pay in Germany : Governance and Institutions, *Journal of World Business*, Vol. 45, No. 1, January 2010, p. 10.
(24) P. Windolf, Die nuen Eigentümer, P. Windolf (Hrsg.), *Finazmarkt-Kapitalismus. Analysen zum Wandel von Produktionsregimen* (Kölner Zeitschrift für Soziologie und Sozialpsychologie, Sonderheft 45), Wiesbaden, 2005, S. 9–10.
(25) K. Dörre, Finanzmarktkapitalismus contra Mitbestimmung? Kapitalmarktorientierte Steuerungsformen und organisierte Arbeitsbeziehungen, J. Huffschmid, M. Köppen, W. Rhode (Hrsg.), *Finanzinvestoren : Retter oder Raubritter? Neue Herausforderungen durch die internationalen Kapitalmärkte*, Hamburg, 2009, S. 104.
(26) P. C. Fiss, E. J. Zajac, The Diffusion of Ideas over Contested Terrain : The (Non) adoption of a Shareholder Value Orientation among German Firms, *Administrative Science Quarterly*, Vol. 49, No. 4, December 2004, p. 506.
(27) M. Höpner, Corporate Governance in Transition : Ten Empirical Findings on Shareholder Value and Industrial Relations in Germany, *MPIfG (Max-Planck-Institut für Gesellschaftsforschung) Discussion Paper 01/5*, October 2001, pp. 13–4.
(28) Fonds kapitalisieren Europas Firmenelite, *Handelsblatt*, Nr. 216, 8. 11. 1999, S. 22.
(29) この点については，例えば，U. Jürgens, K. Naumann, J. Rupp, *op. cit.*, pp. 67–8, T. Sablowski, J. Ruppe, Die neue Ökonomie des Shareholder Value Corporate Governance im Wandel, *PROKLA*, Heft 122, 31. Jg, Nr. 1, März 2001, S. 64–7, R. v. Rosen, Corporate Governance——Neue Denkansätze in Deutschland, H. Siegwart, J. Mahari (Hrsg.), M. Ruffner (Gasthrsg.), *a. a. O.*, S. 593–609, J. W. Cioffi, M. Höpner, Mit Links in den Shareholder-Kapitalismus?, *Mitbestimmung*, 51. Jg, Heft 4, April 2005, S. 17などを参照。
(30) Vgl. U. Jürgens, K. Naumann, J. Rupp, *op. cit.*, p. 71.
(31) J. Küke, *Corporate Governance in Germany. An Empirical Investigation*, Heidelberg, 2002, p. 136.
(32) この点については，C. Lane, Changes in Corporate Governance of German Corporations : Convergence to the Anglo-American Model?, *Competition & Change*, Vol. 7,

No. 2-3, June-September 2003, p. 88, S. Vitols, German Corporate Governance in Transition : Implications of Bank Exit from Monitoring and Control, *International Journal of Disclosure and Governance*, Vol. 2, No. 4, December 2005, p. 362, M. Höpner, Unternehmensverflechtung im Zwielicht. Hans Eichels Plan zur Auflösung der Deutschland AG, *WSI Mitteilungen*, 53. Jg, 10/2000, Oktober 2000, A. Chizema, T. Buck, Neo-institutional Theory and Institutional Change : Towards Empirical Test on the „Americanaization" of German Executive Pay, *International Business Review*, Vol. 25, No. 5, October 2006, p. 496, J. Matthes, Das deutsche Corporate-Governance-System im Wandel. Übergang zum angelsächsischen System oder nur leichte Annährung?, C. Storz, B. Lagemann(Hrsg.), *Konvergenz oder Divergenz? Der Wandel der Unternehemensstrukturen in Japan und Deutschland*, Marburg, 2005, S. 231などを参照。

(33) G. Cromme, Corporate Governance in Germany and the German Corporate Code, *Corporate Governance*, Vol. 13, No. 3, May 2005, p. 362.

(34) J. N. Ziegler, Corporate Governance and the Politics of Property Rights in Germany, *Politics and Society*, Vol. 28, No. 2, June 2000, p. 212, J. N. Gordon, Pathways to Corporate Convergence? Two Steps on the Road to Shareholder Capitalism in Germany, *Columbia Journal of Economic Law*, Vol. 5, No. 219, spring 1999, p. 225, p. 227, p. 238.

(35) Vgl. J. Matthes, *a. a. O.*, S. 221, S. 223.

(36) S. Beck, F. Klobes, C. Scherrer, Conclusion, S. Beck, F. Klobes, C. Scherrer(eds.), *Surviving Globalization? Perspectives for the German Economic Model*, Düsseldorf, 2005, p. 228.

(37) M. Höpner, *op. cit.*, pp. 17-9.

(38) M. Höpner, G. Jackson, An Emerging Market for Corporate Control? The Mannesmann Takeover and German Corporate Governance, *MPIfG Discussion Paper 01/4*, September 2001, p. 18.

(39) J. N. Ziegler, *op. cit.*, p. 200.

(40) Vgl. J. Beyer, Deutschland AG a. D. : Deutsche Bank, Allianz und das Verflechtungszentrum großer deutscher Unternehmen, *MPIfG Working Paper 02/4*, März 2001, S. 6-7, S. 9-10.

(41) W. Streeck, German Capitalism, C. Crouch, W. Streeck(eds.), *Political Economy of Modern Capitalism*, London, 1997, p. 51〔山田鋭夫訳『現代の資本主義制度』NTT出版, 2001年, 77ページ〕.

(42) U. Jürgens, K. Naumann, J. Rupp, *op. cit.*, p. 69.

(43) J. Beyer, *a. a. O.*, S. 11.

(44) Vgl. *Ebenda*, S. 14-5.

(45) Vgl. U. Jürgens, K. Naumann, J. Rupp, *op. cit.*, p. 70, Monopolkommission, *Hauptgutachten 2006/2007. Weniger Staat, mehr Wettbewerb. Gesundheitsmärkte und staatliche*

Beihilfen in der Wettbewerbsordnung (Hauptgutachten der Monopolkommission, XⅧ), 1. Aufl., 2008, Baden-Baden, S. 198.

(46) M. Höpner, *op. cit.*, p. 26, p. 50.
(47) Vgl. T. Sablowski, J. Ruppe, *a. a. O.*, S. 53.
(48) Vgl. S. Becker, Der Einfluss des Kapitalmarkts und seine Grenzen : Die Chemie- und Pharmaindustrie, W. Streeck, M. Höpner (Hrsg.), *Alle Macht dem Markt? Fallstudien zur Abwicklung der Deutschland AG*, Berlin, New York, 2003, S. 226.
(49) J. Kädtler, H. J. Sperling, After Globalisation and Financialisation : Logics of Bargaining in the German Automotive Industry, *Competition & Change*, Vol. 6, No. 2, June 2002, p. 152.
(50) P. Koslowski, The Limits of Shareholder Value, *Journal of Business Ethics*, Vol. 27, No. 1/2, September 2000, p. 140.
(51) S. Becker, *a. a. O.*, S. 225.
(52) M. Höpner, *op. cit.*, pp. 11-2参照。
(53) M. Höpner, G. Jackson, *op. cit.*, p. 19, R. Bühner, A. Raheed, J. Rosenstein, Corporate Restructuring Patterns in the US and Germany : A Comparative Empirical Investigation, *Management International Review*, Vol. 37, No. 4, 1997, p. 324.
(54) Vgl. R. v. Rosen, *a. a. O.*, S. 603.
(55) G. Jackson, A. Moerke, Continuity and Change in Corporate Governance : Comparing Germany and Japan, *Corporate Governance*, Vol. 13, No. 3, May 2005, p. 354.
(56) A. Hassel, M. Höpner, A. Kurdelbusch, B. Rehder, R. Zugehör, Zwei Dimension der Internationalisierung : Eine empirische Analyse deutscher Grossunternehmen, *Kölner Zeitschrift für Soziologie und Sozialpsychologie*, 52. Jg, Heft 3, September 2000, S. 507.
(57) T. Sablowski, J. Ruppe, *a. a. O.*, S. 66, S. Vitols, Changes in Germany's Bank-Based Financial System : Implication for Corporate Governance, *Corporate Governance*, Vol. 13, No. 3, May 2005, p. 389.
(58) F. Janssen, Unternehmenführung mit Finanzkennzahlen, T. Burkhardt, J. Körnert, U. Walther (Hrsg.), *Banken, Finanzierung und Unternehmensführung*, Berlin, 2004, S. 196.
(59) U. Jürgens, K. Naumann, J. Rupp, *op. cit.*, p. 69.
(60) F. F. Beelitz, *a. a. O.*, S. 579.
(61) A. Chizema, T. Buck, *op. cit.*, p. 500, WM. G. Sanders, A. Tuschke, The Adoption of institutionally Contested Organizational Practices : The Emergence of Stock Option Pay in Germany, *Academy of Management Journal*, Vol. 50, No. 1, February 2007, pp. 49-50.
(62) M. Möller, Enron――eine Lektion auch für Deutschland?, *Die Mitbestimmung*, 48. Jg, Heft 6, Juni 2002, S. 30.
(63) Deutsche Bank AG, *Geschäftsbericht 1995*, S. 6, S. 39, S. 79.
(64) Deutsche Bank AG, *Geschäftsbericht 2001*, S. 2.

(65) Commerzbank AG, *Geschäftsbericht 1998*, S. 6.
(66) Allianz Gruppe, *Geschäftsbericht 1998*, S. 23.
(67) S. Vitols, *The Reconstruction of German Corporate Governance : Reassessing the Role of Capital Market Pressures*, Wissenschaftszentrum Berlin für Sozialforschung, June 2000, p. 7, E. H. Schlie, M. Warner, The 'Americanization'of German Management, *Journal of General Management*, Vol. 25, No. 3, spring 2000, S. 43.
(68) Volkswagen AG, *Geschäftsbericht 2001*, S. 28, S. 84.
(69) Siemens AG, *Geschäftsbericht 2000*, S. 54.
(70) TyssenKrupp AG, *Geschäftsbericht 1998/99*, S. 35-6.
(71) Vgl. A-K. Achleitner, A. Bassen, Entwicklungsstand des Shareholder-Value-Ansatzes in Deutschland──Empirische Befunde, H. Siegwart, J. Mahari(Hrsg.), M. Ruffner (Gasthrsg.), *a. a. O.*, S. 619-20, S. 622-3.
(72) P. Windolf, Was ist Finanzmarkt-Kapitalismus?, P. Windolf(Hrsg.,), *a. a. O.*, S. 46. S. 52.
(73) E. Wenger, C. Kaserer, German Banks and Corprate Governance : A Critical View, K. J. Hopt, H. Kanda, M. J. Roe, E. Wymeersch, S. Prigge(eds.), *Comparative Corporate Governance──The State of the Art and Emerging Research──*, Oxford University Press, 1998, p. 513.
(74) *Ibid.*, p. 517.
(75) Vgl. B. Pellems, C. Thomaszewski, N. Weber, Wertorientierte Unternehmensführung in Deutschland──Eine empirische Untersuchung der DAX 100-Unternehemen──, *Der Betrieb*, 53. Jg, Heft 37, 15. 9. 2000, S. 1825, C. Aders, M. Hebertingen, C. Schaffer, F. Wiedemann, Shareholder Value Konzept : Umsetzung bei den DAX 100-Unternehmen, *Finanz-Betrieb*, 5. Jg, 2003, M. Höpner, *op. cit.*, p. 12, KPMG, *Value Based Management, Shareholder Value Konzept. Eine Untersuchung der DAX 100 Unternehemen*, Frankfurt am Main, 2000, S. 31, B. Pellems, C. Thomaszewski, N. Weber, Beteiligungscontrolling in Deutschland. Eine empirische Untersuchung der DAX 100 Unternehemen, *Arbeitpapier des Institut für Unternehemensführung und Unternehemensforschung*(Ruhr-Universität Bochum), Nr. 85, 2000, S. 46, J. Graf, C. Lenke, S. Schießer, *Die Umsetzung des Shareholder-Value-Konzept durch die DAX-Unternehemen. Studie der SGZ-Bank AG*, Frankfurt am Main, 1997, S. 22.
(76) BASF AG, *Jahresbericht 2000*, S. 9.
(77) U. Jürgens, K. Naumann, J. Rupp, *op. cit.*, p. 74.
(78) *Ibid.*, p. 69.
(79) K. Williams, From Shareholder Value to Presentday Capitalism, *Economy and Society*, Vol. 29, No. 1, February 2000, p. 5.
(80) A. Chizema, T. Buck, *op. cit.*, p. 499.
(81) A. Chizema, *op. cit.*, p. 13.

(82) T. Buck, A. Chizema, The Adoption of an American Executive Pay Practice in Germany, R. Strange, G. Jackson (eds.), *Corporate Governance and International Business. Strategy, Performance and Instituitional Change*, Basingstoke, 2008, p. 256, p. 258.

(83) A. Tuschuke, W. G. Sanders, Antecedents and Consequences of Corporate Governance Reform : The Case of Germany, *Strategic Management Journal*, Vo. 23, No. 7, July 2003, p. 634, p. 645.

(84) A. Chizema, *op. cit.*, pp. 16-7.

(85) A. Chizema, T. Buck, *op. cit.*, p. 490, A. Börsch, Globalisation, Shareholder Value, Restructuring : The (Non) -Transformation of Siemens, *New Political Economy*, Vol. 9, No. 3, September 2004, p. 377.

(86) S. Vitols, Negotiated Shareholder Value : The German Variant of an Anglo-American Practice, *Competition & Change*, Vol. 8, No. 4, December 2004, p. 371.

(87) WM. G. Sanders, A. Tuschke, *op. cit.*, p. 40.

(88) A. Bruce, T. Buck, B. G. M. Main, Top Executive Remuneration : A View from Europe, *Journal of Management Studies*, Vol. 42, No. 7, November 2005, p. 1503.

(89) T. Buck, A. Shahrim, The Translation of Corporate Governance Changes across National Cultures : The Case of Germany, *Journal of International Business Studies*, Vol. 36, No. 1, 2005, pp. 58-9, Siemens AG, *Geschäftsbericht 2000*, S. 51-2.

(90) A. Börsch, *op. cit.*, p. 377, p. 381, DaimlerChrysler AG, *Geschäftsbericht 2005*, S. 110, TyssenKrupp AG, *Geschäftsbericht 1998/99*, S. 37, *Geschäftsbericht 2001/2002*, S. 190.

(91) E. H. Schlie, M. Warner, *op. cit.*, S. 43.

(92) A. Bruce, T. Buck, B. G. M. Main, *op. cit.*, pp. 1501-3.

(93) M. Goergen, M. C. Manjon, L. Renneboog, Recent Developments in German Corporate Governance, *International Review of Law and Economics*, Vol. 28, Issue 3, September 2008, p. 190.

(94) C. Scott, The Influence of National Culture on Stock-Option-Programmes as Motivators. The Case of Managers in Germany, *International German Management Association Review*, No. 2, 2008, p. 18, pp. 20-6, pp. 29-34.

(95) L. Oxelheim, T. Randoy, The Anglo-American Financial Influence on CEO Compensation in non-Anglo-American Firms, *Journal of International Business Studies*, Vol. 36, No. 4, July 2005, p. 481.

(96) こうした傾向については，例えばL. Goutas, C. Lane, The Translation of Shareholder Value in the German Business System : A Comparative Study of DaimlerChrysler and Volkswagen AG, *Competition & Change*, Vol. 13, No. 4, December 2009, p. 341などを参照。

(97) *Ibid.*, p. 335-7, S. 340, Bayer AG, *Geschäftsbericht 2000*, S. 6などを参照。

(98) R. Bühner, A. Rasheed, J. Rosenstein, *op. cit.*, p. 334.

(99) R. W. Herden, H. Reinhard, M&A-Volumen in Europa setzt neue Maβstäbe, *M&A Review*, 12/1999, S. 526.

(100) S. Vitols, *The Reconstruction of German Corporate Governance*, p. 7.

(101) S. Vitols, Negotiated Shareholder Value, p. 369.

(102) M. Völcker, *'Das Wars mit der Deutschland AG'――Der Schareholder-Value-Kapitalismus und dessen (soziale) Folgen*, 1. Aufl., München, 2009, S. 18.

(103) J. Kädtler, Vom Fordismus zur Globalisierung――Schlüsselprobleme der deutschen industrielle Beziehungen, *SOFI-Mitteilungen*, Nr. 32, Dezember 2004, S. 65.

(104) R. Dore, *Stock Market Capitalism. Japan and Germany versus the Anglo-Saxons*, Oxford University Press, 2000, p. 194〔藤井眞人訳『日本型資本主義と市場主義の衝突　日・独対アングロサクソン』東洋経済新報社，2001年，284ページ〕。

(105) A. Börsch, *op. cit.*, pp. 380-1.

(106) Vgl. R. Zugehör, *Die Zukunft der rheinischen Kapitalismus*, Wiesbaden, 2003, S. 166〔風間信隆監訳，風間信隆・松田　健・清水一之訳『ライン型資本主義の将来』文眞堂，2008年，165ページ〕。

(107) A. Börsch, *op. cit.*, p. 387.

(108) U. Jürgens, K. Naumann, J. Rupp, *op. cit.*, pp. 74-5.

(109) K. Williams, *op. cit.*, p. 5.

(110) C. Lane, *op. cit.*, p. 99. 例えばバイエルなどにみられるように，2000年代の最初の10年間の後半になってニューヨーク証券取引所への上場を取りやめ，アメリカ的な基準でのルールに従わないですむ方法の選択を行っている企業も現れている。Bayer AG, *Geschäftsbericht 2007*, S. 19.

(111) A. Chizema, *op. cit.*, p. 9, G. Jackson, A. Moerke, *op. cit.*, p. 358, E. Gerum, *Das Corporate Governance-System. Ein empirische Untersuchung*, Stuttgart, 2007, S. 114, S, 418, S. 431, S, 434-5.

(112) A. Hackethal, R. H. Schmidt, M. Tyrell, *op. cit.*, pp. 397-8, p. 401, pp. 404-5, E. Gerum, *a. a. O.*, S, 434-5.

(113) Vgl. S. Pönisch, *Die Entwicklung des deutschen Systems der Corporate Governance. Analyse und Entwicklungsdynamiken*, Saarbrücken, 2007, S. 111, M. Goergen, M. C. Manjon, L. Renneboog, *op. cit.*, p. 175, p. 190.

(114) J. Matthes, *a. a. O.*, S. 239-40, S. C. Weber, *a. a. O.*, S. 554.

(115) Vgl. M. Metten, *Corporate Governance. Eine aktienrechtliche und institutionenökonomische Analyse der Leistungsmaxime von Aktiengesellschaften*, 1. Aufl., Wiesbaden, 2010, S. 256-7.

(116) J. Kädtler, H. J. Sperling, The Power of Financial Markets and the Resilience of Operations, p. 81, pp. 84-6, pp. 91-3.

(117) J. Kädtler, H. J. Sperling, After Globalisation and Financialisation, pp. 164-5.

(118) M. Alff, *Automobilkonzern unter Druck. Beschäftigungsentwicklung bei Opel, Volkswagen und der Shareholder Value*, Saarbrücken, 2007, S. 107-8.
(119) L. Goutas, C. Lane, *op. cit.*, pp. 338-340, p. 342.
(120) Vgl. J. Kädtler, H. J. Sperling, *a. a. O.*, S. 32.
(121) U. Jürgens, Y. Lung, G. Volpato, V. Frigant, The Arrival of Shareholder Value in the European Auto Industry. A Case Study Comparison of Four Car Makers, *Competition & Change*, Vol. 6, No. 1, March 2002, pp. 69-73.
(122) *Ibid.*, p. 78.
(123) L. Goutas, C. Lane, *op. cit.*, pp. 333-6, p. 339, p. 341.
(124) J. Kädtler, H. J. Sperling, After Globalisation and Financialisation, p. 161, p. 164.
(125) Vgl. S. Becker, *a. a. O.*, S. 235-6.
(126) S. Vitols, Shareholder Value, Management Culture and Production Regimes in the Transformation of the German Chemical-Pharmaceutical Industry, *Competition & Change*, Vol. 6, No. 3, September 2002, pp. 310-1, pp. 315, S. Vitols, Viele Wege nach Rom? BASF, Bayer und Hoechst, W. Streeck, M. Höpner (Hrsg.), *a. a. O.*, S. 199, S. 211.
(127) Die Schrift von Dr. Friedmar Nusch an Herr Holger Dannenberg (29. 4. 1996), *Hoechst Archiv*, Korrespondenz Dormann Nusch 1996.
(128) Hoechst AG, Bericht des Vorsitzenden des Vorstands Jürgen Dormann. Ordentlche Hauptversammlung am 25. April 1995, S. 6, *Hoechst Archiv*, Hauptversammlung 1995.
(129) Hoechst AG, Bericht des Vorsitzenden des Vorstands Jürgen Dormann. Ordentlche Hauptversammlung am 6. Mai 1997, S. 4, *Hoechst Archiv*, Hauptversammlung 12/1998, Hoechst AG, Erläuterungen zu den Tagesordnungspunkten 6, 7 und 8 der ordentlichen Hauptversammlung der Hoechst Aktiengesellschaft am 6. Mai 1997, S. 7, *Hoechst Archiv*, Hauptversammlung 12/1998.
(130) Hoechst AG, Bericht des Vorsitzenden des Vorstands Jürgen Dormann. Ordentlche Hauptversammlung am 5. Mai 1998, S. 7, *Hoechst Archiv*, Hauptversammlung 12/1998.
(131) Hoechst AG, Erläuterungen zu den Tagesordnungspunkten 6, 7 und 8 der ordentlichen Hauptversammlung der Hoechst Aktiengesellschaft am 6. Mai 1997, S. 8-9, *Hoechst Archiv*, Hauptversammlung 12/1998.
(132) S. Vitols, Shareholder Value, Management Culture and Production Regimes in the Transformation of the German Chemical-Pharmaceutical Industry, pp. 310-1, pp. 318-9, S. Vitols, *a. a. O.*, S. 199, S. 211-3.
(133) S. Becker, *a. a. O.*, S. 238.
(134) S. Vitols, Shareholder Value, Management Culture and Production Regimes in the Transformation of the German Chemical-Pharmaceutical Industry, pp. 320-1, S. Vitols, *a. a. O.*, S. 213-5.
(135) S. Becker, *a. a. O.*, S. 238-9.

(136) C. Carr, Are German, Japanese and Anglo-Saxin Strategic Decision Styles still Divergent in the Context of Globalization?, *Journal of Management Studies*, Vol. 42, No. 6, September 2005, p. 1158.
(137) A. Börsch, *op. cit.*, p. 381.
(138) M. Höpner, *op. cit.*, pp. 15-6.
(139) M. Höpner, *Wer beherrscht die Unternehmen? Shareholder Value, Managerschaft und Mitbestimmung in Deutschland*, Frankfurt am Main, 2003, S. 204.
(140) Vgl. E. Knapp, Interne Revision und Corporate Governance. Aufgaben und Entwicklungen für die Überwachung, 2. Aufl., Berlin, 2009, S. 73, S. 185, S. 188.
(141) C. Carr, *op. cit.*, p. 1171, p. 1174.
(142) S. Vitols, German Corporate Governance in Transition, p. 358.
(143) Vgl. S. Pönisch, *a. a. O.*, S. 106-7.
(144) Vgl. M. Faust, J. Kädtler, Nach dem Shareholder-Value, *Die Mitbestimmung*, 55. Jg, Heft 6, Juni 2009, S. 24, M. Faust, R. Bahnmüller, C. Fisecker, *Das kapitalmarktorientierte Unternehemen. Externe Erwartungen, Unternehmenspolitik, Personalwesen und Mitbestimmung*, Berlin, 2011, S. 397-9.
(145) Vgl. K. Paetzmann, *a. a. O.*, S. 43.
(146) S. Vitols, *The Reconstruction of German Corporate Governance*, p. 1.
(147) S. Vitols, Continuity and Change : Making Sence of the German Model, *Competition & Change*, Vol. 8, No. 4, December 2004, S. 334.
(148) S. Vitols, Negotiated Sharehold Value, p. 358, p. 368, p. 372.
(149) R. Zugehör, *a. a. O.*, S. 38, S. 186 〔前掲訳書, 26ページ, 186ページ〕.
(150) L. Goutas, C. Lane, *op. cit.*, p. 340, p. 342.
(151) A. Onetti, A. Pisoni, Ownership and Control in Germany : Do Cross-Shareholdings Reflect Bank Control on Large Companies?, *Corporate Ownership & Control*, Vol. 6, No. 4, summer 2009, p. 61, p. 64, pp. 66-7, pp. 70-3参照。
(152) S. A. Jansen, *Mergers & Acquisitions. Unternehmensakquisition und -Kooperation. Eine strategische, organisatorische und kapitalmarkttheoretische Einführung*, 5. Aufl., Wiesbaden, 2008, S. 31, S. Vitols, Changes in Germany's Bank-Based Financial System, p. 395.
(153) S. Vitols, German Corporate Governance in Transition, p. 358, pp. 363-6, M. Höpner, *Wer beherrscht die Unternehmen?*, 2003, S. 206.
(154) T. Heinze, Dynamics in the German System of Corporate Governance? Empirical Findings regarding Interlocking Directors, *Economy and Society*, Vol. 33, No. 2, May 2004, p. 232.
(155) S. Vitols, German Corporate Governance in Transition, p. 358.
(156) J. J. du Plessis, B. Großfeld, C. Luttermann, I. Saenger, O. Saudrock, M. Casper,

第10章　株主主権的経営，コーポレート・ガバナンスとそのドイツ的展開　*371*

German Corporate Governance in International and European Context, second edition, Heidelberg, 2012, p. 357.
(157) S. Vitols, Changes in Germany's Bank-Based Financial System, p. 387.
(158) G. Jackson, A. Moerke, *op. cit.*, p. 356.
(159) A. Hackethal, R. H. Schmidt, M. Tyrell, *op. cit.*, p. 401, pp. 404–5.
(160) Vgl. E. Gerum, *a. a. O.*, S. 114, S, 418–9.
(161) S. Vitols, Changes in Germany's Bank-Based Financial System, p. 387, p. 391, p. 395.
(162) Vgl. Allianz Gruppe, *Geschäftsbericht 1995*, S. 58, *Geschäftsbericht 1997*, S. 79, *Geschäftsbericht 1998*, S. 141, *Geschäftsbericht 1999*, S. 156, *Geschäftsbericht 2006*, S. 237, *Geschäftsbericht 2007*, S. 256, *Geschäftsbericht 2008*, S. 274, *Geschäftsbericht 2009*, S. 359.
(163) S. Vitols, Negotiated Sharehold Value, p. 368, p. 372.
(164) K. Beisel, *Deutsche Corporate Governance――Identifikation und Interessenanlage der relevanten Akteure*, 1. Aufl., München, 2002, S. 22.
(165) Zhonghua Wu, A. Delios, The Emergence of Portfolio Restructuring in Japan, *Management International Review*, Vol. 49, No. 3, 2009, p. 333.
(166) L. Goutas, C. Lane, *op. cit.*, p. 342.
(167) J. Hendry, P. Sanderson, R. Baker, J. Roberts, Resoponsible Ownership, Shareholder Value and the New Shareholder Activism, *Competition & Change*, Vol. 11, No. 3, September 2007, p. 237.
(168) J. Matthes, *a. a. O.*, S. 219, W. Gerke, F. Mager, T. Fürstmann, Die Rolle von Finanzintermediären bei der Corporate Governance im Wandel, P. Hommelhoff, K. J. Hopt, A. v. Werder(Hrsg.), *Handbuch Corporate Governance. Leitung und Überwachung börsennotierter Unternehmen in der Rechts- und Wirtschaftspraxis*, 2. Aufl., Stuttgart, 2009, S. 516.
(169) S. Vitols, German Corporate Governance in Transition, pp. 363–4.
(170) C. Dupuy, Y. Lung, Institutional Investors and the Car Industry Geographic Focalisation and Industrial Strategies, *Competition & Change*, Vol. 6, No. 1, March 2002, pp. 52–3, pp. 56–7.
(171) M. Aglietta, New Trends in Corporate Governance : The Prominent Role of the Long Run Investor, *Competition & Change*, Vol. 12, No. 2, June 2009, p. 203, p. 220.
(172) 第2次大戦後のドイツ企業におけるこうした問題について詳しくは，拙書『戦後ドイツ資本主義と企業経営』森山書店，2009年を参照。
(173) M. Völcker, *a. a. O.*, S. 13.
(174) W. Eberwein, J. Tholen, *Euro-Manager or Splendid Isolation? International Management――An Anglo-German Comparison*, Berlin, New York, 1993, p. 173.
(175) Vgl. E. Gerum, *a. a. O.*, S. 143.
(176) F. C. Brodbeck, Unternehmensführung――made in Germany, *Die Mitbestimmung*,

50. Jg, Heft 4, April 2004, S. 12.
（177） P. C. Fiss, E. J. Zajac, *op. cit.*, p. 505.
（178） M. Höpner, *op. cit.*, pp. 21-4, p. 49.
（179） J. Kädtler, Globalisierung und Finanzialisierung. Zur Entstehung eines neuen Begründungskonzexts für ökonomisches Handeln, K. Dörre, B. Rüttger(Hrsg.), *Das neue Marktregime. Konturen eines nachfordistischen Produktionsmodell*, Hamburg, 2003, S. 234.
（180） Vgl. U. Jürgens, K. Naumann, J. Rupp, *op. cit.*, p. 68.
（181） J. Matthes, *a. a. O.*, S. 226.
（182） M. Höpner, G. Jackson, *op. cit.*, p. 21, E. Gerum, *a. a. O.*, S. 419, S, 432-3, P. Mäntysaari, *Comparative Corporate Governance. Shareholders as a Rule-maker*, Heidelberg, 2005, S. 398, G. P. Dyas, H. T. Thanheiser, *The Emerging European Enterpreise*, London, 1976, p. 129, p. 137.
（183） S. Vitols, German Corporate Governance in Transition, pp. 360-1.
（184） S. M. Mintz, *op. cit.*, p. 28.
（185） Vgl. E. Gerum, *a. a. O.*, S. 419, S. 421, S, 432-3.
（186） P. Witt, Vorstand, Aufsichtsrat und ihr Zusammenwirken aus betriebswirtschaftlicher Sicht, P. Hommelhoff, K. J. Hopt, A. v. Werder(Hrsg.), *a. a. O.*, S. 306.
（187） S. Vitols, *The Reconstruction of German Corporate Governance*, p. 6.
（188） S. Vitols, German Corporate Governance in Transition, p. 361.
（189） P. Witt, *a. a. O.*, S. 306.
（190） W. Gerke, F. Mager, T. Fürstmann, *a. a. O.*, S. 513-4.
（191） 取締役会から監査役会へのこうした移動はすでに以前からみられ，例えばヘキストでは，1969年に取締役会会長であったK. ウインナッカーがその職を辞し，監査役会会長に就任しているが（K. Winnacker, *Nie den Mut verlieren*, Düsseldorf, 1972, S. 457, S. 466-7〔児玉信次郎・関 英夫・向井幸雄訳『化学工業に生きる』鹿島出版社，1974年，362ページ，368-9ページ〕），こうしたケースはドイツでは必ずしも珍しいことではない。
（192） F. Schwarz, *Die Deutsche Bank. Riese auf tönernen Füßen*, Frankfurt am Main, 2003, S. 78.
（193） S. Vitols, *The Reconstruction of German Corporate Governance*, p. 7.
（194） M. Höpner, *op. cit.*, pp. 35-6.
（195） Vgl. R. Zugehör, *a. a. O.*, V, Ⅵ. 5〔前掲訳書，V, Ⅵ. 5参照〕.
（196） M. Faust, J. Kädtler, *a. a. O.*, S. 24, R. Zugehör, *a. a. O.*, S. 182〔前掲訳書，182ページ〕.
（197） Vgl. J. Kädtler, H. J. Sperling, *a. a. O.*, S. 32, S. 41-2.
（198） G. Jackson, *op. cit.*, p. 426.
（199） S. Vitols, Negotiated Shareholder Value, pp. 370-1参照。

(200) I. Clark, Another Third Way? VW and the Trials of Stakeholder Capitalism, *Industrial Relations Journal*, Vol. 37, No. 6, November 2006, p. 599, p. 604.
(201) Vgl. K. Pistor, Corporate Governance durch Mitbestimmung und Arbeitsmärkte, P. Hommelhoff, K. J. Hopt, A. v. Werder (Hrsg.), *a. a. O.*, S. 245-6.
(202) J. Matthes, *a. a. O.*, S. 239.
(203) この点については, 例えば, 風間, 前掲「金融・経済危機とドイツ企業統治システム」を参照。

第11章　リストラクチャリングの新展開とその特徴

第1節　リストラクチャリングの本格的展開

　前章では，1990年代以降にみられた企業経営の「アメリカ化」の再来という現象のもとでの株主主権的な経営，コーポレート・ガバナンスへの転換をめぐる問題についてみてきたが，この時期の企業経営の重要な問題としては，経営のグローバル化，企業集中の新しい展開，生産システムのさらなる改革などとともに，リストラクチャリングの展開があげられる。1970年代以降の時期とは異なり，大競争下での過剰供給構造と価格競争の激化のなかで，また長引く不況とそのもとでの世界的なデフレ傾向のなかで，さらに株主主権的な経営への圧力の増大のもとで，リストラクチャリングが，企業の再編のための方策として，いわば全産業的広がりをもって，またグローバルなレベルにおいても展開されてきた。またリストラクチャリングの展開は，企業集中を利用するかたちでも強力に推進されてきた。それゆえ，本章では，リストラクチャリングの展開について，主要産業部門の比較をとおして，また企業間の比較をとおして考察し，その主要特徴を明らかにしていく。

　この時期のリストラクチャリングは，大きく，①過剰生産能力の整理と製品別生産の集中・専門化の推進，②多角化した企業における「選択と集中」による事業構造の再編成，③ある事業領域内の特定の製品分野への集中化，④特定の製品分野における多様な製品群のなかでの自社の強みをもつ製品領域への絞り込み・重点化，⑤人員削減の実施の5点におよんでおり，その内容が多様になっている点が特徴的である。ことに②の方策については，各産業・企業の多角的事業構造の差異に規定されたリストラクチャリングのあり方，相違，特徴

の解明が重要な問題となる。この時期にはまた，資本市場指向的なリストラクチャリングへの圧力が一層強まってきた。世界的な競争の激化，労働市場の規制緩和，金融の規制緩和，年金基金の出現や労働組合の交渉力の増大のもとで，企業レベルでは，リストラクチャリングは，生産組織に影響をおよぼしてきただけでなく，金融重視の経営を優先するかたちへとシフトしてきた傾向にある[1]。

　ドイツの企業では1980年代に多角化が一層の進展をみたが[2]，90年代以降になると，高度に多角化した企業に対する資本市場による評価は低く，株価の下落の傾向もみられ[3]，事業ポートフォリオの再編が促進される結果となっている。こうした再編においては，製品プログラムの集約，中核事業への集中，生産の構造，組織の新たな方向づけなどが重要となる[4]。まさに国際競争の激化と株主価値志向の強まりのなかで，ドイツの大企業は，市場のリーダーとなっている中核事業への集中を一層すすめてきた[5]。例えばローランド・ベルガー戦略コンサルタント会社の2006年と2008年の調査でも，事業ポートフォリオの変更がなお最も重要な構造的方策のひとつであったとされている[6]。

　またドイツの場合，株主価値重視の経営への圧力のなかにあっても，ステイクホルダーが大きな役割と影響をおよぼしうる構造があり，そうしたガバナンスの機構との関連をふまえた分析を行い，「ステイクホルダー型リストラクチャリング」とでもいうべきドイツ的な特徴を明らかにしていくことが重要な問題となってくる。労働側の対応，労働組合のみならず共同決定制度のもとでの経営協議会の対応・交渉のなかで，リストラクチャリングがどのように展開されたか，という点についての考察が重要となる[7]。ドイツにおける企業のリストラクチャリングをめぐる団体交渉は，主に企業ないし工場のレベルに分権化されており，経営側と経営協議会の手にあったとされている[8]。経営協議会の反対は現場レベルでの抑制的作用をもたらすが，その一方で，経営協議会の緊密な協力は，一般的に，人件費の節約のための革新的な諸方策の成果を高める結果となっており，リストラクチャリングのプロジェクトの全体的な成果を高める傾向にもある[9]。また国際的な合併に続いてリストラクチャリングが展開される場合には，その国の労使関係のシステムは，リストラクチャリングの過程と結果に影響をおよぼしており，国による差異を規定する要因ともなりう

る(10)。

　上述したように，1990年代以降のリストラクチャリングは全産業的な広がりをもって展開されてきたが，なかでも，鉄鋼業のほか，自動車，化学および機械といった輸出志向の強い産業部門が中心となっている(11)。それゆえ，鉄鋼業，化学産業，さらに自動車産業と電機産業の加工組立産業の諸部門を取り上げてみていくことにする。

第2節　鉄鋼業におけるリストラクチャリングの展開とその特徴

1　過剰生産能力の整理と生産の集中・専門化の推進

　まず鉄鋼業をみると，第7章で考察したように，この産業部門は，1970年代以降の資本主義の構造変化のもとで，減量合理化というかたちでの経営展開と産業再編成が重要な課題となった部門のひとつであった。鉄鋼業では，1990年代前半の比較的はやい時期に，鉄鋼消費の増加にもかかわらず価格が低下するという状況にあり(12)，ヨーロッパのレベルでもまた世界的なレベルでも，大規模な過剰生産能力が存在していた。EC委員会は，それまでに補助金の規模に応じた生産能力の削減を求めてきたが，リストラクチャリングの諸方策は，投資の展開をともなって行われることもしばしばみられた(13)。また1970年代半ば以降の約15年間にみられた，粗鋼の節約を可能にする連続鋳造技術の急速な普及による鉄鋼需要の増大の弱さも，過剰生産能力の背景をなした(14)。そのような状況もあり，1992年にはヨーロッパにおいて1,250万トンから2,500万トン分の過剰生産能力が存在しており(15)，その持続的な整理が，設備の一時的な操業休止よりもはるかに重要となった。ことにドイツ市場では，1992年末には輸入比率が47％という過去最高に達したこと(16)も，事態を一層深刻なものにした。またヨーロッパの鉄鋼業は，1990年代に入ってからも，その半ばすぎまでに再び生産能力を大きく拡大しており(17)，過剰生産能力の一層の蓄積がすすんだ。

　そうしたなかで，1990年代半ば頃には，ドイツ企業は外国企業と比べコスト高の状態にあり，粗鋼1トン当たりの生産コストは，ティセンではイギリス企業の1.2倍，クルップ・ヘッシュでは1.3倍となっていた。そうした状況への対

応策としても，鉄鋼部門の統合と最も近代的な生産拠点への生産の集中が重要な課題となった[18]。A. コルマンは1994年に，生産能力，人員およびコストのドラスティックな削減が危機に対処するための企業の諸方策をなしたとしている[19]。例えばEUに加盟していた12ヵ国でみても，1990年代の10年間に1億1,400万トン分の粗鋼生産能力が削減されているが，より生産性の高い生産単位・設備への集中は，生産性の向上とコスト引き下げの成果のかなりの部分を占めた[20]。

そこで，過剰生産能力の整理と生産の集中・専門化が本格的に推し進められた1990年代の代表的な事例についてみると，例えばクルップ製鋼は，1991年に90年代の形鋼部門の戦略的な方向づけのための大規模な計画を策定している。そこでは大規模な投資が計画されたが，ジーゲン／ガイスヴァイトでの鋼生産を1基のアーク炉のみに集中させることが第一歩をなした[21]。クルップ・ヘッシュ製鋼では，1993年に平鋼（鋼板類）製造のための高品質の粗鋼の生産がドルトムントとデュイスブルク・フッキンゲンの立地に集中されたほか，条鋼類の製品構成の整理も行われた。またラインハウゼン工場の操業が停止され，閉鎖が行われた。さらに形鋼コンセプトの枠のなかでの製品プログラムの整理は，半製品の生産の放棄と棒鋼・光輝鋼の生産の部分的な休止をもたらした[22]。マンネスマンでも，1991年10月にミュールハイム鋼管工場のピルガー式圧延機の操業が終了しているが，それは，市場面の要因だけでなく，性能，コストおよび公差の点での他の圧延方式の優位によるものでもあった[23]。1990年代後半には，ミュールハイム工場のフレッツ・ムーン設備やラート工場の設備の閉鎖などが行われており，より小さな鍛接管の領域でも設備の休止・閉鎖による生産能力の適応がはかられた[24]。

また1990年代後半の集中によって誕生したティセン・クルップ製鋼でも，原料購買におけるコスト面の利点の完全利用を目的としたデュイスブルクへの溶解工程の集中，ドルトムントの立地での冷延された薄板や表面処理された薄板の生産の拡大，デュイスブルク，ボーフムおよびドルトムントの最も高い生産能力のフル操業の実現というコンセプトが追求された。そこでは，高額の重複投資の回避によるシナジー効果の実現などのほか，最善の生産単位・設備への生産の集中がめざされた[25]。ティセン・クルップ製鋼への高品質の平鋼事業

の統合を柱とする産業コンセプトの実施とクルップティセン・ステンレス社の組み入れによる立地と生産の流れの最適化が，目標のひとつとされた。そこでは，類似のプロセス技術でのシナジーや，相互の供給と事業の統合によるシナジー効果が追求された[26]。

2 「選択と集中」による事業構造の再編成

また「選択と集中」による事業構造の再編成についてみると，ドイツ鉄鋼業では，すでに長い間多角化への展開がはかられており，外国と比べても事業構造の再編がすすんでいた[27]。しかし，1990年代になると，多くの売却をともないながら，多角化した事業構造の見直し，特定の事業領域への重点配分が強力に推進された。その重要な特徴のひとつは，自動車部品の領域を柱とする展開がすすめられた点にみられる。1990年代以降，ドイツの鉄鋼企業は「量」ではなく「質」に重点をおいた戦略を追求し，とりわけ同国の自動車産業や投資財産業との地理的な近さを利用した。開発面での協力関係の構築と拡大によって，顧客の要望にフレキシブルに対応しうるシステム・サプライヤーへの展開が推進された[28]。こうした動きは，クレックナー，クルップ・ヘッシュ，ティセン，その後のティセン・クルップなどでみられる[29]。

そこで，代表的企業の事例をみると，クレックナーでは，1980年代末にはなお鉄鋼生産の領域が売上の半分以上を占めていたが，90年代には，鉄鋼，機械製造およびプラスティック加工の3部門間のバランスを実現することが戦略的目標とされた[30]。またクルップとヘッシュは，1990年代に入って合併によって中核部門への集中，周辺部門の整理・売却といった戦略を推進してきたが[31]，それらの生産プログラムは，多くの諸部門において類似しているかあるいは補完されている関係にあった。そのため，類似の諸活動の統合による既存の経営資源の有効利用が目標とされ，両社が競争相手と比べ利点や強みをもつ事業領域に集中するかたちで統合が実施された[32]。クルップ・ヘッシュは，コンツェルン・レベルでは持株会社の構造をなしており，①機械製造，②設備の製造，③自動車関連，④加工，⑤鉄鋼，⑥商事の6つの事業領域へと再編された。これらの事業領域に貫かれたひとつのあり方は，中核的事業領域，長期的に市場の見込みの良い，また競争上すでに主導的な地位にあるかそのような

地位を達成しうるような製品や事業への集中にあった[33]。

またティセンでは，1990年代半ばのリストラクチャリング・プログラムにおいて，成長性のある収益性の高い中核事業領域への集中が課題とされた。当時はエレベーター，自動車部品，平鋼（鋼板類），生産システム，原料取引が中核的領域として重要であったが，潜在的な中核的事業領域として，建設技術，不動産，工業向けサービス，ロジスティック，遠距離通信が重要となってきた。そうしたなかで，損失を生む事業や同グループにとって戦略的な重要性をもたない活動の切り離しが推進された。同コンツェルンでは，各領域の事業会社・子会社や資本参加している企業の持分，特定の事業の売却などにより，ポートフォリオの最適化が推し進められた。1998年末には，同コンツェルンの売上に占める中核事業のそれの割合は80％超まで上昇しており，リストラクチャリングと非中核部門の分離によってかなりの進歩が達成されたと指摘されている。その後の1999年3月には，ティセンとクルップ・ヘッシュが合併し，ティセン・クルップが誕生することになるが，同社は，23の事業領域から構成されていた。そのうちの21が，①鉄鋼，②自動車部品関連，③工業関連，④エンジニアリング，⑤材料・サービスの5つの事業領域に分類され，中核的事業とされた。この合併の効果は市場における地位の強化に求められており，そこでは，中核事業への集中，周辺部門の切り離しと国際化が，戦略的コンセプトの2つの柱とされている[34]。

このように，ティセン・クルップでは，合併後，ポートフォリオの最適化の努力が推し進められてきたが，それは，中核事業への集中のなかで，2000年から2001年にかけての時期にも継続されている。しかし，2000年代になると，①鉄鋼，②自動車関連，③エレベーター，④技術，⑤材料，⑥サービスの6つの現業単位への再編が行われ，鉄鋼，工業財およびサービスの3つの中心的な活動領域への重点化というかたちで一層の再編がはかられた。このような大規模なリストラクチャリングの段階は2003年には徹底して終了に至っており，その後は技術面での主導性の確立がはるかに重要な問題となった。2003/2004年の営業年度までに20以上の単位が売却されたほか，2003年5月には，30をこえる戦略的ではない資本参加の切り離しを計画した「資本の引き揚げ33＋」（"Deinvest 33＋"）というプログラムが打ち出された。そこでは，中核事業への

集中の継続とこれらの部門における戦略的な買収のより大きな余地を生み出すことがめざされた。この営業年度には，例えばテクノロジー部門におけるノボフェルムの売却が行われたほか，Toriatonグループの売却，情報サービス事業単位の他のあらゆる活動の中止によって同事業単位の活動が終了している。さらにサービス部門における施設サービス事業の売却，非鉄合金製のハイテク精密線材の供給業者であるベルケンコッフ事業グループやクルップ高級形鋼事業グループの売却なども行われた[35]。

また自動車関連部門でも，事業ポートフォリオの積極的な最適化と選ばれた中核事業への集中の枠のなかで，ティセン・クルップ自動車鋳物のアルミニウム鋳物事業とイギリスの鋳造工場が売却された。テクノロジー部門では，鉄鋼構造物部門の事業会社とタービン部品部門の売却が行われており，事業ポートフォリオの最適化は2004/2005年の営業年度には終了している。しかし，2005/2006年度にも，ヨーロッパにおける商用車用スプリング事業，同地域と北米のアルミニウム鋳造工場，アメリカの自動車部品工場の売却が行われたほか，2006年にはブラジルのクランクシャフト製造子会社の売却が実施されている。また北米の車体・シャーシ事業の売却のほか，サービス部門におけるティセン・クルップ技術サービスの売却が行われている。事業ポートフォリオの最適化の過程は2006/2007年度にも継続されているが，2006年10月1日にテクノロジー部門に統合された自動車関連事業の整理が，その重要な方策のひとつをなした[36]。

さらに近年の動向をみても，2009年10月1以降，事業エリアの構造は，それぞれ4つの事業セグメントをもつ材料とテクノロジーの2つの事業部へと転換された。この新しい組織は，事業活動のより強力な集中およびよりスリムでかつ効率的な構造を促進するものであった。2009/2010年度にも，事業ポートフォリオの整理の枠のなかで，ティセン・クルップ産業サービスやティセン・クルップ・セイフエイの売却が行われている。また2010年4月には海洋システムの事業領域の一部の売却が取り組まれている。すなわち，ブローム＋フォス・ナーファルの持分の削減，ブローム＋フォス造船の100％の持分の売却，ブローム＋フォス修理，ブローム＋フォス工業の持分の売却，旧ホヴァルツヴェルケ・ドイツ造船の民間用造船のための生産能力の売却が行われている。また

2010年9月末には，材料サービス事業におけるスペインの子会社とエレベーター技術の領域におけるイランの子会社の売却が開始されている。また2010/11年の営業年度の初めには，ティセン・クルップ輸送機器技術社の売却でもって，エムデンの造船立地の再編が最終的に完了した。他の領域でも，2011年7月には，もはや中核事業とはみなされない金属成型のグループの売却が終了している。2011/12年の営業年度にも，事業，企業，設備などの売却が多く行われているが，その代表的なものとして，ヨーロッパの鉄鋼事業領域の部材グループ，アメリカの鋳鉄企業，海運システム事業における民間向け造船の活動の売却などがあげられる[37]。

これらの鉄鋼企業以上に事業構造の再編成をドラスティックに行った企業の代表的な事例のひとつとしてプロイサクがある。鉱山業・鉄鋼業の事業から石油踏査，造船，エンジニアリング，ロジスティクス，商事などの分野にコングロマリット的に多角化してきた同社は，1997年以降に事業構造の決定的な再編を推し進めてきた。利益のあがる少数のセグメントへの集中と不採算部門からの撤退という戦略のもとで，ハパック・ロイドの買収（1999年）によってドイツの旅行市場への参入をはかるとともに，鉄鋼，非鉄金属，プラント建設といったかつての中核事業の売却を行った。その結果，2001年9月までに，同社は，主に旅行業とロジスティクスを事業の中核とするグループとなった。またその後の旅行事業の統合や旧事業領域での合計17件の売却によって，2004年末には販売全体に占める旅行業の割合は73％，ロジスティクス事業のそれは19％まで上昇しており，旧事業領域の割合はわずか8％にまで低下した。こうして，事業構造は決定的に変化し，プロイサクはTUI社として再生し，業種転換が実現されることになった[38]。

3　事業領域内の特定の製品分野への集中

つぎに，ある事業領域内の特定の製品分野への集中，特定製品部門における多様な製品群のなかでの自社の強みのある製品領域への絞り込み・重点化についてみることにしよう。鉄鋼分野のような製品のフルライン展開がはかられてきた産業部門では，こうした方策は，とくに重要な意味をもった。

まず**クルップ・ヘッシュ**についてみると，高合金素材のような長期的にも収

益性の高い製品への集中，それにともなう立地と経営の閉鎖や半分以上の人員の削減を内容とする高級鋼コンセプトが策定されており，1994年には同社からのクルップ高級形鋼会社の分離が行われている。1993年の形鋼コンセプトでは，高合金鋼，光輝鋼製品への製品プログラムの集中と収益性の高い高品質構造用鋼に関する製品プログラムの選別や，ハーゲン・フォアハレにおける収益性の低い半製品，平鋼と丸鋼の生産の放棄などが重点策とされた。また機械製造部門では，機械部品，プラスティック加工機械および大型発動機といった中核的な活動への集中化がはかられた[39]。

またティセン製鋼でも，市場機会と収益性を主要な基準として，設備の閉鎖をともないながら将来性のある製品への集中化がはかられた。1990年代後半に入ってからも，中核事業である平鋼への財務資源の集中による投資の重点化の傾向にあった。その一方で，中核事業とはみなされていない鋼管事業の工場の売却が1997年に行われている。こうした取り組みは2000年代に入っても継続されており，ティセン・グループでは，2001年には平鋼事業への集中の枠のなかで，ティセンレール社の売却が行われている。2004/2005年度にも，ヴィッテン・クレフェルド高級鋼会社の譲渡によって残りの条鋼類の活動も売却され，その後は高級鋼と特殊鋼の部門における平鋼事業への集中が行われた。また2007/2008年度にも，鉄鋼部門では利用価値の高い高級鋼の市場への集中がはかられ，それでもってヨーロッパの中核市場において成功裡の展開の基礎が築かれた。ティセン・グループでは，2011年9月30日にはポートフォリオの最適化の取り組みのなかで，ステンレス鋼板事業は，その後は継続されない活動領域とされ，切り離しの方向とされた[40]。

第3節　化学産業におけるリストラクチャリングの展開とその特徴

1　化学産業の経営環境の変化とリストラクチャリングの展開

つぎに，化学産業をみると，第2次大戦後，IGファルベンの解体によって誕生した巨大3社であるBASF，バイエルおよびヘキストの間では，BASFは最も川上の原料，基礎部門を，バイエルは最も川下部門と消費者部門を担当し，ヘキストはその中間の工業用品を主力とするかたちでの，ある種の「棲み分け分

業」的な事業の構造・体制が維持されてきた。これら3社にとっては，1980年代は事業の再編の時期となったが，90年代以降は事業の集約合理化の時期となった[41]。1990年代における化学産業の構造的危機の傾向は，とりわけ，重要な生産部門，とくに例えば標準的なプラスティックや織物繊維の部門において20年来存在してきた過剰生産能力にはっきりと現れた[42]。加えて，自動車，電子・電機，航空宇宙などの分野の需要低迷がみられ，人員削減や事業の撤退をともなう再編，合理化が展開されることになった。企業戦略は中核事業に一層焦点を絞ったものとなり，中核事業の補強や本体からの非戦略分野・周辺分野の切り離しが重要な課題となってきた。こうして，1980年代の化学企業のリストラクチャリングの大部分がM&A（企業買収・合併）や事業分割（売却・処分）のかたちをとったのに対して，90年代のそれは，事業分割，株式公開，事業交換，戦略的提携など，多様な形態をとって展開されることになった[43]。

1990年代以降のリストラクチャリングは，企業のグローバル化との関連でもすすんだ。化学産業では，高い資本集約度のために，賃金コストは立地の選択にとってまったく第二義的な意味しかもたず，企業は，大きな市場のあるところか不可欠なノウハウが存在するところに生産を立地させる傾向にあった。例えばヘキストをみても，グローバル化は，世界的規模での生産設備の閉鎖，生産立地の閉鎖および職場の大規模な削減を意味した[44]。

この時期のリストラクチャリングはまた，総合化学企業がそれまでにもっていた製品分野間にもみられる生産の連鎖による垂直統合構造の優位の条件が大きく変化したことに規定されたものでもあった。1980年代以降の高付加価値化の傾向によって，結合生産の必要性や経済的利点はしだいに消滅していった[45]。こうして，1980年代末以降，諸部門の分離独立，企業の専門化という方向での化学産業の構造変化は，合成有機化学ないし石油化学，また伝統的な結合生産というパラダイム，それと結びついた企業組織の諸形態の危機などと同時に現れた[46]。

ことに医薬品産業では，医薬品の分子生物学的研究にとって情報処理の問題が中心的な位置を占めるというパラダイム転換がおこってきた。それは，ドイツが「革新」から「模倣」へと動いていることを意味し，研究所の数や研究費の面でのアメリカの圧倒的優位[47]のもとで，ドイツ企業にとっては，強力な

再編が重要な課題となった。そうしたなかで，それまでの総合化学企業としての構造の後退・再編がすすんだほか，医薬品部門の内部でも，周辺事業の売却と中核事業へのその売却資金の投資が重要な意味をもった[48]。また医薬品部門は過剰生産能力を抱える傾向にもあり，生産拠点の重複は閉鎖を促進し，閉鎖されずに残された工場への生産の一層の専門化がめざされた[49]。

2　主要企業におけるリストラクチャリングの展開とその特徴

そこで，以下では，主要各社のリストラクチャリングについて，事業構造の再編を中心に考察することにしよう。ここでは，バイエル，BASFおよびヘキストの代表的企業3社の比較をとおしてみていくことにする。

バイエルについて——まずバイエルをみると，1990年代以降，不採算事業の売却や工場閉鎖などが取り組まれているが，事業構造の再編が最もドラスティックに展開されたのは2000年代以降のことであった。この時期には，「統合された化学・医薬品企業」というコンセプトが打ち出され，部分コンツェルンをもつ戦略的な持株会社への構造転換が行われた。そこでは，現業業務からの戦略的な経営・管理の徹底的な分離がはかられ，現業的な業務に関与しないすべての諸部門は，サービス会社に統合され，売却あるいは閉鎖された。バイエルは，事業所や生産立地のレベルにおいてリストラクチャリングの方策を導入し，企業の管理・運営の構造変革は，①階層の削減と形式化の緩和，②市場志向ないし金融志向の組織による専門化された組織のおきかえという2つの基本的な方針のもとで行われた。こうした変革は，自然科学や技術の分野の専門家による支配権から金融の専門家や経営者の支配権への移行であった。それは，金融市場の圧力の増大によって強化され，売上の増大ではなく短期・中期の利益の極大化と株主価値の増大への経営者の志向を促すことにもなった[50]。

事業会社は，バイエル株式会社の100％所有の4つの法的に独立した会社へと再編された。新しい構造は，市場，ポートフォリオおよび技術発展の適切な推進，成長機会のより有効な利用，経営成果の持続的な向上という目標をもって，部分コンツェルンに対してより強力な重点化とそれによる中核的領域への集中を可能にすることがめざされた[51]。

かつての統合されたバイエル・コンツェルンは，協働の可能性の改善という理由から，化学と生命科学の分野へと分割された。バイエルは，既存の事業領域の法的な集中の後には，①化学，②ポリマー，③ヘルスケア，④クロップサイエンスの4つの独立した部分から構成された。またかつての6つの中央サービス部門は，①バイエル・テクノロジー・サービス，②バイエル・ビジネス・サービスおよび③バイエル産業サービスという3つの法的に独立したサービス会社へと再編された。こうして，典型的な戦略的事業持株会社の導入とコンツェルン内部にあるサービス部門の活動の削減によって，世界的な現業的活動を担当する部分コンツェルンへの職務・意思決定の構造の移動が行われた。こうした再組織の目標は，それまでのマトリックス的構造の徹底した廃止のもとで目的志向を強化することにあった(52)。バイエルの2002年の営業報告書でも，この組織再編は，同社の歴史上最大の再編であり，現業部門における自己責任を支援し，透明性を促し，また顧客への集中を強化するものであったとされている(53)。しかしまた，その後の2004年の営業年度には，バイエルはその活動を①ヘルスケア，②クロップサイエンスおよび③材料科学の3つの領域に集中するかたちでの展開をすすめている(54)。

　こうして，非中核事業領域の切り離し・売却，中核事業の発展と一層の拡大が重要な課題とされた。その具体的な事例をみると，例えば1998年にはクエン酸，アグファのプリントシステム，ゼオライト，二酸化チタンおよびシリコンの事業の切り離しが行われたほか，99年にはベルギーのアグファ・ゲバルトの持分の70％の売却が行われた。2000年にはアメリカのシャイン薬品の25％超の持分の売却でもって，ジェネリック薬事業の発展の追求という1990年代初頭の戦略を放棄することになった。当時スイスのノヴァルティスとアメリカのメルク・グループのみがジェネリック事業においてグローバルな強い地位を構築することができたという状況のもとで，バイエルは，2000年に国内のジェネリック事業をインドの会社に売却している。同年にはまた，バイエル繊維のドラロン事業，2001年にはケル・マックゲー顔料の20％の持分の売却が行われている。この時期には，もはや中核事業に属さない諸活動の売却による事業ポートフォリオの強化と集中の徹底した継続がみられ，2000年代に入ってからも，多くの売却が行われている。それには，BPとの折半出資の合弁であるEC石油化

学の50％の持分やバイエル・サービスの売却，アメリカのChemDesign社の持分の売却などのほか，ドラロンというブランドをもつアクリル繊維事業の売却などが行われている。翌2002年度はリストラクチャリング・プログラムによって特徴づけられるが，そうした諸方策は，アメリカのいくつかの地域にある生産拠点の効率の向上を目標としており，西バージニアの立地の生産拠点の閉鎖などが取り組まれている。2003年度にはフィプロニルとエチプローレという2つの殺虫性の作用物質や殺真菌性作用物質の製品・権利の売却，コンシューマーケア部門の世界的な家庭用殺虫剤事業の残りの持分やアメリカのミレニアム製薬の持分の売却，ポリマーラテックス・グループの50％の持分の売却などが行われている[55]。

　また2004年にはその数年におよぶ企業の再編の完成のための2つの大きなステップがすすめられた。それらは，ロッシュ社の処方箋を必要としない一般薬事業の買収とコモディ・ティケミカルの事業単位のスピン・オフであった。前者は，バイエルの一般薬事業を世界のリーダーにするべくヘルスケア事業への集中を強化するものであり，「選択と集中」によるリストラクチャリングは，他社ないしその事業の購入とセットで展開されたケースも多い。同年には，アベンティスクロップ・サイエンスの買収によって取得されたKWS種苗の15％の株式，とうもろこし栽培に利用される除草剤の免毒技術の権利が売却されている。2005年には血漿事業がアメリカの投資会社サーベラスなどに売却されている。バイエルはまた，関連子会社の事業の再編にも取り組んでおり，例えば2006年には，バイエル産業サービスの事業を環境保全，安全，ユティリティ，廃棄物管理およびインフラサービスに集中させる方向を打ち出した。さらに合弁のGEバイエル・シリコーンの49.9％にあたる持分の売却，イギリスに本拠をもつバイエル・ディアグノスティクス・マニュファクチュアリングの生産の設備と活動の売却，農産物保護部門のさまざまな作用物質およびそれと結びついた権利の売却が行われている[56]。

　また2006年8月にはバイエル・クロップサイエンスはコスト構造の最適化と効率向上のためのリストラクチャリング・プログラム（名称「ニュープロジェクト」）を打ち出した。その枠のなかでの主要な個別の諸方策は，北米，日本およびドイツにおいて行われたが，それには，とくにアメリカのカンザスの立

地と西バージニアにある研究所の能力の削減，再編の必要なアメリカと日本の研究活動の世界的な集中があげられる。ドイツでは，ドルマーゲンとグリースハイムの立地が製造工場の閉鎖に見舞われた。2007年には，ジーメンスへのヘルスケアの診断関連部門の売却が完了しているが，H. C. スタルクの売却も2007年 2 月に実施されたほか，主にセルロース化学事業を手がけるヴォルフ・ヴァルスローデの売却が行われた。それでもってバイエルはその代表的な化学部門の最後の部分を切り離した。しかしまた，同年秋には，バイエル・アテリアル・サイエンスによってコスト構造の最適化と効率向上のための「RIVER」という名称のリストラクチャリング・プログラムが打ち出されており，その主要な個別の方策は北米とヨーロッパで行われた。それには，とくに西バージニアの生産立地のメチレンジフェニル・ジソシアン酸塩の生産能力の削減やバイエル・アントワープの生産立地におけるコスト構造の最適化があげられる。2008年にも上述の「ニュープロジェクト」が計画どおりに継続されており，カンザスと西バージニアの立地へのアメリカの生産能力の集中，世界的な研究活動の一層の集中，ドイツのとくにヴォルフェンビュッテルの立地の設備やロジスティック本部の売却などが行われている[57]。

　さらに2009年には，医薬のセグメントでは，一般薬，専門薬，女性のヘルスケアおよび診断用画像の領域における処方箋を必要とする製品への集中，コンシューマーケア部門での処方箋不要の医薬品および栄養補助剤への集中がはかられた。同年の主要なリストラクチャリングの諸方策は 4 つの大きなプロジェクトに分かれる。ヘルスケア部門の医薬セグメントでは，シェーリングの買収後2006年にスタートしたリストラクチャリングの方策が継続されたが，それは，統合過程の枠のなかで，バイエル・コンツェルンにおける医薬事業の活動の整理統合と共同での企業の競争力の改善を目標としていた。そのために商事および管理の組織と研究開発のプロセスが世界的に吟味され，また適応がはかられた。動物の健康にかかわる部門では，ブラジルの生産設備の閉鎖が行われたほか，クロップサイエンスの領域では，上述の「ニュープロジェクト」が終了に至っている。また2007年秋にスタートした上述のRIVERプロジェクトは2009年にも継続されており，ニューマルティンスビレの生産立地の生産能力やベイタウンにおける電気分解設備の削減なども行われた。こうしたリストラク

チャリング・プログラムは同年には終了している。また2010年11月には，ヘルスケアの効率の持続的な向上を目標としたリストラクチャリング策が開始されている。そこでの諸方策は，すべての職能領域に関係し，また長期的なコスト負担の軽減とならんで，飽和化した市場から成長めざましい諸国への活動の移動をももたらすべきものとされた[58]。

　BASFについて——またBASFをみると，1992年には，アメリカの炭素繊維事業，ドイツとアメリカにおける自動車関連のプラスティック工場の売却，北米での磁気テープ事業，天然ガス事業からの撤退，ヨーロッパ市場への集約を行っている。その一方で，モービル化学からのアメリカのポリスチレン事業の買収，デンマークの大手ビタミン企業であるダノケモの買収などもすすめられた。こうした事業の再編成は，「従来の商品群の拡充，生産拠点の国際展開という拡大路線だけでは経営が難しくなった」ことを示すものでもある[59]。1996年にも磁石製品の製造事業が売却されたほか，子会社のBASF塗料・染料会社でも，コア・コンピタンスである輸送機器用塗料と工業用塗料への集中の実現のために，分離・分割をともなう大規模なリストラクチャリング・プログラムが実施された。1997年にもアクリルガラス，ポリメタクリル酸メチル・プラスティック事業の売却のほか，触媒事業の一部の売却が行われている。後者でもって石油化学用ないし環境保護用の特殊な触媒への集中がはかられた。同営業年度には，電気絶縁システム事業，コンテナ・コーティング事業，PMMAプラスティック事業の売却なども行われた。1998年度には，商事会社のChemag，飼料用リン酸塩事業，溶剤を含むアクリル酸塩圧感接着剤事業，ヨーロッパでの建設用塗料事業，コンパレックス情報システムの持分の35％，ガラスマット強化の施された熱可塑性樹脂製の板状中間材料事業の売却が行われた。1999年度には，石油・ガス部門におけるドイツのエムスラント製油所をもつ精製部門とマーケティング部門の売却，アラルの持分，カナダでの石油・ガス事業，肥料の専門製品をかかえるCOMPO事業とクレフェルトでの肥料生産，EPS染料のブランドであるスティロカラー事業，専門的な色素の製剤の生産と商品化を含むマスターバッチ事業の売却が実施された。BASFはまた，2000年にもその収益性の低い最大の分野である肥料事業の一部の売却を行っている[60]。

このように，BASFはその事業をコア・コンピタンスに集中させた企業の代表的事例のひとつであるが，1995年に行われたイギリス企業ブーツの医薬品事業の買収により同事業の強化をはかった時期を経ながらも，2000年にはその医薬品部門を売却し，再び古典的な化学事業にのみ集中をはかっている。2001年には大規模なリストラクチャリングの諸方策が開始されているが，2003年度には，①化学事業，②植物保護剤・栄養，③石油・ガスの3つの事業への集中と同社の強みの一層の拡大が推し進められた。こうしたリストラクチャリングの目的は，同社が強力な地位を占めておりそのコンピタンスの結合によって特別な価値を提供することのできる製品や市場への集中にあった。2003年には世界的規模の土壌改良剤事業の売却が，2004年には子会社であるBASFコーティングの譲渡による塗料事業の一部の売却が行われたほか，印刷インクと印刷板の事業の売却，アメリカにおけるスティロールプラスチック事業の売却が行われている。ルートヴィフィスハーフェンの立地における一層の効率の引き上げやベルギー工場の部分的な閉鎖，デンマークのビタミンCの設備や日本のテトラフィドロフラン，ポリテトラフィドロフランのための設備の閉鎖が行われている。2005年度には，標準的なプラスチック部門における効率的な生産と商品化のプロセスをもつ大量型の製品系列への集中が行われたほか，石油・ガス部門でも，ヨーロッパ，北米，南米およびロシア，さらにカスピ海地域における石油とガスの豊富な地域への集中がはかられた。そのような集中化の方向性のもとで，事業の売却もすすめられた。1990年代半ば頃からの10年間においてBASFは120億ユーロの売上をもつ活動領域から資本を引き揚げており，こうした事業ポートフォリオの最適化でもって，景気循環の影響の緩和，利益のあがる活動領域の拡大をはかってきた[61]。

　こうした取り組みはその後も続けられており，2007年には，WIBARCO，ルイジアナのエタン・クラッカー社の持分とそれに付属するインフラストラクチャーの売却，プレミックス事業の大部分の売却が実施された。また北米，中央アメリカ，アジアおよびヨーロッパの立地を対象とした動物用飼料事業の一部の売却も行われた。2008年には，プレミックス事業の一層の部分的な売却が行われており，それには日本，台湾，中国およびコロンビアの立地が含まれていた。また医薬品生産も行っていたルイジアナの立地の売却，アクリルニトリ

ル，アジィポジィニトリル，ヘキサメチレルディアミンやいくつかの副産物が生産されるシール・サンドの立地が売却された。2009年にも，2006年に買収したエンゲルハルトの立地である南京の触媒の拠点が売却されているが，それは，中国の他の立地とのシナジーの面での限界によるものであった。またブラジルのポリスチレン事業や韓国のスティロール生産設備の売却も行われた。さらにイタリアでの粉末塗料事業，日本の赤穂の立地およびそれと結びついた船舶用塗料事業，中国でのプロセス触媒の製造立地，スペインとフランスにおけるプレミックス事業の売却も行われた。またスティロールの生産の連鎖のなかでの2つのさらなる撤退でもって，BASFはスティレニクスの領域のリストラクチャリングを継続したほか，生産設備を含むポリスチレン事業の売却も行った。その後もスティロールプラスティック事業の大部分の切り離しでもって資本の引き揚げが開始されたほか，コグニスの買収とも関連して，同社のイギリスの立地でのヒドロオキシメタクリラート事業，多機能メタクリラート・加成体事業やポリアルキレングリコールおよびそれを原料とする潤滑剤の生産設備の売却が行われた。また酸化鉄事業，染料・標識物質事業，製紙産業向けの乾燥硬化剤事業，旧チバ社の輸出サービス事業，プラスティック用の親水性付与添加剤事業などの売却も実施されている。2012年度にも肥料事業においてベルギーでの事業やフランスでの合弁企業に対する50％の持分の売却が行われたほか，特定の領域における大きな過剰生産能力と低い利鞘に直面して，ポリスチロール関連のグローバルな事業において戦略的な市場とより高い収益性をもつ中核製品への集中がはかられている。またオフセット印刷インキ事業の売却も行われた[62]。

ヘキストについて——さらにヘキストをみると，同社のグループでは，1990年代前半にすでに大規模なリストラクチャリングが行われている。同社の内部資料である"Strukturmaβnahmen der Hoechst AG 1991-1995"によれば，例えばヘキストの専門化学品分野での1992年4月の一半塩化物工場の閉鎖，カレ・アルベルトにおける1992年の鋳物用箔工場の閉鎖，93年のポリエステル箔事業単位の切り離し，1994年のアルキド樹脂・フェノール樹脂工場の閉鎖，95年のオルトフェニルフェノール箔，重縮合体の事業単位などの切り離しなどが行われ

ている。またオッフェンバッハ工場でも工場の閉鎖や操業休止が行われており，黄色ナフトール工場（1994年），レマゾール工場（1993年と95年），実験所（1995年）などが対象とされた。さらにゲンドルフ工場でも，大量製品のポリ塩化ビニル設備の閉鎖が行われた。こうしたリストラクチャリングと市場でのリーダーになりうるような中核領域への徹底した方向づけに基づいて，1995年には将来の積極的な事業展開が見込めるような経営成果の改善が達成されたと指摘されている[63]。

同社では，財務畑出身のJ. ドルマンの取締役会会長への就任によって，事業構造のリストラクチャリングが大きくすすめられた。バイエルと同様に，1994年半ば以降の企業政策の転換のもとで，97年には持株会社への企業組織の再編が行われた。こうした再編によって，企業活動のポートフォリオへの介入が容易となり，企業の再編は，成果向上のプログラムをフレキシブルにするための諸方策でもあった[64]。1996年の同社の取締役間や外部の企業・機関との間の文書でも，同社は徹底したリストラクチャリングのさなかにあることが指摘されているが，それは事業や組織の変化のみならず企業文化の変化にも関係していたとされている[65]。企業組織の再編は，ドルマンの企業価値向上志向の構造変革の重要な基礎をなすものであるが，こうした企業文化の決定的な転換は，株主価値重視の経営にみられる。1996年4月の同社のある文書でも，ヘキスト・コンツェルンでは取締役は株主価値の意味での同コンツェルンの長期的な競争力に責任を負っていると指摘されている[66]。

それゆえ，まず持株会社への企業組織の再編についてみることにしよう。1990年代初頭になると，景気後退のもとで，高度な多角化の弱点，さらには事業領域，地域および機能の面での責任領域を担当するという3つの次元の組織構造の弱点が明らかになり，組織の改革が取り組まれることになった。そこでは，こうした事業部，地域部門および機能部門という管轄領域の混合が解体されることになった[67]。同コンツェルンの組織再編のポイントは分権化にあり，1994年にすでに中核事業への集中，事業部の数の削減や事業単位（ビジネス・ユニット）の数の削減，特定の製品分野への製品グループの統合，ヘキスト工場以外の工場の事業部への統合などの方向で取り組まれてきた。そこでは，経営者的なイニシアティブ，市場志向・顧客志向およびフレキシビリティの向上

が目標とされてきたが(68),その仕上げとなる組織変革が97年の持株会社への再編であった。ヘキスト株式会社は,コンツェルンの戦略的な職務を担当するが自らはもはや独自の現業的な業務を行わない戦略的経営持株会社となった。それによって現業単位にその競争力のために必要な経営の自由度を与えることが,目標とされた。このように,戦略的な経営・管理と現業的な業務との間の分離が組織改革の主眼であったが,そこでは,①フレキシビリティと市場との近さを高めること,②透明性の高い組織の実現,③イニシアティブと自己責任の強化,④現業会社に経営と財務政策のより大きな余地を生み出すことの4点に基本的特徴と利点があるとされている。ことに④の目標では,個々の現業会社が成長のための資金を資本市場から調達できるようにすることが重視されている。このような体制のもとに,事業の成果がヘキスト株式会社によって継続的に吟味されることになった(69)。

　つぎにドルマンによる徹底したリストラ策の展開の代表的な事例をみると,まず1994年には,事業の集中とコスト削減を目的として,独立した別会社へのヨーロッパの繊維部門のスピンオフが決定され,合弁会社へのアクリルおよびレーヨンの工場の移転,子会社であるグーベン社のナイロン工場の閉鎖に続いて,同地域の繊維事業はポリエステルに限定されるようになった。また研究集約的な医薬品部門への集中をはかるなかで,基礎化学品部門からの撤退が行われたほか,1995年には機器製造企業のウーデや化粧品企業の売却が行われている。1998年には国際ポリエステル事業(トレビラ社),発酵関連の事業のほかホスタレン・ポリエチレン事業に従事する子会社が売却されたが,99年にも塗料の専門企業であるハーバーツの売却が行われた。医薬品事業においても,その近年に初めて購入されたジェネリック医薬品部門が再び売却された。それでもって,革新的な治療薬への集中がはかられたほか,1999年にはライフサイエンス事業に属する獣医薬部門も売却された。1990年代半ば頃のライフサイエンス企業のモデルへの戦略的な新しい方向づけは,工業用化学の分離と結びついたものであった。このように,ドルマンのリストラクチャリングの枠組みのもとで,医薬品事業の内部のみならず,専門化学製品,化粧品,調髪関連の専門製品,リン酸塩,工業用セラミックスなどの多くの分野において,撤退や企業の分離が実施されている。また特定の工場への生産の集約,設備の閉鎖について

みると，1995/96年にはヨーロッパの繊維事業が再編されており，繊維の生産はドイツのグーベンとデンマークの拠点に集中され，ドイツのランクバイドと北アイルランドの拠点が閉鎖された[70]。またヘキストでは，ライフサイエンス企業への集中化の方向のもとで，その医薬品部門の中核企業であるヘキスト・マリオン・ルセルの事業を特許で保護された処方箋薬に集中し，心臓血管系，感染症，物質代謝，リューマチ，中枢神経系のような主要な適応症のための新種の革新的な治療薬の研究開発への集中をはかった[71]。

概ね伝統的なドイツの化学企業であり続けてきたBASFとは異なり，ヘキストは，アメリカの戦略と組織への徹底的な適応を行った企業のひとつであり，完全にアメリカナイズされてきたといえる[72]。しかし，ヘキストは，生き残りのための戦略の方向性として合併の道を歩み，1999年にはフランスのローヌ・プーランとの合併によってアベンティスとなった。2002年には，この新会社は，バイエルへの植物保護剤部門の売却によって純粋な医薬品企業となり，医薬品部門の研究，開発，生産のレベルでのリストラクチャリングの過程は，新しい段階でさらに推進されることになった[73]。

第4節　自動車産業におけるリストラクチャリングの展開とその特徴

以上の考察において，鉄鋼業と化学産業について考察してきたが，つぎに自動車産業についてみていくことにする。この産業は，1990年代初頭に全般的な過剰生産能力によって深刻な危機的状況に陥った。また企業のグローバル展開のなかで，主に中東欧諸国への拡大戦略によってヨーロッパの自動車産業の過剰生産能力が悪化するという事態になり，そのことによって同産業へのリストラクチャリングの圧力は一層強いものとなった[74]。そうしたなかで，一方における生産と組織の再編と他方における自動車事業のグローバル化は，自動車コンツェルンがその競争力を維持するための2つの戦略をなした[75]。そこで，以下では，ダイムラーとフォルクスワーゲンの代表的企業2社の事例を取り上げてみていくことにしよう。

1 ダイムラーにおけるリストラクチャリングの展開とその特徴

(1) ダイムラー・ベンツのリストラクチャリングとその特徴

まずダイムラーについてみると，クライスラーとの合併以前のダイムラー・ベンツは，1980年代の多角化によって電機，航空宇宙，金融などの部門への展開をはかったが，研究開発におけるシナジーが自動車製造に競争優位を与えるという期待が充たされることはなかった。多くの非関連事業分野をかかえる事業構造のもとで，自動車事業への本業回帰と自動車部門以外の事業領域における不採算企業の売却，コア・コンピタンスのコンセプトと中核的な原理に基づく企業の集権化，組織の階層および事業部の数の削減，報告・伝達のチャネルの短縮化，本社スタッフの数の削減[76]など，大規模なリストラクチャリング・再編が取り組まれることになった。株主価値の推進者であるJ. シュレンプのCEOへの就任（1995年）が事業構造の再編の大きな契機となり，多くの変革が取り組まれることになった[77]。

そこで，ダイムラー・ベンツにおけるリストラクチャリングの展開を具体的にみると，それは5つの段階に分かれる。以下では，これらの各段階についてみていくことにする。

1995年に始まる第1段階では，コンツェルン本社の改革，コンツェルンの管理・サービス機能への本社の新しい組織・管理コンセプトの導入などが柱とされた。そこでは，そのような機能におけるスリム化の方策による職位の削減が取り組まれた。

第2段階は翌年の1996年に取り組まれており，それは，記録的な損失の発生への対応でもあったが，戦略的な集中過程のなかでのコンツェルン全体の事業ポートフォリオの競争力の再検討や，35から23への事業領域数の削減が主要な柱をなした。そこでは，事業領域の売却と統合，名称変更や新設，設備・機器関係の事業領域の整理がすすめられた。ポートフォリオの整理のために，採算割れの事業領域の売却，残されるべき事業のなかの損失を生んでいる事業の整理統合ないし再建，既存の事業の拡大や新しい事業の構築がはかられ，市場における地位と収益性という2つの次元が分析された。そこでは，コア・コンピタンスへの明確な集中，財務的状況に依存しないかたちで事業領域をポートフォリオに調和させることや事業領域の長期的な収益期待が，基準として考慮さ

れるべきものとされた。ポートフォリオの整理の最も重要な部分はAEGの事業の再編であり，同社を売却可能な単位に分割することであった。AEGではすでに1993年末に家電事業からの撤退が決定され，94年には国内のアプライアンス部門の売却が実施されているが，96年初頭までに同社の6つの事業領域が売却された。

　1997年に取り組まれた第3段階では，ダイムラー・ベンツへのメルセデス・ベンツの統合が実施された。その目標は，管理組織の変更，組織の階層の削減，スタッフ職位の削減，過剰な部分や重複した活動の組織的な把握にあった。この集中はリストラクチャリング過程全体にとって非常に重要であった。1997年2月以降，S，E，C，A，Mの各クラスとスマートへの乗用車部門の再編，メルセデス・ベンツ・ブラジルとのバス部門の統合，航空機，軍事システム・防衛電子機器，金融サービス・保険の各事業の統合，テレコミュニケーション・メディアサービスへの移動通信サービス事業の改称が行われた。

　さらに1997年4月1日から98年12月31日までの第4段階では，プロセスの最適化が問題となっており，業務の流れの構造の再編が重要な課題とされた。その目標は，重複した不要な活動，より多くの組織のレベル・単位への権限の分散，価値を生まないプロセスや流れへの関与を認識し排除することであった。新しいコンツェルン構造の展開にさいしては，管轄範囲を超えた業務プロセスと当該管轄範囲の最適化が取り組まれた。

　つづく第5段階では，利益のあがる成長，アジア戦略および成果の大きい技術の構築がめざされた。この段階の核となる諸方策は，ポートフォリオ・マネジメントの枠のもとでのコンツェルン全体のポートフォリオ分析の新たな実施，アジアでのダイムラー・ベンツの活動の広範な分析という2つの大きな領域におよんだ[78]。

　(2)　ダイムラー・クライスラーのリストラクチャリングとその特徴
　このような再編のうえに，1998年のクライスラーとの合併によってリストラクチャリング・事業再編が，中核事業である自動車部門の強化というかたちで一層強力に推し進められた。しかし，第13章で詳しくみるように，この合併による統合効果はあまり発揮されることにはならず，リストラクチャリングの効

率的な展開に大きく寄与するには至らなかった。合併にともなう再編の過程としては，電話事業部，情報技術サービス事業部，鉄道システム事業部，自動車エレクトロニクスの事業単位の売却，航空宇宙の事業単位の打ち切りが実施された。その結果，同社の構造は4つの自動車事業部（高級車，小型車，ミニバン／オフロードおよび商用車）へと変革された。自動車事業への集中によって，すでに2000年には同事業は収益全体の90％超を占めるようになった。同社の戦略は，①ヨーロッパ，アメリカおよびアジアの市場における強力かつ調和のとれたプレゼンス，②完全で非常に魅力的なブランドのポートフォリオ，③顧客のそれぞれの要望にみあった広範囲の製品プログラム，④技術とイノベーションの主導性という4つの柱を基礎にしていた[79]。

　また2001年にはクライスラー・グループのターンアラウンド計画がスタートし，2005年まで継続されているが，それは，①材料経済における効率の向上，②工場における効率の向上，③固定費の削減，④業務プロセスの再編，⑤売上増大のための諸方策，⑥製品ポートフォリオの再編の6つの中核的領域におよんだ。そうしたなかで，ことにコスト構造と生産の水準を市場の条件に適応させるために2002年末までに6つの工場を閉鎖すること，2003年末までにクライスラーの従業員の約20％にあたる約26,000人の従業員を削減することが打ち出された。2001年にはまた，デビテルの株式の売却，鉄道システム部門の売却，TEMICの60％の持分の売却が行われた。2002年にはコンティ・テミック・マイクロエレクトロニクス（旧TEMIC）の40％にあたる持分の売却が行われている。同年にはまた，中核事業への集中の戦略のなかで，アメリカの航空機リース事業の売却やベルリンの金融子会社の売却が行われた。2003年には動力装置の生産者であるMTUエアロ・エンジンの売却のほか，メルセデス・ベンツ舵取装置社の持分の60％，アメリカ・メルセデス・ベンツ舵取装置社およびブラジル・ダイムラー・クライスラーの舵取装置事業の持分の100％，CTSカートップシステムの50％の持分，ともに子会社であるVM Motori S. p. A. とデトロイト・ディーゼルエンジン・ブラジルのそれぞれ51％，100％の持分の売却などが行われている。これらはすべて自動車の中核事業への集中の戦略の一環として行われたものであった[80]。

　さらに国外の他社との関係の整理も取り組まれた。2004年には現代自動車と

の合弁であるダイムラー現代トラック社の50％の持分が現代自動車に売却されたほか，ダイムラーと現代自動車との戦略的提携の再編の枠のなかで，現代自動車の10.5％にあたる株式の売却も行われた。また同年には，ダイムラー・クライスラーは，三菱ふそうトラック・バス社に対する株式所有を43％から65％に，さらに2005年には85％へと引き上げる一方で，提携相手であった三菱自動車への財務支援をとりやめ，同社への株式所有を低減させることになった[81]。

また2005年4月には新たなリストラクチャリング・プログラムが開始されているが，その枠のなかでスマート・ロードスターの生産および計画されていたスマートSUVの開発が中止された。スマートの中核生産拠点では，1,350人から750人への従業員の削減，ハムバッハ工場における125の職場の削減が取り組まれた。また100％所有の子会社のフライトライナー社が手掛ける消防車の製造企業であるアメリカ・ラ・フランス社の持分の売却なども行われた。また2006年には，クライスラー・グループの大規模な再建プランが再び打ち出されており，それは，利益があがるような現業的業務の短期的な再編と同グループの事業システムの構造的変化という2つの主要な要素から構成されていた。同年にはオフ・ハイウェイの活動の大部分が売却されている。同年3月以降，商用車の事業領域では，「トラック・グループ」の名称のもとにその中核事業としてのトラックへの集中がはかられ，バスとトランスポーターは独立した単位として直接管理されるようになった。この新しい組織は，それぞれのセグメントにおける顧客と市場の特有の問題へのより強い方向づけを可能にした。また2007年には，クライスラー・グループの「回復・転換計画」が打ち出されており，そこでは，より小型で燃費のよい自動車への同グループの製品ポートフォリオの転換，それと平行した国際事業の拡大，提携や協力関係の拡大によるコスト面での利点の徹底した利用，成長の追加的な潜在的可能性の開拓がめざされることになった[82]。

しかし，2007年にはクライスラー株の多数の売却というかたちで「世紀の合併」と称された大型合併の試みは事実上破綻に至り，再びプレミアムセグメントの乗用車，一流の商用車の製造とこれらの製品をめぐる広範囲におよぶ包括的なサービスの提供への集中化がはかられることになった。同年にはまた，EADSの持分の7.5％の削減でもって中核事業である自動車への集中の戦略が継

続されたほか，ベルリンのポツダム広場の不動産が売却された。こうした売却は，中核事業への集中による付加価値の改善を目標とした事業ポートフォリオの最適化のための経常的な諸方策の一部であった。クライスラーの売却後の2008年以降には，北米におけるトラック事業の再編が取り組まれた。ダイムラー・トラック・ノース・アメリカは，2009年3月以降にスターリング・トラックのブランドの生産を中止し，その開発と販売の経営資源をフライトライナーとウエスタン・スターのブランドに集中した。またスターリングのブランドの廃止にともない，カナダのセント・トーマス工場での生産が終了した。さらに2010年にはポートランドの工場も閉鎖されている。また2010年3月には，インドのタタ自動車の5.34％の持分のすべてが売却されたが，ダイムラーは同国での自前の活動を強化しているがゆえに，タタへの資本参加の継続はもはや必要がなかった[83]。

2 フォルクスワーゲンにおけるリストラクチャリングの展開とその特徴

またフォルクスワーゲンをみると，1992/93年以降に新しいリストラクチャリングの取り組みがすすめられている。それは，伝統的な合理化をこえるものであり，①製品・市場志向の原価計算，目標原価管理，成果計算の集中化，②公募入札方式での調達・開発，③人事政策と労働政策の面での革新の中核的要素としての就業協定と労働量のフレキシブル化，④分権化された事業単位の自律性の増大，⑤プラットフォーム共通化戦略・モジュール戦略という5つの主要な要素から構成されていた。なかでも，②の新しい調達戦略は，たんなる調達機能をこえて部品企業と自動車企業の間の分業・調整の構造の持続的な変化をもたらすものであった。そこでは，開発の権限，ロジスティックおよび品質改善は，多かれ少なかれ大規模な部品企業に広く移され，組み立てと同期化されたジャスト・イン・タイム供給というかたちで，場所的にも，部品企業が自動車メーカーと結び付けられることになった。また③の就業協定は，1992/93年のコストと雇用の危機から生まれたものであり，労働量のフレキシブル化のみならず創造力に富む人的資源の動員をはかるものであった。④の分権化では，コスト責任の分権化がはかられた。⑤のプラットフォーム共通化戦略は，グローバル展開の一環（第12章参照）としてのみならずリストラクチャリング

の一環としても推し進められたという点に特徴がみられる。

　ことに1990年代以降，ハイテクと「メイド・イン・ジャーマニー」というドイツの競争戦略を支えていた前提条件が大きく変化し，技術的な優秀さと製品の多様性との組み合わせによる優位が低下してきた。フォルクスワーゲンは，1990年代初頭の価格競争の激化にとくに強く見舞われた。そうしたなかで，プラットフォーム共通化戦略は，セアト，ショコダのブランドの組み入れや現地市場向けの特殊な車両の生産を行う外国の生産拠点の拡大によって製品モデルの多様性が増大したことへの対応であった。また要員数の変化という点でみると，工場の旧来の中心的な間接部門の要員数の削減がはかられており，とくに保守，品質管理および工場のロジスティックといった間接機能は，新しい事業単位の専門の部隊としては重要性を失うことになった[84]。

　そこで，具体的にみると，スペインの子会社であるセアトにとって必要となった再編プログラムが1993年末に開始されている。その計画の内容は，全体的な価値生産の連鎖に沿った持続的な最適化とならんで，従業員数の削減，パムプローナ工場およびフォルクスワーゲン金融会社の切り離し，さらに労働組織と生産性に関してヨーロッパでトップの位置を占めるマルトレル工場へのマルベラを除くセアトの全モデルの集中にあった。フォルクスワーゲンではまた，中核事業への集中がすすめられており，同コンツェルンは，その活動を自動車と金融サービスの部門に集中してきた[85]。

　また2004年には，コスト削減と収益性の向上を目的としたリストラクチャリングの新しい計画である「ForMotion」がスタートしている。それは，フォルクスワーゲン・コンツェルンのすべての活動と行動が徹底的に吟味される7つのテーマ領域を含んでいた。それらのテーマは，①製品コスト，②一度限りの支出，③経費／プロセスの最適化，④販売成果の向上，⑤有用車両，⑥金融サービス，⑦外国の子会社の販売であった。目標の要点は，市場機会のよりよい利用，プロセスの最適化，製品コストと経費などの削減にあった。同プランは1年後までに総額35億ユーロの節約をもたらしたが，2008年までの期間を対象としたより広範囲におよぶ「ForMotion Plus」が2006年初めにスタートした。このプログラムは，各傘下ブランドと関連企業への損益責任の分権化による収益性向上の計画であり，競争力のある生産と賃金コスト，より高い品質，生産

能力の利用度の上昇，部品製造の再編から構成されるものであった。そこでは，人員削減とともに工場の閉鎖が不可避となったほか，部品生産における垂直統合度の引き下げなども重要な意味をもった。各ブランドや会社はその独自のプログラムを定義しそこから具体的なプロジェクトを導き出したという点が，「ForMotion」との相違点であった。「ForMotion Plus」でも，コンツェルンのレベルで管理される，①販売成果の向上，②材料の支出，③プロセス，④資本形成の4つの重要なテーマの領域が，ブランドおよび会社のプロジェクトを補完した[86]。

また2006年11月には，西ヨーロッパの工場における競争力をもつ生産の実現と生産能力の有効利用を目的としたさらなるリストラクチャリングのプログラムが発表されており，フォルクスワーゲンは，ヨーロッパにおけるリストラクチャリングの主要な事例のひとつをなした。そこでは，スペイン，ポルトガルおよびベルギーの工場の数千人もの人員削減とともに，約70％の操業度にとどまっていたドイツの工場の生産効率化のために，これらの外国で生産されるモデルのいくつかをドイツの工場に戻すことが決定された。2006年にはまた，国際的な立地においても，競争力の改善のためのリストラクチャリング策が実施されている。上海フォルクスワーゲンのリストラクチャリング・プログラムが2005年秋に開始され，2006年にも継続されたが，その目標は直接部門と間接部門の双方での生産性の向上にあった。またフォルクスワーゲン・ブラジルでは，2006年夏にアンシエータとタウバテという最大の立地に関する広範囲におよぶリストラクチャリング協定が，労働組合との間で結ばれている。この協定は，2001年に認められた雇用保障を終了させることになり，2008年末までに合計4,000人以上の人員調整のための道を開いた。さらに2009年にも，ブラジルを本拠とする中型・大型の商用車事業がMANに売却されている[87]。

第5節　電機産業におけるリストラクチャリングの展開とその特徴

さらに，電機産業をみると，最大企業のジーメンスでは，1990年代に入ってからの売上の大幅な落ち込みによる危機的状況のもとで，またそれまでの主要な顧客の民営化による最も利益のあがる保護された市場の喪失，競争圧力の増

大のもとで，リストラクチャリングが重要な課題となってきた。リストラクチャリングはすでに1980年代末に開始されていたが，93年末から94年初頭にスタートしたTOP (Time Optimised Processes) プログラムが重要な意味をもった。それは，同社のそれまでのリストラクチャリングのプログラムとは異なり，コンサルタント会社のマッキンゼーの助言に基づくものであった。このTOPの方向での展開は，①経営資源の適応，②リストラクチャリング，③製品とプロセスの最適化，④学習する企業（組織）という4つの段階ですすめられた。こうした再構築の取り組みの背景には，ヘキストと同様に，利益のあがる事業の単位がより低い業績の事業分野を財務的に支えるという「統合されたテクノロジー・コンツェルン」のドイツ版からの転換が必要であるという確信があった[88]。

なかでも，コンピューター関連部門は，リストラクチャリングの推進が最も重要な課題となった部門のひとつであった。ニクスドルフの買収によって1990年に誕生し大型コンピューターからパーソナル・コンピューター（PC）まで，またソフトウエアの開発から広範囲のサービスの提供まで非常に幅広い製品をかかえていたジーメンス・ニクスドルフ情報システム社では，期待されたシナジーが達成されることはなく，次の数年にわたりほとんどもはや計算不可能なリスクを背負うことになった。それゆえ，同社，とくにそのPC部門では，きわめて多くの再建プログラム（生産能力と人員の削減），立地の移動ないし統合，持続的な再編，合併前の2社の相反する企業文化の調整策，継続的なコスト削減策がすすめられた[89]。

ジーメンスでは，部分的な事業の売却などはすでに取り組まれていたが，1990年代半ばになってもまだ事業ポートフォリオの再編は取り組まれておらず，企業内部の生産性の向上に焦点があてられていた。しかし，1998年末に株価の著しい低下と利益の大幅な減少に直面するなかで，「10ポイント・プログラム」が打ち出されるに至る。このプログラムの主要なポイントは，事業部門の売却の選択やニューヨーク証券取引所への上場とならんで，株価の上昇と明確な経営目標の設定に焦点をあてているという点にあった。事業ポートフォリオの再編の面での同プログラムの最も顕著な戦略的決定は，部品部門の切り離しであり，半導体事業部門のスピン・オフであった。半導体事業は，他の事業

グループの成長を危機に陥れるほどの大きな投資の割合を占め，巨額の損失を生んだ。この部門は「インフィニオン・テクノロジーズ」と改称され，1999年にニューヨークとフランクフルトの証券取引所に上場された。このスピン・オフは非常に伝統的な方法で行われ，経営協議会によって支持を受けて雇用や職務に大きな影響を与えないかたちですすめられた[90]。

しかし，1999年の営業年度にも事業ポートフォリオの再編を含むプログラムが打ち出され，同年10月に操業を開始した富士通・ジーメンス・コンピューターズへのコンピューター・システム事業の移管のほか，大規模な資本の引き揚げのプログラムが実施された。部品部門やコンピューター部門以外でも事業ポートフォリオ最適化の取り組みは円滑にすすめられており，エネルギー伝達・配分部門に属する強電電線事業や移動通信ネットワーク事業，情報通信ネットワーク部門の持分の売却が行われた。またジーメンス・ニクスドルフ・リテイル・アンド・バンキング・システムやジーメンス・エレクトロメカニカル部品の売却のほか，かつての受動部品や真空管の部門であったヴァキューム・シュメルツェ社の売却などが行われている。1999年度にはさらに輸送システム部門において「輸送システム・イニシアティブ」というリストラクチャリングと生産性向上のプログラムがスタートしており，それでもって事業ポートフォリオの一層の強化がはかられた。また2000年には，輸送機器製造でのプラスティック生産のような周辺の活動やジーメンスレール車両の売却が行われている。そのほか，スイスの電線事業の持分や光波導体事業とグラスファイバーケーブル事業の最大部分の売却も行われた。また情報通信部門では，事業の集中が推し進められ，再編の過程で移動通信のインフラストラクチャー事業や携帯電話を含む移動通信部門の製品事業への集中がすすめられた。同年にはさらに，インフィニオンがイメージ＆ビデオの事業領域の売却を行っている[91]。

また2001年の営業年度の第3四半期以降には必要なリストラクチャリングの方策が展開された。同年12月にはインフィニオン・テクノロジーの切り離しでもって，10ポイント・プログラムの事業ポートフォリオの主な諸方策は成功裡に終了したが，ことに産業向けのソリューション・サービス事業と情報通信事業の統合とリストラクチャリングのプログラムが打ち出された。同年には情報・コンピューターのモバイル部門における専門ハードウエア・コーディング

の事業単位の売却が行われたほか，マンネスマン・ザックスの売却が行われた。また2002年にはレックスロスの残りの持分，ネットワーク関連の子会社であるユニスフェア・ネットワークの売却，産業向けサービスの事業単位における採算割れとなっている活動の売却へと向かった。ことに情報通信ネットワーク部門では，徹底的なリストラクチャリングの後に，2003年の営業年度にターンアラウンドが打ち出されている。2003年には，台湾のメモリー用チップの製造業者であるプロモスでの事業を終了し，この合弁企業の30％の持分を売却する方向ですすんだ。また建物管理事業や通信技術のより小さな単位であるテレマティックスの売却が行われたほか，ライフ・サポート・システム部門の売却も行われた。2004年にはジーメンスは，半導体コンツェルンのインフィニオンの株式所有を半分以上減らして約19％としているが，この売却によってチップ部門の事業における周期的な大きな変動の影響を緩和することがめざされた[92]。

　2004年の営業年度には，さらに一連の事業ポートフォリオの諸方策が実施されており，USフィルター社の買収によって，地方自治体と産業向けの水の浄化にかかわるアメリカ市場への参入が果たされた。また銀行用ソフトウエアに従事するKordoba社に対する持分の74.9％の売却や一連のその他のより小規模な買収や資本の引き揚げによって，ジーメンスはその事業ポートフォリオを最適なものにしてきた。2005年度にも，事業ポートフォリオの一層の最適化のために，一連の企業の買収が行われるとともに，大きな損失を生んでいた携帯電話事業が台湾企業に売却された。それは，通信インフラのシステム，ソリューションの提供への一層の集中の一環として行われたものであった[93]。

　2005年度にはさらに，2007年4月までの「フィット4モア」というプログラムが打ち出されている。その4つの柱のひとつが「経営成果と事業ポートフォリオ」であり，そこでは，同社が主導的な地位にありその一層の拡大が可能であるような有望な領域への集中，人口増加と都市化というグローバルなトレンドのなかではるかに重要な役割を果たす領域への投資が重視された。さらに2006年には，製品関連サービス事業が合弁企業である富士通ジーメンス・コンピューターズに売却されたほか，Siemens Dispolok GmbHの売却なども行われた。翌2007年には，産業，エネルギーおよびヘルスケアの3つの事業単位への

編成が行われた。ジーメンスの成功のひとつの重要な支柱は積極的な事業ポートフォリオであり，その一層の発展にとっては，自動車部門であるジーメンスVDOオートモーティブの売却，アメリカの診断用機器の供給企業であるデイド・ベーリングおよびUGSの買収がとくに重要であった。ことにジーメンスVDOオートモーティブの売却でもって，ジーメンスは，その事業ポートフォリオをはるかに集中し，また複雑さを低下させる重要な一歩を築いた。2007年度にはさらに，「フィット4モア」に続く「フィット4・2010」というプログラムが打ち出されており，そこでは，同社のポートフォリオ・マネジメントは，魅力的な市場においてすべての事業が第1位か第2位を占めるという原則を基礎にしていた[94]。

　ジーメンスがめざした新しい企業価値の向上と利益のあがる持続的な成長の実現において，積極的な事業ポートフォリオの管理は決定的な役割を果たすものであった。産業，エネルギーおよびヘルスケアの3部門への集中によって，人口の変動，都市化，気候変動およびグローバル化というメガトレンドから利益を得ることが目標とされた。そうしたなかで，2008年にはコードレス送受信器事業の子会社の株式のうち80.2％が売却されれたほか，ジーメンス・エンタプライズ・コミュニケーションズの持分の51％，産業部門の工業オートメーション事業部の一部であるワイヤレス・モジュール事業およびタングステン事業の売却が行われた。2009年にはドレーゲル・メディカルの25％の持分の売却，ジーメンス住宅会社のもつ不動産，富士通ジーメンス・コンピューターズの50％にあたる持分の売却が完了している。また2010年の営業年度には，ジーメンスITソリューション・アンド・サービスの戦略的な方向づけのためのリストラクチャリング・プロジェクトがスタートしている。そこでは，主に退職一時金の支給での世界中で4,200人の従業員の削減によってIT部門を競争力のあるものにすることがめざされた。2011年の営業年度には，合弁企業のアレヴァNP S. A. S. の持分の売却，クラウス–マッファイ・ヴェークマンの49％にあたる持分の売却などが行われた。また2012年の営業年度には，ソーラー事業が「継続されない事業」と認定され，その売却の方針が打ち出されている[95]。

　このように，ジーメンスでは，リストラクチャリングが徹底したかたちで推し進められてきたが，不採算事業や将来的な成長が見込めない事業からは即座

に撤退する一方で，中長期的に利益を生むと期待される事業には市場黎明期のうちに参入しトップの地位を確立する，という戦略が採用されてきた。そこでは，合併・買収による新規事業への参入とセットのかたちで事業のポートフォリオの組み替えが推進されてきた。また同社が大胆な事業再編を行うことができた理由としては，経営企画部門での徹底的な事業環境分析とそれに基づく経営陣の迅速な判断を可能にする仕組みが整備されていたことがあげられる[96]。

第6節　リストラクチャリングの展開のドイツ的特徴

　以上の考察において1990年代以降のリストラクチャリングの展開を主要産業についてみてきた。それをふまえて，最後にリストラクチャリングの展開のドイツ的特徴についてみておくことにしよう。

　1990年代初頭以降のドイツのリストラクチャリングの重要なキーワードは，「地域コンセプトからヨーロッパコンセプトへ」というものであり，リストラクチャリングは，販売の顧客志向・地域志向，製品系列や技術への生産の方向づけを狙いとしたものであった[97]。こうしたヨーロッパ志向という点はその後もみられ，企業のリストラクチャリングが同地域の単一市場の発展というコンテキストで述べられてきた場合には，それは，しばしばコスト削減，資産の引き揚げによる合理化や企業内における経営責任の集中化と関係してきた。ヨーロッパ市場を中心的な活動舞台とする世界の代表的な国際企業41社を調査した2000年のある研究でも，いくつかの諸活動を全ヨーロッパ的基礎の上に組織するというひとつの明確な動きがみられたとされている。そこでは，研究開発，生産，流通およびITインフラは，ますますより大規模に，またより少ない拠点において展開されてきた[98]。EUによるヨーロッパ地域における市場統合の一層の進展は，同地域を基軸とするこうした経営展開を促進する要因として作用した。

　また資本市場による株主価値重視の経営への圧力のもとでのリストラクチャリングの展開という1990年代以降のひとつの傾向に関していえば，第10章でもみたように，リストラクチャリングは必ずしも強い株主価値志向のかたちで推進されたわけではないというケースもみられる。例えば上述のジーメンスの半

導体部門のスピンオフの場合でも，そうした再編は，スピンオフされた会社の支配を確保しうるだけの株式所有の維持と経営協議会の支持のもとですすめられ，株主価値の観点からすれば，それは広範囲におよぶものとはなっていなかったといえる。リストラクチャリングは，同社の労使関係の協調的かつ合意志向の性格にあまり影響をおよぼすことはなかったが，しかしまた，経営協議会の全面的な支持が，大きな抵抗やストライキなしにリストラクチャリングを行うことを可能にしたのであり(99)，むしろ経営側の提起する方策の展開を協調的に促進することにもなりえたという点も重要である。

　こうした点をめぐっては，ドイツ企業の場合，共同決定制度による経営協議会との関係，それがおよぼす影響という点が特徴的である。それゆえ，労働側の反対・交渉が重要な問題となってくるが，経営協議会による経営参加権の状況についてみれば，例えば従業員20人以上の民間企業の職場における2,000の経営協議会（その大部分は経営協議会会長）を対象としたドイツ労働組合総同盟の経済学・社会科学研究所（WSI）の2006年のリストラクチャリングに関する調査でも，つぎのような結果が出ている。すなわち，経営協議会が事前にリストラクチャリングの情報を得ていたものの割合は55.1％，その実施のさいに情報を得ていたものの割合は18.9％となっており，あわせて74％にのぼっており，情報を得ていないケース（23.8％）を大きく上回っている。また経営協議会の提案が部分的に考慮されたケースの割合は63.1％，十分に考慮されたものの割合は20.3％となっており，それらをあわせると83.4％にのぼっている。ただリストラクチャリングの項目・内容でみると，現業的なレベルのそれの方が戦略的なそれよりも事前に情報を得ている割合が高いほか，経営側によって経営協議会の提案が考慮されたケースをみても，現業的なレベルに関するものの方が戦略的なレベルに関するものよりも多い傾向にあった(100)。

　実際には，リストラクチャリングが「選択と集中」による事業構造の再編という戦略的性格の強い方策のかたちで推進される場合よりもむしろ，職場における労働者への直接的な影響の大きい現業的な方策において，経営協議会による経営参加の制度がリストラクチャリングの展開に大きな影響をおよぼしうるとともに，重要な意味をもったといえる。このような共同決定制度のもとでの経営協議会の関与や労働組合の相対的に強い規制力，その一方での労使協調的

なあり方は,「ステイクホルダー型リストラクチャリング」とでもいうべきドイツ的な特徴を示しているといえる。

（1） R. Boyer, From Shareholder Value to CEO Power : The Paradox of the 1990s, *Competition & Change*, Vol. 9, No. 1, March 2005, p. 42.
（2） R. Bühner, A. Rasheed, J. Rosenstein, Corporate Restructuring Patterns in the US and Germany : A Comparative Empirical Investigation, *Management International Review*, Vol. 37, No. 4, 1997, p. 331.
（3） M. Höpner, Unternehmensverflechtung im Zwielicht. Hans Eichelsplan zur Auflösung der Deutschland AG, *WSI Mitteilungen*, 53. Jg, 10/2000, Oktober 2000, S. 661.
（4） Vgl. K-J. Kraus, S. Haghani, Krisenverlauf und Krisenbewältigung――der aktuelle Stand, N. Bickhoff, M. Blatz, G. Eikenberger, S. Haghani, K-J. Kraus(Hrsg.), *Die Unternehmenskrise als Chance. Innovative Ansätze zur Sanierung und Restrukturierung*, Berlin, Heidelberg, New York, 2004, S. 28-30.
（5） J. Matthes, Das deutsche Corporate-Governance-System im Wandel. Übergang zum angelsächsischen System oder nur leichte Annäherung?, C. Storz, B. Lagemann(Hrsg.), *Konvergenz oder Divergenz?*, Marburg, 2005, S. 227.
（6） Vgl. Roland Berger Strategy Consultants, *Restrukturierung in Deutschland 2006――Studie*, Düsseldorf, Dezember 2006, S. 18, S. 39, S. 56, *Restrukturierung in Deutschland 2008. Auswirkungen der Subprime-Krise auf den Restrukturierungsbedarf von Unternehmen*, München, Mai 2008, S. 18.
（7） こうした点については，例えば，M. Knuth, G. Mühge, Germany : Negotiated Restructuring, B. Gazier, F. Bruggeman(eds.), *Restructuring Work and Employment in Europe. Managing Change in an Era of Globalisation*, Cheltenham, 2008を参照。
（8） G. Boni, Towards Socially Sensitive Corporate Restructuring? Comparative Remarks on Collective Bargaining Developments in Germany, France and Italy, *International Labour Review*, Vol. 148, No. 1-2, 2009, p. 75, p. 87.
（9） Roland Berger Strategy Consultants, *Restrukturierung in Deutschland――früher, schneller und härter, aber noch nicht gut genug*, Düsseldorf, November 2003, S. 10, S. 12, S. 24-6, *Restructuring in Europe 2005――Study*, Düsseldorf, November 2005, p. 13.
（10） こうした点については，例えば，T. Edwards, X. Coller, L. Ortiz, C. Rees, M. Wortmann, National Industrial Relations Systems and Cross-border Restructuring : Evidence from a Merger in the Pharmaceuticals Sector, *European Journal of Industrial Relations*, Vol. 12, No. 1, 2006などを参照。
（11） F. Klobes, The Dynamics of Industrial Restructuring, S. Beck, F. Klobes, C. Scherrer (eds.), *Surviving Globalization? Perspectives for the German Economic Model*, Düsseldorf,

2005, p. 89.
(12) R. Vondran, Der Stahl im Härtetest, *Stahl und Eisen*, 112. Jg, Nr. 1, 20. 1. 1992, S. 19.
(13) F. Seibert, Stahlindustrie, *M&A Review*, 9/1993, S. 386.
(14) K-U. Czymoch, *Die deutsche Stahlindustrie im 20. Jahrhundert. Der Niedergang eines Führungssektors*, Saarbrücken, 2007, S. 52.
(15) R. Vondran, Technische und unternehmensorganisatorische Entwicklungen der Stahlindustrie, *Stahl und Eisen*, 112. Jg, Nr. 11, 9. 11. 1992, S. 115, R. Vondran, Gemeinsam handeln――Plädoyer für neue Strukturen in der Europäischen Stahlindustrie, *Stahl und Eisen*, 112. Jg, Nr. 10, 16. 10. 1992, S. 37.
(16) R. Vondran, Die Stahlindustrie vor schwierigen Anpassungsproblemen, *Stahl und Eisen*, 113. Jg, Nr. 5, 17. 5. 1993, S. 29-30.
(17) R. Vondran, Perspektiven für die europäische Stahlindustrie, *Stahl und Eisen*, 116. Jg, Nr. 11, 11. 11. 1996, S. 51.
(18) C. Kleine, Die Thyssen-Krupp Stahlehe, *M&A Review*, 4/1997, S. 161.
(19) A. Kormann, Stahl am Standort Deutschland――eine Option mit Zukunft?, *Stahl und Eisen*, 114. Jg, Nr. 7, 18. 7. 1994, S. 83, S. 85.
(20) R. Vondran, Chancen und Herausforderungen――wirtschaftliche und technische Entwicklungen in der Stahlindustrie, *Stahl und Eisen*, 120. Jg, Nr. 2, 15. 2. 2000, S. 90.
(21) Krupp Stahl rationalisiert Werke Siegen/Geisweid, *Stahl und Eisen*, 111. Jg, Nr. 8, 15. 8. 1991, S. 23.
(22) Vgl. Fried. Krupp AG, *Geschäftsbericht 1993*, S. 20-1, Krupp Stahl : Rheinhausen stellt Produktion ein, *Stahl und Eisen*, 113. Jg, Nr. 6, 14. 6. 1993, S. 18.
(23) Mannesmann hat Pilgerstraße Mülheim stillgelegt, *Stahl und Eisen*, 111. Jg, Nr. 10, 15. 10. 1991, S. 23.
(24) H. A. Wessel, *Erfolgreich unter verschieden Flaggen. Die Geschichte des Mannesmannröhren-Werks in Bous/Saar und seiner Stahlwerke 1886-1998*, 1. Aufl., Essen, 2007, S. 147.
(25) Thyssen Krupp Stahl GmbH am Start, *Stahl und Eisen*, 117. Jg, Nr. 10, 14. 10. 1997, S. 89-91.
(26) Das industrielle Konzept der künftigen Thyssen Krupp AG, *Stahl und Eisen*, 118. Jg, Nr. 4, 15. 4. 1998, S. 113-4, Zusammenschluß von Thyssen und Krupp : Gleichberechtigte Partner wollen ihre Stärken bündeln und ausbauen, *Stahl und Eisen*, 118. Jg, Nr. 12, 15. 12. 1998, S. 127-8.
(27) Vgl. R. Vondran, Wie bewältigt die japanische Stahlindustrie ihre Strukturproblem?, *Stahl und Eisen*, 115. Jg, Nr. 12, 20. 12. 1995, S. 108.
(28) K-U. Czymoch, *a. a. O.*, S. 69.
(29) Vgl. Klöckner-Werke AG : 1989/90 zweitbestes Geschäftsjahr in der Geschichte des Unternehmens, *Stahl und Eisen*, 111. Jg, Nr. 4, 15. 4. 1991, S. 167-8, Klöckner-Werke :

第11章 リストラクチャリングの新展開とその特徴 *409*

Konzernergebnis im 1. Geschäftsjahr 1993/94 noch leicht negativ, *Stahl und Eisen*, 114. Jg, Nr. 7, 18. 7. 1994, S. 95, Fried. Krupp AG, *a. a. O.*, S. 16-7, K-U. Köhler, „Kosten senken, Effizienz steigern, Technologieführerschaft ausbauen", *Stahl und Eisen*, 123. Jg, Nr. 4, 15. 4. 2003, S. 33-4.

(30) Neue Struktur des Klöckner-Konzerns, *Stahl und Eisen*, 115. Jg, Nr. 3, 15. 3. 1995, S. 132.

(31) Vgl. Fried. Krupp AG konzentriert sich auf Kernbereiche und Fusion mit Hoesch, *Stahl und Eisen*, 112. Jg, Nr. 6, 15. 6. 1992, S. 127, P. Greis, Die Fusion von Fried. Krupp AG und Hoesch AG, *Stahl und Eisen*, 112. Jg, Nr. 6, 15. 6. 1992, S. 125-6.

(32) *Ebenda*, S. 126.

(33) Fried. Krupp AG Hoesch-Krupp : Geschäftsjahr 1992 mit Verlust abgeschlossen, *Stahl und Eisen*, 113. Jg, Nr. 8, 16. 8. 1993, S. 114-6.

(34) ThyssenKrupp AG, *Geschäftsbericht 1998/99*, S. 18, S. 21, S. 34, Thyssen-Gruppe : 1995/96 trotz Einbußen in der Gewinnzone, *Stahl und Eisen*, 117. Jg, Nr. 1, 21. 1. 1997, S. 99, Thyssen-Konzern : Steigender Ertrag und deutliche Fortschritte im Konzernumbau im 1. Halbjahr 1996/97, *Stahl und Eisen*, 117. Jg, Nr. 8, 18. 8. 1997, S. 121, Thyssen-Gruppe : Erfolgreiches Geschäftsjahr 1997/98, *Stahl und Eisen*, 119. Jg, Nr. 1, 19. 1. 1999, S. 75, Zusammenschluß von Thyssen und Krupp, *Stahl und Eisen*, 118. Jg, Nr. 12, 15. 12. 1998, S. 126-7, Das industrielle Konzept der künftigen Thyssen Krupp AG, *Stahl und Eisen*, 118. Jg, Nr. 4, 15. 4. 1998, S. 112-3, Thyssen Krupp : Zufriedenstellendes Konzernergebnis im ersten Geschäftsjahr 1998/99 nach gelungener Fusion, *Stahl und Eisen*, 120. Jg, Nr. 5, 16. 5. 2000, S. 88.

(35) ThyssenKrupp AG, *Geschäftsbericht 1999/2000*, S. 11, S. 45, *Geschäftsbericht 2003/2004*, S. II , S. 140-2, ThyssenKrupp Steel AG : Geschäftsjahr 2000/2001, *Stahl und Eisen*, 122. Jg, Nr. 5, 16. 5. 2002, S. 78, ThyssenKrupp-Konzern : Deutlich verbessertes Ergebnis im Geschäftsjahr 1999/2000, *Stahl und Eisen*, 121. Jg, Nr. 2, 15. 2. 2001, S. 99, Neuausrichtung der Thyssen Krupp AG, *Stahl und Eisen*, 120. Jg, Nr. 12, 15. 12. 2000, S. 14, K-U. Köhler, *a. a. O.*, S. 33.

(36) ThyssenKrupp AG, *Geschäftsbericht 2004/2005*, S. 38, *Geschäftsbericht 2005/2006*, S. 45, S. 144, *Geschäftsbericht 2006/2007*, S. 65.

(37) ThyssenKrupp AG, *Geschäftsbericht 2008/2009*, S. 5, S. 81, *Geschäftsbericht 2009/2010*, S. 205-7, *Geschäftsbericht 2010/2011*, S. 50-1, *Geschäftsbericht 2011/2012*, S. 38-9.

(38) I. Dittmann, E. Maug, C. Schneider, How Preussag Became TUI : A Clinical Study of Industrial Blockholders and Restructuring in Europe, *Financial Management*, Vol. 37, No. 3, autumn 2008, pp. 571-2, pp. 574-7, p. 581, p. 583, B. Stier, J. Laufer, *Von der Preusag zur TUI. Weg und Wandlungen eines Unternehmen 1923-2003*, Essen, 2005, S. 597-8.

(39) K-D. Sardemann, Krupp Edelstahlprofile GmbH, *Stahl und Eisen*, 117. Jg, Nr. 2, 17. 2. 1997, S. 69-70, H. W. Graβhoff, Krupp Hoesch Stahl AG, *Stahl und Eisen*, 116. Jg, Nr. 2, 16. 2. 1996, S. 73, Fried. Krupp AG Hoesch-Krupp 1995 sehr erfolgreich, *Stahl und Eisen*, 116. Jg, Nr. 7, 15. 7. 1996, S. 106.

(40) Vgl. ThyssenKrupp AG, *Geschäftsbericht 2000/2001*, S. 183, *Geschäftsbericht 2004/2005*, S. 38, *Geschäftsbericht 2007/2008*, S. 59, *Geschäftsbericht 2010/2011*, S. 48, S. 50, E. Schulz, Thyssen Stahl AG, *Stahl und Eisen*, 116. Jg, Nr. 2, 16. 2. 1996, S. 85-6, S. 88, Thyssen Stahl strukturiert um und baut Gießwalzanlage, *Stahl und Eisen*, 116. Jg, Nr. 12, 12. 12. 1996, S. 22, M. Knuth, G. Mühge, *op. cit.*, p. 132.

(41) 平松茂実「ドイツ化学 3 企業すみ分けと集約・合理化に特徴　第 2 部　自社体質分析 (4)」『化学経済』，第40巻第 9 号，1993年 8 月，38-9ページ。

(42) W. Menz, S. Becker, T. Sablowski, *Shareholder-Value gegen Belegschaftsinteressen*, Hamburug, 1999, S. 14.

(43) 田口定雄「戦略的提携と化学企業の事業再構築──欧米化学企業の事例にみるリストラ新段階（上）──」『化学経済』，第40巻第 5 号，1993年 4 月，22ページ。

(44) W. Menz, S. Becker, T. Sablowski, *a. a. O.*, S. 29.

(45) Vgl. *Ebenda*, S. 18, S. 20.

(46) Vgl. S. Becker, T. Sablowski, Konzentration und industrielle Organisation. Das Beispiel der Chemie- und Pharmaindustrie, *PROKLA*, Heft 113, 28. Jg, Nr. 4, Dezember 1998, S. 620-1.

(47) N. Schweickart, Herausforderung der Globalisierung für die Pharma-Industrie, W. Brandt, A. Picot(Hrsg.), *Unternehmenserfolg im internationalen Wettbewerb. Strategie, Steuerung und Struktur. Kongress-Dokumentation 58. Deutscher Betriebswirtschafter-Tag 2004*, Stuttgart, 2005, S. 71, S. 73, S. Becker, T. Sablowski, *a. a. O.*, S. 634-5.

(48) K-J. Kraus, R. Moldenhauer, Finanzielle Restrukturierung eines Pharmaunternehmens, M. Blatz, K-J. Kraus, S. Haghani(Hrsg.), *Gestärkt aus der Krise. Unternehmensfinanzierung in und nach der Restrukturieung*, Belin, Heidelberg, 2006, S. 104.

(49) T. Edwards, X. Coller, L. Ortiz, C. Rees, M. Wortmann, *op. cit.*, pp. 74-5.

(50) T. Guenther, *Struktur- und Kulturwandel internationaltätiger deutscher Unternehmen. Das Beispiel des Bayer-Konzerns*, Wiesbaden, 2007, S. 258.

(51) Vgl. Umstrukturierung des Konzerns macht große Fortschritt(http://innovationsreport.de/html/berichte/wirtschaft_finanzen/bericht-846.html)（2009年11月 4 日参照）。

(52) Vgl. T. M. Käfer, *Dezentralisierung im Konzern. Ein Mehr-Eben-Analyse strategischer Restrukturierung*, Wiesbaden, 2007, S. 276, S. 280-1, S. 285-6, S. 293, S. 297, A. M. Rugman, The Regional Multinationals. TNEs and „Global" Strategic Management, Cambridge, 2005, pp. 128-9, K. Metelmann, S. Neuwirt, Wachstum und Organisation im

第11章 リストラクチャリングの新展開とその特徴 *411*

Bayer-Konzern, M. Glaum, U. Hommel, D. Thomaschewski(Hrsg.), *Wachstumsstrategien internationaler Unternehemungen. Internes vs externes Unternehmenswachstum*, Stuttgart, 2002, S. 141-2.
(53) Bayer AG, *Geschäftsbericht 2002*, S. 1.
(54) Bayer AG, *Geschäftsbericht 2004*, S. 1.
(55) Bayer AG, *Geschäftsbericht 1998*, S. 28-9, S. 76, *Geschäftsbericht 1999*, S. 91, *Geschäftsbericht 2002*, S. 47, *Gescäftsbericht 2003*, S. 23, S. 59, P. Wilhelm, Pharma, *Mergers and Acquisitions*, 7-8/2000, S. 282-3, P. Wilihelm, Chemie, *Mergers and Acquisitions*, 7-8/2000, S. 282, O. P. Pfeil, Chemie, *Mergers and Acquisitions*, 7/2001, S. 345-6, M. Seyferth, H. J. Vater, Pharma, *Mergers and Acquisitions*, 12/2003, S. 548.
(56) Bayer AG, *Geschäftsbericht 2004*, S. 26, S. 89, *Geschäftsbericht 2006*, S. 140, P. Short, Bayer Takes Big Restructure Steps. Firm Buys Roche Consumer Health Business, Decidedes to Spinn off Lanxess, *Chemical & Engineering News*, Vol. 82, No. 30, 26. 7. 2004, p. 11, I. Young, Bayer Plans Major Restructuring at German Chemical Parks Operator, *Chemical Week*, Vol. 168, No. 36, 1. 11. 2006, p. 16, M. Zürcher, Pharma, *Mergers and Acquisitions*, 2/2005, S. 84.
(57) Bayer AG, *Geschäftsbericht 2006*, S. 32, S. 141, S. 181, *Geschäftsbericht 2007*, S. 129, S. 170, *Geschäftsbericht 2008*, S. 213, M. B. Zürcher, Chemie, *Mergers and Acquisitions*, 2/2007, S. 88.
(58) Bayer AG, *Geschäftsbericht 2009*, S. 6, S. 50, S. 223-4, *Geschäftsbericht 2010*, S. 223.
(59) 「独BASFの天然ガス事業、北米から撤退し欧州に投資集中」『日経産業新聞』、1992年6月24日付、「独BASF、苦境突破へ得意部門攻勢——『不採算』は切り捨て」『日本経済新聞』、1993年2月1日付。
(60) BASF AG, *Geschäftsbericht 1997*, S. 29, *Geschäftsbericht 1998*, S. 30, *Geschäftsbericht 1999*, S. 47, L. Achtenhagen, M&A-Aktivitäten in der deutschen Chemie -und Pharmaindustrie, *M&A Review*, 6/1997, S. 265, S. 267, L. Achtenhagen, Chemie, *M&A Review*, 3/1997, S. 125, P. Wilhelm, Chemie, *Mergers and Acquisitions*, 1/2000, S. 24.
(61) BASF AG, *Jahresbericht 2002*, S. 2, *Unternehemensbericht 2003*, S. 8, *Kurzbericht der BASF-Gruppe 2005*, S. 9, *Unternehemensbericht 2005*, S. 25, *Bericht der BASF-Gruppe zur Bilanz-Pressekonferenz 2005*, S. 2, L. Achtenhagen, M&A-Aktivitäten in der deutschen Chemie- und Pharmaindustrie, S. 265, S. 267, M. Schäfer, Der Markt für Unternehemenskontrolle 1995 wieder im Aufschwung, *M&A Review*, 1/1996, S. 7, P. Erker, Die Bayer AG : Entwicklungsphasen eines Chemiekonzerns im Überblick, K. Tenfelde, K-O. Czikowsky, J. Mittag, S. Moitra, R. Nietzard(Hrsg.), *Stimmt die Chemie? Mitbestimmung und Sozialpolitik in der Geschichte des Bayer-Konzerns*, 1. Aufl., Essen, 2007, S. 54, P. Wilhelm, Pharma, *Mergers and Acquisitions*, 1/2001, S. 25, N. Seyferth, H. J. Vater, Chemie, *Mergers and Acquisitions*, 12/2003, S. 547, J. N. Diel, Chemie, *Mergers

and Acquisitions, 10/2004, S. 437, BASF to Cut Jobs in Restructuring, *European Chemical News*, Vol. 79, No. 2068, 15. 9. 2003, p. 7.
(62) BASF AG, *Bericht 2007*, S. 157, *Bericht 2008*, S. 173, *Bericht 2009*, S. 14, S. 156, *Bericht 2010*, S. 8, S. 154-5, *Zwischenbericht. 1. Quaetal 2012(Januar-März)*, S. 4, S. 22, *Zwischenbericht. 3. Quaetal 2012(Juli-September)*, S. 4, S. 24, M. B. Zürcher, Chemie, *Mergers and Acquisitions*, 4/2007, S. 188, D. Rainsborough, Chemie, *Mergers and Acquisitions*, 6/2009, S. 300.
(63) Vgl. Hoechst AG, *Strukturmaßnahmen der Hoechst AG 1991-1995*, Frankfurt am Main, 1996, S. 14, S. 23, S. 30-1, S. 34-5, S. 40-3, S. 47, *Hoechst Archiv*.
(64) S. Eckert, *Aktionärsorientierung der Unternehmenspolitik?*, 1. Aufl, Wiesbaden, 2004, S. 215, S. 256.
(65) Die Schrift von Dr. Friedmar Nusch an Dr. Rolff Hildebrandt(25. 1. 1996), *Hoechst Archiv*, Korrespondenz Dormann Nusch 1996, Die Schrift von Dr. Friedmar Nusch und Dr. Jost Albrecht an Herr Franjo Körner(22. 7. 1996), *Hoechst Archiv*, Korrespondenz Dormann Nusch 1996.
(66) Die Schrift von Dr. Friedmar Nusch an Herr Holger Dannenberg(29. 4. 1996), *Hoechst Archiv*, Korrespondenz Dormann Nusch 1996.
(67) Hoechst AG, Bericht des Vorsitzenden des Vorstands Jürgen Dormann. Ordentlche Hauptversammlung am 6. Mai 1997, S. 1-2, *Hoechst Archiv*, Hauptversammlung 12/1998.
(68) Vgl. Hoechst AG, Unternehmensstruktur bei Hoechst : dezentrale Verantwortung, weniger Schnittstellen, globales Vorgehen, S. 1-2(in : *Hoechst Press-Information*, 30. 9. 1994), *Hoechst Archiv*, FL3. 2, Vorstandsmitlieder persönliche Daten Dormann, Jürgen, Vorsitzender des Vorstandes, Hoechst AG, Mehr unternehmerische Initiative, mehr Markt- und Kundenorientierung, Höhere Flexibilität, S. 1, S. 3, S. 5-7(in : *Kurz berichtet*, Nr. 46, 30. 9. 1994), *Hoechst Archiv*, FL3. 2, Vorstandsmitlieder persönliche Daten Dormann, Jürgen, Vorsitzender des Vorstandes, Hoechst AG, Dormann : Hoechst-Ziele '96, S. 1-2(in : *Hoechst aktuell*, 15. 11. 1995), *Hoechst Archiv*, FL3. 2, Vorstandsmitlieder persönliche Daten Dormann, Jürgen, Vorsitzender des Vorstandes, Hoechst AG, Bericht des Vorsitzenden des Vorstands Jürgen Dormann. Ordentlche Hauptversammlung am 25. April 1995, S. 5-6, *Hoechst Archiv*, Hauptversammlung 1995.
(69) Hoechst AG, Erläuterungen zu den Tagesordnungspunkten 6, 7 und 8 der ordentlichen Hauptversammlung der Hoechst Aktiengesellschaft am 6. Mai 1997, S. 4, S. 8-9, S. 12, *Hoechst Archiv*, Hauptversammlung 12/1998.
(70) Hoechst AG, Bericht des Vorsitzenden des Vorstands Jürgen Dormann. Ordentlche Hauptversammlung am 30. April 1996, S. 6, *Hoechst Archiv*, Hauptversammlung 1996, Hoechst AG, Bericht des Vorsitzenden des Vorstands Jürgen Dormann. Ordentlche Hauptversammlung am 5. Mai 1998, S. 6, *Hoechst Archiv*, Hauptversammlung 12/1998, N.

Alperwicz, Hoechst Decides to Spinn off Fibers, May Cooperate with Mogilev, *Chemical Week*, Vol. 154, No. 22, 8. 6. 1994, p. 16, Restructuring Corporate Germany, *The Economist*, international edition, Vol. 349, No. 8095, 21. 11. 1998, p. 85, Restructuring, *Business Europe*, Vol. 38, No. 15, 29. 7. 1998, p. 11, M. Wortmann, *Komplex und Global. Strategien und Strukturen multinationaler Unternehmen*, 1. Aufl., Wiesbaden, 2008, S. 111, J. Kädtler, Die deutsche Großchemie und der Shareholder-Value――Hoechst, Bayer und die BASF wurden umgebaut――Was blieb?, *Die Mitbestimmung*, 52. Jg, Heft 6, Juni 2006, S. 26, P. Achleitner, M. F. Paul, International Column, *M&A Review*, 1/1996, S. 12-3, W. Menz, S. Becker, T. Sablowski, *a. a. O.*, S. 26.

(71) Hoechst AG, Bericht des Vorsitzenden des Vorstands Jürgen Dormann. Ordentlche Hauptversammlung am 5. Mai 1998, S. 2-3, *Hoechst Archiv*, Hauptversammlung 12/1998.

(72) C. Lane, The Emergence of German Transnational Companies : A Theoretical Analysis and Empirical Study of the Globalization Process, G. Morgan, P. H. Kristensen, R. Whitley(eds.), *The Multinational Firm. Organizing across Institutional and National Divides*, Oxford University Press, 2001, p. 80, p. 90.

(73) M. Wortmann, *a. a. O.*, S. 118, P. Erker, *a. a. O.*, S. 54.

(74) R. v. Tulder, W. Ruigrok, International Production Networks in the Auto Industry : Central and Eastern Europe as the Low End of the West Europe Car Complexes, J. Zysmann, A. Schwartz(eds.), *Enlarging Europe : The Industrial Foundations of a New Political Reality*, The Regents of University of California, 1998, p. 234, B. Hancke, European Works Councils and Industrial Restructuring in the European Motor Industry, *European Journal of Industrial Relations*, Vol. 6, No. 1, March 2000, p. 36, p. 41.

(75) F. Steinberger, *Entwicklungskooperationen in der Automobilindustrie*, 1. Aufl., Bremen, Hamburg, 2007, S. 6.

(76) H-D. Köhler, The DaimlerChrysler Deal : A Nice Marriage or a Nigtmare?, M. Freyssenet, K. Shimizu, G. Volpato(eds.), *Globalization or Regionalization of the European Car Industry?*, Basingstoke, 2003, pp. 75-6, C. Bauer, T. Notwak, Die Organisatorische Entwicklung von Daimler-Benz. Structure follows Strategy?, *Zeitschrift für Organisation*, 60. Jg, Heft 2, März/April 1991, S. 96-8, U. Glassmann, Der Einfluß von Internationalisierungsstrategien auf die Baden-Würtenbergische Zulieferindustrie. Das Beispiel Mercedes-Benz, A. Eckardt, H-D. Köhler, L. Pries(Hrsg.), *Global Players in lokalen Bedingungen. Unternehmungsglobalisierung in soziologischer Perspektive*, Berlin, 1999, S. 196.

(77) F. Neubauer, U. Steger, G. Räder, The Daimler/Chrysler Merger : The Involvement of the Boards, *Corporate Governance : An International Review*, Vol. 8, No. 4, October 2000, p. 375.

(78) Vgl. A. Töpfer, *Die Restrukturierung des Daimler-Benz Konzerns 1995-1997. Portfolio-*

Bereinigung, Prozeßoptimierung, Profitables Wachstum, Neuwied, Kriftel, 1998, S. 63-71, S. 75-6, S. 164, S. 170-2, S. 257, S. 259, Daimler-Benz AG, *Geschäftsbericht 1993*, S. 28, *Annual Report 1995*, p. 22, *Annual Report 1996*, pp. 7-8, *Geschäftsbericht 1997*, S. 78-9.

(79) H-D. Köhler, *op. cit.*, p. 89, DaimlerChrysler AG, *Geschäftsbericht 2000*, S. 3-4, S. 12.

(80) *Ebenda*, S. 19, S. 22, S. 31-2, DaimlerChrysler AG, *Geschäftsbericht 2005*, S. 154, *Geschäftsbericht 2001*, S. 10, S. 84, *Geschäftsbericht 2002*, S. 11, S. 7, *Geschäftsbericht 2003*, S. 13, S. 128-9, M. Hoffleith, Finanzdienstleistungen, *M&A Review*, 12/2002, S. 652.

(81) DaimlerChrysler AG, *Geschäftsbericht 2004*, S. 20, S. 121, *Geschäftsbericht 2005*, S. 34.

(82) *Ebenda*, S. 75, S. 149, Daimler Chrysler AG, *Geschäftsbericht 2006*, S. 6-7.

(83) DaimlerChrysler AG, *Geschäftsbericht 2007*, S. 38-9, *Geschäftsbericht 2008*, S. 48, *Geschäftsbericht 2010*, S. 67.

(84) Vgl. N. D'Alessio, H. Oberbeck, D. Seitz, 》*Rationalisierung in Eigenenergie*《. *Ansatzpunkte für den Bruch mit dem Taylorismus bei VW*, Hamburg, 2000, S. 12-4, S. 21, S. 24, S. 27, S. 35-6, S. 42, S. 50-2, S. 216.

(85) Volkswagen AG, *Geschäftsbericht 1995*, S. 20, S. 22, *Geschäftsbericht 2002*, S. 68.

(86) Volkswagen AG, *Geschäftsbericht 2004*, S. 11, S. 14-5, *Geschäftsbericht 2005*, S. 21, *Geschäftsbericht 2006*, S. 23, *Nachhaltigkeitsbericht 2005/2006. Generationen bewegen*, S. 61, European Foundation for the Improvement of Living and Working Conditions, *European Restructuring Monitor Quarterly*, 2006, Issue 1, spring 2006, pp. 21-2, European Monitoring Centre on Change, *European Restructuring Monitor Quarterly*, 2004, Issue 1, spring 2004, pp. 5-6, M. Alff, *Automobilkonzern unter Druck*, Saarbrücken, 2007, S. 87.

(87) Volkswagen AG, *Geschäftsbericht 2006*, S. 97, European Foundation for the Improvement of Living and Working Conditions, *European Restructuring Monitor Quarterly*, 2006, Issue 4, winter 2006, p. 10, R. Milne, Volkswagen Chooses to Swim against the Current. The German Carmaker is to Shift Some of Its Production back home, writes Richard Milne, *Financial Times*, 7. 11. 2006, フォーイン第2調査部『FORIN 世界自動車メーカー年鑑 2010』フォーイン, 2009年, 3ページ.

(88) Vgl. F. Naschold, Die Siemens AG : Inkrementale Anpassung oder Unternehmenstransformation? Eine Fallstudie über Kontinuität und Wandel eines Konzerns, *Discussion Paper*, FS II 97-201, Wissenschaftszentrum Berlin, Berlin, 1997, S. 6-9, S. 14, S. 28-30, S. 41, E. H. Schlie, M. Warner, The 'Americanization' of German Management *Journal of General Management*, Vol. 25, No. 3, spring 2000, S. 41.

(89) Vgl. F. Naschold, *a. a. O.*, S. 35-7, S. 40, Siemens AG, *Geschäftsbericht 1998*, S. 6-8.

(90) A. Börsch, Globalisation, Shareholder Value, Restructuring : The (Non)-Transformation of Siemens, *New Political Economy*, Vol. 9, No. 3, September 2004, p. 374, p. 378.

(91) Siemens AG, *Geschäftsbericht 1999*, S. 42, S. 49, *Geschäftsbericht 2000*, S. 27, S. 40, S. 43,

第11章　リストラクチャリングの新展開とその特徴　*415*

Geschäftsbericht 2001, S. 84.
(92) Siemens AG, *Geschäftsbericht 2001*, S. 15, *Geschäftsbericht 2002*, S. 16-7, S. 51-2, S. 102, *Geschäftsbericht 2003*, S. 6, *Geschäftsbericht 2004*, S. 116, S. Weckbach, Elektrotechnik, *Mergers and Acquisitions*, 7/2001, S. 352, U. Weinwurm, Elektrotechnik, *Mergers and Acquisitions*, 2/2003, S. 86, T. Böschen, Elektrotechnik, *Mergers and Acquisitions*, 10/2003, S. 456, P. Kappl, World Business Briefing Europe : Germany : Siemens Cuts Jobs, *New York Times*, Late Edeition, East Coast, 23. 3. 2002, M. Glaum, T. Hutzschenreuter, *Mergers & Acquisitions. Management des externen Unternehmenswachstums*, Stuttgart, 2010, S. 30.
(93) Siemens AG, *Geschäftsbericht 2004*, S. 58, S. 116, *Geschäftsbericht 2005*, S. 7, S. 16, T. Böschen, Elektrotechnik, *Mergers and Acquisitions*, 3/2004, S. 135.
(94) Siemens AG, *Geschäftsbericht 2005*, S. 9, S. 14, *Geschäftsbericht 2006*, S. 18, S. 99, S. 177, *Geschäftsbericht 2007*, S. 17-8, S. 36-7, S. 246, *Geschäftsbericht 2009*, S. 156.
(95) Siemens AG, *Geschäftsbericht 2008*, S. 74, S. 78, S. 146-8, *Geschäftsbericht 2009*, S. 158, *Geschäftsbericht 2010*, S. 184-5, *Geschäftsbericht 2012*, S. 171-2, *Konzernzwischenbericht für das erste Quartal des Geschäftsjahrs 2013*, S. 34, M. Esterl, Corporate News : Siemens to Sell Stake in Cordless Business, *The Wallstreet Journal*, Eastern Edition, Vol. 252, No. 28, 2. 8. 2008.
(96) 米田寿治「ドイツ企業，高収益性の背景　シンプルな経済合理性の追求とそれを可能にする社会制度」『週刊金融財政事情』，2013年5月13日号，24ページ。
(97) Vgl. H-H. Kreinsen, Restrukturierung von Unternehmen──Ziele, Formen und Probleme dezentraler Organisation, B. Lutz, M. Hartmann, H. H-Kreinsen(Hrsg.), *Produzieren im 21. Jahrhundert. Herausforderungen für die deutsche Industrie. Ergebnisse des Expertenkreises „Zukunftsstrategien"*, Bd. Ⅰ, Frankfurt am Main, New York, 1996, S. 200.
(98) M. E. Bleackley, P. J. Williamson, European Integration and the Restructuring of Multinational Enterprise Operations, C. C. J. M. Millar, R. M. Grant, C. J. Choi(eds.), *International Business. Emerging Issues and Emerging Markets*, Basingstoke, 2000, p. 180. p. 183, p. 195.
(99) Vgl. A. Börsch, *op. cit.*, p. 378, pp. 380-1.
(100) Vgl. M. Behrens, J. Kädtler, Betriebliche Restrukturierung und Partizipation. Wie viel Teilhabe erlauben unterscheidliche Rationalisierungsansätze?, *Industrielle Beziehungen*, 15. Jg, Heft 1, 2008, S. 81-2, S. 88-90, S. 98.

第12章　経営のグローバル化とその特徴

　1990年代以降の企業経営の特徴的な現象としては，株主主権的な経営，コーポレート・ガバナンスへの転換やリストラクチャリングの全産業的規模での新展開のほか，経営のグローバル化の進展にもそのひとつの主要なあらわれがみられる。この時期には，旧ソ連東欧社会主義圏の崩壊，中国やベトナムといったアジアの社会主義国における市場経済化の一層の進展などによる資本主義陣営にとっての市場機会の拡大，発展途上国・新興国の台頭，市場のグローバル化・世界的一体化にともなう市場競争の激化，情報通信技術の急速な発展などのもとで，企業の経営環境も大きく変化してきた。そうしたなかで，「メガ・コンペティション」などと呼ばれるように競争構造の変化が指摘されてきた。
　しかし，この時期の経営のグローバル化と呼ばれる現象は，1960年代や70年代のように多国籍企業の存在が顕著になりその活動が拡大した時代や80年代のように経済の国際化と呼ばれた段階の企業経営の国外展開と比べどのような質的な差異，新しい性格をもつものとなっているのか。またそうした経営展開は企業の蓄積構造にどのような変化をもたらすものであるのか。それにともない競争構造にいかなる質的に新しい変化がみられるのか。こうした問題については，これまで十分に明らかにされてきたとは必ずしもいえない状況にある。しかし，経営のグローバル化の具体的内容，そこにみられる企業の経営行動とその原理の変化，そのような経営展開にともなう蓄積構造，競争構造の変容の解明なくしては，グローバル展開をとげている巨大企業の経営の構造や基本的特徴も，またグローバルな大企業が中核的プレイヤーとなっている今日の資本主義経済の構造，特徴，問題点なども，十分に明らかにすることはできないであろう。

そこで，本章では，ドイツ企業の経営の国際展開について考察し，経営のグローバル化と呼ばれる現象の基本的特徴と意義を明らかにするとともに，同国に特殊的な具体的存在形態とそれのもつ意味の解明を試みる。まず第1節において経営のグローバル化の基本的指標を明らかにした上で，第2節では，日本企業との比較[1]を念頭において，そのような現象の実態とそのドイツ的特徴を明らかにしていく。それをふまえて，第3節では，経営のグローバル化にともなう大企業の蓄積構造の変容と競争構造の変化を明らかにしていく。

第1節　経営のグローバル化の基本的指標

まず経営のグローバル化の基本的指標が何に求められるべきかという問題についてみておくことにしよう。それは，たんに巨大企業の生産，販売，開発の拠点の世界的展開，そうした拠点の数やそれらがおかれる国の数の増加ということではなく，開発や購買をも含めた世界最適生産力構成を，高度に多角化した巨大企業における特定の市場地域向けの特定製品，その生産のための部品の種類あるいは工程にてらして確立していくことにある。すなわち，最終製品については製品別の最適な生産分業の実現，部品についてはグローバル調達の方向性のもとでの地域内の相互補完による生産分業体制を基礎にした，国外の企業からの輸入も含めた地域単位の調達や現地調達を中心とする最適展開がはかられているという点にある。そうした経営展開が，北米，欧州（EU），アジアなどにおける地域完結のかたちですすんできた。今日の経営のグローバル展開においては，たんに為替変動リスクへの対応や貿易摩擦あるいは進出先の諸国の輸入規制などへの対応としての生産の国外移転が第一義的な問題となっているのではなく，まさに巨大企業の生産力構成のあり方が根本的な問題となっている。ことに自動車産業のような加工組立産業では，ターゲットとなる市場に照らした世界的な生産力の配置・配分，その構成のあり方が重要な課題となってきた。F. シュパイデルは，フォルクスワーゲンの事例に基づいて，1990年代以降のドイツ自動車企業のグローバル展開を「グローバルな統合された生産ネットワーク」と特徴づけ，国際分業のなかへの個々の立地の組み込み・統合という点を重視している[2]。

多国籍企業は，生産立地の配置・配分にあたり，その投資決定をますます立地の国際的なベンチマーキングないしコンツェルン内部の競争の方式と結びつけている。そこでは，生産拠点は，例えばインフラストラクチャー，就業者の能力，ターゲットとなる販売市場との近さ，生産コスト，生産性あるいは国家の助成のようなさまざまな指標に基づいて，比較のなかで評価されるようになっている[3]。立地の再配置は価値連鎖の全般的な再編の部分をなすが[4]，こうした再編および産業活動の再立地の過程は，組織をまたがる，また同時に国境を越えた新しい種類の生産ネットワークという，生産の確立したモデルに対するオルタナティブの出現を促すものである[5]。

またそのような主要地域での「地域完結型」の展開がすすむなかで，経営権においても，地域完結的なかたちでの委譲がすすんでおり，さらに各主要地域における経営展開のグローバルな統合的調整がはかられている点も特徴的な変化を示すものとなっている。そのような世界最適生産力構成による経営展開は，必然的に開発拠点の拡充とともに，国外の販売拠点・販売網の拡充を必要にし，これらの面での体制の整備も一層すすむことになる。

なお以下での考察にあたっては，ドイツ企業における経営のグローバル展開のあらわれの最も典型的な産業部門をなす自動車産業を取り上げてみていくことにする。ここで自動車産業を考察対象とする理由は，同産業が海外生産比率の最も高い産業に属しているだけでなく，生産拠点の国外移転，それにともなう現地調達や開発の現地化が最もすすむなかで生産力構成における変化が最も顕著に現れていることによる。

第2節　自動車産業における経営のグローバル化とその特徴

1　自動車産業における経営のグローバル化の全般的状況

まず第2節では，自動車産業における経営のグローバル化について，企業間の比較をとおしてその主要特徴を明らかにしていく。ドイツ自動車企業の経営の国際展開について，グローバル化が本格的に始まる1990年代初頭までの時期をみると，トラック部門を中心とする商用車（有用車両）の部門ではすでに生産の国際展開がある程度すすんでいたのに対して，乗用車部門ではそれはまだ

初期的な段階にあったといえる。1990年の時点では，ドイツの商用車のメーカーはすでに外国の需要の55％を国外生産でカバーしていたのに対して，乗用車部門では依然として国外の需要の優に60％がドイツからの輸出によってカバーされていた(6)。例えばダイムラー・ベンツをみても，1980年代には，国際化戦略は，乗用車では輸出に，商用車では輸出とともに子会社や資本参加している企業による国外生産に重点がおかれていた。商用車部門では，1990年代初頭までに，統合されたマルチリージュナル戦略でもって，開発，生産，調達および販売の立地の大規模な世界的ネットワークが形成されてきた。この部門において生産の国際展開が比較的はやくにすすんだのは，自動車市場における競争の激化のみならず，製品特性の問題もあり，ドイツにおいて開発された車両ではもはやまったく充たすことのできない各地域の市場の非常に特殊な要求や顧客の要望への対応を迫られたことによる(7)。この点，乗用車部門では，もちろん地域，国による需要の差異がみられるとはいえ，商用車の場合ほどにはそのような問題に強く直面することにはならなかったといえる。

しかし，それだけに，1990年代以降の市場機会の世界的拡大とそれにともなう競争のグローバルな広がりのなかで，乗用車部門では，ターゲットとなる地域市場の特質をみすえた世界最適生産力構成の構築，生産立地の配置・配分が一層重要な課題となってきた。それゆえ，以下では，まず，乗用車部門を中心に，生産分業関係による生産力構成の変化をもたらすことになった経営のグローバル化の全般的な状況をみておくことにしよう。

(1) 生産の日米欧3極構造からグローバルな展開への傾向

1990年代以降における経営のグローバル展開の重要な傾向のひとつは，大企業の生産が日米欧の3極を中心とする構造からグローバルなレベルでの最適構成へと発展してきたという点にみられる。1980年代末までは日米欧の自動車企業は，アジア，アメリカ，ヨーロッパのそれぞれの地域市場を支配するかたちとなっており，多くの場合，各地域のブランドのなかでの競争となっていた(8)。しかし，1990年代以降には，市場の地域的拡大のもとで，それへの対応として生産の地理的拡大がすすんだ。自動車企業の生産立地は，大きく①大規模な既存の市場地域（アメリカ，ヨーロッパ北部および日本），②その周辺地域

(メキシコ，カナダ，スペイン，ポルトガルおよび東欧），③大規模な新興市場（中国，インド，ベトナムおよびブラジル）の3つのタイプに分類される。一般的に，賃金の高い①の立地への投資は市場追求型であり，そこでは，まったく新しい市場の開拓よりはむしろ，当初は輸出によって獲得してきた市場シェアの拡大を意図している場合が多い。②の立地への投資の主たる動機は，とくに賃金の面でのより低い生産コストにあり，①の市場地域への輸出基地的な機能を担うものでもある。そこでは，①の地域と共同市場（NAFTA，EUなど）を共有しているという点が重要な意味をもっている。また③の地域は，自動車の普及率が低いが人口が多いことから市場の成長の潜在的な可能性が高い地域であり，投資の目標は市場の開拓にもおかれている[9]。

　このように，ドイツの製造業の外国への投資行動は，1990年代においても，主に市場志向の投資によって特徴づけられ，コスト志向の直接投資ははるかに小さな意義しかもたなかったという傾向にもある。ことに発展途上国や中進国の大部分（とくにアルゼンチン，ブラジルおよび中国）では，現地の市場をターゲットとした販売志向の国外生産が問題となってきた[10]。そこでは，以前のような相手先の諸国の貿易政策への対応としての輸出代替型の現地生産，国際化とは大きく異なる展開となっている点が特徴的である。

　この間の傾向をみると，一般的にいえば，労働集約的な生産は，北米，ヨーロッパおよび日本という3極の中核的工業諸国において行われることははるかに少なくなっており，それに代えてより低い賃金の諸国に生産能力が構築される傾向にある。これに対して，中核地域に残された生産は，高い熟練要求と結びついてかなり資本集約的なものとなっている場合が多い[11]。自動車産業における国際的な生産と投資の密接な結びつきは，依然として，経済的に高度に発展した工業諸国の伝統的な立地に集中している傾向にあったが，ドイツの直接投資残高の地域的な配分では，1人当たりの相対的に低い所得の諸国の立地がはるかに大きな比重を示すようにもなってきた[12]。

　メルセデス・ベンツやBMWでは，1990年代に入って国際化が開始されたとき，かなりの生産能力を最も重要な市場でありヨーロッパにつぐ位置を占めるアメリカ市場にのみ移動させたのであり，国際的な分業を狙ったというわけでは必ずしもなかった[13]。しかし，その後は，これらの企業でも，一層の地理

的拡大と国際分業がすすむことになった。ダイムラー・ベンツやBMWのグローバル化は，アメリカとアジアの生産施設や完全ノックダウンでの組立工場の創設，世界的規模での調達・ロジスティクスの体制の構築，グローバルな生産ネットワークの形成というかたちで，伝統的な輸出企業から新しいグローバル・プレイヤーへの転換をもたらすものであった[14]。

(2) 市場セグメントの構造の変化と生産のグローバル展開

また1990年代半ば以降の約10年間のドイツ自動車企業における乗用車の国外生産の強力な拡大は，市場セグメントの構造の変化とともに現れている。伝統的なセグメントの重要性は低下し，顧客の非常に異なる希望にあわせたまったく新しい製品や自動車のコンセプトの展開が重要となってきた[15]。日米欧の3極における成熟と発展途上国での販売の増大が，市場ニーズの一層の多様化をもたらした。新興市場でも，社会の特質，政府の税構造や所得の水準が，多様な自動車のニーズを生み出し，多様な顧客への対応の必要性は，セグメントやモデルの著しい増加を生み出してきた[16]。ドイツの企業においても1990年代以降になって自動車の車種が非常に多くなっており[17]，小型車から高級車におよぶかたちで，従来の製品のモデル，ポートフォリオを大きく拡大させることになった[18]。加えて，ドイツの自動車企業のなかでも，フォルクスワーゲン（アウディ），ベンツ，BMWの間での市場における棲み分け的な関係が崩れ，重なる市場セグメントでの相互の競争が激化した[19]。そのような製品の拡大と競争の激化は，ターゲットとなる市場地域にあわせた製品ミックスの展開とそれにみあう生産体制の構築，生産力の最適構成をそれまで以上に重要な課題にし，そのようなかたちでの生産の国際展開を促進してきた。

こうした国際化のかたちをとった代表的な事例のひとつは，クライスラーとの合併以前のダイムラー・ベンツにみられる。同社では，乗用車部門においても，「メイド・イン・ジャーマニー」の品質保証を基礎にしたそれまでの輸出志向の戦略からより強力な国際的な生産戦略への移行が目標とされた[20]。同社の乗用車部門における生産の国際化は，上級クラスの高価な自動車のニッチ製造業者としての役割からかなり広い範囲におよぶ購買者や異なる地域市場向けの「オーダーメード」的な生産への方向転換を反映したものである。グロー

バルな輸出企業から「グローバル生産者」へのこうした戦略転換の背景には，つぎのような状況があった。すなわち，少なくとも高度に工業化された諸国における同社の乗用車の伝統的な市場は将来にはもはや十分な成長の機会を期待することができず，それまで他の製造業者に委ねられてきた市場セグメントやおろそかにされてきたかあるいは閉ざされてきた外国の成長市場によってのみ成長が確保されうるという認識があった。そのような市場セグメントの構成を考慮に入れた市場の開拓が，生産の国際化の主要な動機をなした(21)。同社では，1990年代以降，都市での使用向けの小型車（Aクラス，スマート）の導入によって製品のレンジを拡大させたが，そればかりでなく，大型のリムジン，より小型のスポーツカー（ロードスターSLK），多目的車の投入，さらに伝統的な乗用車の製品ラインナップのもとで，さまざまなスタイルの仕様の導入がはかられた(22)。そうしたなかで，国外生産の拡大をともないながら，生産立地の配分，生産力の最適配分が本格的に推し進められていくことになった。

　ダイムラー・ベンツの生産の国際化は，第一に新しい成長市場の開拓と外国の市場シェアの向上を目標としたものであり，コスト的により有利な現地生産による国内からの輸出の代替や為替変動リスクの緩和は第二義的な目標であった。同様のことはBMWにもいえる。こうした事情から，ダイムラー・ベンツでは，C, EおよびSの各クラスのモデルがベトナム，メキシコ，インドネシア，インドおよび南アフリカにおいて現地ないし地域の需要向けにより少ない台数で組み立てられるようになった。同社の国際化は，専門メーカーからフルラインの製造業者への変革の一部をなしており，新しい外国の工場は，新しい市場セグメント向けの新製品を生産することになった(23)。

　ドイツ自動車企業のなかでも遅れて始まった同社の国際化は，合併（ダイムラー・クライスラー），資本参加（三菱自動車，現代自動車），コア・コンピタンスへの集中や売却，合弁，完全ノックダウンでの組み立て，トランスプラント（アメリカ，ブラジル），限定された領域での提携の多様な諸形態という国際化の異なる諸方法の同時適用というかたちをとってすすめられてきた。そうした国際化戦略は，まさに新しいモデル（Mクラス，スマート，Aクラス，SLKロードスター，マイバッハ）の開発によって補完されたのであった(24)。

(3) 生産分業構造への中東欧諸国の組み込みと欧州の輸出拠点化

また中東欧諸国への生産展開がすすむなかで同地域の諸国が自動車企業の生産分業構造のなかに組み込まれ，ヨーロッパにおける輸出拠点化がはかられたという点がいまひとつの重要な傾向と特徴をなす。中東欧地域への生産展開では，新しい生産拠点は，当初は，主にこれらの地域市場向けの生産であったが[25]，ことにドイツと中東欧諸国との間で現れた企業内貿易のパターンは，同地域の諸国のいくつかが明らかに国際分業の新しいメンバーとなってきたことを示すものである[26]。西欧と比べての非常に低いコスト，大規模な規制の緩和，現地政府の補助金やその他の投資のインセティブのほか，ドイツ本国との距離的な近さ，労働力の質，労働組合の弱い規制力，より柔軟な労働法も，その重要な要因をなした[27]。ことにドイツ本国との距離の近さという点では，それに基づくロジスティクスの観点での優位性が大きな意味をもった[28]。さらにとりわけ西欧と比べての東欧の低い実質的な税負担や所得税も，両地域間の立地競争を激化させる要因となった[29]。

ヨーロッパでは，立地の再配置は主にコスト削減戦略の結果であり[30]，スペイン，ポルトガルといったEUの周辺国や中欧の移行諸国で生産された乗用車は，大部分がドイツに供給されるという関係にもあった。そこでは，場所的な近さゆえのコスト上の利点が重要な意味をもった。これらの生産拠点は，ドイツ市場自体がますますヨーロッパの周辺諸国で生産された自動車のターゲットとなるというかたちで，ドイツ国内での生産にとっての競争圧力となった[31]。1990年代以降にはまた，企業は，一方での中東欧諸国をも含む低賃金諸国の競争相手と他方での高度な技術をもつ諸国の圧力の増大という二重の競争圧力にさらされることにもなった[32]。

しかしまた，中東欧地域における新しい世代の工場の出現にともない，生産性はもはやドイツの拠点との相違を規定する要因ではなくなってきた。そのような工場では，工程のレイアウト，作業組織やロジスティクスの点でも，新しい水準のものが配備されてきた。その結果，同地域の生産拠点は，ヨーロッパ地域への輸出拠点として一層強化されるとともに，新しい製品プログラムにおいても，ドイツ本国の拠点との競争を生み出すことになった[33]。このように，中東欧諸国では，安価な労働力の利用を目的とした労働集約的な生産から資本

集約的で技術的な要求度の高い知識志向の生産への移行がみられるようになっている[34]。すなわち，1990年代後半以降には，研究や製品開発とは異なり，製品の幅，機能および生産の能力に関して，顕著なアップグレードの過程がみられる[35]。こうした点において，他の産業とは対照的に，自動車生産は，西と東との明確な分業によっても，また明確な勝ち組みと負け組みとの間の高コスト国・低コスト国の分業によっても特徴づけられるものではない[36]。

中東欧諸国への生産展開における変化については，1990年代初頭から末までの第1局面では，自動車企業は，これらの諸国への主に市場追求の志向を採用しており，労働集約的な活動を同地域の諸国に移転したとされている。これに対して，1990年代末以降の第2局面では，同地域においてヨーロッパ市場向けのより高い付加価値をもつ製品の輸出基地への転換がすすんだ。そのことは，生産立地の配置をめぐって，旧生産拠点との直接的な競争関係をもたらすことになった。この点については，1990年代末以降をみても，BMW，ポルシェ，メルセデスはドイツの拠点の大部分を維持するかたちであったが，フォルクスワーゲンやオペルのような大量生産型の企業では，より高付加価値モデルの生産でさえ中東欧諸国へ移動させる傾向がより強くみられる[37]。

中東欧地域では，多くのケースにおいて，市場は，1990年代末には，予想されたよりはゆっくりとしか成長せず，その結果，新しい生産拠点はますます3極市場向けの輸出基地として利用されるようになった[38]。G. ミールディとM. フィフィターの2008年の研究でも，その最近の能率追求型の投資は，ヨーロッパの生産ネットワークの再編を含むものであり，そのような投資の最初の波と関連した直接的な立地の再配置よりも複雑な，異なる立地にまたがる活動の再編であるとされている[39]。またP. パブリネックらの2009年の研究でも，中東欧は，国外のトランスナショナル企業の大規模な直接投資によってヨーロッパにおける自動車の生産システムのコア領域に周辺地域が成功裡に選択的に統合されてきたという最新の事例のひとつを示すものであるとされている[40]。ドイツ自動車連盟の2004年と2005年の年次報告書でも，グローバル競争とコストの圧力に直面して，コスト構造を競争に耐えうるものにすることが重要な課題となったが，自動車企業はドイツと東欧生産拠点の立地の混合というかたちでの生産ネットワークによってのみ激しい国際競争に打ち勝つこと，またそれで

もってドイツの立地を守ることが可能となると指摘されている[41]。

ことに2000年代に入るとEUの東方拡大にもともない，中欧のみならず東欧も市場の一層有力なターゲットとなるなかで，生産立地としての同地域の重要性が高まってきた。EUの東方拡大は，多くのドイツ企業にとっては，第一により低いコストで西ヨーロッパへの輸出向けに生産するために，新しい加盟国の市場での活動を拡大させるひとつの推進力となった[42]。しかしまた，同地域は，賃金コストと労働時間の大きな格差によって，ドイツに対して非常に大きな挑戦を突きつける結果ともなった[43]。2006年のドイツ自動車連盟の年次報告書でも，国外生産の重点はEU15ヵ国にあったが，ラテンアメリカとともにEUの東方拡大による新しい加盟国はますます重要となってきたと指摘されている[44]。

また中東欧地域ではないが旧東ドイツ地域での新規工場の設立による生産展開も重要な役割を果たすようになっており，同地域も生産拠点の設置による最適生産力構成の構築において重要な位置を占めたという点も特徴的である。例えばBMWにおける2005年操業のライプティヒの新工場についてみれば，工場の効率的な操業のために必要とされる高度なフレキシビリティ，よく訓練された専門労働力の存在，バイエルンの本社工場との地理的な近さ，ドイツ語圏の利点，IGメタルとの間で合意された週当たりの労働時間の弾力的な配分やバイエルンの工場よりも低い労務費が，この立地の選択の理由としてあげられる[45]。しかし，同拠点のコストはチェコの代替拠点に比べ30％も高いという分析もみられ，こうしたコスト面の不利な条件の緩和のためにドイツ政府による助成策がとられたことも，立地選択の重要な要因のひとつをなした[46]。

(4) 世界市場志向の製品と生産の国外拠点化

ドイツ自動車企業における経営のグローバル展開のいまひとつの重要な点は，一方では企業の全般的な伝統，イメージおよびプロフィールと結びついた，また他方では新しい顧客の嗜好や市場の条件に対応した特殊なニッチ市場向けの新製品戦略との関連のなかでそれが推し進められたということにみられる。この点は例えばフォルクスワーゲンのニュー・ビートル（新型カブトムシ）やダイムラー・クライスラーのMクラスの事例にみられる。両製品はもっぱら

トランスナショナルな協力のなかで開発され，ドイツ本社の生産拠点においてではなく，外国や海外で生産された(47)。フォルクスワーゲン，ダイムラーおよびBMWでは，1990年代後半以降には，実験的な機能をもつ国外の新しい生産拠点の新設や根本的な近代化が行われており，そのような立地の積極的な現地プレイヤーが，ひとつのモデル的役割を果たした。例えばフォルクスワーゲンでは，1990年以降にニュー・ビートルを生産することになったメキシコのプエブラ工場がそれにあたる。ダイムラー・クライスラーでは，1997年に操業を開始したスマートの生産のためのフランスのハムバッハ工場やMクラスを生産するアメリカのタスカルーサ工場が，BMWでは，95年以降に多様なニッチモデルが生産されたアメリカのスパルタンバーグ工場がそれにあたる(48)。

フォルクスワーゲンでは，ニュー・ビートルでもって，同社グループの歴史上初めて，まったく新しくかつ世界市場志向の車の生産がヨーロッパ以外でスタートすることになった。その生産がドイツのヴォルフスブルクの中核工場ではなくメキシコの周辺工場で行われたという点で，こうした展開は，同社の構造やグループ全体の国際的な性格のひとつの根本的な変化を反映するものである(49)。

一方，ダイムラーのMクラスは1997年にアメリカで生産が開始され，同年9月にはアメリカとカナダで，98年3月にはヨーロッパでも販売されたが，それは，同社のグローバル化の過程におけるひとつの画期的な出来事を示すものであった(50)。アメリカのタスカルーサ工場は1999年には全部で5つの異なるタイプの組み立てとバリエーションの範囲の多様化を開始している。オーストリアの工場でも，より複雑で高価な，またより多様なMクラスが生産されたのに対して，タスカルーサ工場には標準化された製品と工程が残されており，基本的な戦略が維持された(51)。

またBMWのアメリカの生産拠点であるスパルタンバーグ工場は，同社のドイツ以外の完全に統合された最初の製造工場であった。そのことは，「メイド・イン・ジャーマニー」のブランドのもとで製品を供給するという同社の全般的な戦略，またスポーティな中級や上級のクラスという市場のプレミアム・セグメントを狙ったマーケティング戦略におけるひとつの主要な変化を意味するものであり，それを反映するものでもあった(52)。同工場は，1990年代の半

ば頃には，スポーティなBMWロードスターの異なるすべてのモデルとシリーズを世界的規模で生産する唯一の生産拠点であった。この工場は，施設の場所，製品，生産システムの面ですべてが新しい工場であり，そこでは，新しい生産方法を試すひとつのタイプの場として同工場を利用するという方針がとられた[53]。BMWは，この工場を世界的な規模での輸出のためのひとつのプラットフォームと位置づけたのであった[54]。

(5) プラットフォーム共通化戦略，モジュール生産方式の展開と経営のグローバル化

1990年代以降のドイツ自動車産業における経営のグローバル展開は，プラットフォーム共通化戦略にみられる標準化の推進とモジュール生産方式の展開とも深いかかわりをもってすすんでおり，この点も重要な特徴のひとつをなした。グローバル化の進展は，それにともなう競争構造の変化のもとで，企業の供給する製品モデルの多様性を一層拡大させる要因ともなった[55]。1990年代半ば以降，とくに自動車産業の大企業は，製品の多様性の効率的拡大をめざして，またコストの上昇と部品の多様化の影響を緩和するために，プラットフォーム共通化，共通部品およびモジュール化の戦略でもって対応してきた[56]。

こうした方向性を強力に追求した企業のひとつは**フォルクスワーゲン**であった。同社の国際化については，「流通志向の多国籍企業」であった1940年代から60年代末頃までの段階では，①コーポレート・ガバナンスと利益戦略，②製品構成と市場戦略，③生産システムのいずれの点でも，ドイツの中心的部分と周辺部分という構成になっていた。そこでは，製品と生産システムの非常に明確な技術面の階層的関係や，本国の中核的な工場と外国の周辺的な工場との間の明確な分業がみられた。つづく1960年代末頃から90年代初頭までの「生産志向の多国籍企業」の段階では，コーポレート・ガバナンスと利益戦略については，集権化をともなうかたちでの中心・周辺という構造，また製品構成と市場戦略についても中心・周辺という構造になっており，生産システムについては，世界的規模の生産のネットワーク化がはかられた。そこでは，世界的に配分された広範囲におよぶ工場において類似の自動車が組み立てられたが，なお中核工場と周辺工場との間で，製品（新製品と旧式のモデルや現地開発の製品）

と生産技術の面での強い階層性がみられた。

　これに対して，1990年代以降のグローバル段階では，国際化の性格は，新しい外国の企業やブランドの統合によって，また全体的なコーポレート・ガバナンスの構造の再編によって，質的に変化した。そこでは，上述の3つの点が主に地域の多様な論理によって構造化されることになった。すなわち，コーポレート・ガバナンスと利益戦略については，グローバルな集権主義と組織内の競争のかたちとなっており，製品構成と市場戦略については，地域に特殊な自動車の車体をもつグローバルなプラットフォームが設定された。また生産システムについては，グローバルな学習と全般的な生産の原則の移転というかたちになっている。これら3点のいずれにおいても，もはや「中核」と「周辺」の間の固定的で明確な階層性はみられない。設計，研究開発といった中核的な戦略的能力は本国の工場に残されたが，空間的には以前よりもはるかに分散するようになった。各工場の戦略的な機能は，あらゆる地域的特性の利用，グループ内の競争の促進および学習過程の最適化にあった。1990年代以降，国外での生産活動の量が劇的に変化しただけではなく，経営資源，機能および能力の地理的な配分の質も変化してきた。こうして，フォルクスワーゲン・グループは，中心と周辺の間の伝統的な分業からより同質的で集中的な製品構成，またより地域化された市場戦略の方向へとシフトし始めた。生産システムに関しても，労使関係についてはなお拠点間で大きな相違が残ったが，生産技術と組織のいくつかの諸要素のレベルでは，一定の収斂化がみられた。この時期のこうした国際展開は，多国籍企業からトランスナショナル企業への転化として理解することができるとされている[57]。

　このように，フォルクスワーゲン・グループでは，コストと生産性という指標に基づくたえまない内部競争，企業内部のベンチマーキングやグローバル調達が，世界戦略の中心的要素となった。その結果，主に東欧を含むヨーロッパ内の異なる生産拠点の間だけでなく，グループ内とグループ外，また国内と国外の部品・ユニットの供給業者間での競争，さらに一定の程度ではあるがヨーロッパ以外の拠点との競争の激化がみられるようになった[58]。プラットフォーム共通化戦略は，品質の一層の均質化や技術水準の統一の促進に加えて，あるプラットフォームの製品をより多くの類似した立地の間で比較的フレキシブ

ルに移すことが可能となるという利点をもっており(59)、そのことも、グローバルな最適生産力の構築において重要な意味をもった。

　プラットフォーム共通化戦略の本格的な推進は1990年代以降のことであるが、フォルクスワーゲン・グループのそれは、ヨーロッパを越え、また新興国をも包含するひとつの戦略であった(60)。同社は、欧州の周辺国に限らず、まさにラテンアメリカや東南アジアの新興市場、北米においても自前の生産活動を展開し、統一的なプラットフォーム・コンセプトへのすべての生産立地の世界的な組み込みを開始した(61)。例えば1997年に導入されたA4プラットフォームを基礎にして開発されたニュー・ビートルのメキシコでの生産は、ヨーロッパ以外の工場が初めて新しい製品の立ち上げに世界的な責任を負うようになったことを意味する(62)。また1999年以降アウディA3とゴルフが生産されたブラジルのクリティバ工場や、98年以降ニッチ製品であるアウディTTを生産したアウディのハンガリー工場も、こうした方向性を示すものである(63)。

　フォルクスワーゲン・コンツェルンでは、1980年代には、工場間の国際分業は、北米地域（メキシコとアメリカの工場の間）と西欧地域（ドイツ、ベルギーおよびスペインの工場の間）に集中していた。これに対して、1990年代には、生産分業のあり方は大きく変化してきたが、プラットフォーム共通化戦略は、そのひとつの重要な要素であった。それによって、コンポーネントの互換性の確保、多くの地域で生産される部品のひとつの工場での組み立てが可能となり、国際分業の中心・周辺という構造からトランスナショナルな生産ネットワークへの移行がより明確になった(64)。

　1990年代以降の自動車企業のいまひとつの重要な戦略は、製品プラットフォーム、自動車のモジュールやシステムをめぐる製品ポートフォリオの再編にもあった。プラットフォーム共通化戦略とモジュール生産による組み立てとの間には明確な関係がみられる(65)。モジュール性は、考えられる製品のバリアントの多様性から実際のそれを切り離すことを可能にし、そのことによってプラットフォーム共通化戦略に基づいて製品の多様性の最適化を可能にするものである(66)。

　しかし、プラットフォーム共通化戦略に基づく国際化の展開には、企業間の差異や時期的なずれもみられる。そのような戦略をはやくから積極的に追求し

たのは，フォルクスワーゲンやオペルであり[67]，両社では，経営のグローバル展開は，製品戦略と一体となって推し進められてきた。ことにフォルクスワーゲン・グループでは，プラットフォーム共通化戦略とモジュール戦略は，1990年代以降に推し進められたマルチブランド戦略と深いかかわりをもつものであり，そのようなブランド戦略の効果が最適なかたちで発揮されうるかどうかは，プラットフォーム共通化戦略とモジュール戦略がいかにうまく機能するかということに大きくかかっていた[68]。

これに対して，1998年のクライスラーとの合併前のメルセデス・ベンツでは，プラットフォームあるいは類似の共通化の戦略は，同社の特殊化された高品質政策とは矛盾するものであるとして，取り入れられなかった[69]。また合併後のダイムラー・クライスラーをみても，2000年代初頭までは，同グループの強力な柱は，BMWと同様に，規模の経済やリーンな組み立てもプラットフォームや「共通化戦略」もともなわないかたちでのより上級クラスの小さなブランドにあった。当時，同社は100万台規模のプラットフォームなしの唯一の大規模な自動車製造業者であったとされている[70]。

2 車両生産の国際展開とその特徴

以上の考察において，自動車産業における経営のグローバル化の全般的状況についてみてきた。それをふまえて，つぎに，とくに工場の新設，生産拠点の拡充に焦点をあてながら乗用車の車両生産における国際展開の状況を主要地域別にみるなかで，生産力構成の変化の特徴を明らかにしていくことにしよう。

(1) 主要地域別にみた車両生産の国際展開

欧州地域について——まず欧州地域についてみることにするが，1990年代初頭までの状況をみると，第8章でみたようなME技術による自動化の推進に重点をおいたドイツ自動車企業の特殊な技術的展開は，成長しているとはいえ非常に多様化している80年代の市場に対応するのに十分ではなかった。それゆえ，組立メーカーは，市場の新しい要求を充たすために，生産のフレキシビリティを高める戦略とともに，欧州の工場間のより洗練された企業内分業の確立によるヨーロッパ化という戦略を選択してきた。1990年代にはこうした戦略は

一層強力に推し進められ，その前半には，フォルクスワーゲン，オペルおよびドイツフォードの3社は，主に小型車を生産する欧州の周辺国の生産拠点と研究開発やより大型で高価なモデルの生産を担当する国内生産との間の分割を生み出してきた[71]。1990年代半ばには，ハイエンドの自動車の生産はヨーロッパの産業の中核地域，すなわち，約半分が高級モデル向けの製造工場の立地しているドイツ，ことにその南部に高度に集中しており，小型車の組み立ては，より低いコストでの大量生産を行うスペインやポルトガルのような欧州の周辺地域に分散している傾向にあったが，そのような傾向はその後もみられる[72]。

　例えば**フォルクスワーゲン**では，同社の1992年の営業報告書が指摘するように，製品コンセプトは完全にヨーロッパ地域の市場の要求にあわせたものであり，自動車は最も近代的な基準を志向した生産拠点において最も魅力的な産業立地のひとつで生産されるよう計画された[73]。同社は，1991年にはチェコのショコダへの資本参加とスロバキアでのフォルクスワーゲン・ブラティスラバの設立を行っており，チェコではショコダ・フェリシアの生産が，スロバキアではパサートとゴルフの組み立てが行われた[74]。ショコダには，ドイツ本国の工場との近さという点に加えて，熟練労働力，労働者のフレキシビリティおよび相対的に低いコスト水準という立地の利点があった[75]。セアトブランドは南欧諸国に，ショコダは中欧に市場のターゲットの重点をおいていたが，ショコダは，価格と品質を志向するドイツの顧客もターゲットとしていた[76]。またブラティスラバ社でもって，フォルクスワーゲン・コンツェルンの世界的な供給ネットワークの拡大のためのひとつの基礎が生み出されるとともに，同時に中欧での中期的に期待される需要拡大に対応するための戦略的に重要な生産能力が築かれた[77]。そこでは，コスト面とともに市場面の契機も重要な意味をもった。また1993年にはトランスポーターとショコダ・フェリシアの組立拠点となるフォルクスワーゲン・ポズナンがポーランドに設立されたほか，同年に部品生産拠点として設立されたアウディのハンガリー工場では，98年に車両生産が開始されている[78]。生産ネットワークの東欧の部分は，より低いクラスのモデルの生産を担い，ショコダの自動車を西欧向けにチェコでのみ生産するとともに，中東欧をより一層既存の製品レンジの補完とする目標が設定されてきた[79]。

また南欧では，1995年には，ポルトガルにフォードとの折半出資の合弁企業（Autoeuropa-Automoveis LDA）の新工場が操業を開始しており，そこでは，とくに大型リムジンのシャランのほか，セアト・アルハンブラ，フォードのギャラクシーも生産された[80]。またスペインの生産拠点であるセアトの買収の目的は，同国市場の支配，低賃金コストの生産基盤の獲得，ヨーロッパの工場のネットワークへの組み込みのほか，セアトを製品ポートフォリオにおけるローエンドのブランドとして展開することにもあった。欧州の生産ネットワークへのその組み込みにおいては，積極的なプラットフォーム化によってセアトのすべての車をネットワークの他のところでも製造することが可能になった[81]。

しかし，1990年代後半からの量的拡張戦略の推進における立役者であったF.ピエヒから生産の効率化と高収益化という体質強化の戦略をとるB.ピシェッツへの取締役会トップの交代がみられた2002年以降，製造モデルの集約と生産拠点への特化がすすめられることになった。そうした動きは，例えばチェコへのポーランド工場でのショコダ・ブランドの組立事業の移管，その代わりとしての小型商用車キャディのセアトからの移管，スロバキアでの小型車モデルであるポロの組立事業のスペイン工場への移管などにみられる[82]。こうした展開は，2007年11月には重要な将来市場であるロシアにおいてカルーガの組立工場でもって近代的な生産拠点が操業を開始している[83]のとは大きく異なっている。

フォルクスワーゲンやオペルのように中東欧諸国の企業の買収による参入・展開をはかった企業は，同地域を本国への安価な逆輸入のための生産拠点，またより下層のワールドカーと部品の供給拠点とみなしていただけでなく，ひとつの市場としても重視していた。これらの企業は，同地域における販売と生産に最大の戦略的価値をおいた。この点，同地域をなお限定された市場ととらえていたメルセデス・ベンツやBMWのような企業とは異なっている[84]。こうした市場のターゲットのとり方によっても，生産力構成における企業間の相違がみられた。

そこで，**ダイムラー**についてみると，1997年には，51％の出資をしていたフランスの拠点においてスマートの生産・組み立てが開始されている[85]。同社では，ヨーロッパにおける乗用車の生産はドイツ本国にかなり集中するかたち

になっており，その後も同地域における乗用車生産の国外拠点の拡充はフォルクスワーゲンのようには必ずしも活発ではなかった。商用車の部門では，例えば1995年のトルコ工場でのバスの組み立て[86]や2010年のロシアでの合弁でのトラック生産の開始などの動きがみられたが，乗用車部門では，コンパクトカーのセグメントにおけるモデル拡充のために建設されたハンガリーの新しい工場が2012年に操業を開始している事例にほぼ限定されている[87]。またBMWをみても，ヨーロッパにはオーストリアに生産拠点があったが，1990年代以降になっても同地域での生産拠点の拡大は長らくみられず，99年になってロシアでのノックダウン方式での生産が開始された[88]。しかし，全体的な製品構成のなかでより上級セグメントに重点をおいていたダイムラーやBMWでは，ヨーロッパにおける生産拠点の国外展開という面では，量産車メーカーほどには活発ではなかったといえる。

　北米地域について——またドイツ企業にとって市場としてヨーロッパについで大きな位置を占める北米地域をみると，そこでは，NAFTAの成立が重要な意味をもった。メキシコのNAFTAへの加盟によって，ドイツの自動車企業にとっても，同国を北米市場への供給のための生産基地として利用する刺激が生まれ[89]，メキシコは北米向けの輸出基地としての役割を担うようになった。

　まず**フォルクスワーゲン**をみると，1990年代には，既存の生産拠点であったメキシコのプエブラ工場の位置づけが大きく変わり，91年には，同工場には，アメリカ市場向けのゴルフ／ヴェントＡ３の戦略的な輸出基地としての位置が与えられることになった。NAFTA協定による北米３ヵ国（アメリカ，カナダおよびメキシコ）の自動車市場の自由化や，BMW，ダイムラー・ベンツの国際化戦略（現地工場の建設）に直面して，フォルクスワーゲン・グループは，質的な転換の必要性を認識することになった。そこでは，車両のモデルチェンジがはかられ，1995年９月には，メキシコ工場はニュー・ビートルの最初の世界的規模を誇る唯一の製造工場とされ，この新型車は，アメリカ市場での地位を回復するための市場戦略の基礎と位置づけられた。すでに1998年には，同工場の総生産台数の70％がアメリカとカナダ向け，20％がヨーロッパ向け，10％がメキシコ市場向けとなっていた。同工場のこうした性格の変化は，フォルクスワ

ーゲンの全体的な生産ネットワークの性格と国際化戦略の全面的な転換を示すものでもある[90]。こうした変化は，国別で生産モデルを棲み分け的に分業し特定のモデルを世界に輸出するという同社の生産分業体制への本格的な転換の一環をなすものであった[91]。しかし，乗用車の車両生産においては，北米での新たな拠点の拡充は活発にすすんだとはいえず，2011年になってようやくパサートを生産する新しい工場がアメリカにおいて操業を開始している[92]。

　また**ダイムラー**をみても，同社のグローバル戦略の一環として1997年に生産が開始されたMクラスは，ドイツ本国で生産される「メイド・イン・ジャーマニー」ではなく，アメリカ工場で生産される「メイド・バイ・メルセデス」であった。それは，主にアメリカで生産され，世界で最大の同国市場向けであった[93]。この時期にはまた，1985年に操業を開始したメキシコの工場においてC，EおよびSの3つのクラスのモデルが組み立てられたが，それらも，現地およびその地域の市場向けであった[94]。さらに**BMW**をみても，北米における乗用車の生産拠点の拡大はあまり活発ではなく，1994年にアメリカにおいてスパルタンバーグ工場が生産を開始している[95]以外には，生産拠点の新たな設立のような目立った変化はみられない。

　中南米地域について——つぎに中南米地域をみると，フォルクスワーゲンは，1990年代半ばに南米でのフォードとの合弁事業による協力関係を解消しており，そのために，ブラジルおよびアルゼンチンの将来性の高い市場において自前の生産拠点を設立する必要性が発生した[96]。1996年にブラジルのレゼンデにおいて小型トラックとバスの新工場や新しいエンジン工場が生産を開始したほか，アルゼンチンでも新しい乗用車工場が生産を開始している。また1998年から99年には，ブラジルのクリティバ工場において，アウディ3とゴルフA4の生産が開始されている[97]。

　もとより国外生産と国内生産とは補完的な関係にある場合が多いが，そのような関係は，一部では，国内での生産全体にとって第二義的な意義しかもたないような自動車市場の特殊なセグメントの生産が国外で集中的に行われるということによるものでもあった。その最善の事例はメルセデス・ベンツにみられる。同社では，1998年には国内生産の80％超が乗用車で構成されていたが，ア

ルゼンチンとブラジルでの生産は，トラックとバスを中心としていた[98]。しかし，ブラジルでは，ドイツのラシュタット工場とならんで，Aクラスが製造されるようになっている[99]。一般的にみると，アルゼンチンとブラジルの立地については，多国籍企業の現地での生産は，ほぼもっぱらそのときどきの地域市場向けに規定されたものであった[100]。しかし，その後のダイムラーにおいては，ブラジルは南アフリカと同様に，ヨーロッパの生産を補完する世界輸出拠点として位置づけられ，ブラジルの拠点では，2007年にアメリカ向けのCクラスの生産が中止され，翌年の2008年には後継モデルのCLCの欧州向けの輸出拠点とされる[101]など，地域外への輸出拠点化の動きもみられるようになっている。

　アジア地域について——また成長の潜在的可能性の高いアジア地域への展開をみると，いちはやく中国に展開した**フォルクスワーゲン**では，1990年代初頭に合弁相手である第一汽車において，当時中国では唯一の上級クラスの製品であったアウディ100のライセンス生産が行われた[102]ほか，91年には上海で同じく第一汽車との合弁でゴルフとイエッタの生産が開始されている。また翌年の1992年には，台湾においてトランスポーターの組み立てのために現地企業への30％の資本参加が行われ，94年に生産が開始されたほか，96年にはフィリピンでもアウディA4とA6の生産が開始されている[103]。フォルクスワーゲンによる中国での現地生産は，ドイツの他の自動車企業のみならず他の諸国の企業と比べてもはやい時期からみられたが，2007年には第一汽車の成都の工場での，また2008年には上海フォルクスワーゲンの南京工場での生産が開始されている。インドでも，2001年にショコダの現地子会社の拠点において生産が手掛けられたほか，2010年にも別の現地法人において新型ポロとポロのセダンタイプであるヴェントの生産が開始されている。さらに2011年にはマレーシアでのパサートの生産，インドネシアでのアウディA4，A6，フォルクスワーゲン・トゥーランの生産が，他社への組立委託のかたちで開始されている[104]。

　また**ダイムラー**をみると，アジアでは市場へのアクセスのための主要な戦略として完全ノックダウンでの組み立てが行われた。ベトナム，インドネシア，インドにおいてC，EおよびSの3つのクラスのモデルが組み立てられたが，そ

れらは現地およびその地域の市場向けであった(105)。ことにベトナムでは，1996年にトラック，大型貨物自動車および乗用車の組み立てが開始されている(106)。また1990年代半ばにはインドと中国での乗用車の現地生産の構想が打ち出されているが，インドでは98年に合弁の拠点においてEクラスの生産が開始されるようになっている(107)。インドでは2009年に新しい工場が稼働しており，乗用車ではC，E，Sの各クラスが，商用車ではトラックとバスが生産されるようになっている(108)。中国では，北汽集団との合弁で2005年に生産が開始されており，E，Cの各クラスに加えて，クライスラー300Cが生産されるようになった(109)。同国では，さらに2011年に乗用車とバンの生産の拡大をはかるために，合弁企業が設立された(110)。ダイムラーでは，そのほかにも，生産台数は少ないものの，タイ，マレーシアでも現地企業への委託生産による車両の製造が手がけられているほか，インドネシアやベトナムでも乗用車の生産が行われている(111)。

さらにBMWでも，ダイムラーと同様に，アジア地域での生産は主に完全ノックダウンでの組み立てというかたちで展開され(112)，1990年代にはアジアでも組立拠点が増加した。また2000年のタイでの子会社の設立によって国外での組立活動の強化がはかられたほか，インドネシア，マレーシア，フィリピン，タイ，ベトナムでも，現地のパートナーとともに組立活動の一層の展開が推し進められた(113)。それらの組立拠点の多くは小規模なものであり，インドでも現地企業との協力で完全ノックダウンでの組み立てが行われるようになったが，当時，その重要な目的は乗用車の輸入関税あるいは非関税障壁の回避にあり，現地市場での大きなシェアの獲得を目的としたものではなかった(114)。1994年にフィリピンとベトナムで開始された生産はともにノックダウン生産であったが，前者は2003年に，後者は2004年に生産を終了している(115)。また2000年代に入ると，2003年には中国の合弁企業との間で新しい工場において3シリーズの生産が開始されたほか(116)，2007年にはインドにも工場が新設され，同国市場向けに3シリーズと5シリーズのノックダウン生産が開始されている(117)。

アフリカ地域について── 最後にアフリカ地域について特徴的な変化をみ

ると，フォルクスワーゲンやBMWには南アフリカに生産拠点があったが，前者では，ヨーロッパ向けを含む輸出のための生産の拡大がはかられている。それは，2009年末のアウディのベルギー工場でのポロの生産終了にあわせた生産増大のための取り組みでもあった[118]。BMWでは，1972年以降存在していた南アフリカの生産拠点[119]に加えて，97年にはエジプトの組立工場において完全ノックダウンのかたちでの生産が開始されている[120]。またダイムラーにおいても同地域での生産事業の強化がはかられている。南アフリカではそれまで右ハンドル車の市場への供給拠点として生産が行われてきたが，同国の工場は，ブラジルと同様に，ヨーロッパの生産を補完する世界輸出拠点としての位置づけが与えられ，2007年のCクラスの更新を機に同モデルの左ハンドル車の生産が開始され，欧州と米国への輸出が開始されている[121]。

(2) 車両生産の国際展開にともなう生産力構成の変化の特徴

以上の考察において，車両生産における国際展開について主要地域別にみてきた。つぎに，生産の国際展開，国外生産の拡大にともなう企業内分業関係と生産力構成のドイツ的特徴についてみることにしよう。

ひとつには，地域完結型の生産のグローバル展開というかたちでの経営の国際展開は，製品の市場セグメントによってもそのあり方が大きく異なっているということである。例えばフォルクスワーゲン・グループでは，フォルクスワーゲンの乗用車部門にとっては，外国の立地は1990年代以降劇的に重要性を増大させたのに対して，より上級の市場セグメントをターゲットとするアウディにとっては，そのような状況はほとんどあてはまらない。こうした相違は，フォルクスワーゲンの乗用車部門の輸出と国内生産は1990年以降の10年余りの期間に縮小したのに対して，アウディは輸出と国内生産の増大の最も大きい生産者であったということによるものである[122]。品質重視の競争政策を基軸とするドイツ自動車産業にあっては，一方での高級・上級セグメントの国内生産と他方でのそれ以外のセグメントの製品における各地域・国の間での最適生産力の配分という二重的構造となっているという傾向が強い。こうした点は，より広い市場をターゲットとする企業とは異なり上級の製品レンジや高級車のセグメントに重点をおくダイムラー，BMWのような企業の経営のグローバル展開

によくあてはまる。そこでは,「品質」に重点をおいた戦略のために,基本的には,本国での生産が大きな比重を占め,その比較的大きな割合が輸出されるという傾向にあった。品質のある側面は,伝統的な専門労働者の職務の利用によってのみ達成されうるものであり,こうした点は,ドイツ本国の立地の重要性を規定する主要な要因をなした[123]。

　1990年代以降の車両生産における企業内分業関係と生産力構成の変化のいまひとつの特徴は,確立された大規模な地域で生産される製品とそれらの周辺地域で生産される製品との間の「補完的な専門化」とでも呼びうるような段階へと明確に入ってきたことである。労務費は確かに重要ではあるが,賃金は製造コストの20％を下回ることもありうるという状況にあるなかで,組立メーカーは,とくに一層利幅の小さいより小型の自動車の立地間における限界費用の最小化を試みるかたちで,新工場への投資をそれまで以上に生産能力の管理の観点から考えるようになった。その結果,フォルクスワーゲンにおけるスペインのセアトやチェコのショコダのように,周辺地域が製品ライフサイクルのより遅い段階にある車あるいは製品レンジの下層部分にあるワールドカーを扱うという傾向がみられた[124]。すでにみたように,こうした状況は変化の方向にもあるが,1990年代以降の経営のグローバル化におけるひとつの重要な特徴を示すものであったといえる。

　しかしまた,日本企業の場合と比べても車種の数が少ないということが生産力の国際的な構成にも大きなかかわりをもったという点も,ドイツ的特徴をなした。例えばフォルクスワーゲンでは,工場の大部分は,ひとつのブランドを生産する工場であった。その一方で,イギリス,スペイン,ベルギー,ポーランド,ブラジル,アルゼンチン,南アフリカ,チェコ,中国の工場などのように,複数のブランドの自動車が生産される多くの複合工場もみられた[125]。しかし,その場合でも,とくにアジア地域に顕著にみられるように,日本企業の海外の生産拠点での生産と比べると,生産拠点の数も進出先の国の数も少ないといえる。それだけに,各地域における生産拠点間の車種別の分業的な生産力構造の構築という点では,日本ほどの広がりをもったかたちでの徹底した展開とは必ずしもなってはいないといえる。

　このように,ドイツ企業の経営のグローバル展開は,ヨーロッパを中核とす

るかたちでの地域完結型ですすんできたのであり，自動車産業における生産と貿易の地域化は，消費者の嗜好への対応や政府の異なる規制への適応，また高い質のマーケティングやアフターサービスの提供という競争上の必要性に対応したものであった[126]。なかでも規制への対応，より緩い規制の条件の利用という点に関しては，例えばハンガリーの子会社での労使関係，職業訓練や賃金の決定には，ドイツとの類似点はほとんどみられず，ドイツ企業は，高度に制度化された労使関係の環境を免れ，比較的規制のないハンガリーの環境に自らをうまく適応させてきたという傾向にもある[127]。

3 部品生産の国際展開と調達体制

(1) 部品生産の国際展開とその特徴

このような車両生産における生産力構成の変化をふまえて，つぎに部品生産における分業構造と調達体制についてみることにしよう。1990年代以降の動きのひとつの特徴は，メキシコとスペインの立地が完成車の組み立てだけでなく，同時に本国で使用される部品・コンポーネントの生産にも利用される傾向にもあったことや，中東欧地域の部品供給拠点化の傾向にみられる[128]。ここでは，自動車部品の生産における国際展開が地域内分業のかたちで最も強力に推し進められた欧州地域を中心にみておくことにしよう。

欧州地域をみた場合，フォルクスワーゲンでは，同コンツェルンのドイツの工場とチェコのショコダの工場との地理的な近さは，ロジスティックスの面ではとくに利点をもった[129]。ショコダでは，車両の生産のほか，エンジンおよび構成部品の生産が行われたほか，1993年にはハンガリーにもエンジンとその構成部品の生産拠点としてアウディ・ハンガリー社が設立されている[130]。また1994年にはスペインのセアトにおける自動車のモデルの全生産がマルトレール工場に移されたが，プレス工場，車体用部品やトレドのコンポーネントの生産は旧立地に残され，そこからこれらの部品がマルトレールとパンプローナの工場に供給されるようになった[131]。スペインとチェコでは，ドイツの自動車企業の調達網への買収された企業の統合が重要な役割を果たしてきた。欧州のなかでは，1人当たりの所得が相対的に低い取引相手国は，ますますドイツの自動車企業にとっての中間財の供給者として現れており，国外生産は，最終製

品のみならず中間財のドイツの輸入の増大をともなうかたちで展開された(132)。

　ドイツ自動車企業の生産の国際展開が車両生産におけるヨーロッパ内の分業構造の形成というかたちですすんだことから，部品供給の面での分業関係も，同地域内での完結というかたちですすめられた。フォルクスワーゲン・グループでは，ヨーロッパにはさらにスロバキアに部品生産の拠点がおかれているが，すでに1990年代末までに，同国は，ドイツをトップ，チェコを中位層，自らを下位層とする分業の一部に組み込まれ，主としてドイツ自動車産業向けの大量のギアボックスやトランスミッションの部品の第1次供給者として機能するようになっていた(133)。またオペルやアウディでは，ハンガリーにエンジン工場があったが，これらの工場は，中東欧諸国がいかに西欧の製造業者の生産ネットワークに統合されることができたかということの実例である。同国への両社の投資の主たるねらいは，ドイツでの事業への部品供給にあった(134)。フォルクスワーゲンでは，ベンチマークでの評価において180もの国際的な立地のなかからハンガリーが選択された。1993年に生産を開始した同拠点の選択では，地域市場は積極的な役割を果たしておらず，チェコのケースとは対照的に，現地政府の補助金や外国企業の投資に対するインセンティブの政策が大きな意味をもった(135)。ハンガリーの拠点については，アウディ車の主要部品のコスト削減による競争力の強化がドイツでの雇用をより安定的なものにするということが前提とされており，この国外展開は，ドイツ本国の生産と雇用の問題を視野に入れたものでもあった(136)。ハンガリー工場は，ドイツのみならず世界のアウディとフォルクスワーゲンの組立工場へのエンジンの一大供給拠点へと発展した(137)。中東欧地域の新しい組立拠点における相対的に低いローカルコンテントと同地域からの最も労働集約的な部品のみの調達の傾向は，同地域での主に低付加価値製品の生産への専門化の進展という結果となった(138)。

　またポーランドをみると，アウディの同国の拠点のように，東欧において生産されるエンジンやトランスミッションは，洗練された機械設備を必要とするコモンレール技術を含む最新世代のものであった(139)。フォルクスワーゲンの事例のように，同国は，ヨーロッパを代表するパワートレイン系部品の一大製造拠点としての，また輸出も含めた供給拠点しての性格を強めてきた(140)。そうしたなかで，例えばフォルクスワーゲン・グループでは，チェコ，ハンガリ

ーおよびポーランドのパワートレイン系生産拠点にみられるように，各生産拠点での生産品目の集約がすすむなかで，ブランドの垣根を超えた相互供給体制の構築という方向ですすんできた[141]。

このように，ヨーロッパ内の分業における中東欧の役割については，一方では安価な小型車や低付加価値の労働集約的な部品・付属品を生産し続けているという面と，他方では高付加価値の部品のより資本集約的かつ技能集約的な生産の拡大という面がみられる[142]。しかし，パワートレイン系部品では，企業によってその傾向に差異がみられる。ポーランドやスロバキアなどへの積極的な投資による企業内分業の構築がすすんだフォルクスワーゲンのような企業に対して，例えばダイムラー・クライスラーでは，投資は西ヨーロッパの既存の拠点に集中していた[143]。

またダイムラーについてみると，ヨーロッパでは，ドイツの各工場においてエンジン，トランスミッション，アクスルなどのパワートレイン部品やその他の主要部品の生産が行われているのに対して，国外ではスペインにおいてアクスル，ワイヤーハーネスなどが生産されている[144]とはいえ，部品供給拠点の目立った広がりはみられない。BMWをみても，ヨーロッパ地域には，ドイツのほかオーストリア，イギリスにエンジン生産の拠点があるが[145]，ダイムラーと同様，フォルクスワーゲンのようなグループ内の高度な相互補完体制の構築というかたちには必ずしもなってはいなかった。

このような部品生産の国際展開を生産分業構造という点からみると，企業間や地域間で相違[146]がみられる。地域内の拠点間での相互補完的な分業関係という点では，車両生産拠点の多いフォルクスワーゲンのヨーロッパ地域での生産が典型的であるが，他の地域や企業では状況は異なっている。この点，とくにアジア地域に顕著にみられるように，生産ネットワークが広く各国の生産拠点間の相互補完体制としてすすんでいる日本企業の場合とは異なる展開となっているといえる。

(2) 部品の調達体制の新展開とその特徴
　① 部品の調達体制の変化と生産ネットワーク
　また部品の調達体制を外部調達の面での変化という点でみると，ドイツで

も，1990年代初頭まではグローバル調達への明確な傾向はまだみられなかった[147]。また市場の中核を占めるヨーロッパでは，全体的にみると，ドイツ自動車企業の「アウトソーシング」は，1990年代半ば頃までは，主に同地域レベルで行われており，それほどグローバルなレベルで展開されているわけではなかった[148]。しかし，グローバル化の歩みのひとつは，グローバル調達の進展・拡大にあり[149]，1990年代に入って以降，生産の現地化の拡大にともない，現地調達，世界最適調達・域内最適調達の方向ですすんできた。

1990年代以降，ドイツでも，相対的に賃金の低い諸国からの自動車部品の調達比率が上昇している。部品の輸入全体に占める相対的に低い賃金の諸国（スペイン，ポルトガル，トルコ，ポーランド，ルーマニア，スロバキア，チェコ，ハンガリー，アフリカ，ラテンアメリカ，日本を除くアジア）からの輸入の割合は，1990年の15.8％からすでに2002年には約40％へと大きく上昇している。なかでも，中欧の体制移行諸国からの部品輸入が増大しており，相対的に低い賃金の諸国からのドイツへの部品輸入全体に占めるこれらの移行諸国からの輸入の割合は，1990年のわずか2％から2002年にはすでに67.1％へと著しく上昇している。また2002年の部品輸入全体に占める中東欧諸国からの輸入の割合は，部品・付属品では24.8％であったが，エンジンおよびその部品では40.9％にのぼっており[150]，同地域がこの間にエンジン関連の供給拠点としての位置をいかに高めてきたことがわかる。1993年以降の中東欧に立地している自動車部品企業の市場シェアの上昇は，第一に乗用車用のエンジンについていえるが，こうした変化には地域間の賃金格差が深く関係しており，西ヨーロッパにおける伝統的な相手国の市場シェアの低下というかたちですすんだ[151]。

例えばフォルクスワーゲンでも，よりグローバルな流通・生産の戦略における中東欧の拠点の利用は，現地の1次サプライヤーが同社グループ全体に一層供給可能となる必要性を示すものであった[152]。ことにショコダの部品調達では，モジュール生産とモジュール・他のコンポーネントのジャスト・イン・タイム配送はクラスターの形成と関係していた。1次供給企業や選別された2次供給企業は，ショコダの組立工場の近くか主要な高速道路の近くのようなアクセスの容易な立地に集中する傾向となっていた[153]。

こうした部品の外部調達については，1990年代以降，自動車企業は，低コス

ト国からの調達の割合を2つの方法で上昇させてきた。すなわち，ひとつには，自動車企業の国外進出に従うかたちでの部品企業の現地進出による調達である。いまひとつは，グローバル調達との関連で中東欧諸国の2次および3次の部品企業を利用した1次供給企業レベルでの低コストの調達の増大である(154)。そうしたなかで，地域調達がグローバル調達によってとって代えられる傾向にあった。システム・サプライヤーのもとへの生産能力の集中という方向での部品市場の再編と部品企業の世界的なプレゼンスは，発注を行う大企業の国際化戦略の結果でもあるが，その一方で，こうした再編は，大企業の調達戦略の国際化にとってのひとつの重要な前提条件をなした。例えばメルセデス・ベンツでは，1990年代には，同社による部品企業へのコスト構造の面での要求は充たされなくなってきており，そのために，より強力なグローバル調達を推進せざるをえなくなった。こうしたグローバル調達への方向づけは，地理的な近さを重視した事業の関係という古い原則からの転換，また産業クラスターが形成された地域経済の強化からの転換をともなうものでもあった(155)。またこうした調達体制の再編のための組織面での強化もはかられてきた。例えばベンツでは，1990年代に入って，グローバル調達活動の展開のために，ヨーロッパ，北米，アジアおよびオーストラリアの重要かつ取引量の多い調達市場において，購買の調整のための8つのコンツェルン事務所が設置されている(156)。

　また自動車企業の生産ネットワークへの部品企業の組み込みに関連して重要なことは，生産力のグローバルな最適構成の構築がモジュール生産方式という新しい生産システムの展開に適合的な部品調達の追求というかたちですすめられたことである。もとより，立地の同質化のための条件は，生産および製品系列の標準化・モジュール化をめざした製品の創出過程の再編であり，こうした再編は，1990年代初頭に大部分の自動車企業において開始されたものである(157)。例えばBMWでも，1990年代に入ると，外部の部品企業は，それまでとは比較にならないほどの高い割合でもって生産に関与するようになったが，それは，生産のより大きな部分が部品企業によって担われるモジュール・コンセプトへの戦略転換の結果として生じたものであった(158)。

　このように，部品当たりの供給企業数の減少やそれにともなう自動車メーカーとの直接的な取引関係をもつ部品企業数の減少のなかで，自動車企業は，直

接の取引相手である部品企業に対して，まとまったモジュール全体をシステム・サプライヤーとして供給することを一層求めるようになった[159]。こうして，「自動車企業──モジュール／システム・インテグレイターとしての１次部品企業──システムの専門業者としての２次部品企業──部品の専門業者としての３次部品企業」という重層的な構造が形成されることになった[160]。このように，アウトソーシングとモジュール化は，価値連鎖におけるサプライヤーの地位をかなり強めるかたちで，サプライ・チェーンのグローバルな再編をもたらしてきた[161]。

　こうした動きのなかにあって，例えばフォルクスワーゲンでは，「２＋１サプライヤー」という名称の調達戦略が展開された。そこでは，主要な各モジュールに対しては鍵となるサプライヤーとのパートナーシップが形成され，各地域では，２つの部品企業が，開発過程の初期の段階に加わるかたちでの特権的なパートナーとみなされた。３番目のサプライヤーは，それらの企業ほどには責任を与えられていないが既存のサプライヤーにとって代わるのに十分な用意ができているというものである。同じ車が世界のいくつかの地域で販売されるので，こうした戦略は，特定の車の一定のモジュールに対して同じサプライヤーを世界中にもつという傾向を生み出してきた[162]。フォルクスワーゲン・グループでは，一方での新たに構築された製品の生産過程，再編された調達過程と他方での近代化および国際的な組立立地・生産立地の創出との間の調和は，生産志向の多国籍コンツェルンからグローバルに操業するトランスナショナル・コンツェルンへの生産の国際化という質的変化にとって特徴的であった[163]。また「組立工場のメイン生産ラインへのモジュール化部品の効率的な提供を担う」サプライヤーパークの設置が重要な意味をもつようになっており，例えばフォルクスワーゲンでも，それは中東欧戦略の特徴のひとつをなした[164]。すでに2000年代初頭には，同社のサプライヤーパークは，ドイツ本国以外にもベルギー，ポルトガル，スペイン，チェコに，またダイムラー・クライスラーではドイツとフランスに設置されていた[165]。

　また1990年代末以降の経営環境の変化との関連でみると，日本，欧州および北米の伝統的な３極市場の成長の鈍化がみられ[166]，2000年代に入っても，ヨーロッパの自動車産業は徹底的な構造変革のなかにあった。この時期の生産連

鎖の新たな展開の主要なメルクマールは，成長市場と低コスト諸国における生産能力の構築の加速，さらに自動車メーカーと部品企業との間の徹底的な構造の変化にあった(167)。こうした生産連鎖の新たな展開・変化のもとで，部品企業が設計・開発に参画する「デザイン・イン」も大きく変化してきた。そこでは，グローバルなメガサプライヤーが大きな役割を果たしており，こうした企業は，例えばモジュールデザイン，研究開発，部品企業の選別，調整・管理および教育・訓練のような伝統的に自動車メーカーが担っていた職務を一層担当するようになった(168)。統合要素やシステムの新しい供給業者あるいはよいモジュール・イノベーターは，新しい複雑なモデルないしモジュールの開発と生産に100％責任を負うかたちとなってきた(169)。部品企業によるこうした開発への参画の動きは，この間の製品モデルとバリエーションの多様性の増大への対応でもあった。自動車企業にとっては，たえず拡大するモデルとバリエーションの多様性にうまく対応しうる経営資源は十分ではなく，戦略的なパートナーへの自動車メーカーの課題の移転，決定的な提携やネットワークによる自動車企業と部品企業との間での協力の形態の変化がすすんできた(170)。

　部品企業を組み込んだこうした生産ネットワークの形成という点では，ヨーロッパやアメリカの自動車企業は，特定のコア・コンピタンスへの集中をはかり，こうした中核的領域以外では，1次サプライヤーに責任を一層委ねてきた。この点は，戦略的に重要なあらゆる領域における基本的な能力やバリュー・チェーンに対するコントロールの保持を追求してきた日本企業のトヨタ自動車やホンダとは対照的である(171)。ヨーロッパでは，独立した革新的なサプライヤーの産業の構造が，日本のようなピラミッド型の構造とは異なる専門化のパターンの発展を支えている。1990年代末には，専門化された独立企業のネットワーク構造が，ヨーロッパ地域の新しい自動車生産のシステムの基礎として，誕生することになった(172)。そこでは，イノベーションのアウトソーシングによって，自動車企業は，産業をまたがる組織間学習のプロセスからメリットを引き出そうとしたのであり，アウトソーシングは，たんに垂直的な非統合の過程としてではなく能力の専門化の高まりとみることができる(173)。

　ただこうしたアウトソーシング戦略と調達体制においては，高級車メーカーと量産車メーカーとの間で相違もみられる。ドイツ国内で生産される自動車の

場合，量産車メーカー（フォルクスワーゲン，オペル，フォード）では，ブランド製品としての実現は第一義的な重要性をもってはおらず，優先順位としては低いといえる。それゆえ，量産車メーカーはその部品生産の統合度を高級車メーカー（BMW，ポルシェ，メルセデス，アウディ）よりも強力に引き下げ，より多くの割合を部品企業に委ねる傾向や，他の（外国の）量産車メーカーと共同でエンジンのようなユニットの生産を行うという状況にもあった[174]。

　　② 部品企業の生産の国外移転と生産ネットワーク
　また部品企業の生産の国外移転についても簡単にみておくと，自動車企業の生産分業の展開がヨーロッパをひとつの核として展開されたということにも規定されて，大規模な部品企業も，中東欧への展開を含めてヨーロッパ化をはかってきた。それは，新しい市場の獲得と低賃金の生産拠点の展開という2つの圧力を反映したものである[175]。低労働コスト国へのヨーロッパの自動車部品企業の進出においては，中東欧への進出が中心を占めている。それには，現地の自動車企業向けの完成車用部品の生産をめざすケースと，欧州本社との世界的な生産分業体制のもとで中東欧地域において生産した部品を単体で同地域の市場向けに輸出することを目的とした拠点の育成のケースという2つがみられた[176]。部品企業の生産立地の選択では，とりわけ低賃金・低生産コストや，熟練をもち高く動機づけられた労働者の利用の可能性が重視された。またサプライヤー，とくにシステムやモジュールの供給業者にとっては，自動車企業との距離の近さも，立地の決定のいまひとつの要因をなした[177]。例えば1990年代半ば以降の10年間でみても，自動車企業の動きに対応するかたちで，ボッシュ，デルファイなどを含む300以上もの部品企業が中東欧地域に展開しており，すでに2005年頃には，西ヨーロッパの部品企業の33％が，同地域に製造施設をもつようになっていた[178]。
　ドイツ自動車部品企業の国外の生産拠点数は，1996年から2004年までの間にすでに85％の増加をみており，増加率は自動車企業のそれ（自動車企業と自動車部品企業をあわせた数値は74.5％）を上回っている[179]。例えばフォルクスワーゲンでみても，メキシコ工場では，はやくも1995年から97年までの間に，第4代目ゴルフへのモデルの転換にともない，部品供給構造の再地域化と再編の

方向でのはるかに重要な一歩が踏み出された。その結果，すでに1998年に同コンツェルンの１次サプライヤーは，その約70％から80％が同国の工場のあるプエブラ地域に存在するようになっている(180)。部品企業の外国における生産立地は，現地の販売市場ないし特定の生産者への供給の機能を果たしたといえるが(181)，自動車部品企業でもグローバル調達がすすんでおり，それによって自動車部品の輸出入も活発になる傾向にあった(182)。

このように，自動車企業の世界最適生産力構成というかたちでのグローバル展開は，基幹的な部品企業の関与や国際展開に支えられるかたちでその基盤が強化されたが，自動車部品産業はグローバル化されているというよりはむしろ地域化されている傾向も強い。例えばG．ミールディとM．フィフィターの2008年の研究によれば，EUで販売された自動車部品の生産の90％が同地域内で生産されていたが，この部門では，自動車の組み立てよりも低い資本集約性のゆえに，労働の技能とコストのいずれもが重要であった。この部門における外国への投資は，自動車の最終組立よりも純粋に能率追求型であり，中欧での生産のうち90％が再輸出されたのであった(183)。

4　開発の現地化と国外の開発拠点の拡充

またこうした生産のグローバル展開，現地生産，現地調達の進展とともに，開発活動においても現地化，国外の研究開発拠点の拡充がすすめられてきた。自動車産業における開発の現地化は，自動車が消費者の嗜好によるニーズの差異の大きい製品であるために世界の各地の市場ニーズに合わせた製品の開発が重要となることによるところが大きい。それだけに，一般的に，設計の領域においてや製品政策の展開に関しては，マーケティング，設計あるいはエンジニアリングの点から，市場についての発見ないし学習のために市場との近さが必要となってくる(184)。こうして，研究開発の国際化・現地化においては市場面での動機が支配的な位置を占めたといえるが(185)，1990年代以降にブランドを越えるかたちでも強力に利用されてきたプラットフォーム共通化戦略とモジュール化は，開発活動の焦点をなした(186)。それゆえ，これら２つの面との関連で開発の国際化・現地化の問題をみていくことが重要となる。

一般的な傾向として1990年代半ばの状況をみると，研究開発活動の立地も，

高級車モデルの生産の立地とほぼ同一であり，その主要なプロセスは，ヨーロッパの中心部分に集中するかたちとなっていた。マーケティング，グローバルな管理，製品開発，車両ないし基幹部品の生産は，ドイツ南部の中心部に立地していた[187]。ドイツの自動車産業をみた場合，1990年代以降，生産部門では分権化が広がったのに対して，開発ではむしろ逆の傾向がみられ，開発は集中されるか，あるいはそれまですでに集中されていた開発は維持される傾向にもあった。こうした方向性は，経営陣によって，製品のアイデンティティやそれによってもたらされる統一性の要求によって根拠づけられた[188]。しかし，その一方で，在外子会社が外国市場により深く一体化されるにしたがって，現地の顧客の仕様に適合させるための研究活動が次第に現地化される方向性もみられた[189]。しかし，自動車産業では，ドイツの大企業における研究開発の国際化は電子，化学の諸部門においてよりも遅くに始まっており，1990年代末になってもまだ依然としてわずかであった。確かに1990年代には外国での研究の規模も範囲も大きく拡大したが，90年代末の段階でも，研究開発の国際化は，他の経済活動のようには急速に拡大したわけではなかったといえる[190]。

　そこで，具体的な事例をみると，世界市場志向の製品として開発されたフォルクスワーゲンのニュー・ビートルとメルセデス・ベンツのMクラスでは，つぎの点が共通点としてあげられる。すなわち，両者とも工場の立地は海外にあること，ニッチモデルの創出というかたちでの製品戦略であること，アメリカ経由での世界市場への参入をめざした国際化戦略であること，ドイツへの開発の集中という状況のもとでも製品にかかわる権限・責任の委譲がはかられたことなどである。メキシコで生産が行われるフォルクスワーゲンのニュー・ビートルの開発では，詳細な製品開発，プロトタイプのテストおよび生産システムの計画化のプロセスは，すべてフォルクスワーゲン内部と部品企業のドイツ人とメキシコ人のエンジニア・専門技術者で構成される多様なグループによって，ドイツ本国で組織された。またアメリカ工場で生産されるメルセデス・ベンツのMクラスでは，その開発は完全にドイツで実施されたが，約220人の開発エンジニアのうち70人の現地スタッフがそれに参加していた[191]。

　しかしまた，両社の間にも差異がみられる。フォルクスワーゲンのメキシコの拠点の場合には，同工場は，ニュー・ビートルのモデル全体のための開発能

力に関して，その地位の強化に成功した。これに対して，メルセデス・ベンツのアメリカのタスカルーサ工場は，Mクラスの単一部品やモジュールに対してはより多くの責任を与えられたが，主にひとつの製造立地としての性格にとどまっていた。Mクラスの初期モデルの場合，車体用部品のようないくつかのグループに関してはほぼ全面的な設計の責任が現地に委譲されていたとはいえ，2004年の時点になっても，同クラスの各システムやモジュールに関しては現地に権限が移されていないものもあった。車体用以外の部品の設計に関する責任は，それらの部品が現地に移管されるまでは，ドイツのジンデルフィンゲンにあり，電装部品のような他の部品についても同様であった。開発の権限の委譲，分権化に関するこうした相違は，フォルクスワーゲンのプエブラ工場は何年もの経験をもつリニューアル工場であったのに対してメルセデスのMクラスは新規の立地において製造されたという事情によるものでもあった[192]。

　ダイムラーでは，1994年にはアメリカのカリフォルニアに研究・技術センターが設置されているが[193]，90年代半ば頃には，研究開発業務の国際化の傾向は，地域の特殊な市場条件への自動車部品やデザインの適応に直接役立つような開発段階に限定されていた[194]。その後，開発の現地化が一層すすめられており，2010年頃にはドイツに2ヵ所，アメリカに4ヵ所の計6ヵ所の研究・開発拠点があり，後者は商用車部門の研究・開発拠点であった。しかし，この時期になっても，乗用車部門の製品開発とパワートレインの開発は，ドイツで行われているという状況にあった[195]。

　またオペルをみると，1990年代前半には，技術開発本部がGMコンツェルンの新しい乗用車の研究，開発および設計に対して世界的な責任を負った。同本部は，北米以外で開発されるすべてのモデルに対して責任を負うとともに，ヨーロッパ，ブラジル，オーストラリアなどにおけるGMの姉妹会社の世界的な開発活動を調整するという役割を担った[196]。こうした動きは，地域やブランドに特殊的な製品・プロセスのイノベーションに利用可能ではないかあるいは部分的にしか利用できないようなエンジニアリングの能力や経営資源の解消という結果となった[197]。

　さらにフォルクスワーゲンの中東欧の拠点をみると，チェコのショコダは，開発の現地化がすすんでいた拠点であったが，プラットフォームの開発に関連

するより高度なエンジニアリング機能はドイツ本国で行われた。ショコダの研究開発は，チェコで調達される部品の使用を目的とした同グループのプラットフォームへの適応という点に集中しており，その意味では，研究開発の範囲はなお限定的であった[198]。しかし，その後，ショコダの拠点はますます同コンツェルン全体の開発の職務をも担当するようになっている[199]。2009年には新しいテクノロジー・センターが稼動したほか，デザイン，エンジン／シャシの開発，各種テストなどの機能がこの新拠点に移された[200]。例えばA. H. ディッツらの2010年の研究でも，ドイツ本国のヴォルフスブルクにおける開発の立地が大きな重要性をもっていたとはいえ，コンツェルンにおける知識資源の分散的な集中がみられ，それは，本質的には，それぞれのブランドが独自の展開をもたらしているという事情によるものであった[201]。しかし，全体的にみると，2000年以降の中東欧地域における選別された研究開発機能の一層の構築という傾向[202]にもかかわらず，分権化されているのは日常的な研究開発の部分であり，フォルクスワーゲンのショコダのような例外的なケースを除くと，製品開発における中核的な能力は本国本社に残されている傾向にあった[203]。

このように，ドイツの自動車企業の場合には，開発活動の現地化は，日本企業[204]と比べるとゆっくりとすすんだともいえるが，それにはつぎのような要因があると考えられる。すなわち，ドイツの自動車企業では日本企業ほどには製品レンジが広い範囲におよんでいるわけではないこと，また最適生産力の構成が北米，ヨーロッパ，アジアといった主要地域のなかでより徹底して追及されてきた日本企業とは異なり，ヨーロッパ地域を中核とした国際展開となっていることなどの事情を反映したものであるといえる。

5　経営のグローバル化と労働組合の対応

さらにまた，経営のグローバル展開をみる上で重要な点として，労使関係による影響の問題があるが，ここでは，共同決定制度との関連で，また生産の国外移転の進展にともなう立地問題・雇用問題との関連でみておくことにする。例えば自動車産業では，経営協議会のトップ，監査役会の労働者代表と経営側のトップ・マネジメントとの間の協定が大きな役割を果たしている。この産業では，相対的に高い組合組織率ともあいまって，規制力が強くはたらく傾向に

ある。また地域の経営協議会の影響力も加わって，労働者代表はグローバルな企業戦略へのかなりの影響力をもっており，その結果,「交渉されたグルーバル化」("verhandelte Globalisierung") ともいうべきかたちとなっているとされている[205]。

交渉されたグルーバル化の強さは，経営参加の制度などにもみられる労使関係の国際化の度合いに対応したものである[206]。例えばフォルクスワーゲンでは，1990年代初頭以降のとくに雇用と競争力の確保という2つの目標に関する合意をめざした革新的な賃金協約や経営協定のほか，ドイツの全国的な利益代表のシステムと国際的なそれとの共同作用が，同社の労資共同決定的なグローバル化にとっての安定的な制度的基礎をなした[207]。1990年代以降，経営のグローバル化にともなう国外の立地との競争の強まりや資本市場による株主価値経営への圧力の増大のもとで，労働側にとっても，グローバル化にいかに対応するかということが重要な課題となってきた。しかし，例えば同社では，共同決定と労働組合による強い規制力を背景として，交渉されたグローバル化のひとつの強力なかたち，すなわち適切な戦略の選択と実施のプロセスは，主に金融面のパラメーターによってではなく，利害の交渉と均衡化の過程をとおして決定された[208]。

また経営のグローバル展開による生産立地としてのドイツをめぐる問題のなかで，労働側が賃金や労働時間などの面での労働条件の制約を受け入れるかたかたちでの労資協調の促進という事態もすすんでいる。それは，フォルクスワーゲンの別会社として設立されたAuto5000社での2001年に締結された労働協約である「Volkswagen5000×5000」に最も典型的にみられる。労働における分業の後退や労働者による協力の新しい形態が工場の職場レベルに限定されていた1970年代や80年代の試みとは異なり，「Auto5000プロジェクト」では，生産部門，間接部門および管理部門の間での分業の撤廃や新たな規制，職位や階層の差の縮小，生産性の改善のみならずプロセス・イノベーションが問題となっている。そこでは，雇用の確保を前提とした労使協力の新しいあり方が生み出されてきた[209]。

さらに立地間の競争との関連でみると，ドイツ企業による中東欧諸国への生産移転と同地域の拠点のより高付加価値製品の輸出拠点化にともない，中東欧

地域とドイツ本国の拠点との間の競争やコンフリクトが強まるなかで，ドイツ側の労働組合は，全国的な解決がますます効果的ではなくなってきたということを発見してきた．それゆえ，労働組合は，競争の脅威を和らげるために，中東欧諸国の労働組合との国境を越えた協力に取り組むようになっており，戦略転換がはかられていった．すなわち，ドイツの組合は，中東欧諸国の拠点との直接的な対立の危険をおかすよりはむしろ，同地域の労働組合との自らの活動の調整をはかり，それによって，ドイツの拠点とより安価な東方諸国の工場との間の経営成果の「強制的な比較」を避ける努力を行ってきた．労働組合は，それと引き換えに，組織面での支援や本社へのより多くの接触の機会を提供するようにもなっている[210]．

第3節　経営のグローバル化の進展と蓄積構造・競争構造の変容

1　経営のグローバル化の進展と蓄積構造の変容

　以上の考察から明らかなように，ドイツ企業の場合には，ヨーロッパ地域に大きな比重をおくかたちでの地域完結型の展開となっている傾向が強いとはいえ，経営のグローバル化と呼ばれる現象の基本的特徴は，一企業＝企業グループ内の購買や開発をも含めた世界最適生産力構成によるグローバルな範囲と規模での経営展開にみることができる．特定の市場地域向けの特定製品の最適生産力として選択された地域における開発，生産拠点の移転，現地調達・地域調達など一貫体制の構築や地域完結型分業の展開が推進されてきた．しかもそのさい，例えば戦略的提携を基礎にした企業間のネットワーク的展開やアウトソーシングなどにみられるように，内部化による自社資源の利用を基礎にしながらも外部資源の利用という非内部化の部分をも組み合わせることが，大きな意味をもつようになっている．そこで，つぎに，こうした経営のグローバル展開にともなう巨大企業の蓄積構造の変容，競争構造の変化ついて考察をすすめ，経営のグローバル化の意義を明らかにしていくことにしよう．

　まず蓄積構造の変容についてみると，今日の巨大企業の利潤追求メカニズムは，その企業の属する国のレベルを越えて，まさに同一企業内・企業グループ内の生産立地間の競争を組み込みながらの全世界的＝グローバルなレベルでの

生産力の最適構成による利潤極大化の実現というかたちへと変化してきたといえる。グローバル企業にとっては，生産・購買・開発がどこで行われるかということそれ自体が単純に問題となっているのではない。獲得される利潤が国際連結会計あるいは配当などのかたちで本国の企業・企業グループの手中に収められる限りにおいて本国での生産である必要は必ずしもなく，その企業あるいは企業グループの手による生産というかたちでの世界最適展開こそが問題となっている。例えばドイツの場合でみると，根本的には，「Made "in" Germany」（ドイツでの生産）である必要は必ずしもなく，利潤極大化を実現しうる「Made "by" Germany」（ドイツ資本の企業による生産）というかたちでの世界最適展開こそが問題となっている。こうした点において，今日の経営のグローバル展開は，戦後の多国籍企業の拡大がすすんだ時代や1980年代の経済の国際化といわれた時期とは明らかに質的に異なる性格をもつ段階へと入ってきた。生産拠点や販売拠点，開発拠点などの国外展開というかたちでの進出先の国の数や拠点数がたんに増加するという量的問題ではなく，まさに世界最適生産力構成による経営展開での徹底したコスト引き下げの追求とそれに基づく利潤追求メカニズムへの変容という質的に新しい性格こそが，今日の経営のグローバル化と呼ばれる現象の真の意味でのメルクマールをなす。すなわち，それは，巨大企業の国内生産・国内販売・輸出を基軸とする国内型蓄積構造とその補完策としての国際化から世界最適生産力構成による経営のグローバル展開とそれを基礎にしたグローバル蓄積構造への変容を示すものである。

2　経営のグローバル化の欧州企業的特徴と蓄積構造

しかし，ヨーロッパ企業の場合，すでに2000年頃までに，製造業者は，グローバリゼーションの過程に自らを統合するさいに直面してきた諸困難を反映して，自らを主として単一地域空間の点からとらえ続けてきた。ヨーロッパの自動車メーカーが生産の地理的な分業を行っている唯一の場所は同地域自体であり，その意味でこれらのメーカーがグローバリゼーションの一般的な傾向に加わっていないということによって，多様な経営資源への接近は制限されており，その補完策となるものとして，大陸を越えた提携が重要な意味をもっている[211]。このようなヨーロッパ地域を軸とした，同地域に重点をおいた経営の

国際展開は，アメリカへの輸出依存度が高くまたアジアにおいてEUに匹敵するような地域経済圏をもたない日本の企業の国際展開とは大きく異なっている。日本企業の場合，まさにアメリカ大陸，ヨーロッパおよびアジアへの世界的な最適生産力の配置・配分，しかも各地域内での多くの国への生産展開の広がりというかたちとなっている。

　日本の自動車企業のグローバル展開にみられる重要な特徴のひとつは，生産の国外展開とそれにともなう世界的な生産体制の構築が2000年代に入ってからも一層強力に推進されてきたという点にある。これに対して，ドイツ企業のヨーロッパ地域を中心とする国際展開は，EUの東方拡大の影響もあり，中東欧諸国を重要な市場とした展開，またそれとも連動するかたちでのヨーロッパ内の最適分業構造の構築がもつ企業の蓄積構造にとっての意義が一層大きなものとなっているという事情を背景としたものである。細谷浩志氏も指摘するように，「新しい欧州生産分業ネットワークの形成は，新旧拠点間の機能再編と空間的再配置をともないつつ不断に進行する，産業立地上の比較優位性の継続的な再構築プロセス」であった[212]。グローバルな価値連鎖という場合，「グローバル」とは，たんに「世界的に配分されている」ということを意味するわけではなく，国際的なあるいはトランスナショナルな産業ネットワークにおける地域的な結び目の発展を意味するものである[213]。こうした生産分業体制は，伝統的な産業中核地域であるコア地域，スペインやポルトガルといった旧周辺地域，さらに中東欧を中心とする新周辺地域の3つの産業集積地域がネットワークにおいて相互補完的な役割を果たすかたちで地理的にも機能的にも進化した，広域欧州をカバーする「汎欧州生産ネットワーク」へと一層深化してきた。そのような生産ネットワークの形成によって，ヨーロッパの主要な自動車産業集積地でのそれぞれの立地環境に応じた事業機能の集約・特化がすすんでいる[214]。

　このように，ドイツ企業においては，ヨーロッパ地域での生産展開は，他の主要地域に比べると広範囲におよんでいるが，経済のグローバリゼーションの動きとともに，EU，NAFTAなどにみられる地域経済圏の形成，地域保護主義などいわゆるローカリゼーションへの対応として生産拠点の移転，現地調達などがすすんでいるという面も重要である。ヨーロッパ，ことにドイツの企業に

あっては，従来から販売に占める同地域の市場の比重が高く，戦後からの一貫した同地域内における貿易の相互浸透の深さとそこでのある種の「棲み分け分業的」な貿易構造[215]のもとにあるとともに，EUの誕生とその東方拡大，通貨統合の実現という同地域の特殊的条件のもとにある。これに対して，日本の場合には，戦後当初から有力な輸出市場となりうる先進諸国がアジアには存在せずアメリカへの大きな輸出依存とならざるをえなかったという歴史的な事情もあり，1990年代以降にはそうした輸出構造の転換の重要なひとつの鍵は，アジア市場に求めざるをえなかった。それゆえ，アジア地域にも大きな比重をおいたグローバル展開となってきた。しかし，アジアにおいては，ヨーロッパにおけるEUに匹敵するような地域経済圏は今なお成立していない。こうした地域的特性も含めた市場構造の特徴が，日本とドイツの企業のグローバル展開のあり方にも大きな影響をおよぼす要因として作用している。

　またヨーロッパでは，各国および同地域の規制や革新的な部品企業の存在に支えられるかたちで，ディーゼル車の市場が大きな位置を占めているが，この分野でのアメリカや日本に対する競争力が，この地域の自動車産業の発展を支えるひとつの重要な条件をなしている[216]。こうしたディーゼル車の分野では，そのような条件のもとで，市場の大きな割合を占めるヨーロッパ地域向けの最適生産力構成のあり方として，同地域内での完結型の展開が支えられているとともに，そうしたあり方が一層重要な意味をもつものとなっている。

　以上のような特殊的条件のもとで，ドイツ企業の国際展開においては，日本企業に最も顕著にみられるような世界最適生産力構成によるグローバルな分業関係の高度な構築よりはむしろ，ヨーロッパを中核とする地域化に重点をおいた分業というかたちでの国際展開，生産ネットワークの構築という面が強い。こうしたグローバル地域化という動きにおいては，ドイツ企業は，地域分業への中東欧の統合という面も含めて，そうした展開をヨーロッパの他の企業よりも成功裡にすすめてきたといえる[217]。またEU加盟国間の価格の相違がみられ，それは主要な自動車企業の価格戦略に大きな影響をおよぼすが[218]，こうした問題も，ヨーロッパにおける各国の市場条件・市場特性の差異を反映するかたちでの最適生産力構成による市場適応を一層重要なものにした。これらのことは，そうした地域化，地域適合的な国際展開を基軸とするかたちでのあり

方，大きなウエイトを占める欧州地域の市場に照らした生産力の最適構成にポイントをおいた展開とそれを基礎にした利潤追求，すなわち「蓄積構造のヨーロッパ的展開」を意味するものである。

こうした点は，北米とともにアジアにも市場の大きな比重をもちそこでの最適生産力の構成こそが国際競争力の重要な鍵をなす日本企業の場合とは異なっており，アジアでの生産展開のあり方とその意義においても大きな差異がみられる。ドイツ企業のアジアへの生産展開は，主として同地域の市場の拡大にともなう現地ならびに周辺の地域市場への展開を目的としたものとなっており，同地域での生産力構成の徹底した最適配分の追及とは必ずしもなってはいない。このことは，グローバル化のなかにあっても，生産分業構造への中東欧地域の組み込みと同地域の欧州向け輸出拠点化によるドイツ企業の蓄積構造のヨーロッパ的展開という問題とも，深くかかわりをもつものといえる。

そうしたなかで，全般的にみれば，もはや「ドイツ」という立地の最適化ではなく，むしろ「企業」の立地が問題であり，ドイツの立地の国民経済的な運命は，同国の企業の経営経済的な運命とはますます切り離されたものとなっているともいえる[219]。しかし，その一方で，外国への投資は，改善されたコストのミックスによって国内の雇用を確保するというかたちで，ドイツの立地にとっても積極的な反作用をおよぼしているという面もみられる[220]。またその一方で，高賃金諸国における生産立地にとっての推進力は研究開発の能力にあり[221]，こうした点ともかかわって，国外の拠点が抱える問題や本国での生産の利点などのために，ドイツ本国に生産拠点を回帰させる動きも現れている[222]。

ただ市場の特質という点でみると，ことにEUの東方拡大によって一層拡大した市場のターゲットは，ドイツやヨーロッパの先進諸国のような技術や機能の面での品質が重視される市場とは異なり，価格競争のより激しい量産型の製品市場を中心としている。したがって，ドイツの高品質・高付加価値生産の立地の役割や，上級クラスの市場セグメントとより下位や中級のそれとの間にみられる価格競争の影響の差異[223]という問題のもつ意味も大きい。それだけに，ヨーロッパレベルでの経営の国際展開，同地域の市場への展開，地域間分業の利点を重視した地域化の動きのなかで，ドイツ企業のグローバル化は，同

国の立地とヨーロッパの立地との適合的な関係・バランスを重視した展開にもなってきている。ただそうしたなかにあっても，例えば2008年のアメリカ発の金融危機による経済的危機の世界的な広がりのもとで，自動車産業でも過剰生産能力が大きな問題となってきた。これをヨーロッパについてみると，過剰生産能力のかなりの部分がドイツ，フランスおよびイタリアのような労働コストの高い諸国に集中しており[224]，こうした点での中東欧諸国の生産拠点との状況の相違にも，経営のグローバル化のもつ意義が示されているといえる。

3　経営のグローバル化の進展と競争構造の変容

またこうした経営のグローバル化がもたらした競争構造の変化についてみると，それは，一企業あるいは企業グループ内での世界最適生産力構成による経営展開とそれを基礎にした蓄積構造を前提とした地球規模でのグローバル競争構造へとそれまでの競争条件・競争構造が変容してきている点にみることができる。このようなグローバル競争構造への変容とは，たんに巨大企業の間の競争が全世界的な広がりをもって繰り広げられているということではなく，世界最適生産力構成でのコストの徹底した引き下げによる最適化を基礎にして利潤追求を推進するグローバル企業間の熾烈な競争へと変化してきたことを意味するものである。

そのような競争構造のもとで，今日，巨大企業は，それに対応するかたちで，世界最適生産力構成による経営展開とそれを基礎にした利潤極大化をめざして一層の経営のグローバル展開を余儀なくされるという状況にある。こうした状況は加工組立産業において最も顕著にみられるが，しかしまた，例えば自動車企業による特定の鉄鋼企業への集中大量発注の動きなどにもみられるように，加工組立産業の経営のグローバル展開とそれにともなう競争構造の変化が素材産業部門の競争関係にも，また企業のグローバル展開にも大きな影響をおよぼすものとなっているという点にも，重要な今日的特徴が示されている。いわゆる「メガ・コンペティション」と呼ばれるグローバル競争の内実はこのような競争構造の変容に示されており，この点こそが，経済のグローバリゼーション，経営のグローバル化と呼ばれる今日的状況を示す重要な特徴的変化となっているのである。

（1）この点については，拙書『現代経営学の再構築』森山書店，2005年，第8章参照。
（2）Vgl. F. Speidel, *Mitbestimmte versus Managementbestimmte Globalisierung in der Automobilindustrie. Ein Vergleich der Internationalisierungsstrategien und ihrer Verarbeitungen durch die Akteure der industriellen Beziehungen am Beispiel VWs und Renaults*, München, Mering, 2005, Ⅲ. 2. 2.
（3）B. Rehder, Tanz auf der Rasierklinge――Zur Zukunft der industriellen Beziehungen, *Die Mitbestimmung*, 51. Jg, Heft 3, März 2005.
（4）A. Blöcker, U. Jürgens, The Restructuring of Value Chains by Multinational Companies in the European Automobile Industry and the Impact on Labour, B. Galgoczi, M. Keune, A. Watt(eds.), *Job on the Move. An Analytical Approach to 'Relocation' and Its Impact on Employment*, Brussels, 2008, p. 126.
（5）M. Faust, U. Voskamp, V. Wittke, Globalization and the Future of National System : Exploring Patterns of Industrial Reorganization and Relocation in an Enlarged Europe, M. Faust, U. Voskamp, V. Wittke(eds.), *European Industrial Restructuring in a Global Economy : Fragmentation and Relocation of Value Chains*, Göttingen, 2004, p. 71.
（6）C. F. Büchtemann, U-W. Kuhlmann, Internationalisierungsstrategien deutscher Unternehmen : Am Beispiel von Mercedes-Benz, P. Meil(Hrsg.), *Globalisierung industrieller Produktion. Strategien und Strukturen. Ergebnisse des Expertenkreises „Zukunftsstrategien"*, Bd. Ⅱ, Frankfurt am Main, New York, 1996, S. 60.
（7）Vgl. E. Grunow-Osswald, *Die Internationalisierung eines Konzerns Daimler-Benz 1890-1997*, 1. Aufl., Stuttgart, 2006, S. 383, S. 390-1, S. 449-50.
（8）F. Veloso, The Automotive Supply Chain Organization : Global Trends and Perspectives, *Working paper of Massachusetts Institute of Technology*, Cambridge, September 2000, p. 7.
（9）T. J. Sturgeon, R. Florida, Globalization and Jobs in the Automotive Industry, *MIT-IPC-Workingpaper-00-012*, Cambridge, November 2000, pp. 12-3.
（10）P. Nunnenkamp, Der Automobilstandort Deutschland unter Wettbewerbsdruck. Eine deutsche Erfolgsgeschichte und wettbewerbsbedingte Risiken, L. Pries, M. Hertwig (Hrsg.), *Deutsche Autoproduktion im globalen Wandel. Altindustrie im Rückwärtsgang oder Hightech-Branche mit Zukunft?*, Berlin, 2005, S. 44.
（11）M. Fuchs, M. Giese, Die vorsichtige F&E-Internationalisierung der Automobilzulieferer, *WSI Mitteilungen*, 56. Jg, Heft 11, November 2003, S. 679, H-E. Müller, Globalisierung als Unternehmensstrategie, *Die Mitbestimmung*, 40. Jg, Heft 5, Mai 1994, S. 18.
（12）P. Nunnenkamp, Globalisierung der Automobilindustrie : Neue Standorte auf dem Vormarsch, traditionelle Anbieter unter Druck?, *Kieler Arbeitspapier Nr. 1002*, Institut für Weltwirtschaft, Kiel Universität, September 2000, S. 69-71.

（13） R. v. Tulder, W. Ruigrok, International Production Networks in the Auto Industry : Central and Eastern Europe as the Low End of the West Europe Car Complexes, J. Zysmann, A. Schwartz(eds.), *Enlarging Europe : The Industrial Foundations of a New Political Reality*, Berkeley, California, 1998, p. 215.

（14） H-D. Köhler, From the Marriage in Heaven to the Divorce on Earth : The DaimlerChrysler Trajectory since the Merger, M. Freyssenet(ed.), *The Second Automobile Revolution. Trajectories of the World Carmakers in the 21st Century*, Basingstoke, 2009, p. 311, L. Pries, Driving with Engineers' Professionalism and Family Values : the BMW Trajectory from a Regional Carmaker to a Global Premium Player, M. Freyssenet(ed.), *op. cit.*, pp. 76–7, p. 334, p. 339, p. 346, H-D. Köhler, The Daimler-Chrysler Deal : A Nice Marriage or a Nightmare?, M. Freyssenet, K. Shimizu, G. Volpato(eds.), *Globalization or Regionalization of the European Car Industry?*, Basingstoke, 2003, pp. 76–7.

（15） Verband der Automobilindustrie, *Auto Jahresbericht 2007*, Frankfurt am Main, 2007, S. 54.

（16） F. Veloso, *op. cit.*, p. 4, H. E. Mößmer, M. Schedlbauer, W. A. Günthner, Die automobile Welt im Umbruch, W. A. Günthner(Hrsg.), *Neue Wege in der Automobillogistik. Die Vision der Supra-Adaptivität*, Berlin, Heidelberg, 2007, S. 4.

（17） 例えば1990年と2008年を比較すると，フォルクスワーゲンでは5車種から17車種に，アウディでは3車種から9車種，メルセデス・ベンツでは5車種から15車種にまで大きく拡大している。O. Hülsmann, *Supply Chain Management. Eine Methode zur Integration von Modul- und Systemlieferanten*, Saarbrücken, 2008, S. 22.この時期のドイツ自動車企業のブランド・ポートフォリオ戦略については，M. Koers, *Steuerung von Markenportfolios : Ein Beispiel zum Mehrmarken-Controlling am Beispiel der Automobilwirtschaft*, Frankfurt am Main, 2001を参照．

（18） H. Bungsche「EU拡大・深化とヨーロッパ自動車産業」，海道ノブチカ編著『EU拡大で変わる市場と企業』日本評論社，2008年，137ページ．

（19） 大塚 忠『ドイツの社会経済的産業基盤』関西大学出版部，2010年，257ページ．

（20） C. F. Büchtemann, U-W. Kuhlmann, *a. a. O.*, S. 79–82.

（21） Vgl. *Ebenda*, S. 86, S. 90.

（22） Vgl. *Ebenda*, S. 78, G. Bordenave, Y. Lung, New Spatial Configurations in the European Automobile Industry, *European Urban & Regional Studies*, Vol. 3, No. 4, 1996, p. 314.

（23） Vgl. C. F. Büchtemann, U-W. Kuhlmann, *a. a. O.*, S. 98, A. Eckardt, H. Köhler, L. Pries, Die Verschränkung von Globalisierung und Konzernmodernisierung oder : Der ‚Elch-Test' für die deutsche Automobilindustrie, G. Schmidt, R. Trinczek(Hrsg.), *Globalisierung. Ökonomische und soziale Herausforderungen am Ende des zwanzigsten Jahrhunderts*, 1. Aufl., 1999, S. 175, S. 176, S. 179–80.

(24) H-D. Köhler, The DaimlerChrysler Deal, p. 96.
(25) U. Jürgens, M. Krzywdzinski, Changing East-West Division of Labour in the European Automotive Industry, *European Urban and Regional Studies*, Vol. 16, No. 1, January 2009, p. 33.
(26) D. Marin, A New International Division of Labor in Europe : Outsourcing and Offshoring to Eastern Europe, *Discussion Paper No. 80 of Governance and The Efficiency of Economic Systems*, Governance and the Efficiency of Economic Systems, September 2005, p. 6.
(27) G. Dörr, T. Kessel, *Restructuring via Internationalization. The Auto Industry's Direct Investment Projects in Eastern Central Europe*, Wissenschaftszenrtum Berlin für Sozialforschung, FS II 99-201, May 1999, pp. 6-7, p. 11, P. Pavlínek, B. Domański, R. Guzik, Industrial Upgrading through Foreign Direct Investment in Central European Automotive Manufacturing, *European Urban and Regional Studies*, Vol. 16, No. 1, January 2009, pp. 45-6.
(28) Vgl. T. Schonert, *Interorganisationale Wertschöpfungszweck in der deutschen Automobilindustrie. Die Ausgestaltung von Geschäftsbeziehungen am Beispiel internationaler Standortentscheidungen*, 1. Aufl., Wiesbaden, 2008, S. 325-6.
(29) D. Kulic, *Automobilindustrie zwischen Globalisierung und Regionalisierung. Ist der Freihandel nur eine Illusion?*, Hamburg, 2009, S. 127.
(30) J-J. Paris, Conclusions, M-A. Moreau, M. E. B. López(eds.), *Restructuring in the New EU Members States. Social Dialogue, Firms Relocation and Social Treatment of Restructuring*, Brussels, 2008, p. 222.
(31) Vgl. P. Nunnenkamp, Der Automobilstandort Deutschland unter Wettbewerbsdruck, S. 46-8.
(32) W. Klein, A. Paarsch, Aufbau eines Restrukturierungskonzeptes, *Betriebswirtschaftliche Forschung und Praxis*, 46. Jg, Heft 3, 1994, S. 177.
(33) A. Blöcker, U. Jürgens, *op. cit.*, p. 105, p. 115.
(34) J. Tholen, E. Hemmer, Die Auswirkungen von Direktinvestitionen deutscher Unternehmen in Mittel-/Osteuropa——Größenordnung, Motive, Strategien, Arbeitsplätze, *IAW Forschungsbericht*(Universität Bremen), No. 8, Bremen, April 2005, S. 10, S. 14.
(35) U. Jürgens, M. Krzywdzinski, *op. cit.*, p. 33, p. 35, pp. 39-40.
(36) A. Blöcker, U. Jürgens, *op. cit.*, p. 126.
(37) M. Bernaciak, V. Šćepanović, Challenges of Upgrading : The Dynamics of East Central Europe's Integration into the European Automotive Production Networks, *Industrielle Beziehungen*, 17. Jg, Heft 2, 2010, pp. 124-5, p. 131, p. 141.
(38) A. Blöcker, U. Jürgens, *op. cit.*, p. 104, pp. 112-3.

(39) G. Meardi, M. Fichter, Production Relocation. Impacts on Home, Host and Cross-boder Industrial Relations, M-A. Moreau, M. E. B. López(eds.), *op. cit.*, p. 137.
(40) P. Pavlínek, B. Domański, R. Guzik, *op. cit.*, p. 45.
(41) Vgl. B. Gottschalk, Vorwort. in : Verband der Automobilindustrie, *Auto Jahresbericht 2004*, Frankfurt am Main, 2004, S. 3, B. Gottschalk, Vorwort. in : Verband der Automobilindustrie, *Auto Jahresbericht 2005*, Frankfurt am Main, 2005, S. 5, S. 15.
(42) H. Becker, *Auf Crashkurs. Automobilindustrie im globalen Veränderungswettbewerb*, 2. Aufl., Berlin, Heidelberg, 2007, S. 59–60, Verband der Automobilindustrie, *Die deutsche Automobilindustrie in der erweitertrn EU―― Motoren der Integration*, Frankfurt am Main, 2004, S. 32–3.
(43) B. Brunke, B. Waldow, Unternehmenssanierung in Deutschland――die wirtschaftliche Lage bleibt angespannt, doch Restrukturierungen bieten klare Chancen, M. Blatz, K-J. Kraus, S. Haghani(Hrsg.), *Gestärkt aus der Krise. Unternehmensfinanzierung in und nach Restrukturierung*, Berlin, Heidelberg, 2006, S. 23, S. Roth, Zukunftsperspektiven für die europäische Autoindustrie, L. Pries, C. Bosowski(Hrsg.), Europäische Automobilindustrie am Scheideweg, München, Mering, 2006, S. 30.
(44) Verband der Automobilindustrie, *Auto Jahresbericht 2006*, Frankfurt am Main, 2006, S. 36.
(45) L. Pries, S-C. Rosenbohm, Diktiert die Globalisierung Standortverlagerung? Das Beispiel der Werksansiedlung von BMW in Leipzig, L. Pries, C. Bosowski(Hrsg.), *a. a. O.*, S. 63, S. 71–2, European Foundation for the Improvement of Living and Working Conditions, *European Restructuring Monitor Quartely*, 2005, Issue 2, summer 2005, p. 4, pp. 20–1.
(46) M. Bernaciak, V. Šćepanović, *op. cit.*, p. 136.
(47) L. Pries, O. Schweer, The Product Development Process as a Measuring Tool for Company Internationalisation? The Case Studies of DaimlerChrysler and Volkswagen, *International Journal of Automotive Technology and Management*, Vol. 14, No. 1, 2004, p. 2.
(48) Vgl. F. Speidel, *a. a. O.*, S. 102.
(49) L. Pries, O. Schweer, *op. cit.*, p. 8.
(50) *Ibid.*, p. 15.
(51) L. Pries, Emerging Production Systems in the Transnationalisation of German Carmakers : Adaptation, Application or Innovation?, *New Technology, Work, and Employment*, Vol. 18, Issue 2, July 2003, p. 92.
(52) *Ibid.*, p. 85, L. Pries, Driving with Engineers' Professionalism and Family Values, p. 339.
(53) *Ibid.*, pp. 339–41.
(54) L. Pries, Emerging Production Systems in the Transnationalisation of German

Carmakers, p. 92, p. 96.
(55) E. Heymann, Trends in der Automobil- und Zulieferindustrie, *Global Partners*, Ausgabe der ATZ, MTZ, Juli 1999, S. 22, M. Fuchs, M. Giese, *a. a. O.*, S. 680.
(56) F. Klobes, The Dynamics of Industrial Restructuring, S. Beck, F. Klobes, C. Scherrer (eds.), *Surviving Globalization? Perspectives for the German Economic Model*, Düsseldorf, 2005, pp. 76-7, E. Heymann, *op. cit.*, S. 22, M. Fuchs, M. Giese, *a. a. O.*, S. 680.
(57) L. Pries, Volkswagen : Accelerating from a Multinatinal to a Transnational Automobile Campany, M. Freyssenet, K, Shimizu, G. Volpato (eds.), *op. cit.*, pp. 52-6, p. 65.
(58) J. Kädtler, H. J. Sperling, After Globalisation and Financialisation : Logics of Bargaining in the German Automotive Industry, *Competition & Change*, Vol. 6, Issue 2, June 2002, S. 158.
(59) T. Haipeter, *Mitbestimmung bei VW*, 1. Aufl., München, 2000, S. 356, T. Haipeter, Zum Formenwandel der Internationalisierung bei VW in den 80er und 90er Jahren, *PROKLA*, Heft 114, 29. Jg, Nr. 1, März, 1999, S. 162, S. 169, T. Haipeter, Mitbestimmung im nachfordistischen Produktionsmodell, K. Dörrie, B. Röttger (Hrsg.), *Das neue Marktregime. Konturen eines nachfordistischen Prodktionsmodells*, Hamburg, 2003, S. 195, L. Pries, *Auf dem Wege zu global operierende Konzern? BMW, Daimler-Benz und Volkswagen : Die Drei Großen der deutschen Automobilindustrie*, München, Mering, 1999, S. 44-5, F. Speidel, *a. a. O.*, S. 114.
(60) M-C. B-Bergouignan, G. Bordenave, Y. Lung, Global Strategies in the Automobile Industry, *Regional Studies*, Vol. 34, No. 1, Feburary 2000, p. 51.
(61) A. Eckardt, H. Köhler, L. Pries, *a. a. O.*, S. 169.
(62) L. Pries, *a. a. O.*, S. 42.
(63) F. Speidel, *a. a. O.*, S. 114.
(64) L. Pries, Volkswagen, p. 62.
(65) Y. Lung, M. S. Salerno, M. Zilbovicius, A. V. C. Dias, Flexibility through Modularity : Experimentations with Fractal Production in Brazil and in Europe, Y. Lung, J-J. Chanaron, T. Fujimoto, D. Raff (eds.), *Coping with Variety : Flexible Productive Systems for Product Variety in the Auto Industry*, Hampshire, Vermont, 1999, p. 240, pp. 242-3, H. Bungsche, 前掲論文, 134ページ。
(66) Vgl. A. W. Reichhuber, *Strategie und Struktur in der Automobilindustrie. Strategische und organisatorische Programme zur Handhabung autmobilwirtschaftlicher Herausforderungen*, 1. Aufl., Wiesbaden, 2010, S. 214, Volkswagen AG, *Geschäftsbericht 2008*, S. 150.
(67) Adam Opel AG, *Geschäftsbericht 1995*, S. 10.
(68) S. Furukawa, The Evolving Strategy of the European Automotive Company and the Post-Lean Paradigm : The Case of VW and a Brief Comparison with Toyota, S. Furukawa, G. Schmidt (eds.), *The Changing Structure of the Automotive Industry and the Post-Lean*

第12章　経営のグローバル化とその特徴　*463*

Paradigm in Europe, Comparison with Asian Business Practices, Fukuoka, 2008, pp. 63-5.
(69) H-D. Köhler, The DaimlerChrysler Deal, p. 77.
(70) H-D. Köhler, The TNC as a Transnational Political Complex. Research Questions Stemming from the DaimlerChrysler and BMW-Rover Deals, Y. Lung(ed.), *Reconfiguring the Auto Industry : Merger and Acquisition, Alliance, and Exit*, Proceeding of the Ninth GERPISA International Colloquium, Paris, 2001, p. 6.
(71) E. W. Schamp, The German Automobile Production System Going European, R. Hudson, E. W. Schamp(eds.), *Towards a New Map of Automobile Manufacturing in Europe?*, Berlin, Heidelberg, New York, 1995, pp. 101-2.
(72) G. Bordenave, Y. Lung, New Spatial Configurations in the European Automobile Industry, *European Urban & Regional Studies*, Vol. 3, No. 4, 1996, p. 309, A. K. Yilmaz, M. Yilmaz, *Auto Wars. Enterprise Risk Management Model for Corporate Sustainability in the Automotive Business*, Saarbrücken, 2008, S. 41.
(73) Volkswagen AG, *Geschäftsbericht 1992*, S. 12.
(74) Vgl. L. Pries, *a. a. O.*, S. 41.
(75) Volkswagen AG, *Geschäftsbericht 1992*, S. 40.
(76) L. Pries, Volkswagen, p. 60.
(77) Volkswagen AG, *Geschäftsbericht 1992*, S. 11.
(78) Volkswagen AG, *Geschäftsbericht 1993*, S. 36-7, F. Speidel, *a. a. O.*, S. 114.
(79) R. v. Tulder, W. Ruigrok, *op. cit.*, pp. 210-1, p. 216.
(80) Volkswagen AG, *Geschäftsbericht 1995*, S. 41, L. Pries, Volkswagen, p. 69.
(81) G. Mercer, Case Studies of Automotive M&A, Y. Lung(ed.), *op. cit.*, p. 26, p. 29.
(82) 細谷浩志「EU東方拡大期における大手自動車多国籍企業の中・東欧戦略」『人文社会論叢（社会科学篇）』（弘前大学），第15号，2006年2月，5-6ページ。
(83) Volkswagen AG, *Geschäftsbericht 2007*, S. 151, *Geschäftsbericht 2010*, S. 38.
(84) R. v. Tulder, W. Ruigrok, *op. cit.*, p. 209, p. 215, p. 233.
(85) C. F. Büchtemann, U-W. Kuhlmann, *a. a. O.*, S. 82.
(86) Daimler-Benz AG, *Geschäftsbericht 1995*, S. 17.
(87) Daimler AG, *Geschäftsbericht 2011*, S. 1, S. 72, *Geschäftsbericht 2012*, S. 78.
(88) C. Menzel, *Unternehmerische Globalisierungsstrategien. In Abhängigkeit von institutionellen und kulturellen Länderspezifika. Eine theoretische Betrachtung*, Saarbrücken, 2008, S. 10-1, BMW AG, *Bericht über das Geschäftsjahr 1990*, S. 1.
(89) P. Nunnenkamp, Die deutsche Automobilindustrie im Prozeß der Globalisierung, *Die Weltwirtschaft*, 1998, Heft 3, S. 312.
(90) L. Pries, Volkswagen, pp. 63-4, P. Nunnenkamp, Globalisierung der Automobilindustrie, S. 63, S. 67, S. 74.
(91) フォーイン第2調査部『FORIN 世界自動車メーカー年鑑 2010』フォーイン，2009

年，17ページ，101ページ。
(92) Volkswagen AG, *Geschäftsbericht 2011*, S. 33, S. 200.
(93) L. Pries, O. Schweer, *op. cit.*, pp. 11-2.
(94) H-D. Köhler, The DaimlerChrysler Deal, p. 76, C. F. Büchtemann, U-W. Kuhlmann, *a. a. O.*, S. 82.
(95) BMW, *Geschäftsbericht 1994*, S. 6, S. 12, S. 14-5, S. 36, S. 43.
(96) Volkswagen AG, *Geschäftsbericht 1995*, S. 44.
(97) Vgl. L. Pries, *a. a. O.*, S. 41.
(98) P. Nunnenkamp, Globalisierung der Automobilindustrie, S. 49, S. 72.
(99) A. Eckardt, H. Köhler, L. Pries, *a. a. O.*, S. 176.
(100) P. Nunnenkamp, Globalisierung der Automobilindustrie, S. 51.
(101) フォーイン第2調査部，前掲書，19ページ，フォーイン第2調査部編『FOURIN 欧州自動車産業 2009』フォーイン，2009年，131ページ。
(102) Volkswagen AG, *Geschäftsbericht 1991*, S. 49.
(103) Vgl. L. Pries, *a. a. O.*, S. 41, Volkswagen AG, *Geschäftsbericht 1991*, S. 11.
(104) フォーイン欧州調査部編『FOURIN 欧州自動車産業 2011』フォーイン，2011年，135-6ページ。
(105) H-D. Köhler, The DaimlerChrysler Deal, p. 76.
(106) C. F. Büchtemann, U-W. Kuhlmann, *a. a. O.*, S. 82.
(107) Vgl. H-H. Härtel, R. Jungnickel, D. Keller, H. Feber, C. Borrmann, D. W-Büttner, D. Lau, *Grenzenübergreifende Produktion und Strukturwandel——Globalisierung der deutschen Wirtschaft*, Baden-Baden, 1996, S. 283,「ベンツ，インドでEクラス生産――新興市場を開拓」『日経産業新聞』，1998年1月19日付。
(108) Daimler AG, *Geschäftsbericht 2009*, S. 7, S. 66, S. 116, フォーイン欧州調査部編，前掲書，156ページ。
(109) DaimlerChrysler AG, *Geschäftsbericht 2005*, S. 33, T. Schonert, *a. a. O.*, S. 323.
(110) Daimler AG, *Geschäftsbericht 2011*, S. 2.
(111) フォーイン欧州調査部編，前掲書，156ページ。
(112) H-D. Köhler, From the Marriage in Heaven to the Divorce on Earth, p. 311, L. Pries, Driving with Engineers' Professionalism and Family Values, p. 338.
(113) Vgl. A. Eckardt, H. Köhler, L. Pries, *a. a. O.*, S. 178, BMW Group, *Geschäftsbericht 2000*, S. 16.
(114) FOURIN『1998 欧州自動車産業』FOURIN，1998年，154ページ。
(115) BMW AG, *Geschäftsbericht 1997*, S. 139, C. Menzel, *a. a. O.*, S. 10.
(116) BMW Group, *Geschäftsbericht 2003*, S. 20, S. 26, S. 122-3.
(117) BMW Group, *Geschäftsbericht 2007*, S. 33.
(118) Audi AG, *Geschäftsbericht 2009*, S. 133, S. 148, フォーイン欧州調査部編，前掲書，138

ページ。
(119) BMW AG, *Bericht über das Geschäftsjahr 1990*, S. 40.
(120) BMW AG, *Geschäftsbericht 1997*, S. 28, S. 58, S. 139, S. 143.
(121) フォーイン第2調査部，前掲『FORIN 世界自動車メーカー年鑑 2010』，19ページ，フォーイン第2調査部編，前掲『FOURIN 欧州自動車産業 2009』，131-2ページ。
(122) P. Nunnenkamp, Der Automobilstandort Deutschland unter Wettbewerbsdruck, S. 43.
(123) M. Freyssenet, K, Shimizu, G. Volpato, Conclusion : Regionalization of the European Automobile Industry, More than Globalization, M. Freyssenet, K, Shimizu, G. Volpato (eds.), *op. cit.*, p. 250, M. Wittenstein, *Geschäftsmodell Deutschland. Warum die Globalisierung gut für uns ist?*, Hamburg, 2010, S. 133-4.
(124) F. Veloso, *op. cit.*, p. 24.
(125) L. Pries, Volkswagen, p. 62.
(126) G. Vickery, Globalisation in the Automobile Industry. in : OECD, *Globalisation of Industry. Overview and Sector Reports*, Paris, 1996, p. 157.
(127) G. Meardi, M. Fichter, *op. cit.*, p. 140.
(128) P. Nunnenkamp, Globalisierung der Automobilindustrie, S. 60.
(129) Volkswagen AG, *Geschäftsbericht 1992*, S. 40.
(130) Volkswagen AG, *Geschäftsbericht 1993*, S. 36-7.
(131) Volkswagen AG, *Geschäftsbericht 1994*, S. 40.
(132) Vgl. P. Nunnenkamp, Die deutsche Automobilindustrie im Prozeβ der Globalisierung, S. 311-3.
(133) R. v. Tulder, W. Ruigrok, *op. cit.*, pp. 227-8.
(134) *Ibid.*, p. 217, M. Bernaciak, V. Šćepanović, *op. cit.*, pp. 128-9.
(135) G. Dörr, T. Kessel, *op. cit.*,, p. 13, L. Pries, *a. a. O.*, S. 41.
(136) Volkswagen AG, *Geschäftsbericht 1993*, S. 37.
(137) H. Dieter, *Transnational Production Networks in the Automobile Industry and the Function of Trade-Faciliating Measures*, Paris, 2007, p. 24, 細谷浩志「拡大EUペリフェリ域自動車産業の新展開～変貌する中東欧・トルコ・ロシア自動車産業～」『人文社会論叢（社会科学篇）』（弘前大学），第21号，2009年2月，105ページ。
(138) M. Bernaciak, V. Šćepanović, *op. cit.*, p. 129.
(139) A. Blöcker, U. Jürgens, *op. cit.*, p. 118.
(140) 細谷浩志「グローバル競争の激化と欧州自動車産業の新展開」，田中素香編著『世界経済・金融危機とヨーロッパ』勁草書房，2001年，259ページ，細谷，前掲「拡大EUペリフェリ域自動車産業の新展開」，100ページ。
(141) 細谷浩志「EU東方拡大と欧州自動車産業の生産分業ネットワークの形成」『日本EU学会年報』，第26号，2006年9月234ページ。
(142) P. Pavlínek, B. Domański, R. Guzik, *op. cit.*, p. 49.

(143) フォーイン世界調査部編『欧州自動車部品産業 2006』フォーイン,2006年,97ページ。
(144) フォーイン第2調査部編,前掲『FOURIN 欧州自動車産業 2009』118ページ。
(145) フォーイン欧州調査部編,前掲書,146ページ。
(146) この点については,例えばL. Pries, O. Schweer, *op. cit.*, C. F. Büchtemann, U-W. Kuhlmann, *a. a. O.*, L. Pries, Volkswagen, フォーイン欧州調査部編,前掲書など参照。
(147) H-H. Härtel, R. Jungnickel, Internationalisierungsstrategien deutscher Unternehmen : Am Beispiel von Mercedes-Benz, P. Meil(Hrsg.), *a. a. O.*, S. 279.
(148) Vgl. P. Nunnenkamp, Die deutsche Automobilindustrie im Prozeß der Globalisierung, S. 307.
(149) H. Wilken, Globalisierung, *Automobiltechnische Zeitschrift*, 98. Jg, Nr. 5, Mai 1996, S. 241.
(150) Vgl. Verband der Automobilindustrie E. V., *Tatsachen und Zahlen*, 67. Folge, Frankfurt am Main, 2003, S. 148-55, P. Nunnenkamp, Der Automobilstandort Deutschland unter Wettbewerbsprodruck, S. 49-50.
(151) J. Spatz, P. Nunnenkamp, *Globalisierung der Automobilindustrie. Wettweberbsdruck, Arbeitsmarkteffekte und Anpassungsreaktionen*, Berlin, 2002, S. 46.
(152) R. v. Tulder, W. Ruigrok, *op. cit.*, p. 218.
(153) P. Pavlínek, L. Janák, Regional Restructuring of the Škokoda Auto Supplier Network in the Czech Republic, *European Urban and Regional Studies*, Vol. 14, No. 2, April 2007, p. 141, p. 143, p. 151.
(154) A. Blöcker, U. Jürgens, *op. cit.*, p. 114.
(155) Vgl. U. Glassmann, Der Einfluß von Internationalisierungsstrategien auf die Baden-Würtenbergische Zulieferindustrie. Das Beispiel Mercedes-Benz, A. Eckardt, H-D. Köhler, L. Pries(Hrsg.), *Global Players in lokalen Bedingungen. Unternehmungsglobalisierung in soziologischer Perspektive*, Berlin, 1999, S. 201-3.
(156) Daimler-Benz AG, *Geschäftsbericht 1993*, S. 61.
(157) F. Speidel, *a. a. O.*, S. 99.
(158) T. Schonert, *a. a. O.*, S. 316.
(159) H-H. Härtel, R. Jungnickel, D. Keller, H. Feber, C. Borrmann, D. W-Büttner, D. Lau, *a. a. O.*, S. 280.
(160) M. Woldrich, *Automobilzulieferindustrie in Ausland 2010. Anforderungen und Erfolgsfaktoren, "Internationalisierungsanalyse" und Marktumfeld*, 1. Aufl., München, 2010, S. 11.
(161) A. Blöcker, U. Jürgens, *op. cit.*, p. 110参照。
(162) F. Veloso, *op. cit.*, p. 10.
(163) Vgl. F. Speidel, *a. a. O.*, S. 123.
(164) 細谷,前掲「EU東方拡大と欧州自動車産業の生産分業ネットワークの形成」,234ページ,236ページ。

(165) FOURIN『2001 欧州自動車部品産業』FOURIN, 2001年, 52-3ページ。
(166) A. Blöcker, U. Jürgens, *op. cit.*, p. 103.
(167) S. Roth, *a. a. O.*, S. 44.
(168) M. Fuchs, M. Giese, Globale Arbeitsteilung――transnationale Kompetenzaufteilung. Beispiel aus der Automobilzulieferindustrie, *INEF Report*, Heft 73, 2003, S. 11.
(169) M. Woldrich, *a. a. O.*, S. 12.
(170) R. Kurek, *Erfolgsstrategien für Automobilzuliefer. Wirksames Management in einem dynamischen Umfeld*, Berlin, Heidelberg, 2004, S. 10, S. 17-8.
(171) U. Jürgens, Charakteristika der europäischen Automobilindustrie. Gibt es einen europaspezifischen Entwicklung?, G. Schmidt, H. Bungsche, T. Heyder, M. Klemm (Hrsg.), *Und es fährt... Automobilindustrie und Automobilkultur am Beginn des 21. Jahrhunderts*, Berlin, 2005, S. 27.
(172) U. Jürgens, Characteristics of the European Automotive System : Is there a Distinctive European Approach?, *WZB-Discussion Paper*, SPⅢ2003-301, Berlin, 2003, p. 32.
(173) M. Faust, U. Voskamp, V. Wittke, *op. cit.*, S. 39.
(174) R. Vahrenkamp, Outsourcing-Strategien in der Automobilindustrie, I. Hausladen (Hrsg.), *Management am Puls der Zeit. Strategien, Konzepte und Methoden*, Bd. 1, Unternehemensführung, München, 2007, S. 641-2.
(175) E. W. Schamp, *op. cit.*, p. 110.
(176) フォーイン世界調査部, 前掲書, 24ページ。
(177) H. Becker, *a. a. O.*, S. 63, S. 65.
(178) PricewaterhouseCoopers, *Eastern Influx : Automotive Manufacturing in Central and Eastern Europe*, London, 2007, p. 4.
(179) Vgl. Verband der Automobilindustrie, *Auto Jahresbericht 2005*, S. 13-4.
(180) T. Schonert, *a. a. O.*, S. 314.
(181) B. Walker, Der Stellenwert von Produktionsverlagerungen im Rahmen von Auslandsaktivitäten nordrhein-westfälischer Automobilzulieferer, *ITA-Jahrbuch*, 1997/98, S. 9.
(182) H-H. Härtel, R. Jungnickel, D. Keller, H. Feber, C. Borrmann, D. W-Büttner, D. Lau, *a. a. O.*, S. 291.
(183) G. Meardi, M. Fichter, *op. cit.*, p. 144.
(184) O. Hirt, The Internationalization of Design : New Organisations of Firms and New International Division of Labour, *LA LETTRE DU GERPISA*, No. 196, Mars-AVRIL, 2007, p. 9.
(185) Vgl. J. Edler, R. Döhm, M. Rithgang, *Internationalisierung industrieller Forschung und grenzüberschreitendes Wissensmanagement. Eine empirische Analyse aus der Perspektive des Standortes Deutchland*, Heidelberg, 2003, S. 174, S. 180.

（186）R. Kurek, *a. a. O.*, S. 13.
（187）G. Bordenave, Y. Lung, *op. cit.*, p. 309.
（188）J. Kädtler, H. J. Sperling, Worauf beruht und wie wirkt die Herrschaft der Finanzmärkte auf der Ebene von Unternehemen?, *SOFI-Mitteilungen*, Nr. 29, Juni 2001, S. 34.
（189）P. N. Doremus, W. W. Keller, L. W. Pauly, S. Reich, *The Myth of the Global Corporation*, Princeton University Press, 1998, p. 89〔藤田隆一訳『グローバル経営の神話　米・日・独の多国籍企業に見る比較政治経済分析』トッパン，1999年，105ページ参照〕．
（190）J. Edler, R. Döhm, M. Rithgang, *a. a. O.*, S. 171, S. 173, S. 180.
（191）L. Pries, O. Schweer, *op. cit.*, p. 7, p. 9, pp. 13-4.
（192）*Ibid.*, p. 15, p. 17.
（193）Daimler-Benz AG, *Geschäftsbericht 1995*, S. 33.
（194）C. F. Büchtemann, U-W. Kuhlmann, *a. a. O.*, S. 96.
（195）フォーイン第2調査部，前掲『FORIN 世界自動車メーカー年鑑 2010』110ページ。2013年2月には，ドイツ本国以外では最大となるメルセデス・ベンツの新しい研究開発センターがインドに開設されている。森脇　稔「ダイムラー，インドにメルセデスベンツの新研究開発センター開設」（http://response.jp/article/2013/02/25/192069.html）（2013年9月23日参照）。
（196）Vgl. Adam Opel AG, *Geschäftsbericht 1992*, S. 22, *Geschäftsbericht 1995*, S. 40.
（197）J. Kädtler, H. J. Sperling, *op. cit.*, p. 160.
（198）P. Pavlínek, Regional Development Implications of Foreign Direct Investment in Central Europe, *European Urban & Regional Studies*, Vol. 11, No. 1, Januar 2004, p. 62.
（199）J. Tholen, E. Hemmer, *a. a. O.*, S. 42, P. Pavlínek, L. Janák, *op. cit.*, p. 138.
（200）フォーイン第2調査部，前掲『FORIN 世界自動車メーカー年鑑 2010』170ページ。
（201）A. H-Ditz, M. Hertwig, L. Pries, L. Rampeltshammer, *Transnationale Mitbestimmung? Zur Praxis Europäischer Betriebsräte in der Automobilindustrie*, Frankfurt am Main, 2010, S. 159.
（202）P. Pavlínek, B. Domański, R. Guzik, *op. cit.*, pp. 60-1.
（203）U. Jürgens, M. Krzywdzinski, *op. cit.*, p. 34, pp. 39-40, P. Pavlínek, B. Domański, R. Guzik, *op. cit.*, p. 51, p. 54.
（204）日本の自動車企業における開発の現地化の問題については，前掲拙書，第8章参照。
（205）Vgl. J. Kädtler, Globalisierung als Restrukturierung von Unternehemen und die Perspektiven kollektiver Arbeitnehmervertretung, *WSI Mitteilungen*, 55. Jg, Heft 10, Oktober 2000, S. 606.
（206）F. Speidel, *a. a. O.*, S. 265.
（207）Vgl. *Ebenda*, S. 276, S. 282-3.
（208）J. Kädtler, H. J. Sperling, *op. cit.*, p. 158.
（209）Vgl. M. Schumann, Ein neues Fabrikkonzept――wissenschaftlich begleitet, M.

Schumann, M. Kuhlmann, F. Sanders, H. J. Sperling(Hrsg.), *Auto 5000 : Ein neues Produktionskonzept. Die deutsche Antwort auf dem Toyota-Weg?*, Hamburg, 2006, S. 13, G. Schmidt, German Management Facing Globalization : The 'German Model' on Trial, M. Geppert, D. Matten, K. Williams(eds.), *Challenges for European Management in a Global Context――Experiences from Britain and Germany*, New York, 2002, p. 290.

(210) M. Bernaciak, V. Šćepanović, *op. cit.*, p. 124, p. 134, p. 141.

(211) M-C. B-Bergouignan, G. Bordenave, Y. Lung, *op. cit.*, p. 42, p. 50.

(212) 細谷，前掲「EU東方拡大と欧州自動車産業の生産分業ネットワークの形成」，256ページ。

(213) M. Fuchs, Automobilindustrie, E. Kulke(Hrsg.), *Wirtschaftsgeographie Deutschlands*, 2. Aufl., Heidelberg, 2010, S. 178.

(214) 細谷，前掲「グローバル競争の激化と欧州自動車産業の新展開」，266-8ページ，細谷，前掲「拡大EUペリフェリ域自動車産業の新展開」，95ページ。

(215) 拙書『戦後ドイツ資本主義と企業経営』森山書店，2009年，結章を参照。

(216) U. Jürgens, Charakteristika der europäischen Automobilindustrie, S. 16-7, S. 37.

(217) R. v Tulder, Rival Internationalisation Trajectries. The National and Regional Embeddedness of Core Firms' Internationalisation Strategies, A. Eckardt, H. D. Köhler, L. Pries(Hrsg.), *op. cit.*, p. 70-1, p. 73, p. 75.

(218) OECD, *New Patterns of Industrial Globalisation : Cross-border Mergers and Acquisitions and Strategic Alliances*, Paris, 2001, p. 85.

(219) Vgl. K. W. Vogel, Die Krise nutzen : Umfassende Restrukturierung als Chance für deutsche Unternehemen, *Betriebswirtschaftliche Forschung und Praxis*, 46. Jg, Heft 3, 1994, S. 232.

(220) Verband der Automobilindustrie, *Auto Jahresbericht 2009*, Frankfurt am Main, 2009, S. 71.

(221) D. Kulic, *a. a. O.*, S. 127.

(222) 例えばH. ヴァーレントビッツらの2009年の研究では，その生産をドイツ本国に戻した企業ではその割合は少なくとも20%にのぼると算定されており，こうした本国への回帰の理由としては，とりわけ品質の問題，調整の必要性の高さ，ロジスティクスの問題，より長い納期，輸送・ロジスティク・通信のためのインフラ，高い政治的安定性，熟練労働力の利用などがあげられている。Vgl. H. Wallentowitz, A. Freialdenhoven, I. Olschewski, *Strategien in der Automobilindustrie. Technologietrends und Marktentwicklungen*, 1. Aufl., Wiesbaden, 2009, S. 69-70.

(223) L. Pries, S-C. Rosenbohm, *a. a. O.*, S. 73-4.

(224) L. Ciferri, 16 European Plants at Risk; As Sales Plummet, Workers Fear Their Jobs Will die, *Automotive News Europe*, 2009. 3. 2.

第13章　企業集中の今日的展開とその特徴
――第5次企業集中運動との関連を中心として――

　第3部のこれまでの考察において，1990年代以降の株主主権的な経営・コーポレート・ガバナンスへの転換，リストラクチャリングの新展開，経営のグローバル化について考察してきたが，この時期には，企業の集中・結合においても今日的な展開がみられる。歴史的にみると，この時期の企業の合併・買収（M&A）や提携の大きな波は，1980年代の第4次企業集中運動に続く第5次企業集中運動ととらえることができる。そこでは，かつてない大規模なクロスボーダー的M&Aが展開されており，それは，グローバルなレベルでの企業の競争構造に大きな変化をもたらすものとなっている。しかしまた，その一方で，企業提携や持株会社といった企業結合形態による再編が，とくに経営統合や事業統合というかたちで展開されており，企業間関係の大きな変化もみられる。ことに企業提携については，戦略的提携が現われ増加の傾向にあった1980年代と比べても，90年代には一層複雑かつ多様なあらわれがみられる。
　1990年代以降の合併はグローバルな支配の達成をめざすものであり，それまでのいわば国家規模での支配的な企業の創出とは異なっている[1]。この時期の「国境を越える合併」は，大競争下での過剰供給構造と価格競争の激化のなかで，国際寡占体のシェア競争の激化を防ぐべく，巨大企業同士の協調によってライバル間の合併を推進して「規模の経済」を達成しつつ，生き残り可能な一握りの寡占体のクラブ入りをめざすものである。「1990年代後半になって本格化し始めた国際合併は，国際寡占のグローバル企業化の段階の産物」[2]であり，現代世界資本主義における寡占体制の新段階の実体的表現であるといえる[3]。こうした吸収・合併による世界的な企業の再編にともない，大企業の一層の巨大化，市場支配力の強化がすすんできた。グローバル競争のもとで，従

来の国内市場における「寡占」競争が世界市場における「ビッグ3ないし5」といった「世界的寡占」体制に転化しつつあり，そこでは協調しながら競争するという重層的な展開が大量化している点[4]に今日的特徴がみられる。

そこで，本章では，1990年代以降の企業の集中について，第5次企業集中運動との関連をふまえて，M&Aの新展開という面からその今日的問題の解明を試みる。すなわち，この時期における企業の集中・結合の主要問題とそこにみられる基本的特徴，そうした現象の規定要因，企業，産業，経済の発展・再編の，また現代企業の資本蓄積問題の今日的到達点としての企業集中のもつ特徴と意義の解明を試みる。1990年代以降の，また2000年代に入ってからの企業の集中・買収の市場はより戦略志向となっており[5]，ことに国境を越える買収は，純粋な国内の買収とは異なる一連の戦略的考慮によって動機づけられるものである[6]。しかしまた，M&Aの戦略的意図には国際的な差異も存在しうる[7]。それゆえ，一般的な傾向・諸特徴とともに，ドイツ的なあるいはヨーロッパ的な特徴を明らかにすることも，重要な問題となってくる。

以下では，まず第1節において1990年代以降の時期におけるM&Aの展開とそこにみられる基本的特徴を明らかにした上で，第2節では主要産業部門におけるM&Aの展開についてみていく。さらに，それをふまえて，第3節ではこの時期の企業集中がもつ今日的意義の解明を試みる。

第1節　1990年代以降の企業集中の展開とその基本的特徴

1　1990年代以降の企業集中の展開とその背景

第1節では，1990年代以降の企業集中の展開とその基本的特徴について考察を行うことにするが，まずM&Aの展開の背景についてみておくことにしよう。旧ソ連東欧社会主義圏の崩壊と同地域の市場経済化，中国やベトナムなどアジアの社会主義国における市場経済化の一層の進展などによる資本主義陣営にとっての市場機会の拡大と競争の地球規模化のもとで，1990年代半ばから末にかけて，かつてない規模となった企業の吸収・合併の動きがおこった。1990年代以降の合併の波はその半ばに本格的に始まるが，その後の約20年間には，企業結合は，企業の成長のためのひとつの一層重要な戦略的オプションとなってき

た(8)。この時期の合併の波は歴史上第5の合併の波ととらえることができるが，その主要な推進力は，グローバル化，株主価値向上の動きの世界的な広がり，資本市場の発展，投機的な証券市場の動きと買収戦略をともなう「ニュー・エコノミー」の進展にみられる(9)。この時期のM&Aの展開を促した主たる諸要因としては，過剰供給構造のもとでの不況にみられる厳しい経済状況や競争の激化のほか，規制緩和・自由化の進展，情報技術の発展やイノベーションへの圧力の増大，市場のグローバル化と地域経済圏の形成，リストラクチャリングによる事業構造の再編の推進，株式市場の発展と資本市場の圧力の増大による影響，さらには合併・集中にかかわる法制の変化などがあげられる。以下では，これらの点についてみていくことにする。

(1) 規制緩和・自由化の進展とその影響

まず規制緩和・自由化の影響をみると，規制緩和された部門の企業の構造適応は，しばしばM&Aによっても行われ，合併件数の増加の大部分は，そのような諸部門の合併によるものであった(10)。また1990年代以降の企業集中の波は，自由化と市場の開放といった諸要因によってもたらされた世界的な産業の変化へのひとつの対応であったが，同時にまた，加速された変化の一部でもあった(11)。

産業部門的には，1990年代の合併の中心は，それまでの鉱工業からとくに通信，金融およびサービスといった他の諸部門へとシフトしてきた(12)。1997年にクロスボーダー的M&Aが急増しているが，大規模なそれは銀行，保険，化学，医薬品，情報通信の部門に集中している。これらの産業部門は自由化，規制緩和がすすめられた部門でもある(13)。とりわけEU委員会がヨーロッパ市場の開放を強く求めたエネルギー部門も，合併の新しい重点をなした。規制が緩和された諸部門の企業にとっては，合併は，市場の拡大への対応を示すものであり，外国の規制緩和された市場において迅速に確固たる地歩を固める可能性を与えるものであった(14)。なかでも，情報通信部門での巨大合併が顕著となったが，それは自動車産業の最大の合併であったダイムラーとクライスラーの集中と比べても大規模なものであった。そこでは，しばしば合併によって競争の激化への対応がはかられた(15)。ヨーロッパの情報通信市場でも，規制緩和

と民営化の傾向によって，同地域の企業によるM&Aの活動の基礎が初めて生み出されることになった[16]。この分野では，規制緩和と民営化によって集中・結合のターゲットとなる企業の数が増加し競争が激化したことが，クロスボーダー的合併を促す重要な要因となった[17]。

このように，1995年以降の合併の波は，個々の諸部門の規制緩和および民営化の傾向や新しい情報通信技術の利用によって推し進められたグローバル化の過程によってもたらされたものでもあった[18]。この時期の合併の主たる目標のひとつは，グローバル・プレイヤーとしての地位の確立にあった[19]。それゆえ，国際的なM&Aは，関連多角化の追求やグローバル・ネットワークへの系列企業の統合による企業のグローバルな競争力の強化をめざすひとつの新しいクロスボーダー戦略とみることができる[20]。この時期の合併が1980年代の第4次集中企業運動と比べはるかに大型のものとなっている[21]のも，こうした点と深く関係している。

(2) 市場のグローバル化の進展，地域経済圏の形成とその影響

つぎに市場面の要因についてみることにしよう。ことにクロスボーダー的合併については，外国企業の買収は，国外市場への参入の最速の方法のひとつであり[22]，新しい諸国の新規市場への参入のための方法としてそれを利用するということに最も重要な市場面の動機がみられる[23]。明確なグローバル化の傾向にもかかわらず，多くの諸国の間には，現地の状況への徹底した適応を必要とするような経済的，法的，政治的および文化的な諸条件に関する大きな相違がなお存在している。それだけに，すでにその国で活動しているふさわしい企業の獲得は，現地の地域市場への適合的な参入のためのひとつの手段をなした[24]。戦略的提携の場合と同様に，クロスボーダー的M&Aは，新しい市場，製品あるいは技術への迅速な接近を可能にすることによって，企業が国内市場以外で成功を収めることを助けることにもなりうる[25]。とりわけ工業諸国における直接投資は，主に買収の形態で実現されているという傾向にある[26]。

市場面ではまた，EUの市場統合の進展も，ヨーロッパ地域のM&Aを促進するひとつの重要な要因となった[27]。1990年代以降の合併・買収の波は真に国際的なものとなっており，M&Aの金額の最も顕著な増加はヨーロッパにおい

ておこっている[28]。EUの市場統合によって，それまでの分断されていた各国市場はヨーロッパ的あるいは世界的規模の市場にさえなっている。企業は，欧州レベルでの競争や世界的な競争に勝ち抜くために必要なスケール・メリットや他のシナジー効果の達成をめざして，国境を越える合併でもって対応した[29]。ヨーロッパでは，欧州統合や政策的に推進され促進された欧州企業の「グローバル・プレイヤー」への再編の進展なかで，同地域における国境を越える合併，大企業や最大規模の企業の巨大合併がとくに強力に増加した[30]。

　(3)　リストラクチャリングの推進とその影響

　またリストラクチャリングの展開，なかでも事業構造の再編やコア・コンピタンスへの集中も，合併の重要な動機のひとつをなした。この時期の合併においては，市場条件の変化やイノベーションへの対応などの一方で，中核事業への集中を軸とする企業の構造変革や過剰生産能力の削減も重要な意味をもった[31]。それゆえ，1990年代後半のM&Aの増加は，企業のリストラクチャリングのより広範囲におよぶ世界的な増加の部分をなしてきた[32]。グローバル化の進展の重要な影響のひとつは企業の専門化の高まりにみられ，企業はその中核事業の強化のために合併を利用するようになった。多角化した大企業のリストラクチャリングは，コア・コンピタンスへの集中という方向で，既存の事業の削減と，とりわけM&Aによる将来性のある事業領域の強化によって行われている[33]。1990年代以降にヨーロッパのM&A市場が活発になりその重要性が増大したのは，アメリカ企業と比べなお広く多角化していることの多かった同地域の大企業が非中核領域の単位の売却と中核分野の買収によってより効率的な事業構造への転換の努力を推し進めたことによるものでもある[34]。奥村皓一氏は，「EU域内の産業リストラクチャリングと統合化によるグローバル・スケールの達成という戦略目標に，欧州内M&Aは貫かれている」と指摘されている[35]。

　このように，1990年代後半の企業集中は，市場への参入にとってのみならず，市場からの撤退にとっても，重要な役割を果たした[36]。ただその一方で，とくにノイア・マルクトのような新興証券市場の上場企業では，とりわけ企業の成長，市場やノウハウへの接近が買収の重要な動機をなした。2000年代初頭

までの時期には，こうした企業では，自らの市場セグメントでの主導的な地位もあり，競争の抑制や過剰生産能力の整理，リストラクチャリングといった動機は重要なものとはなっていない傾向にもあった[37]。

(4) 株式市場の発展，資本市場の圧力の増大とその影響

この時期のM&Aの増加と大規模化はまた，株価の上昇による株式交換型合併の増加によるものでもあり，株式市場の変化が大きくかかわっている。世界的にみても，1990年代末頃の株価の上昇が合併の件数と取引額の増大の一要因となっており，それは，株式交換型合併によって現金ではとても調達できないような巨額のM&Aが可能になったことによる[38]。

また企業価値の向上や金融投資家による投機的動機も，M&Aの増加の大きな要因のひとつをなした[39]。「株主価値」という全般的な表題のもとでは，グローバル市場，規模の経済，シナジー（購買の集中，経費と労務費の削減），アウトソーシング，最も重要な技術の領域への集中といった理由があげられる[40]。この時期の合併は，こうした目標の達成のための重要な手段として，資本市場の強い圧力のもとに推進されたという面も強い。

この時期の合併・買収においては，その対象となる企業の評価にさいして，使用総資本利益率（ROCE），フリー・キャッシュフロー，バリュー・コントリビューションといった価値志向の経営システムの指標がとくに重視される傾向にあった[41]。こうした傾向は，一定の変動をともないながらも引き続き継続しており，例えばI. フォスの2006年の指摘でも，ドイツ企業の中核事業への集中というM&Aの推進力は，株主価値のコンセプトへのより強い志向とともに現れたものでもあったとされている[42]。1990年代以降，投資銀行のほか，投資ファンド，ヘッジファンド，民間投資会社などがM&A市場の推進力となったが，とくに2000年代に入ると，ドイツでもヨーロッパでも，ヘッジファンドや民間投資会社が一層大きな役割を果たすようになってきた[43]。この時期のM&Aは，金融のグローバリゼーションと資本市場の圧力の増大という状況のもとで，銀行，投資銀行，ファンドなどの勢力を中心とする金融主導のかたちで推進され，財務・金融畑の経営者の台頭による金融主導型の経営への転換という動きのなかで金融利得重視のかたちで展開されたのであった[44]。

(5) 合併・集中の法制の変化とその影響

また合併・集中の法制の変化もM&Aの展開，その増加をもたらす重要な要因のひとつをなした。もとより，ドイツとEUのレベルでみると，EU委員会は，産業の効率性，資源の最適配分，技術進歩，環境変化への適応のフレキシビリティを促進するために，競争的な市場の維持という目的でクロスボーダー的合併を抑制してきたという傾向にあった[45]。しかし，2000年代に入ると企業買収法の改革が本格的に実施されるようになった。国境を越える企業買収を推進する立場のEUに対して，ドイツ政府はそれを規制する立場に立っていたが，各国の法令に対してEUのそれが優先することから，ドイツ政府もEUの企業買収法に従うかたちで，法制度の改革をすすめてきた[46]。また2007年4月のドイツの転換法の改正による新しい規定でもって，EU域内におけるドイツおよび外国の資本会社の合併にとっての法的な基礎が築かれた[47]。EUの他の加盟諸国におけるこうした合併の原則の適用は，国内の会社法の規定に関してヨーロッパレベルでの調和をはかろうとするものである[48]。

さらにこうした法制の改革とも深いかかわりをもつ「ヨーロッパ会社」（Societas Europaea＝SE）との関連でみると，それは，新しい規定での国境を越える本社の移転や合併に対する法的障害の除去によって，法的規定の面では，一国の国籍をもつ会社に対して際立っている。その目標は，経済が共同体的規模で再編されうるような法的形態の利用を可能にすることにある。それゆえ，ヨーロッパ会社は，他の法的形態に比べより大きな自由度を示すものである[49]。2005年のD.ロイエリングらの研究でも，実際には統一的なヨーロッパ会社が存在するのではなくその多くのさまざまな諸形態がみられるが[50]，EUの立法機関は，ヨーロッパ会社の法的規定の創出でもって，株式会社の部門に対して国境を越える集中のための最初のひとつの手段を生み出してきた[51]。

2　1990年代以降の企業集中の基本的特徴

以上の点をふまえて，つぎに，1990年代以降の企業集中の基本的特徴についてみることにしよう。この時期のM&Aにおいては，2000年代初頭までの時期とその後の時期との間には変化もみられる。それゆえ，以下では，これら2つの時期に分けてみていく。

(1) 1990年代から2000年代初頭までの企業集中の基本的特徴
① 水平的結合の増大とその意義

まず1990年代から2000年代初頭までの時期をみると，世界の企業の合併件数は1990年の9,024件から99年には24,995件へと2.8倍に増加しており，その金額も2,900億USドルから2兆3,810億USドルへと8.2倍にも増加している[52]。なかでも，ドイツにおける合併は，産業の論理ほどには金融ないしガバナンスの論理に基づいたものではなく，新しい関連製品分野をともなう水平的な合併の数が大幅に増加しており，その割合も大きく上昇している[53]。例えば1973年から90年までと91年から98年までの時期を比べると，垂直的合併の割合は14％から4％に，コングロマリット合併の割合も18％から11％に低下したのに対して，水平的合併の割合は68％から85％に上昇した。なかでも，新しい製品をともなう水平的合併の割合は，17％から40％へと2倍以上に上昇している[54]。

こうした水平的合併の比率の圧倒的な高さは，中核事業の強化のために合併が利用されたこととも関係している[55]。企業は，その中核能力をなす諸部門では，全国的規模でもまた国際的な規模でも，市場でのプレゼンスの拡大の努力を行っており[56]，そのことは水平的合併の増加の要因をなした。このような目的もあり，異種産業にまたがる合併よりもむしろ，機械，化学，自動車，情報通信，金融などの部門でみられた同一産業内での合併が目立っている[57]。

この時期の水平的結合の形態での合併では，シナジー効果の追求がその主要な目標のひとつとなっており，それを追求した合併も一層多くなっている[58]。M&Aで追求されるシナジーには，オペレーショナルなそれと財務的なそれとがあるが，前者は規模と範囲の経済であり，後者は資本コストの低減である[59]。合併の主たる動機のひとつであるコスト引き下げの条件の改善という面では，技術的な関連をもつ異なる生産部門の統合によるシナジーの追求が前面に出てきた。規模の利益の追求では，生産部門でのシナジーのみならず本社機能におけるシナジーの追求も重要となった[60]。そこでは，競争相手の買収やそれに続く生産の統合，製品プログラムの調整によるスケール・メリットの実現，それによる内部資源の構造の改善が重要となった[61]。

この時期のM&Aの波においては，事業内容の面で関連をもつ企業の結合やシナジーの価値の創出が可能な企業の結合を行おうとする「戦略的な購入者」

の重要性が高まっており，こうした点でのM&Aのパラダイムの転換がみられた[62]。しかしまた，それだけに，この時期の企業集中の成果という面では，合併後の統合過程のマネジメントも重要な問題をなした[63]。

② 新規直接投資の代替策としてのクロスボーダー的M&Aの展開

1990年代以降のM&Aは，経営のグローバル展開のなかでそれが直接投資のための手段として利用されたということも特徴的である。この時期には，国際的な合併のかたちでの直接投資が新規の投資と比べ不釣り合いなほど大きく増大している[64]。UNCTADの報告によれば，1990年代の10年間には，国際生産における増大の大部分が，グリンフィールド投資よりはむしろクロスボーダー的M&Aによるものであった[65]。こうしたクロスボーダー的M&Aは，件数ではM&A全体の小さな割合しか占めていないが，それらは対外直接投資全体の大きな部分をなした[66]。1990年代以降のクロスボーダー的合併の多くは，外国企業の生産施設の所有を望み合併による専門的な知識や経験の入手が新規投資の高くつく試行錯誤の方法によるよりも容易であると信じる企業におけるグローバリゼーションへのひとつの対応であった[67]。

こうしたM&Aの急増について，J. H. ダニングは，クロスボーダー的M&Aは多国籍企業による戦略的資産追及型の直接投資の活発化を意味するとしている[68]。この時期のクロスボーダー的合併は，地域的な分業の構築を意図して戦略的に再編を行うという中核企業の意思決定の原因であり，また結果でもある[69]。

③ 株式交換型合併の展開とそのドイツ的特徴

また上述したように，この時期の合併の大規模化と大型合併の増加は，株式交換型合併の増加によるものでもあり，ドイツ企業が関係する合併でみても，そのようなかたちでの合併の割合は上昇している。その割合は，1992年には15％であったものが99年には40％に上昇している。ことに資本金20億DMを超える買収では，株式交換型合併の割合は80％にも達している[70]。1990年には，全世界でみると，国境を越える合併のうち，株式交換によってその資金が調達された金額の割合は8.4％にすぎなかったが，99年には36.3％に上昇してお

り(71),99年のドイツ企業の状況はほぼ世界のそれに一致している。

しかし,アメリカでは,1990年代には,合併のさいの支払いの手段としての株式の利用が全合併の約70％を占めており(72),同国とドイツの間になお大きな相違がみられた。アメリカのこうした状況は,資金調達上の問題や高株価といった条件のほか,企業の合併にさいして少なくとも部分的に株式が利用される場合にのみ合併の免税措置が認められたという事情もあった。これに対して,アメリカ企業の買収も含めクロスボーダー的合併において株式を利用したドイツの大企業の数は非常に限られていた(73)。また2000年代に入ってからの株価の低下によっても,株式交換型合併の展開の条件は大きく変化した。

④ 敵対的買収の増加とドイツの状況

さらに敵対的買収が増加したことも特徴的である。アメリカでは,ヨーロッパ,とくにドイツにおいてよりも敵対的買収が強力に実施されてきた。ドイツでも敵対的買収に見舞われたケースも増加しており,その代表的な事例は,ボーダフォンによるマンネスマンの買収など外国企業によるドイツ企業の買収のケースに典型的にみられる。しかし,この買収には特殊な条件が作用したという面も強い。労使関係の面では,共同決定は鉄鋼のような伝統的な領域ではとくに強かったのに対して,労働組合の組織率の低い情報通信の領域ではあまり発展していなかったこと,情報通信事業の展開が他の事業分野にもたらすリスクから労働側は企業の分離を支持したことがあげられる(74)。また機械製造部門と自動車関連部門を事業の単位として存続させるとともに固定通信事業や鋼管・鉄鋼事業,合弁事業は売却しないことなどを条件として買収への労働側の同意が得られたという事情がある(75)。さらに株価釣り上げによる買収計画の崩壊による株価暴落の危惧から,マンネスマンに役員派遣を行っていた主力銀行のドイツ銀行や供給先であるダイムラーがこの買収計画の受け入れに圧力をかけるかたちで積極的に促進した(76)。加えて,マンネスマンの株式の多数が外国の投資家の所有にあったということも,敵対的買収の実現に有利に作用した(77)。ドイツでは,法制の相違もあり友好的な買収が支配的であるという傾向もみられた(78)。また株式交換型合併の増加が高株価に支えられたものであったということは,2000年代に入ってからの景気後退と株価の低下のもと

で，合併ブームの終焉をもたらす要因ともなり[79]，敵対的買収を展開する上での条件にも変化がみられるようになった。敵対的買収と国境を越える合併という2点に特色をもつ1990年代末以降におけるヨーロッパのM&Aの飛躍[80] のなかにあって，「ドイツ株式会社」とも呼ばれる同国の企業においては，買収によって退陣を迫られるリスクを抱える経営者，政府・州政府，さらに労働組合の三者一体化のかたちで，第2のマンネスマンのような事態を防ごうとする方向へと進路を取り始めているという傾向にあった[81]。

(2) 2000年代以降の企業集中の基本的特徴

また2000年代以降の時期をみると，その最初の10年間の半ば頃に再びM&Aの増加がみられ，そのような動きは2003年から2004年頃に始まる。2004年には，戦略的な理由から企業のポートフォリオの再編が実施された諸部門において，ドイツとヨーロッパのM&A市場における強力な動きがみられた。ドイツのM&A市場については，銀行および保険の持続的な新しい方向づけ，産業のリストラクチャリング，さらに危機的状況のもとでの企業の売却件数の増加という3つの重要な傾向がみられた[82]。

M&Aのこうした新しい動きについていえば，2004年末まではその大部分がアメリカ市場に限定されていたのに対して，その後はヨーロッパ，とりわけドイツにも広がった。2005年は，すでにその前年にドイツのM&A市場において活発になっていた金融投資家とならんで戦略的な投資家も再びM&Aの舞台に登場したという点でも，転換をもたらした[83]。こうして，ドイツでも2004年にはM&Aの取引市場の復活がみられたが，それはなによりも国境を越える企業の集中によるものであった[84]。2005年以降には，戦略的な目標を達成するべく企業が他社を買収する「戦略的な投資家」による国境を越える買収が再び増加することになった[85]。

この時期の国際的な大コンツェルンのM&Aは，第一に水平的な集中となっており，その動機は，主に中核事業における市場シェアの拡大にあった。いまひとつの動機は，規模の経済や範囲の経済によるシナジー効果の実現にあった。またコンツェルンにおけるグローバルなリストラクチャリングやそれと結びついた事業ポートフォリオの整理によって魅力的な買収対象が存在したとい

う点も特徴的であった[86]。こうした事情もあり，ヨーロッパでもM&A市場は拡大しており，2006年には，同地域のM&A市場の金額は，アメリカのそれを初めて上回るところまで増大した[87]。2007年にはその差はさらに拡大している[88]。2004年から2007年までの短い期間にヨーロッパにおけるM&Aの件数は3倍に，またその金額も約5倍に増大している[89]。

こうしたM&Aの波の推進力は，その資金調達のための高い流動性と世界の一層のグローバル化とのひとつの特殊な混合にみられる。そのような条件もあり，株式交換による巨大合併が多くみられた1990年代とは異なり，現金での支払いが圧倒的な割合を占めており，株式交換による方法は少数派となっている[90]。低い利率は民間の株式のビジネスにひとつの大きな後押しを与え，レバレッジの効いた買収は，調達コストの大部分を比較的低い利率の負債で賄い買収を行う民間の株式の購入者にとっては，一層高くつくものではなくなった。市場の高揚は，そのようなビジネスでの成功をより容易にした。しかし，それだけに，2000年以降の波も，サブプライム危機が起こり2008年に経済が不況に入ったときに終焉をみることになった[91]。

こうして，2008年のアメリカの金融危機とその世界的な連鎖の広がりのもとで，銀行による信用供与の強い抑制や短期的な資金の再調達の困難といった状況のもとで，M&Aは強い減少傾向に見舞われることになった[92]。2008年には，2003年以降のM&Aの波にみられた多くの諸特徴がもはやみられなくなっている。そこでは，①とくに金融部門において「苦境のもとでの強制されたM&A」("Distressed M&A")がみられるようになったこと，②民間投資ファンドは以前の諸年度のようにはもはや活発ではではなく，戦略的投資家，政府系ファンドのほか政府がM&Aの大部分に関与するようになっており，プレイヤーの力関係が変化したこと，③金融部門が最も人気の目標部門となったことの3点に新しい特徴がみられる。こうした傾向はドイツにもあてはまるが，評価や信用の確保の不確実性という問題もあり，2008年には，総じて，それまでより小規模なM&Aの傾向（巨大合併・買収の重要性の低下）が顕著となっている。その結果，それまでのような規模の重視はみられない傾向にある[93]。そうしたなかで，破産，リストラクチャリングが，M&Aのひとつの重要な推進力となっており，「苦境のもとでの強制されたM&A」が増加した[94]。

第2節　主要産業部門における企業集中の展開とその特徴

　以上の考察において，1990年代以降における企業集中の展開の背景と基本的特徴を明らかにしてきたが，企業集中のあり方は，産業部門によって相違もみられる。それゆえ，以下では，ドイツ企業のM&Aの主要舞台となった鉄鋼業，化学産業，自動車産業という製造業の基幹産業部門とともに，金融部門を取り上げてみていくことにする。

1　鉄鋼業における企業集中の展開とその特徴

　まず鉄鋼業をみると，この産業では，1990年代以降に大型合併が展開されたが，ヨーロッパでは，そうした再編によって80年代には22社存在していた高炉メーカーが2000年代初めには4大グループに集約される[95]など，大きな変化がみられた。例えば1994年の粗鋼生産高でみたドイツ企業の世界順位では，ティセンが7位，クルップ・ヘッシュが17位となっており，最大企業20社のうちわずか2社がみられたにすぎない[96]。こうした企業規模の格差の問題も，合併を促進する重要な要因のひとつをなした。また競争相手がコストのシナジーの実現，中核事業の拡大，技術の購入や販売チャネルの開拓のためにM&Aを実施していたことへの対応も，必要となってきた[97]。

　例えば1991年のクルップとヘッシュの合併でも，積極的な事業ポートフォリオ政策によって企業のプラットフォームと両企業の活動範囲の拡大がめざされ，市場でのプレゼンスの向上，中核事業領域への集中とシナジーの潜在的な可能性の徹底的な利用などが追及された。クルップ・ヘッシュでは，1997年までに統合や撤退によって戦略的な事業単位の数が160から75にまで削減される一方で，同じ時期に，売却された事業領域とほぼ同額の売上が企業の成長によって達成されているが，その3分の2は買収によるものであった。なかでも1996年の機械製造企業ウーデの買収は，機器製造部門をより広い国際的な基盤の上におくこと，製品の多様性を拡大することを目的としたものであった[98]。

　またティセンとクルップの合併では，傑出したノウハウの利用が可能であるような平均以上の成長機会をもつ事業領域への集中がはかられた。そこでは，市場における主導的地位を強化するための事業ポートフォリオの最適化，シナ

ジーの目標の実現が追求された。買収戦略および事業ポートフォリオの変更は，事業活動の計画と運営のための統合された管理システムの組織的な構成要素をなした。ことに鉄鋼部門では，過剰生産能力とグローバル市場での競争の激化のもとで，最適な経営規模は，規模の経済によるコスト面の利点を実現するためのひとつの前提条件であった。そのことが合併の重要な動機のひとつをなした。また合併前の両コンツェルンの地域的な重点は，市場が非常に飽和化したヨーロッパにあったが，その一方で，グローバルな競争力の持続的な確保のためには両社の国際化の程度は十分ではなかった。それだけに，この合併は，高いシナジーと収益の潜在的可能性の実現のために未来の市場への扉を開く機会，より強力な基盤のもとに積極的なポートフォリオ・マネジメントを継続していく機会，さらに製品と販売の構造を一層最適なものにする機会を両企業に与えた[99]。

　ティセン・クルップは，多くの売却とともに積極的なM&Aを展開してきた。1998/99年の営業年度には，鉄鋼部門でのフランス企業の買収によるヨーロッパにおける鉄鋼サービス・センターのネットワークの拡大がはかられたほか，アメリカとブラジルのエレベーター会社の買収や，マンネスマン商事の買収による鋼管・圧延鋼の販売活動と技術取引の強化が推し進められた。またイギリスのVetchberry Steelの買収によって，高級鋼のサービス・センターの活動の拡大がはかられた。1999/2000年の営業年度には，アジア市場での地位の強化のために，株式の過半数取得によってインドのレイモンド社の電炉鋼板事業を買収した。また欧米では，カミンズからのアメリカでのクランクシャフトとカムシャフトの加工事業の取得，コマーシャル・デ・アセロスHEVAの買収によるスペインにおける高級鋼事業の取得，イギリスのコマンド・グループとアメリカのセーフウェイ・スティールの残りの50％の持分の取得，旧ヘキスト・コンツェルンのITサービス業者であるHiServグループの買収などが行われている。2000/2001年の営業年度には，鉄鋼部門の買収はとくに販売・サービス活動の拡大をめざしたものとなっている。そこでは，とくに自動車産業の顧客向けの国際的なサービスを強化するために，炭素鋼の事業単位によるメキシコのラーガーメックス社への資本参加，ベネルクス諸国における部品部門の販売活動の統合と調整のためのHobone社の買収などが行われている。自動車関連部

門の主たる買収の目標は，開発とエンジニアリングの能力を一層強化することにあり，バルメット・オートモーティブへの10％の資本参加などがそれに属する。エレベーター部門では，ヨーロッパ，南米およびアジアの複数の企業の買収によって，国際的な市場での地位の一層の強化がはかられた。テクノロジー部門でも，ウーデは，テサークの買収でもって精製・石油化学技術の中核領域の市場でのプレゼンスを補完した。またサービス部門でも，産業向けや施設関連のサービスの領域におけるより多くの活動が取得された[100]。

また2002/2003年度には，鉄鋼部門における買収はとくに顧客に近い活動の強化に役立った。炭素鋼の事業単位では，2003年4月のスペインの溶融亜鉛メッキ企業であるガルメドの買収は，下流の事業の国際化に寄与するとともに，同国の成長する自動車市場への直接的な接近の道を開いた。自動車関連の部門では，2003年7月のフランスの部品企業（Sofedit. S. A.）の買収によって同国の車体・シャーシ用製品の市場への接近が改善された。エレベーター部門でも，多くの買収でもってとくにヨーロッパおよびアジアの市場での主導的な地位が一層拡大された。なかでも，2003年4月のドイツのテッパー・エレベーターの買収によって，同国市場での地位が一層拡大された。また資材部門では，チェコの鉄鋼・高級鋼の流通業者に対する買収が行われたほか，オランダおよびデンマークでの買収によってプラスティックの国際的な販売が強化された。サービス部門でも，産業向けサービスの領域での買収によって，強力に成長しているスペイン市場での主導的な地位の確立を実現した。ティセン・クルップでは，その後も，事業ポートフォリオの最適化の枠のなかで，戦略的に重要でない資本参加からの一層の資本の引き揚げとともに，さらなる選択的な戦略的買収がすすめられた。2003年10月には，エレベーター部門において韓国のドンヤン・グループの株式の75％を取得することによって，アジアにおける市場での地位の強化がめざされた。また2003年11月にはメルセデス・ベンツ舵取り装置社の持分の過半数（60％）取得によって，パワートレインの事業単位に対して新しい市場，顧客および技術が開かれた。

その後をみても，2004/2005年の営業年度には，ステンレス鋼板の事業単位においてイタリア企業の買収などによってヨーロッパの販売活動の強化がはかられた。2005/2006年度にも，テクノロジー部門におけるアトラス電子の持分

の取得，より小規模な多くの買収によって，エレベーター事業の市場での地位の世界的なレベルでの強化がはかられた。2007/2008年度にも，鉄鋼部門は北米のテーラードブランクの過半数持分を取得しているほか，サービス部門では，アルミニウム，特殊鋼，非鉄金属のような高級製品を供給するイギリスのアポロ金属の買収が行われた。高級鋼への集中の動きのなかで，このアポロ金属の買収でもって，金属流通と航空宇宙産業の顧客に対するサプライチェーン・マネジメントの領域の活動が大きく拡大された。その結果，13ヵ国に30の立地をもち世界的に活動する部門が誕生することになった。また2010/11年度には，エレベーター技術の領域において，アメリカのゼネラルエレベーター販売・サービスとユナイテッド・エレベーターというアメリカ企業2社の全事業活動の買収が行われており，それでもって，北米での地位の一層の強化がめざされた。さらにベネルクス諸国やスペイン，イタリア，フランスの企業の買収によって，ヨーロッパ市場での地位の拡大がはかられた[101]。

2 化学産業における企業集中の展開とその特徴

(1) 化学産業における経営環境，事業構造の変化と企業集中の展開

つぎに化学産業についてみると，ドイツの主要大企業は，医薬品部門を抱える多角的な事業構造として展開してきたが，1990年代以降に大きな変化がみられた領域のひとつは医薬品部門であった[102]。この時期の医薬品産業の戦略的な方向性は，多様化，統合化，中核事業への集中の3つにみられた。そこでは，M&Aによる成長のスピードが企業の生き残りのための唯一の手段とされるなかで，こうした戦略の実施のために，もっぱらM&Aの展開が優先的に選択された[103]。そこでの重要な焦点は，巨額化する研究開発費と開発リスクの増大への対応，選択と集中による特定の事業領域への専門化にあった。また1980年代末から2000年までの時期の特許の失効も，医薬品産業のM&Aのひとつの重要な動機をなした[104]。

医薬品部門におけるこうした経営環境の大きな変化，医薬品の分子生物学的研究にとっての情報処理に関する問題の重要性の決定的な増大というパラダイム転換，製品分野の連関に基づく垂直統合構造のもつ利点が大きく失われていくといった事態のもとで，同部門では劇的な変化がおこることになった。そう

したなかで，1990年代になると，医薬品部門では，革新的な戦略のために必要な高度な経営資源の統合・集中をはかるために，合併・吸収の波がおこった(105)。ヘキストの1995年4月25日の株主総会の文書では，つぎの3つのタイプの企業が将来的に成功を収めうると予測されている。すなわち，①医薬品の幅広い製品系列を提供することができ，あらゆる重要な市場での新しい医薬品の急速な導入による巨額の研究費の再調達が可能な世界的に活動する大規模な医薬品企業，②個々の活動領域に集中した専門的な供給業者，③小規模ではあるがフレキシブルな研究型企業がそれである(106)。以下で考察するヘキストは①のタイプに属するが，そうした企業の成功のための重要な手段としてM&Aが展開されることになった。

また2000年代に入ると，新しい製品パイプラインからの迅速な打開は期待できないこと，重要な特許の失効，地域と量の面での販売の限界，価格競争の激化などの厳しい条件のもとで，多くの企業はますます，収益性の高い製品分野の購入・買収によって対応するようになった。そうした意味でも，医薬品部門では，買収の新しいラウンドに入ったといえる(107)。M. クレプスは2006年に，その近年の大規模なM&Aの圧倒的多数は本来の中核的事業の拡大をめざすものであり，特許の失効や成長・利益の期待の低下に対処するためにとくに自前の製品と開発のパイプラインを強化することにそうした集中の動機があったとしている。そこでは，職能単位の統合によって研究開発だけでなく販売においても，規模の利益の実現がめざすべき課題となった(108)。

このように，医薬品部門の合併では，一般的に，経営規模の追求のような動機よりはむしろ，医薬品市場の特殊な環境への戦略的対応が重要な動機をなした。そうしたなかで，合併による研究開発の有利な資金的条件の創出や事業の集中と選択の推進がとくに重要な意味をもった(109)。1990年代以降の合併の波は医薬品産業の世界的な構造を決定的に変えることになったが，そのことは，ドイツ企業の地位の大きな低下とアメリカ企業の決定的な躍進にあらわれている(110)。

　(2)　医薬品部門における企業集中の展開とその特徴

それゆえ，つぎに，医薬品部門の合併・買収の動きをみると，それが特定エ

場への生産の集約・集中にともなう拠点・立地の削減の重要な手段としても展開されたという点が重要である。職能単位の統合によるシナジーの達成は，医薬品産業でも，合併の重要な推進力のひとつとなっている(111)。

ドイツの医薬品製造業者にとっては，事業の強化を目的とした特定の技術あるいは製品の取得のためのM&Aは，ひとつの決定的な成長戦略であるとともに，資金調達の可能な成長戦略でもあった。しかし，1990年代には，ドイツの大規模な化学・医薬コンツェルンは，医薬事業への集中の弱さのために，市場でのその主導的な地位を守ることには成功しなかった。生き残った上場企業のいずれもが，世界的な合併の波において主導的な役割を発揮しうるだけの力をもたなかった。この点では，ヘキストは，1990年代半ばに外国の競争相手の買収によって合同過程に積極的に関与したドイツの唯一の医薬品企業であった(112)。

そこで，**ヘキスト**の事例をみると，同社は1990年代には中核事業領域への集中の戦略を一連の企業の買収と合弁事業をとおして実施してきた(113)。1990年代半ばのフランスのルセル・ユクラフおよびアメリカのマリオン・メレル・ダウとの医薬品事業の統合では，医薬品の研究拠点は11から3に減らされた。1997年には同部門の開発の徹底的な再編も取り組まれ，開発活動は4つの単位に集中された。作用物質の生産立地の数も16から6に削減され，各工場はほぼもっぱら世界市場向けの工場として異なる製品に専門化した。合併後の3年以内にすでに10の製造経営が閉鎖された(114)。マリオン・メレル・ダウの買収は，重要な市場であるアメリカでの軸足の弱さを克服しようとするものであり，同国市場での良い地位を自力で確立するには時間が残されていないという認識が買収へと導いた。この買収では，有効な販売網をもち許認可官庁との良好な接触が可能な，またアメリカのバイオテクノロジー研究の革新的な領域への接近を可能にするパートナーが求められ，製品の幅と地域の補完がめざされた(115)。こうした合併によって，ヘキストは，その地位を世界的にも，またとりわけ重要なアメリカ市場においても拡大することができた(116)。これらの買収・統合によって誕生したヘキスト・マリオン・ルセルは，1990年代後半には，それまでまったく治療がなされなかったかあるいは困難であったような難病の克服に寄与する進歩的な医薬品への集中をはかるとともに，合計12のバイ

オテクノロジーの企業や機関との協力関係を築いた[117]。

ヘキストはまた,バイエルと同様に,1993年から94年にかけてジェネリック医薬品市場への参入のために,アメリカのこの分野における企業の買収を行っている[118]。しかし,ジェネリック医薬品事業と診療薬事業は,その後はもはや中核事業ではなくなり,再び売却されるか分社化するかたちで切り離されることになった[119]。その一方で,診断関連の領域の強化がめざされ,そのためのM&Aも活発になっており,その代表的な事例としては,1995年初頭のアメリカのシバの買収をあげることができる。しかし,この買収でもって市場での十分なプレゼンスを確立することはできず,それゆえ,1997年にはアメリカのデイド・インターナショナルとの合弁企業の設立へと向かうことになった[120]。また血漿製品の分野では1990年代半ばのアメリカ企業アーマーおよびベーリングとの間での合弁会社の設立などがみられたが,そこでは,地域と製品の品種の双方の面での補完が目指されている[121]。

しかし,ライフサイエンス事業への集中というかたちで生き残りをかけたヘキストにとっては,こうした合併では,世界の医薬品企業トップ10に入るのにはなお十分ではなかった。それゆえ,結果的には,同社はローヌ・プーランとの合併によるアベンティスへの展開に活路を見出し[122],ドイツ企業としての歴史を終えることになった。ローヌ・プーランとの合併に関するヘキスト内での検討のための内部資料である取締役会のある報告によれば,この合併では,高度なイノベーションのポテンシャルと根本的に改善された競争力をもつ世界のリーダーたるライフサイエンス企業となることがめざされた。同時にまたこの合併は,それに加わる両社の株主にとっての企業価値の向上をもたらすものとされた。この合併の目標は,革新的な処方箋薬の開発・生産,市場への投入,重要な治療の領域におけるそれまで十分ではなかった部分の改善への集中にあった。そこでは,合併によって達成されうる点として,①規模,②イノベーションの潜在力の強化,③高い成長のポテンシャルと有望な製品パイプラインをもつ強力な製品ポートフォリオ,④時間的に適切な段階での連続的な製品投入,⑤世界的なマーケティングと販売の組織の強化,⑥生産,管理および研究開発における合理化の可能性によるコスト状態の改善の6点が考慮された。なかでも,①の規模では,増大する研究開発費をより広い製品ポートフォリオ

によって償却すること，より大きな資本の基盤によって新しい開発プロジェクトの失敗というリスクの配分を可能にすることがあげられている。また②のイノベーションの潜在力の強化では，両社の技術プラットフォームの補完とより大きな財務資源からの利益，新会社のイノベーションの能力によるバイオテクノロジー企業やより小規模な他の医薬品企業および大学との連携の可能性の拡大があげられている。さらに③の製品ポートフォリオをめぐっては，その幅の広さに基づいてより高い利ざやをもつ売上の大きな製品へのマーケティングおよび販売の努力の集中によるポートフォリオの構成の改善が重視されている。最後の⑥の生産，管理および研究開発における合理化の可能性によるコスト状態の改善では，シナジーによるコストの改善があげられている。とくに管理，インフラストラクチャーの領域における節約の潜在的な可能性，いくつかの国での販売におけるそうした可能性のほか，世界的な研究開発活動の統合によるコスト最適化の一層の可能性が重視されている。またアベンティス・クロップ・サイエンスについては，アグレボとローヌ・プーランの統合によって得られる利益として，植物保護と植物生産の部門における世界のリーダーとしての地位の構築，高いイノベーションのポテンシャル，製品ポートフォリオと製品パイプラインの補完，コスト状態の改善，キャッシュフローの改善と財務の柔軟性が重視されている[123]。

　このように，ローヌ・プーランとの合併によってヘキスト・コンツェルンの再編は質的に新しい段階に達し，株主価値志向によって推進されたライフサイエンスへの集中と工業用化学事業の分離は，その完全な状態に近づくことになった。またこの合併の結果，新たに何千もの職場の削減が取り組まれ，フランスの従業員がそれに最も強く見舞われたが，ドイツや他の諸国でも多くの職場が失われた[124]。

　(3)　医薬品以外の部門における企業集中の展開とその特徴
　また医薬品部門以外の諸部門でもこの時期には合併・買収が積極的に展開された。つぎに，その代表的な事例を中心にみていくことにしよう。ここでは，ドイツ化学産業の3大企業を構成してきたバイエル，BASFおよびヘキストについてみていくことにする。

バイエルについて——まずバイエルをみると，1995年にビッターフェルト化学のイオン交換事業の買収などのほか，アメリカ企業モンサントのABSプラスティック部門の買収が行われたが，そこでは，価値の高いプラスティックの部門における活動の強化がめざされた。1998年にもアメリカのカイロン・ディアグノスティックス，デュポンのグラフィックフィルム・オフセット印刷板事業，イギリスでのゼネカの種子処理事業の買収，建設，塗装およびプラスティックの領域での無機色素の専門製品の最も重要な生産者・販売業者であるイギリスのホーリー・アンド・サンズ，アメリカのモノタイプ・タイポグラフィーの買収が行われた。またアメリカのミレニウム製薬への14％の資本参加，同国のグスタフソンの持分の50％の取得，イスラエルのプラスティック関連の2社への資本参加なども行われた。同年には韓国のデサン・コンツェルンから動物飼料用添加剤の事業の買収も行われた。1999年には，DSM・アクシス化学コンツェルンおよびシェフィールドプラスティックのプラスティック板事業，プラスティック産業向けの添加剤や専門製品の代表的な供給業者であるアメリカのエラスト化学，オーストラリアのプラスティック板の製造業者，OSI製薬のアメリカにおける腫瘍診断関連事業の買収，イギリスの家庭庭園用植物保護剤・肥料の販売会社であるHome & Garden Limitedの買収のほか，ライオン・バイオサイエンスの株式の11.28％の取得などが行われている。2000年には，当時バイエル・コンツェルンの歴史上最大であったライオンデルのポリオール事業の買収でもって，バイエルは，25％以上の市場シェアをもつ世界最大のポリウレタン原料の生産者となった。2001年にもアベンティス・クロップ・サイエンスの買収が行われたが，同社の事業は，バイエルの製品ポートフォリオを最適なかたちで補完し，重要な市場，とくに北米での地位を持続的に改善した。さらにシンジェンタ社の代表的なとうもろこし除草剤であるMIKADOの取得によって，バイエルはヨーロッパの植物保護剤事業の拡大をはかった。またアメリカのクラーゲン社への資本参加が行われ，協力協定が結ばれたが，その目標は，新種の肥満症および糖尿病の治療薬の共同での開発と市場への投入にあった。2002年には，ACSの買収によって，クロップ・サイエンスは，化学除草剤，殺虫剤，殺真菌薬および種子処理のセグメントでの非常によいポジションをとることができた[125]。

しかし，2003年度のバイエルの営業報告書では，過去の多くの買収は期待された成果をもたらさず[126]，その後も合併・買収が多く行われることになった。2004年には，アメリカの処方箋を必要としない一般薬の合弁企業に対するロッシュの50％の持分が取得されたが，それはロッシュの世界的なコンシューマー・ヘルス事業の買収と関係していた。この買収でもって，バイエルは世界３位の規模の一般薬供給業者となった。また種子処理の領域のアメリカ，カナダおよびメキシコにあるグスタフソンの合弁企業に対する残り50％の持分の取得が行われた。2006年にはシェーリングの株式の過半数取得，ドイツのバイオ企業であるイコン・ゲネティックス，アメリカのメトリカの買収がバイエルの子会社によって実施された。2007年には，アメリカの綿花種苗事業とその市場での地位の拡大を目的とした種苗企業Stoneville Pedigreed Seedの買収，ノバルティスのバイオテクノロジー調剤の製造拠点の取得，極東・オセアニアにおける熱可塑性ポリウレタンの最大の生産者である台湾のユアテック・グループの買収が行われた。2008年には，アメリカのサグメルの一般薬事業が取得され，同社のこの事業はロシア，ウクライナおよびカザフスタンにおけるバイエル・ヘルスケアの構成部分とされた。また中国のトプサン・サイエンスや他の企業における処方箋不要の風邪薬事業の買収，プロテイン・エンジニアリングに専門化しているドイツのディレボ・バイオテックの買収も行われた。同年にはまた，ポシス・メディカルの残りの株式が取得された。2009年にはバイエルの部分コンツェルンは戦略的にいくつかのハイライトを記録しており，それは，植物の特性の領域における広範囲におよぶライセンスの獲得からこの年最大の案件をなした，アメリカのバイオテクノロジー企業であり植物の特性に関する大規模な開発プラットフォームをもつアセニックスの買収にまでおよんでいる。また皮膚科の領域の２つの製品系列がアメリカのスキンメディカから取得された。2010年には，アメリカの人工筋肉社が買収されたほか，ポリワン社とのマーケティングの合弁企業であるベイワン・ウレタン・システムLLCの残り50％の持分が取得された。同年にはまた，クロップ・サイエンスの領域においてリストラクチャリングがとくにフランスで実施されたが，そこでは，最適なコスト構造と管理の領域における効率の向上のための前提条件を生み出すために，多くの会社の集中が行われた。また2011年１月にはオランダの動物健康

関連の企業であるボーマクの買収が行われている(127)。

　BASFについて——つぎにBASFをみると，同社でも同様に多くの合併・買収が行われているが，そこでは，投資，協力，売却とならんで買収が事業ポートフォリオの最適化の重要な手段とされた。同社は，1996年のイギリス企業ゼネカの織物用染料部門の買収によって，その世界第3位の生産者となった。1997年の営業年度には，イタリアの塗料製造企業，イラン企業の印刷インク事業，アメリカ企業の表面活性剤事業，ブラジルでのモンサントとUnigelグループの合弁ポリエステル事業の買収などが行われた。1999年度には，スエーデンの種苗企業であるスバレフ・バイブールABの40％の持分が取得されたほか，オランダのDSMのABSプラスティック事業，イギリスのBPアモコ化学のポリエチレングリコロール事業，ノルウエーのノルスク・ヒドロとアメリカのローム・アンド・ハースのコイル・コーティング事業，アメリカのサンスマートの酸化亜鉛を原料とする紫外線吸収剤の世界的な事業の取得，日本の武田科学飼料の買収などが行われた。こうして，2003年の営業年度までに，より高い価値をもつ製品でのBASFの事業ポートフォリオが，イノベーションと買収によって築かれてきた(128)。

　その後の2005年には，ドイツにあるメルク株式合資会社の電子化学事業の買収によって，BASFは，この成長市場においてヨーロッパとアジアでの強力な地位を確保した。こうした事業ポートフォリオの最適化によって，BASFは電子産業向けの主導的なシステム供給業者の仲間入りを果たした。2006年には，デグッサの建設用化学事業，アメリカのジョンソン・ポリマー，クロップデザイン，PEMEASの買収のほか，触媒剤の生産者であるエンゲルハードの買収が行われた。2007年にはオートバイや小型自動車の触媒の生産立地をもつ中国企業の桂林REEcat触媒の買収によって触媒の事業活動が強化されたほか，プロドライブ・エンゲルハードLLCにおける残り50％の持分の取得が行われた。2008年には，ジョージアにあるマグネシウム・アルミニユム珪酸塩の鉱山会社，中国のKejie混和サイエンス＆テクノロジーのコンクリート添加剤事業，イギリスのソレクッス・ホールディングスの買収などが行われた。このソレクッス・ホールディングスの買収でもって，BASFは殺虫剤市場でのプレゼンス

を拡大した。BASFは，景気循環の影響を緩和するために専門化学の事業の拡大をはかったが，2009年のスイスのチバ・ホールディングの買収は，こうした方向のさらなる一歩をなした。チバの事業はBASFの価値創出の連鎖を拡大し，また同社を専門化学の代表的な供給業者のひとつにしようとするものであった。同年にはアラブ首長国連邦のリマルロ・エンジニアリングの建設用化学製品に関する流通事業の買収も行われた。また2010年は専門化学企業のコグニスの買収によって，BASFは化粧品産業向けの成分のグローバルな主導的供給業者となることをめざした。同年末にはアメリカ企業CRI／クライテリオンのスチロール触媒事業の買収も行われている。また2012年には，バッテリー関連の領域において同分野の代表的企業やその事業（シオン・パワー，オボニック・バッテリー，メルクの電解質事業，ノボライト・テクノロジーズなど）を対象とした数件の買収が行われているほか，マザフェログループのポリアミドポリマー事業の買収による南米での工業用プラスチックとポリアミドポリマーにおける地位の強化，オメガ3脂肪酸の世界を代表する生産者であるエカテック社の買収による同製品のポートフォリオの強化などが取り組まれている。さらにITWC社の事業の買収による北米におけるポリウレタンの製品，システムおよび専門製品の供給の補完がはかられた(129)。

ヘキストについて——またヘキストに関して，ローヌ・プーランとの合併までの時期の医薬品以外の部門での集中をみると，農業関連のバイオテクノロジー分野では買収や合弁事業が活発になっている。1994年にはシェーリングとの間での合弁企業としてアグレボが設立され，他社との協力による共同開発プロジェクトの展開なども含めても研究開発の強化がはかられている(130)。また1996年には，アグレボのバイオテクノロジーの地位の強化のためにプラント・ジェネティック・システムの買収が11億DMを投じて行われている(131)。ヘキストは1997年にも，アメリカの代表的な野菜種苗企業であるナンヘムスとサンシードの買収によって種苗の活動領域の拡大をはかっている(132)。他の部門でも買収が行われているが，それには例えば1996年のアメリカの粉末塗料製造業者であるオブライエン・パウダー・プロダクツの買収があげられる(133)。

3 自動車産業における企業集中の展開とその特徴

(1) 自動車産業における企業集中の背景

つぎに，自動車産業について考察することにするが，まず企業集中の展開の背景をみることにする。1990年代以降の過剰生産能力の存在は，グローバルなプラットフォームの開発コストの増大とあいまって，自動車企業を合併の波へと駆り立てることになった。また市場のグローバル化，ボーダレス化による市場機会の拡大のもとで，生産のグローバル展開がすすみ，規模の経済の実現がより広い市場ターゲットを前提に追求されるようになった。そうしたなかで，より低いコストでの市場参入の実現も，現地企業とのクロスボーダー的合併や提携の動機をなした[134]。さらに技術革新のコストの増大や技術的な相互の関連性を高める技術発展のほか，国境を越えるリストラクチャリングの必要性，規制の変化なども，M&Aの大きな波をもたらす要因をなした[135]。1990年代半ば以降の合併の主要な動機のひとつは，それによって可能となるシナジー，とくに規模の経済の実現と有効利用にあった[136]。また1997年の新興諸国の「バブル」の崩壊と2000年のアメリカの「ニュー・エコノミー」の崩壊によって，1990年代以降の世界の経済成長がストップし，韓国，日本およびヨーロッパの自動車企業の脆弱性が明らかになったことが，合併と提携の波をひきおこすことになった[137]。

ことに市場面の契機では，新しい市場や市場セグメントでの成長も，合併の主たる動機のひとつをなした[138]。そこでは，市場セグメント間での製品レンジの補完や市場における地域補完が重要な意味をもった。例えばダイムラーとクライスラーの合併でも，多様な製品の供給によって両社がそれぞれ新しい市場に接近することが，ひとつの重要な目標とされた[139]。こうした合併の動機を市場の質という条件の変化の面からみると，労働市場の規制緩和によって所得の分配がより「競争的」になったことにともない，トップのレンジの市場セグメントはより多様になる傾向にあった。最上層のサルーンカーの需要が増大するなかで，高級車の生産に重点をおく専門メーカーが最上層の新しいサブセグメントをカバーしようとすれば，設計関連の支出，生産能力および流通のネットワークへのかなりの投資が必要となった。その一方で，こうした企業は，より広い製品レンジをターゲットとする企業とも対抗せざるをえなくなった。

そうしたなかで，専門メーカーの対応にも差異がみられた。サーブ，アストン・マーチン，ジャガー，ボルボ，ローバー，ベントレー，ランボルギーニといった企業は，最終的には，規模と多様性の戦略を追求している大規模な自動車グループに統合されるという選択を行い，こうした動きは，合併・吸収の波とも深く関係することになった。多くの企業が選択したいまひとつの道は外部的な成長の方法であり，最上層のカテゴリーをすでにカバーしているかあるいはカバーしそうな他の自動車メーカーの買収は，その重要な部分をなした。こうした事例は，例えばBMWによるローバーの買収（1994年）やロースルロイスの買収（1999年），ダイムラーとクライスラーの合併の動きなどにみられる。フォルクスワーゲンでも，1990年代末以降，あらゆるタイプの自動車の製造が追求されるようになったが，ランボルギーニ，ベントレー，ブガッティという評価の高いブランドの買収もその一環で行われたものであった[140]。

　また1990年代以降の自動車産業関連における合併・買収のいまひとつの特徴は，アメリカとヨーロッパの自動車企業や部品企業が新しい生産拠点としてポーランドやチェコのような東欧諸国の企業の買収へと向かったことにみられる[141]。生産のグローバル化にあたり，新規の直接投資による新しい拠点の設置の代替策として合併・買収がすすんだ。

(2) ダイムラーとクライスラーの合併とその限界
　① ダイムラーとクライスラーの合併の背景
　以上の点をふまえて，つぎに，M&Aの最も代表的な事例のひとつとして，ダイムラーとクライスラーの合併をみることにしよう。まずこの合併の主たる動機，目的についてみると，1998年のこの合併では，広範囲におよぶ製品と技術の面での主導性の確立，フレキシブルでかつ革新的な企業のプロセスとならんで，伝統的な市場でのプレゼンスの拡大や，製品ポートフォリオの戦略的拡大という意味での新しいセグメントの開拓が目標とされた[142]。そこでは，各市場セグメントの製品補完とともに，製品供給における地域補完の追求が大きな意味をもった。ことにダイムラー・ベンツは，この合併の時点では，ヨーロッパ，アメリカ，アジアというすべての重要な世界市場において幅広い製品系列をもって展開することを目標としていた[143]。

この合併にともない新しい世界戦略が展開されたが，その主要な柱は，生産と技術の面での統合，市場・製品セグメントにおけるプレゼンスの拡大・強化にあった。すなわち，両グループを世界的規模の生産・技術革新のネットワークに統合すること，北米でのメルセデスの地位の強化，クライスラーにとってのヨーロッパの市場機会の拡大，小型の都市用自動車から超高級車や大型トラックまでのあらゆる市場セグメントでの地位の向上，主要なアジア市場や他の新興市場への参入，補完的なサービスをともなう自動車事業への集中がそれである[144]。なかでも，事業と技術の統合では，生産，購買，販売，サービス，財務，管理，在庫や研究開発といったすべての職能部門内の効率の向上がめざされた[145]。より具体的にいえば，ドイツ側のエンジニアリングによるクライスラーの製品の品質と生産のプロセスの改善，クライスラー製品へのヨーロッパにおけるダイムラーの流通網の利用，クライスラーのより迅速な製品の立ち上げのダイムラーでの利用，ダイムラーへのアメリカにおけるクライスラーの部品・サービス業務の支援，より強固な財務力でのアジア市場と南米市場への展開などがめざされた[146]。

乗用車では，小型車，中級車，上級車および高級車のいずれの市場セグメントでも，メルセデス・ベンツが高価格帯の部分を，クライスラーが中位および下位の価格帯の部分を担当するかたちでの分業化がめざされた。類似の製品が供給される場合でも，メルセデス・ベンツの自動車は，一貫してより高い市場セグメント向けとされた。商用車の部門でも，両社の間での重複は少なく[147]，その点では分業化による効果の可能性は大きかった。この合併では，ことにダイムラー側における小型車のクラスの空白部分を埋めるのを助けること，またオフロード車や小型トラックのセグメントのさらなる拡大，クライスラーの有用車両のモデルでもって製品領域を完全なものにすることがめざされた[148]。このように，製品ポートフォリオに関しては，クライスラーの弱みはダイムラー・ベンツの強みであり，逆もまたそうであった[149]。

また地域補完に関しては，両社の間にみられる市場の地域構成の相違が重要な意味をもった。1998年の合併の時点でも，クライスラーが約15％のシェアをもつ北米市場での売上は同社の売上全体の約93％にものぼっていた。これに対して，この地域のダイムラーの市場シェアはわずか1.2％にすぎず，ダイムラ

ーは主にヨーロッパ市場で強力な地位を占めていた[150]。ことにダイムラー・ベンツにとっては，コングロマリット的な「統合されたテクノロジー・コンツェルン」から自動車部門の純粋なグローバル・プレイヤーへのコンツェルンの再編が合併のひとつの重要な動機をなしており，そうした目的にとっては，クライスラーとの販売市場の地域補完が重要な意味をもった[151]。

　　② ダイムラーとクライスラーの合併の限界とその要因

　以上のように，この合併では，経営資源の結合による規模の経済の追求とともに，製品・市場の多様化を可能にする範囲の経済の追求が重要な動機をなした[152]。しかし，ダイムラー・クライスラーの利益戦略は，首尾一貫した，また調整された企業戦略というよりはむしろ，異なるブランド戦略と地域政策の寄せ集めにすぎなかった。同社は，当初目標とされた世界的規模で統合された生産とイノベーションのネットワークには決してならず，またアジアや東欧の重要な新興市場への参入という目標も実現されることはできなかった。ダイムラーとクライスラーの合併の9年は，主としてユルゲン・シュレンプの「世界企業」戦略の失敗の物語であったといえる[153]。「世紀の合併」とも称されたこの合併は，期待されたシナジー効果が十分に発揮されることもなく，また企業文化の相違や経営体制の問題からも大きな限界をもつものとならざるをえなかった。そこで，つぎに，この合併の限界を規定した諸要因についてみていくことにしよう。

　シナジー効果の限界について——まずシナジーの面についてみると，両社が非常に異なる製品を生産していたために製品間での部品の共通利用の効果には大きな限界があった。両社の製品開発のプロセスは，異なる市場に焦点をあてていたために，明らかに異なっていた[154]。プラットフォーム・コンセプトと共通部品の利用による数量の利点から，クライスラーの規模の経済が期待されていた。しかし，それぞれのブランド・イメージを損なうことなく大量生産の自動車と上級の高級車を同一部品の戦略でもってコスト的に有利に生産することは困難であった[155]。またクライスラーの自動車との技術面での類似性の高まりによって，メルセデス・ベンツの乗用車のイメージ低下というリスクもあ

った⁽¹⁵⁶⁾。メルセデスとクライスラーのモデルの間での共通化の試みは，異なるイメージとモデルのレンジのために成功しなかった⁽¹⁵⁷⁾。より手頃な価格のクライスラー車へのダイムラー車の高価な部品の利用と，ダイムラー車へのより安価なクライスラーの部品の利用は，ダイムラー車の品質についての評判の低下やクライスラー車の値頃感の低下というリスクを抱え，両社が事業を運営している各市場での競争優位を低下させることにもなった。また部品企業にとっては，生産規模の増大のゆえに，両社のブランドの自動車用の異なる部品をより低いコストで製造することができたが，その一方で，合併から得られる利益は各社の異なる製品の種類によって制限されるという結果にもなった⁽¹⁵⁸⁾。

　この合併では，財務部門と購買部門は世界的規模で統合され，そこでは，共通の部品や原材料などの大量購買による節約がひとつの重要な目標とされた。しかし，部品企業との長期的な供給契約や工場レベルへの大部分の購買業務の分散のために，購買部門の完全な統合に5年もの時間を要した。さらにさまざまな国あるいは工場に分散していることも多かった購買の統合は，既存の納入業者との契約が切れたときにのみ行うことができたにすぎない。また両社は自らの事業を異なるかたちで構想しており，異なる労働組合のルールを前提としていたので，製造業務の統合にはかなりの時間がかかった⁽¹⁵⁹⁾。

　また販売の領域でのシナジーの追求では，ダイムラー側のヨーロッパ市場についての知識とクライスラー側のアメリカ市場についてのそれの共有化が追求された⁽¹⁶⁰⁾。しかし，メルセデス・ブランドは北米で顕著に強化されたのに対して，クライスラーにヨーロッパや他の市場を開こうとするあらゆる試みが失敗に終わったことも，この合併の効果を著しく損ねる要因となった⁽¹⁶¹⁾。またアジアやラテンアメリカの市場向けの供給という点での補完関係の欠如も，大きな限界を意味した。その結果，クライスラーの乗用車部門は，合併前には全部門のなかで最も利益のあがる部門とみなされていたにもかかわらず，巨額を要する再建の事例となった⁽¹⁶²⁾。一般的に，合併によって追求される目標やシナジーは，統合過程によって市場での同種の，最善の状態にありまた競争上最適な企業が生み出される場合にのみ達成されるが⁽¹⁶³⁾，この巨大合併はそのような条件にはなかったといえる。

企業文化，トップ・マネジメント機構の相違の影響について——また両社の企業文化の面での相違も大きかった。国際合併では，文化面での衝突は，少なくともその国の文化と企業文化（およびそのサブカルチャー）の２つのレベルでみられるが[164]，より重要な意味をもつのは後者の企業文化である。文化の面での統合は企業の管理や意思決定の機構とも深いかかわりをもつが，この点での両社の相違は大きかった。

ダイムラーでは，コングロマリットとして経営されてきたという経緯から分権化がすすんでいたのに対して，クライスラーの経営と意思決定のプロセスは，高度に集権化されている傾向にあった。またダイムラーは，非常に細部志向の傾向にあり，委員会への過度の要求のほか長い会議や詳細な報告のために，非常に煩雑で官僚主義的な意思決定過程となっていた。さらにダイムラー側の経営者によるクライスラー側の主要な経営者のおきかえがもたらしたクライスラー側の多くの経営者にみられた疎外感，重大な問題におけるダイムラー側の優位，クライスラー側の少しの経営者しか直接トップ（J. シュレンプ）に報告しないことなど，慣例や習慣の相違も，コミュニケーションの弱さをもたらす要因となった。これらの要因はすべて，新会社に対するクライスラー側の経営者の忠誠心を低下させる傾向にあった[165]。

またトップ・マネジメントの機構との関連でみると，CEOを擁する取締役会というクライスラーとは異なり，ダイムラーは共同責任を負う取締役会というかたちとなっており，異なる管理の原理がみられた[166]。確かにクライスラーの経営不振にともなう財務問題が深刻化するなかで，ダイムラー・ベンツの特殊な諸要素や価値観がクライスラーに移されるかたちで，合併前の両社の文化の共存には一応の終止符が打たれ，文化の統合の方向にすすんだ[167]。しかし，文化的側面は，現実の経営過程における統合の進展や経営陣の協働のあり方にも大きな影響をおよぼすことになった。

(3) ダイムラー・クライスラーの企業提携の展開とその限界

またダイムラー・クライスラーは，アジア市場のカバーという点での欠点に対しては，同地域の企業との提携による補完に乗り出すことになった。よりプレゼンスの低いアジアでの地位の強化のために，パートナーとの多くの共同プ

ロジェクトが展開され，三菱自動車や現代自動車によって生産される自動車，とくに市場のローエンドの小型車が自らの製品ラインナップの補完とみなされた(168)。例えば三菱との協力は，乗用車と小型の商用車の設計，開発，生産および販売の領域におよんでおり，ヨーロッパ向けの小型車の共同での開発と生産も，こうした協力の重要な内容をなした(169)。この提携はまた，三菱のもつアジアの販売網の利用も含めて同地域への展開の基礎をなすものと位置づけられ，三菱の小型車部門による製品補完と地域補完を主要な目的としたものであった(170)。また商用車の領域をみても，ダイムラー側では，1990年代に入っても，東南アジアの領域はメルセデス・ベンツの戦略上の弱点を意味しており，同地域にとっての将来的なコンセプトでは，韓国や日本のメーカーとの協力の構築がひとつの重要な前提とされた(171)。アジアでのプレゼンスの拡大によるより大きな台数でのコストの利点の実現という戦略が，はるかに徹底して実施された(172)。

　しかし，三菱がスマートやクライスラーと基幹部品・プラットフォームを共有するというシナジー効果の実現は失敗に終わり，クライスラーには燃費のよい小型車がなお欠けているという結果になった(173)。三菱のもつ東南アジアの生産施設の活用を意図した同社への資本参加(174)も，必ずしも十分な成果をあげるには至らなかった。もとより，三菱自動車との提携によるアジア市場および小型車の技術へのアクセスの確保という戦略の利点は，より長期の期間でのみ期待されうるものであった。しかし，三菱の巨額の負債，記録的な損失の発生，過剰生産能力，高い調達コスト，リコール隠しに関するスキャンダルなどは，解決されるべき緊急の問題となった。ダイムラー・クライスラーが10％分の出資を行っていた現代自動車についても同様であった(175)。そうしたなかで，2004年には，部品，開発のみならずプラットフォームさえも共有するために，異なるトラック部門がひとつの世界的規模のトラック・グループに統合された。三菱自動車からの三菱ふそうトラック・バスのスピンオフとその後のダイムラー・クライスラーのトラック・グループへのその統合は，三菱との提携の唯一の積極的な成果であったといえる(176)。

　このように，ダイムラーとクライスラーの合併，さらにアジア企業との提携

は，大きな成果をあげるには至らなかった。ダイムラー・クライスラーの株価の急落，クライスラーの巨額の損失と市場シェアの低下，資本参加していた三菱自動車の経営再建の困難のほか，ダイムラー・ベンツによるクライスラーの事実上の吸収の結果としての後者の経験豊富な経営者の喪失という経営上の問題などから，ダイムラーとクライスラーの合併も，初期の目標を達成することはなかった[177]。最終的には，2007年にクライスラーの売却というかたちで合併の解消という結果とならざるをえず，合併解消後の新しいダイムラー・グループは，堅実なメルセデスの自動車とトラックの部門に明確に集中するかたちをとることになった[178]。

　また合併・買収の他の事例として，BMWによるローバーの買収についてみると，両社の間では，プラットフォームの共通化などスケール・メリットの追求がなされた。しかし，ローバーの伝統的な構造をドイツの標準へと転換するための散発的な協力プロジェクトは，あまりにも遅くに取り組まれただけでなく，実務面での統一化や協力の目標も欠如していた[179]。この買収は，国際的なレベルで小型車から高級車までのフルレンジのメーカーになろうとするBMWの戦略を反映したものであった。しかし，製品の多様化と生産の国際化のいずれにおいても完全な失敗であった。生産の国際化という点では，ローバーのイギリスの生産拠点は，期待されたようには生産的なものではなかった[180]。また製品の多様化・構成という点では，ローバー・グループの供給ポートフォリオは，BMWの製品よりも低い品質の水準の大量製品から構成されており，BMWの立場からすれば，ローバー・ブランドはそれ自体プレミアム・ブランドではなかった。2000年にはローバーの売却が実施されたが，その切り離しは，BMWのその後の高級製品への集中の機会として利用されるべきものとされ，その後は，同グループは，もっぱらプレミアム・セグメント戦略に集中するようになった[181]。

　さらに自動車部品企業の合併についても簡単に触れておくと，自動車企業の国際的な大型合併は，部品企業の国際的な規模でのより小規模な合併をもたらす要因にもなった[182]ほか，自動車生産におけるモジュール化が企業の集中・合併の重要な動因となっている。例えば1990年代後半の時期をみても，とくにモジュール化によって突き動かされたM&Aが強力に増加している[183]。自動車

部品産業におけるM&Aでは，規模の追求や国際化とならんで，技術／エレクトロニクスの取得，モジュールないしシステムの補完，自動車企業の外注活動への対応も，ひとつの重要な役割を果たした(184)。そうしたなかで，とくに中核的な活動の強化とともに，製品ポートフォリオを完全なものにすることも，他社の買収の動機をなした(185)。

4　金融部門における企業集中の展開とその特徴
(1)　金融部門における企業集中の背景

以上の考察において鉄鋼業，化学産業および自動車産業の製造業部門における企業集中の展開についてみてきたが，金融部門もこの時期に合併・買収が活発に展開された部門であった。それゆえ，つぎに，同部門の企業集中の展開を銀行業と保険業を中心にみていくことにしよう。

まず金融部門における企業集中の背景をみると，巨大合併の増加の要因としては，技術進歩，競争の激化，グローバル化，資本の流動性の高まりや規制緩和，民間株式部門の投資量の増大があげられる。また顧客の需要の変化も銀行業の合併を促進した(186)。ことに市場のグローバル化・ボーダレス化にともなうグローバル競争構造への変化のもとで，また金融の自由化の進展のもとで，それまでのヨーロッパの市場における競争優位・市場支配とそれを基盤とする蓄積構造が大きく動揺してきたということがある。そうしたなかで，間接金融から直接金融への移行という傾向のもとでの伝統的な与信業務の収益条件の変化，それにともなう投資銀行事業などの他の事業領域への展開の必要性の増大，ユニバーサル・バンクのもつ優位性の低下なども，企業集中の背景をなした。1990年代の銀行の合併へと駆り立てる支配的な傾向は，全国レベルでの商業銀行の結合とともに，銀行業務と保険ないし投資サービスとを結合させたユニバーサル・バンクとしての金融コングロマリットの構造にみられる(187)。以上のような意味でも，1990年代後半の合併の多くは，攻撃的な理由からではなくむしろ防衛的な理由からおこったものであった(188)。

銀行部門のM&Aでは，①ことに収益面の強化のための新しい事業の構想の追求，②現業的業務の面からの一層のコスト削減のための試みやビジネス・モデルの展開という２つの中心的な傾向が決定的な意味をもった(189)。ドイツ銀

行の1997年の営業報告書でも，合併の動機は，コストの低減のほか，顧客と新しい製品への適切な適応によって追加的な収益の潜在的可能性を開拓することにあったとされている[190]。また銀行の合併の最も重要な競争戦略の面での動機は，市場シェアの拡大の努力であるが，合併のいまひとつの動機は，合併相手とのシナジーの追求であった。そこでは，統合による「規模の経済」の効果とともに，合併から生まれる事業ポートフォリオの多様化の効果である「範囲の経済」が重要な意味をもった[191]。M&Aは，コスト，収益および財務の面でのシナジー[192]のほか，グローバルに競争するための地理的なシナジーと部門間のシナジーの利用のためのひとつの手段を提供してきた[193]。

(2) 金融部門における企業集中の展開
　① 銀行業における企業集中の展開

以上のような集中・結合の背景をふまえて，つぎに企業集中の展開についてM&Aを中心に考察を行うことにするが，まず銀行業についてみていくことにしよう。ヨーロッパの銀行の数は1990年の11,928から99年には8,395へと約30％減少しており，これをドイツについてみても，4,720から3,167へと33％減少している[194]。こうした変化は主に合併・吸収によってひきおこされたものであるが[195]，1990年から2000年までの期間でみると，貯蓄銀行部門の合併・買収が，ドイツの銀行部門におけるM&A活動のかなりの部分を占めていた[196]。そこで，M&Aの代表的事例を投資銀行業務や資産管理，保険などの事業の展開との関連でみていくことにしよう。

まず**ドイツ銀行**についてみると，同行は1989年のイギリスのモルガン・グレンフェルの買収によって国際投資銀行事業への参入をはかっており，このイギリスの会社は，ドイツ銀行コンツェルンの全世界のM&A業務に責任を負うようになった。ドイツ銀行は，投資銀行事業の強化とヨーロッパの代表的な投資銀行への発展という戦略のもとで，1995年にはすべての同事業を独自のひとつの部門に統合し，その名称をドイツ・モルガングレンフェルとした。しかし，ノウハウ，創造性，リスクへの挑戦，条件などの面では，アメリカの投資銀行に比べ競争力は低かった。そうしたなかで，ドイツ銀行は，投資銀行への展開の戦略のもとで，法人向け銀行業務と資産管理部門のための大西洋を越えたプ

ラットフォームの創出によってグローバルな需要の増大に対応するべく，買収を強化した。すなわち，1998年のバンカーズ・トラストの買収，2000年のナショナル・ディスカウント・ブローカーズ・グループの買収，2001年のチューリヒ・スカダー・インベストメントの買収がそれである。なかでも，バンカーズ・トラストの買収は，投資銀行事業の強化を軸としてニューヨークの金融界でのプレゼンスの拡大をはかろうとするものであった。この買収では，資産管理事業の強化も重要な問題となっており，ドイツ銀行は，資産管理と有価証券の事業において国際的に，また利益のあがるかたちで活動しうる決定的な規模に達した。同行は，2000年にもプルーデンシャル・UK・インターナショナルの資産管理事業の買収によるイギリスを中心とする同事業の強化，第一オーストラリア資産グループ持株会社の買収による同国の資産管理市場における地位の強化をはかった。2001年には，AXAオーストラリア財産ファンド・マネジメントの買収によって，とくに同国における不動産にかかわる資産管理部門の事業の強化も推進された。さらにドイツ銀行は，チューリヒ・フィナンシャル・サービスとの協力協定の枠のなかで，同社のヨーロッパの個人顧客への接近の追加的な手段を獲得したほか，2002年のアメリカの不動産管理会社であるRREEFやスタガーの買収でもって，アメリカ市場において重要な一歩をとげ，不動産の資産管理の世界的に主導的な企業となった[197]。

また2003年にはドイツ銀行によるスイスのプライベート・バンクであるRued, Blass & Cie AGの銀行事業の買収が完了している。2004年には，アメリカの多世帯住宅金融に専門化した抵当銀行であるバークシャー抵当金融の保証事業の買収のほか，オーストラリアの3つの信託会社の買収による新設のDB RREEFトラストの誕生などがみられた。2005年には資産管理会社であるヴィルヘルム・フォン・フィンクの買収でもって，ドイツ銀行の自国における個人向け資産管理事業がさらに拡大した。2006年のJPモルガン・チェースからのイギリスの証券保管・手形事業の買収でもって，信託・証券サービス事業を理想的なかたちに仕上げることが可能となった。同年にはさらにイギリスの個人向け資産管理市場における地位の強化のための戦略のひとつとして，同国の資産管理会社であるティルニー・グループが買収された。同年にはまた，2004年に40％の持分を取得したユナイテッド・フィナンシャル・グループの残りの

60％の持分が取得されたが，それは，ロシアにおける主導的な投資銀行としての地位の強化をめざしたものであった。2007年にはアビー生命保険の買収が完了しているほか，不動産投資信託会社であるモーゲージITホールディングスの全株式の取得による買収も完了している。また2008年にも，アメリカのヘッジファンドであるヘッジワークスの全持分の取得によって，ドイツ銀行コンツェルンは，ヘッジファンド事業のサービスの提供を一層拡大した。ドイツ銀行は，同年にはまた郵便貯金事業への参入のためにポストバンク株の取得へと向かっており，この合併には，再び個人顧客向け事業により強力に乗り出すという同行の戦略転換が示されている。この合併は両行の間での理想的な補完をはかろうとするものであり，ポストバンクの買収は，安定した事業領域の一層の強化というドイツ銀行の戦略の徹底した継続であった。この買収でもって，ドイツ銀行は，個人顧客向け事業を投資銀行事業とならぶ確固たる第二の柱にしようとした。この合併は，コストと収益の面でのシナジーのための重要なポテンシャルを提供するものであった。また2009年にはドレスナー銀行のグローバルな代理証券貸付事業の取得でもって，ドイツ銀行コンツェルンは，カストディ業務のプラットフォームの拡大をはかり，有価証券サービス事業における戦略面での製品の穴を埋めた。ドイツ銀行はまた，同年にヨーロッパ最大の民間銀行であるサル・オッペンハイムとその子会社であるBHF銀行の有価証券保管事業を買収しているが，前者の合併では，なお期待を下回っていた資産管理事業の強化がひとつの目標とされた。ドイツ銀行は同年にはさらに，オランダの銀行やABN Amro Bankの企業顧客向け部門の買収によって，オランダの同部門および投資銀行において第4位の地位にまで昇りつめた[198]。

　また**ドレスナー銀行**も同様に，1995年にイギリスの投資銀行のクラインオート・ベンソンを買収し，とくにロンドン金融界での投資銀行の地位を強化した。同行はまた，アメリカのトラベラーズ・グループからのファンドマネジャー会社であるRCMキャピタル・マネジメントの買収によって，資産管理部門の構築をはかっている。**コメルツ銀行**も，同じ1995年にイギリスの投資会社であるジュピター・チンダルの90％の株式取得とアメリカのマーチンゲール・アセット・マネジメントの買収でもって，資産管理部門の拡大をはかった。前者の買収では，東欧と東南アジアの新興市場に重点をおいた国際株式ファンドの

管理に関するジュピター社の特別な専門知識の活用が目的とされていた。後者の買収では，コメルツ銀行コンツェルンの商品ラインナップの拡大，マーチンゲールのもつアメリカ株の管理における長年の経験や最も近代的なポートフォリオ管理の方法の利用がめざされた。また1990年代後半の時期には，コメルツ銀行は，アメリカのモントゴメリー・アセット・マネジメントの買収によって，すべての重要な金融市場において自前の事業単位でもって展開をはかっており，ヨーロッパでは完全な製品ラインナップの提供が可能となった。この時期にはまた，コメルツ銀行は，韓国のKEBITの45％にあたる持分の購入によって資産管理のネットワークを拡大したほか，チェコのプラハでのコメルツ・アッセット・マネジメントの設立でもって，現地でのドイツ最初の金融機関として自前の資産管理会社を展開した。コメルツ銀行の資産管理事業では，ヨーロッパへの明確な集中がみられ，2001年にはすでに資産管理の金額全体の75％超が同地域の15の会社によって担われるようになっている[199]。コメルツ銀行のこうしたM&Aの展開は，コア・バンクともいうべき米欧の大手巨大銀行の欧州展開に直面するなかで，ユーロ・スーパーバンク化によって全ユーロ圏での活動の拡大をとおして打開をめざす戦略に基づくものであり，そのような戦略の推進の手段として，M&Aが重要な意味をもったのであった[200]。

　また2004年のコメルツ銀行によるシュミット銀行の買収によって，後者の合計70の支店網の統合が行われ，コメルツ銀行は，36万人の個人顧客と2,000社の中企業の顧客を獲得し，それまで弱かった地域におけるプレゼンスの強化がめざされた。コメルツ銀行は，2005年には，ドイツ銀行，ドレスナー銀行およびコメルツ銀行の抵当銀行事業の統合によって誕生した，不動産および公的部門の金融のためのヨーロッパにおける代表的な銀行であるオイロヒポの買収によって，ドイツ第2の規模の商業銀行へと躍進した。この買収は，コメルツ銀行の行動の余地と戦略面でのパースペクティブの拡大をはかるものであった。この買収によって，コメルツ銀行は不動産金融における重要なプレイヤーにもなっており，経営資源の共同利用，同銀行の商品供給の補完や新しい市場の開拓のさいの既存の支店網による支援によって，コストと収益の面でのシナジーが達成された。さらにエッセンの抵当銀行の買収とオイロヒポへのその組み入れでもって，コメルツ銀行は，ヨーロッパにおける公的部門の金融の領域でのト

ップ・グループへの最初の一歩を踏み出した。2008年初頭にはその国家向け金融事業の統合が行われている。また2009年にはコメルツ銀行によるドレスナー銀行の買収が手がけられており，そこでは，両行の商品ラインナップの統一と一層の開発，支店の統合がめざされ，ドイツにおけるひとつのブランドのもとでの最も濃密な支店網の構築，支店におけるコンサルティングの提供の強化とコストの効率の改善が追求された。コメルツ銀行は，ベルギーの富裕層の個人顧客向け事業からの撤退や外国の支店の売却などでもって，中核市場としてのドイツへの集中をさらに継続しており[201]，上述のドイツ銀行との間でも対応の相違がみられる。

② 保険業における企業集中の展開

つぎに，保険業についてみると，この部門の企業同士の合併や保険会社による資産管理会社の買収も活発になっている。例えばアリアンツは，1996年にはヘルメス信用保険の持分，オーストリアにある自らの保険会社に対するミュンヘン再保険の持分のすべてを取得している。1998年にもヨーロッパでの地位の一層の改善を目的として，フランスの保険グループであるAGFの株式の51％が取得された。それは，アリアンツ・グループの戦略面での目標の達成における明確な一歩であり，そこでは，信用保険と扶助サービスの提供者としてのヨーロッパでの主導的な地位の獲得，新しい中核事業である資産管理業務の基盤の拡大がめざされた。また1998年12月のMMI保険グループの完全買収や99年の韓国にあるアリアンツ第一生命の買収，台湾にあるアリアンツ・プレジデント生命の50％にあたる持分の取得，アメリカ生命の残りのすべてにあたる持分の追加購入によって，年金保険事業の強化が行われた。そこでは，アリアンツ生命のポートフォリオにおける製品補完と広範な販売網の利用がはかられた。アリアンツはまた，資産管理の部門を第3の中核事業に拡大するために，アメリカの資産管理会社であるPIMCOの買収を手がけており，2000年5月の同グループの70％にあたる持分取得でもって，資産管理事業における経験と供給の理想的な補完がめざされた。また2000年から2001年にかけての時期には，アメリカのニコラス・アップルゲートの買収によって，株式部門での投資商品のラインナップの理想的な補完がめざされた。

さらに2001年にはアリアンツによるドレスナー銀行の買収が行われたが，そこでは，資産管理事業を中核事業へと拡大することが目標のひとつとされていた。同事業のためのグローバルなプラットフォームが生み出されたほか，販売活動の統合，両社の販売拠点での銀行と保険の商品の相互販売による規模の経済の実現も重要な目的とされた。この買収後の統合によって，アリアンツは，2002年にはすべての主要な市場での商品の開発・販売能力の利用が可能となり，6,000万もの個人顧客および機関投資家へのアプローチが可能となった。また支店の閉鎖や人員の削減による効果もめざされた。2005年には中国の工商銀行の持分の取得によって，同行の支店での保険の販売が開始された。2006年にはイギリスのプレミール・ダイレクト・ラインとホーム・アンド・レガシー・ホールディングスの残りの持分取得によって，同国市場における地位の拡大がはかられた。2007年には，すでに株式の51%を保有していたAGFの完全買収が行われた。またロシアの4つの代表的な保険会社のひとつであるROSONOの株式の47.4%の取得によって97%への所有比率の引き上げがはかられた。それでもって，アリアンツは，中東欧における首位の企業として地位を拡大したほか，ロシアの他の保険会社であるプログレス・ガーランドやカザフスタンのATFポリスの買収も手がけた。アジアでもマレーシアのベルハッド・コマース保険の買収，台湾のアリアンツ・プレジデント生命の買収などが行われた。2008年にはトルコの保険会社2社（Allianz Sigorta AŞおよびAllianz Hayat ve Emeklilik AŞ）の所有比率をそれぞれ47.1%，51%引き上げ，持分の84.2%，89%を支配するに至っている。アリアンツは，2009年には，コメルツ銀行へのドレスナー銀行の売却を完了する一方で，コメルツ銀行からファンドマネジャー企業のコムインベストを買収した。同社の完全な統合は，ドイツにおけるアリアンツ・グローバル・インベスター（AGI）の市場シェアの拡大をめざしたブランドの変更や，コストの最適化の諸方策と結びついた現業的な機能と人員の統合，製品ラインナップの統一を含んでいた。同年にはさらにタイの生命保険会社であるアユタヤ・アリアンツ・C.P.パブリックの支配権が獲得されている[202]。

このように，銀行部門は，2000年代前半から半ば過ぎにかけてヨーロッパの

M&Aの最大かつ最も重要な市場をなし，その金額でも最大であった。しかしまた，他の産業部門とは異なり，2007年におこった世界的な銀行の危機も，合併の圧力の増大をもたらす要因となった[203]。銀行および保険の部門では，金融危機の発生以前にも企業の外部的な成長の強さがみられたが，例えば2007年をみても，ヨーロッパのM&A全体に占める金融部門のそれの割合が非常に高かったことは，そのような状況を示すものである[204]。

金融危機後の動きのひとつの特徴は，グローバルな金融危機・信用危機がドイツの歴史上初めての民間銀行部門の部分的な国有化の決定的な推進力となったことにみられる。こうした事例の典型はコメルツ銀行にみられる。一方での持続的な経済危機・金融危機の諸結果と他方でのドレスナー銀行の統合の負担，世界的な不動産価格の低下，不動産の収益性の悪化，顧客の自己資本の減少，他人資本のコストの上昇による信用供与の制限，市場環境への顧客および投資家の適応や新規プロジェクトの抑制のもとでとられたオイロヒポの戦略の新しい方向性，さらにリスク削減から生じる負担の増大[205]などによって，コメルツ銀行は，2009年のドレスナー銀行に対する買収の経過のなかで資金の充足に支障をきたすことになった。その結果，コメルツ銀行の部分的な国有化に政府が乗り出すという事態に発展することになった[206]。この時期にはまた，バイエルン共和国によるバイエルン州立銀行の買収など，公的な関与・救済による大きな変化がみられるようにもなっている[207]。

第3節　資本主義のグローバル段階における企業集中の意義

以上の考察において，1990年代以降の企業集中の新しい展開について，M&Aを中心にみてきた。それをふまえて，つぎに，資本主義のグローバル段階における企業集中の意義についてみておくことにしよう。

1990年代以降の企業集中の問題を企業の資本蓄積との関連でみると，つぎの点をその意義として指摘することができるであろう。企業にとっては，市場機会の地理的な広がりだけでなく，事業機会が一層拡大・多様化する傾向がみられる一方で，そのことは世界的なレベルで過剰供給構造の傾向を一層強めるとともに，世界的な市場のボーダレス化・一体化がすすむなかで市場シェアを容

易には大きく伸ばすことも，一層困難になってきている。それぞれの事業領域や製品領域における競争の激化のもとで，また技術革新のための投資の巨額化と技術発展のサイクルの短縮化にともなうリスクの増大のもとで，さらに市場の変化や技術革新のテンポの加速化にともなう製品ライフサイクルの短縮化の傾向のもとで，一層利益のあがりにくい構造に転化してきたといえる。そのような状況のもとで，各産業の巨大企業は，企業の集中による独占価格の形成・維持とともに，世界的なレベルでの最適な生産力の構成をはかる上でも，前章でみた経営のグローバル展開というかたちだけではなく，M&Aや企業提携を多様に組み合わせた展開をはかることを余儀なくされている。

　この間の状況をみると，アメリカや日本，ヨーロッパの先進資本主義国の有力な大企業であっても，もはやその産業のあらゆる事業領域や製品領域，ビジネス・プロセスにおいて一人勝ち的な支配・優位，あるいは支配領域の圧倒的な拡大を達成することは困難となってきた。そこでは，市場のターゲットとなる国，事業分野，製品分野やビジネス・プロセスの間において，競争力・競争優位の条件に大きな差異がみられるようになっている。そのような競争構造の「複雑性」のもとで，M&Aを基軸とする企業集中においても，それまで以上にさまざまな事業領域や製品領域の細かい部分・セグメントにおいて多様な結合の形態を織り交ぜるかたちで，また主要な各地域のなかの多様な国のレベルでの使い分けを行いながらグローバルな広がりをもって展開されざるをえない状況にある。なかでも，資本投下をともなわない部分をも組み込むことによってM&Aによる展開を補完するかたちでの企業提携の一層多様な展開が，環境変化へのより柔軟な対応をはかる上でも不可欠な要素となっている。事業分野，製品分野やビジネス・プロセスのさまざまな部分においてM&Aと企業提携をいかに多様かつ複雑に組み合わせるかたちで経営環境の変化にフレキシブルに適応していくかということが，企業の競争優位の構築においても，またより有利な資本蓄積を実現する上でも決定的に重要な課題となっている。本章で考察した企業集中の新展開も，そのような経営課題への対応という点での意義を体現するものであるといえる。そうしたなかにあって，ドイツを含むヨーロッパの企業のM&Aにおいては，各国の国内市場中心ではなく，全欧州に立脚するかたちで，欧州株式会社としてアメリカ，日本（アジア）へのグローバルな展

開をはかろうとしている点に，M&A戦略の特徴がみられる[208]。

　ただそのような全般的な傾向のなかにあっても，産業部門による差異もみられ，本章で取り上げた産業部門についてみると，つぎのようにいえるであろう。鉄鋼業では，世界的な再編がすすむなかで，規模の経済を徹底して追求した企業の大型化が，生き残りのための戦略として一層重要な意味をもつようになっており，そのための手段としてM&Aが取り組まれてきたという面が強い。ドイツ企業についていえば，ヨーロッパを舞台とするそのような大規模な再編のもとで，規模の劣位の克服が重要な課題となってきた。しかしまた，この産業では，同時に事業ポートフォリオの最適化，シナジーの実現が追求されており，中核事業領域への集中，高級鋼やステンレス鋼板のようなより付加価値の高い製品セグメントの強化，そのような分野への重点移動の動きも，企業の集中を促す重要な要因となった。

　これに対して，化学産業では，事業の経済的効率性を支えてきた垂直統合的な製品分野と生産過程の連関性による優位の条件が大きく変化するなかで，また医薬品部門における製品開発のパラダイムの決定的な転換のもとで，企業の集中の新展開が必然化してきた。そこでは，巨額の開発費をともなう医薬品部門での事業強化や中核事業に一層焦点を絞った戦略の追求が不可避となり，そのための企業の集中が活発化した。このような経営環境の大きな変化は，まさにそれまでの国内市場における「寡占」的競争から世界市場における「ビッグ３ないし５」といった「世界的寡占」体制への移行を必然化させ，それへの対応として多様な企業集中の展開を不可避にしてきたといえる。そうしたなかで，ことにドイツ企業の特殊的な状況に照らしていえば，1980年代末まで続いてきた主要企業間の重点事業領域の差異に基づく「棲み分け分業」的な事業の構造・体制が崩れる方向にあるなかで，市場と競争のグローバル化の進展が事業構造のドラスティックな再編を不可避にした。そのことが企業の集中の大きな要因となった。さらにドイツ企業が垂直統合構造を維持してきたことも，M&Aによるグローバルな再編を一層不可避にした。

　また自動車産業においては，鉄鋼業と同様にスケール・メリットの追求の必要性，市場と生産における製品補完，地域補完の必要性が，企業集中の展開の重要な要因となってきた。ことにドイツ企業にとっては，市場の重点がヨーロ

ッパにあることから，北米やアジアといったそれまで必ずしも十分な展開がはかられてこなかった地域での事業の強化が重要な意味をもつようになっており，そうしたなかで，M&Aや企業提携による対応が不可避となってきた。ただ第12章でもみたように，ドイツ自動車企業の経営のグローバル展開がヨーロッパを基軸としていることもあり，不十分な，あるいは脆弱な基盤しかもたない他の地域での補完関係は，本来，当該地域において大きな競争優位をもつ勝組企業との連携によってこそ有効に機能しうるものであった。この点，ダイムラーとクライスラーの合併やダイムラー・クライスラーによる三菱自動車との提携などにみられるように，企業集中の相手の組み合わせという面では大きな限界を内包せざるをえないものであったといえる。

　これら3つの製造業部門との比較で金融部門の企業集中の展開をみると，それはまさに金融のグローバリゼーションとこの部門の事業の大きなパラダイム転換に規定されたものであった。銀行業における伝統的な与信業務から投資銀行業務への重点移動，資産管理などの新たな事業展開の将来性のもとで，経営環境の変化のショックは他の産業以上に大きかった。ことにユニバーサル・バンクとしてそれまで高い業績をあげることのできたドイツの大銀行にとっては，新しい事業領域での世界的展開，競争力確保のためには，例えばアメリカ企業以上にM&Aの展開が重要かつ不可欠な課題となるとともに，その成否が企業の生き残りにとっても決定的な意味をもった。金融部門，ことに銀行部門では，ドイツの金融機関にとっての市場の最も大きなターゲットがヨーロッパにあるという状況のもとで，また統一通貨ユーロの誕生によるEU圏での一層の市場拡大の可能性のもとで，さらに金融の自由化の先端を行き金融市場が最も高度に発展しているのがアメリカであるという事情を反映して，企業集中が欧米地域を中心として展開されてきたこと，ドイツ企業によるアメリカ企業の買収が活発になってきたことも特徴的である。しかしまた，金融部門は，2000年代後半におこったアメリカ発の金融危機の影響を直接的に，また最も強く受けざるをえない部門であり，そのことは，ドイツ国内でも新たな再編の要因とならざるをえなかった。

　以上の考察からも明らかなように，1990年代以降のグローバル段階における企業集中には，それまでにない新しい諸特徴がみられ，それは資本蓄積の手段

としての重要な意義を内包するものとなっている。しかしまた，そうした一般的な傾向性のなかにあっても，ドイツ企業に特殊的な存在形態がみられるほか，産業部門による差異が一層顕著になってきた。この点にも，ある国とその企業の歴史的発展過程，産業の特性，地域的特性などに規定された経営現象の現れ方，それを規定する諸要因の分析をとおして企業集中の今日的展開の意義を明らかにすることの重要性が示されているといえる。

（1）P. Martin, Going on Mergers : Today's Takeovers Say More about the Weaknesses of Companies than Their Strengths, *Financial Times*, 22. 12. 1998.
（2）奥村皓一『グローバル資本主義と巨大企業合併』日本経済評論社，2007年，82ページ，同「グローバル市場競争下の『国境を越えるM&A&A（買収・合併・提携）（上）」『関東学院大学経済経営研究所年報』，第21集，1999年3月，13ページ，15ページ。
（3）奥村皓一「グローバル市場競争下の『国境を越えるM&A&A（買収・合併・提携）（下）』」『関東学院大学経済経営研究所年報』，第22集，2000年3月，213ページ。
（4）上田慧「生産のグローバル化とM&A」『経済』No. 80, 2002年5月，17ページ，同「第5次企業合併運動とクロスボーダーM&A」『同志社商学』（同志社大学），第51巻第1号，1999年6月，465ページおよび「対談　グローバリゼーションと現代資本主義」『経済』No. 80, 2002年5月，47ページ参照。
（5）B. Weber, T. Siegert, P. Gomez, *Firmen kaufen und verkaufen, Ein M&A-Leitfaden für Unternehmer und Manager*, Frankfurt am Main, 2007, S. 41.
（6）F. Wesemann, *M&A-Transaktionen am europäischen Kapitalmarkt. Eine empirische Analyse der Kurswirkungen*, 1. Aufl., Hamburg, 2009, S. 5.
（7）Vgl. C. Kummer, *Internationale Fusions- und Akquisitionsaktivität. Historische Entwicklung, Vorbreitung und strategische Intentionen*, 1. Aufl., Wiesbaden, 2005, S. 213.
（8）K. Bösecke, *Value Creation in Mergers, Acquisitions, and Alliances*, 1st edition, Wiesbaden, 2009, p. 143.
（9）S. A. Jansen, *Mergers & Acquisitions. Unternehmensakquisition und -Kooperation. Eine strategische, organisatorische und kapitalmarkttheoretische Einführung*, 5. Aufl., Wiesbaden, 2008, S. 65.
（10）J. Kleinert, H. Klodt, Die fünfte Fusionswelle : Ausmaβe und Hintergründe, P. Oberender(Hrsg.), *Megafusionen. Motive, Erfahrungen und wettbewerbspolitische Probleme*, Berlin, 2002, S. 12, J. Kleinert, H. Klodt, Fusionwellen und ihre Ursachen, W. Franz, H. J. Ramser, M. Stadler(Hrsg.), *Fusionen*, Tübingen, 2002, S. 29, S. 47-8, O. Taskin, *Internationale Mergers & Acquisitions. Eine empirische Analyse räumlicher*

marktökonomischer und länderspezifischer Faktoren unter Anwendung des Gravitationsmodells, Saarbrücken, 2009, S. 13.

(11) H. O. Maucher, Allgemeine Betrachtungen zu Grossfusionen, Restrukturierungen und Wettbewerbspolitik, H. Siegwart, G. Neugebauer(Hrsg.), *Mega Fusionen, Analysen――Kontroversen――Perspektiven*, 2. Aufl., Stuttgart, Wien, 1999, S. 39.

(12) F. L. Pryor, Dimensions of the Worldwide Merger Boom, *Journal of Economic Issues*, Vol. 35, No. 4, December 2001, pp. 833-4.

(13) UNCTAD, *World Investment Report 1998 : Trend and Determinants*, United Nations, Geneva, 1998, pp. 19-22.

(14) R. Grube, A. Töpfer, *Post Merger Integration. Erfolgsfaktoren für das Zusammenwachsen von Unternehmen*, Stuttgart, 2002, S. 20.

(15) H. Klode, Abschlussreferat : Motive und Erfolgsfaktoren von Unternehemens-zusammenschlüssen, P. Oberender(Hrsg.), *a. a. O.*, S. 103.

(16) R. Lenhard, *Erfolgsfaktoren von Mergers & Acquisitions in der europäischen Telekommunikationsindustrie*, 1. Aufl., Wiesbaden, 2009, S. 257.

(17) J. Cantwell, G. D. Santangelo, M&As and the Global Strategies of TNCs, *The Developing Economies*, Vol. 40, No. 4, December 2002, p. 411, pp. 418-9.

(18) S. L. Schmidt, M. A. Schettler, Ziele von Unternehmenszusammenschlüssen, *Zeitschrift Führung+Organisation*, 68. Jg, Heft 6, November/Dezember 1999, S. 312.

(19) O. Budzinski, W. Kerber, *Megafusionen, Wettbewerb und Globalisierung. Praxis und Perspektiven der Wettbewerbspolitik*, Stuttgart, 2003, S. 13.

(20) J. Cantwell, G. D. Santangelo, *op. cit.*, p. 410.

(21) P. A. Gaughan, *Mergers, Acquisitions, and Corporate Restructurings*, fourth edtion, New Jersey, 2007, p. 68.

(22) G. M. Vasconcellos, Cross-border Mergers and Acquisitions : The European-US Experience, *Journal of Multinational Financial Management*, Vol. 8, No. 4, November 1998, p. 432, K. Lucks, R. Meckl, *Internationale Mergers & Acquisitions. Der prozessorientierte Ansatz*, Berlin, Heidelberg, New York, 2002, S. 3.

(23) H. D. Hopkins, Cross-border Mergers and Acquisitions : Global and Regional Perspectives, *Journal of International Management*, Vol. 5, No. 3, autumn 1999, p. 214.

(24) K. Lucks, R. Meckl, *a. a. O.*, S. 7.

(25) N. Pahl, A. Richter, *International Strategic Alliances and Cross-Border Mergers & Acquisitions*, 1. Aufl., München, 2008, S. 66.

(26) M. Glaum, A. Grothe, T. Hutzschenreuter, *Besonderheiten internationaler Akquisitionen*, S. Schmid(Hrsg.), *Management der Internationalisierung*, 1. Aufl., Wiesbaden, 2009, S. 153.

(27) R. R. Sinkovics, J. Murray, Cross-border M&A in the EU and the USA : A Regional

Analysis, T. Morrow, S. Loane, J. Bell, C. Wheeler(eds.), *International Business in an Enlarging Europe*, Basingstoke, 2005, p. 144, O. Meyer, *Die Besteuerung grenzüberschreitender Verschmelzung*, Berlin, 1995, S. 26.

(28) P. A. Gaughan, *op. cit.*, p. 3.

(29) M. Glaum, T. Hutzschenreuter, *Mergers & Acquisitions. Management des externen Unternehmenswachstums*, Stuttgart, 2010, S. 49.

(30) J. Kleinert, H. Klodt, *Megafusionen. Trends, Ursachen und Implikationen*(Kieler Studien, 302), Tübingen, 2000, S. 20, S. 47.

(31) Vgl. H. O. Lenel, Zu den Megafusionen in letzen Jahren, *ORDO*, Bd 51, 2000, Ⅲ.

(32) J. M. Campa, I. Hernando, Shareholder Value Creation in European M&As, *European Financial Management*, Vol. 10, No. 1, March 2004, p. 48.

(33) A. Maichel, *Globalisierte Industrie? Erscheinungsformen, Ursachen und Auswirkungen der zunehmenden Globalisierung und Internationalisierung*, 1. Aufl., München, 2002, S. 12-3, O. Budzinski, W. Kerber, *a. a. O.*, S. 47.

(34) M. Glaum, T. Hutzschenreuter, *a. a. O.*, S. 49.

(35) 奥村, 前掲書, 398ページ。

(36) J. Kleinert, H. Klodt, *Megafusionen*, S. 56.

(37) S. Oleownik, M. Bußmann, Akquisitionsstrategien börsennotierter Aktiengesellschaften in Deutschland, *Mergers and Acquisitions*, 5/2002, S. 245, S. 248.

(38) J. Kleinert, H. Klodt, Die fünfte Fusionswelle, S. 9-10, 上田, 前掲「生産のグローバル化とM&A」, 17ページ, 同「第5次企業合併運動とクロスボーダーM&A」, 480ページ。

(39) P. Möws, *Post Merger Integration als kritischer Erfolgsfaktor von Mergers & Acquisitions unter besonderer Berücksichtigung der Balanced Socorecard. Inwieweit eignet sich die Merger-Führungs-Scorecard zur Steuerng der kritischen Erfolgsfaktoren in einer PMI?*, 1. Aufl., München, 2009, S. 10-1.

(40) W. Bernhardt, Acquisitions, Mergers and Cancellations in Germany――in the White Water of Shareholder Value, *Corporate Governance : An International Review*, Vol. 8, No. 4, October 2000, p. 328.

(41) 例えば, U. K-Dixon, Akquisitionsstrategien und Post-Merger-Integration, M. Glaum, U. Hommel, D. Thomaschewski(Hrsg.), *Wachstumsstrategien internationaler Unternehemungen*, Stuttgart, 2002, S. 313などを参照。

(42) I. Voss, Das M&A-Motto 2006 : Big is beautiful. Ein Rückblick auf den deutschen M&A-Markt im ersten Halbjahr 2006, *Mergers and Acquisitions*, 7/2006, S. 319.

(43) Vgl. J. Huffschmid, Internationale Finanzmärkte : Funktionen, Entwicklung, Akteure, J. Huffschmid, M. Köppen, W. Rhode(Hrsg.), *Finanzinvestoren*, Hamburg, 2009, M. Köppen, Private Equity-Fonds, J. Huffschmid, M. Köppen, W. Rhode(Hrsg.), *a. a. O.*, I.

Voss, Das M&A-Jahr 2005 in Deutschland : Deutlicher Aufschwung, *Mergers and Acquisitions*, 1/2006, S. 3, I. Voss, Das M&A-Jahr 2004 in Deutschland――Geschäft zieht weltweit an, Deutschland hinkt hinterher――, *Mergers and Acquisitions*, 2/2005, S. 51.

(44) 奥村, 前掲書, ivページ, 12-3ページ, 19-20ページ, 182ページ, 195ページ参照。

(45) J. Cantwell, G. D. Santangelo, *op. cit.*, p. 426.

(46) 工藤 章『日独経済関係史序説』桜井書店, 2011年, 186-7ページ。

(47) G. Picot, Cross Border-Verschmelzungen in der M&A-Praxis, *Mergers and Acquisitions*, 10/2007, S. Ⅲ.

(48) G. Picot, I. Antropius, Grenzüberschreitende Verschmelzungen――Zulässigkeit und Verfahrensablauf nach Umsetzung der Richtlienie 2005/56 EG――, *Mergers and Acquisitions*, 10/2007, S. 437.

(49) Vgl. C. Lange, *Grenzüberschreitende Umstrukturierung von Europäischen Aktiengesellschaften, Steuerliche Konsequenzen in Deutschland und Großbritannien*, Berlin, 2005, S. 80, S. 387, C. E. Decher, Grenzüberschreitende Umstrukturierungen jenseits von SE und Verschmelzungsrichtlinie, *Der Konzern*, 4. Jg, Heft 12, Dezember 2006, S. 805-6, J. Reichert, Die SE als Gestaltungsinstrument für Grenzüberschreitende Umstrukturierungen, *Der Konzern*, 4, Jg, Heft 12, Dezember 2006, S. 821, S. 826, S. 835.

(50) D. Leuering, S. Simon, Die Europäische Aktiengesellschaft――Eine neue Rechtsform tritt an, *NJW-Spezial*, 2. Jg, Heft 2, 2005, S. 75.

(51) G. Wenglorz, Die grenzüberschreitende „Heraus"――Verschmelzung einer deutschen Kapitalgesellschaft : Und es geht doch ! , *Der Betriebs-Berater*, 59. Jg, Heft 20, 17. 5. 2000, S. 1061.

(52) Vgl. Fusionen : Das Ziel heißt Global Player, *Stahl und Eisen*, 120. Jg, Nr. 7, 15. 7. 2000, S. 94.

(53) M. Höpner, G. Jackson, An Emerging Market for Corporate Control?, *MPIfG (Max Planck-Institut für Gesellschaftsforschung) Discussion Paper 01/4*, September 2001, p. 15.

(54) Vgl. Bericht des Bundeskartellamtes über seine Tätigkeit sowie über die Lage und Entwicklung auf seinem Aufgabengebiet, Deutscher Bundestag, *Drucksache*, verschidene Jahre, M. Höpner, G. Jackson, *op. cit.*, p. 15.

(55) J. Kleinert, H. Klodt, *Megafusionen*, S. 16, S. 18.

(56) H. Klode, *a. a. O.*, S. 104.

(57) Vgl. S. Oleownik, M. Bußmann, *a. a. O.*, S. 244, K-C. Muchow, M&A-Tätigkeit in Deutschland auch 1998 auf hohem Niveau, *M&A Review*, 1/1999, S. 7.

(58) P. A. Gaughan, *op. cit.*, p. 68.

(59) D. M. DePamphilis, *Mergers, Acquisitions, and Other Restructuring Activities. An Integrated Approach to Process, Tools, Cases, and Solutions*, fifth edition, Burlington, 2010, pp. 6-7.

(60) Vgl. J. Kleinert, H. Klodt, Die fünfte fusionswelle, S. 14, S. 16, S. 18.
(61) K. Lucks, R. Meckl, *a. a. O.*, S. 7.
(62) R. F. Bruner, *Applied Mergers and Acquisitions*, Hoboken, 2004, p. 74, P. Achleitner, R. W. Herden, M. Zagel, Günstige Rahmenbedingungen lassen M&A-Boom anhalten, *M&A Review*, 4/1997, S. 164.
(63) Vgl. M. Metz, *Controlling des Integrationsprozesses bei Mergers & Acquisitions*, 1. Aufl., Wiesbaden, 2002, T. Grünert, *Mergers & Acquisitions in Unternehmenskrisen. Krisenbewältigung durch Synergierealisation*, 1. Aufl., Wiesbaden, 2007, S. 74-5, U. K-Dixon, *a. a. O.*, S. 316, K. Blasch, *Strategische Aspekte einer feindlichen Übernahme. Fusion zwischen der Robert Bosch GmbH und der Nuderus AG*, Saarbrücken, 2008, S. 69.
(64) O. Bodenbender, *Zur Relevanz multinationaler Unternehmen im Globalisierungsprozess――Darstellung, wettbewerbspolitische Problematik und Lösungsansätze――*, Berlin, 2006, S. 185.
(65) UNCTAD, *World Investment Report 2000 : Cross-boder Mergers and Acquisitions and Development*, United Nations, Geneva, 2000, p. 10.
(66) H. D. Hopkins, *op. cit.*, p. 208.
(67) F. L. Pryor, The Worldwide Merger Wave, the New Economy, and Competition, L-H. Röller, C. Way(Hrsg.), *Die soziale Marktwirtschaft in der neuen Weltwirtschaft*, Berlin, 2001, p. 198.
(68) J. H. Dunning, *Alliance Capitalism and Global Business*, London, New York, 1997, p. 47.
(69) R. v Tulder, Rival Internationalisation Trajectries, A. Eckardt, H. D. Köhler, L. Pries (eds.), *Global Players in lokalen Bindungen*, Berlin, 1999, p. 70.
(70) S. A. Jansen, *a. a. O.*, S. 66.
(71) UNCTAD, *World Investment Report 2000*, p. 239.
(72) G. Andrade, M. Mitchell, E. Stafford, New Evidence and Perspectives on Mergers, *Journal of Economic Perspectives*, Vol. 15, No. 2, spring 2001, p. 105.
(73) B. Wübben, *German Mergers & Acquisition in the USA. Transaction Management and Success*, 1. Aufl., Wiesbaden, 2007, p. 114, p. 164, p. 260.
(74) M. Höpner, G. Jackson, *op. cit.*, p. 33.
(75) U. Jürgens, Nach dem Fall von Mannesmann――Papier revisited, *Arbeitspapier des Wissenschaftszentrums Berlin für Sozialforschung GmbH(WZB)*, FS II 00-202, Berlin, März 2000, S. 32, M. Höpner, G. Jackson, *op. cit.*, p. 39.
(76) *Ibid.*, p. 40, 奥村,前掲書, 240-1ページ参照。
(77) J. Matthes, Das deutsche Corporate-Governance-System im Wandel. Übergang zum angelsächsischen System oder nur leichte Annäherung?, C. Storz, B. Lagemann(Hrsg.), *Konvergenz oder Divergenz? Der Wandel der Unternehemensstrukturen in Japan und Deutschland*, Marburg, 2005, S. 235-6.

(78) A. Töpfer, Mergers & Acquisitions : Anforderungen und Stolperstein, *Zeitschrift Führung + Organisation*, 68. Jg, Heft 1, Januar/Februar 2000, S. 11-2.
(79) O. Budzinski, W. Kerber, *a. a. O.*, S. 14.
(80) 奥村，前掲書，182ページ。
(81) 同書，253ページ。
(82) R. W. Herden, M. Schillo, M&A-Markt——Erste Zeichen der Erholung? *Mergers and Acquisitions*, 12/2004, S. 534.
(83) Vgl. I. Voss, Das M&A-Motto 2006, S. 313-4, S. 319.
(84) P. Denner, *Mergers & Acquisitions. Korrelative Betrachtung von hard & soft Facts während der Verlaufs einer Fusion*, Saarbrücken, 2008, S. 12-3.
(85) S. Scheiter, M. Wehmeyer, Konzerne suchen ihr (M&A) Glück auch wieder in der Ferne, *Mergers and Acquisitions*, 8-9/2006, S. 373, M. Glaum, T. Hutzschenreuter, *a. a. O.*, S. 27.
(86) Vgl. S. Scheiter, M. Wehmeyer, *a. a. O.*, S. 377.
(87) I. Voss, M&A-Rekordjahr 2006 : Deutschland im weltweiten Trend, *Mergers and Acquisitions*, 2/2007, S. 49.
(88) S. Kunisch, M&A-Markt 2007 in Deutschland——Zwei unterschiedliche Jahreshälften, *Mergers and Acquisitions*, 2/2008, S. 57.
(89) M. Dier, R. Eckert, Cross-Border M&A in Europa——Wie die Besten die Integrationsherausforderungen bewältigen, *Mergers and Acquisitions*, 2/2008, S. 78-9.
(90) M. Ecker, Die sechste M&A-Welle im Vergleich zu vorangegangen Fusionswellen, *Mergers and Acquisitions*, 11/2008, S. 509-11.
(91) P. A. Gaughan, *Mergers, Acquisitions, and Corporate Restructurings*, fifth edtion, Hoboken, 2011, pp. 71-2.
(92) G. M-Stewens, Ein Paradigmenwecsel steht bevor, *Mergers and Acquisitions*, 1/2009, S. Ⅲ.
(93) Vgl. S. Kunisch, Der deutsche M&A-Markt 2008——Im Zeichen der Finanzkrise, *Mergers and Acquisitions*, 2/2009, S. 47-50, S. 55.
(94) S. Kunisch, Ein Blick auf die M&A-Mode, *Mergers and Acquisitions*, 8-9/2009, S. Ⅰ, S. Kunisch, C. Wahler, Deutscher M&A-Markt im Sog des globalen Abwärtstrends. Die M&A-Aktivitäten im ersten Halbjahr 2009, *Mergers and Acquisitions*, 8-9/2009, S. 368-9, S. 375.
(95) 大場陽次「歴史的再編すすむ世界の鉄鋼業」『経済』，No. 83, 2002年8月，74-6ページ，「鉄鋼大再編　国境を超える合従連衡（下）　欧州勢に再び危機感——5社共存揺さぶる市場」『日本経済新聞』，2001年1月26日付参照。
(96) R. Vondran, Haben private europäische Unternehmen eine Chance auf den Stahlmärkten der Zukunft?, *Stahl und Eisen*, 115. Jg, Nr. 4, 18. 4. 1995, S. 51.

第13章　企業集中の今日的展開とその特徴　*519*

(97)　U. K-Dixon, *a. a. O.*, S. 302.
(98)　*Ebenda*, S. 319.
(99)　*Ebenda*, S. 303-4, S. 309, S. 311, S. 320-1.
(100)　ThyssenKrupp AG, *Geschäftsbericht 1998/99*, S. 20-1, *Geschäftsbericht 1999/2000*, S. 33, *Geschäftsbericht 2001/2002*, S. 69-70, S. 172.
(101)　ThyssenKrupp AG, *Geschäftsbericht 2002/2003*, S. 51-2, S. 152-3, *Geschäftsbericht 2003/2004*, S. Ⅱ, S. 138, *Geschäftsbericht 2004/2005*, S. 38, *Geschäftsbericht 2005/2006*, S. 45, *Geschäftsbericht 2007/2008*, S. 59. S. 78, S. 172, *Geschäftsbericht 2010/2011*, S. 51.
(102)　M. Krebs, Strategische Bedeutung von M&A für die deutsche Pharmaindustrie, D. Birk, R. Pöllath, I. Saenger(Hrsg.), *Forum Unternehmenskauf 2005. Aus dem Münsteraner Studiengang „Merger & Acquisitions"*, 1. Aufl., Baden-Baden, 2006, S. 390-1, S. 393-4.
(103)　Vgl. D. Kleine, P. Reese, Gründe und Motive für die M&A-Welle in der Pharmaindustrie, *M&A Review*, 3/1997, S. 105, S. 108, S. 110-2.
(104)　M. Krebs, *a. a. O.*, S. 398, B. R. Kumar, *Mega Mergers and Acquisitions. Case Studies from Key Industries*, Bashingstoke, 2012, pp. 3-7.
(105)　Hoechst AG, Bericht des Vorsitzenden des Vorstands Jürgen Dormann. Ordentlche Hauptversammlung am 6. Mai 1997, S. 1, *Hoechst Archiv*, Hauptversammlung 12/1998.
(106)　Hoechst AG, Bericht des Vorsitzenden des Vorstands Jürgen Dormann. Ordentlche Hauptversammlung am 25. April 1995, S. 8, *Hoechst Archiv*, Hauptversammlung 1995.
(107)　Vgl. G. M-Stewens, Neue Akquisitionsrunde in der Pharmabranche?, *Mergers and Acquisitions*, 10/2002, S. 493.
(108)　M. Krebs, *a. a. O.*, S. 404-5.
(109)　Vgl. T. Sproll, Fusionen in der pharmazeutischen Industrie : Das Beispiel Novartis in Deutschland, P. Oberender(Hrsg.), *a. a. O.*, S. 49, S. 51-2.
(110)　Vgl. M. Krebs, *a. a. O.*, S. 408.
(111)　*Ebenda*, S. 401.
(112)　*Ebenda*, S. 408-9.
(113)　A. Bris, C. Cabolis, Corporate Governance Convergence through Cross-boder Mergers : the Case of Aventis, G. N. Gregorious, L. Renneboog(eds.), *Corporate Governance and Regulatory Impact on Mergers and Acquisitions. Research and Analysis on Activity Worldwide since 1990*, Amsterdam, 2007, p. 75.
(114)　M. Wortmann, *Komplex und Global. Strategien und Strukturen multinationnaler Unternehmen*, 1. Aufl., Wiesbaden, 2008, S. 114-7.
(115)　Hoechst AG, Bericht des Vorsitzenden des Vorstands Jürgen Dormann. Ordentlche Hauptversammlung am 25. April 1995, S. 8-9, *Hoechst Archiv*, Hauptversammlung 1995.
(116)　M. Krebs, *a. a. O.*, S. 391.

(117) Hoechst AG, Bericht des Vorsitzenden des Vorstands Jürgen Dormann. Ordentlche Hauptversammlung am 6. Mai 1997, S. 4–5, *Hoechst Archiv*, Hauptversammlung 12/1998.
(118) J. Kädtler, Die deutsche Großchemie und der Shareholder-Value, *Die Mitbestimmung*, 52. Jg, Heft 6, Juni 2006, S. 26.
(119) M. Krebs, *a. a. O.*, S. 391.
(120) Hoechst AG, Bericht des Vorsitzenden des Vorstands Jürgen Dormann. Ordentlche Hauptversammlung am 25. April 1995, S. 8, *Hoechst Archiv*, Hauptversammlung 1995, Hoechst AG, Bericht des Vorsitzenden des Vorstands Jürgen Dormann. Ordentlche Hauptversammlung am 6. Mai 1997, S. 5, *Hoechst Archiv*, Hauptversammlung 12/1998.
(121) Hoechst AG, Bericht des Vorsitzenden des Vorstands Jürgen Dormann. Ordentlche Hauptversammlung am 25. April 1995, S. 8, *Hoechst Archiv*, Hauptversammlung 1995.
(122) S. Vitols, Shareholder Value, Management Culture and Production Regimes in the Transformation of the German Chemical-Pharmaceutical Industry, *Competition & Change*, Vol. 6, Issue 3, September 2002, p. 317, S. Vitols, Viele Wege nach Rom?, W. Streeck, M. Höpner(Hrsg.), *Alle Macht dem Markt?*, Berlin, New York, 2003, S. 209.
(123) Hoechst AG, *Bericht über den Unternehmenszusammenschluß von Hoechst und Rhone-Poulenc. Bericht des Vorstandes*, Frankfurt am Main, 1999, S. 36,S. 38–44, S. 47–9, S. 51 (*Hoechst Archiv*).
(124) W. Menz, S. Becker, T. Sablowski, *Shareholder-Value gegen Belegschaftsinteressen*, Hamburug, 1999, S. 201, S. 206.
(125) Bayer AG, *Geschäftsbericht 1998*, S. 19, S. 28, S. 75, *Geschäftsbericht 1999*, S. 22, S. 91, *Geschäftsbericht 2000*, S. 3, S. 19, *Geschäftsbericht 2001*, S. 1. S. 6. S. 10–1, *Geschäftsbericht 2002*, S. 36, L. Achtenhagen, Chemie, *M&A Review*, 12/1995, S. 542–3, P. Meinecke, Chemie, *M&A Review*, 4/1998, S. 173, M. Schäfer, Der Markt für Unternehemenskontrolle 1995 wieder im Aufschwung, *M&A Review*, 1/1996, S. 7, K. Metelmann, S. Neuwirt, Wachstum und Organisation im Bayer-Konzern, M. Glaum, U. Hommel, D. Thomaschewski(Hrsg.), *a. a. O.*, S. 136.
(126) Bayer AG, *Geschäftsbericht 2003*, S. 2.
(127) Bayer AG, *Geschäftsbericht 2004*, S. 26, S. 88–9, *Geschäftsbericht 2006*, S. 136, S. 139, *Geschäftsbericht 2007*, S. 50–1, S. 127, *Geschäftsbericht 2008*, S. 174, *Geschäftsbericht 2009*, S. 4, S. 182–3, *Geschäftsbericht 2010*, S. 183, S. 186, S. 223.
(128) BASF AG, *Geschäftsbericht 1997*, S. 28–9, *Geschäftsbericht 1999*, S. 47, *Unternehmensbericht 2003*, M. Schäfer, Deutscher Markt für Unternehmenskontrolle stabilisiert sich auf hohem Niveau, *M&A Review*, 1/1997, S. 7. P. Wilhelm, Chemie, *Mergers and Acquisitions*, 1/2000, S. 24.
(129) BASF AG, *Unternehemensbericht 2005*, S. 24, *Bericht der BASF-Gruppe zur Bilanz-Pressekonferenz 2005*, S. 2, *Unternehmensbericht 2006*, S. 16, *Bericht 2007*, S. 155, *Bericht*

第13章 企業集中の今日的展開とその特徴 *521*

2008, S. 171, *Bericht 2009*, S. 14, S. 155, *Bericht 2010*, S. 17, S. 153-4, *Zwischenbericht. 1. Quartal 2012*(*Januar-März*), S. 4, S. 22, *Zwischenbericht. 1. Halbjahr 2012*(*Januar-Juni*), S. 6, S. 25, *Zwischenbericht. 3. Quartal 2012*(*Juli-September*), S. 23, BASF AG, *Übersicht Gesamtjahr und 4. Quartal 2010*, S. 11, I. Voss, Das M&A-Motto 2006, S. 317, I. Voss, M&A-Rekordjahr 2006, S. 54-5, S. Kunisch, Der deutsche M&A-Markt 2008, S. 50, S. 54, D. Rainsborough, Chemie, *Mergers and Acquisitions*, 11/2008, S. 541.

(130) Hoechst AG, Bericht des Vorsitzenden des Vorstands Jürgen Dormann. Ordentlche Hauptversammlung am 30. April 1996, S. 5, *Hoechst Archiv*, Hauptversammlung 1996.

(131) Hoechst AG, Bericht des Vorsitzenden des Vorstands Jürgen Dormann. Ordentlche Hauptversammlung am 6. Mai 1997, S. 2, *Hoechst Archiv*, Hauptversammlung 12/1998, Wichtige Themen in den Aufsichtsratssitzungen 1996, S. 2, *Hoechst Archiv*, Hauptversammlung 12/1998, Hoechst AG, Bericht des Vorsitzenden des Vorstands Jürgen Dormann. Ordentlche Hauptversammlung am 5. Mai 1998, S. 4, *Hoechst Archiv*, Hauptversammlung 12/1998.

(132) *Ebenda*, S. 4.

(133) Wichtige Themen in den Aufsichtsratssitzungen 1996, S. 1, *Hoechst Archiv*, Hauptversammlung 12/1998.

(134) T. J. Sturgeon, R. Florida, Globalization and Jobs in the Automotive Industry, *MIT-IPC-Workingpaper-00-012*, Cambridge, November 2000, p. 2, OECD, *New Patterns of Industrial Globalisation*, Paris, 2001, pp. 84-5.

(135) J. Cantwell, G. D. Santangelo, *op. cit.*, p. 416-7, B. R. Kumar, *op. cit.*, pp. 210-1.

(136) R. Grube, A. Töpfer, *a. a. O.*, S. 59.

(137) M. Freyssenet, K, Shimizu, G. Volpato, Conclusion, M. Freyssenet, K, Shimizu, G. Volpato(eds.), *Globalization or Regionalization of the European Car Industry?*, Basingstoke, 2003, p. 243.

(138) Bundeskartellamt(Hrsg.), *Megafusion――Eine neue Herausforderung für das Kartellrecht*, Bonn, 2000, S. 57, H. O. Lenel, *a. a. O.*, S. 8

(139) M. Müller, *Die Identifikation kultureller Erfolgsfaktoren bei grenzüberschreitenden Fusion――Eine Analyse am Beispiel der DaimlerChrysler AG*, Wiesbaden, 2007, S. 193-5, A. Berrisch, *Supply Chain Management in der Automobilindustrie*, 1. Aufl., München, 2008, S. 17.

(140) M. Freyssenet, K, Shimizu, G. Volpato, *op. cit.*, p. 247. pp. 251-3.

(141) OECD, *op. cit.*, p. 83.

(142) U. Leitner, N. Ladage, Den Merger als Katalysator nutzen, *Zeitschrift Führung+Organisation*, 68. Jg, Heft 6, November/Dezember 1999, S. 342.

(143) H. Wallentowitz, A. Freialdenhoven, I. Olschewski, *Strategien in der Automobilindustrie. Technologietrends und Marktentwicklungen*, 1. Aufl., Wiesbaden, 2009, S. 56.

(144) H-D. Köhler, From the Marriage in Heaven to the Divorce on Earth, M. Freyssenet (ed.), *The Second Automobile Revolution*, Basingstoke, 2009, p. 312.
(145) H. Berg, A. U. Rott, Daimler-Chrysler : Ein Unternehmenszusammenschluβ neuer Qualität?, *Wirtschaft und Wettbewerb*, 49. Jg, Neft 2, Februar 1999, S. 141.
(146) D. M. DePamphilis, *Mergers, Acquisitions, and Other Restructuring Activities. An Integrated Approach to Process, Tools, Cases, and Solutions*, second edition, San Diego, 2003, p. 320, p. 741.
(147) F. Neubauer, U. Steger, G. Räder, The Daimler/Chrysler Merger : The Involvement of the Boards, *Corporate Governance*, Vol. 8, No. 4, October 2000, p. 377, H. Berg, A. U. Rott, *a. a. O.*, S. 145–6.
(148) C. Intveen, *Unternehmensstrategien internationaler Automobilhersteller. Auswirkung verkehrspolitischen Engagements auf die Gesamtunternehmensebene*, 1. Aufl., Wiesbaden, 2004, S. 105.
(149) M. Müller, *a. a. O.*, S. 194.
(150) H. Berg, A. U. Rott, *a. a. O.*, S. 144, O. Budzinski, W. Kerber, *a. a. O.*, S. 20–1.
(151) *Ebenda*, S. 53.
(152) P. N. Ghauri, P. J. Buckley, International Mergers and Acquisitions : Past, Present and Future, C. Cooper, A. Gregory (eds.), *Advances in Mergers and Acquisitions*, Oxford, 2003, p. 211.
(153) H-D. Köhler, *op. cit.*, p. 309, p. 323, p. 327.
(154) M. Gaitanides, I. Sjurts, 》Der Merger of Equals muβ letzlich ein Merger der Rationalen sein《. Interview mit Dr. Rüdiger Grube, Bereichsvorstand Konzernstrategie, und Olaf G. Koch, Senior Manager and Head of the Corporate War-Room, DaimlerChrysler AG, *Zeitschrift Führung+Organisation*, 68. Jg, Heft 6, November/Dezember 1999, S. 354.
(155) Vgl. H. Wallentowitz, A. Freialdenhoven, I. Olschewski, *a. a. O.*, S. 56–7.
(156) C. Stadler, *Unternehmenskultur bei Royal Dutch/Shell, Siemesns und DaimlerChrysler*, Stuttgart, 2004, S. 322.
(157) H-D. Köhler, *op. cit.*, p. 314.
(158) A. M. Rugman, *The Regional Multinationals. TNEs and „Global" Strategic Management*, Cambridge, 2005, pp. 146–8.
(159) D. M. DePamphilis, *Mergers, Acquisitions, and Other Restructuring Activities*, second edition, 2003, p. 321, p. 742.
(160) M. Gaitanides, I. Sjurts, *a. a. O.*, S. 350–1.
(161) H-D. Köhler, *op. cit.*, p. 323.
(162) O. Budzinski, W. Kerber, *a. a. O.*, S. 45.
(163) A. Dröse, *Integrationsmanagement bei Mergers & Acquisitions. Kulturelle Aspekte bei Unternehemenszusammenschlüssen*, Saarbrücken, 2006, S. 52.

第13章　企業集中の今日的展開とその特徴　*523*

(164) N. Grave, *Mergers and Acquisitions : Handlungsempfehlungen für die Entwicklung einer gemeinsamen Kulturellen Identität : Integration von National- und Unternehmenskulturen*, Saarbrücken, 2010, S. 127.
(165) D. M. DePamphilis, *Mergers, Acquisitions, and Other Restructuring Activities*, second edition, 2003, p. 321, p. 741, A. M. Rugman, *op. cit.*, p. 147, H. Wallentowitz, A. Freialdenhoven, I. Olschewski, *a. a. O.*, S. 57, B. R. Kumar, *op. cit.*, pp. 213.
(166) U. Leitner, N. Ladage, *a. a. O.*, S. 344-6.
(167) Vgl. M. Müller, *a. a. O.*, S. 206, S. 209, S. 213, S. 219, S. 223, S. 226, S. 232.
(168) R. Culpan, *Global Business Alliances, Theory and Practices*, Westport, 2002, p. 139.
(169) DaimlerChrysler AG, *Geschäftsbericht 2000*, S. 44-5.
(170) "Diese Allianz hat zwei klare Gewinner". Daimler-Chrysler und Mitsubishi wollen gemeinsam Osteuropa, Südamerika und Afrika erschließen/Interview mit Jürgen Schremmpp, *Die Welt*, 28. 3. 2000.
(171) H-R. Meißner, K. P. Kisker, U. Bochum, J. Aßmann, *Die Teile und die Herrschaft. Die Reorganisation der Automobilproduktion und der Zulieferbeziehungen*, Berlin, 1994, S. 107.
(172) DaimlerChrysler AG, *Geschäftsbericht 2003*, S. 13.
(173) H-D. Köhler, *op. cit.*, p. 314.
(174) OECD, *op. cit.*, p. 85.
(175) H-D. Köhler, *op. cit.*, p. 86.
(176) *Ibid.*, p. 316.
(177) *Ibid.*, pp. 86-7.
(178) *Ibid.*, p. 325.
(179) P. G. Rosengarten, C. B. Stürmer, *Premium Power. Das Geheimnis des Erfolgs von Mercedes-Benz, BMW, Porsche und Audi*, Weinheim, 2004, S. 51-2.
(180) L. Pries, Driving with Engineers' Professionalism and Family Value, M. Freyssenet (ed.), *op. cit.*, p. 337.
(181) *Ibid.*, p. 337, C. Intveen, *a. a. O.*, S. 106-7.
(182) Vgl. H. Klode, *a. a. O.*, S. 105.
(183) Vgl. T. Becker, H. Wagner, A. T. Kearney, Modularisierung als Wegweiser für Unternehmenszusammenschlüsse in der Automobil-Zulieferindustrie, *Mergers and Acquisitions*, 6/2001.
(184) S. Frankenberger, S. Mezner, Das M&A Jahr 2002 in Deutschland──besser als viele meinen, *Mergers and Acquisitions*, 2/2003, S. 55.
(185) Verband der Automobilindustrie, *Auto Jahresbericht 2005*, Frankfurt am Main, 2005, S. 63.
(186) F. Köhler, *Allokationseffizienz horizontaler Mergers im Bankensektor. Auswirkungen auf die volkswirtschaftliche Wohlfahrt*, Hamburg, 2009, S. 11, H. Starova, P. Teply, *European Bank Mergers and Acquisitions. Do They Create Value for Shareholder?*, Saarbrücken,

2010, p. 1, p. 3, p. 7.
(187) *Ibid.*, pp. 16-7.
(188) Vgl. B. Bernet, Warum fusionierten Banken?, H. Siegwart, G. Neugebauer(Hrsg.), *a. a. O.*, S. 131, S. 138-9, S. 143-4.
(189) M. Joiko, Fortschritt durch Fusionen, *Die Bank――Zeitschrift für Bankpolitik und Bankpraxis*, 06/2006, Juni 2006, S. 70.
(190) Deutsche Bank AG, *Geschäftsbericht 1997*, S. 5.
(191) B. Bernet, *a. a. O.*, S. 140-1.
(192) M. Timmermann, Bankfusionen : Zwei Fallstudien, W. Franz, H. J. Ramser, M. Stadler (Hrsg.), *a. a. O.*, S. 76-7.
(193) J. Cantwell, G. D. Santangelo, *op. cit.*, p. 423.
(194) European Central Bank, *Mergers and Acquisitions Involving the EU Banking Industry : Fact and Implications*, Frankfurt am Main, 2000, p. 45.
(195) P. Beitel, D. Schiereck, M. Wahrenburg, Explaining M&A Success in European Banks, *European Financial Management*, Vol. 10, No. 1, March 2004, p. 110.
(196) Vgl. N. H. Tröger, *Mergers & Acquisitions im deutschen Bankensektor. Eine Analyse der Bestimmungsfaktoren*, 1. Aufl., Wiesbaden, 2003, S, 247.
(197) Vgl. Deutsche Bank AG, *Geschäftsbericht 1994*, S. 27, *Geschäftsbericht 1995*, S. 5-6, S. 19-20, *Geschäftsbericht 2001*, S. 56-7, *Geschäftsbericht 2002*, S. 4-5, S. 65, F. Schwarz, *Die Deutsche Bank*, Frankfurt am Main, 2003, S. 86, S. 110, S. 112, S. 114-5, C. L. Denk, Deutsche Bank übernimmt Bankers Trust, *Mergers and Acquisitions*, 12/1998, S. 512, M. Timmermann, *a. a. O.*, S. 80-1, K-C. Muchow, *a. a. O.*, S. 9, Deutsche Bank AG mit neuer Investment Banking-Struktur, *M&A Review*, 11/1994, S. 516-7, B. Wübben, *op. cit.*, p. 37.
(198) Deutsche Bank AG, *Geschäftsbericht 2004*, Finanzbericht 2004, S. 102-3, *Geschäftsbericht 2005*, Finanzbericht 2005, S. 136, *Geschäftsbericht 2005*, Jahresbericht 2005, S. 4, *Geschäftsbericht 2006*, Finanzbericht 2006, S. 154-5, *Geschäftsbericht 2007*, Finanzbericht 2007, S. 200-1, *Geschäftsbericht 2008*, Finanzbericht 2008, S. 232, S. 237-9, *Geschäftsbericht 2009*, Finanzbericht 2009, S. 279, S. 286, *Geschäftsbericht 2010*, Jahresbericht 2010, S. 6, S. 25, *Geschäftsbericht 2010*, Finanzbericht 2010, S. 199, S. Kunisch, Der deutsche M&A-Markt 2008, S. 52-4, C. Wahler, Finanzsdienstleistungen, *Mergers and Acquisitions*, 12/2009, S. 580-1. なおドイツ銀行では投資銀行事業に大きな重点がおかれていたことについては，同社の2011年の営業報告書でも指摘されている。Vgl. Deutsche Bank AG, *Geschäftsbericht 2011*, S. 25.
(199) Commerzbank AG, *Geschäftsbericht 1995*, S. 38, *Geschäftsbericht 1997*, S. 34, *Geschäftsbericht 1999*, S. 46, *Geschäftsbericht 2001*, S. 16, M. Schäfer, Der Markt für Unternehemenskontrolle 1995 wieder im Aufschwung, *M&A Review*, 1/1996, S. 8.
(200) 奥村，前掲書，215-6ページ，220ページ。

第13章　企業集中の今日的展開とその特徴　*525*

(201) Commerzbank AG, *Geschäftsbericht 2003*, S. 2, S. 49, *Geschäftsbericht 2004*, S. 6, S. 20-1, *Geschäftsbericht 2005*, S. 1, S. 6-7, S. 53, *Geschäftsbericht 2006*, S. 50, S. 54, S. 61, *Geschäftsbericht 2007*, S. 10, *Geschäftsbericht 2008*, S. 4, S. 75, S. 120, Dresdner Bank Group, *Financial Report 2008*, p. 9, Deutsche Bank AG, *Geschäftsbericht 2002*, S. 12, S. 56, *Geschäftsbericht 2005*, Finanzbericht 2005, S. 136, D. Bachmann, Finanzsdienst, *Mergers and Acquisitions*, 1/2006, S. 47, C. Wahler, Finanzsdienst, *Mergers and Acquisitions*, 12/2009, S. 581.

(202) Allianz Gruppe, *Geschäftsbericht 1996*, S. 18, *Geschäftsbericht 1997*, S. 11-2, S. 54, *Geschäftsbericht 1998*, S. 62, *Geschäftsbericht 1999*, S. 6, S. 18, S. 20, S. 83, *Geschäftsbericht 2000*, S. 47, S. 118-20, *Geschäftsbericht 2001*, S. 4, S. 14, S. 93, S. 130, *Geschäftsbericht 2002*, S. 68, *Geschäftsbericht 2005*, S. 6-7, *Geschäftsbericht 2006*, S. 2-3, S. 93, S. 147, *Geschäftsbericht 2007*, S. 5, S. 104, S. 118, S. 120, S. 163, S. 192, *Geschäftsbericht 2008*, S. 131, *Geschäftsbericht 2009*, S. 264, *Geschäftsbericht 2010*, S. 205, S. 305, H. Klode, *a. a. O.*, S. 104, K-C. Muchow, *a. a. O.*, S. 9. M. Hoffleith, S. Kundert, Fusion von Allianz und Dresdner lösst deutschen Allfinanzkonzern von Weltgeltung entstehen, *Mergers and Acquisitions*, 5/2001, S. 217, S. Kunisch, M&A-Markt 2007 in Deutschland, S. 59.

(203) E. A. Mititeln, A. Hunger, Der Erfolg von M&A-Transaktionen im europäischen Bankensektor, Berlin, 2009, S. 14-5.

(204) M. Glaum, T. Hutzschenreuter, *a. a. O.*, S. 50-1.

(205) Commerzbank AG, *Geschäftsbericht 2008*, S. 101, *Geschäftsbericht 2009*, S. 83.

(206) S. Kunisch, C. Wahler, *a. a. O.*, S. 370, S. Kunisch, Der deutsche M&A-Markt 2008, S. 50.

(207) Vgl. *Ebenda*, S. 50, S. 52.

(208) 奥村，前掲書，181-2ページ。

結章　ドイツ資本主義と企業経営

　本書は，国際比較の視点のもとに，第2次大戦の終結から現在までのドイツにおける企業経営の展開を考察し，各国に共通する一般的傾向性をおさえた上でそのなかでのドイツの特殊性を明らかにしようとするものであった。これまでの考察をふまえて，本章では，1970年代初頭までの第2次大戦後の経済成長期，資本主義の構造変化がみられた70年代初頭から80年代末までの時期，さらにグローバル段階として位置づけられる90年代以降の時期について，世界資本主義の歴史的条件の変化との関連をふまえて，またドイツ企業のグローバル地域化の動きとの関連のなかで同国の資本主義と企業経営の発展を捉え直す作業を行う。序章での問題提起ともかかわって，以下の4点がここでの研究課題をなす。

　第1に，各章での考察をふまえて，第2次大戦後のドイツにおける企業経営の展開について，国際比較の視点から，日本との比較のなかでその特徴を一層明らかにすることである。日本とドイツはともに第2次大戦の敗戦国であり，戦後アメリカの援助を受けながら，同国の技術と経営方式を導入し，その一方で産業集中の独自の体制を構築するなかで，企業，産業および経済の発展を実現してきた。しかし，日本とドイツの間には，共通性とともに，多くの重要な相違もみられる。それゆえ，アメリカ的な経営方式・経営スタイルの導入・移転の問題も含めて，日本との比較でみたドイツの企業経営の特徴を明らかにすることは重要な意味をもつといえる。

　第2に，こうした点ともかかわって，各国の企業経営の発展に大きな影響をおよぼしてきたアメリカ的経営モデル，経営方式・システムの導入・移転（「アメリカ化」）の動きのなかで，どのような企業経営のドイツ的展開がみられ

ることになったか，そのことはいかなる意義をもったのかという点をめぐって，序章で提起された「再構造化」の分析枠組から捉え直すことである。すなわち，アメリカの経営方式が移転先であるドイツの企業経営の伝統・文化的要因，制度的要因も含めて，受入国の資本主義の構造的特質にあわせて，また輸出の中核をなすヨーロッパの諸条件にあわせてどのように適応・修正され，適合されるかたちで定着し，機能するようになったのか。そのことはどのような意義をもつものであるのか。こうした点を「再構造化」の視角から捉えなおし，ドイツ的な経営の展開のトータルな把握を試みる。そこでは，1970年代初頭までの経済成長期にみられた「アメリカ化」の波，さらに90年代以降の「アメリカ化」の再来について取り上げて検討することにしたい。

　第3に，ドイツ資本主義の発展の歴史的特質に規定された企業経営の諸特徴を明らかにするために，同国の資本主義の変化を世界資本主義の条件の変化との関連でとらえ，企業経営の展開の基盤がいかに変化してきたかという点について明らかにすることである。ドイツ資本主義の特殊的な発展が企業経営のなかにどのように貫いているのか，またドイツに特徴的な企業経営の展開が同国の資本主義発展のあり方をいかに規定することになったのか。それぞれの歴史的発展段階における諸条件のもとで，ドイツ的な特質がどのように現れているのか。すなわち，第2次大戦前と戦後の大きく異なる歴史的諸条件のもとでの，また戦後のその後の発展のもとでの，さらに1990年代以降のグローバリゼーションの展開のもとでのドイツ的な経営のスタイル，あり方とは何か。そのことは企業の発展と社会経済にとってどのような意義をもつものであるのか。そのような企業経営のあり方はドイツ企業のグローバル地域化の動きとどのような関連をもつものであるのか。こうした問題の解明を行うことである。

　第4に，今日のEUに至る欧州統合，ヨーロッパ化の動きにおけるドイツにとっての原点，すなわち，ドイツ企業がヨーロッパ市場で棲み分け，欧州統合へと向かうことになる根源を企業経営レベルで明らかにすることである。すなわち，それを1950年代および60年代のドイツ企業の発展に求めて，市場をはじめとする条件的諸要因のみならず企業経営の内部構造的変化の面からも明らかにするなかで，ヨーロッパ化という動きの原点を捉えることである。

　そこで，まず第1節において，第2次大戦後のドイツにおける企業経営の展

開について，日本との比較のなかで検討を行う。つづく第2節では，戦後における企業経営の「アメリカ化」の2つの波について，「再構造化」の視角から捉え直す作業を行う。それらをふまえて，第3節では，戦後の歴史的過程におけるドイツ資本主義の変化を世界資本主義の条件の変化との関連でとらえ，同国の企業経営の展開の基盤がいかに変化してきたかという点について考察する。さらに第4節では，戦後のドイツ企業の発展が同国の欧州統合への道をいかに規定することになったかという点について，ヨーロッパという地域的条件との関連で，またアジアの一国である日本との比較の視点から考察する。

第1節　日本との比較でみたドイツの企業経営

まず第1節では，第2次大戦後におけるドイツの企業経営の特徴について，日本との比較のなかで明らかにしていくことにする。以下では，本書で取り上げた企業経営の主要な問題・現象についてみていくことにしよう。

1　経営参加と労使関係の日独比較とドイツ的特徴

まず経営参加と労使関係の枠組みについてみると，第2次大戦後の日本の労使関係は，終身雇用，年功序列型賃金，正規従業員を中心とする企業別組合という3つを基本的な柱とするとされてきた[1]。ここでの終身雇用とは生涯雇用を意味し，この制度のもとでは，日本の大企業の労働者にとっては，他社への労働移動をしないことによってより高い賃金（昇給）と地位（昇進）を得る可能性が与えられた。そのような封鎖された労働市場のもとで，人事と賃金の秩序は，終身的雇用関係から生じる年功秩序をひとつの原理とするものとなった。日本的な企業別組合は，このような生涯雇用の労使関係の上にはじめて結成されるものである。労働組合の活動の基本単位は，個別企業を基盤としてその範囲で形成されてきた。それゆえ，労働条件についても，個別企業の諸条件のなかで交渉・妥結が行われ，その範囲を超えないのが通例である。その意味でも，日本の労働組合は横断的に組織されておらず，個別企業ごとに分断され，個別企業のなかに封鎖されている。その結果，欧米のような統一的な労働運動の展開が困難にならざるをえず，団体交渉の力も弱く，企業一体的な，ま

た協調的な労使関係という面が強い。こうして，団体交渉や労働協約の締結も，ほとんどの場合，概ね企業レベルでしか行われない(2)。この点は，ドイツのような産業ごとの労働協約の制度とは大きく異なっている。

また労働者の経営参加の制度をみても，法律その他の一切の行政上の介入をまつことなく労使の信頼関係を前提として労使間における諸問題について自主的に交渉・協議するための制度である労使協議制やQCサークルなどの職場小集団活動のようなかたちでの参加の形態はみられる。しかし，ドイツのような法的な共同決定の制度は，トップ・マネジメントのレベルはもとより事業所レベルでも存在しない。労使協議制は，1955年に始まった生産性向上運動の過程における労使双方の協力によって，主として生産性向上の問題の協議をとおして，逐次その内容が整備され，普及していった(3)。日本では，企業別組合による横断的な企業内労使関係を基盤として，団体交渉から区別された労使協議制が定着していった。制度的，機能的にみると本来異質である団体交渉と労使協議制が相互に密着している点に，労使協議制の日本的特質がある(4)。すなわち，労働協約に定められた公式の団体交渉は形式的にもたれ，しかも回数もきわめて少ない傾向にあった。こうして，団体交渉の形骸化がすすみ(5)，そうしたなかで，団体交渉の対象である労働条件的事項が労使協議制の対象となり，しかもそれが比較的大きな比重を占めた。日本的労使関係は，労使協議志向型であり，利害対立的な団体交渉の事項さえ，労使協議制に特有な労使の協調的な行動パターンで協議され，決定される傾向にある(6)。また現場の管理者が組合員となり組合幹部になることによって労働組合の執行部が経営者に代わって労務管理者的機能を受けもつという，欧米にはみられない労使一体の労使協調主義が大企業においてみられてきた(7)。

以上のような労使関係の枠組みのもとで，日本では，ドイツの共同決定制度のような労働保護のための歯止めはなく，解雇や配置転換を容易に行いうるという状況が生み出されてきた(8)。またこのような労使関係の枠組みのもとで，企業規模でみた賃金格差も大きくならざるをえなかった(9)。

このような日本からみると，ドイツの状況は大きく異なっている。ドイツでは，労働組合は産業別に組織され，労働協約の制度のもとに，産業別に，また地域ごとに労働条件の大きな枠組みが決められる。この労働協約の制度によっ

て，労働条件，より具体的には賃金の企業規模別の格差が日本と比べても小さくなっている。またこうした労働協約を前提とした個別企業の具体的な労働条件について，事業所レベルでの経営協議会による参加の制度がある。さらに，トップ・マネジメントのレベルでも共同決定の制度がある。トップ・マネジメントのレベルの共同決定と事業所レベルのそれとは深く関係しており，両者が相互に結びつくことによって，経営側への規制力が強化されてきた。

　また資本主義制度のもとでは，セイフティネットの機能など市場化のもたらす問題・限界への対応としての機能が求められることになるが，戦後の経済秩序の根幹をなす社会的市場経済との関連でみれば，こうしたセイフティネットの機能という点でも，ドイツの共同決定制度は特別な意味をもつ。社会的市場経済の重要な根幹のひとつである「社会的公正」を示す社会的再配分機能は，共同決定制度による雇用保障・賃金保障の体制のもとでこそ有効に機能しうるという面が強い。すなわち，そのような雇用保障・賃金保障の体制のもとで，社会的補正の必要性はそれだけ事前に抑制されることになっており，そのことによって，「社会的公正」を実現するための条件がより強化されているのである。ドイツでは，法的に規定された制度として市場経済のなかに埋め込まれた共同決定制度のもとでのこうした調整機能のあり方が，労使関係の戦後的展開の重要なひとつの柱をなしている。もちろん，すべての企業に共同決定法が適応されるわけではないという点や，1990年代以降のグローバリゼーションの時代になって共同決定制度の基盤が動揺してきたという面はみられる。しかし，共同決定制度は，今もなおドイツの労使関係と社会経済にとって重要な意味をもっている。

2　企業の集中とコンツェルン体制の日独比較とドイツ的特徴

　また戦後の産業集中の根幹をなす企業の集中とコンツェルン体制についてみると，日本では，戦前には，銀行を含む各種事業分野の主要企業が財閥家族および財閥本社（持株会社）のもとに組み込まれた体制となっていた。株式は公開されていたとはいえ，財閥の同族の持株比率は高かった。その結果，財閥解体の重点は財閥本社および一部の巨大会社におかれ，財閥の株式は市場に放出された。しかし，銀行は解体の対象外とされた。また持株会社の禁止，自己株

式の取得・保有の禁止のもとで，6大企業集団の形成がすすんだ。企業集中はこれらの企業グループのなかで行われ，集中の方法としては株式の相互持合いがとられ，集中のかたちは，大企業を頂点とするタテの資本系列ではなく大企業相互のヨコの結合関係となった。戦後に形成された日本のコンツェルンは，いくつもの産業にまたがる企業グループであり，そこでは産業企業と銀行と商社が中心をなした。企業集団がフルセット産業型の展開というかたちで形成され，その内部では，融資，株式の相互持合い，相互の系列取引，共同投資が行われた。そこでの銀行と商社の役割は大きかった。しかも社長会と呼ばれる組織による調整が行われた。しかし，そこでは，社長会の中核に金融機関が位置しながらも，銀行がつねに決定的に優位な位置を占めるというわけでは必ずしもなかった[10]。社長会による調整はグループ内の企業の社長という特定職位の担当者間で行われるものであり，企業集団がフルセット型であることによる産業間の広がりがみられるとはいえ，企業間の情報共有，調整の手段という面では，ドイツのような銀行・産業企業間の緊密な関係を支える多様な諸機構による調整[11]とはなっていない。このような企業集団では，株式の相互持ち合いによって株主安定化がもたらされた。また企業集団は，石油産業や原子力産業といった新興産業への進出のさいには，メンバー企業が達成すべき事業計画と組織能力との間にギャップが生じた場合にそれを埋めるという補完的な機能を発揮することもあった[12]。しかし，こうしたいくつかの企業集団の形成のもとで，各産業部門とも，各企業グループに属する数社の比較的勢力の伯仲した競争的大企業の並存というかたちとならざるをえなかった[13]。

　これらの企業集団内の大銀行は，間接金融の比重の高い戦後の日本企業の資金調達方式のもとで，メインバンクとして，系列融資のかたちで，当該企業の需要する支払決済手段を信用創造によって機動的かつ弾力的に供給し，大企業の外部資金調達において主導的な役割を果たした[14]。系列融資は，6大銀行からみれば，リスクの分散，極端な貸出先の集中の回避，各メインバンクが相互に審査コストとモニターコストを節約して貸出の拡大をはかることを可能にするシステムであった[15]。メインバンク・システムにおける企業金融とならぶいまひとつの重要な機能はガバナンスに関するものであり，企業に対するモニタリングにあるが[16]，日本では，銀行による産業に対する支配という面は

弱い。銀行は，企業集団内の金融機能を担うという性格が強く，日本の銀行は，多くのコンツェルンと結合関係を展開するかたちにはなっていない。さらに銀行制度とのかかわりでみると，日本の銀行はユニバーサル・バンクではなく，ドイツでみられるような寄託株式を利用した議決権行使は行われえない。またトップ・マネジメントの機構は取締役会のみの一層制であり，銀行からの役員派遣は取締役会に対してである。日本では，企業統治（コーポレート・ガバナンス）にかかわっていえば，企業グループ内での株式の相互持合いによる外部の圧力に対する防衛機能が発揮されてきた。

　また日本では，戦後，6大企業集団の形成とともに，企業集団を構成する特定の産業において子会社の設立などによって，大企業による同一資本内におけるピラミッド型の企業のグループ化もすすんだ。それは，とくに1970年代以降に中核的大企業の本社からの子会社のスピンオフによって顕著にすすんだといえる。そこでは，ある業務部門が子会社の形態をとることによって，管理機構上，分権化の程度の多様性を発揮することがめざされたものであり[17]，企業集団のようなヨコの結合という特徴をもつものではない。

　こうした日本からみると，ドイツでは，銀行は特定のコンツェルンと固定的に結びつくというよりはむしろ広くコンツェルン全体との結合関係を発展させてきたという傾向にある[18]。このことは，産業・銀行間の関係に基づく産業システムのもつ情報共有と利害調整の機構と機能においても，その広がりという点で大きな意味をもっている。またドイツの戦後のコンツェルンは，日本のようなフルセット型の産業的広がりをもつ企業グループとしてではなく，基本的には生産・販売などの基本的な職能活動の統一性を確保したかたちでの「ひとつの産業体系を基盤とした企業グループ」として形成されてきた。そこでは，企業間の分業に基づく機能面の利点を重視したあり方が重要な意味をもった。また日本のように持株会社が禁止されなかったことから，企業の集中の方法として，持株会社が利用される余地が残された。

　このようなコンツェルンの再編は，戦後の寡占的競争に適合的な，いわば産業ベースの企業グループの形成であった。すなわち，独占的大企業の解体を経たその後の再結合にともなうコンツェルン体制の新展開は，分業化と専門化の利点の追求による量産効果の発揮ための体制を整備するものであった。そうし

た展開は,「製品補完による分業」のかたちで,寡占的競争に適合的な,市場セグメントを重視した企業行動を展開するための体制を企業間関係の面から強化しようとするものでもあった。そこでは,コンツェルン内およびコンツェルン間の製品補完に基づく分業による量産効果の追求という,企業間の協調的な関係を基礎にした体制への転換が,はかられたのであった。

こうした変化は,戦後の国内競争および世界市場での競争に対応するための,協調的関係を組み込んだ大企業体制への変革でもあった。このような体制は,ドイツ企業が激しい価格競争を回避し,品質競争を重視した経営とそれを支える経営方式の展開のためのひとつの重要な基盤をなした。

3 アメリカ的経営方式の導入の日独比較とドイツ的特徴

つぎにアメリカ的経営方式の導入について,日本との比較のなかで,ドイツ的特徴をより明らかにしていくことにしよう。アメリカの経営方式の導入・展開が最も重要な課題となったのは,1970年代初頭までの経済成長期のことである。それゆえ,ここでは,この時期を中心に考察を行うことにする。

(1) 管理システム・生産システムの導入
① IEの導入

まず管理システム・生産システムを取り上げてみていくことにする。科学的管理法の発展形としてアメリカで開発されたIEの手法の導入に関していえば,日本では,つぎの点を主要な特徴として指摘することができる。すなわち,IEの内容の整理よりはむしろそれまでの分散的な管理を作業の標準化(時間・動作研究)を基礎に再編成することに重点がおかれてきたこと。IEにおいてさまざまな作業合理化の手法(生産管理,原価管理など)が取り上げられたこと。IEの具体的な担い手である総作業長が原価管理・原価引き下げと労務管理を総合的に運用する役割を担うというケースの存在。IEの体系化の遅れ[19]。アメリカやドイツではさかんであった作業測定が日本向きではないと考えられ,多くの企業ではもっぱら改善技術が中心となってきた[20]。またIEは労務管理の機能とも結びついて展開された。例えば年功序列賃金や終身雇用といった日本の雇用慣行の面での企業間の条件の相違によって,IEの対象,それに迫る方法に

は相違があった[21]。またワーク・ファクター法の導入後，賃金制度の改編，とくに職務分析と結合して職務給の導入がすすんだ[22]。

　こうした日本からみると，ドイツでは，生産管理の機能により大きな重点がおかれ，なかでも作業測定が重要な領域をなしたといえる。また1920年代以来のレファのような過程研究に従事する独自の機関による活動の歴史があり，そのことが，それまでの蓄積を基礎にしたIEの展開，ドイツ的諸要素とアメリカ的諸要素との混合というかたちでの展開をもたらす重要な要因となった。IEの紹介や教育コースの開催などにおいてレファが強く関与し，主導性を発揮した。レファは，アメリカの既定時間法のなかでも，ワーク・ファクター法を支持してその利用・普及のためのライセンスを取得したが，自らのシステムを優先せず同法を促進することはほとんどなかった。レファによる自らのシステムの優先のもとで，IEの影響を受けながらもレファの考え方に基づく作業研究の構築・展開がめざされたのであり，いわばレファ・システムのなかへのIEの方法の組み込みがすすんだ。その結果，外国に比べIEの普及の遅れがみられたほか，ワーク・ファクター法とMTMの選択における産業間・企業間の差異も大きかった。

　　② ヒューマン・リレーションズの導入
　つぎにヒューマン・リレーションズについてみることにしよう。日本では，戦後，企業の近代化の必要性が強まる一方で，労働組合の法的承認，労働運動の高まりのもとで労使の対立が深刻化した。そのような状況のもとで，かつての家族制度や封建的な身分関係に頼っていた労務管理のあり方，家族主義的・温情主義的な非合理的な人間関係に代えて，新しい管理の方法が求められた。こうした要求に応えるものとして，ヒューマン・リレーションズの導入が推進された。とくに中小企業では労務管理の方式の改革が一層強く求められ，経営者団体や日本生産性本部の指導のもとでヒューマン・リレーションズの導入が推進された。大企業では，終身雇用制度と結びついてヒューマン・リレーションズがとくに企業意識の助長策や労働組合対策として直接的に利用された。こうした事情もあり，社内報，提案制度，態度調査，人事相談制度，福利厚生活動などの広範なヒューマン・リレーションズの諸施策が導入されたこと，その

導入において労使協調の観点が重視されたことが特徴的である[23]。とはいえ，温情主義，終身雇用，年功序列といった特性をもつ日本の経営風土にアメリカ的なヒューマン・リレーションズがストレートに導入され定着する土壌は，十分に備わっていたわけではなかった。

これに対して，ドイツでは，日本のようには経営の近代化の必要性は高くなかった。またヒューマン・リレーションズの導入は，管理システムとしてのみならず労使関係の変革の手段としても捉えられたが，それにはドイツ側よりはむしろアメリカの意図が強く働いていた。そのために，ドイツ側の受容の条件とは大きな相違があった。現実には，共同決定にみられる経営参加の制度が成立することによって，法による制度が埋め込まれるかたちでの労使関係の大きな枠組みが規定された。これらの点にみられるように，ヒューマン・リレーションズの導入の諸条件は，ドイツと日本では大きく異なっていたといえる。

ドイツでは，共同決定の法的な制度による労使関係のあり方，労働組合の強い規制力を背景にした経営における管理者と労働者の関係のあり方が，生み出されることになった。その結果，企業におけるヒューマン・リレーションズの実際の利用は，共同決定の正式な規制あるいは法的な規制に基づいて自動的に解決されえない諸問題に集中することになり，そこでは，職長とその部下との間の「人間関係」や「労働環境」，経営風土の改善が重視された。またヒューマン・リレーションズのような管理手法は，アメリカのプラグマティックな経営風土を背景としたものであるが，「能率向上」の原理に最も大きな価値をおくそのような管理手法や経営慣行は，技術重視，品質重視の経営観・伝統や，技術畑の経営者が相対的に多いという人事構成上の問題，それとも関係する経営の考え方などのために，ドイツには必ずしも適合的ではなかったといえる。

③ フォード・システムの導入

さらにフォード・システムについてみると，日本では，自動車産業において典型的にみられたように，狭隘で多様化した国内市場に合せてそれを修正しなければならなかった。戦後の生産システムの改革は，フォード生産方式と在来のクラフト的な生産システムのハイブリッドのかたちですすめられた[24]。トヨタ自動車にみられるように，アメリカのフォードT型のような巨大な需要の

発生が見込めない状況のもとで，限られた需要量と生産品種の多様性に対応するために，生産動向に完全にペースを合せるかたちでの，必要な部品を必要なロットだけ小ロットで必要なときに納入する体制の構築がめざされた。すなわち，同社は，「生産工程ごとの部品供給や仕事の流れをジャスト・イン・タイムで同期化する」ことを自社の工場の実態に合わせて追及した(25)。それは，「生産工程全体に平準化した『流れ』を作り出す」ということであった(26)。また職人生産的な作業組織は作業の標準化と直接的な職場統制によってとって代えられた。しかし，標準化した課業の再編成によって，単能工のタイプではなく多工程を受け持つ多能工のタイプの作業組織が形成され，提案制度やTQCを通じて，作業改善にかかわる意思決定権と責任の一部が現場レベルに再委譲された。さらに例えば移動組立ラインやトランスファー・マシンなどのフォード・システムの構成要素のある部分の選択導入，修正によって，それらを多様性と変化に富んだ日本の国内市場に適応させるかたちで再統合した(27)。

　こうしたあり方に対して，ドイツでは，日本のような徹底したかたちでの生産工程の同期化の体制が追求されたわけでは必ずしもなかった。また労働者の熟練・技能的要素を生かした大量生産方式の展開が試みられたが，両国の市場特性の差異のために，そこでの熟練や技能の性格は必ずしも同一のものではなかった。ドイツおよび輸出地域の中核をなすヨーロッパ市場の技術・品質・機能重視の市場特性とそれを反映した経営観，すなわち，生産者の側ではなく消費者の側からみたニーズのとらえ方に基づく経営観，ものづくり観の影響が大きかった。そのような市場の条件とそれをも反映した経営観のもとで，大量生産システムの導入・展開をはかりながらも，日本的な多能工的な技能・熟練ではなく熟練労働力の知識集約的な専門家的技能要素にも依拠した高品質生産の展開が重視される傾向にあった。したがって，フォード生産方式と在来のクラフト的な生産システムのハイブリッドという面でも，両国の間には相違がみられた。またユニット・システム（Baukastensystem）の導入による量産効果の追求にみられるように，標準化システムとの結合をより強化しながらの展開がはかられた点も，重要なドイツ的特徴のひとつをなす。このような生産システムのドイツ的展開は，アメリカ的要素と1920年代以降のドイツに独自的な生産システムの要素との結合がはかられたものであり，その歴史的伝統を受け継いだ

ものである。

  (2)　経営者教育・管理者教育の手法の導入
　またアメリカの経営教育の手法の導入では，日本の場合，経営者教育，管理者教育および監督者のための教育がそれぞれ展開され，ドイツにおいてよりもアメリカの影響が強かった。また官庁の主導性も強かった。監督者教育の手法であるTWIの導入においては，法律（職業安定法）の規定およびその改正によって監督者訓練に関する労働省による技術援助が行われた。また管理者教育の手法であるMTP（Management Training Program）の導入も取り組まれたが，そこでも通産省が深く関与した。MTPはアメリカ人監督者向けの訓練方式を占領下の空軍基地で働く日本人監督者のために翻案したものであった。日本企業では，MTPはミドル・マネジメントの訓練法として展開され，数回におよぶ改訂が行われなかで，日本的修正が施されるかたちで導入された。このMTPは，官庁である人事院によって主として事務部門の管理者の研修用に修正され，JST（Jinjiin Supervisor Training）（人事院監督者研修）の名称で，銀行業，保険業，官公庁やその他の公共団体の管理者訓練に広く浸透した。さらに経営者教育の手法としては，日本の通信機工業の経営者のあり方に重大な欠陥があるというGHQのCCS（Civil Communication Section）の認識のもとに同局が日本向けに開いたCCS講座の導入が取り組まれた。同講座は占領軍の指導のもと経営幹部層に対して実施された。しかし，1953年以降には開講回数が減少の一途をたどり，その後の経営に大きく引き継がれていくということにはならなかった。
　TWI，MTPおよびCCSという定型教育の手法の内容はきわめてアメリカ的であり，批判や反省がおこった。それにはつぎの点をあげることができる。すなわち，これらの方式は温情主義，年功序列制度，終身雇用といった特性をもつ日本の経営風土には必ずしも適合しないこと。標準化された方式ゆえに企業の実態に即した具体的問題・ニーズに必ずしも適合するものではなかったこと。日々発生する管理上の問題を解決するための状況把握や判断力の育成には不十分であること。そうしたなかで，TWIやMTPでは，企業独自の教育内容の展開，企業による教育方針ないし教育綱領の制定，新しく設立された経営教育団体による新しい経営教育の普及，教育手法の多様化という新たな動向がみられ

るようになった。また経営者教育においては，CCS講座の代替的な方式として，外部機関による経営者教育が盛んに展開されるようになった。それには，日本生産性本部によるトップマネジメント・セミナーのほか，地方銀行協会，慶応義塾大学，日本経営開発協会，ビジネス・コンサルタント，日本経営者団体連盟，日本経営協会による教育コースがあげられる[28]。アメリカの経営教育の導入におけるこうした問題は，採用や人事異動，昇進などのシステムの相違にもかかわらずアメリカ式が規格にはめこんだ定型教育の画一的な性格をもつことによるものであった。日本の場合，産業界はあまりにもこれらの定型的訓練コースに頼りすぎたという面もあった[29]。

また教育訓練のなかにアメリカ的合理主義と個人主義の基本的発想まで注入することには無理があった。日本的集団主義，それを軸とする能率主義，能力主義的教育の一環としての労使協調，企業への帰属意識と技能教育，管理者教育を結びつけるかたちでアメリカ的方式は修正されることになった[30]。

こうした日本からみると，ドイツでは，アメリカの経営教育の導入にはいくつかの特徴的な面がみられる。経営者や管理者の養成教育において大学がアメリカにおいてのような役割を果たさなかったという点では，ドイツも日本も共通している。しかし，日本では，当時経営学ブームがおこったことが大きな影響を与えることになったのに対して，経営学の長い歴史をもつドイツの大学が経営者や管理者の養成教育においてあまり役割を果たさなかったことのもつ意味は大きかった。日本とは異なり，ドイツでは，企業，経営者の側の経営教育，ことに経営者教育についての考え方や目的，それらを反映した実業界の意向，企業内の昇進システムのあり方などがむしろ大きな影響をおよぼすことになった。大学での実務性の低い経営教育・経営学教育の代替案として，実業界によるアメリカ的手法の利用が追求されたが，そこでは，業界団体による経営者のネットワークに基づく知識の伝達，世代間の意見交換の方法が重視された。そのことは，経営者に求められる素養についてのドイツに特有の考え方と深く関係している。また内部昇進型の企業内の昇進システム，経営者の内部労働市場の存在という面では，日本とドイツの間には共通性がみられる。しかし，ドイツでは，技術・品質・生産重視の経営観が強いという要因に加えて，"Beruf"という「職業」の語源（職業とは「神から召されたもの」）からくる職

業観が経営者の独占性・排他性，経営者の権限のイデオロギー的基盤とも深くかかわって，アメリカのプラグマティズムの考え方を基礎とする経営者教育の手法は，日本において以上に適合的ではなかったという面も強い。そうしたなかで，職長教育の領域でのTWIの導入，アメリカや他の諸国と比べてのTWIの普及の遅れ，ビジネス・スクールの普及の大きな遅れといった点に特徴が現れた。

(3) 大量市場へのアメリカ的適応策の導入

つぎに第2次大戦後の大量生産の進展にともなう市場へのアメリカ的な対応策・適応策の導入についてみることにしよう。ここでは，その最も代表的な方策であるマーケティングを取り上げて考察を行うことにする。

日本の状況をみると，戦後のマーケティングは，①大メーカー主導によるアメリカマーケティングの導入期（1950年代後半〜60年代前半），②流通産業の登場とアメリカマーケティングの修正定着期，すなわち日本的マネジメントの一環としての日本的マーケティングの確立期（1960年代後半〜70年代前半），③国際化と技術革新・情報化の時代に向けての日本的マーケティングの展開期（1970年代後半以降）に分類される。

日本では，技術革新と設備投資のブームがあまりにも急激であり，その一方でアメリカからマーケティング技術を導入するにあたりすでにマネジリアル・マーケティングというトータルなマーケティングの技術が存在していた。そのため，アメリカのような高圧マーケティングから消費者志向的マーケティング，さらにマネジリアル・マーケティングへの歴史的ステップを踏むことなく，いっきょにマネジリアル・マーケティングと高圧マーケティングとが同時並行的に導入ないし採用された。すなわち，精密な市場調査や製品政策を重視しながらも，大量生産の能力の急速な拡大による企業間競争の激化のもとで，高圧マーケティングが活用された。そこでは，生産能力の急速な増大と市場とのギャップを埋めるべく，高圧広告政策や消費者信用の供与，販売促進に力が注がれ，とくに販売経路の支配に異常なほどにまできわめて大きな重点がおかれた。

しかし，競争の激しさという日本の市場特性のもとで，新製品開発と研究開発における応用研究重視という傾向がみられたほか，改良的新製品に焦点をあ

わせた製品政策が重視された。そのため，製品政策においては市場細分化と製品差別化が重要視される傾向にあった。例えば自動車産業では，フルライン政策と活発なモデルチェンジによる製品差別化や計画的陳腐化の政策が推進された。そこでは，一車種に絞った大量生産に基づく自動車の普及率向上の追求よりも，量産化と市場細分化政策，さらに製品差別化政策が非常に早く結合された。このような傾向は家庭電気機具やカメラのような他の耐久消費財でもみられた。

上述の②の「修正定着期」には，製品政策重視のマーケティングが確立することになったが，日本の企業経営のもつ特殊な体質，とくにその組織運営の特質のために，マーケティングにもさまざまな修正が加えられていった。上述の研究開発と新製品開発における応用研究重視や改良的新製品重視の傾向はそのひとつであった。また集団主義的行動様式，組織内の非公式的な人間関係の濃密さや部門間組織の横の連絡，調整の巧妙さと結びついた企業組織の特性のために，マーケティング戦略のもとでの全体的統合がはかられ，トータル・マーケティングが展開された。

さらに第3期にあたる「展開期」においては，技術革新と情報化の時代，国際化時代に向けてのマーケティングが展開されたが，ここに至り，日本的マーケティングがそれまでの段階から継承され完全に確立することになった。ただその場合でも，マーケティング技術そのものにアメリカとの大きな相違があるわけではなく，その運用の仕方に相違があった[31]。

また日本では，第2次大戦後，大規模な消費財メーカーの主導のもとに伝統的な卸売商（問屋）主導型の流通システムの再編成が行われたことが特徴的である。そうしたなかで，大規模消費財メーカー主導型の流通システムが流通経路そのものの拘束的な系列支配というかたちをとった[32]。大メーカー主導によるアメリカマーケティングの導入期には，一定の連続的なサイクルをもって展開する耐久消費財の大量市場の日本的な拡大のもとで，それと結びついて，とくに販売促進主導型の高圧マーケティングが展開され，そのなかで系列販売はとくに有効であった[33]。こうした流通系列化の傾向は，その後も日本の流通・マーケティングの特殊なパターンをもたらすことになった。

こうした日本からみると，ドイツでは，同国および輸出の中心をなすヨーロ

ッパ市場の特性や生産重視，技術重視の経営観，それをも反映したトップ・マネジメントの人員構成にみられる特性などの影響が大きかった。すなわち，品質，ことに機能面での品質を重視するというドイツ市場の特質があり，同様のことは輸出の最大部分を占めるヨーロッパ市場にもほぼ基本的にあてはまるという事情がある。そのために，価格競争よりはむしろ品質競争を重視したマーケティングの方策の展開，計画的陳腐化のようなアメリカに典型的な手法よりはむしろ，顧客の側からみたニーズのとらえ方を重視したより長期的な製品戦略が優先される傾向にもあった。そこでは，品質・機能重視の差別化的製品戦略，そのような製品差別化的要素による高価格政策，価格の安定が重視された。それゆえ，マーケティングの重要な構成要素をなす諸方策の導入においても，特徴的なあり方が追求された。その意味では，寡占的競争への適応策としてのマーケティングの展開という点でも，ドイツ企業はアメリカ企業と異なる方向性をとったという面が強い。全般的にみると，こうした企業の経営観，市場構造や競争構造などの相違もあり，ドイツにおけるアメリカ的マーケティングの導入は，日本ほど全面的な導入をめざしたものではなく，導入の範囲の広がりにおいても，また普及の程度においても，特殊的な展開をみたといえる。同様のドイツ的傾向，特徴は，戦後になって対社会関係において非常に重要な意味をもつようになるパブリック・リレーションズ（PR）の導入についてもいえる。

(4) 事業部制組織の導入

さらにアメリカ的経営方式の導入のいまひとつの重要な柱をなした事業部制組織についてみると，日本でもドイツでも，アメリカにおいてと同様に，こうした組織への変革をもたらした最も重要な要因は，多角化の進展であった。ただ日本では，経済の高度成長のもとで，大企業において多角化の動きがみられただけでなく，多角化の動きとは反対方向の戦略展開の性格をもつ垂直統合戦略をとる企業の増加もみられた。そのために，アメリカ企業と比べると多角化の到達レベルは低く，多角化の推進のテンポも遅かった。また日本企業の多角化においては，経営資源の蓄積と利用のパターンそのものの変更を内容とするような質的な多角化ないし積極的な多角化は比較的少なかった[34]。

このような多角化の進展は組織構造の変化に大きな影響をおよぼした。多角化の程度が高まるにつれて，職能部制組織の採用比率は低下しており，事業部制組織の採用比率は，それにほぼ比例して上昇した[35]。しかし，日本企業の事業部制組織の採用比率は欧米と比較して低く，その採用のテンポも遅かった。この点はアメリカと比較した場合にとくに顕著である。日本企業の多角化の程度の低さやテンポの遅さという点に，事業部制組織の採用比率の主要な理由があった[36]。多角化戦略と組織形態の対応関係では，「一定の戦略を採用すればある一定の組織形態の採用が不可避となるという強い関係ではなく，組織形態の選択には，かなりの自由度が存在する」という傾向にあった。このことは，とくに中程度の多角化の範囲内の場合にいえる[37]。また事業部制組織を採用した企業のなかには，事業部制組織と職能部制組織の長所・短所の合理的な比較に基づいてではなく流行として事業部制組織を導入した事例も少なくなかった。しかし，1965年以降になると，事業部制の長所と短所の検討が行われ，こうした組織形態に対する反省もおこった。そうしたなかで，事業部制組織をやめて再び集権的な職能部制組織に復帰する企業も現れており，再集権化への動きがみられたことも特徴的である[38]。

　組織構造に関しては，職能部制組織と事業部制との混合形態の組織が一定の割合を占めていたという点も，特徴的である。それは「主力事業に関しては職能別組織を維持したまま，非主力事業部門を事業部として独立させている組織」である。この組織形態では，「非主力事業に関する業務的決定の権限は事業部に移譲されているが，主力事業に関しては，本社機構と業務遂行の組織単位とが分化されていない」という点に特徴がみられる[39]。

　さらに日本企業には，アメリカにおいて典型的にみられた事業部制組織とは異なる「疑似事業部制」が数多く存在している。アメリカの事業部制組織の基本的な特徴は，事業部が自律的単位として利益責任を受けもつという点にある。しかし，日本企業においては，自律的単位として必要な職能をもたない事業部が数多く存在していた[40]。本来，組織単位が自律的であるためには，組織単位は生産，販売・マーケティング，技術，研究開発などの業務遂行に関する職能を保有していることが前提となる。しかし，日本企業では，事業部がこれらのすべての職能を保有しているケースはむしろ稀であった[41]。

日本では，事業部への権限の委譲は不徹底であり，事業部制組織が採用された場合でも，事業部に対する本社の指導力や統制力が強く，本社主導の集権的性格をもっている[42]。またそれとも関連して，業績と報酬との結びつきはアメリカと比べると弱いとされている[43]。日本企業の事業部の自己充足性は低く，事業部の業績評価はより簡単であり，事業部制組織を本来の形からかなり修正して採用されてきたという傾向にあった[44]。しかし，1965年以降，企業環境の変化に対応した顧客志向または市場志向の管理体制のもとで，事業部本来のあり方である利益責任単位（プロフィット・センター）の自立性の確保が重視され，そのための再編が求められることにもなった[45]。

　こうした日本からみると，ドイツ企業における事業部制組織の導入には一定の共通点と相違点がみられる。共通点としては，アメリカやイギリスに比べての事業部制組織の普及率の低さ，最大産業企業のなかにも事業部制組織とは異なる混合形態の組織が一定の割合で存在したこと，権限の委譲，業績と報酬との結びつきなどの面での自己充足性の低さである。しかし，ドイツ企業におけるそれまでの分権化の経緯や取締役会における共同管理，合議制のシステム・伝統などを反映して，事業部への権限の委譲，事業部長の報酬と事業部の業績との結びつきなどの点でのアメリカとの相違を規定している諸要因，事業部の管理の体制については，ドイツと日本では相違がみられる。

　ドイツでは，取締役会レベルとミドル・マネジメント以下の労働者階層全体との間の厳格な分離という，トップ・マネジメントの権限についてのイデオロギー的基盤によって，アメリカのようには「職能」に基づく権威が重視されてこなかったという事情がある。このような考え方，経営者の権威に関する正当性のよりどころは，経営者の世代交代によって変化することになった。しかし，このような伝統は，取締役会の共同管理，合議制原理に基づく運営のあり方ともあいまって，独立採算制ではない事業部制組織の導入，事業部の業績とリンクしない事業部長の報酬支払いシステムの採用という特徴をもたらす重要な要因となったといえる。このように，ドイツ企業における経営観，企業経営の文化的要因が，事業部制組織の導入のあり方に深く関係している。また最大級の産業企業における持株会社形態の比率の高さというドイツ的特徴は，アメリカとの相違でもあるとともに，戦後純粋持株会社が禁止された日本とも大き

な相違をなした。

4 リストラクチャリングの展開の日独比較とドイツ的特徴

(1) 1970年代および80年代のリストラクチャリングの展開

つぎに、リストラクチャリングの展開についてみることにするが、まず1970年代初頭以降の減量合理化について考察することにしよう。増田壽男氏が指摘されるように、日本においては、第2次大戦後の重化学工業はその再生産の流れが大きく3本の系列、すなわち①「金属から機械へと流れる原材料から加工への系列」、②「石油精製・化学・繊維および化学加工への系列」、③「金属から窯業土石・建設へと流れる系列」から構成されており、「そして金属・機械系列、金属・建設系列のいずれもが大きく固定資本形成に連なっている」。このことは、重化学工業に占める鉄鋼業の比重の大きさ、機械産業が民間消費に依存する部分の低さ、建設の比重の高さという特徴を示している。このような生産力構成は、日本の再生産構造において、個人消費に比べ国内民間固定資本形成を極めて肥大化させ、生産力・設備の過剰の問題をより深刻化させる要因となった[46]。こうして、1955年から70年まで継続した高度成長は、日本経済における生産設備の恒常的な過剰という傾向をもたらすことになった[47]。主要各国全般でみても、1960年代における重化学工業化の一層の進展にともなうこれらの産業での生産力拡大の結果、過剰生産能力の創出・蓄積の傾向がすすむことになるが、それは、70年代にみられた資本主義の条件の変化によって本格的に顕在化していくことになる。

そうしたなかで、ことに鉄鋼、造船などの構造不況業種では、1970年代に過剰生産能力の整理と人員削減を柱とする産業再編成が強力に推進されることになった。日本でも、こうした合理化は国家の主導によって産業政策として促進された。国家による独占の強化を主な内容とする産業再編成が推し進められたことに、この時期の合理化・リストラクチャリングの特徴的な現象のひとつをみることができる。日本では、国家による合理化への関与がいちはやくみられるが、例えば通産省の『産業合理化白書』（1957年）でも、産業構造の合理化の達成を産業合理化の基本的課題としている[48]。このような合理化において進行している事態の本質は、「国家による独占の強化を主な内容とする産業再

編成である」(49)。合理化の推進におけるこのような方向での国家のかかわりは，1970年代中盤以降の「全般的過剰生産恐慌」とそれにつづく長期不況のもとでの合理化においては，一層強くなった。例えば日本の造船業においていわゆる「減量経営」をめざす合理化が新しい局面に入ったのは1978年の後半からである。運輸大臣の諮問機関である海運造船合理化審議会の「今後の造船業の経営安定化方策」についての答申や運輸省の「造船安定基本計画」にみられるように，1978年の後半から，「造船業は，人員削減，設備削減および建造量制限の三つの方向から，国家の介入をも含む新たな『合理化』の局面にはいった」(50)。このように，日本では，合理化のための国家の直接的な積極的介入がはかられたのであった。

　一方，ドイツをみると，鉄鋼企業では，すでに経済成長期から鉄鋼部門以外にも加工部門，とりわけ機械製造などの分野に前方統合している企業も多かった。その限りでは，例えば日本企業などと比べても，1970年代以降の構造適応の過程での事業構造のドラスティックな再編とは必ずしもならない傾向にあったといえる。また鉄鋼業では，国家の支援を受けた外国企業に対するハンディキャップにもかかわらず，過剰生産能力の整理，製品別生産の集中・専門化，事業構造の再編により徹底して取り組み，危機をより効率的に克服することができた。これに対して，造船業では状況は大きく異なっていた。ドイツの鉄鋼業はヨーロッパにおいて競争力をもつ部門であったのに対して，造船業は，鉄鋼業などと比べてもはやい時期から世界的な過剰生産に見舞われており，加えて，1980年代以降には日本や韓国との激しい競争に直面することになった。ドイツの造船業は，国際競争力の低下という厳しい状況のもとで，合理化・リストラクチャリングの課題に直面した。ドイツでも，国家による助成策が展開されたが，それは，生産能力の削減を促進するかわりに船の建造のための生産設備への投資の刺激を与えることになり，構造適応を遅らせ，競争力を弱める結果にもなった。また造船業は1970年代半ば頃になってもあまり多角化のすすんでいない産業であり，この時期以降には生産技術的に利用価値の高い製品への専門化や多角化が取り組まれた。しかし，そのような状況は企業間でも大きな差異がみられ，コスト・リーダーシップ戦略よりはむしろ差別化戦略を追求した企業が状況をより改善することができた。こうした事業の再編のなかで，ド

イツの造船所は，日本や韓国などとコスト的に競争できないような部分的な製品市場からはほぼ完全に撤退するという結果になった。このように，ドイツでは，1970年代から80年代にかけての時期には，日本企業の合理化・リストラクチャリングとは異なる展開がみられることになった。

(2) 1990年代以降のリストラクチャリングの展開

また1990年代以降のリストラクチャリングの展開についてみると，日本の場合，例えば収益性の高い勝組産業とでもいうべき部門のなかでも高い国際競争力をもつ勝組企業では，各コンツェルン＝企業グループでのより有利な蓄積基盤の構築，すなわち連結決算で示される企業グループ全体での最適・最善の経営展開の条件づくりが問題となってきた。そこでは，設備近代化を中心とする「積極的合理化」を行いながら企業グループ内の世界的分業生産体制下での最適な生産力構成，つまり最も有利な条件をもつ各国の各工場へ特定の市場地域向けの特定製品，それに必要な部品あるいは特定の工程の生産を集中し，専門化をはかることによって最も有利なコスト条件＝競争条件をつくりあげていくこと，またそのさい労働力構成をどのようにしていくかということが重要な課題とされてきた。それゆえ，リストラクチャリングの必要性もそれだけ低いともいえるが，こうした勝組企業では，生産拠点の海外移転を推し進めるなかで，企業グループ内での世界的生産分業体制下での有利な資本蓄積基盤の構築に取り組んできた。これらの企業では，国外での直接金融による資金調達への展開も含めたかたちで長期借り入れ構造からの脱却がすすみ，そのような経営基盤のゆえに，国家との一定の距離をおいた経営行動を展開している傾向にあった。

これに対して，競争力が低く収益性も低い負組企業では，多くの場合，リストラクチャリングをとおしてその産業のなかでの自社の寡占的地位を維持し，高めることが重要な課題とされてきた。また国際競争力の低い負組産業とでもいうべき部門では，徹底したリストラクチャリングによる産業再編成をとおしてその産業の需給の調整を行い，国際競争力の向上をどのように実現するか，資本蓄積の基盤をいかにして改善していくかということが最大の課題となってきた。しかし，そうした産業やそこでの負組企業では，資金調達を長期借り入

れに依存することによって形成されてきたそれまでの経営体質のもとで，しかも国家への強い依存のもとで，過剰生産能力の徹底した整理と事業構造の組み替えという真の意味で事業の再構築が重要な課題とされてきた。そのような長期借り入れ依存構造の結果としての多額の債務の累積によって収益構造を悪化させ，そうした要因にも規定されてリストラクチャリングが一層緊急かつ重要な課題となってきたという面も強い。しかし，そのことはまた，これらの産業部門の多くの企業に対して金融機関が抱える多額の不良債権の原因にもなってきた。こうした問題が一段落するのは比較的に遅く，2000年代に入ってからの10年間の後半のことである。そのことは，1990年代以降の不況が深刻化し，長期化するひとつの大きな要因をなしてきたといえる。

　そのような負組企業や負組産業でも合併や提携，合弁などのさまざまな企業結合の形態を利用しながらリストラクチャリングが一層推進される一方で，依然として国家との関係，国家への依存的体質もまた温存されてきた。日本でいえば，例えば建設業，銀行業など国家への依存の強い産業では，産業再生機構による救済や銀行への公的資金の注入などにみられるように，国家は，これらの産業の根本的な再編成を主導するよりはむしろ公共投資や特定銀行への支援でもって支え続けてきたという傾向にもあった。しかしまた，国家財政の危機のもとで，国家に依存するかたちを残しての大企業の再建というあり方は，ますます限界に至らざるをえない状況になってきた。またこうした産業の脆弱性は，加工組立産業をはじめとする他の産業のコスト高の要因ともなり，そこでの高コスト構造・条件をつくることにもなってきた。とはいえ，国家と密接なかかわりをもつ上述の産業では，多くの場合，そうしたかかわりを基礎にしたリストラクチャリングの本格的推進によってこそ存続しうるという事情もあり，しかもフルセット型構造として形成されてきた企業集団の内実にも規定されて，勝組産業のなかの勝組企業も事実上そのような高コスト構造を一定容認せざるをえない状況にもあった。このような構造的特質はいわば「棲み分け資本主義」的性格とでもいうべき日本のひとつの資本主義的な性格を規定してきたといえる。この点を国民経済的にみれば，資本の社会的再生産といういわば現代資本主義のもつ特性を産業間の強いむすびつき，相互の依存関係のなかで保持しつづけようとせざるをえない日本的特質を示すものでもあったといえ

る。こうしたあり方は，政府主導の構造改革のもとで，2000年代の最初の10年間の後半には変化してきた。

　一方，ドイツについてみると，同国の企業では1980年代に一層の進展をみた多角化の見直しとしての事業の「選択と集中」が推し進められた点は，日本企業と同様である。しかし，例えばそれまでの基幹産業の一翼であった鉄鋼業では，世界的な再編がすすむなかで，鉄鋼部門における過剰生産能力の整理や事業領域内の特定の製品分野への集中などのほか，自動車関連部門への展開というかたちで，システム・サプライヤーとして自動車部品の供給体制のなかに組み込まれる展開となってきたという点が特徴的である。自動車産業との緊密な関連性を基礎にした新しい展開は，日本の鉄鋼企業の場合とは大きく異なる点であり，それは「量」ではなく「質」に重点をおいた戦略の追求を意味している。また化学産業では，国際的な競争構造の変化，垂直統合構造がもつ優位の条件の大きな変化，医薬品事業における開発のパラダイム転換とそれにともなう研究開発投資の巨額化とリスクの増大のもとで，それまでの主要各社の間での「棲み分け分業」的な事業の構造・体制の維持が困難になってきた。そうしたなかで，ドイツ企業がもつそれまでの総合化学企業としての性格は，大きく変化せざるをえなくなった。その意味では，ドイツ企業は，日本以上にドラスティックなリストラクチャリングの推進を余儀なくされたといえる。

　またM&Aが積極的に活用された1980年代とは異なり，リストラクチャリングが事業分割，事業統合，戦略的提携などの多様な形態をとって展開されたのも，そのような事情と深く関係している。1990年代以降のリストラクチャリングは，企業のグローバル化との関連でもすすんだ。化学産業では，高い資本集約度のために，賃金コストは立地の選択にとって大きな意味をもたず，大きな市場や不可欠なノウハウの存在が生産立地の選択にとって大きな意味をもった。それだけに，ドイツ企業のグローバル化の進展にともない，世界的規模での生産設備の閉鎖，生産立地の閉鎖および職場の大規模な削減が世界的規模で推し進められたという点が特徴的である。

　さらに自動車産業をみると，ダイムラー・ベンツの事例に典型的にみられるように，1980年代のM&Aによる過度の多角化の見直しとしてのリストラクチャリングの展開や，プラットフォーム共通化戦略・モジュール戦略との関連

で，また部品企業をまきこんだサプライ・チェーンの再編をともなう垂直統合構造の変革との関連で再編がすすめられてきたという点に特徴がみられる。同様にこの時期にリストラクチャリングが重要な課題となった電機産業をみると，ことに電子分野での競争力低下の問題から，事業の「選択と集中」は同分野を中心に推し進められ，何度にもおよぶ大規模なリストラ計画が展開されるケースがみられた。それにもかかわらず事業構造の再編は容易には完了せず，例えば産業，エネルギーおよびヘルスケアの3部門への集中というかたちで一応の再編に至ったジーメンスの事例のように，事業再編は長いプロセスをたどりながら推進されてきという点も特徴的である。

　また共同決定制度との関連でみると，経営協議会は，リストラクチャリングの展開に対して二重の影響をおよぼしうるものである。経営協議会は，企業側の提起する経営方策への反対によって現場レベルでの導入に対する抑制的作用，そのような経営方策の影響を緩和する作用をもたらすことも多い。しかしまた，その一方で，経営側への協力によって，人件費の節約のための諸方策も含めリストラクチャリングを労働側の大きな抵抗やストライキなしに行うことが可能となり，その円滑な展開が促進されることにもなりうる。経営協議会が事前に情報を得るケースや，経営協議会による提案が経営側によって考慮されるケースについては，現業的なレベルの問題の方が戦略的なそれよりも多い傾向にあることも，そのような協力の基盤となっているといえる。また1990年代以降の資本市場の強い圧力という傾向のなかにあっても，「ステイクホルダー型リストラクチャリング」とでもいうべきドイツ的なあり方が，労働組合のみならず共同決定制度のもとでの経営協議会の対応・交渉によって追求されてきたという面も，ドイツに特徴的である。

5　経営のグローバル化の日独比較とドイツ的特徴

　つぎに，経営のグローバル化についてみると，第12章で考察したように，1990年代以降の経営のグローバル化の基本的特徴は，生産拠点や販売拠点，開発拠点などの創設による国外展開というかたちで進出先の国の数や拠点数がたんに増加するという量的問題ではなく，一企業＝企業グループ内の購買や開発をも含めた世界最適生産力構成による経営展開という点にある。ことに日本企

業の場合，アメリカ大陸，ヨーロッパおよびアジア，オセアニア，アフリカへのまさに世界的な最適生産力の配置・配分，しかも各地域内での多くの国への生産展開の広がりというかたちとなっている。このことは，日本にとってはアメリカへの輸出依存度がなお高くまたアジアにおいてEUに匹敵するような地域経済圏をもたないという事情と深く関係している。戦後当初から有力な輸出市場となりうる先進諸国がアジアには存在せずアメリカへの大きな輸出依存とならざるをえなかったという歴史的な事情もあり，日本企業は，1990年代以降には，輸出構造の転換の重要なひとつの鍵は，アジア市場に求めざるをえなかった。それゆえ，アジア地域にも大きな比重をおいたグローバル展開となっており，同地域の拠点の数も，また国の広がりも欧米企業に比べ顕著なものになっている。そこではまた，例えばASEANにおける部品供給の優遇税制のスキームを利用した生産力の最適構成の構築が徹底して推し進められてきた。

このようなアジアをひとつの基軸とした展開は，同地域における市場の潜在的な成長の可能性や賃金コストの利点とともに，ヨーロッパ市場の特質に起因する日本企業の同地域での国際競争力の問題とも深く関係している。すなわち，1990年代以降には日本企業によるヨーロッパへの展開が一層推進されたとはいえ，同地域の市場が機能面での品質をとくに重視するという特質をもつがゆえに，例えば自動車産業でみても，日本的生産システムによる競争力要因がアメリカやアジアの市場ほどには強く働かないという事情が関係している。

また日本の自動車企業のグローバル展開のいまひとつの重要な特徴は，生産の国外展開とそれにともなう世界的な生産体制の構築が2000年代に入ってからも一層強力に推進されており，とくに東南アジアおよび中国への展開が顕著になっているという点にある。アジア地域では，各国の経済発展の差異もあり，市場のターゲットとなる製品のセグメントとそのミックスが国による多様性を示すという特質があり，それだけに，生産力の最適配分・構成が他の地域以上に重要な課題となっている。そのような状況のもとで，日本企業は，経営のグローバル展開において，世界最適生産力構成による徹底したコスト引き下げの追求とそれに基づく利潤追求メカニズムへの蓄積構造の転換という傾向を最も典型的に示してきたといえる。

こうした日本からみると，ドイツ企業には，基本的な共通性とともに相違も

みられる。1990年代以降の経営のグローバル化が「世界最適生産力構成」による展開であるという点は両国にみられる基本的傾向であるが，その最適構成のあり方，範囲に相違がみられる。ドイツ企業の場合，経営のグローバル化における欧州企業的展開とそれを基礎にした蓄積構造という点が特徴的である。生産分業構造への中東欧地域の組み込みと同地域の欧州向け輸出拠点化によるドイツ企業の蓄積構造のヨーロッパ的展開が推し進められてきた。ことに2004年のEUの東方拡大は，生産分業体制の一層の強化・再編の大きな契機となっており，広域欧州をカバーする生産ネットワークの形成によって，同地域での生産展開は，他の主要地域に比べると，またヨーロッパ以外の企業と比べても一層広範囲におよぶものになってきている。

ドイツ企業にとっては，従来から販売に占めるヨーロッパ地域の市場の比重が高く，戦後からの一貫した同地域内における貿易の相互浸透の深さと各国間の産業構造の相違のもとで，ある種の「棲み分け分業的」な貿易構造が形成されてきた。EUの誕生とその東方拡大，さらには通貨統合の実現という同地域の特殊的条件は，それを一層促進する要因となっている。こうした地域的特性も含めた市場構造の特徴が，ドイツ企業のグローバル展開を日本企業のそれとは大きく異なるものにしてきたといえる。こうしたヨーロッパを基軸とした経営のグローバル展開とそれに基づく蓄積構造の追求の結果，ドイツ企業のアジアへの生産展開は，主として同地域の市場の拡大にともなう現地ならびに周辺の地域市場への展開を目的としたものとなっており，日本企業のようには同地域での生産力構成の徹底した最適配分の追及とは必ずしもなっていない。

また1990年代半ば以降のドイツ自動車企業における乗用車の国外生産の強力な拡大は，市場セグメントの構造の変化とともに現れてきたという点も特徴的である。日米欧の3極における成熟と発展途上国・新興国における販売の拡大が市場ニーズの多様性の増大をもたらしたが，新興市場でもセグメントやモデルの増加となってきた。こうして，小型車から高級車におよぶかたちで，従来の製品ポートフォリオを大きく拡大させることになり，そのような製品の種類や幅の拡大と競争の激化は，ターゲットとなる市場地域にあわせた製品ミックスの展開とそれにみあう生産体制の構築，生産力の最適構成による展開を促進してきた。さらに世界市場志向の製品の開発とそれにともなう生産の国外拠点

化の進展も，ひとつの重要な特徴を示している。その最も代表的な事例はフォルクスワーゲンのニュー・ビートル（新型カブトムシ）やダイムラー・クライスラーのMクラスにみられるが，両製品はもっぱらトランスナショナルな協力のなかで開発され，国外で生産された。この点，日本企業では，例えばアジア，南アフリカ，南米などの複数の生産拠点においてプラットフォーム（車台）を共通化した海外市場向けの専用車を海外のみで国際分業のかたちで生産し，世界の140ヵ国以上に供給することをめざしたトヨタのIMVプロジェクトの立ち上げが2002年，その開始が2004年のことであった[51]のと比べると，そのような試みが取り組まれた時期もはやく，戦略展開の相違がみられる。

さらに経営のグローバル展開がプラットフォーム共通化戦略，モジュール生産方式の展開との関連でもすすめられたという点も，ドイツ企業の重要な特徴のひとつをなしている。グローバル化の進展は，それにともなう競争構造の変化のもとで，製品モデルの多様性を一層拡大させることになったが，その効率的な拡大のために，またコストの上昇と部品の多様化による影響の緩和のために，プラットフォーム共通化，モジュール化の戦略が推進されてきた。これら2つの戦略は，生産力の最適構成をはかる上で大きな意味をもったが，モジュール生産方式の展開がヨーロッパ企業ほどには広く導入されていない日本企業では，そうした事情は大きく異なっている。

以上のような点に加えて，ドイツ企業では，共同決定制度のもとで，経営のグローバル化の推進において，経営協議会のトップ，監査役会の労働者代表と経営側トップの間の協定が大きな役割を果たしているという点も特徴的である。自動車産業では，相対的に高い組合組織率ともあいまって，規制力が強くはたらく傾向にあり，労働者代表はグローバルな企業戦略へのかなりの影響力をもち，「交渉されたグルーバル化」[52]ともいうべきかたちとなっているという面がみられる。しかし，ドイツ側の労働組合にとっては，中東欧地域とドイツ本国の拠点との間の競争やコンフリクトが強まるなかで，また全国的な解決がますます効果的ではなくなってくるなかで，競争の脅威の緩和のために，中東欧諸国の労働組合との国境を越えた協力に取り組むという戦略転換を余儀なくされているという面もみられる[53]。また経営のグローバル展開による生産立地としてのドイツをめぐる問題のなかで，国内の雇用の確保を目的とした

Auto5000社での労働協約である「Volkswagen5000×5000」にみられるように，労働側が賃金や労働時間などの面での労働条件の制約を受け入れるかたかたちで，グローバル化の圧力のもとにおける労資の協調の促進という事態もすすんでいる[54]。

6 コーポレート・ガバナンスの日独比較とドイツ的特徴

さらにコーポレート・ガバナンスについてみると，アメリカやイギリスのような株主の利益を第一とする退出に基づくガバナンス，すなわち資本市場指向型あるいは株主指向型のシステムとは対照的に，ドイツや日本では，関係性ないし発言に基づくシステムであり，「ステイクホルダー型ガバナンス」といえる。日本では，トップ・マネジメントの機構は取締役会のみの一層制であることから，銀行からの役員派遣は取締役会に対してであるが，戦後に形成された6大企業集団においては，企業グループ内での株式の相互持合いと役員兼任によって，外部の圧力に対する防衛機能を果たしてきた。ただ経営者の行動（意思決定）が株主をはじめとする利害関係者の意向を反映するかたちで行われるような企業管理システムをいかにして構築するかという問題に照らしていえば，日本的なシステムは，いくつかの限界をもつものであった。

内部的な機構の面でみると，内部昇進の経営者が多いという内部労働市場的特質のもとで，業務執行の代表者である社長の権限が強く，受託経営層としての取締役会による執行経営層に対するモニタリング・牽制が働きにくいという点がある。また監査役の中心的な機能は会計監査に限定され，しかも多くの場合，実際には監査役が取締役会によって選任されてきたという事情もあり，経営陣に対するモニタリング機能を発揮することは困難であった。さらに日本における経営参加はドイツのようにトップ・マネジメントのレベルでは存在せず，事業所レベルでの法的拘束力のない労使協議制や職場小集団活動などに限定されている。そのため，労働組合による規制力も弱く，労働側からの経営へのモニタリング機能はきわめて弱いものとなっている。

そのような状況のもとで経営者の不祥事が多発するといった事態を受けて，また1990年代以降における企業経営のアメリカン・スタンダードの台頭という状況のもとで，会社組織の改革がすすめられてきた。外部取締役の制度や執行

役員制度の導入のほか，委員会（等）設置会社にみられるような新たな委員会組織の設置を基軸とした機構改革が行われてきたが，それは同時にコーポレート・ガバナンスのシステムの改革をなした。

こうした日本からみると，ドイツのシステムにはいくつかの特徴的な面がみられる。「ドイツ株式会社」と呼ばれるように，資本所有と人的結合の両面での産業・銀行間の関係，銀行間の協調的関係，さらに共同決定制度のもとでの労使協調的な体制があるほか，生産重視の経営観に基づくシステムがドイツ的なガバナンスに関係している。そのようなガバナンスのシステムは，資本市場の圧力のもとでも経営の自律性を維持する上での重要な基盤をなしてきた。

ドイツでは，トップ・マネジメントの機構が監査役会と取締役会との二層制であり，前者が後者による経営の執行機能を監視・監督するという体制，資本所有と役員派遣による銀行の関与のシステムがある。ドイツのシステムは，内部情報を基礎にして機能する内部コントロールのシステムであるが，ことに，銀行による信用の供与，ユニバーサル・バンク制度のもとでの銀行による株式の直接所有と代理議決権のシステム，それらを基礎にした役員派遣が，内部情報に基づくガバナンスのシステムの基軸をなしてきた。銀行と派遣先企業との協調によって，外部からの影響を抑えながら出資者側の監査役の選任などのさまざまな意思決定を行う余地が高まる。銀行は，資金供給の構造に深刻な影響をおよぼす短期の投資ファンドの急増やそのような資本市場による圧力への対抗において重要な役割を果たしてきた。

また共同決定制度のもとでの労働代表の監査役の存在は，出資者側代表の構成比率の相対的低下をもたらし，当該企業の出身者が監査役に就いている場合には，企業外部の出身の監査役による影響をそれだけ抑制する可能性をもたらす。その結果，企業側の監査役の自律性が高まることにもなりうる。同様の点は取締役会における経営の自律性にもあてはまる。ことに監査役会の内部での事前討議や，取締役と労働者代表の監査役との間の事前討議などをとおして労働者代表の同意を得ることによって監査役会の構成メンバーの過半数が掌握される場合には，外部からの影響を大きく緩和ないし回避することができる。また共同決定制度のもとでの労働代表の監査役と企業側出身の監査役，さらに銀行代表の監査役が協調する場合には，外部の勢力に対する牽制の機能は一層強

く発揮されうる。すなわち，とくに外部の株主の影響力を抑えながら，労働側にとっては雇用の確保，当該企業にとっては経営の安定性と自律性の確保，さらに銀行にとっては派遣先企業の安定した経営の確保による信用の確実な回収という利害を貫徹させるより大きな可能性が与えられることになる。

　確かに1990年代以降には，資本市場の圧力の増大のもとで，株主価値の極大化を最重要視する株主主権的な経営，そのような方向性を指向するコーポレート・ガバナンスへの圧力が強まり，システム改革が取り組まれてきたほか，株主価値重視の経営への接近の傾向も強くなってきた。また大銀行における与信業務から投資銀行業務への重点移動の傾向や銀行からの産業企業への役員派遣の減少傾向もみられる。さらに資本市場の圧力や資本サイドからの共同決定制度の見直しの圧力が強まるなかで，ドイツに特有のこうした経営参加の制度自体も動揺に見舞われているという状況にある。しかし，そうしたなかにあっても，人的側面での結合の全面的・決定的な減少となっているというわけでは必ずしもなく，変化は資本の面でのそれと比べると小さい傾向にある。また銀行の役割の低下が保険会社によってある程度代替される傾向にもあったほか，株主価値と共同決定は考えられてきたほどには対立しない関係にあるという面もみられる。さらに生産重視の経営観，トップ・マネジメントの機構や人事構成も，ドイツ的なガバナンス・システムの維持の重要な要因となっている。実際には，株主価値重視の経営モデルとドイツ的経営との相剋も強く，アメリカ的な経営モデルとドイツ的な経営の諸要素とのハイブリッド化となっている傾向にあり，ドイツ的なガバナンス機構の基本的枠組みは，基本的な骨格としてはなお維持されている傾向にあるといえる。

第2節　企業経営の「アメリカ化」における「再構造化」とドイツ的展開

　以上の考察をふまえて，第2節では，企業経営の「アメリカ化」における「再構造化」とそれにともなうドイツ的経営のスタイルの形成，展開について検討を行う。ここでは，1970年代初頭までの戦後の経済成長期と90年代以降におけるアメリカ化の再来の時期に分けてみていくことにする。

1 第2次大戦後の経済成長期における企業経営の「アメリカ化」と「再構造化」

　歴史的な視点からみると，第2次大戦の前と後の時期を比較すると，先進的な経営モデルをなしてきたアメリカの方式の導入・展開（「アメリカ化」）という面では，それが可能でなかった「戦前」[55]とは対照的に，可能となった「戦後」というとらえ方ができる。20世紀初頭の「アメリカ化」の第1の波，1920年代の第2の波につづく第3の波がみられた第2次大戦後の経済成長期になると，労資の同権化による国内市場基盤の整備に加えて，自由貿易体制と国際通貨体制，さらにヨーロッパにおける共同市場化による市場の世界的連鎖の関係が生み出され，それまでの限界が大きく克服されるかたちとなった。またアメリカ主導の生産性向上運動の国際的展開のもとで，同国の技術と経営方式の学習・導入のための枠組みが築かれた。マーシャル・プランの技術援助計画がそれであり，アメリカへの研究旅行（A企画），アメリカ人専門家の招聘（B企画），ヨーロッパの諸国の間での経験交流（C企画）という3つの企画が用意された[56]。アメリカによる財政的支援も行われるなかで[57]，学習のルート・機会が大幅に整備され，その質も大きく変化した。こうして，市場と生産力の両面から，「アメリカ化」のより本格的な進展の条件が整備された。

　しかし，戦後の経済成長期をみた場合，むしろ品質や機能の面を重視したドイツとヨーロッパの市場の構造的特質を反映するかたちで，またそれに適合的な経営観，企業経営の文化的要因や，労使関係，教育制度などの制度的要因の影響のもとで，また戦前からの生産力構造や産業構造の特質を反映するかたちで，アメリカ的経営方式の導入における「再構造化」がはかられることになった。そのことは，戦前のような「条件性の欠如」によるものではなく，ドイツ企業にとっての市場の最大部分をなすヨーロッパの条件により適合的なあり方として，企業経営のドイツ的特質が刻印されることになった。そのようなドイツ的展開・あり方は，アメリカ的経営方式の導入における限界性を意味するものではなく，むしろ積極的な意味をもったといえる。

　このように，第2次大戦後には，アメリカ的な経営方式の導入をはかりながらもドイツ的な独自の経営スタイルが展開されてきたといえる。それでは，戦後の経済の復興・成長期をとおして企業経営の「アメリカ化」における「再構

造化」がどのようにすすんだのであろうか。アメリカ的経営方式の導入のなかで，それらが特殊ドイツ的条件にあわせて修正・適応され適合されるかたちでどのようなドイツ的な経営のスタイル，様式，特徴がみられることになったのか，またそのことはいかなる意義をもったのか。こうした点の把握とともに，そのようなドイツ的な展開は何によってどう規定されたのかということが重要な問題となる。

(1) 「アメリカ化」におけるドイツ適応

そこで，まずアメリカ的経営方式の導入が他の時期と比べても広い領域にわたり取り組まれた1970年代初頭までの時期における全般的状況についてみることにしよう。当時導入が試みられた主要な経営方式としては，①管理システム・生産システム，②経営教育（経営者教育・管理者教育），③市場適応策，④管理機構（事業部制組織）の4つのカテゴリーに分かれるが，それらはいずれも「能率向上」というアメリカ的な経営原理に基づく方式であるといえる。そのような経営方式の導入・移転においては，当時の生産性向上という至上命令のもとで，生産力の発展そのものにかかわる，より具体的には「能率」（経済効率）向上に直接つながる部分の方策・要素，そのための原理は，比較的積極的に，また広範に導入されたといえる。それには，大量生産方式としてのフォード・システムの流れ作業機構やIEのような生産管理の基本原理，マーケティングの基本的な考え方・方策，事業部制組織にみられるような企業の多角的事業構造に適合的な組織の編成原理などがあげられる。

これに対して，そのような生産力的方策・市場適応策の背景をなす条件的・環境要因的な部分，ことに労使関係や労使慣行といった制度的・慣習的あり方や，経営観，管理のスタイル・伝統，経営の文化，規範などの面のアメリカ的特質を反映した部分については，ドイツの条件には必ずしも適合的ではないところも多かった。したがって受け手の反発・抵抗も強く，その導入・移転がすすまなかったという面や，修正されながらの導入とならざるをえなかったという面が強い。こうした側面が最も強く現れたのはヒューマン・リレーションズと経営者教育・管理者教育の領域であり，これらはともに，アメリカが生産性向上運動のもとでその移転を最も重要視したものであった[58]。

また生産力的要素や市場への対応・適応策としての手段そのものをなす部分をみても，現実には，その効率を引き上げるためのしくみ・原理の導入・適用をはかりながらも，その具体的な利用においては，ドイツ的なあり方が模索・追求されたケースも多かった。ことにドイツ企業の伝統や経営観，企業内のさまざまなシステム的要素，市場の特質，さらには労使関係による規制的作用・影響などに規定されるかたちで，ドイツ的適応がはかられる場合が多くみられた。

こうした傾向はヨーロッパの他の諸国でもみられ，例えばM. キッピングらの研究でも，アメリカ化の過程の基本的な結果は，完全な範囲の採用よりはむしろアメリカの経営モデルがもつ異なる諸要素の選択的かつ部分的な適応の結果として生じたものであり，アメリカ化の効果と限界の両者が強調されている[59]。ヨーロッパ人は，アメリカモデルを直接模倣したいと考えることはまれであり，彼らが良い，また優れていると認識しただけでなく自国の環境にも適していると感じたものを選択したとされている[60]。またJ. ザイトリンらの研究でも，アメリカモデルの積極的な改造・変形が強調されており，現地の環境に合わせたアメリカの技術および経営の選択的な適応，創造的な修正や革新的なハイブリッド化がみられたとされている。しかし，そのような修正やハイブリッド化は，否定的な現象，移転のプロセスへの国内の抵抗の指標，不可避的な妥協のしるしとして理解されるべきではなく，むしろ実験的作業，革新および学習の積極的な源泉として理解されるべきであるとされている[61]。そこでは，それまでの経験を利用しながら現地の環境に合わせてアメリカモデルの諸要素を分解し，修正し，また再結合することによって，産業の関係者は，同時に自国の慣行や制度を再解釈し，改造し，また時には転換をはかった。アメリカの実践に関する彼らの知識は，アメリカの技術や経営を全体的に模倣されるべき単一のモデルとしてではなく，むしろ選択的適応，創造的な修正や革新的なハイブリッド化のためのひとつの示唆に富んだ出発点として扱うことを可能にしたとされている[62]。

こうして，経営のアメリカモデルの適応においては，ドイツの企業によってたんなる模倣というかたちで完全なモデルが受け入れられたわけではなかった。そこでは，意識的な選択，適応のなかで，またそのときどきの企業の状況

に合わせた変形でもって，目的に合致したかたちでの具体的な諸方法の受け入れが行われた。そうしたなかで，アメリカ的方式は，ドイツの条件に合わせたかたちで修正されながらも，一定の特徴的展開をともなってドイツ的経営に具現化されたといえる。アメリカとドイツの経営方法・諸要素のこうしたハイブリッド化，混合形態の創出によって，遅くとも1960年代末から70年代初頭には，ドイツ独自のものと外部のものとを精密に区別することはもはやできなくなっており，アメリカの経営方法はドイツの企業の思考や行動に広く吸収されていった。こうして，1970年代には，ドイツの経営者は，もはや20年前と同じ程度にはアメリカの模範を志向しなくなった。アメリカの経営方法や生産方法の適応は，とくに同国の経営方法や技術を企業管理のドイツ的な方法あるいは自国の技術発展とも結びつけることを可能にしたところでは成功したとされている[63]。

　それでは，このような状況はいかなる諸要因によって規定されていたのであろうか。以下では，アメリカ的経営方式の導入におけるドイツ的適応，「再構造化」の問題について，序章で提起された，再構造化を規定する5つの諸要因との関連でみていくことにする。

　(2)　企業経営の「アメリカ化」における「再構造化」とその諸要因
　　　①　「アメリカ化」におけるドイツ的適応と企業経営の伝統・文化的要因の影響

　まずドイツの企業経営の伝統・文化的要因の影響についてみると，ドイツ企業の強い文化やそれと結びついた「アメリカからの流行」に対する迎合的ではない伝統的なあり方，懐疑は，企業経営の根本的なアメリカ化とはならなかったことの要因となったとされている。「アメリカ化」は，競争の激化のもとでの同国の思想に対する関心の高い受け入れの用意と懐疑的な慎重さとの間のひとつの緊張関係を示した[64]。アメリカの経営の考えや制度は同国の経済文化に深く根づいてきたし，また根づいているが，ドイツでは，日本と同様に，当初の熱狂にもかかわらず，それらの出現は不確かであり続けたとされている[65]。現実には，アメリカの価値や規範といった部分の広範な採用や企業レベルでの導入・実施は，ほとんどみられなかったといえる[66]。

こうした点については，V. ベルクハーンは，西ドイツの産業資本主義のアメリカ化においては，アメリカの産業文化の諸要素とドイツのそれとのひとつの独自の混合が生まれたとしている(67)。近代的なアメリカの産業文化と伝統的なドイツの経済的精神，経済構造との成功裡の合成は，戦後の経済の持続的な成功のためのひとつの重要な基礎を築くものであった(68)。またS. ヒルガーは，アメリカからの新しい技術，製品革新および近代的な管理技術の利用による市場の変化への適切な選択的適応は同時にまた，一種の限定の動きとして特殊ドイツ的な企業文化の考慮を強めることにもなったとしている(69)。ドイツでは，伝統的に家族による支配が企業の広い範囲で維持されており，その意味でも経営と経営者の価値観の連続性が日本よりもはるかに強かったために，アメリカの考え方，技術および経営を導入することに対するためらいや抵抗はより強かったという面もみられる(70)。

　このようなドイツの企業経営の伝統・経営観，文化的要因という面でみた場合に重要な問題となってくるのは，技術・品質・生産重視の経営観の影響についてである。戦後のドイツでも，消費者志向のアメリカ的な経営慣行が広がることには軽蔑的な受けとめ方がされる傾向にあり(71)，マーケティング志向やより直接的な利益追求よりはむしろ技術や品質，機能を重視した生産志向・製品志向が強く貫徹している傾向にあった。そのような経営の志向，あり方は，経営者・管理者に占めるエンジニアの比重の高さと企業内における彼らの地位の相対的な高さにあらわれている。ドイツでは，生産にかかわる技能や知識，熟練などが重視され，エンジニアは他の職能の担当者よりも高度な熟練，職業資格をもつ場合も多いという傾向にある。技術重視という考え方は，典型的なドイツ企業全般の気質にも影響をおよぼしており，企業目標やそれを達成するための手段についてのトップ・マネジメントの考え方とも関係している(72)。

　しかしまた，このようなドイツの企業経営の伝統・経営観，文化的要因は，たんに文化一般という問題よりはむしろ市場特性を反映したものでもあり，ドイツ市場，さらにはヨーロッパ市場の特質に適合的なものであったという面も強い。このような市場の特性をも反映した経営観は，アメリカ的な経営の方式，あり方の導入に対して大きな影響をおよぼしただけでなく，企業経営のドイツ的な特徴を刻印することにもなったといえる。そのような市場構造の影響

については，本節1の(2)⑤において詳しくみることにする。

　ドイツ企業のこうした経営観の影響は，例えばヒューマン・リレーションズのような管理手法の導入のほか，オペレーションズ・リサーチ（OR）のような意思決定のための数学的手法の利用にもあまり関心がもたれることはなかったこと[73]，「計画的陳腐化」のような生産者サイドに立ったマーケティングの方策よりはむしろ顧客の利益を優先する販売のあり方が重視される傾向にもあったこと，事業部制組織の導入における取締役会の共同管理・合議制原理による運営の伝統のかかわりなどにみられる。さらに管理者教育の手法の導入についてみても，TWIのような方法は，ドイツ企業の経営社会政策の伝統や現実の経営のあり方のために広範な普及には至らず，同国の経営観や人事的な考え方には必ずしも適合的ではなかったといえる。

　　② 「アメリカ化」におけるドイツ的適応と制度的要因の影響
　また制度的要因の影響については，労使関係と教育制度が重要である。まず労使関係についてみると，労働者の経営参加の理解・実施をめぐってのヨーロッパとアメリカとの間の根深い相違は，ヨーロッパの経済生活のアメリカ化に対するひとつの永続的な障害をなすものであった[74]。アメリカはヨーロッパ諸国におけるヒューマン・リレーションズによる労使関係の変革をめざしたが，そのような試みは成功せず[75]，ドイツでは，事業所レベルの共同決定による労働協約の補完と企業レベルの共同決定というかたちでの戦後の労使関係の枠組みが形成されることになった。また技術や技能・知識の価値を重視したドイツ的な労使関係の伝統的なあり方は，技能養成のための教育制度などともあいまって，企業の経営を「能率原理」に基づいて管理一般の問題としてとらえる傾向の強いアメリカ的経営の方式の導入においても，自国の環境に適合的なあり方が追求される重要な背景をなした。こうした労使関係は，熟練労働力にも依拠した多様化高品質生産[76]の展開にとって重要な意味をもつ労働者のフレキシビリティの確保，高品質の実現のために技術設備の水準を補完しうるような熟練・技能の形成を容易にすることによって，ドイツ的な生産システムの展開を促進してきた。そのようなあり方の追求において，共同決定制度が重要な役割を果たしてきたのであった。

労使関係の面にみられる制度的要因のおよぼした影響については，その規制力による影響のみならず，労使関係のあり方が企業側の提起する経営方策の導入に協調的なかたちで促進するようにも作用しうるという点も重要である。例えば，賃金支払において職務評価の方法が利用されていた企業のなかには，その導入が労働組合の承認なしに経営協議会の承認のみによって行われていた事例[77]や，IEの手法の導入が経営協議会との経営協定によって促進された事例（第3章参照）などもみられる。

　また教育制度についてみると，物事の考え方や理解の仕方を学ぶことを重視するという傾向にもあるドイツの大学における教育制度のあり方・伝統，経営教育における大学の役割が小さかったこと，実務よりも理論を重視した大学の教育といった制度的特質は，実務的な観点を重視するアメリカ的な経営者教育・管理者教育の手法の導入に大きな影響をおよぼした。またマイスター制度のような専門技能資格制度や職業教育制度は，熟練労働力の重要な基盤として，アメリカ的生産方式の導入・展開，ドイツ的な生産のあり方とも深くかかわる要因をなした。

　さらに戦後改革とのかかわりでみると，ドイツでは，大規模な改革にもかかわらず企業に関する法制は基本的に維持され，監査役会の権限がほぼ維持されたほか，古い世代の経営者が残存するかたちとなった[78]。そのことは，経営者の伝統的な考え方や価値的側面とも深いかかわりをもった。ドイツでも，1950年代および60年代には，アメリカの影響もあり徐々にプラグマティックな行動の手本・モデルが形成されていった。しかし，古いエリートの代表者たちは「ドイツ的な精神」の独自性に固執していたという面がみられた[79]。戦後には，経営の権威は主として経営者自身に授けられたものであるという排他性・独占性は，アメリカの影響のもとで変化し，経営者の地位における排他性は低下した。しかし，1950年代末にもなお，トップ・マネジメントにおける「信任を基礎にした権威」が「職能に基づく権威」に対して優位にあるとみる旧来のドイツ的な精神への固執がみられた[80]。そうしたあり方は，権限の委譲と分権管理の導入にも大きな影響をおよぼす要因となった。それだけに，1960年代に始まる経営者の世代交代[81]の意義は大きかったといえる。

　これに対して，日本では，財界のトップの公職追放によって経営者の世代交

代がすすんだ。その結果，戦後の「財閥」系企業の新しい経営者層の多くは，ミドル・マネジメントから昇進した経営者たちであった。彼らはそれまで経営者としてのトレーニングを十分に積んでいない場合が多かった[82]。経営者をとりまくそのような状況が，アメリカ的経営方式の学習の用意という面におけるドイツと比べての日本の強さを規定する重要な要因のひとつをなした。

こうした戦後改革がおよぼした影響について，工藤　章氏は，ドイツでは，「企業間体制，企業の内部組織，労使関係など，企業社会の隅々にまで及んだ1950年代における制度化は，伝統的な経営理念に力を与え，それが新しい経営者世代をも制約した」と指摘されている。同氏によれば，「第2次産業革命のリーダーとしてのドイツと後発国日本の発展段階的な差異」とドイツにおける1950年代の広汎な制度化の波の2つ要因が，アメリカ的管理の受容における両国の差異，すなわち日本の方がアメリカ化の規模も大きく，またアメリカの優位のショックははるかに大きかったという状況をもたらしたとされている[83]。

③　生産力構造的特質と企業経営の戦後展開

さらにドイツ資本主義の構造的特質の影響についてみると，それをめぐっては生産力構造，産業構造および市場構造の特質が重要である。それゆえ，これら3つの構造的特質との関連でみていくことにする。

まず生産力構造的特質との関連では，自動車産業で戦前にみられた「品質重視のフレキシブルな生産構想」[84]の伝統や，自動車産業，電機産業および機械産業を中心とした，市場の制約的条件に規定されたアメリカよりも少ない生産量のもとでの量産効果の追求と製品間の需要変動に対する生産のフレキシビリティの確保をめざしたドイツ的な大量生産のあり方の伝統[85]があった。戦後には，国内市場においても輸出市場においても，市場の条件が整備され，アメリカ的な大量生産の展開の条件が築かれてきた。しかし，輸出の依存・比重の高いヨーロッパ市場と国内市場の特性にあわせるかたちで，ドイツに特有の専門技能資格制度や職業教育制度を基礎にした品質重視・機能重視の生産体制の構築がはかられてきた。そのようなあり方は，アメリカ的方式を受け継ぎながらも，一種のドイツ的なオルタナティブとしての性格をもつものともなった。

またこのような多様化高品質生産の体制に基づく生産力構造による製品差別

化の基盤は，とくに製品政策や価格政策の面において，マーケティングの手法の導入，展開においても影響をおよぼした。このように，生産力構造的特質は，生産力の増大にかかわる諸方策のみならず市場面での対応策も含めて，広くアメリカ的経営方式の「再構造化」とも大きなかかわりをもつことになったといえる。

④ 産業構造的特質と企業経営の戦後展開

そのような生産力構造的特質は，産業構造的特質を規定するという関係にもあるが，ドイツには，伝統的な生産財産業優位の産業構造，アメリカに比べての消費財市場・産業の発展の遅れという特徴がみられてきた。戦後には，消費財市場と経営のスタイルの両方の面でのあらゆる「アメリカ化」にもかかわらず，ドイツにおける生産財産業の伝統的な優位は，戦後にみられたヨーロッパの製造企業のなかでの競争優位の新しいパターンの展開によって弱められるよりはむしろ強められたという点もみられる。大衆消費社会の確立という傾向のなかにあっても，そのような産業構造的特質の影響もあり，アメリカに匹敵するほどに強力な消費財産業を発展させることなく同国の線に沿った消費社会となったとされている[86]。

そうしたなかで，またそれだけに，生産財産業部門の国際競争力が重要な問題となったが，そこでは，例えば工作機械産業の場合のように，生産財の品質や機能はそれを利用して生産される最終的な製品の品質向上の条件に大きくかかわってくるという事情からも，品質・機能面での差別化による競争力の追求が重要な意味をもった。そこでは，それに適合的な生産の体制，あり方として，熟練労働力に依拠した部分を多分に残しながらの展開が意味をもった。こうした点は，耐久消費財部門である自動車産業にも妥当するものであるが，これらの産業部門は，ドイツが品質面において高い輸出競争力を有する分野であり，そこでは，アメリカ的な大量生産方式とも異なる要素をもつ生産のあり方が展開されることにもなった。

また生産財産業の比重がなお高いという産業構造は，生産財産業におけるマーケティングの展開の特徴的なあり方を規定する要因となるとともに，マーケティングよりも生産を重視したかたちでの展開を規定する重要な要因をなし

た。このように，産業構造的特質も，生産力構造的特質と同様に，アメリカの生産力的な諸方策の導入みならず，市場適応策の導入にも大きな影響をおよぼす要因となった。

⑤　市場構造的特質と企業経営の戦後展開
　　　——ヨーロッパ的市場条件とドイツの企業経営——

　さらに市場構造的特質との関連でみると，ドイツの労働市場の特質は，経営者教育の特徴的なあり方を規定する要因にもなった。経営者・管理者に求められる素養・特性や内部昇進を中心とする昇進システムを前提とした労働市場的要因の影響もあり，アメリカ流のビジネス・スクールのような経営者の養成教育のあり方は適合的ではなかった。そのような状況のもとで，経営者の人的ネットワークによる経営者教育・管理者教育の方法にみられるように，アメリカ的方式の導入は大きく制約される結果となった。

　また商品市場の構造との関連でみると，アメリカでは古くから広大で同質的な市場という特質[87]がみられ，徹底した生産と消費の標準化を前提とした量産化と市場競争が基本をなしてきた。「能率向上」という原理に基づくアメリカ的な経営の方式，あり方，プラグマティックな価値観に基づく慣習は，そのような市場とそこでの自由な競争を反映して生み出されたものであるとともに，そのような条件に適合的なものであったという面が強い。そのようなアメリカと比べると，ドイツの商品市場の構造・特質は大きく異なっている。ドイツでは，技術・品質・機能重視の市場特性，購買行動の傾向がみられ，またそれをも反映するかたちで消費者のブランド・ロイヤリティが高いという特性がみられる[88]。そこでは製品差別化が大きな意味をもち，品質競争が重視されるという傾向にあった。こうした点は，ドイツのみならずヨーロッパでもみられ，アメリカ的なマーケティングの重要な方策のひとつである計画的陳腐化に対する抵抗感や否定的な受け止め方，製品の画一化に対する消費者の抵抗感が強かったこと[89]などにもあらわれている。

　そうしたなかで，ヨーロッパ市場の比重，同地域への輸出依存度の高さという状況が大きな意味をもった。戦後のアメリカ主導の自由貿易制度と国際通貨体制による西側の国際経済体制の確立，西ヨーロッパ統合による共同市場の形

成をとおしての有利な貿易条件に支えられるかたちで,輸出構造のヨーロッパ
への依存・偏重が強化されてきた。化学製品のほか,ことに自動車・機械類な
ど,技術・品質・機能の面での競争力が形成されやすい産業特性・製品特性を
もつ資本財・投資財,耐久消費財の分野においてドイツは競争優位を確立して
きた。そのような競争力を背景にして,またヨーロッパ諸国の間にみられる産
業構造の差異のもとで,同地域内での「棲み分け分業的」なかたちでの産業分
野や製品分野の間での相互補完体制の確立[90]がはかられてきた。そうした一
種の製品・事業分野別の競争構造・貿易構造のもとで,ヨーロッパ企業との競
争関係のなかにあっても,ドイツ的な経営の展開,共同決定制度による雇用保
障と賃金保障という高コスト構造のもとでの資本蓄積の基盤が支えられてきた
といえる。そのような蓄積構造のヨーロッパ的展開というあり方は,戦後にな
っても当初から同地域に匹敵する市場をアジア地域にもたずアメリカへの輸出
依存が強くならざるをえなかった日本の場合とは大きく異なっており,ドイツ
的な企業経営の展開の重要な基盤をなしてきたといえる。

　こうした市場の構造的特質をめぐる問題は,「アメリカ化」における「再構
造化」にとどまらない企業経営のドイツ的あり方の基本的性格,ドイツ資本主
義の再生産構造のあり方ともかかわる問題をなすものでもある。こうした点
は,ドイツ資本主義の再生産構造におけるヨーロッパ的条件とそれに適合的な
企業経営のあり方を意味するものであり,そのような企業経営のあり方は,再
生産構造のひとつの重要な基軸をなすものにもなっている。

　以上のような「再構造化」は,アメリカとは異なる条件のもとでの合理的な
適応であったといえるが,戦後のドイツ的な経営のモデル・スタイルは,アメ
リカの経営方式,その諸要素の吸収,それらとドイツの戦前からの諸方式・要
素との混合の結果としてのみならず,戦後の企業の発展のプロセスにおいて独
自に進化させてきた部分との結合の結果として生み出されたものである。その
ことは,それぞれの経営方式が相互に関連しあいながら有効に機能するような
トータルな経営システムへとつくり変えるという企業内の革新的な試みの結果
でもあったといえる。なお第1部での考察および本章でのこれまでの考察をふ
まえて,アメリカ的経営方式の導入における「再構造化」をめぐる状況とそれ
を規定した諸要因について,本書で分析した諸方策を取り上げてまとめると,

以下の表のようになる。

2　1990年代以降の企業経営の「アメリカ化」と「再構造化」

(1) 企業経営の「アメリカ化」における性格の変化とその意義

つぎに，1990年代以降における企業経営の「アメリカ化」の再来とそこでの「再構造化」の問題をみると，この時期には，ドイツ企業でも資本市場志向のアメリカ的な方策・手法の導入が取り組まれるようになった。この点に関して重要なことは，①20世紀初頭から第1次大戦まで，②第1次大戦後，③1970年代初頭までの第2次大戦後の経済成長期にみられた3つの「アメリカ化」の波と比較すると，その性格が変化してきたということにある。1990年代以降に世界的に普及することになるアメリカ的イデオロギーにおいては企業統治や株主価値が中心をなしている。そうしたイデオロギーの普及は，証券化というかたちでのアメリカの特殊な制度の世界的な普及を前提としたものであった[91]。

1970年代初頭までの3つの波において導入が試みられたアメリカの経営方式の多くは，「能率向上」という経営原理，企業の行動メカニズムが経営の実務において歴史的に重視されてきたという同国のプラグマティックな経営風土を背景としたものであったといえる。それだけに，そのようなアメリカ的条件・環境要因を反映した部分，プラグマティックな価値観に基づくあり方がドイツの条件には必ずしも適合的ではなく修正されながらの導入となったという面もみられたとはいえ，能率向上という原理は，ドイツの企業においても最も重要な行動メカニズムをなした。そのような能率向上の原理を貫くアメリカの経営方式は，ドイツの企業の復活・発展にとっての，また経済の発展にとっての重要な原動力となってきたのであった。それゆえ，第1から第3までの波においては，企業経営のアメリカ化は，その受け入れ国側からみても，大きな意味をもつものとなってきた。

これに対して，1990年代以降の第4のアメリカ化の波においては，経営方策そのものという面よりはむしろ，企業を「契約の束」として売買の対象とみるアメリカ的な企業観・イデオロギー，それに基づく経営観，そうした考え方に適合的な経営のあり方，制度の導入という面が強い。そのようなアメリカ的な経営のあり方・価値基準は，それまでの能率（生産性）向上や市場競争上の戦

表　第2次大戦後の経済成長期の「アメリカ化」

経営方式 導入の状況とそれを規定した諸要因	管理システム・生産システム		
	インダストリアル・エンジニアリング	ヒューマン・リレーションズ	フォード・システム
アメリカ的経営方式の導入の全般的状況	・ワークファクター法，MTMを中心とする導入 ・加工組立産業，製鉄業・金属産業，化学産業，造船業，被服産業などを中心に導入 ・外国との比較でのIEの普及の遅れ ・ワークファクター法とMTMの選択における産業間，企業間の差異	・ドイツ企業への導入は低調 ・アメリカによるヒューマン・リレーションズの導入に基づく同国の労使関係移転の試みは失敗 ・ヒューマン・リレーションズの利用は，共同決定や法的な規制によって自動的に解決されえない問題（職長と部下との関係など）に集中	・流れ作業方式の基本的な機構的部分，生産編成の原理の導入
アメリカ的経営方式の導入の特徴	・レファの強力な関与，主導性（IEの紹介，教育コースの開設） ・レファによる自らのシステムの優先 ・ワークファクター社とのレファのライセンス協定による導入 ・ドイツMTM協会の設立とその取り組み	・技術援助・生産性プログラムの重点のひとつとしてのアメリカの強力な支援と促進 ・ドイツ経済合理化協議会（RKW），大学などの機関の関与 ・合理化推進のための労使関係の安定の手段としてのヒューマン・リレーションズの導入	・企業間による生産システムの差異 ・熟練労働力にも依拠した多様化高品質生産の展開 ・混流的な生産方法の導入の事例
アメリカ的経営方式の修正	・IEの影響を受けながらもレファの考え方に基づく作業研究の展開 ・人間工学的研究の適用の事例（ジーメンス）	・共同決定制度のもとでの労働環境（経営風土）の改善の可能性による，ヒューマン・リレーションズでの心理面におけるその改善の代替	・「ユニット・システム」の導入による量産効果の追求・補完の組み込み
アメリカ的要素とドイツ的要素との混合	・レファ・システムのなかへのIEの方法の組み入れ	・企業の人事政策，社会政策の面でのアメリカ志向と戦前のドイツの工場共同体思考との混合 ・ヒューマン・リレーションズの観点と戦前からの労働科学的研究の観点との混合 ・ヒューマン・リレーションズの観点のもとでの戦前の社内報の復活	・戦前のドイツの独自的な生産システムの要素との結合 ・熟練労働力に依拠した知識集約的な技能的要素の組み込み ・「ユニット・システム」による標準化システムとの結合
アメリカ化における「再構造化」を規定した諸要因 — 経営観，企業経営の伝統・文化的要因の影響	・1920年代のテイラー・システムのレファ・システムへの修正というかたちでのドイツ的適応の伝統	・技術，品質，生産重視の経営観による制約 ・技術畑の経営者，管理者の比重の高さという人事構成上の問題とそれを反映した経営観 ・ハルツブルク・モデルのようなドイツ独自の経営・管理モデルの影響	・技術・品質・生産重視の経営観 ・生産者側ではなく消費者の側からみたニーズのとらえ方に基づく経営観，ものづくり観 ・生産管理の職能における熟練をもつエンジニアの優位の伝統
アメリカ化における「再構造化」を規定した諸要因 — 制度的要因の影響	・レファの時間研究，作業研究の取り組みによる制度的基盤 ・労働組合による原則的拒否ではない態度による導入，実施の促進 ・経営協議会との経営協定の締結による導入，実施の事例	・ヒューマン・リレーションズの導入によって労使関係を変革させようとするアメリカの意図とドイツの労使関係との対立 ・それまでの労使関係の伝統と労働側の抵抗・反対による制約 ・共同決定制度の成立による阻止の影響	・職業教育制度，専門技能資格制度とそれを基盤にした生産体制（マイスター制度）
アメリカ化における「再構造化」を規定した諸要因 — 生産力構造的要因の影響	・戦前からのレファ・システムによる管理の発展	—	・戦前からのアメリカよりも少ない生産量のもとでの量産効果の追求と生産のフレキシビリティの確保を配慮した生産方式の展開 ・戦前からの「品質重視のフレキシブルな生産構想」の伝統
アメリカ化における「再構造化」を規定した諸要因 — 産業構造的要因の影響	・戦前からの金属産業，加工組立産業の発展 ・戦後における加工組立産業部門の一層の発展，拡大	—	・戦前からの加工組立産業の発展 ・戦後における加工組立産業の一層の発展 ・第2次産業革命を基礎とする産業の国際競争力の基盤
アメリカ化における「再構造化」を規定した諸要因 — 市場構造的要因の影響	—	—	・ドイツとヨーロッパの品質重視，機能重視の市場特性 ・戦後の大衆消費市場の拡大 ・ヨーロッパにおける「棲み分け分業的」な貿易構造

（出所）：筆者作成。

における「再構造化」と企業経営のドイツ的特徴

経営者教育・管理者教育		市場面での対応策		事業部制組織
経営者教育	管理者教育	マーケティング	パブリック・リレーションズ (PR)	(組織革新)
・アメリカの教材を利用した経営者教育の取り組み ・ビジネス・スクールの普及の遅れ	・職長教育の領域でのTWIの導入 ・アメリカや他の諸国と比べてのTWIの普及の遅れ	・販売部門（短期的戦術）とマーケティング部門（長期的戦略）との分業体制の導入 ・マーケティングの基本的考え方、原理、広告・宣伝の手法の導入、普及 ・消費財部門における導入の進展と生産財部門における低調	・アメリカのPRコンセプト、新しい社会科学の方法を基礎にした手法の導入 ・アメリカのPRの意義 ・1960年代にドイツ企業に普及 ・国際広報担当の部門や職位の設置	・事業部制組織の編成原理の導入 ・米英に比べての事業部制組織の低い普及率 ・事業部制組織の導入の大企業と中小企業との間の大きな相違 ・アメリカに比べての最大級産業企業における持株会社形態の比率の高さ ・職能部制と持株会社との混合形態の存在
・技術援助・生産性プログラムの重点のひとつとしてのアメリカの強力なイニシアティブと支援 ・ヨーロッパ生産性本部による組織的な企画の展開 ・ドイツ経済合理化協議会による関与・取り組み ・大学での実務性の低い経営教育の代替案としての実業界によるアメリカ的手法の追求 ・業界団体などによる経営者のネットワークでの教育 ・アメリカの大学の協力とその役割 ・ヒューマン・リレーションズの問題とも関連をもちながらのTWIの導入		・マーケティング、アメリカ技術援助・生産性プログラムによる同国の諸努力の方面で最も成功をおさめた領域 ・アメリカの広告代理店やコンサルタント会社の役割 ・宣伝担当の職位の階層的に低い位置 ・品質・機能重視の差別化的製品戦略	・販売政策、マーケティングの一環としてのPR活動の展開 ・人事問題への対応としてのPRの活用 ・アメリカのPR会社、コンサルタント会社の関与、役割 ・アメリカ市場での地位の確立をめざしたPR活動の展開	・事業部と地域部門、機能部門とのマトリックス組織の存在 ・事業部制と職能部制との混合形態の存在 ・アメリカのコンサルタント会社や同国の企業に依拠した導入 ・コンサルタント会社の役割は米英に比べると小さかったこと ・持株会社の構造からの事業部制組織への移行の特殊的な動機（以前には独立していた子会社の戦略の効率化とよりよい調整）
・ドイツの経営者教育、管理者教育の分散した個別的な展開（アメリカの最新の経営手法に関する短期のセミナーの開催など）		・計画の陳腐化よりも長期的な製品政策、品質・機能重視の製品政策の優先 ・製品差別化的要素による高価格政策	・アメリカ企業よりも慎重な情報政策、コミュニケーション政策の傾向 ・対政府、対政治の面での広報活動の重視	・取締役会の共同管理、合議制原理に基づく運営 ・事業部の共同管理の体制 ・独立採算制でない事業部制組織の導入の事例 ・事業部の業績とリンクしない事業部長の報酬支払システムの導入 ・コントローリングの機能が本社レベルだけでなく現場部門でも担当された点
・業界団体による経営者のネットワークに基づく知識の伝達、世代間の意見交換の方法とアメリカの教材・手法の利用との混合		・アメリカのマス・マーケティングの考え方、手法とドイツの個性の尊重、品質・機能・ブランド重視の製品政策、価格政策との混合	・新しい社会科学の方法を基礎にしたアメリカのPR手法と戦前におけるドイツ企業の広報活動の伝統との混合	・ドイツの取締役会の共同管理、合議制原理に基づく機構とアメリカ的な事業部制の機構との混合 ・アメリカ的な製品政策の原理とドイツ的な機能部門・地域部門の原理との混合 ・取締役会の下部委員会組織の設置という戦前のドイツ企業のあり方とアメリカの委員会組織との混合の事例
・技術や技能の価値を重視した経営観、経営の伝統 ・ドイツ企業の経営社会政策の伝統	・技術畑の経営者の比重の高さを反映した生産重視の経営観	・技術・品質・生産重視の経営観 ・技術畑の経営者、管理者の比重の高さ ・戦前からのカルテルに基づく温和な競争政策の優先 ・販売、マーケティングの視点の軽視という歴史的傾向 ・ドイツ企業の伝統的な価格・条件政策の根強い伝統	・技術、品質、機能に企業価値をおく企業経営の伝統、経営観 ・技術畑の経営者の比重の高さを反映した生産重視の経営観 ・企業の公開政策、情報政策に対する経営者の抵抗感	・取締役会レベルとミドル・マネジメント以下の労働者階層全体との間の厳格な分離というトップ・マネジメントの権限についてのイデオロギー的基盤 ・取締役会の共同管理、合議制原理の伝統、慣行 ・事業部長に利益責任と十分な権限を与えることに対する経営者の抵抗 ・技術重視の協調的な企業文化の伝統
・ドイツの教育制度のあり方・伝統 ・大学における経営学教育の特質（実務的視点の軽視） ・経営教育において大学が果たした役割の面での限界性 ・戦後改革における企業に関する法制の維持のもとでの古い世代の経営者の残存 ・経営者間のネットワークによる教育システム		・カルテルの歴史的伝統の影響（重工業におけるマーケティングの価値に対する低い認識） ・景品規定や割引法のような国家による規制の影響 ・戦前のカルテル容認の競争秩序による影響		・ドイツ企業における権限の委譲と分権管理の遅れ ・経営管理の専門化の遅れ（トップ・マネジメントと日常的業務との区別の弱さ） ・ドイツ企業の所有の特徴（とくに家族所有）による多角化戦略的作用と事業部制組織導入へのその影響 ・ひとつの産業体系をベースとしたコンツェルン構造というドイツ的な大企業の制度的特質（最大級産業企業における持株会社形態の比率のその影響）
―		・耐久消費財部門の生産力構造の変革と大量生産の進展 ・多様化高品質生産の体制、生産力構造による製品差別化の基盤	―	―
―		・戦前からの生産財産業を中核とした産業構造的特質 ・戦後も生産財産業の比重の相対的な高さ	―	・生産財産業の比重の相対的な高さは最大級企業の産業部門構成への影響（各組織形態の普及率へのその影響）
・経営者、管理者に求められる素養や企業内の昇進システム、昇給システムなどの労働市場的要因の影響		・品質重視、機能重視の市場特性 ・製品の画一化に対する消費者の抵抗 ・製品政策としての計画的陳腐化策に対する抵抗 ・競争条件、競争構造に規定されたマーケティングの必要性の認識や導入状況の産業部門間の差異	・品質重視、機能重視の市場特性	・品質・機能重視の市場特性（技術重視の協調的な経営文化の伝統） ・ヨーロッパへの輸出依存度の高さ（製品事業部内へのヨーロッパ業務の組み込みや他の地域における業務の地域部門への分割の事例）

略展開など企業の経営行動そのものに内在する実体経済的基準とは異なる，株価上昇（株主価値の向上）という資本市場の短期的志向の利害・価値基準に準拠・合致した「合理性」原理を基礎としたものである。そのような意味でも，こうしたアメリカ的経営のあり方は，企業経営にとっても，また資本蓄積にとっても抑制的・否定的作用，影響をもたらす「撹乱要因」ともなりうるという性格をもつといえる。こうした点は，1990年代以降の時期の企業経営におけるアメリカ化の性格の重要な変化を示すものとなっているが，それだけに，ドイツ的経営との相剋もまた大きなものとならざるをえなかったといえる。

　(2)　企業経営の「アメリカ化」における「再構造化」とその諸要因
　そこで，つぎに，この時期の企業経営の「アメリカ化」における「再構造化」とその諸要因についてみておくことにしよう。第2次大戦後の歴史的過程をとおして形成・展開されてきたドイツ的な経営のあり方・モデル，経営観，経済文化，さらに制度的要因などとのかかわりでいえば，アメリカ化にみられるこのような性格の変化のゆえに，アメリカ的な株主価値重視の経営のあり方は必ずしも適合的ではないという面もそれだけ強かったといえる。現実には，アングロアメリカ・モデルの普及に対する反発，抵抗も強く，全般的な収斂化とはなっておらず，経営モデルのアメリカ的な要素とドイツ的なそれとの混合・ハイブリッドとなっているという面が強いといえる。
　こうした「再構造化」には，まず制度的要因が深く関係している。それには，ドイツの産業・銀行間の産業システムにみられる企業間関係，共同決定制度とそれに基づく労使関係のあり方がとくに重要な意味をもった。しかしまた，ドイツ的な経営観，企業経営の伝統もアメリカ的経営モデルとの相剋の重要な要因をなしている。ユニバーサル・バンク制度に基づく銀行の役割と産業界への影響という面の一方で，技術・品質・生産重視の経営観とそれを反映したトップ・マネジメントにおけるエンジニアの比重の高さ，それらとも深くかかわる価値基準・合理性原理という経済文化がなお大きな意味をもっている。1990年代以降には財務畑の経営者の比重が上昇するという傾向のなかにあっても，生産重視の経営観，企業経営の伝統，それらを反映したエンジニアの地位の高さ，トップ・マネジメントの人事構成の特徴は根本的に変化しているとい

うわけではない。そのような状況のもとで、生産・技術・品質といった実体経済面での価値基準が重視される傾向にあり、そのことは、株主主権的な経営に対する抵抗感というかたちで、金融面での価値基準とのバランスをはかるものとなっている。さらに取締役会内部における合議制に基づく意思決定のシステムや、それをも反映した、アメリカと比べた場合のCEO（最高経営責任者）の相対的に弱い地位といった機構的要素も、株主価値重視の経営への転換におけるドイツ的なあり方に大きな影響をおよぼす一要因をなしている。

　こうしたあり方は、ドイツ資本主義の構造的特質とも強く結びついたものである。1990年代以降のグローバリゼーションの時代になってもなおEU域内の貿易比率が高いこと、資本財・投資財・耐久消費財の諸部門における品質競争市場での競争力を基盤としたヨーロッパ地域での「棲み分け分業的」な市場構造・貿易構造がある。そのことは、国際競争力の基盤としての労働者の熟練や技能の重視という条件をなしており、資本市場の強い圧力のもとでも、労働者との協調、共同決定制度のもとでの労働者の利害の配慮というかたちでのステイクホルダー志向が維持されるとともに、そのことが大きな意味をもつものとなっている。こうしたドイツ資本主義の市場構造、それとも深くかかわりをもつ生産力構造、それらをも反映した産業構造の特質の相互の連関のなかで、今日もなお、アメリカ的経営モデルの影響の強まりという傾向のなかにあっても、企業経営のドイツ的なあり方とその意義が規定されているといえる。

第3節　ドイツ資本主義の歴史的条件の変化と企業経営

　以上の考察をふまえて、つぎに、第2次大戦後の歴史的過程におけるドイツ資本主義の変化を世界資本主義の条件の変化との関連でとらえ、同国の企業経営の展開の基盤がいかに変化してきたかという点について明らかにしていくことにする。以下では、まず1970年代初頭までの経済成長期について戦前との比較のなかでみた上で、資本主義の構造変化がみられた70年代初頭から80年代末までの時期についてみていく。さらに1990年代以降のグローバル段階の時期について考察を行うことにする。

1 第2次大戦後の経済成長期におけるドイツの企業経営の基盤

　第2次大戦後における資本主義の条件の大きな変化を理解するために，第2次大戦終結までの時期の状況をみると，戦前のドイツ資本主義の特殊性は，生産力と市場との間の不均衡というかたちで市場問題に集約的に現れ，そのことが企業経営の展開，生産力発展の最大の隘路をなした。すなわち，植民地経済圏による閉鎖的な貿易関係，ヨーロッパレベルでの各国の保護主義的政策，世界恐慌後の経済のブロック化などのもとで，輸出市場の閉塞性によって再生産構造における限界性が規定されていたといえる。それは，いわば一国資本主義を前提として植民地市場と輸出市場の面から各国が個別的対応によって支えるというかたちでの再生産構造であり，市場面での世界的な政策的対応の欠如にみられる国際協調体制の弱さによる限界を示すものであった。それゆえ，アメリカ的経営方式の導入との関連でみると，「再構造化」を規定する5つの諸要因のなかでも，市場構造的要因がそれを制約する最も重要なものとして作用しており，企業経営のドイツ的なあり方，特徴と深く関係していたといえる。

　こうした資本主義諸国間における協調体制の弱さ・限界のもとで，第2次大戦前にもすでにヨーロッパ地域はドイツの貿易，ことに輸出の約3分の2を占めていた[92]にもかかわらず，同国の狭隘な国内市場の限界をカバーするかたちでの再生産構造の展開を可能にする条件は与えられるには至らなかった。そうしたなかで，ドイツは，輸出市場，ことにその中核をなすヨーロッパ市場を生産力発展，再生産構造（蓄積構造）に十分に生かすことができなかった。この点は，第2次大戦後にみられるような消費財，とくに耐久消費財の市場の拡大を基礎にした大量生産の展開を基軸とする「現代的」ともいえる経済発展が立ち遅れたことに顕著にあらわれている。

　しかし，戦後になると，戦前に企業経営，生産力発展の主要な隘路をなした市場の問題は「労資の同権化」（「労働同権化」）の確立による国内市場の条件の整備によって大きく変化した。こうした傾向は主要各国でもみられ，そうした変化は，ヨーロッパ的規模での輸出市場の条件の整備をもたらした。そのような市場の条件はまた，アメリカ主導の世界経済体制，ことに自由貿易体制と金・ドル交換制に基づく固定相場制のかたちでの国際通貨体制によっても支えられ，強化されたほか，西ヨーロッパレベルでの共同市場化によっても補完さ

れた。こうした市場条件の変化は，アメリカ的生産力構造の導入・定着の重要な条件をなした。こうした市場の世界的な連鎖，さらには資本のグローバルな連鎖の関係の創出が，戦後の主要各国の資本主義，また企業の発展を支える重要な条件をなした。

　このように，戦後になると，それまでのドイツ資本主義の特殊的条件・制約は大きく変化し，輸出市場をひとつの基軸とした企業経営の展開，再生産構造の展開を可能にしてきたといえる。例えばヨーロッパ諸国へのドイツ（旧西ドイツ）の輸出額は，1960年には53年の2.6倍に，70年には7.4倍へと飛躍的に増大しており，70年の輸出額を60年のそれとの比較でみても2.8倍に増大している。こうした増大は他の地域への輸出においてもみられ[93]，その意味でも，戦後，今日のグローバル段階にも基本的につうじる世界資本主義の相互の深い連関性，依存関係が生み出されてきたといえる。そのことがヨーロッパ以外の地域でも輸出の増大をもたらすとともに，西ヨーロッパにおいても共同市場化に支えられるかたちでより有利な貿易の条件が築かれた。

　こうした市場の世界的な連鎖の創出という条件のもとで，戦後の企業，産業および経済の発展の重要な基軸をなしたアメリカ的生産力構造の導入・定着がすすむことになった。このアメリカ的生産力の根幹をなす技術と経営方式の導入という点で大きな可能性を主要各国に与えたのが，同国主導の生産性向上運動の国際的な広がりをもった展開であり，技術援助計画であった。こうした戦前とは比べものにならないほどに有利な条件のもとに，ドイツは，アメリカ的経営方式の導入における「再構造化」によってヨーロッパ市場に適合的な独自の経営スタイルを形成し，それに基づく国際競争力を生かして企業と経済の急速な復活・発展をとげることができた。

　1970年代初頭までの経済成長期の企業経営の展開を資本主義の歴史的条件，再生産構造との関連をふまえていえば，それは，この時期の生産力と市場との関係のもとで有効に機能しえたという面が強い。この点は，戦後ドイツの企業経営のあり方を支えた歴史的条件，すなわちドイツ資本主義の経済成長期の歴史性をめぐる問題ということになる。歴史的にみても，この時期は，生産力と市場との関係における矛盾のあらわれが最も小さかった資本主義のいわば「黄金期」であったといえる。

そのような条件のもとで,ドイツ産業の著しい輸出の増大が可能となるとともに,ヨーロッパの市場構造,同地域での資本財・耐久消費財分野を中心とした輸出競争力を背景とする棲み分け分業的な貿易構造を基礎にして,スケール・メリットの決定的な追求よりも価格面での競争を回避するかたちでのニッチ戦略的展開が有効に機能しえたといえる。そのような歴史的条件のもとでは,ドイツ的な経営展開は適合的であり,それに有効なあり方が追求されてきたといえる。

そこでは,作業機構そのものはアメリカ的な流れ作業機構での大量生産型のモデルを基礎にしながらも,ユニット・システムのような高度な標準化の方法による量産効果の追求,専門技能資格制度や職業教育制度に支えられるかたちで熟練労働力にも依拠した高品質生産,知識集約的な生産の要素を生かすことが大きな意味をもったといえる。この点に,技術・品質・機能重視のドイツ市場,また類似の特質をもつヨーロッパ市場を基盤としたそのようなものづくりのあり方を反映するかたちでの,戦後の生産力発展におけるドイツ的特徴の重要な一面がみられる。ドイツでは,製造現場に熟練労働者が残り,アメリカとは異なった高級品をそうした熟練・技能に依拠して生産し,アメリカ産の大量生産とは異なる市場に適合的な生産力基盤を形成してきた[94]という面がみられる。そこでは,特定の作業・職務に関する労働者の専門家的な熟練に依拠したかたちで製品の機能性や耐久性といった面での高品質の確保が追求されてきた。そのような生産のあり方は,経済成長期のような需要変動があまり大きくない市場条件のもとでは,とくに有効に機能しえたといえる。

このような経営展開は,その国際競争力の基盤を背景にして,とくにヨーロッパ的市場構造とそのもとでの棲み分け分業的な貿易関係を促進するとともに,そうした貿易構造にも支えられるかたちで,ドイツ資本主義の再生産構造のひとつの基軸をなした。このように,戦後の企業経営の展開は,この時期のドイツ資本主義のあり方を規定する重要な要素をなすものでもあった。

また経済成長期におけるドイツの企業経営の基盤という問題に関して重要ないまひとつ点は,戦後の東西冷戦とドイツの東西分断が与えた影響についてである。1950年代から60年代の軍拡競争の時代には,東ドイツとの対抗の上でも,アメリカ主導での重化学工業優先というかたちでの産業と経済の発展,経

済力の回復・強化のための合理化の推進に大きな力点がおかれたといえる。そこでは，東ドイツや社会主義化した東欧諸国の市場の喪失による西ヨーロッパへの依存の強まりのもとで，同地域の市場の特質・構造にあわせた企業経営の展開，アメリカ化における「再構造化」による独自的な経営スタイルの構築を基礎にした国際競争力の確立・強化が，最重要課題として追求されることになった。またドイツの東西分断にともない東から西への持続的な移住による労働力移動のなかで熟練労働力や技師などの流入もすすみ労働力の量と質がたえず改善された[95]ことは，品質重視の生産体制の展開，品質競争での優位の確立にとって大きな意味をもった。冷戦体制と東西ドイツの分裂のこうした影響については，とくに1970年代に入ってより本格化するデタント[96]の時代にはサービス社会への傾向がすすみ生活向上優先に力点がおかれるなかで，企業経営においてもマーケティング的な観点の一層の重視と広がりがみられるようになってきたのとは，そのあり方は異なっている。

2　1970年代以降の資本主義の構造変化と企業経営のドイツ的対応

　以上の考察をふまえて，つぎに，その後の時期について，1970年代から80年代末までの時期を取り上げてみていくことにしよう。主要資本主義国の急速な生産力の発展とアメリカに対するキャッチアップの進展の結果として，戦後の経済成長期にみられた生産力と市場との関係を支える条件は，1970年代以降における資本主義の構造的危機のなかで大きく変化していくことになる。全般的にみれば，ドイツのみならず主要資本主義国における生産能力の過剰化の傾向が，1970年代の資本主義の構造変化をもたらす内在的な要因をなしたといえる。さらにドルショックとオイル・ショックによる経済の構造的変化が加わり，それまでの市場の歴史的条件のもとで発現をみることなく蓄積されてきた矛盾が顕在化するようにもなってくる。そうしたなかで，それまでのヨーロッパ市場への偏重のもとでの製品単位当たりの生産ロットの相対的に小さい多様化高品質生産，市場規模の相対的に小さなニッチ市場重点型の戦略展開・経営構造，さらには再生産構造においても，その問題・限界性が顕在化せざるをえない状況が生み出されることになってくる。

　重化学工業，わけても資本財・耐久消費財部門における品質・機能重視の市

場セグメントに重点をおいた製品戦略の展開とそれに適合的な生産のあり方,それらを基礎にした競争優位を背景とするヨーロッパ地域での棲み分け分業的な貿易構造のもとで,1970年代以降の対応においても,ドイツ的な方向性がみられることになった。1960年代末から70年代初頭にかけての時期には,第2次産業革命的な発展要素にアメリカ的なそれを融合するような生産基盤の構築というかたちでの戦後の経済発展の経路による蓄積効果が弱体化し,供給サイドの困難から投資の停滞が引き起こされたこととも重なり,産業構造の硬直化がもたらされることにもなる。また機械産業,とくに工作機械産業のデジタル化の立ち遅れが不可避となり[97],需要の変動に対する適応性・弾力性を軽視したかたちの,伝統的な品質の定評に依拠した特定顧客向けの製品差別化戦略の限界性が現れることになる[98]。この時期のドイツの対応の難点・限界は,電機産業部門における電子分野での技術と商品化の立ち遅れにとくに顕著にみられる。機械産業と電機産業における機械技術から電子技術への転換のこうした立ち遅れは,深刻な影響をおよぼすことになった。

しかしまた,ドイツ的対応・展開のいまひとつの方向性として重要な意味をもつとともに,その後の展開においても大きな影響をおよぼすことになったのは,自動車産業における対応であった。この点を企業経営レベルでみると,第8章でみたように,ME技術と熟練労働力に依拠した大量生産システムへの再編というかたちでの多品種高品質生産のよりフレキシブルな展開が模索された。そうしたドイツ的な対応のあり方は,高品質・高付加価値製品の分野・市場セグメントへのシフトとも関係しており,価格競争がある程度回避しうるような上級の市場セグメントでは,とくに有効性を発揮しうるという条件にあったといえる。しかし,より需要量も生産量も多い市場セグメントの場合には,日本的な対応のあり方と比べると,その有効性には差異がみられることになった。日本的な方式では,労働手段と労働力の利用の面での「汎用化の論理」に基づく生産編成とジャスト・イン・タイム生産によって,多品種多仕様大量生産の効率的展開とフレキシビリティの確保,「範囲の経済」による「規模の経済」の実現の補完というかたちでの量産効果のより徹底した実現が可能となった。それは,品種当たりの比較的小ロットでの生産の効率性を可能にし,どのランク・レベルの製品・車種の生産,市場への適応においても有効に機能し

た。そのような生産システムは，自動車産業に限らず，加工組立産業の大量生産型製品全般に有効な生産の方式となり[99]，日本企業の国際競争力の源泉をなした。

こうして，1970年代以降には，アメリカの技術と経営方式の導入によって主要資本主義国において実現されてきた生産力構造の均質化が崩れることになった。そうしたなかで，それまでのスケール・メリットの直接的な追求よりはむしろ品質面での非価格競争的要素を重視した展開というドイツのニッチ的戦略ゆえの限界性が顕在化していく条件が生み出されることになる。この点での国際競争力の格差の問題は，自動車産業のような最も代表的な競争優位部門においても，ヨーロッパ市場でのドイツ企業の競争力の低下というかたちであらわれ，とくに1980年代に「ジャパナイゼーション」と呼ばれる現象が生み出されてくる背景をなした。

また品質重視の観点に基づく製品の差別化と競争優位の源泉に関していえば，ドイツ企業では，1970年代以降になっても，特定分野の作業・職務についての専門家的な熟練労働者[100]に依拠するかたちで，製品の機能性や耐久性，信頼性，安全性の面での品質が重視されてきたという傾向にある[101]。これに対して，日本では，生産におけるより広い範囲の対応可能性という労働者の多能工的な能力・技能とチーム制のなかでのそのフレキシブルな運用，QCサークル活動，改善提案活動のような職場小集団活動などによって，生産の段階でのきわめて低い不良品の発生率や故障の少ない製品という面での品質の確保に重点がおかれてきた。こうした相違も，1970年代および80年代をとおして，日本的なシステムがコスト面のみならず品質の面でも，消費者にとってより大きな意味をもつ使用の安定性という面で競争優位を確立しえた主要な要因となったといえる。W. シュトレークは，伝統的にドイツの品質市場であったところで日本が優位となったことはドイツ製品の明白なリーダーシップという時代の終焉，それにともない価格競争を回避しようとするドイツ産業の力が終焉したことを示唆するものであるとしている[102]。

このように，1990年代以降のグローバル競争構造への変化とそれにともなう価格競争力の重要性の増大という状況のもとで，また日本の生産システムへのキャッチアップがなお達成できない状況のなかで，効率性とフレキシビリティ

の追求における代替的な「解」が，モジュール生産方式に求められたのであり，70年代以降の歴史的過程のなかで，そのようなドイツ的な対応のあり方が規定されたのであった。こうした方向性は，その後も受け継がれるとともに，経営のグローバル展開のあり方とも深く関係するものとなった（第12章参照）。

　さらに1970年代以降のドイツ資本主義の構造転換にともなう企業経営の基盤の変化を産業構造の転換という面からみると，2度のオイル・ショックを契機とする鉄鋼業のような重厚長大型産業から加工組立産業のような軽薄短小型産業への転換は，前者の産業部門における減量合理化を不可避の課題にするとともに，加工組立産業におけるME技術革新の利用と生産システムの改革を重要な課題にした。ただ同じ重厚長大型産業のなかにあっても，鉄鋼業では事業構造の再編をともなう減量合理化が1970年代以降に最重要課題のひとつとなったのに対して，化学産業ではドイツ企業のもつ垂直統合構造の優位の条件がなおほぼ維持されたことによって，合理化は鉄鋼業のようには徹底したかたちをとるには至っておらず，その本格的展開は90年代以降のことであった。加工組立産業における生産システムの改革がその後の企業経営の展開におよぼした影響については，すでにみたとおりである。

　1970年代以降の資本主義の歴史的条件の変化にかかわるいまひとつの重要な点は，共同決定制度の改革・変更の問題にある。1976年共同決定法は，監査役会への半数構成での労働側代表の参加による出資者代表監査役の構成比率の低下をもたらし，企業側と労働代表の監査役の協力・連携によって出資者の影響を抑制するかたちで経営の自律性を高め，ドイツ的な企業体制，ガバナンスのシステムの強化をもたらす契機となった。こうした経営の自律性は，ドイツに特徴的な産業・銀行間関係に基づく産業システムと共同決定制度が結びつくことによっても強化されてきた[103]。また事業所レベルの共同決定をみると，1972年経営組織法は，経営協議会の権利の拡大，経営協議会と労働組合との結びつきの明確な承認・強化の2点に特徴をもつ[104]。1970年代に労働側と政府との間の，また労働組合と雇用者との間の全国的なレベルでの関係が悪化するのにつれて，交渉による調整は，ますます労働側が72年に勝ちとった事業所レベルの権利に依拠するようになった。労働側が1970年代半ば以降に失業問題や技術変化の一層差し迫った挑戦に直面するにつれて，経営協議会の権利は，中

央の労働組合の戦略にとって,はるかに重要となってきた[105]。また労働の人間化が職場における共同決定との結びつきをとおして経営参加の全体的な構想に組み込まれるとともに,そうした相互補完的な結びつきが,経営民主化を目標とする労働の人間化の基本的な出発前提をなした[106]。

　しかし,合理化が推進されるなかで,技術,組織,技術設備や労働システムの計画化・変更に対する経営組織法での共同決定権,参加権,情報獲得の権利は,明らかな限界を示した。そうした権利は,労働時間や給付の統制といった特定の事柄,あるいは人間的な作業の編成に関する労働科学的な認識に明らかに矛盾するような技術的・組織的諸方策による特別な負担に徹底的に限定された。また影響をおよぼすことのできる他の権利,とくに合理化保護協定も個々のケースにおいてしかそうした限界を超えることがない傾向にあった。このように,技術や労働組織に対する不十分な共同決定権は,新しい合理化や技術革新のコンセプトによって,その効力を大きく失うことにもなった[107]。また経営協議会には労使紛争の手段行為が禁止され,労働平和・経営平和の義務が課せられており,従業員の利害の代表・主張と労使協力という矛盾する課題が与えられた。さらにそのような労使協力のなかで経営協議会は第二人事部的な役割を果たすといった側面もみられ,経営協議会と労働組合との間でもコンフリクトがみられたとされている[108]。このように,1970年代における社会民主党主導の共同決定制度の改革は,労働側の権利の拡大,それにともなう労働側の交渉力の増大をもたらすとともに,資本による労働者に対する統合政策的性格・機能を強める傾向にもあり[109],資本主義の構造変化による低成長下の企業経営の展開において労資協調を促進する基盤をなすものでもあった。

　また戦後西ドイツの経済秩序の枠組みを規定した社会的市場経済とそのもとでの政策理念の変質という点とのかかわりでみれば,1960年代後半の不況に直面して社会民主党主導の連立政権下でのケインズ主義の反景気循環的な有効需要管理政策の要素を取り入れた運営への転換[110]を経て,80年代にはコール政権下での「小さな政府」への変質がみられた。1980年代には財政再建が前面に出てくることになり,供給サイドの政策へと基調は転換された。経済政策の面では企業に対する投資環境の改善が重視されたほか,企業に対する減税,補助金の支出も行われたが,採算の悪い経済部門への補助金が急速に増大し

た[111]。産業政策，特定の産業への補助金の支出という点についてみれば，なお一定の国際競争力を維持し自立的な再編が可能であった鉄鋼業とは対照的に，造船業では，補助金による助成は，過剰生産能力の温存・拡大をもたらす結果ともなり，大規模な雇用の削減を食い止めることはできなかっただけでなく，産業部門をこえる地域の構造変革を妨げることにもなった。このように，産業間の差異が顕著にあらわれ，それはその後の経営課題のありようにも大きな影響をおよぼすことになった。

　さらにまた，ECの拡大によって域内のより有利な貿易条件が築かれる一方で，それにともないヨーロッパ企業との間の競争が激化したほか，国際的にも広く競争の激化がみられたが，そのことがおよぼした影響のひとつとして，労働法の規制緩和・柔軟化の問題がある。1980年代のコール政権による「小さな政府」の政策のもとで，国際競争力の強化や失業対策のための規制緩和策として労働法の規制緩和・弾力化が打ち出され，そのことが労働時間の規制の緩和をもたらすことになった。この時期には，「労働時間の弾力化を認めるとしても，その前提として厳しい枠をはめておかなければならない」とする，労働時間の規制と弾力化に関する立法者と協約当事者の哲学ともいえる考え方に変更がもたらされたが，1980年代の規制緩和・弾力化の政策はまだ萌芽的な段階にあり，企業経営へのその影響も90年代のようには大きくなかったといえる。しかし，こうした規制緩和・弾力化の動きは，労働市場の法，労働保護法のみならず労使関係法の全般におよぶ1990年代以降における労働法制の規制緩和の本格的展開[112]に道を開くものであり，労働条件や労使関係の一層の柔軟化の傾向へとつながっていくことになった。

3　1990年代以降のグローバル段階におけるドイツ資本主義と企業経営

（1）　ドイツ企業のグローバル地域化とEU型資本主義

　さらに1990年代以降のグローバル段階との関連でみると，この時期の企業経営の条件の変化については，つぎのようにいえるであろう。まず東西冷戦構造の終焉との関連でみると，社会主義陣営の中心がソ連および中東欧諸国にあったことから，中東欧地域の市場の組み込みとこの地域を含めた広域欧州における生産分業関係，最適な生産力構成の構築の可能性と意義は，ヨーロッパの企

業，ことに製品間や工程間の国際分業が成立しやすい加工組立産業に国際競争力の基盤をもつドイツの企業にとっては，他の地域の企業と比べても格段に大きかったといえる。それだけに，ドイツは，グローバリゼーションの動きのなかにあっても，ヨーロッパにおけるこうした経済関係，ドイツ本国と広域欧州との間の生産力構造における最適分業，同地域の市場を基盤にしたEU型資本主義としての性格を一層強めながら再生産構造（蓄積構造）の再編をはかってきた。

またこの段階のひとつの特徴を競争構造の面からみると，市場のグローバル化・ボーダレス化のもとで，また加工組立産業を中心に世界最適生産力構成での経営のグローバル展開がすすむなかで，製品差別化による非価格競争以上に世界的なレベルでの価格競争の激化がすすんできたといえる。そうしたなかで，それまでの機能面や耐久性の面での品質による差別化を基礎にした国際競争力の確保の条件は，大きく変化してきたといえる。ことに中東欧の旧社会主義諸国がターゲットとなることによって広がった市場は，品質重視の高付加価値製品市場よりはむしろ価格競争の激しい量産型の製品市場を中心としており，その意味でも，ニッチ的な高品質・高付加価値型製品の市場の大きな拡大は，一層困難な状況になってきたといえる。また各国の経済発展・産業発展の差による市場条件の差異も大きくなってきており，その結果，市場のターゲットとなる地域や国による企業の対応すべき製品ミックスの差異のもとで，企業は複雑な製品ミックスでの対応をフレキシブルに展開せざるをえないという状況にある。そのような事態は，価格競争を回避したニッチ的な高品質・高付加価値製品市場への特化，それによる競争優位の構築・維持をますます困難にする要因となっているといえる。こうした状況のもとで，ドイツにとっては，その東西統一による市場の拡大，またEUにおける市場と通貨の統合，EUの東方拡大による地域経済圏の拡大によって，ヨーロッパ的な「環」の一層の強化というかたちでの蓄積がより大きな意味をもつようになってきた。

このようにグローバリゼーションの進展のなかにあってもドイツ企業がヨーロッパ市場にポジションの重点をおいているという現実については，つぎの点も重要である。すなわち，グローバル競争の展開と上述の如き機能面での品質に大きなポイントをおいたヨーロッパ市場の特質のもとで，例えば日本企業が

国際競争力をもつ分野のひとつである自動車産業をみても，ドイツを含めた欧州ではアメリカ市場においてほどには日本企業の競争力は高くなかったということである。ヨーロッパのこうした市場の特質が，EUの市場統合とその東方拡大，統一通貨ユーロの実現のもとでの同地域におけるドイツ企業の国際的な競争優位を支えている。そのような条件のもとで，ドイツの企業経営のあり方は，現在もなお同地域の市場への適応という点で大きな意味をもつものとなっており，こうしたヨーロッパ市場の構造的特質とは無関係ではありえないものとなっている。

　ドイツ的な企業経営のあり方は，新たに加盟した諸国も含めてEUレベルでみても，各国間の産業構造的な差異のもとで，基幹産業部門の国際競争力に基づくヨーロッパの「棲み分け分業的」な市場構造・貿易構造，同地域への輸出比率の高さによって支えられるかたちとなっている。ドイツ資本主義は，EUの市場と通貨の統合の進展という状況のもとで，域内貿易のより有利な条件を基礎にして，グローバリゼーションの過程のなかにあって，こうしたEU圏の資本主義としての再生産構造（蓄積構造）を一層強化するとともに，それによってこそ支えられる構造へと変化してきたといえる。ことに，ドイツ資本主義の協調的特質というあり方のひとつの重要な側面を示す，企業間の事業分野や製品分野の間での棲み分け的構造は，1990年代以降には競争条件の変化のもとで崩れる傾向にあった。そうしたなかで，EU圏での再生産・蓄積の一層の強化が必要となるとともに，より重要な意味をもつようになってきた。

　このようなEU型資本主義とでもいうべきドイツのあり方は，高い労働コスト，重い社会保険料負担，短い労働時間，雇用保障と賃金保障の体制などの1990年代以降に一層顕著になってきた制約的条件のもとで，広域欧州を市場と生産力構造の最も重要な基盤として本国の産業立地を維持するというかたちでの，ドイツの資本主義と企業の蓄積のための重要な生命線をなすものであるといえる。こうしたあり方は，グローバリゼーション，企業経営のアメリカ化という大きな動き・傾向のなかにあっても，アングロアメリカ的なモデルとは異なる独自の企業経営の特徴的なあり方，スタイルを維持・強化しつつ，独自のグローバリゼーション過程を歩んでいることを示すものでもある。奥村皓一氏が指摘されるように，例えばドイツ企業の国境を越えるM&Aの追及は，「アン

グロアメリカ型経営への企業文化の転換によって，世界に通ずる経営を展開していく軌道に乗ることでは必ずしもなかった」。グローバル市場化のもとで生き残っていくという課題に直面するなかで，ドイツの企業が推進する欧州統合，全欧州を基盤とした蓄積構造の構築のための動きは，「ヨーロッパ型資本主義を堅持し，アメリカ型に代わる一つの世界標準として確立していくための重要な戦略としての意味を持つ」ようになっている[113]。

　ドイツ独自の，またヨーロッパの労使慣行や社会慣行などを重視し，それらを生かしながら市場原理の適用に一定の制限を加えるかたちでの，調整機能を組み込んだドイツの資本主義的展開は，同地域に重点をおいたこうしたEU資本主義的なあり方のもとでこそ有効に機能しうるものであるといえる。そのようなあり方を支える重要な基盤をなすものが，それに適合的な同国の企業経営の構造とスタイル，行動様式であり，それはドイツ企業のグローバル地域化の動きとも深いかかわりをもつものとなっている。

　そこで，ドイツ企業の「グローバル地域化」という動きにおける「グローバル化」と「地域化」について，本書で考察した経営現象との関連でみると，つぎのようにいえるであろう。すなわち，グローバル化の動きは，①株主価値経営とそれに基づくコーポレート・ガバナンスの体制への圧力とそれへの対応，②グローバルに展開している事業拠点間での選別・再編というかたちでのリストラクチャリングの推進，③世界最適生産力構成というかたちでのグローバルな立地の構築・再編とそれに基づく蓄積構造の追求，④グローバルなレベルでの企業集中による再編と補完という点にみられる。しかしまた，その一方で，「ヨーロッパ化」というかたちでの地域化が推進されてきた。上記の①については，経営モデルとガバナンス体制の「アメリカ化」というグローバルな動きのなかにあっても，それとの相克・対抗として，ドイツ的，大陸ヨーロッパ的ともいうべき諸要素，制度的特質，経営慣行を生かしたかたちでの独自性をもった展開が推進されてきた。また②に関しては，市場の中核を占めるヨーロッパにおける事業拠点・生産力基盤の再編による最適化の追求を重視するかたちでの展開がはかられてきた。さらに③については，加工組立産業における部品の相互補完体制をも含めた広域欧州生産ネットワークに基づく最適生産力構成の構築というかたちでの展開が追及されてきた。最後に④に関しては，グローバ

ルなレベルでの企業集中を推進する一方で,市場,事業展開の最も重要な要をなすヨーロッパ地域を基軸とした企業結合の展開が推し進められてきた。このようなヨーロッパ型・EU型資本主義としてのドイツ的特質とそれに規定された蓄積構造,またそれにより適合的な企業経営の展開,行動様式が追及されてきたのであった。こうしたグローバル地域化は,国外の立地によるドイツ本国の立地に対する競争圧力を強める一方で,ヨーロッパレベルでの再編を基軸とする国際競争力の強化による国内の立地の維持という問題とも深く結びついている。以上のような点にドイツ企業のグローバル地域化の重要な特徴がみられる。

しかしまた,そのような企業経営のあり方と深いかかわりをもつものとして,広域欧州という基盤にも支えられたドイツ型資本主義とそのもとでの合理性原理の特徴的なあり方が重要な問題となってくる。そこで,つぎに,こうした問題について,アメリカ資本主義における合理性原理との比較のなかでみておくことにしよう。

(2) ドイツ資本主義と合理性原理をめぐる問題

資本主義における合理性原理をめぐる問題をみると,自由な競争のもとでの能率向上による合理性の確保がアメリカ流の合理性原理の基本をなしており,それは,市場の機能を信じ,競争が生む創造性と恩恵を最大限に享受することを徹底して重視したものであるといえる。これに対して,ドイツでは「社会的合理性」の観点が重視されており,それは主体間の調整を重視したかたちでの合理性でもある。そうした点は,戦後の経済秩序の基本をなした社会的市場経済の原理のほか,セイフティネットの機能を組み込んだ共同決定制度による労使関係の枠組み,産業・銀行間の関係に基づく産業システムの利害調整機能などにもみられ,戦後のドイツにおける企業経営と資本主義を支える基本的原理の重要な部分をなしてきた。そこでは,長期的な利益の配慮と社会共同体としての企業を優先するというあり方が重視されてきた[114]。

本書で明らかにされた戦後の企業経営のあり方,スタイルは,そのようなドイツ的な合理性をめぐる条件のもとに,またそれに適合的なかたちで形成されてきたものである。そうした企業経営のあり方も,また制度的諸要素とその補完性を基礎にしたかたちでの「調整された市場経済」[115]と特徴づけられるド

イツ的な資本主義のあり方も，類似の合理性基準をもつ諸国がみられるヨーロッパ（ことに大陸ヨーロッパ）的構造のなかでその存立基盤が支えられ，また強化されてきたという面も強いといえる。そのような資本主義的なあり方は，基本的には，ドイツの東西統一後も連続性をもってみられる。

しかし，1990年代以降の市場のグローバル化・ボーダレス化とそれにともなう競争構造の変容のなかで，ヨーロッパ市場も世界市場との同質化の傾向を全面的に免れることのできる状況にはなく，それまでの市場の条件・特質は大きく変化せざるをえない傾向にある。その意味では，ドイツ的なあり方の基盤，ドイツ的な優位を生み出しうる条件も大きく変化してきた。

1990年代以降の時期にはまた，グローバル競争構造への変化と資本市場の影響・圧力の増大のもとで，産業立地ドイツのあり方が大きく問われることにもなっている。またドイツ的な経営参加の基盤が大きく動揺せざるをえない状況にもあり，そのあり方が問われる事態ともなっている。さらにこの間の動きを世界的にみても，労働分配よりも配当を優先した企業の経営のあり方が広がり，そのことが国内市場の拡大を消費の面から制約するひとつの要因となっているという面もみられる。

しかしまた，そうしたなかで，いかにして経営の安定性・自律性を維持しながら，また長期的な視点に立って雇用を守るかたちでの経営の展開をはかるかということも，一層重要な問題となってきている。その意味でも，産業・銀行間の関係に基づく産業システムと共同決定制度の連携による企業外部の勢力に対する防衛的・牽制的機能，それらの制度的特質の有効性をどう生かすか，共同決定制度のもつセイフティネットの機能をどう有効に生かしていくかということが重要な意味をもっている。労働市場における規制緩和が急速に進展しさまざまな問題を露呈してきている今日的な状況のもとで，こうしたドイツ的なあり方は，重要な意味をもつと同時に，グローバル競争のもとで，その有効なかたちでの維持のための基盤をどうつりだしていくかということが重要な問題となっている。ドイツ型資本主義の今後のあり方は，こうした点と深くかかわる問題でもある。

この間のグローバリゼーションの大きな動きのなかで，アメリカ的な「合理性原理」を全面に押し出した展開が推進され拡大してきた。この点でのドイツ

への影響は，1990年代後半以降の大型合併ブームにともなう企業間関係の変化，企業支配の場としての資本市場の圧力のもとでの個別企業の次元における経営手法および経営者のアメリカ化にみられる所有・経営関係の変化，国境を越える企業買収に関する制度の構築，さらには労働協約の締結・改訂による労働条件の「柔軟化」というかたちでの労使関係の変化にまでおよんでいる[116]。しかし，例えば金融のグローバリゼーションの抱える問題性・限界性や規制緩和による過度の「市場化」の限界がより顕著に現れてきたように，そうした方向でのアメリカ的なあり方が抱える問題・矛盾もまた大きい。今日まさに，企業と経済の発展を支えるこうした合理性原理，それを支えるシステムや制度のあり方が大きく問われている。そうしたなかでどのような「最適解」を求めるのか，こうした点をめぐっても，ドイツ的なあり方が大きく問われているといえる。

第4節　第2次大戦後のドイツ企業の発展と欧州統合への道
――ヨーロッパ市場で棲み分けを求めた，地域に根ざす経営展開――

　本書のこれまでの全体的考察をふまえて，企業経営の「アメリカ化」という問題も含めて，1970年代初頭までの戦後の経済成長期におけるドイツ企業の成長および発展を今日のEUに至る欧州統合への動きとの関連でみると，いかなるインプリケーションが得られるであろうか。こうした点を同じ敗戦国であり世界有数の貿易立国となった日本との比較の視点からみることにしよう。ここでの問題は，この時期のドイツ企業の発展がその後の時期の，また現在の状況をどう規定することになったのかということと関係している。この問題は，アメリカ化の動き，グローバリゼーションのなかにあっても「ヨーロッパ化」するドイツと同国企業という今日的状況の原点を，戦後の経済成長期における企業経営の発展過程をふまえて明らかにするということである。

　ドイツと日本はともに第2次大戦の敗戦国であり，戦後，アメリカの世界戦略に組み込まれ，同国の技術と経営方式を導入しながら，また産業集中の独自のシステムを構築するなかで発展してきた。しかし，日本にとっては，多くの諸国が植民地の状況にあったアジアにおいて戦後当初からヨーロッパに匹敵す

るような市場が存在しなかった。そのために，生産力の発展は国内市場と対米輸出の拡大によってしか十分に吸収することができず，アメリカ依存が強まらざるをえなかった。そのような条件のもとで，コンツェルン体制の再編，アメリカ的経営方式の導入における日本的展開をはかりながらも，日本の企業は，アメリカへの輸出依存の一層の強まりというかたちでしか蓄積構造を築くことができなかった。またその後の1970年代，80年代には，日本的生産システムによって，低コストと故障の少なさという品質，生産のフレキシビリティなどを武器に，日本企業は，自動車産業をはじめとする加工組立産業において国際競争力を強化してきた。そのことが，アメリカへの輸出の一層の増大をもたらした。しかし，これらの産業はアメリカの基幹産業であったために，同国市場での産業分野やそれらの製品との補完関係を構築することはできず，アメリカとの競争関係は持続したままであった。そのような状況のもとでは，アメリカ市場への依存からの脱却は容易ではなく，その意味において，日本は，自立的な発展をとげることができなかった。しかも，今日もなおEUに匹敵する地域経済統合がアジアでは成立しておらず，輸出におけるアメリカ依存のもとで，円高・ドル安というかたちでの為替相場の変動に翻弄されざるをえない状況におかれている。またそのことが産業空洞化を招き，企業にとっても厳しい条件がつきつけられることにもなっている。

　こうした日本からみると，ドイツははるかに自立的な発展をとげてきたといえる。ドイツ企業は，アメリカの技術と経営方式の導入という動きのなかにあっても，生産力構造や産業構造，さらにヨーロッパの市場構造，競争構造に合わせた「再構造化」をはかることによって発展してきた。そこでは，ドイツおよび輸出の中核的地域をなすヨーロッパにおける品質や機能性を重視した市場の構造および特質のもとで，またそのような市場特性をも反映したドイツ企業の経営観のもとで，熟練労働力にも依拠した多様化高品質生産の展開がはかられてきた。そのさい，共同決定制度による雇用保障および賃金保障の体制のもとで企業における労働力への職業訓練投資が促進されたことも，大きな意味をもった。ドイツの企業は，市場をはじめとするヨーロッパ的条件にあわせた展開をすすめてきた。すなわち，徹底した標準化原理に基づくアメリカ的な大量生産ではなく，日本のような多能工的熟練とも異なる労働者の専門家的な熟練

や技能にも依拠したかたちでの，品質や機能の面での差別化を可能にする生産の体制，それを支える企業経営の全体的なシステムが構築されてきた。そこでの高品質とは機能性や耐久性に重点をおいたものであり，そのようなドイツ的な生産の体制は，価格よりも品質によって差別化をはかり競争力を構築するという戦略の展開の基盤をなした。その結果，ドイツは，耐久消費財，投資財および資本財などの分野の国際競争力を基礎にして，またヨーロッパ各国の産業構造の差異のもとで，同地域での産業分野間，製品分野間の補完的な貿易構造を構築してきた。そのことによって，ドイツは，アメリカの世界戦略に従属することなく企業と経済の自立的展開をはかることができた。

しかしまた，そのような展開は，品質，ことに機能面でのそれが重視されるというヨーロッパ市場の条件のもとでこそとくに有効性が確保されたであった。それゆえ，ドイツは，ヨーロッパ的再生産構造の形成・強化をめざして，またそれに適合的な基盤を整備するために，今日のEUに至る欧州統合の方向へとすすんでいくことになった。このように，ヨーロッパ市場で棲み分け，統合された同地域に根ざした展開を推し進めるべく欧州統合へと向かう基盤が，企業経営のレベルにおいて生み出されることになった。こうした意味において，1950年代および60年代のドイツ企業の発展は，欧州統合への方向性を規定することになり，今日のEUに至る礎石を築いたといえる。今日大きな問題となっている欧州債務危機に直面してドイツがEUおよび統一通貨ユーロを守らざるをえないというという状況は，金融システムの安定という問題や同国の高い経済力のみならず，企業経営の構造とそれに基づくドイツ資本主義の再生産構造（蓄積構造）の特質に規定されたものでもあるといえる。本書のこうした考察は，混迷するヨーロッパ問題においてドイツの役割とイニシアティブを規定しているものは何かという今日的な問題に対する視座を提供するものである。

このように，ドイツと日本はともに世界有数の加工貿易立国でありながら，「アメリカとの産業分野や製品分野での補完的な関係の構築もアジアでの共同市場の形成も未完の日本」とは対照的な，「ヨーロッパにおいて各国との間で産業や製品の分野で補完的な関係を築き，地域化するドイツ」という特徴的なあり方がみられる。地域的特性にも規定されるかたちで，戦後の経済成長期の経営展開をとおしての企業の発展過程において，こうした相違をもたらす条件

が生み出されることになったのである。企業経営のアメリカ化を含めて，今日につながる戦後の経済成長期のドイツにおける資本主義と企業経営はこのように理解することができるであろう。

　最後に残された研究課題について簡単に述べておくことにしよう。第1に，本書では，戦後のドイツにおける企業経営の展開について製造業を中心にして，金融部門をも対象として考察してきたが，第3次産業を含めたトータルな分析とそれをとおしたドイツ資本主義の再生産構造，それとの企業経営の関連についての解明を行うことである。第2に，ドイツの企業経営の特徴のひとつともいえる同族企業や中小企業の問題，これらの企業がドイツ経済において果たしている役割，意義を明らかにし，同国資本主義と企業経営のよりトータルな把握を行うことである。第3に，これらの問題も含めて，戦後における企業経営の歴史的過程の国際比較，とくに日本との比較分析を本格的に行うなかで，ともに第2次大戦の敗戦国であり貿易立国となった両国の資本主義と企業経営の今日的到達点，さらには両国の相違を規定している諸関係・要因をより深く解明することである。第4に，ドイツの企業経営の特徴的なあり方とも深く関係する多様化高品質生産の展開，高級品への特化による競合回避の戦略[117]をめぐって，それらは同国の産業においてどの程度広く一般的にみられるのかという点ともかかわって，さまざまな産業部門や製品部門の実態，こうした戦略を支える生産の方式やそこでの熟練労働力の役割などの具体的なありようの考察をとおして，その内実を明らかにし，そのような経営展開の意義を把握することである。このことは，ドイツ企業の国際競争力の問題を理解する上でも重要な意味をもつといえる。

　これらの研究課題の追及も含めて，今後取り組むべきテーマ・課題はなお多い。本書を基礎にして，さらなるステップへと踏み出していきたい。

（1）OECD, *The Development of Industrial Relations System. Some Implications of Japanese Experience*, Paris, 1977，Ⅰ，Ⅱ．
（2）大河内一男『労使関係論』労働旬報社，1980年，163-8ページ，菅谷 章『労使関係論の基本問題　労働組合はなにをなすべきか』法律文化社，1977年，10-3ページ，105-6ページ，森 五郎「日本的労使関係システムの特質と今後の展望」，森 五郎編著『日

本の労使関係システム』日本労働協会，1981年，367ページ，371-2ページ，高橋洸『日本的労資関係の研究』，増補版，未来社，1970年，9ページ。
（3）占部都美・大村喜平『日本的労使関係の探求』中央経済社，1983年，101-2ページ，平野浩一「戦後日本における労資関係の展開」，木元進一郎編著『労使関係論』日本評論社，1976年，205-6ページ，210ページ，労使関係調査会『労使関係と人間関係(2)』中央公論事業出版，1963年，17-8ページ。
（4）占部・大村，前掲書，105ページ，108-10ページ，112-3ページ，労使関係調査会，前掲書，55ページ。
（5）平野，前掲論文，209-10ページ。
（6）占部・大村，前掲書，117-8ページ，123-4ページ。
（7）前川恭一『日独比較企業論への道』森山書店，1997年，247ページ，310ページ，313ページ，青山茂樹「現代『日本的労使関係』の特質と再編」，長谷川廣編『現代日本企業と労使関係』労働旬報社，1981年，94-6ページ。
（8）前川，前掲書，87ページ。
（9）同書，119-20ページ，126ページ，菅谷，前掲書，105ページ。
（10）前川，前掲書，23ページ，58-9ページ，247ページ，263-4ページ，宮本又郎・阿部武司・宇田川勝・沢井実・橘川武郎『日本経営史』有斐閣，2007年，246-9ページ，252-3ページ，奥村宏『日本の六大企業集団』ダイヤモンド社，1976年，12ページ，21-3ページ，宮崎義一『戦後日本の経済機構』新評論，1966年，221-2ページ，224-5ページ，227-8ページ，橘川武郎「企業集団の成立とその機能」，森川英正編『ビジネスマンのための戦後経営史入門』日本経済新聞社，1992年，62-3ページ，69ページ，73ページ，77ページ。
（11）この点については，拙書『戦後ドイツ資本主義と企業経営』森山書店，2009年，第5章を参照。
（12）橘川，前掲論文，69ページ，80-1ページ，橘川武郎『日本の企業集団』有斐閣，1996年，192-200ページ。
（13）前川，前掲書，59ページ。
（14）鈴木健『日本の企業集団　戦後日本の企業と銀行』大月書店，1993年，140ページ。
（15）宮島英昭「財閥解体」，法政大学情報センター・橋本寿朗・武田晴人編『日本経済の発展と企業集団』東京大学出版会，1992年，238ページ。
（16）M. Aoki, H. Patrick, Introduction, M. Aoki, H. Patrick(eds.), *The Japanese Main Bank System. Its Relevance for Developing and Transforming Economies*, Oxford University Press, 1994, p. xxii.
（17）坂本和一「企業グループ論の課題と視角」，坂本和一・下谷政弘編著『現代日本の企業グループ』東洋経済新報社，1987年，6ページ，23-4ページ。
（18）前川，前掲書，58ページ。
（19）野口祐『生産管理の経営学』税務経理協会，1968年，196-7ページ，野口祐・石坂

巌・関口 操・小島三郎『経営管理総論』中央経済社，1965年，224-5ページ，228ページ，日比宗平『生産管理論』同文舘出版，1975年，30ページ。
(20) 十字 昌「２つの進路をとるこれからのIE」『IE』，第11巻第３号，1969年３月，２ページ。
(21) 上田新治郎・津村豊治・大村 実・鈴木成裕「IE展開のための基礎論」『インダストリアル・エンジニアリング』，第９巻第６号，1967年６月，539ページ。
(22) 井上秀次郎「日本におけるIEの展開と矛盾」『技術と人間』，1976年，第６号，29ページ。
(23) 長谷川 廣『日本のヒューマン・リレーションズ』大月書店，1960年，中村静治『日本生産性向上運動史』勁草書房，1958年，221ページ，江渡三郎「労務管理の近代化について」，野田信夫・森 五郎編『労務管理近代化の実例』ダイヤモンド社，1954年，20ページ。
(24) 藤本隆宏『生産システムの進化論　トヨタ自動車にみる組織能力と創発プロセス』有斐閣，1997年，100-1ページ，120ページ。
(25) 下川浩一『グローバル自動車産業経営史』有斐閣，2004年，174ページ，183ページ。
(26) 和田一夫・柴 孝夫「日本的生産システムの形成」，山崎広明・橘川武郎編『「日本的」経営の連続と断絶』岩波書店，1995年，126-7ページ，和田一夫『ものづくりの寓話』名古屋大学出版会，2009年，544ページ。
(27) 藤本，前掲書，116ページ，119ページ，121ページ。
(28) 全日本能率連盟人間能力開発センター『戦後企業内教育変遷史』全日本能率連盟人間能力開発センター，1981年，59-63ページ，73-5ページ，77-8ページ，101-9ページ，杉山 孝「経営教育集」，日本経営政策学会編『経営史料集大成Ⅲ　人事・労務編』日本総合出版機構，1968年，２-５ページ，奥田健二・武沢信一・大坪 檀「アメリカ式経営管理の受容と普及」『経営と歴史』，第10号，1987年７月，14ページ，18ページ，野田一夫編著『日本経営　現代経営史』日本生産性本部，1969年，243ページ。
(29) 亀井辰雄・白木他石『経営教育論』丸善，1971年，129ページ，長谷川，前掲『日本のヒューマン・リレーションズ』，173ページ，奥田健二「人間関係と企業内教育訓練」，日本労働協会編『労務管理と賃金　アメリカ方式の日本的修正』日本労働協会，1961年，120ページ，150-3ページ。
(30) 下川浩一「戦後の経営者と経営管理」，小林正彬ほか編『日本経営史を学ぶ』，第３巻，有斐閣，1976年，58ページ。
(31) 下川浩一『マーケティング』文眞堂，1991年，124-7ページ，139-41ページ，野田，前掲書，211-4ページ。
(32) 佐藤 肇『日本の流通機構　流通問題分析の基礎』有斐閣，1983年，168ページ，若林靖永「日本のマーケティング史研究の意義と研究枠組み」，近藤文男・若林靖永編著『日本企業のマス・マーケティング史』同文舘，1999年，21ページ。
(33) 下川，前掲『マーケティング』，140ページ。

(34) 吉原英樹・佐久間昭光・伊丹敬之・加護野忠男『日本企業の多角化戦略　経営資源アプローチ』日本経済新聞社，1981年，58ページ，64-5ページ，235ページ。
(35) 同書，205-7ページ，225ページ。
(36) 同書，58ページ，64-5ページ，201ページ，203ページ，225ページ。
(37) 同書，205-7ページ。
(38) 同書，200ページ，203ページ，224-5ページ，小野豊明『日本企業の組織戦略』マネジメント社，1979年，125-8ページ，今西伸二『事業部制の解明』マネジメント社，1988年，61ページ。
(39) 吉原・佐久間・伊丹・加護野，前掲書，191-2ページのほか，加護野忠男『経営組織の環境適応』白桃書房，1980年，205ページ，271ページをも参照。
(40) 石井淳蔵・奥村昭博・加護野忠男・野中郁次郎『新版経営戦略論』有斐閣，1996年，132-3ページ。
(41) 吉原・佐久間・伊丹・加護野，前掲書，193ページ。
(42) 一寸木俊昭「戦後発展期の日本企業の経営原理」，現代経営学研究会編『現代経営学の基本課題』文眞堂，1993年，44ページ，加護野忠男・野中郁次郎・榊原清則・奥村昭博『日米企業の経営比較』日本経済新聞社，1983年，37ページ，占部都美『事業部制と近代経営』ダイヤモンド社，1960年，198ページ。
(43) 石井・奥村・加護野・野中，前掲書，133ページ。
(44) 加護野・野中・榊原・奥村，前掲書，38―ジ。
(45) 小野，前掲書，128ページ。
(46) 増田壽男「現代日本経済と産業構造の転換　第一　戦後日本資本主義の構造的特質」，産業構造研究会編『現代日本産業の構造と動態』新日本出版社，2000年，40ページ。
(47) 同論文，26ページ。
(48) 通商産業省編『産業合理化白書――回顧と展望――』日刊工業新聞社，1957年，5ページ。
(49) 戸木田嘉久『現代の合理化と労働運動』労働旬報社，1965年，182ページ参照。
(50) 仲田正機『現代企業構造と管理機能』中央経済社，1983年，206-9ページ参照。
(51) トヨタ自動車株式会社「トヨタ自動車75年史」の「文章で読む」の第3部第4章第3節第1項（http://www.toyota.co.jp/jpn/company/history/75years/text/leaping_forward_as_a_global_corporation/chapter4/section3/item1.html），「資料で見る」のなかの「自動車事業」における「生産　概要」（http://www.toyota.co.jp/jpn/company/history/75years/data/automotive_business/production/production/overview/index.html）を参照（2013年1月25日参照）。
(52) Vgl. J. Kädtler, Globalisierung als Restrukturierung von Unternehemen und die Perspektiven kollektiver Arbeitnehmervertretung, *WSI Mitteilungen*, 55. Jg, Heft 10, Oktober 2000, S. 606, F. Speidel, *Mitbestimmte versus Managementbestimmte Globalisie-*

rung in der Automobilindustrie, München, Mering, 2005, S. 276, S. 282-3.
(53) M. Bernaciak, V. Šćepanović, Challenges of Upgrading, *Industrielle Beziehungen*, 17. Jg, Heft 2, 2010, p. 124, p. 134, p. 141.
(54) Vgl. M. Schumann, Ein neues Fabrikkonzept, M. Schumann, M. Kuhlmann, F. Sanders, H. J. Sperling(Hrsg.), *Auto 5000*, Hamburg, 2006, S. 13, G. Schmidt, German Management Facing Globalization, M. Geppert, D. Matten, K. Williams(eds.), *Challenges for European Management in a Global Context*, New York, 2002, p. 290.
(55) この点について詳しくは，拙書『ドイツ企業管理史研究』森山書店，1997年，同『ヴァイマル期ドイツ合理化運動の展開』森山書店，2001年，同『ナチス期ドイツ合理化運動の展開』森山書店，2001年を参照。
(56) Bundesminister für Wirtschaft, Bericht über Produktivitäts-Massnahmen in der Bundesrepublik Deutschland, *Bundesarchiv Koblenz*, B102/37023.
(57) Produktivitätsprogramm(5. 8. 1953), *Bundesarchiv Koblenz*, B102/37099, Produktivitätsprogramm, Dezember 1954, *Bundesarchiv Koblenz*, B102/37100.
(58) H. G. Schröter, *Americanization of the European Economy*, Dordrecht, 2005, p. 197, p. 199, OEEC, *Problems of Business Management*, Paris, 1954, p. 5, pp. 13-4, J. McGlade, The US Technical Assistance and Productivity Program and the Education of Western European Managers, 1948-58, T. R. Gourvish, N. Tiratsoo(eds.), *Missionaries and Managers*, Manchester University Press, 1998, p. 33.
(59) O. Bjarnar, M. Kipping, The Marshall Plan and the Transfer of US Management Models to Europe, M. Kipping, O. Bjarnar(eds.), *The Americanization of European Business*, London, 1998, p. 14.
(60) H. G. Schröter, *op. cit.*, p. 59.
(61) J. Zeitlin, Introduction, J. Zeitlin, G. Herrigel(eds.), *Americanization and Its Limits*, Oxford University Press, 2000, p. 11, pp. 15-20.
(62) *Ibid.*, p. 38, pp. 40-1.
(63) C. Kleinschmidt, *Der produktive Blick*, Berlin, 2002, S. 120, S. 398-9.
(64) S. Hilger, *„Amerikanisierung" deutscher Unternehmen*, Stuttgart, 2004, S. 279-82.
(65) R. R. Locke, *The Collapse of the American Management Mystique*, Oxford, 1996, p. 54.
(66) C. Kleinschmidt, America and the Resurgence of the German Chemical and Rubber Industry after the Second World War, A. Kudo, M. Kipping, H. G. Schröter(eds.), *German and Japanese Business in the Boom Years*, London, New York, 2004, p. 172.
(67) V. Berghahn, *Unternehmer und Politik in der Bundesrepublik*, Frankfurt am Main, 1985, S. 330.
(68) R. Neebe, Technologietransfer und Außenhandel in den Anfangsjahren der Bundesrepublik Deutschland, *Vierteljahrschrift für Sozial- und Wirtschaftsgeschichte*, Bd. 76, 1989, S. 75.

(69) S. Hilger, *a. a. O.*, S. 287.
(70) A. Kudo, M. Kipping, H. G. Schröter, Americanization, A. Kudo, M. Kipping, H. G. Schröter (eds.), *op. cit.*, pp. 20-1.
(71) U. Wengenroth, Germany, A. D. Chandler, Jr., F. Amatori, T. Hikino (eds.), *Big Business and the Wealth of Nations*, Cambridge University Press, 1997, p. 161.
(72) P. Lawrence, *Managers and Management in West Germany*, London, 1980, p. 80, p. 83, pp. 96-100, p. 186, p. 190.
(73) *Ibid.*, p. 98.
(74) H. G. Schröter, *op. cit.*, p. 193.
(75) *Ibid.*, p. 197, p. 199.
(76) 多様化高品質生産については, W. Abelshauser, *Kulturkampf*, Berlin, 2003 〔雨宮昭彦・浅田進史訳『経済文化の闘争』東京大学出版会, 2009年〕, W. Streeck, *Social Institutions and Economic Performance*, London, 1992を参照。
(77) Vgl. Industriegewerkschaft Metall, *Geschäftsbericht 1954/1955 des Vorstandes der Industriegewerkschaft Metall für die Bundesrepublik Deutschland*, Frankfurt am Main, 1956, S. 97, S. 101 u S. 104.
(78) A. Kudo, M. Kipping, H. G. Schröter, *op. cit.*, pp. 19-24, H. G. Schröter, *op. cit.*, p. 219.
(79) A. Lüdtke, I. Marβolek, A. v. Saldern, Amerikanisierung : Traum und Alptraum im Deutschland des 20. Jahrhunderts, K. Jaraush, H. Siegrist (Hrsg.), *Amerikanisierung und Sowjetisierung in Deutschland 1945-1970*, Frankfurt am Main, New York, 1997, S. 25.
(80) *Ebenda*, S. 25, H. Hartmann, *Der deutsche Unternehmer*, Frankfurt am Main, 1968, S. 271-2, S. 282-3, S. 286-9, H. Hartmann, *Authority and Organization in German Management*, Princeton, 1959, p. 261, pp. 271-2, pp. 274-7.
(81) V. Berghahn, *a. a. O.*, S. 249-52, S. 255-7, S. 293.
(82) 宮島昭英「『財界追放』と新経営者の登場——日本企業の特徴はいかにして形成されたか——」『Will』, Vol. 10, No. 10, 1991年7月, 139-40ページ, 宮島, 前掲「財閥解体」, 212-3ページ, 宮崎, 前掲書, 224ページ。
(83) 工藤 章『20世紀ドイツ資本主義』東京大学出版会, 1999年, 507-8ページ。
(84) Vgl. M. Stahlmann, *Die Erste Revolution in der Autoindustrie*, Frankfurt am Main, New York, 1993.
(85) T. v. Freyberg, *Industrielle Rationalisierung in der Weimarer Republik*, Frankfurt am Main, New York, 1989, T. Siegel, T. v. Freyberg, *Industrielle Rationalisierung unter dem Nationalsozialismus*, Frankfurt am Main, New York, 1991.
(86) U. Wengenroth, *op. cit.*, p. 161.
(87) A. D. Chandler, Jr., *The Visible Hand*, Harvard University Press, 1977, p. 498 〔鳥羽欽一郎・小林袈裟治訳『経営者の時代』, 下巻, 東洋経済新報社, 1979年, 852ページ〕。
(88) U. Jürgens, Charakteristika der europäischen Automobilindustrie, G. Schmidt, H.

結章　ドイツ資本主義と企業経営　595

Bungsche, T. Heyder, M. Klemm(Hrsg.), *Und es fährt und fährt*, Berlin, 2005, S. 14-5.
(89) S. Hilger, 2004, *a. a. O.*, S. 190, S. 192-3, K. W. Busch, *Strukturwandlungen der westdeutschen Automobilindustrie*, Berlin, 1966, S. 159.
(90) 古内博行『現代ドイツ経済の歴史』東京大学出版会，2007年，89-100ページ，佐藤茂孝・A. ヘルマン「貿易・資本取引政策」，さくら総合研究所・ifo経済研究所編著『日本とドイツの経済・産業システムの比較研究』シュプリンガー・フェアラーク，1997年，218ページ，NHK取材班『日本・西ドイツ』日本放送出版協会，1988年，91ページ．
(91) 工藤 章『日独経済関係史序説』桜井書店，2011年，174ページ．
(92) 第2次大戦前のドイツの貿易構造については，柳澤 治『資本主義史の連続と断絶　西欧的発展とドイツ』日本経済評論社，2006年，第2章，大島隆雄「ドイツ資本主義とヨーロッパ市場――EC成立の歴史的前提――」，林 昭編著『EC統合と欧州の企業・経営』法律文化社，1992年，藤村幸雄「第一次大戦前のドイツの貿易構造」，大塚久雄・武田隆雄編『帝国主義下の国際経済』東京大学出版会，1976年などを参照．
(93) 例えばアメリカ合衆国への西ドイツの輸出額をみても，1960年には53年の3倍に，70年には9.2倍に増大しており，70年の輸出額を60年のそれとの比較でみても3.1倍に増大している．Vgl. *Statistisches Jahrbuch für die Bundesrepublik Deutschland*, 1956, S. 282-3, 1961, S. 316-7, 1971, S. 299-300.
(94) 例えば渡辺徳二編著『生産力構造転換のダイナミズム――21世紀新産業社会への胎動――』日本評論社，1995年，43-4ページ参照．
(95) W. Abelshauser, *Deutsche Wirtschaftsgeschichte*, München, 2004, S. 74, 山田 晟『東西ドイツの分裂と再統一』有信堂高文社，1995年，114ページ参照．
(96) デタントの成立とその後の変容については，R. W. Stevenson, *The Rise and Fall of Détente*, London, 1985〔滝田賢治訳『デタントの成立と変容――現代米ソ関係の政治力学――』中央大学出版部，1989年〕を参照．
(97) 古内，前掲書，192ページ．
(98) 同書，221ページ．例えば古内博行氏は，1970年代以降に顕著にあらわれる西ドイツ経済の変調の問題ともかかわって，それまでのニッチ市場を重視した展開の限界性が顕在化してきたことを重視され，機械産業，わけても工作機械産業と電子産業の分野での転換の立ち遅れという面を強調されている（同書，第5章参照）．しかし，そこでは，自動車産業における問題はあまり重視されておらず，1950・60年代の経済成長期の展開をふまえて同産業での対応がどのようになされたかという点をめぐる問題が重要な論点となってくるように思われる．
(99) この点については，拙書『現代経営学の再構築』森山書店，2005年，第6章を参照．
(100) この点に関していえば，ドイツ的な専門労働者のタイプは日本ではまったくみられず，職業教育のシステムがまったく異なるかたちとなっていることがその背景にある

とされている。K. Hiesinger, Lean Production auch in der Berufsbildung?, Hans-Böckler-Stiftung, Industriegewerkschaft Metall(Hrsg.), *Lean Production : Kern einer neuen Unternehmenskultur und einer innovativen und sozialen Arbeitsorganisation? Gewerkschaftliche Auseinandersetzung mit einem Managementkonzept*, Baden-Baden, 1992, S. 173.

(101) この点については，例えばDaimler-Benz AG, *Geschäftsbericht 1980*, S. 39, *Geschäftsbericht 1983*, S. 39, *Annual Report 1984*, p. 39, Volkswagen AG, *Bericht über das Geschäftsjahr 1981*, S. 21, Adam Opel AG, *Geschäftsbericht 1971*, S. 15などを参照。

(102) W. Streeck, German Capitalism, C. Crouch, W. Streeck(eds.), *Political Economy of Modern Capitalism*, London, 1997, p. 46〔山田鋭夫訳『現代の資本主義制度』NTT出版，2001年，71ページ〕。

(103) この点について詳しくは，前掲拙書『戦後ドイツ資本主義と企業経営』，第5章第3節2を参照。

(104) K. A. Thelen, *Union of Parts,* Cornell University Press, 1991, pp. 100-2, W. Streeck, *Social Institutions and Economic Performance*, pp. 146-7.

(105) K. A. Thelen, *op. cit.*, p. 104.

(106) 吉田 修『西ドイツ労働の人間化』森山書店，1985年，128-9ページ，二神恭一『西ドイツの労使関係と共同決定』日本労働協会，1982年，117-9ページ。

(107) M. Helfert, Betriebsverfassung, neue Rationalisierungsformen, lean production, *WSI Mitteilungen*, 45. Jg, Nr. 8, August 1992, S. 505.

(108) 二神，前掲書，108-9ページ。

(109) この時期の共同決定法がもつこうした統合政策的機能・性格については，前掲拙書『戦後ドイツ資本主義と企業経営』，第4章第3節，林 昭『激動の時代の現代企業』中央経済社，1993年，第4章を参照。

(110) H. G. Schröter, Deutschlands Reintegration in die europäischen Wirtschaft, M. North (Hrsg.), *Deutsche Wirtschaftsgeschichte*, München, 2005, S. 378, W. Abelshauser, *Wirtschaftsgeschichte der Bundesrepublik Deutschland*, Frankfurt am Main, 1983, S. 113〔酒井昌美訳『現代ドイツ経済論』朝日出版社，1994年，150ページ〕。

(111) R. Walter, *Wirtschaftsgeschichte. Von Merkantilismus bis zur Gegenwart*, 5. Aufl., Köln, Weimar, Wien, 2011, S. 268, 工藤，前掲『20世紀ドイツ資本主義』，527-30ページ，井上 孝「社会的市場経済」，大西健夫編『ドイツの経済 社会的市場経済の構造』早稲田大学出版部，1992年，27-9ページ。

(112) 和田 肇『ドイツの労働時間と法――労働法の規制と弾力化――』日本評論社，1998年，6ページ，11ページ，163-4ページ，166ページ，170ページ，188ページ，218ページ。労働法の分野における規制緩和の目標は保護規定の縮減にあったのに対して，弾力化をめぐっては，「労働という要素」を経営上の必要性によりよく適合させることが議論の対象となっていた（W. Däubler, Deregulierung und Flexibilisierung im

結章　ドイツ資本主義と企業経営　*597*

Arbeitsrecht, *WSI Mitteilungen*, 41. Jg, 8/1988, August 1998, S. 449-50)。なお1980年代の労働時間の弾力化の実態については，K. Linnenkohl, G. Kilz, H-J. Rauschenberg, D. A. Reh, *Arbeitszeitflexibilisierung : 140 Unternehmen und ihre Modelle*, Heidelberg, 1992, M. Rademacher, *Arbeitszeitverkürzung und -flexibilisierung. Formen und betriebliche Auswirkungen*, Wiesbaden, 1990などを参照。

(113) 奥村皓一『グローバル資本主義と巨大企業合併』日本経済評論社，2007年，254ページ，265-6ページ。

(114) M. Albert, *Capitalisme contre Capitalisme*, Paris, 1991, p. 105, p. 137, pp. 231-2, p. 275〔小池はるひ訳『資本主義対資本主義』，新訂版，竹内書店，1996年，116ページ，152ページ，254ページ，301ページ〕。

(115) P. A. Hall, D. Soskice(eds.), *Varieties of Capitalism*, Oxford University Press, 2001〔遠山弘徳・安孫子誠男・山田鋭夫・宇仁宏幸・藤田奈々子訳『資本主義の多様性』ナカニシヤ出版，2007年〕。

(116) 工藤，前掲『日独経済関係史序説』，184-9ページ参照。

(117) 例えばW. アーベルスハウザーは，多様化高品質生産と呼ばれる生産体制について，その制度的前提条件も含めて歴史的な視点から考察し，それをドイツにみられる重要な特質として理解している（W. Abelshauser, *Kulturkampf*〔前掲訳書〕参照）。また古内博行氏は，ドイツ企業の競合回避の戦略について，「得意分野に経営資源の主力を投入して複雑で高い精度の大型製品を割高でも提供する」という，競合相手の製品の内容とは重なり合わない競合回避の棲み分け戦略であるとされている。それは「製品機能の連続的な向上による差異化追求とは明確に一線を画す高級特化の競争回避戦略」であり，その最も代表的な例のひとつとして工作機械産業が挙げられている（古内博行「最新ドイツ経済の真実――歴史的不況その後――」『千葉大学経済研究』，第27巻第2・3号，2012年12月，206-8ページ）。しかし，多様化高品質生産や競合回避の戦略のもつ現実的な意義の把握のためには，それらがさまざまな産業部門や製品部門においてどの程度，またどのようにみられるのか，そのための生産はどのようなありようとなっているのかなど，特定の産業や製品分野に限定することなくその実態を明らかにすることが重要となってくる。

索　引

あ行

AEG（アー・エー・ゲー）………71, 88, 90, 93, 166, 209, 217, 320, 324, 395
AEGテレフンケン………………………72
AG Weser（アー・ゲー・ヴェッサー）
　………………………………………253, 256
アーベルスハウザー（Abelshauser, W.）
　………………………………………30, 597
アームコ…………………………………170
IE ………87, 88, 89, 92, 93, 95, 533, 534
アイゼナッハ工場（オペル）………297, 303
IT革命……………………………………15
アウグスト・ティセン………59, 60, 68, 78
アウディ…………………………300, 437, 440
Auto5000プロジェクト（アウト5000プロジェクト）…………………………451
アウトソーシング………442, 444, 445, 451
アグファ…………………………………70
アジア……435, 436, 438, 454, 455, 500, 586, 587
アジア市場………………………499, 500
アベンティス……………………342, 393, 488
アメリカ……1, 13, 16, 18, 19, 22, 32, 35, 36, 54, 55, 62, 64, 86, 104, 122, 195, 196, 212, 215, 229, 235, 319, 331, 341, 350, 355, 357, 454, 455, 479, 512, 543, 557, 565
アメリカ化………3, 5, 10, 13, 23, 29, 86, 96, 103, 121, 149, 153, 157, 159, 171, 218, 329, 340, 556, 558, 559, 563, 569, 570
アメリカ型大量生産システム……105, 231, 283
アメリカ企業の直接投資……………157, 160
アメリカ技術援助・生産性プログラム……35, 96, 137, 138, 143
アメリカ的経営方式……3, 4, 12, 16, 21, 23
アメリカ的な企業観……………………569
アメリカの在ドイツ子会社………………86
アメリカの世界戦略……………3, 18, 588
アメリカの大学…………………137, 143, 145
アメリカのタイプの広告代理店
　………………………………………157, 159
アメリカン・スタンダード……………553
アリアンツ…………338, 353, 354, 507, 508
IGファルベン（イー・ゲー・ファルベン）………………………55, 56, 189, 206
IGメタル（イー・ゲー・メタル）………92, 291, 299, 425
EC ……………………………………64, 234, 249
EU …………2, 6, 12, 15, 29, 32, 331, 405, 447, 454, 455, 473, 474, 476, 571, 582, 586, 587, 588
EU型資本主義………………………581, 582, 584
EUの東方拡大……………425, 453, 456, 581
イギリス………1, 13, 32, 195, 331, 341, 350, 355, 543
イノベーション……………317, 474, 488, 492
イルセダー製鉄…………………………68
インダストリアル・エンジニア…………89

索　引　599

インダストリアル・エンジニアリング
　（IE）…………………………22, 87, 94, 567
ヴィンターシャル……69, 70, 258, 261, 265,
　266, 267
ヴォルフスブルク工場（フォルクスワー
　ゲン）…………108, 109, 110, 112, 113, 293
ヴッパータール・サークル………………145
売手市場から買手市場への移行………156,
　162
ウンターテュルクハイム工場（ダイムラ
　ー・ベンツ）………………………117, 118
NSU……………………………………………73
M&A……316, 318, 323, 383, 472, 473, 474,
　475, 476, 478, 480, 481, 482, 485, 486,
　503, 506, 509, 510, 511, 512
M&A&D ………………………………………17
M&A市場………………474, 475, 480, 481
ME技術…233, 284, 285, 287, 289, 294, 295,
　576
MAN …………………………………………73
MTM………87, 88, 89, 91, 92, 93, 94, 95, 534
MTM協会………………………………………94
MTP（Management Training Program）
　…………………………………………………537
エムデン工場（フォルクスワーゲン）
　…………………………………………………287
エンジニア…………121, 141, 356, 560, 570
オイル・ショック………232, 257, 260, 575
オイロヒポ……………………………………506
欧州債務危機……………………………2, 588
欧州石炭鉄鋼共同体…………………………57
欧州統合………………………………4, 586, 588
OR ……………………………………178, 179
OEEC ……………………………………19, 35
オートメーション………111, 112, 113, 114,
　117, 118
オーバーハウゼン製鉄……………………60, 61
オペル……100, 113, 114, 120, 286, 287, 291,
　293, 294, 295, 301, 303, 307, 424, 430,
　432, 440, 446
オペレーションズ・リサーチ（OR）
　………………………………………22, 153, 561
オリンピア……………………………………90, 93

か行

カール・デュイスベルク社………………146
改善提案………………………………………294
改善提案活動……………292, 295, 298, 577
開発の現地化……………………………447, 448
外部取締役…………………………………358
外部労働市場……………………………11, 356
価格競争…………………172, 456, 541, 577, 581
化学産業……27, 55, 56, 69, 79, 94, 102, 143,
　162, 163, 197, 232, 346, 382, 485, 511,
　548, 578
価格政策……………………………161, 162, 172
科学的管理法…………………………22, 32, 87
加工組立産業………11, 16, 22, 106, 232, 233,
　295, 417, 457, 578, 581
過剰生産能力………245, 248, 251, 259, 262,
　264, 376, 383, 393, 456, 483
過剰生産能力の整理………………………376, 377
過剰設備の削減……236, 237, 242, 254, 262,
　263
寡占的競争………………25, 53, 55, 62, 533, 541
カッセル工場（フォルクスワーゲン）
　…………………………………………………112
合併……29, 58, 60, 66, 68, 72, 73, 317, 318,
　335, 472, 474, 477, 487, 494, 502, 509
株式交換……………………………………478, 481

株式交換型合併……………475, 478, 479
株式の相互持合い………………531, 553
株式法………………………………334, 339
株主価値………329, 330, 331, 337, 341, 343, 344, 346, 350, 354, 359, 384, 391, 475, 555, 569
株主価値志向のリストラクチャリング
　…………………………………………342
株主価値重視の経営………5, 13, 17, 25, 336, 342, 347, 348, 350, 354, 357, 360, 375, 391, 405, 571
カルテル………55, 57, 62, 69, 161, 162, 171, 190
監査役会……38, 39, 41, 43, 44, 46, 214, 331, 353, 357, 360, 562
監査役会会長の派遣………………………352
監査役会レベルの共同決定………37, 40, 47
監査役派遣…………………………………351
管理者教育………11, 21, 136, 140, 148, 537, 557, 568
機械産業……………………………………56
機関投資家………………333, 350, 354, 355
企業イメージ……………166, 173, 174, 175
企業価値…………………………347, 404, 475
企業間関係………11, 25, 39, 53, 62, 305, 570
企業経営のアメリカ化……11, 555, 582, 589
企業経営の伝統……………………………11, 13
企業経営のネットワーク化………………17
企業経済学説………………………………7
企業支配権市場………………………334, 338
企業集団……………………………………531
企業集中………23, 27, 57, 64, 65, 67, 69, 74, 231, 316, 319, 321, 323, 374, 470, 531
企業体制………………………29, 46, 331, 335
企業統治……17, 25, 35, 36, 38, 47, 331, 355, 532, 569
企業の社会的責任…………………………17
企業文化………163, 218, 221, 331, 348, 355, 391, 499
企業レベルの共同決定……………………46
技術援助……………………………………19, 96
技術援助計画………19, 138, 156, 556, 573
技術畑の経営者……………………………104
技術・品質・機能重視の市場特性……122, 536, 565, 570
技術・品質・生産重視の経営観………104, 356, 538, 560
規制緩和………331, 472, 473, 502, 585, 596
寄託株式制度………………………………53
既定時間法…………88, 89, 91, 92, 93, 94, 95
機能担当部門………………………………198
規模の経済……55, 57, 62, 117, 120, 283, 470, 483, 494, 497, 503, 508, 511, 576
QCサークル……292, 293, 295, 297, 298, 299, 306, 577
教育制度………………………………13, 14, 141
競合回避の戦略………………………589, 597
教授資格論文制度…………………………141
競争構造………………………………11, 457
競争制限防止法………………………20, 324
競争戦略………………………………17, 336, 399
協調的労使関係……………………………114
共同管理………206, 207, 216, 218, 219, 220, 543, 561
共同決定………29, 38, 41, 42, 43, 44, 45, 47, 102, 103, 104, 114, 344, 351, 359, 360, 479, 530, 535, 555, 561, 579
共同決定制度………16, 35, 36, 37, 39, 40, 42, 43, 45, 46, 47, 104, 299, 329, 331, 359, 406, 530, 549, 554, 561, 570, 571, 578,

585, 587
共同決定法……………………………36, 103
共同市場………………………………11, 12, 420
共同市場化……………15, 18, 20, 556, 572
協約自律性……………………………………37
銀行…67, 319, 331, 332, 333, 335, 353, 354
銀行業………………………55, 58, 73, 503, 512
銀行の経営行動の変化……………………334
銀行の役割の変化……………………351, 352
銀行部門……………………………508, 512
金融化………………………………330, 331
金融機関のネットワーク…………………352
金融市場………………………………………11
金融市場の論理……………………………346
金融のグローバリゼーション………32, 40, 475, 512
金融の自由化………………………………512
金融部門……………………………502, 512
グーテホフヌング………………55, 56, 60, 218
組別生産………………………………………106
クライスラー………396, 397, 496, 498, 499
クラインシュミット（Kleinschmitt, C.）
…………………………102, 113, 148, 176
グランツシュトッフ………94, 99, 144, 163, 204
クルップ…55, 56, 60, 61, 68, 176, 213, 216, 241, 242, 243, 253, 325
クルップ製鋼………………………………377
クルップ・ヘッシュ…………378, 381, 482
クルップ・ヘッシュ製鋼…………………377
クレックナー………56, 57, 60, 68, 240, 242, 246, 378
グローバリズム……………………2, 26, 32
グローバリゼーション…2, 4, 5, 13, 15, 26, 32, 329

グローバル競争構造………………………457
グローバル地域化………………6, 454, 583
グローバル蓄積構造…………………26, 453
グローバル調達………………304, 442, 443
クロスボーダー的M&A……470, 472, 473, 478
クロスボーダー的合併………319, 473, 476, 478, 479
経営学……………………………………1, 2
経営学教育…………………………………136
経営学方法論争……………………………141
経営観……11, 13, 149, 341, 357, 561, 570, 587
経営教育…………………………21, 136, 140, 148
経営協議会…37, 41, 42, 43, 44, 46, 92, 291, 293, 299, 343, 359, 375, 402, 406, 450, 451, 530, 549, 562, 578, 579
経営協定………………………………37, 92, 562
経営経済学…………………………………141
経営参加……11, 16, 41, 44, 299, 406, 451, 528, 529, 535, 553
経営執行委員会……………………193, 198
経営社会政策………………………103, 148
経営者教育……11, 21, 136, 140, 144, 148, 537, 557, 565, 568
経営者の外部労働市場……………………356
経営者の人事構成…………………………356
経営者の世代交代………158, 194, 195, 208, 543, 562
経営組織法…………………41, 43, 44, 103
経営体制……………………………………37, 43
経営統合………………………………………24
経営のグローバル化…17, 25, 26, 416, 417, 427, 438, 451, 452, 457, 549, 551
経営方式の国際移転………………………10

計画的陳腐化..........159, 161, 179, 540, 541, 561, 565
経済のグローバリゼーション......453, 457
経済文化..........23, 570
欠陥率..........294
結合経済..........59, 62, 70, 262, 348
現代自動車..........500
減量合理化..........236, 243, 259, 263, 266, 578
コア・コンピタンス..........389, 394, 474
高圧マーケティング..........539, 540
広域欧州生産ネットワーク..........583
工科大学..........140
合議制..........207, 219, 220, 357, 543, 561
広告..........158, 159, 171
広告代理店.....157, 158, 164, 165, 169, 170, 171
工場共同体思考..........99, 100
交渉された株主価値..........350
交渉されたグローバル化..........451, 552
構造適応..........234, 246, 257, 265, 266, 545
構想と執行の分離..........297
構造不況業種..........27, 234
合同製鋼..........54, 55, 59, 60
広報活動..........173, 176
合理化..........19, 57, 62, 69, 70, 106, 232, 544
合理化運動..........95
コーポレート・ガバナンス..........17, 23, 25, 35, 38, 39, 40, 53, 329, 331, 344, 349, 352, 353, 354, 532, 553
コーポレート・ガバナンス改革..........25
国際会計基準..........337, 341, 346
国際競争..........348, 349
国際通貨体制..........556, 572
コスト・リーダーシップ戦略.....256, 257, 545

国境を越える合併..........470, 474, 478, 480
コメルツ銀行....58, 338, 505, 506, 507, 509
雇用保障..........37, 48, 566, 587
コングロマリット..........191
コングロマリット合併..........324, 477
混合企業..........60, 61
コンサルタント会社..........91, 95, 157, 204, 208
コンチネンタル..........144, 208
コンツェルン..........62, 531
コンツェルン体制...20, 25, 53, 63, 74, 532
コンツェルン体制の再編..........74
コンツェルン体制の新展開..........62
コントローラー..........213, 214, 215
コントローリング..........213, 214, 215, 216, 228

さ行

債権者保護..........333
最高経営責任者（CEO）......219, 356, 357
再構造化..........10, 11, 14, 556, 570, 573, 575, 587
再熟練工化..........289
作業研究..........88, 95, 96, 534
作業設計..........89, 90, 91, 92, 93
作業測定..........88, 533, 534
作業タクト..........109
サプライ・チェーン..........444, 549
差別化..........564, 588
差別化戦略..........256, 545
ザルツギッター..........68, 242
産業・銀行間の関係に基づく産業システム..........20, 53, 584, 585
産業構造..........10, 11, 12, 564
産業再編成..........24, 234

産業集中·················20, 24, 48, 53, 54, 62
産業特性·······································12
産業別組合···································37
産業ロボット··············285, 288, 295, 296
3大銀行································58, 73
GE··209
CEO·····················341, 357, 358, 499, 571
CSR··17
GM·····································116, 301
ジーガーランド製鉄························59
CCS講座·······························537, 538
ジーメンス·········71, 72, 90, 93, 94, 99, 144, 165, 166, 173, 177, 178, 211, 212, 215, 217, 324, 338, 340, 343, 348, 400, 404, 549
JST（Jinjiin Supervisor Training）······537
時間研究······································88
事業所レベルの共同決定············41, 43
事業統合·····································24
事業部······198, 199, 200, 201, 202, 204, 205, 206, 207, 209, 210, 211, 542
事業部制組織·····16, 22, 189, 192, 193, 194, 195, 196, 199, 207, 208, 211, 212, 216, 218, 219, 220, 542, 543, 568
事業部制組織と職能部制組織との混合形態··208
事業部長·········198, 200, 202, 204, 209, 216, 217, 218
事業部長に対する金銭的インセンティブ··217, 219
事業分割···························316, 317, 383
事業ポートフォリオ······336, 375, 380, 404
事業ポートフォリオの最適化·····482, 484, 492, 511
事業ポートフォリオの再編·········375, 401, 402
資産管理事業·········504, 505, 506, 507, 508
市場化の限界·························2, 45, 46, 47
市場経済·······························36, 46
市場原理·····························45, 46, 329
市場構造······11, 74, 122, 560, 565, 572, 587
市場統合·····················12, 405, 473, 474
市場と資本の世界的連鎖···············6, 18
システム規制工························289, 290
システム・サプライヤー······304, 305, 378, 443, 444, 548
下請分業生産構造······················294, 303
実体経済·······························336, 343, 359
自動化·····················285, 287, 295, 297, 298
自動化率····································296
自動車産業···22, 72, 92, 105, 106, 107, 118, 119, 167, 232, 283, 284, 287, 290, 295, 345, 393, 418, 494, 511, 548, 564, 576, 582
シナジー··········477, 480, 482, 483, 487, 494, 497, 498, 500, 503, 505, 511
資本援助·····································18
資本市場·····································17
資本市場指向型コーポレート・ガバナンス···································5, 13, 360
資本市場の圧力···25, 40, 48, 329, 330, 336, 343, 345, 352, 359, 472, 475, 554
資本主義の構造的特質····················10
資本主義の多様性······················14, 45
資本蓄積条件························12, 15, 16
社会的合理性·································584
社会的市場経済·······················47, 48, 579
ジャスト・イン・タイム·····295, 297, 300, 301, 303, 536
ジャスト・イン・タイム供給····300, 303,

398
ジャスト・イン・タイム生産……294, 301, 576
ジャスト・イン・タイム生産方式……299, 303
社内報……………………………100, 101
ジャパナイゼーション………………282, 577
重化学工業………………………………11
重工業………………54, 56, 58, 162, 171
重厚長大型産業………………………232, 578
集団労働………291, 292, 293, 297, 299, 312
柔軟な職務構造……………………………306
自由貿易……………………………15, 18
自由貿易体制………………………556, 572
熟練労働力……13, 117, 121, 287, 288, 294, 469, 561, 562, 564, 575, 576, 587
シュトレーク（Streeck, W.）………37, 120
ジュリウスクライン……………………174
シュレンプ（J, Schrempp.）……357, 394, 497
商科大学……………………140, 141, 146
証券化………………………………331
少人化………………………………292
消費財産業………………………………162
消費財市場………………………………154
商品市場…………………………11, 13, 565
情報通信技術…………………………5, 17
職業教育制度……12, 13, 48, 121, 282, 562, 563, 574
職長教育………………………103, 127, 539
職能部制組織………192, 193, 195, 196, 197, 199, 201, 207, 542
職能部制組織と事業部制との混合形態
………………………………………542
職能部制組織と持株会社の混合形態

………………………………………195
職場小集団活動……292, 293, 295, 299, 529, 553, 577
職務統合…………………………289, 298
ショコダ………399, 431, 438, 439, 442, 449, 450
所有構造……………………333, 334, 349
人員削減…………………244, 254, 374, 383
人的結合…………………………53, 58, 352
ジンデルフィンゲン工場（ダイムラー・ベンツ）………………………………116
垂直的合併………………………………477
垂直的統合………………191, 262, 263, 267
水平的合併………………………………477
スケール・メリット……474, 477, 501, 511, 577
スタグフレーション……………………15, 231
スタンフォード研究所………157, 165, 175, 197, 199
ステイクホルダー…47, 330, 340, 341, 342, 346, 350, 375
ステイクホルダー型リストラクチャリング………………………375, 407, 549
ステイクホルダー価値……………………344
ストック・オプション………337, 338, 339, 340, 341
スピン・オフ………………343, 386, 401, 402
棲み分け分業………………69, 74, 79, 382
「棲み分け分業的」な市場構造…571, 582
「棲み分け分業的」な貿易構造…454, 551, 574, 576
スロバキア………………………………440
セアト……………………399, 432, 438
生産財産業…………………159, 162, 564
生産システム……………………………105

索 引 605

生産システム改革…23, 282, 283, 287, 290, 295, 307
生産性向上運動……19, 22, 36, 96, 97, 101, 136, 142, 556, 557, 573
生産ネットワーク………303, 418, 424, 432, 441, 453, 454
生産のフレキシビリティ……23, 284, 287, 296, 563
生産力構造……………………10, 12, 563
精神工学………………………………99
制度………………………………11, 13, 561
生販統合システム………………………294
製品差別化………………………540, 565
製品政策………………………161, 162
製品戦略…………………11, 14, 45, 287
製品別事業部………196, 198, 200, 202, 203
製品別事業部制組織……189, 204, 207, 220
製品ポートフォリオ………………502, 551
製品補完………………………495, 500, 511
製品補完による分業………………62, 533
セイフティネット……45, 46, 47, 48, 530, 584, 585
世界最適生産力構成…417, 451, 452, 457, 549, 551, 581
世界最適生産力構成による経営展開…26
世界資本主義…………………………9, 16
石炭・鉄鋼業…………………39, 41, 54, 57
石油産業………………………257, 259, 262
ゼネラル・スタッフ……………………193
1972年経営組織法………………………578
1976年共同決定法…38, 39, 40, 41, 47, 578
戦後改革……………………20, 55, 562
選択と集中…325, 374, 378, 485, 548, 549
宣伝…………………158, 159, 162, 169, 171
専門化……………62, 69, 72, 297, 485, 532

専門化カルテル…………………………73
専門技能資格制度……12, 13, 48, 121, 282, 562, 563, 574
専門労働者………………………284, 595
専用化………………………………283, 284
専用機械……………………111, 112, 115, 117
戦略的提携………………………452, 470
占領政策…………………………24, 53
操業短縮………………………………244
総合化学企業……………………383, 384
造船業………27, 92, 234, 246, 247, 250, 277, 545, 580
造船助成計画……………………………250
造船助成策……………………………249
組織構造…………………………………22

た行

第1次オイル・ショック…231, 257, 259, 260, 261, 263, 264, 265, 266
大企業の解体政策………………………54
大企業の再結合………………………56, 61
耐久消費財………………………233, 566, 588
大銀行……………………………………334
第5次企業集中運動………………471, 472
第3次企業集中運動……16, 53, 63, 64, 67, 74, 325
大衆消費社会…………………………173
第2次オイル・ショック…258, 260, 261, 263
ダイムラー…357, 426, 432, 433, 434, 435, 437, 441, 479, 499, 500
ダイムラー・クライスラー………340, 341, 343, 346, 348, 397, 426, 441, 497
ダイムラーとクライスラーの合併…346, 494, 495, 501

ダイムラー・ベンツ…72, 73, 92, 116, 117, 118, 120, 157, 161, 177, 179, 293, 297, 300, 304, 320, 324, 338, 342, 346, 394, 419, 421, 422, 495, 496, 497
第4次企業集中運動……16, 231, 316, 323, 325, 473
大量生産……22, 56, 92, 106, 118, 153, 154, 572
大量生産体制………………15, 22, 153, 154
大量生産方式………………16, 22, 106, 536
多角化…16, 22, 66, 189, 190, 191, 192, 196, 207, 208, 220, 245, 247, 277, 316, 317, 318, 324, 347, 375, 391, 394, 541
DAX企業（ダックス企業）……………345
DAX30社……………………………337, 339
多能工………………295, 298, 306, 536, 577
多能工的熟練……………………………587
多品種化……………………………………283
多品種化戦略…………………………231, 283
多品種多仕様大量生産……………………16, 23
多様化高品質生産………5, 48, 114, 118, 284, 561, 587, 589, 597
団体交渉……………………………………37, 46
地域化…………………………27, 454, 583, 588
地域経済圏…………………15, 454, 472, 581
地域経済統合………………………………20
地域事業部…………………………………203
地域部門………………………………198, 203
地域別事業部…………………………196, 203
地域補完……………495, 496, 497, 500, 511
チーム制………292, 295, 297, 299, 306, 312, 577
チェコ…………………………431, 439, 440, 448
蓄積構造のヨーロッパ的展開……456, 551
中国……………………………………435, 436

中東欧諸国……423, 424, 432, 442, 443, 451, 454, 457, 552, 580
調整された市場経済…2, 36, 46, 105, 329, 584
直接工への保全機能の統合………………288
直接投資……………………………………473, 478
直接労働と間接労働の職務統合………288
賃金保障……………………………………37, 48
提案制度……………………………………293, 294
TQM……………………………………………299
TWI……96, 99, 103, 137, 142, 143, 147, 148, 537
提携………………24, 66, 470, 499, 500, 510, 512
ティセン………57, 59, 60, 61, 67, 68, 69, 170, 237, 239, 340, 378, 379, 482
ティセン・クルップ……338, 378, 379, 483, 484
ティセン・クルップ製鋼…………………377
ティセン製鋼………………………………382
ティセンとクルップの合併………………482
テイラー・システム………………………21, 299
テイラー的労働編成………………………290
敵対的買収……334, 335, 346, 479, 480
デザイン・イン………………………304, 445
鉄鋼業……27, 42, 55, 56, 58, 59, 62, 68, 69, 92, 170, 171, 212, 232, 234, 236, 246, 376, 482, 511, 545, 578, 580
デトロイト・オートメーション………114
デュポン……………………………………163, 189
電機産業……71, 72, 92, 93, 107, 165, 208, 232, 233, 400, 549
ドイツ…2, 11, 12, 13, 18, 20, 24, 32, 35, 46, 48, 122, 331, 476, 479, 586, 587, 588
ドイツMTM協会………………………91, 95
「ドイツ株式会社」……329, 331, 335, 480,

554
ドイツ銀行………58, 67, 335, 338, 339, 359, 479, 503, 504, 505, 524
ドイツ経済合理化協議会（RKW）……98, 143, 146, 156
ドイツ高級鋼株式会社……………………59
ドイツ工業連盟（BDI）………………97, 145
ドイツ・コーポレート・ガバナンス・コード………………………………………341
ドイツシェル…………………263, 264, 267
ドイツ自動車産業……………295, 296, 307
ドイツ資本主義………2, 3, 20, 48, 53, 105
ドイツ資本主義の再生産構造………566, 588
ドイツ商法典……………………………337
ドイツ的企業体制……………………330, 332
ドイツ的生産モデル……………………284
ドイツ的なものづくり…………………121
ドイツ的フォーディズム………………114
ドイツのM&A市場……………………480
ドイツの大学………………139, 140, 144, 145
ドイツの東西分断………………………574
ドイツフォード……………113, 120, 293
ドイツ労働総同盟（DBI）………………43
投下資本利益率（ROI）……………193, 199
動作研究……………………………90, 91
投資家広報………………336, 338, 341
投資家保護………………331, 334, 344
投資銀行……………………………334
投資銀行事業……………502, 503, 504, 524
ドーズ・プラン……………………………18
独占規制…………………………19, 20
独占規制の緩和………………316, 319
独占禁止法………………………………20
独占的大企業の解体………53, 54, 55, 56, 58
独立採算制………………………………199

トップ・マネジメント………………194, 216
トップ・マネジメントの人事構成……355
トップ・マネジメントのレベルでの共同決定………………………………37, 38
トヨタ自動車……………303, 445, 535
トラスト……………………27, 56, 62, 190
トランスファー・マシン……111, 112, 113, 115, 116, 117, 118, 285
取締役会………193, 194, 200, 206, 357, 553
取締役会スタッフ………………199, 200
ドル・ショック……………………231, 575
ドルトムント・ヘルデ……60, 61, 68, 69
ドルマン（J, Dormann.）……347, 357, 391, 392
ドレスナー銀行………………58, 505, 507

な行

内部昇進の経営者……………356, 357, 553
内部統制組織……………………………213
内部労働市場……………11, 358, 538, 553
流れ作業………………106, 107, 108, 109
流れ作業組織……………………………117
流れ作業方式……………………………106
ナチス期……………………………………96
NAFTA………………………15, 433, 453
ニーダーライン製鉄……………………59
西ヨーロッパ…………………………64, 65
日本…4, 13, 24, 33, 121, 235, 247, 249, 291, 295, 307, 319, 331, 438, 454, 455, 530, 533, 534, 535, 537, 539, 541, 544, 546, 547, 550, 553, 562, 586, 587
日本企業……441, 445, 449, 454, 455, 456, 549, 552, 581, 587, 595
日本企業の競争優位……………………302
日本生産性本部……………………534, 538

日本的生産システム………23, 294, 299, 302, 307, 550, 587
日本的労働管理モデル………………297, 299
日本の企業集団……………………………63
日本の労使関係…………………………528
人間関係………………98, 99, 100, 104, 144
ネットワーク企業………………………17
ノイア・マルクト………337, 339, 344, 474
ノイエホッフヌング鉱山………………61
能率原理…………………………………561
能率向上………………23, 104, 565, 569
ノルトホッフ（Nordhoff, H.）…111, 167, 168

は行

バーデン・バーデンセミナー…………145
ハーバード・ビジネス・スクール…145, 146
ハーン（Hahn, C. H.）……………169, 170
バイエル…55, 67, 70, 79, 98, 100, 102, 127, 143, 146, 174, 178, 199, 208, 217, 347, 368, 382, 384, 490
買収………277, 317, 323, 335, 473, 486, 491, 492, 495
ハイブリッド化………350, 351, 558, 559
ハウスバンク……………………332, 334
ハノーファー工場（フォルクスワーゲン）………………110, 112, 113, 293
ハノマーク・ヘシシェル………………73
パブリック・リレーションズ（PR）……16, 153, 541, 568
ハルツブルグ・モデル………………102
ハルトマン（Hartmann, H.）……104, 157
範囲の経済………………………497, 576
ハンガリー………………………431, 439, 440

「汎用化の論理」に基づく生産編成…294
PR………………22, 172, 173, 174, 176, 177
P&G………………………160, 161, 164, 165
PTS法………………………………………87
ビジネス・スクール……136, 137, 140, 141, 146, 147, 148, 149, 539, 565
ヒトのジャスト・イン・タイム………292, 295, 306
批判的経営学………………………………7
ヒューマン・リレーションズ（HR）……22, 35, 96, 97, 98, 99, 100, 101, 102, 104, 142, 144, 534, 535, 557, 567
ヒュルス………………163, 174, 176, 207, 208
標準化………………………11, 117, 122, 179
ヒルガー（Hilger, S.）………120, 161, 177, 220, 560
品質………………………………………292
品質管理…………………………………293
品質競争………………45, 172, 541, 575
品質重視のフレキシブルな生産構想…12, 121, 282, 563
VEBA………………67, 261, 264, 265, 342
フィリップス社…………………………90
フェニックス…………………………59, 78
フェニックス・ライン鋼管……60, 68, 174
フォーディズム………………………30, 108
フォード………………………………116, 117
フォード財団…………………………139
フォード・システム……16, 21, 22, 23, 105, 106, 111, 231, 282, 535, 536, 567
フォルクスワーゲン………72, 73, 108, 112, 113, 116, 118, 120, 144, 167, 168, 169, 170, 180, 215, 228, 283, 285, 287, 288, 289, 291, 292, 293, 294, 295, 296, 299, 300, 304, 305, 312, 338, 341, 346, 398,

索　引　*609*

399, 400, 424, 426, 427, 428, 429, 430, 431, 432, 433, 434, 435, 437, 438, 439, 440, 441, 442, 444, 446, 495
ブラウンシュバイク工場（フォルクスワーゲン）……………………109, 113, 287
プラグマティズム……………13, 149, 539
プラットフォーム共通化戦略…398, 399, 427, 428, 429, 430, 447, 548, 552
ブランド・ロイヤリティ………………565
フレキシビリティ…………………110, 117
フレキシブル自動化………………285, 286
プロイサク……………………………381
フロイデンベルク…………208, 215, 300
ブローム＋フォス………252, 254, 256, 274, 277
プロフィット・センター……193, 198, 202, 212, 217, 543
分権化……………………205, 210, 219
BASF（ベー・アー・エス・エフ）……55, 69, 70, 79, 94, 176, 201, 204, 208, 265, 339, 348, 382, 388, 389, 393, 492
BMW（ベーエムヴェー）……120, 289, 292, 300, 304, 421, 422, 425, 426, 427, 433, 434, 436, 437, 441, 501
BMWによるローバーの買収………495, 501
ヘキスト……55, 70, 79, 205, 208, 324, 325, 342, 347, 357, 382, 390, 393, 487, 488, 489, 493
ヘッシュ…55, 60, 61, 68, 69, 100, 240, 245, 325
ヘンケル…94, 143, 144, 157, 160, 161, 164, 165, 173, 174, 175, 177, 178, 197, 208, 215
ホヴァルツヴェルケ・ドイツ造船……252, 254

ボーダフォンによるマンネスマンの買収………………………………479
ポートフォリオ・マネジメント………404, 483
ボーフム工場（オペル）……115, 116, 286, 287, 291
ボーフム・フェライン…………………61, 68
ポーランド………………………440, 441
ホール54…………………287, 289, 296
保険会社…………………………353, 555
保険業……………………………………507
補助金競争………………………………249
補助金政策…………………………248, 249
ボッシュ………………72, 90, 92, 142
ポルシェ……………………………………73
本社スタッフ部門………………199, 201

ま行

マーケティング………16, 22, 153, 154, 158, 159, 163, 171, 172, 177, 539, 540, 541, 564, 568
マーケティング・マネジメント…………170
マーケティング・リサーチ…………160, 166
マーシャル・プラン……………18, 19, 556
マイスター制度…………13, 121, 282, 562
マクキャンエリックソン…………………157
マッキンゼー……………204, 208, 401
マネジリアル・マーケティング………539
マリオン・メレル・ダウ…………………487
マンネスマン……55, 57, 60, 61, 67, 69, 212, 242, 243, 245, 479
マンハイム工場（ダイムラー・ベンツ）………………………………117
三菱自動車…………………………500, 501
ミドル・マネジメント…………………136

民営化······················400, 473
メイド・イン・ジャーマニー·······5, 421, 426
メイナード（Maynard, H. B.）·······88, 95
メイヤー造船··················256
メインバンク··················531
メガ・コンペティション·······16, 416, 457
メッサー・シュミット・ベルコウ・ブロウム··················320
メルセデス・ベンツ········292, 420, 496
モーゼル工場（フォルクスワーゲン）··················297
モジュール··················306, 429
モジュール化·······306, 427, 443, 447, 501, 552
モジュール・コンソーシアム········305
モジュール・サプライヤー··········306
モジュール生産················429
モジュール生産方式·······282, 306, 427, 443, 552, 578
モジュール戦略··········398, 430, 548
持株会社·····20, 24, 195, 218, 229, 385, 392, 530, 532, 543
モンタン共同決定法············39, 103

や行

US-GAAP····················337, 338
USスチール····················170
ユーロ······················32, 588
ユニット・システム·····117, 305, 306, 536, 574
ユニバーサル・バンク·······319, 332, 334, 354, 502, 512, 554
ユニバーサル・バンク制度······53, 55, 570
ヨーロッパ···4, 15, 18, 48, 57, 91, 105, 118, 122, 155, 304, 305, 333, 423, 438, 453, 454, 473, 479, 481, 512, 565, 581
ヨーロッパ化········2, 4, 6, 28, 29, 446, 583, 586
ヨーロッパ会社··············28, 29, 476
ヨーロッパ市場········3, 4, 11, 19, 121, 302, 541, 550, 560, 563, 565, 572, 573, 574, 575, 577, 581, 582, 588
ヨーロッパ生産性本部···96, 138, 139, 156
ヨーロッパの経営者·············138, 158
予算統制··················193, 199, 214

ら行

ライン型資本主義·····2, 30, 36, 40, 45, 105, 329
ライン鋼管··················59, 78
ライン制御工··················288
ライン製鋼············60, 67, 68, 213
ライン鋼管フェニックス············57
ラインハウゼン製鉄················61
ラインハウゼン製鉄・炭鉱··········68
ラシュタット工場（ダイムラー・ベンツ）··················297
リージョナリズム···············2, 26
リーン生産··················297
リーン生産方式············282, 303
利益計画··················193, 199, 214
利益責任·······197, 202, 212, 216, 217, 218, 542
利益責任単位················193, 543
利害関係者··················330
リストラクチャリング········17, 24, 27, 319, 321, 330, 342, 343, 347, 359, 374, 375, 379, 383, 384, 390, 391, 394, 395, 398, 399, 400, 401, 404, 405, 406, 472, 474,

480, 481, 494, 546, 547, 548
流通系列化……………………………540
流通チャネル……………………………172
リュッセルスハイム工場（オペル）
　………………………115, 116, 286, 303
リレーションシップ・バンキング……353
ルセル・ユクラフ……………………70, 487
レファ……88, 89, 90, 91, 94, 95, 96, 98, 143, 534
レファ・システム………………………95, 534
連続鋳造法………………………………243
労使関係…11, 13, 22, 35, 36, 43, 44, 46, 47, 48, 96, 97, 101, 102, 103, 104, 105, 114, 299, 306, 331, 359, 439, 450, 451, 528, 535, 561, 562, 570
労使関係のデュアル・システム…………38
労使協議制………………………………529, 553
労使協調…………………………………96, 535
労資の同権化……………………………15, 18, 572
労働環境…………………99, 101, 104, 147, 535
労働協約…………………………37, 46, 529, 530

労働組合…35, 37, 43, 92, 97, 102, 103, 104, 105, 298, 299, 406, 423, 451, 479, 528, 535, 553, 562, 579
労働市場……………………………11, 37, 47, 565
労働者代表の監査役……………39, 40, 47
労働者の専門家的な熟練……………574, 587
労働の人間化………………287, 288, 290, 579
労働編成のパラダイム転換……………289
労働法の規制緩和………………………580
労働力利用の汎用化……………………295
労務管理…………………………………533, 534
ローカリゼーション……………………26, 453
ローヌ・プーラン………………………393, 488
ローバー…………………………………501
6大企業集団……………………………531, 553

わ行

ワーク・ファクター社…89, 90, 93, 94, 95
ワーク・ファクター法（WF法）……87, 88, 89, 90, 91, 92, 93, 94, 95, 534

著者略歴

山崎 敏夫(やまざき としお)

1962年　大阪府に生まれる
1985年　同志社大学商学部卒業
1990年　同志社大学大学院商学研究科後期博士課程単位取得
1989年　高知大学人文学部に勤務，助手，専任講師，助教授をへて
1994年　立命館大学経営学部助教授
現　在　立命館大学経営学部教授　博士（経営学）

主要著書
『ドイツ企業管理史研究』森山書店，1997年
『ヴァイマル期ドイツ合理化運動の展開』森山書店，2001年
『ナチス期ドイツ合理化運動の展開』森山書店，2001年
『現代経営学の再構築』森山書店，2005年
『戦後ドイツ資本主義と企業経営』森山書店，2009年
German Business Management : A Japanese Perspective on Regional Development Factors, Springer, 2013

現代のドイツ企業(げんだい きぎょう)
——そのグローバル地域化と経営特質——

2013年11月15日　初版第1刷発行
2014年1月27日　初版第2刷発行

著　者　©山崎 敏夫(やまざき としお)
発行者　菅田 直文

発行所　有限会社　森山書店　〒101-0054　東京都千代田区神田錦町1-10林ビル
TEL 03-3293-7061 FAX 03-3293-7063　振替口座 00180-9-32919

落丁・乱丁本はお取りかえします　印刷／製本・シナノ書籍印刷

本書の内容の一部あるいは全部を無断で複写複製することは，著作権および出版社の権利の侵害となりますので，その場合は予め小社あて許諾を求めてください。

ISBN 978-4-8394-2136-6